리비우스 로마사 II

옮긴이 **이종인**

1954년 서울에서 태어나 고려대학교 영어영문학과를 졸업하고 한국 브리태니커 편집국장과 성균관대학교 전문 번역가 양성 과정 겸임 교수를 역임했다. 지금까지 250여 권의 책을 번역했다. 인문 사회과학 분야의 교양서, 특히 서양의 고대와 중세에 대한 역사서를 많이 번역했다. 번역 입문 강의서 『번역은 글쓰기다』, 『살면서 마주한 고전』등을 집필했으며, 옮긴 책으로는 『리비우스 로마사 I』 『로마제국 쇠망사』 『고대 로마사』 『숨결이 바람 될 때』 『변신 이야기』 『작가는 왜 쓰는가』 『호모 루덴스』 『중세의 가을』 『마인드 헌터』 『유한계급론』등이 있다.

리비우스 로마사 II

1판 1쇄 발행 2019년 3월 20일
1판 3쇄 발행 2022년 2월 24일

발행인 박명곤 **CEO** 박지성 **CFO** 김영은
기획편집 채대광, 김준원, 박일귀, 이은빈, 김수연
디자인 구경표, 한승주
마케팅 임우열, 유진선, 이호, 김수연
펴낸곳 (주)현대지성
출판등록 제406-2014-000124호
전화 070-7791-2136 **팩스** 0303-3444-2136
주소 경기도 파주시 회동길 37-20
홈페이지 www.hdjisung.com **이메일** main@hdjisung.com
제작처 영신사 월드페이퍼

ⓒ 현대지성 2019

"Inspiring Contents"
현대지성은 여러분의 의견 하나하나를 소중히 받고 있습니다.
원고 투고, 오탈자 제보, 제휴 제안은 main@hdjisung.com으로 보내 주세요.

AB URBE CONDITA LIBRI

리비우스 로마사 II

끝나지 않는 전쟁

티투스 리비우스

이종인 옮김

현대
지성

티투스 리비우스

• **일러두기**

각주는 모두 역자가 붙였습니다.

차례

제 6 권

카밀루스와 만리우스

1. 도시의 건설로부터 갈리아 인에 의한 도시의 점령에 이르기까지, 처음에는 왕정, 그 다음에는 집정관과 독재관 제도, 이어 10인회와 집정관급 정무관(consular tribunes) 제도 등으로 통치 제도가 바뀌면서 이어져 왔다. 나는 그동안에 벌어진, 국외의 전쟁과 국내의 불화를 첫 다섯 권에서 기록했다. 그러나 이 기록은 불명확했는데, 아주 멀리 떨어진 시대의 일이라 흐릿하게 파악된 탓도 있고, 그 당시에는 과거 사건들의 기억을 보존하는데 믿을 만한 수단인 서면 기록들이 별로 없었기 때문이기도 하다. 그 외의 추가 이유를 들자면, 도시가 화재로 파괴되었을 때 대제관의 논평이나 공식적·개인적 기록들에 보존되어 있던 대부분의 이야기들이 사라져 버렸다는 것이다. 그렇지만 이제부터는 도시의 민간인 역사와 군사적 역사에 대하여 좀 더 명확하고 믿을 만한 이야기를 서술할 수 있다. 도시는 그 오래된 뿌리로부터 전보다 더 커진 활력과 생산성을 가지고 재탄생하여 두 번째로 새 출발을 한 까닭이다.

그런데 처음에 도시는 그것을 일으켜 세운 똑같은 기둥 되는 인물에 의존했다. 즉 도시의 지도자급 시민인 마르쿠스 푸리우스 카밀루스(Marcus Furius Camillus)에게 의존했던 것이다. 그는 공식적으로 한 해가 끝나는 때에 독재관 직에서 사임하는 것이 허용되었다. 도시가 함락되었을 때 관직에 있었던 집정관급 정무관들은 다음 해의 선거를 주관하지 않는 것으로 결정되었고, 그리하여 국가는 인테르레그눔(집정관 궐위 기간) 체제로 돌아갔다. 시민들은 도시를 원 상태로 복구하기 위하여 끊임없는 노동과 토목공사에 진력했다. 한편 퀸투스 파비우스는 관직에서 사임하자마자 호민관 그나이우스 마르키우스에 의해 고발되었다. 혐의는 갈리아 족에 사절로 파견되었을 때 갈리아 족을 상대로 싸움을 벌이는 바람에 국가 간 법률을 위반했다는 것이었다. 그는 아주 적절한 때에 사망하여 재판을 피했는데 사람들은 그가 자살을 했다고 믿었다. 인테르레그눔이 시작되었고 푸블리우스 코르넬리우스 스키피오가 인테르렉스(궐위 기간의 임시 통치자)로 지명되었다. 그 후에 마르쿠스 푸리우스 카밀루스가 인테르렉스가 되어 집정관급 정무관들을 뽑는 선거를 주관하여 루키우스 발레리우스 푸블리콜라(2선), 루키우스 베르니기우스, 푸블리우스 코르넬리우스, 아울루스 만리우스, 루키우스 아이밀리우스, 루키우스 포스투미우스를 뽑았다.

인테르레그눔 직후에 관직에 취임한 이들은 그 무엇보다도 종교적 절차의 문제를 가지고 원로원과 상의했다. 그들이 취한 첫 번째 조치들 중 하나는 조약과 법률에 관한 문서들, 즉 12동판법과 과거 왕정시대의 특정한 법률들에 관한 자료를 샅샅이 조사하여 찾아내라는 것이었다. 이런 법률의 몇몇 사항들에 대해서는 심지어 평민들도 열람할 수가 있었으나, 신성한 의례와 관련된 법률은 대제관들이 일부러 은폐하여 보여주지 않았다. 이렇게 한 이유는 대체로 대제관들이 평민의 마음에 종교적 외경심을 불러일으켜 그들을 쉽게 통제하려는 것이었다.

이어 그들은 나쁜 조짐의 날들에 대하여 논의했다. 7월 18일은 크레메라 강에서 파비우스 가문 병사들의 몰살과 도시의 파괴를 가져온 알리아에서의 충격적인 패배가 겹쳐서 이중의 참사로 악명 높은 날이었다. 그들은 이날을 알리아 패배에서 이름을 따서 알리아의 날로 지정했고, 이날은 공적이든 사적이든 모두 업무를 중지하는 날로 삼으라고 법령을 포고했다. 집정관급 정무관 술피키우스가 7월 16일에 희생을 바치기 전에 좋은 조짐을 얻지 못했는데도 이틀 후에 신들의 호의를 얻지 못한 채 로마 군을 적에게 노출시켰으므로, 몇몇 사람들은 15일 이후의 날들에는 종교적 의례를 거행해서는 안 된다고 생각했다. 그 결과, 똑같은 기피 심리가 작용하여 매월 초하루와 매월 5일 직후의 날도 종교적 의례에 부적당한 날이라고 보는 전통이 생겨났다.

2. 그러나 로마인들은 비참한 추락 이후에 국가를 수복하는 계획을 오래 논의할 수 있을만한 그런 평화가 주어지지 않았다. 한편에서는 로마의 오래된 적인 볼스키 족이 로마의 이름을 아예 말살해 버릴 의도로 군대를 일으키고 있었고, 다른 한편으로는, 무역업자들의 보고에 의하면, 에트루리아의 모든 유지급 인사들이 볼툼나 신전에 모여서 그들의 힘을 합쳐 대對 로마 전쟁에 나설 것을 맹세했다는 것이다. 라틴 족과 헤르니키 족의 반란에 대해서도 로마인들은 새롭게 경악했다. 이 두 부족은 레길루스 호수의 전투 이래 근 1백 년 동안 아무런 반란을 일으키지 않고 로마인들과 우호적인 관계를 유지해 왔던 것이다. 온 사방에서 이런 심각한 경고를 안겨주는 사태가 벌어지자 모든 시민들이 다음과 같은 사실을 분명하게 알게 되었다. 로마의 이름은 적들로부터 증오의 대상이 되었을 뿐만 아니라 로마의 동맹군들 사이에서도 경멸의 대상이 되었다. 따라서 공화국은 도시를 수복한 사람의 영도 아래 수호되어야 한다고 의결되었고, 즉각 마르쿠스 푸리우스 카밀루스가 독재관에 임명되었다. 그는 가이우스 세르빌리우스 아할라를 사마관으로 임명했고 공공 법률적 업무의 일시 중지를 선언한 후에, 젊은 남자들의 징병을 실

시했는데 여기에는 아직 충분히 강건하고 활동적인 많은 중장년 남자들도 포함되었다. 그는 이 중년 남자들에게 충성 맹세를 시키고 켄투리온(백인대장, 백부장)으로 선발했다.

군대가 모병되어 조직되자 카밀루스는 그것을 3개 군으로 나누었다. 그는 제1군을 베이이 지방에 배치하여 에트루리아를 대적하게 했고, 제2군은 집정관급 정무관 아울루스 만리우스의 지휘 아래 도시 앞에 진영을 설치하라고 지시했다. 에트루리아 인들을 상대할 제1군의 사령관으로는 집정관급 정무관 루키우스 아이킬리우스를 임명했다. 제3군은 카밀루스 자신이 직접 지휘를 맡아서 볼스키 족을 공략하기로 되었다. 카밀루스는 "메키우스 근처"라고 불리는 장소인 라누비움에서 그리 멀지 않은 볼스키의 진영을 공격하기 위해 진군했다. 볼스키 족은 로마인들에 대한 경멸감이 앞서서 전쟁에 나섰는데, 거의 모든 로마의 젊은이들이 갈리아 족에 의해 전멸했다고 믿었기 때문이다.

그러나 카밀루스가 로마 군의 지휘를 맡았다는 소식을 듣자마자 그들은 엄청난 공포에 빠졌다. 그들은 보루 뒤에 숨었고 보루 주위에는 통나무를 높이 쌓아올려 로마인들이 그들의 방어시설을 통과하지 못하도록 했다. 카밀루스는 적의 이런 동태를 파악하자, 로마 군의 길을 가로막고 있는 차폐물에 불을 놓으라고 지시했다. 마침 볼스키 인들 쪽으로 강한 바람이 불었다. 카밀루스는 바람이 밀어주는 화염으로 길을 냈을 뿐만 아니라 적의 진영으로 번지는 불길과, 불의 열기, 연기, 싱싱한 나무들이 타면서 내는 우지직우지직 소리 등은 적을 겁먹게 만들었다.

그리하여 로마 군은 불타버린 방책을 통과하여 적의 진영 안으로 들어가는 것보다 보루를 기어 올라가서 볼스키 진영으로 들어가는 것이 더 쉬웠다. 적들은 패주하고 살해되었으며 독재관은 군대를 급습시켜 적의 진영을 함락시켰다. 이어 약탈품을 로마 군 병사들에게 나누어주었는데, 평소 관대하지 않은 사령관으로부터 예기치 않은 약탈품이 하사되자 병사들은 더욱 고마워했다. 카밀루스는 이어 도망하는 적군을 추격했고 볼스키 영토 전역을 파괴했으며, 마침내 볼스키 인들을 항복시켜 70년에 걸친 전쟁을 종식시켰다. 이렇게 승리를 거둔 직후에 카밀루스는 이제 시선을 볼스키 인으로부터 돌려서 당시 전쟁 준비를 하던 아이퀴 인들을 노렸고, 볼라이 근처에 주둔 중이던 아이퀴 군대를 급습했다. 카밀루스는 단 한 번의 공격으로 그들의 진영뿐만 아니라 도시도 함락시켰다.

3. 카밀루스가 지휘를 맡은 제3군이 진격한 지역에서는 일이 잘 진행되었으나, 다른 곳들에는 커다란 위험이 도사리고 있었다. 에트루리아는 거의 전역이 무장을 했고 로마의 동맹국인 수트리움은 포위 공격을 당하고 있었다. 그 도시에서 보낸 사절은 그런 곤경에서 구해 달라며 원로원에게 사정했고, 이에 원로원은 독재관이 수트리움 사람들에게 가능한 한 빨리 지원 병력을 보내라는 법령을 내렸다.

하지만 포위당한 수트리움 시민들은 이런 군사 지원이 실현될 때까지 기다리지 못했다. 시민들은 숫자가 적은 데다 노동과 경계 업무와 부상에 시달려서 그 압박감을 이겨내지 못하고 적과 협상하여 도시를 적에게 내주고 말았다. 카밀루스가 로마 군을 인솔하여 현장에 도착했을 때 그들은 비무장인 채 단 한 벌의 옷만 챙겨서 아주 비참한 행렬을 이루어 그들의 집을 떠나고 있었다. 그 비참한 사람들은 그의 무릎에 온몸을 내던졌다. 피난민들의 우두머리들은 잔인한 운명을 당한 사람들처럼 구슬픈 말로 카밀루스에게 호소했고, 함께 그들을 따라나선 아녀자들은 아주 슬프게 흐느껴 울었다. 카밀루스는 수트리움 사람들에게 슬픔을 거두라고 하면서, 그가 에트루리아 사람들에게 슬픔과 눈물을 안겨주기 위해 여기 이렇게 나타났다고 말했다. 그는 이어 병사들에게 군용 등짐을 내려놓으라고 지시했고, 수트리움 사람들에게는 여기 소수의 수비대를 남겨놓을 테니 기다리라고 했으며, 병사들에게는 무장을 하고 그를 따르라고 지시했다. 그는 이처럼 아무 지장도 받지 않는 휘하 군대를 거느리고 수트리움을 향해 출발했다. 그곳의 상황은 그가 예상했던 대로였다. 적군은 성공을 거두자 평소에도 그랬지만 더욱 군기가 느슨해져 있었다. 성벽 밖에는 경계 초소도 세워져 있지 않았고, 성문은 열려 있었으며, 승리한 병사들은 흩어져서 민가의 재물을 약탈하느라고 바빴다.

그리하여 같은 날에 수트리움은 두 번 함락되었다. 에트루리아 인들은 승리의 순간에 새로 나타난 적에 의하여 도처에서 몰살당했고 정신을 차려서 무장하고 전열을 재정비할 시간이 없었다. 그들은 들판으로 도망칠 수 있나 살펴보기 위해 성문 쪽으로 달려갔으나 그 문이 닫혀 있는 것을 발견했다. 성문 폐쇄가 독재관의 첫 번째 명령이었던 까닭이다. 그러자 일부는 무장을 했고, 급습 당시 이미 무장을 하고 있던 자들은 동료들을 불러서 반격을 하자고 소리쳤다.

만약 도시 곳곳에 전령을 보내 무기를 내려놓은 자는 목숨을 살려주고, 무기를 들고 있는 자들은 살육을 당할 것이라는 포고를 알려주지 않았더라면, 이 절망에 빠진 소수의 적군 병력은 필사적인 항전을 했을 것이다. 이런 포고를 듣자 죽기를 각오하고 싸우려들던 자들도 도처에서 칼을 내던지고 비무장으로 항복을 했는데, 운명에 비추어 보아도 그것이 좀 더 안전한 노선이라고 생각했기 때문이다. 포기한 다수의 적군들은 수비대의 지휘 아래 몇 개 그룹으로 나뉘어졌고 밤이 오기 전에 점령된 도시는 다시 수트리움 사람들에게 회복되었다. 도시는 전쟁의 참화를 모면하여 전혀 파괴되지 않았는데, 시민들이 자발적으로 항복했기 때문이었다.

4. 카밀루스는 볼스키, 아이퀴, 에트루리아를 상대로 한 세 번의 연속적인 전쟁에서 승리를 거두고 도시로 개선했다. 그의 전차 앞에 서서 걸어가는 대다수의 포로들은 에트루리아 인들이었다. 이 포로들을 팔아서 올린 수익금은 막대하여 전쟁 기금으로 가정주부들이 내놓은 황금을 모두 상환하고 난 다음에도 세 개의 황금 주발을 만들 수 있을 정도로 충분한 돈이 남았다. 카밀루스의 이름이 새겨진 이 주발들은 카피톨리움에 있는 유피테르 신전에 봉헌되어 그 신전 내의 유노 발밑에 세워졌는데 카피톨리움이 불타버릴 때[1]까지 거기에 그대로 모셔져 있었다.

그해에 카페나 사람들과 팔레리이 사람들 중, 전쟁 도중에 로마로 건너왔던 사람들에게는 시민권이 부여되었고, 또 이 새로운 시민들에게 토지가 할당되었다. 원로원은 포고를 내려서, 너무 게을러서 로마의 토목 공사를 내팽개치고 베이이로 가서 그곳의 빈 집을 차지하고 앉은 베이이 사람들을 소환하도록 조치했다. 처음에는 이 법령에 대하여 불평하면서 복종하지 않으려는 자들도 있었으나, 소환 날짜가 확정되고 로마로 돌아오지 않은 자들은 시민권이 박탈된다고 위협하자, 불복종하는 자들의 공동 전선은 붕괴되어 개인적인 복종으로 바뀌었다. 모두들 자기 자신에 대한 위협을 느꼈기 때문이었다. 로마의 인구는 증가했고 시내 도처에서 건물들이 계속 세워졌다. 국가는 건설비를 지원했고 토목건축관리관들은 토목 공사가 국가적인 사업인 양 건설을 독려했고, 시민들은 각자 자신의 건물을 빨리 완공하여 사용하고 싶은 욕망에 준공을 서둘렀다. 그리하여 그해 1년 사이에 새로운 도시가 조성되었다.

그해(기원전 389년) 말에 집정관급 정무관 선거가 치러져서 티투스 퀸크티우스 킨킨나투스, 퀸투스 세르빌리우스 피데나스(5선), 루키우스 율

---

1 기원전 83년 7월 6일의 일이고 화재로 소실된 신전은 기원전 69년에 복원되었다.

리우스 율루스, 루키우스 아퀼리우스 코르부스, 루키우스 루크레티우스 트리키피티누스, 세르비우스 술피키우스 루푸스 등이 뽑혔다. 이들은 아이퀴 족을 상대로 로마 군 제1군을 출동시켰다. 전쟁을 하려는 목적이 아니라 — 아이퀴 족은 이미 패배를 인정했으므로 — 증오심이 작용했기 때문이다. 그들의 땅을 완전 파괴하여 더 이상 음험한 계책을 도모할 수 있는 여력을 남겨놓지 않으려는 의도가 더 강했다.

반면에 제2군은 타르퀴니우스 영토를 침공하여 코르투오사와 콘테네브라의 두 에트루리아 도시를 급습하여 함락시켰다. 코르투오사에서는 로마 군에 대한 저항이 전혀 없었다. 그 도시는 단 1회의 기습 공격으로 함락되어, 약탈과 방화가 이어졌다. 콘테네브라의 사람들은 며칠간 공격을 버텨냈으나 로마 군이 밤낮없이 공격을 가하자 마침내 함락되었다. 로마 군단은 6개 부대로 나뉘어져 각 부대가 6시간 동안 돌아가면서 한 시간 씩 전투에 임한 반면, 그 도시의 사람들은 병력수가 적었기 때문에 피곤한 데도 교대도 하지 못하고, 교대한 로마 군과 계속 싸워야 했던 것이다. 마침내 그들은 항복하고 로마인들의 도시 입성을 허용했다. 집정관급 정무관들은 약탈품이 국고에 들어가기를 바랐으나, 계획만 그렇게 세웠을 뿐 실제로 명령하는 것은 망설였다. 그들이 망설이는 동안 병사들은 이미 약탈품을 차지해 버렸고 그것을 다시 빼앗으려고 하면 병사들의 악감정을 불러일으킬 것이 너무 뻔했다.

같은 해, 도시의 발전이 민간 건물에만 국한되지 않도록, 정사각형의 큰 돌들을 가져다가 카피톨리움의 기초 공사를 완료했다. 이 공사는 심지어 오늘날의 화려한 도시 경관 속에서도 사람들의 주목을 받고 있다.

5. 시민들이 건물 공사에 열을 올리는 동안, 호민관들은 농지법을 제안하여 평민을 그들의 집회에 끌어들이려 했고, 또 폼프티눔 지구의 땅을 평민에게 불하해야 한다는 주장을 폈다. 그 땅은 카밀루스가 볼스키

군대를 패배시킨 결과로, 로마인들이 사상 처음으로 차지하게 된 아무런 분쟁이 없는 땅이었다. 호민관들은 그 땅이 볼스키 인들보다는 로마 귀족들 때문에 더 못쓰게 되었다고 주장했다. 볼스키 인들은 그들의 무기와 재주가 허용하는 범위 내에서 그 땅을 노략질했을 뿐이지만, 로마 귀족들은 탐욕스럽게 국가의 땅을 점유하여 자기 땅으로 돌려놓고 있는 것이었다. 그리하여 귀족들이 그 땅을 다 차지해 버리기 전에 토지를 분배하지 않으면 평민들은 아예 차지할 땅이 없게 될 판이었다. 하지만 호민관들의 주장은 시민들에게 큰 인상을 남기지 못했다. 시민들은 자기 집을 짓는데 바빠서 포룸에 제대로 나오지도 않았다. 시민들은 집을 건축하는데 이미 비용이 많이 들어갔으므로, 설사 토지를 불하받는다고 하더라도 그것을 농토로 조성할 만한 돈이 없었다.

　로마에는 종교적 불안감이 널리 퍼져 있었다. 그 당시 도시의 지도자들조차도 최근에 당한 참사 때문에 미신적인 공포에 사로잡혔다. 따라서 새로운 좋은 조짐을 얻기 위하여 로마는 인테르레그눔 정부를 수립했다. 인테르렉스 직은 마르쿠스 만리우스 카피톨리누스, 세르비우스 술피키우스 카메리누스, 루키우스 발레리우스 포피투스 등이 차례로 맡았다. 이중 포피투스가 집정관급 정무관 선거를 주관했다. 루키우스 파피리우스, 그나이우스 세르기우스, 루키우스 아이밀리우스(2선), 리키니우스 메네니우스, 루키우스 발레리우스 푸블리콜라(3선) 등이 선출되었고 인테르레그눔이 끝나자 집정관급 정무관 직에 취임했다.

　이해(기원전 388년)에 갈리아 전쟁 중에 건설하기로 맹세했던 마르스 신전이 티투스 퀸크티우스에 의해 봉헌되었다. 퀸크티우스는 희생 제의를 주관하는 두 명의 제관duumviri중 한 사람이었다.[2] 네 개의 부족(스

2　이들은 시빌의 예언서를 관리하고 있다가 국가에 위기가 닥쳐오면, 시민들의 죄악에 대

텔라티네 족, 토로멘티네 족, 사바티네 족, 아르니엔시스 족)이 새로운 시민들로 편입되었고 기존의 21개 부족에 더해져서 로마의 부족수는 총 25개 부족이 되었다.

6. 호민관 루키우스 시키니우스에 의해 폼프티눔 토지의 문제가 다시 제기되었다. 이 때 공공 모임에 나온 사람들은 좀 더 관심 있게 그의 말을 들어줄 준비가 되어 있었다. 시민들은 이제 의견이 바뀌어서 전보다 더 토지 소유에 대하여 관심을 보였다. 원로원은 라틴 족과 헤르니키 족을 상대로 한 전쟁을 논의했으나 그보다 더 큰 전쟁을 우려하여 그 논의를 중단했다. 에트루리아가 무장 봉기했다는 소문이 들려왔던 것이다. 그들을 대적하여 진압하는 임무는 또다시 집정관급 정무관으로서 카밀루스에게 돌아갔다. 그에게는 다섯 명의 동료가 주어졌는데 세르비우스 코르넬리우스 말루기넨시스, 퀸투스 세르빌리우스 피데나스(6선), 루키우스 퀸크티우스 킨킨나투스, 루키우스 호라티우스 풀빌루스, 푸블리우스 발레리우스가 그들이다.

그해(기원전 386년) 초에 여론은 대 에트루리아 전쟁에서 다른 쪽으로 전환되었다. 폼프티눔 지구에서 온 한 무리의 도망자들이 갑자기 로마에 도착하여, 안티움 사람들이 무장 봉기했고 라틴 인은 그들의 젊은이를 지원부대로 파견했다는 소식을 전했던 것이다. 하지만 라틴 인들은 지원자들만 그들이 원하는 곳에 복무하도록 허용했고 또 안티움 지원이 그들의 공식적인 정책도 아니라고 주장했다.

이 무렵 로마인들은 그 어떤 전쟁도 가볍게 여기지 않게 되었다. 그래서 원로원은 카밀루스가 현직에 있는 것을 신들에게 감사했다. 만약 그

하여 하늘이 어떤 속죄를 원하는지 알아보기 위해 그 예언서를 참고했다. 이 제관의 숫자는 기원전 367년에는 10명으로 불어났고, 기원전 51년에는 15명으로 증가되었다.

가 공직을 맡고 있지 않았더라면 또다시 그를 독재관으로 임명해야 할 것이었기 때문이다. 그의 동료들은 심각한 전쟁의 위협에 직면하여 모든 국사國事의 방향을 한 사람 손에 맡기겠다고 선언하고, 그들 자신의 권력을 카밀루스에게 종속시키겠다는 뜻을 밝혔다. 그들은 이렇게 한다고 해서 그들의 위엄이 조금이라도 손상된다고 생각하지 않았다. 집정관급 정무관들은 원로원의 따뜻한 칭송을 받았고 카밀루스 자신도 크게 감동하여 그들에게 감사 표시를 했다. 그는 로마 시민들이 자신을 이처럼 네 번이나 뽑아준 것과, 원로원이 자신을 높이 평가해 준 것에 대하여 깊은 책임감을 느낀다면서도, 이런 명예로운 동료들과 함께 일하게 되어 더욱 막중한 책임감을 느낀다고 말했다. 그 자신의 노력과 성실함에 무게감을 더하기 위하여 스스로 자신을 경쟁자로 삼겠다는 뜻을 밝혔다. 그렇게 하면 동료 시민들이 자신에게 보내주는 높은 신뢰감이 앞으로도 지속될 것이라고 보았다. 안티움 사람들과의 전쟁에 대하여, 그는 위험이라기보다는 위협이라고 생각했으나, 동료 집정관급 정무관들에게 상황을 경시하면 안 될 것이나 그렇다고 해서 두려워할 필요는 없다고 조언했다. 로마 시는 이웃 부족들의 선망과 증오를 받고 있으므로 이런 상황에 대처하기 위해서는 한 사람 이상의 지도자와 여러 군부대가 필요했다.

그가 말했다. "푸블리우스 발레리우스, 나는 당신이 나의 권위와 판단에 동참하면서 나와 함께 안티움에 있는 우리의 적들을 무찌르기 위해 로마 군 제1군을 지휘해 줄 것을 바랍니다. 퀸투스 세르빌리우스, 당신은 제2군을 동원하여 무장시키고서 그 군대를 도시 내에 주둔시켜 즉각 행동에 나설 수 있게 준비하십시오. 가령 최근에 벌어진 것과 같이 에트루리아 내에서 무장 봉기가 일어난다거나, 우리의 새로운 골칫거리인 라틴 족과 헤르니키 족 사이에서 새로운 반란이 일어날 경우에 대비하십시오. 나는 당신이 당신의 아버지와 할아버지의 명예와 6선 집정관급 정무관의 지위에 걸맞은 방식으로 그 상황에 대처할 수 있으리라 생각합니다. 루키우스 퀸크티우스, 당신은 군에서 제대했거나 군 복무 연령이 지난 사람들을 동원하여 제3군을 조직하여 도시와 성벽을 방어하십시오. 루키우스 호라티우스, 당신은 무기, 투창, 옥수수, 기타 필요한 물자를 마련하여 이 위중한 상황의 요구에 대처하도록 하십시오. 세르비우스 코르넬리우스, 우리 집정관급 정무관들은 당신을 국무회의의 의장, 종교적 예식의 수호자, 선거, 법률, 그 외의 모든 도시 업무들의 담당자로 임명합니다."

모든 집정관급 정무관들은 주어진 임무에 최선의 노력을 경주하고 또 충성을 다하겠다고 약속했다. 제1군을 카밀루스와 함께 지휘하게 된 발레리우스는 마르쿠스 푸리우스 카밀루스를 독재관, 자신을 사마관으로 여기겠다고 말했다. 로마가 이 훌륭한 사령관을 신임하고 있으므로 그것이 전쟁에서 좋은 결과로 나타날 것이라고 희망도 말했다. 그러자 원로원의 의원들도 전쟁의 결과에 대한 높은 희망과, 도시의 전반적 안녕과 평화에 대한 소원을 열렬하게 표명했다. 이런 사람들이 고위 행정관 직에 있는 한 로마는 결코 독재관을 필요로 하지 않을 것이었다. 집정관급 정무관들은 서로 마음이 단합되었고 명령에 즉각 복종할 준비가 되었으며, 공동의 목적을 위해 명예를 드높이려 했지 개인적 이익 때문에 명예를 취하려 하지 않았다.

7. 법률 업무의 일시 정지를 선언하고 군대를 동원한 직후에, 카밀루스와 발레리우스는 사트리쿰을 향해 진군했다. 그곳은 안티움 사람들이 병력을 집결시킨 곳인데, 볼스키 족의 젊은 사람들로 구성된 병력뿐만 아니라 라틴 족과 헤르니키 족에서 동원한 다수의 병력들도 가세하고 있었다. 특히 후자의 병력은 오랫동안 평화를 누린 사람들 사이에서

선발한 것이었으므로 아주 신체 상태가 좋았다. 새로운 적과 오래된 적으로 구성된 이 연합군은 로마 군의 사기에 아주 나쁜 영향을 미쳤다. 카밀루스가 이미 전투 대형을 짜놓고 전투에 나서려고 하는데 켄투리온들이 이런 보고를 해왔다: 로마 군 병사들이 사기가 저하되어 무장을 하지 않으려 하고, 진영에서 어슬렁거리거나 거기에서 벗어나 배회하고 있으며, 심지어 로마 군이 1 대 100의 열악한 상황에 놓여 있으며, 적들의 규모는 너무나 엄청나서 그런 적이 무장을 하고 나섰을 때는 물론이고, 설사 적이 비무장이어도 감히 대적할 수 없다고 불평하고 있다.

그런 보고를 받은 카밀루스는 말에 올라타서 군기들 앞에 서 있는 병사들에게 달려가 그 앞에 우뚝 섰다. 그가 소리쳤다. "병사들이여, 도무지 평소의 여러분답지 않은 이 우울함, 이 망설임, 이 사기 저하는 무엇이란 말입니까? 당신들은 적을 모릅니까, 나를 모릅니까, 당신 자신들을 모릅니까? 적들이란 여러분의 기질을 보여주어 영광을 차지할 수 있는 아주 좋은 기회라는 것을 왜 모릅니까? 여러분 자신에 대해서 말해보자면 먼저 팔레리이와 베이이를 점령했고, 또 갈리아 인들이 우리의 도시를 점령했을 때에는 갈리아 군대를 살육했습니다. 또 최근에는 볼스키 인, 아이퀴 인, 에트루리아 인을 상대로 세 번의 연속적인 승리를 거두었습니다. 혹시 내가 독재관이 아니라 집정관급 정무관으로 명령을 내리기 때문에 나를 여러분의 사령관으로 여기지 않는다는 뜻입니까? 나는 여러분을 상대로 절대적인 권위를 행사하기를 원하지 않습니다. 여러분은 내가 독재관이든 아니든 나 자신을 있는 그대로 보아주길 바랍니다. 나의 결단력은 독재관이 되었다고 해서 높아진다거나 유배당한 처지에 있다고 해서 낮아지는 그런 것이 아닙니다. 우리의 내면에 있는 것은 그 어느 것도 변하지 않았습니다. 우리는 전에 여러 번의 전쟁에서 승리를 거두었듯이 이번 전쟁에서도 역시 승리를 거두게 될 것입니다. 최초의 접전에서 평소의 훈련과 습관대로 행동하기만 하면 됩니다. 여러분은 승리를 거둘 것이고, 저들은 달아날 것입니다."

8. 이어 카밀루스는 행동 개시의 신호를 내렸고 타고 있던 말에서 내려 가장 가까이 있던 군기軍旗를 잡은 병사의 손을 잡으면서 "공격하라, 병사들이여!"라고 소리쳤다. 고령으로 전투에 직접 나설 형편이 아닌 카밀루스가 몸소 돌격에 나서는 모습을 보자, 로마 군 병사들은 모두 환호를 내지르며 앞으로 달려갔다. 모든 병사가 "사령관을 따르라!" 라고 소리쳤다. 심지어 카밀루스의 명령으로 군기를 적진으로 내던진 다음에, 최전선의 병사들에게 그 군기를 회수해 오라는 명령이 내려졌다는 얘기도 전해진다. 그것은 안티움 사람들이 뒤로 밀린 최초의 사례였다.

먼저 그들의 최전선에 공포가 빠르게 번져나갔고, 이어 후방의 지원 부대에게도 급속히 퍼졌다. 적들을 후퇴시킨 것은 탁월한 사령관에 의해 고무된 로마 군의 돌격보다는 카밀루스가 몸소 돌격에 나선 것을 보고서 볼스키 인들이 깜짝 놀랐기 때문이었다. 이렇게 하여 카밀루스는 어디로 가든 확실하게 승리를 거두었다. 특히 로마 군 좌익의 경우가 그것을 잘 보여주었다. 좌익이 뒤로 밀릴 듯한 기세를 보이자, 그는 재빨리 말에 올라 보병 방패로 무장하고서 전 속력으로 진중을 달리면서 로마 군의 나머지 부대는 승리를 거두고 있다고 소리치면서 전황을 반전시켰다.

전쟁의 승패는 이미 결정 난 것이나 다름없었다. 적들의 숫자는 너무 많아서 이제 도망치는 데 장애가 되었다. 도망자들의 상당수가 피곤한 로마 병사들에 의해 계속 살육되었으나, 갑자기 강풍을 동반한 폭우가 내려서 손에 잡은 것이나 다름없던 승리가 잠시 지연되었다. 이어 나팔이 철수 신호를 알렸고 곧이어 밤이 되면서 전투 상황이 종료되어 로마 군은 행동을 중지했다. 라틴 인과 헤르니키 인은 당연한 일이지만 그들의 사악한 의도가 좋은 결과로 이어지지 못하자 집으로 돌아갔다.

볼스키 인들은 또다시 반란 지원 세력으로부터 배신을 당했고, 그래서 그들의 진영을 떠나서 사트리쿰의 성 안으로 후퇴하여 그곳에 깊이 틀어박혔다. 카밀루스는 처음에는 공성작전을 펴려고 그 성벽 주위에 토벽과 목책을 건설하려 했다. 그러나 이런 작업을 가로막는 적들의 출격이 없자, 사기가 이미 저하된 적을 상대로 오래 승리를 기다릴 필요가 없다고 결론을 내렸다. 그는 이제 승리가 목전에 다가왔으므로 휘하 병사들에게 로마 공성 작전 때처럼 장기간에 걸친 노동으로 힘을 빼지 말라고 지시했다. 병사들은 아주 씩씩하게 반응했다. 카밀루스는 사방 벽에다 기어오르는 사다리를 설치하여 성벽을 공격했고 곧 도시 안으로 들어갔다. 볼스키 인들은 무기를 내려놓고 항복했다.

9. 그러나 사령관은 볼스키 인들의 수도인 안티움이 좀 더 심각한 위협이라고 판단했다. 그는 또 최근의 전쟁이 벌어진 데에는 볼스키 인들의 책임이 크다고 보았다. 그처럼 강력한 도시는 공성기와 투석기를 상당히 동원하지 않고서는 함락할 수가 없었다. 그래서 그는 로마 군을 동료 장군의 지휘에 맡기고 로마로 돌아갔다. 안티움을 파괴해야 한다는 주장을 원로원에 강력히 개진하기 위해서였다. 그가 원로원과 의논을 하고 있던 중에(나는 안티움이 아직도 존재하고 있는 것은 신들의 뜻이라고 생각한다), 네페테와 수트리움의 사절들이 로마에 도착하여 에트루리아 인들을 대적하는 데 지원을 좀 해 달라고 요청했다. 사절들은 시간이 별로 없으므로 서둘러야 한다는 점도 강조했다.

그리하여 운명의 손길에 의하여 카밀루스의 군사력은 안티움을 잠시 놔두고 이 두 지역에 집중되었다. 그 두 지역은 에트루리아의 접경지대에 있어서 장애물인가 하면 관문도 되었다. 그래서 에트루리아 인들은 새로운 군사 계획을 세울 때마다 이 두 지역을 점령하려고 노심초사했다. 물론 로마인들도 그 지역을 회복하거나 보호해야 할 이유가 있었다. 따라서 원로원은 카밀루스에게 안티움을 잠시 놔두고 에트루리아 인을 상대로 먼저 전투를 하라고 결정하면서, 그에게 퀸크티우스 휘하의 도시 주둔군인 제3군을 주었다. 카밀루스는 볼스키 영토 내에 있던, 자신의 명령을 잘 따르는 노련한 제1군을 더 좋아했으나, 원로원의 권고에 반대하지 않았다. 그는 대신 발레리우스와 함께 이 작전을 지휘하고 싶다고 말했다. 그리하여 볼스키 인들을 진압하기 위한 전투에는 퀸크티우스와 호라티우스가 파견되어 발레리우스를 교대해 주었다.

카밀루스와 발레리우스는 로마를 떠나 곧바로 수트리움으로 갔다. 그곳에 도착해 보니 도시의 절반은 이미 에트루리아 인들이 점령했고, 나머지 절반의 시민들은 거리에 방어물을 쌓아놓고 적들의 공격을 물리치고 있었으나 어려움을 겪고 있었다. 그러나 로마 지원군의 도착과 카밀루스의 위대한 군사적 명성은 적군과 동맹군 양측의 상황을 잠시 중지시켜 더 이상 악화되지 않게 했고, 그 덕분에 카밀루스는 그 도시를 지원할 수 있는 시간을 벌었다. 카밀루스는 로마 군대를 둘로 나누어 그중 하나를 발레리우스에게 주면서 적들이 이미 점령한 도시의 절반 쪽을 공격하라고 지시했다. 그 도시의 성벽을 기어올라 도시를 다시 차지하겠다는 희망보다는, 적들의 시선을 그쪽으로 돌려서 나머지 절반 지역의 시민들에게 가해지는 부담을 덜어보자는 의도였다. 수트리움 시민들은 이미 불리한 상황에서 적과 싸우느라고 피곤해져 있었다. 그렇게 양동陽動 작전을 쓰면 카밀루스 자신도 아무런 저항도 받지 않고 성벽을 돌파할 기회가 생길 것 같았다.

두 작전은 동시에 실시되었고, 그리하여 에트루리아 인들은 로마 군 2개 부대로부터 협공을 당하는 처지가 되었다. 그들은 성벽이 난폭하게 공격을 당하는 것을 보았고 동시에 로마 군이 도시 안으로 들어와 있는 것도 보았다. 그러자 에트루리아 인들은 당시 아직 공격당하지 않고 있던 유일한 성문을 통하여 겁먹은 채 일렬종대로 도망쳐 도시 밖으로 나갔다. 도시 내부와 성 밖의 농촌 지대에서 적군의 도망병들은 대규모로 살육당했다. 대부분의 에트루리아 인들은 성내에서 카밀루스의 병사들에게 살해되었고, 반면에 추격하기 좋게 경무장을 한 발레리우스의 병사들은 도망자들을 쫓아가며 죽였다. 그들은 밤이 되어 앞이 보이지 않을 때까지 계속 잔병들의 소탕 작전을 벌였다. 일단 수트리움이 다시 점령되어 동맹군에게 수복되자, 로마 군은 네페테로 이동했다. 그 도시는 이미 항복했기 때문에 에트루리아 인들이 완전히 장악하고 있었다.

10. 네페테는 수트리움보다 수복하기가 훨씬 어려워 보였다. 도시 전역이 적의 수중에 떨어졌을 뿐만 아니라 네페테 시민들 중 일부가 도시를 배신하면서 항복했기 때문이었다. 그렇지만 네페테의 지도자들에게 에트루리아와의 관계를 단절해 달라고 요청하면서, 예전에 그들이 로마에게 도움을 요청했던 것처럼 이번에는 그들이 충성스러운 도움을 로마 군에게 제공해 달라고 요구해보기로 결정되었다. 그 도시의 지도자들은 이런 회신을 보내왔다: "우리는 전혀 힘이 없으며, 에트루리아 인들이 성벽과 성문을 철저하게 지키고 있다."

그러자 로마 군은 성벽 주위의 들판을 불태워버림으로써 성 안의 시민들을 위협하기로 결정했다. 그렇지만 네페테 지도자들은 로마 군과 동맹하기보다는 에트루리아 인에게 항복한 상태를 계속 유지하는 것이 더 유리하다고 판단하는 듯했다. 로마 군은 숲으로 들어가 장작 다발을 만들어서 성벽에 접근하여 해자垓字를 그 장작다발로 채웠고, 성벽에 기어 올라가는 사다리를 설치했다. 로마 군은 첫 번째 공격에 그 도시를 함락시켰다. 이어 네페테 사람들에게 무기를 내려놓으라는 지시가 내려갔고, 또 비무장인 자는 목숨을 살려준다고 회유했다. 에트루리아 인들은 비무장이든 아니든 무조건 살해했다. 도시의 항복을 획책했던 주모자들도 역시 살육되었다. 반면에 무고한 사람들은 그들의 재산을 돌려받았고 도시 내에 수비를 위한 주둔군이 설치되었다. 두 동맹국 도시는 이렇게 하여 적들의 손에서 탈환되었고, 집정관급 정무관들은 영광이 가득한 채 로마로 개선했다.

같은 해(기원전386년), 로마는 라틴 인과 헤르니키 인에게 피해 보상을 요구했고, 또 최근의 전쟁에서 전에 동의한 바대로 로마에 군사 지원을 해주기로 되어 있었는데, 왜 안 해주었느냐고 따졌다. 두 도시 국가는 그들의 민회에서 이런 판단을 내렸다는 회신을 해왔다: "볼스키 인을 지원한 것은 공식 정책이 아니었으며 소수의 젊은이들이 자발적으로 볼스키 인을 찾아가 복무한 것일 뿐이다. 그 젊은이들은 잘못된 행동에 대하여 이미 대가를 치렀고, 그들 중 살아서 돌아온 자는 없다. 두 도시가 로마에 지원군을 보내지 못한 이유는 볼스키 인들의 끊임없는 위협 때문이었다. 두 도시는 볼스키 인들과 여러 번의 전쟁을 치렀으나 그 옆구리에 박힌 가시 같은 존재를 완전히 제거하지 못했다." 그들의 답변이 로마 원로원에 제출되자, 의원들은 두 도시에 전쟁을 일으키기에 충분한 이유가 있지만 그럴 때가 아니라고 결정을 내렸다.

11. 그 다음 해(기원전 385년) 집정관급 정무관들은 아울루스 만리우스, 푸블리우스 코르넬리우스, 티투스와 루키우스 퀸크티우스 카피톨리누스, 루키우스 파피리우스 쿠르소르, 가이우스 세르기우스(2선)였다. 이들은 심각한 국외 전쟁의 발발뿐만 아니라 그보다 좀 더 심각한 내부의 반란을 겪게 되었다. 국외 전쟁은 라틴 인과 헤르니키 인의 반란과 관련하여 볼스키 인들이 일으켰다.

내부의 반란은 전혀 예상하지 않은 곳에서 터져 나왔다. 귀족 가문 출신이고 저명한 명성의 인물인 마르쿠스 만리우스 카피톨리누스가 그 장본인이었다. 그는 다른 귀족들을 우습게 여기는, 과도하게 자부심이 강한 사람이었다. 그는 오로지 마르쿠스 푸리우스 카밀루스만 부럽게 생각했다. 카밀루스가 명예와 공로에 있어서 모든 사람을 압도하기 때문이었다. 또 카밀루스가 민간 업무이든 군사 업무이든 다른 사람들과는 비교가 안 될 정도로 우뚝한 권위를 인정받는 것도 못마땅했다. 만리우스는 카밀루스의 권위가 너무 높아서 똑같은 선거로 뽑힌 집정관급 정무관들을 동료로 대하는 것이 아니라 하인 부리듯 한다고 말했다. 사실 사태를 공정하게 파악해 볼 때, 만리우스 그 자신이 먼저 카피톨리움과 그 성채를 구해내지 않았더라면, 카밀루스는 조국을 침략자 갈리아 인들로부터 구원하지 못했을 텐데 이런 사실은 깡그리 무시되고 있다고 주장했다. 카밀루스는 로마가 갈리아 인들에게 황금을 약속하여 갈리아 인들이 평화를 희망하며 싸울 의지가 별로 없는 순간에 공격해 왔을 뿐이고, 완전 무장한 채 성채를 함락시키려던 갈리아 인들을 실제로 격퇴한 것은 만리우스 그 자신이었다는 것이다. 카밀루스의 영광은 상당 부분 그와 함께 승리를 거둔 병사들의 것이라면, 만리우스의 승리는 오로지 그 자신의 것으로 아무도 공유하지 못한다는 사실도 지적했다. 그는 이런 의견들을 피력하면서 자만심이 점점 커져갔다.

게다가 그는 충동적이고 고집스러운 성격적 결함까지 있었다. 그가 생각한 만큼 그의 능력이 원로원에서 평가를 받지 못하는 것을 보고, 그는 평민의 대의에 동참하는 최초의 귀족이 되었고 평민 행정관들과 운명을 함께하기로 결심했다. 귀족들을 비난하고 평민들의 편을 듦으로써 그는 합리적 양식보다는 대중의 여론이라는 물거품 위에서 둥둥 떠다녔다. 그는 자신의 명성이 근거 있는 기반 위에 쌓아올려지는 것보다는 어떻게 되었든 이름이 널리 알려지는 것을 더 좋아했다.

더욱이 호민관들이 소요를 일으키는 좋은 건수인 농지법의 주장으로

만 성에 차지 않아서, 만리우스는 부채 문제가 행동을 촉구하는 날카로 운 박차라고 생각하여 평민들의 부채에 대해서도 공격하기 시작했다. 부채 문제는 가난과 불명예를 위협했을 뿐만 아니라, 족쇄와 투옥의 위 협으로 자유민들을 공포에 떨게 했다. 실제로 시민들은 상당히 빚이 축 적되어 있었는데 ─ 그런 부채의 축적은 심지어 부자들에게도 위험한 것이었다 ─ 주로 토목건축 공사를 하다가 지게 된 것이었다. 볼스키 전 쟁은 그 자체만으로도 심각한 것인데 라틴 인과 헤르니키 인의 반란으 로 인해 더욱 심각해짐으로써, 좀 더 절대적인 권위의 수립을 주장하고 나설 수 있는 구실이 되었다. 그러나 원로원에게 독재관을 지명하라고 더 큰 압력을 넣은 것은 만리우스의 혁명적 계획들이었다. 그리하여 아 울루스 코르넬리우스 코수스가 독재관으로 선출되었고, 코수스는 티투 스 퀸크티우스 카피톨리누스를 사마관으로 지명했다.

12. 독재관은 국외보다는 국내에 더 큰 갈등이 도사리고 있다는 것 을 알았다. 하지만 그는 전쟁에 더 시급하게 대응해야 한다고 생각했고, 또 승리와 개선식이 그의 독재관 직위에 더 큰 힘을 실어준다고 보았다. 그리하여 독재관은 병력을 동원하여 폼프티눔 영토로 진군했는데, 볼 스키 군대가 그곳을 침략했다는 소문을 들었기 때문이다.

나는 이 역사서에 기록된 볼스키 인과의 끝없는 전쟁들을 읽고서 독 자들이 다소 피곤한 느낌이 들 것이라고 생각한다. 동시에 독자들은 나 와 마찬가지로 볼스키 인과 아이퀴 인은 그토록 많은 패배를 당하고서 어떻게 그토록 꾸준하게 병력을 동원할 수 있었느냐고 의문이 들 것이 다. 사실 나도 이 사건들과 거의 동시대인이었던 사람들이 써놓은 역사 서들을 검토하면서 그것이 의아했었다. 그러나 고대의 사람들이 이 문 제에 대하여 침묵하면서 지나갔으므로, 나는 스스로 짐작할 수 있는 것 을 가지고 대답을 할 수 있을 뿐이다.

전쟁과 전쟁 사이에 새로운 세대들이 자라나서 ─ 오늘날 로마인들의 징병이 그러하듯이 ─ 그들이 새롭게 터진 전쟁에 병사로 투입되었거나, 아니면 전쟁을 하는 도시 국가는 그대로이지만, 그들이 군대를 동원하는 부족은 늘 같은 부족이 아니라 교대로 동원되었을 가능성이 있다. 또는 오늘날에는 전혀 병력을 제공하지 못하고 로마의 노예─부랑자들이나 배회하는 사막 같은 땅이지만, 옛날에는 이런 땅에 많은 자유민들이 살았을 수도 있다. 아무튼 권위 있는 역사가들은 볼스키 인들이 최근에 카밀루스의 지휘 아래 엄청난 타격을 받았음에도 불구하고 대규모 군대를 동원했다고 동의한다. 또한 라틴 인과 헤르니키 인이 보낸 추가 병력도 있었고, 키르케이이에서 지원해온 부대, 더 나아가 벨리트라이에서 온 로마인 정착민들도 포함되어 있었다.

독재관은 도착 당일에 진영을 설치했고 그 다음 날 아침 길흉의 조점을 쳐본 후에, 희생제물을 바치면서 신들의 호의를 빌었다. 그는 병사들 앞에 나설 때 아주 좋은 기분을 느꼈다. 병사들은 이미 지시받은 대로 해 뜨자마자 무장을 하고서 공격 지시를 기다렸다.

독재관이 말했다. "병사들이여, 승리는 우리의 것이다. 신들과 신들의 뜻을 전하는 점술사들은 미래의 모든 일들을 알 수 있다. 따라서 열등한 군대와 곧 교전하기로 되어 있는, 자신감과 희망 넘치는 군대답게, 우리의 장창을 발밑에 내려놓고 우리의 오른손에 칼만 쥐고 있도록 하자. 나는 그 누구도 전열 앞으로 튀어나가기를 바라지 않는다. 여러분은 그 자리에 굳건히 서서 진지를 고수하고 적의 공격을 받아들여라. 적이 아무런 효과도 없이 투창이나 투석을 던진 후 여러분이 버티고 있는 진지로 공격해 오면 여러분의 칼을 휘둘러 적을 저지하라. 모든 병사는 신들이 로마 병사를 도와주고 있고 또 로마 병사를 전선에 투입할 때에는 신들이 언제나 그 병사와 함께한다는 것을 기억하라. 그대, 틴투스 퀸크티우스는 휘하의 기병대를 대기시켰다가 전투가 시작되는 첫 번째 신호를 주목하라. 우리의 전열이 지근거리에서 적과 백병전을 벌일 때, 바로 그 순간에 기병대를 투입하여 이미 우리 보병의 위세에 겁먹은 적을 더욱 겁먹게 만들어라. 그런 다음 적의 보병대 속으로 돌격하여 그 전열을 파괴하라." 기병대와 보병대는 독재관의 지시대로 싸웠다. 사령관은 휘하 군대의 신임을 배신하지 않았고, 운명은 사령관을 배신하지 않았다.

13. 대규모 적군은 로마 군의 보병과 포병의 전열을 살핀 후 그들의 숫자만 믿고서 무모하게 전투를 시작했고, 역시 무모하게 전열이 와해되었다. 그들은 전투의 함성 소리를 내지르고, 투창을 던지고, 전투의 첫 번째 돌격 때에만 용감했다. 그에 뒤이은 백병전과 진지 지키기에서, 분노로 번쩍이는 로마 군의 얼굴을 도저히 감당하지 못했다. 그들의 최전선은 뒤로 밀렸고 겁먹은 공포가 후방의 지원부대에까지 퍼져 나갔다. 이에 로마 군의 기병대가 돌격해오자 그들의 공포는 더욱 커졌다. 적의 대오는 여러 방면에서 붕괴되었고 대혼란이 벌어졌고 전열은 바다의 물결처럼 이리저리 흔들렸다. 그 후 최전방의 전열이 무너지자 적병은 자신이 살해될 차례임을 알고서 등을 돌려 달아났다. 로마 군들은 도망자들의 뒤를 바싹 쫓았다.

적들이 무기를 휴대한 채 밀집된 군중처럼 도망치는 한, 추격하여 살해하는 것은 로마 보병대의 몫이었다. 그러나 적이 무기를 내던지고 들판으로 넓게 퍼져나가면, 그때는 로마 기병 분대가 산개散開 작전을 시작하는 때이다. 기병대는 도망자 개개인을 죽이려고 하다가 도망치는 병력 상당수를 놓쳐서는 안 된다는 명령을 받아놓고 있었다. 기병대는 투창을 던져서 도망자들에게 겁을 주면서 그들의 도피를 가로막기만 하면 충분했다. 그런 식으로 도망자들의 앞길을 차단하면서 말을 달리고 있으면 로마 보병대가 다가와 그 도망자 무리를 일거에 살육해 버렸다.

도망과 추격은 밤이 될 때까지 멈추지 않았다.

같은 날 볼스키 진영은 함락되어 약탈당했다. 적의 자유민들[3]을 제외하고는 모든 약탈물이 병사들의 차지가 되었다. 포로들은 대부분 라틴 인과 헤르니키 인이었다. 그러나 포로 전원이 용병으로 참전 가능한 평민 출신만은 아니었다. 그들 중에는 고위직 귀족 청년들도 발견되었는데, 이는 볼스키 전쟁에 라틴 인과 헤르니키 인이 공식적인 지원을 했다는 명백한 증거였다. 일부 포로들은 키르케이이 출신이거나 벨리트라이의 로마 정착민 출신이었다. 그들은 전원 로마로 보내져 선임 원로원 의원들의 심문을 받았다. 이 심문에서도 포로들은 독재관에게 이미 했던 것과 똑같은 대답을 하면서 라틴 인과 헤르니키 인이 로마를 배신했다는 사실을 숨기지 않았다.

14. 독재관은 병력을 진영 내에 대기시키면서 원로원의 지시를 기다렸는데, 반란을 일으킨 부족을 상대로 전쟁을 하라는 지시가 내려올 것으로 확신했다. 그러나 원로원은 국내에서 더 심각한 문제가 발생하여 독재관을 로마로 소환했다. 로마에서는 소요 사태가 날마다 커져가면서 평소보다 더 큰 우려를 자아내고 있었다. 무엇보다도 그 소요의 장본인이 마르쿠스 만리우스였기 때문이다. 그는 이제 대중연설로만 선동하는 것이 아니라 직접 행동에 나섰는데, 평민들을 위한다는 구실 아래 혁명을 일으키려 했다. 그의 행동으로 보아 혁명을 획책하는 것이 분명했다.

이 무렵 군사적 공로가 많은 것으로 명성을 얻은 한 켄투리온(백인대장)이 부채를 갚지 않아 유죄판결을 받았다. 그가 체포되어 감옥으로 끌려가는 순간에 만리우스는 포룸 한가운데에서 지지자들에 둘러싸여 있

---

3 이들은 돈 받고 노예로 팔렸고 그 돈은 국고에 귀속되었다.

었는데 황급히 그에게 다가가 팔을 잡았다. 그러면서 만리우스는 원로원의 오만함, 대금업자의 잔인함, 평민들의 비참함, 그 켄투리온의 군공軍功과 불운에 대해서 한탄했다. 그가 소리쳤다. "그렇다면, 나의 오른손 같은 이 사람이 카피톨리움과 성채를 구한 것은 아무런 보람도 없는 일이었단 말인가? 내가 선량한 시민이며 동료 군인이 포로 신세가 되어 노예와 족쇄의 신분으로 추락하는 것을 지켜보아야만 한단 말인가? 마치 갈리아 인들이 우리의 정복자인 것처럼!"

그러자 만리우스는 사람들이 다 보는데서 그 빚을 갚아주고 저울과 청동의 의식[4]을 수행함으로써 그 켄투리온을 풀어주고서, 신들과 사람들에게 그의 해방자이며 로마 평민들의 아버지인 마르쿠스 만리우스에게 감사를 표시해 달라고 요청했다. 그 켄투리온은 곧 흥분하는 군중에 의해 둘러싸였고 그가 베이이, 갈리아, 그 후의 전쟁들에서 받았던 상처를 보여줌으로써 군중의 함성을 더욱 크게 했다. 그는 전투에 참가한 동안에 허물어진 집을 다시 지으려다 빚을 지게 되었는데 이 때문에 신세를 망쳤다고 하소연했다. 부채의 원금보다 몇 배나 많은 돈을 갚았음에도 불구하고 빌린 돈보다 쌓인 이자가 언제나 더 많았다는 것이었다. 그러면서 자신이 대낮의 환한 빛, 포룸, 동료 시민들의 얼굴을 다시 보게 된 것은 오로지 마르쿠스 만리우스의 은덕 때문이라고 말했다. 그로부터 부모한테서나 받을 은전을 받았으므로, 그에게 남아 있는 힘, 땀, 피를 모두 그에게 바치겠다고 맹세했다. 그를 조국과 조국의 신들과 가족에게 묶어놓았던 끈은 이제 오로지 만리우스 한 사람에게만 묶여 있다

---

4 판매 행위에 의하여, 채무자가 채권자의 소유물에서 자유인으로 신분이 바뀌었다는 것을 보여주는 상징적 의식으로, 채무자는 목격자들이 보는 앞에서 청동 한 조각으로 저울을 살짝 치는 행동을 가리킨다.

는 말도 했다.

이런 연설에 감동을 받아 군중은 이미 만리우스 한 사람에게만 이목을 집중시키고 있었다. 그러자 만리우스는 이미 계산해 놓았던, 좀 더 파괴적인 제안을 했다. 그는 자신의 재산의 알짜배기인 베이이 영토의 농장을 경매 방식으로 판매하겠다고 말했다. "그 목적은 나의 로마인 동료인 여러분 중 그 누구도 재판에서 유죄 판결을 받아서 노예로 끌려가지 않게 하려는 것입니다. 내 재산이 남아 있는 한 말입니다." 이 말은 군중의 열기에 더욱 기름을 부었고, 그들은 자유의 수호자를 위해서라면 그 대의가 옳든 그르든 무조건 복종하며 따라갈 준비가 되었다.

이에 더하여, 만리우스는 그의 집에서 대중을 향한 사자후보다 더 강력한 연설을 했다. 그것은 귀족들에 대한 비난으로 가득 찬 연설이었다. 그는 무모할 정도로 진실과 허위에 대해서는 따지지 아니하고, 귀족들이 갈리아 인들에게 주려 했던 황금을 감추어 두고 있다고 선언했다. 귀족들은 국가의 땅을 차지하는 것만으로는 성에 차지 않아서 국가의 돈마저 착복하려 한다고 비난했다. 만약 그 돈을 공공복지를 위하여 사용한다면 평민들은 부채로부터 해방될 것이라는 말도 했다. 평민들은 이런 희망찬 얘기를 듣게 되자 그들이 너무나 가혹한 대접을 받고 있다고 생각했다. 도시를 갈리아 인들로부터 구하기 위해 황금을 마련했을 때, 그건 결국 세금에 의해서 조달된 것이었다. 그런데 이제 적들의 손에 건너가지 않은 황금이 소수의 귀족들이 노략질한 꼴이 되어 버렸다. 그래서 평민들은 이런 훔쳐간 돈이 어디에 감추어져 있는지 알아야겠다고 요구하고 나섰다. 만리우스는 적당한 때가 되면 말해주겠다면서 평민들을 만류했다. 그러나 그 후 평민들은 모든 일을 제쳐놓고 오로지 그 황금만을 생각했다. 그래서 만리우스의 말이 사실로 드러나면 평민들은 한없는 고마움을 느낄 것이나, 만약 허위로 드러나면 역시 한없는 혐오감을 느낄 것이었다.

15. 이런 위기상황에서 독재관은 진중으로부터 소환되어 로마로 왔다. 도착 다음 날 독재관은 원로원에서 회의를 열었다. 그는 시민들이 자신을 지지한다는 것을 확인하고서 원로원 의원들에게 자리를 뜨지 말라고 당부한 후에, 다수의 원로원 의원들과 함께 코미티움(민회)으로 나와서 독재관용 쿠룰레 의자[5]를 설치하고 관리를 보내어 마르쿠스 만리우스를 데려오게 했다. 독재관의 명령으로 소환된 만리우스는 지지자들에게 이제 싸움이 시작되었다는 말을 전했고, 엄청난 군중을 대동하고 재판정에 출두했다. 한쪽에는 원로원 당이, 다른 한쪽에는 평민 당이 자리 잡고서 서로의 지도자들을 노려보았는데, 마치 전투에 돌입하기 직전의 두 군대 같았다. 독재관은 정숙해 달라고 요청한 뒤 입을 열었다.

"로마 원로원과 나는 여러 평민들과 함께 만리우스 당신에 관한 문제에 대하여 신속히 합의에 도달하기를 기원합니다. 그리하여 나는 만리우스 당신에게 하나의 요청을 하고자 합니다. 당신은 원로 귀족들이 감추어놓은 갈리아 인에게 주려 했던 황금을 가지고, 채권자에게 아무런 피해도 없이, 사람들이 진 빚을 다 갚아줄 수 있다고 제안했습니다. 나는 그런 제안을 가로막을 생각은 추호도 없습니다. 오히려, 마르쿠스 만리우스, 나는 당신이 로마 시민을 고리대금의 부담으로부터 해방시켜주고 또 탐욕스럽게도 공금을 횡령한 자들로부터 그 공금을 토해내게 해 달라고 간절히 부탁하고 싶습니다. 만약 당신이 그 훔쳐간 돈을 일부 차지했거나 혹은 그 정보가 근거 없는 것이어서, 그렇게 할 수가 없다면 나는 당신을 투옥하라는 명령을 내릴 것이고, 또 당신이 헛된 희망으로 군중을 선동하는 것을 앞으로 단 한순간도 용납하지 않을 것입니다."

---

5   고관용 특별 의자.

이에 대하여 만리우스는 독재관 임명이 볼스키 인을 겨냥한 것이 아님을 잘 안다고 답변했다. 볼스키 인들은 로마 귀족들이 편리할 때에만 적으로 둔갑하며, 또한 라틴 인과 헤르니키 인은 날조된 비난에 의하여 무장봉기로 내몰렸을 뿐이라고 지적했다. 따라서 독재관 임명은 만리우스 그 자신과 로마 평민들을 제압하기 위한 것임이 분명하다고 말했다. 이제 전쟁의 구실은 사라졌고 정부는 노골적으로 그(만리우스) 자신을 공격하고 나섰다. 독재관은 고리대금업자의 수호자가 되어서 평민을 억압하려 하고 있다. 만리우스가 높은 대중적 지지를 얻으니까 적절한 구실을 붙여서 그를 파괴하려는 것이다.

만리우스가 소리쳤다. "아울루스 코르넬리우스여, 당신과 원로원 의원들은 내 주위에 몰려든 군중이 성가시다고 생각합니까? 왜 그 군중을 나에게서 빼앗아가지 못합니까? 당신들 중 누구나 그렇게 할 수 있습니다. 친절한 행동을 하고, 보증을 서 주고, 동료 시민의 족쇄를 깨트려주고, 유죄 판결을 받아 투옥되려는 자를 풀어주고, 당신들의 남아돌아가는 돈으로 남들의 곤궁함을 덜어준다면 얼마든지 그렇게 할 수 있습니다. 그렇지만 내가 왜 당신들의 돈을 쓰라고 요구하겠습니까? 빌려준 원금에서 그동안 지불된 이자를 제외하고 남아 있는 돈이 있다면 그것만 받으라는 것입니다. 그러면 내 주위에 모여 있는 군중은 사라져서 당신들 주위에 군중이 없는 것과 똑같은 상황이 될 것입니다. 당신은 유독 왜 나만이 동료 시민들을 그렇게 걱정하느냐고 물을지 모릅니다. 그렇게 묻는다면, 왜 과거에 나만이 카피톨리움과 성채를 구한 유일한 사람이었느냐고 물었을 때와 똑같은 대답을 할 수 있을 뿐입니다. 나는 공동체를 위하여 내가 할 수 있는 모든 도움을 내놓았습니다. 나는 이제 그 도움을 개인들에게 내놓을 생각입니다. 갈리아 인에게 주려 했던 황금은 아주 간단한 문제인데 당신의 질문이 오히려 그것을 복잡하게 만들고 있습니다. 왜 당신은 이미 알고 있는 것을 묻습니까? 당신의 지갑을 순순히 내놓으면 될 텐데 왜 우리에게 그것을 털어가라고 요구합니까? 거기에 기만이 개입되어 있지 않다면 말입니다. 당신이 우리에게 당신의 계략을 폭로하라고 요구하면 할수록 당신은 빤히 쳐다보고 있는 우리에게 더 많은 연막을 피워 올리는 꼴이 됩니다. 따라서 내가 이렇게 당신의 노략질을 비난하기보다는 당신이 순순히 그것을 내어놓는 것이 더 좋을 것입니다."

16. 독재관은 본론에 충실하라고 지적하면서 만리우스가 자신의 주장을 입증할 수 있는 증거를 내놓든지, 아니면 국가를 무고하여 있지도 않은 절도 행위를 거짓 폭로한 범죄를 인정하든지 둘 중 하나를 선택하라고 요구했다. 만리우스가 그 요구에 아무런 대답을 하지 않자 독재관은 그를 투옥하라고 명령했다. 릭토르가 그를 체포하려는 순간, 만리우스는 이렇게 소리쳤다. "카피톨리움과 성채에 살고 계신, 최선이며 최고이신 유피테르, 여왕신 유노와 미네르바, 그리고 다른 신들과 여신들이여, 당신들의 수호자이며 보호자인 자가 이처럼 무도하게 적들의 손에 괴롭힘을 당하는 것을 보고만 계시렵니까? 갈리아 인들을 당신들의 신전으로부터 몰아낸 이 정의로운 오른팔이 족쇄와 사슬에 얽매이는 것을 보고만 계시렵니까?"

아무도 그의 수치스러운 곤경을 눈뜨고 보거나 귀 열고 들을 수가 없었다. 기존의 권위에 승복할 자세가 되어 있는 시민들은 절대로 범해서는 안 되는 행동에 대해서 잘 알고 있었는데, 독재관의 명령에 대하여 호민관들이나 평민들 자신이 감히 눈을 부릅뜨고 쳐다보거나 입을 열어 제지할 수가 없었다. 그러나 만리우스가 투옥된 이후에 상당히 많은 사람들이 상복을 입었고 남자들은 머리와 수염을 길렀으며, 슬퍼하는 군중들이 감옥 입구에 모여서 웅성거렸다. 이것은 널리 알려진 사실이다.

독재관은 볼스키 인들을 상대로 승리를 거두고 개선식을 거행했으나 그것은 영광보다는 더 많은 비난을 가져왔을 뿐이었다. 군중들은 그가 전장에서 그런 승리를 거둔 것이 아니라 로마 시민들을 상대로 국내에서 그런 승리를 거두었다고 중얼거렸다. 그의 오만한 개선식에서 한 가지 결핍된 것이 있다면, 그의 전차 앞에서 걸어가는 마르쿠스 만리우스가 없다는 사실이라고 비아냥거렸다.[6]

이 무렵 상황은 노골적인 내전으로 번질 기세였고, 그리하여 원로원은 사태를 진정시키기 위하여 아무도 요구하지 않았는데도 자발적으로 위무 조치를 내렸다. 그것은 2천명의 로마 시민을 사트리쿰으로 보내 식민지를 건설한다는 계획이었다. 시민 각자에게는 2.5 유게룸[7]의 땅이 배정되었다. 그러나 이 조치는 불충분한 인원에게 주어진 아주 빈약한 선물에 불과했고 또 만리우스를 배신한 선물처럼 보였으므로, 이 조치는 오히려 소요를 더욱 악화시켰을 뿐이다. 이제 만리우스를 따르는 무리들은 음산한 복장에다 비난받는 사람의 슬픈 표정을 지으며 노골적인 행동을 하고 나섰다. 개선식 이후에 독재관이 사임하자 그들의 공포는 사라졌고, 그리하여 그들의 혀와 정신은 제멋대로 돌아갔다.

17. 그래서 평민들에 대한 비난이 노골적으로 터져 나왔다. 그들의 수호자를 열성적으로 지지하면서 까마득한 높이까지 들어올렸다가 그 다음에 위기의 시기가 닥쳐오면 모른 체한다는 것이었다. 평민들에게 토지를 나눠주자고 제안했다가 파멸당한 스푸리우스 카시우스[8]도 그랬고, 자기 돈을 풀어 동료 시민들의 굶주림을 덜어주려 했던 스푸리우스

---

6   로마 장군의 개선식에서, 적의 포로 중 가장 유명한 자를 장군의 개선 전차 앞에서 걸어가게 했다.
7   1 유게룸은 3분의 2 에이커.
8   참조 2권 41장.

마일리우스[9]도 그랬다는 것이다. 이제 마르쿠스 만리우스에게도 같은 일이 벌어졌다. 부채의 늪에 깊숙이 빠진 평민의 일부를 늪에서 꺼내어 빛과 자유의 땅으로 올려놓은 일로 그의 적들에게 만리우스가 당할 때에 평민들은 그를 배신해 버린 것이었다. 평민들은 선호하는 사람들을 먼저 살찌게 하고서 그 다음에는 잡아먹었다.

이것이 전에 집정관이었던 만리우스가 독재관의 명령에 복종하지 않는다면서 당해야만 하는 운명인가? 설령 전에 그가 거짓말을 했고 그렇기 때문에 대답을 못 했다고 치자. 어떤 노예가 거짓말 때문에 투옥된 적이 있었는가? 사람들은 거의 영원이 되어버릴 뻔한 그날 밤, 로마라는 이름이 말살되어버릴 뻔한 그날 밤을 기억하지 못하는가? 사람들은 타르페이아 암벽을 기어오르던 갈리아 병사들의 대열을 기억하지 못하는가? 사람들은 이미 보지 않았는가. 무장한 마르쿠스 만리우스가 혈혈단신으로 오로지 그의 땀과 피만으로 적들과 맞선 장면을? 그는 비유적으로 말하자면 적들의 손으로부터 유피테르 그 자신을 구하지 않았는가? 조국을 구한 자에 대한 그들의 감사 표시가 겨우 밀가루 반 파운드란 말인가?[10]

로마 시민들은 거의 신으로 여겼던 인물, 또는 별명이 카피톨리움의 유피테르와 같은 사람을 족쇄로 묶어 투옥시켜서, 간수의 변덕에 따라 어둠 속에서 힘들게 숨을 쉬도록 내버려 둘 생각이란 말인가? 오직 한 사람이 그토록 많은 사람을 구했는데, 이제 그 한 사람을 위해 저 많은

---

9   참조 4권 13장.
10 유피테르를 구제했다는 것은 카피톨리움의 함락을 막아서 유피테르 신상을 지켰다는 뜻이고, 만리우스의 그런 공로를 인정하여 각 병사들은 그들이 갖고있던 비상식량 중 밀가루 반 파운드를 만리우스에게 기증했다. 만리우스는 이 공로로 카피톨리누스라는 별명을 얻었다. 참조 5권 47장.

사람들 중에 도움을 줄 사람이 없다는 말인가? 그 무렵 해가 져서 주위는 어두워지고 있었지만 군중은 서 있던 자리에서 해산하려 하지 않고 감옥으로 쳐들어가서 감옥을 부숴버리자고 위협했다. 그리하여 그들이 막 만리우스를 힘으로 꺼내려는 행동에 나서려는 순간에, 만리우스는 원로원의 포고에 의하여 석방이 되었다. 그러나 이런 조치조차도 소요 사태를 종식시키지 못했고 오히려 그 사태에 지도자를 제공했을 뿐이었다.

이 무렵에 라틴 인과 헤르니키 인, 그리고 키르케이이와 벨리트라이의 식민지 정착자들이 로마를 찾아와서 볼스키 전쟁에 가담했다는 혐의를 벗어버리고 또 그들의 포로를 그들의 법에 의해 처벌할 수 있도록 그 포로를 풀어 달라고 요청했다. 그러나 이들은 가혹한 답변만 들었을 뿐인데 특히 식민지 정착자들은 더 심한 대답을 들었다. 그들은 로마의 시민이면서도 조국을 공격하려는 끔찍한 계획을 세웠기 때문이다. 따라서 그들의 포로는 석방되지 않았을 뿐만 아니라, 라틴 인과 헤르니키 인들은 받지 않은 비난마저도 받았다. 원로원은 그들에게 포고를 내려서 빨리 도시를 떠나서 로마 시민들의 눈 앞에서 얼씬거리지 말라고 명령했다. 사절의 권리는 자국민이 아니라 외국인에게만 부여되는 것이므로, 그들은 그런 보호를 받을 수 없다는 것이었다.

18. 만리우스가 시작한 반란은 그해(기원전 384년) 말에 다시 터져 나왔다. 그해 말에는 집정관급 정무관 선거가 개최되어 세르비우스 코르넬리우스 말루기넨시스(2선), 푸블리우스 발레리우스, 포티투스(2선), 마르쿠스 푸리우스 카밀루스(5선), 세르비우스 술피키우스 루푸스(2선), 가이우스 파피리우스 크라수스, 티투스 퀸크티우스 킨킨나투스(2선) 등이 선출되었다. 이해(기원전 384년)의 초반기에는 국외에 평화가 정착되어 귀족이나 평민이나 모두 만족스럽게 생각했다. 평민들은 전쟁에 동원될

일이 없는데다 고리대금업의 족쇄를 쳐부술 수 있는 강력한 지도자를 옹립했으므로 희망을 품었다. 귀족들은 도시의 골칫거리에 대하여 해결안을 찾아야 하는데, 그것을 방해하는 외부의 위협이 없는 것을 상서롭게 여겼다. 귀족과 평민 양측은 더욱 힘차게 그들의 입장을 고수했고 이제 양측 사이에 전투가 벌어질 시간이 가까이 다가왔다.

만리우스는 실제로 평민의 지도자들을 그의 집으로 초대하여 밤낮없이 그 지도자들과 혁명 계획을 논의했다. 이제 그는 전보다 더 화를 내고 또 과감해져 있었다. 원래 모욕에 익숙하지 않은 사람이 최근에 그런 모욕을 받고 보니 분노가 아주 깊어졌다. 또 독재관조차도 퀸크티우스 킨킨나투스가 스푸리우스 마일리우스를 다룬 것처럼,[11] 그 자신을 다루지 못한다는 것을 알고서 더욱 용감해졌다. 독재관은 그를 투옥시킨 후 그 자리를 사임함으로써 평민의 씁쓸한 분노를 겨우 피했고, 심지어 원로원도 평민의 분노를 더 이상 감당하기 어렵다고 판단하지 않았던가. 그는 이런 생각에 고무되기도 하고 또 분노를 느끼기도 하면서 이미 그의 편으로 기울어져 있는 평민의 감정을 교묘하게 조종했다.

그가 물었다. "당신들은 언제까지나, 당신들의 힘을 의식하지 못하고 살아가려는 것입니까? 심지어 짐승들조차도 자연이 부여해 준 그 힘을 알고 있는데 말입니다. 먼저 당신들의 숫자를 헤아려보고 적들의 숫자를 세어보십시오. 단 하나의 후원자 주위에 많은 사람들이 몰려 있는 것처럼, 이제 당신들은 단 하나의 적을 둘러싸고 있습니다. 만약 당신들이 그들을 상대로 일대일로 대적한다면, 당신들은 그들이 평민을 지배하기 위해 싸우려는 것보다 훨씬 더 강하게 자유를 위해 싸울 수 있을 것입니다. 단지 전쟁을 할 것처럼 꾸미기만 한다면 당신들은 평화를 갖게

---

11 참조 4권 14장.

될 것입니다. 당신들이 난폭한 행동을 저지를 것 같은 모습을 그들에게 보여주면 그들은 저절로 당신들의 몫을 내어줄 것입니다. 우리는 단 한 번의 과감한 행동을 위하여 뭉쳐야만 합니다. 만약 우리가 뿔뿔이 흩어진다면 모든 악으로부터 고통을 당할 것입니다.

당신들은 언제까지 나만 쳐다보고 있을 겁니까? 나는 여기에 있고 당신들을 배신하지 않을 겁니다. 하지만 당신들은 운명이 나를 배신하지 않도록 돌보아주어야 합니다. 당신들의 수호자인 나는 적들의 변덕에 따라 갑자기 추락했고, 당신들은 당신들 각자의 투옥을 막아주었던 사람이 감옥으로 끌려가는 것을 보았습니다. 나의 적들이 다시 한 번 나를 음해하려 한다면 나는 무엇을 기대할 수 있겠습니까? 내가 카시우스나 마일리우스 같이 비참하게 끝나버려야 하겠습니까? 당신들이 그런 처사에 혐오감을 표시하는 것은 잘한 일입니다. 신들은 그런 일을 예방해 줄 것이지만, 나 때문에 하늘에서 내려오지는 않을 것입니다. 신들은 당신들에게 그것을 막아낼 영감을 주어야 합니다. 내가 신들의 영감을 받아 군인 겸 시민으로서 여러분을 적들의 야만성과 동료 시민들의 오만함으로부터 구해야 한다는 깨달음을 얻게 된 것처럼 말입니다.

이처럼 많은 사람들에게 그처럼 기백이 없어서 호민관들이 당신들에게 해주는 것으로 충분하다고 생각하는 것입니까? 원로원 의원들과의 투쟁은 그들이 당신들을 지배하는 범위를 어느 정도 축소시키는 것으로 만족하려는 것입니까? 물론 이것은 당신들의 자연스러운 성품은 아닙니다. 당신들은 습관의 노예가 되었을 뿐입니다. 당신들은 외국인에 대해서는 우월감을 가지고 있어서 그들을 지배하는 것이 적절하다고 생각합니다. 그건 왜 그렇습니까? 당신들이 외국인들을 상대로 하여 지배하는 권력을 쟁취하는데 익숙해져 있기 때문입니다. 반면에 원로원과 상대할 때 당신들은 자유를 얻으려는 시도만 할 뿐, 그것을 수호하는 데에는 익숙하지 않습니다. 사정이 그렇기는 하지만, 지금까지 당신들이 모셔온 지도자들과, 당신들의 성품 덕분에 지금껏 당신들은 무력에 의한 것이든 좋은 행운에 의한 것이든 당신들이 추구한 만큼 얻을 수 있었습니다.

그런데 이제 좀 더 큰 것을 시도해야 할 때가 왔습니다. 당신들의 좋은 행운과, 당신들이 이미 그 성공 사례를 목격한 나 자신을 활용하여 한 번 시도해 보십시오. 귀족의 통치에 저항하는 것[12]보다 귀족들을 직접 통치하는 것이 한결 쉽다는 것을 발견하게 될 겁니다. 독재관 제도와 집정관 제도는 반드시 타파되어야 하고, 그래야 로마의 시민들이 머리를 꼿꼿이 들고 살아갈 수 있습니다. 그러니 나를 따르고 부채에 관한 법적 소송을 중지하십시오. 나로서는 나 자신을 평민의 후원자로 선언하겠습니다. 이 호칭은 나의 성실성과 여러분의 이해사항에 대한 관심에 의해 획득한 것입니다. 만약 여러분이 여러분의 지도자에게 더 높은 권위와 명예의 호칭을 기꺼이 부여하기를 바란다면, 여러분은 그가 여러분이 얻기 원하는 바를 더 잘 가져다준다는 것을 발견하게 될 것입니다."

이것은 만리우스가 왕권에 도전한 첫 시작이라고 말들 한다. 하지만 그가 누구와 계획을 모의했고 그 계획이 얼마나 진행되었는지에 대해서는 분명한 기록이 전해지지 않는다.

19. 한편 원로원은 평민이 한 개인의 집 — 그것도 공교롭게 성채에 위치한 집 — 에 몰려가는 현상과, 그것이 자유에 미치는 중대한 위협을 논의했다. 대부분의 의원들은 세르빌리우스 아할라[13] 같은 인물이 필요

---

12 기원전 494년, 평민들의 근무 이탈 사태로 호민관 제도를 창설한 것을 말함. 참조 2권 33장.
13 독재관 킨킨나투스의 사마관으로, 기원전 439년 체포를 거부하는 스푸리우스 마일리우스를 칼로 찔러 죽였다. 참조 4권 14장.

하다고 주장했다. 그 단 한 명의 개인을 투옥시켜 공공의 적을 화나게 만드는 것도 두려워하지 않을 뿐만 아니라 그 개인을 처단하여 국내의 소요사태를 일거에 종식시킬 필요가 있었다. 원로원 의원들은 겉보기에는 온화하게 보이지만 실제로는 독재관의 명령처럼 가혹한 조치를 취하기로 합의를 보았다. 다시 말해, 행정관들은 국가가 마르쿠스 만리우스의 파괴적인 계획들로부터 피해를 보지 않도록 비상대권을 발동하기로 한 것이다. 그러자 집정관급 정무관들과 호민관들 - 이들도 원로원의 권위에 승복했는데 모든 사람에게 동등한 자유가 허용된다면 그들의 권력도 끝장나버린다는 것을 알았다 - 은 어떤 조치를 취할 것인지 논의했다. 그러나 그 누구도 폭력과 유혈 사태 이외에는 해결안을 내놓지 못했다.

그러자 호민관들인 마르쿠스 메네니우스와 퀸투스 푸블리우스가 자리에서 일어서서 말했다. "왜 우리는 국가 대對 일개 유해한 시민 간의 갈등을 국가 대 평민 간의 갈등으로 몰아가고 있습니까? 왜 우리가 그를 공격하는 데 있어서 평민을 개입시킵니까? 평민의 이름으로 그를 공격하는 것이 훨씬 안전하며 그리하여 그는 그 자신의 힘의 무게로 쓰러져버릴 것입니다. 우리는 그를 재판에 회부할 생각입니다. 왕정처럼 대중에게 인기 없는 제도도 없습니다. 군중이 지금의 갈등은 그들을 상대로 하는 것이 아니라는 사실을 깨닫게 된다면, 그들은 그자의 지지자에서 심판관으로 바뀔 것입니다. 그러면 그들은 귀족들은 피해자이고 평민이 그자를 기소하는 검사가 되어야 한다고 생각할 것입니다. 그리고 그자는 왕정을 세워서 왕이 되려고 한 자라고 고발되어야 합니다. 평민은 아무리 그자를 좋아한다고 하더라도 그들의 자유를 빼앗으려는 자임을 안다면 더 이상 그를 따르지 않을 것입니다."

20. 참석한 사람들은 모두 찬성했고 만리우스는 재판에 회부되었다.

이 조치가 평민들에게 가져온 첫 번째 효과는 아주 혼란스러운 것이었다. 특히 피고가 상복 차림이었는데도 원로원 의원이나 친척과 친지들, 그리고 심지어 그의 형제인 아울루스 만리우스와 티투스 만리우스도 따라오지 않는 광경을 보고서 크게 놀랐다. 왜냐하면 전에는 어떤 사람이 이런 위험한 상황에 놓이게 되면 가장 가까운 사람들이 상복을 입고서 그의 주위에서 따라오지 않는 경우가 없었기 때문이다. 사람들은 아피우스 클라우디우스가 투옥되었을 때 그의 적인 가이우스 클라우디우스[14]와 온 클라우디우스 가문 사람들이 상복을 입었던 전례를 기억했다. 사람들은 만리우스가 평민을 위하여 귀족을 배신한 첫 번째 인물이기 때문에 이 평민의 친구를 억압하려는 음모가 꾸며졌다고 생각했다.

마침내 재판일이 도래했다. 그러나 나는 권위 있는 역사서들을 참고해 봐도 피고가 왕권을 노렸다는 혐의와 관련하여 원고가 구체적으로 어떤 주장을 내놓았는지 발견하지 못했다. 단지 평민들이 모였고, 선동적인 말들이 오갔고, 만리우스가 돈을 선물로 주었고, 근거 없는 비난을 했다는 사실만 기록되어 있었다. 나는 이런 사실들이 설득력 있다는 것을 의심하지 않는다. 평민이 그를 유죄 처분하기를 망설인 것은 혐의 내용보다는 재판 장소 때문이었다.[15]

그런데 여기서 한 가지 주목해야 할 사항이 있다. 만리우스가 카피톨리움에서 올린 군공은 위대한 것이었지만, 왕권에 대한 악명 높은 욕심 때문에 그 군공은 이제 인기가 없어졌을 뿐만 아니라 증오스러운 것이 되어버렸다. 만리우스는 자신을 변호하기 위하여 그가 이자 없이 돈을 빌려준 사람이 근 4백 명이라고 말하면서, 그렇게 함으로써 그들의 가

---

14 이 사람은 아피우스 클라우디우스의 아저씨이거나 형제일 것으로 추정된다. 참조 3권 58장.
15 재판 장소는 캄푸스 마르티우스인데 이곳에서는 카피톨리움이 보였다.

재도구가 팔려나가고 그들 자신이 채권자에게 노예로 넘겨지는 것을 막아주었다고 주장했다. 그 외에 그는 자신의 군사적 업적을 제시했다. 그는 그 업적을 일일이 열거했을 뿐만 아니라 그 증거를 내놓았다. 그가 죽인 적군 병사 30명에게서 빼앗아온 노획물, 현지 사령관으로부터 받은 약 40점의 훈장 등이었는데, 그 중에서도 특히 눈에 띄는 것은 성벽 영관樂冠 2점과 공민 영관 8점이었다.[16]

이어 그가 적들로부터 구해준 시민들이 제시되었는데 그 중에는 사마관인 가이우스 세르빌리우스도 들어 있었다. 이 사마관은 재판정에는 나오지 않았다. 마지막으로, 일종의 클라이맥스로서 그는 자신의 군사적 업적을 자신의 행위 못지않게 찬란한 언어로 상세하게 알리는 연설을 했다. 그는 전투의 상처들로 얼룩진 자신의 맨살 가슴을 드러냈고, 카피톨리움을 올려다보면서 유피테르와 다른 신들에게 그의 운명을 도와 달라고 거듭하여 호소했다. 그는 신들에게 그가 이처럼 위태로운 시간에 로마 시민들에게 영감을 내려 달라고 기원했다. 그가 로마 시민들의 안전을 위하여 카피톨리움 언덕을 수호했을 때 내려 주었던 그런 영감을 내려 달라고 했고, 그의 청중들에게는 카피톨리움과 성채에 시선을 고정시켜 달라고 애원하면서, 그들이 그에 대한 판결을 내릴 때에는 영원불멸의 신들을 생각해 보라고 호소했다.

켄투리아들이 사람들을 캄푸스 마르티우스로 불러내어 민회를 구성하려 할 때, 피고는 카피톨리움 쪽으로 양손을 내밀면서 그의 기도 방향을 사람들에게서 신들 쪽으로 바꾸었다. 그러자 집정관급 정무관들은 이런 판단을 내렸다. 사람들이 만리우스의 영광스러운 과거 업적으로

---

16 성벽 영관은 적의 성벽을 제일 먼저 기어 올라간 병사에게 수여되고, 공민 영관은 동료 시민을 구해준 사람에게 수여된다.

부터 시선을 돌리지 못한다면, 그들이 그 업적으로부터 입은 은혜에 정신이 팔린 나머지 만리우스 범죄의 중차대한 현실을 제대로 인식하지 못할 것이었다. 그래서 그들은 재판 날짜를 연기했고, 민회를 소집하는 장소도 카피톨리움이 언덕이 보이지 않는 강π의 성문[17] 밖에 있는 페텔리눔 숲으로 정했다.

거기서 만리우스의 혐의는 입증되었고 사람들은 강철 같은 마음으로 아주 엄혹한 선고를 내렸는데 그것을 선고하는 사람들조차도 고통을 느낄 정도였다. 일부 권위 있는 역사서들에 의하면, 만리우스는, 대역죄 사건을 조사하기 위해 임명된 특별 관리인 두움비르에 의해 유죄 판결을 받았다고 한다.[18]

집정관급 정무관들은 타르페이아 암벽 가장자리에서 만리우스를 허공으로 떠밀어서 추락사시키라고 명령했다. 그리하여 그 암벽은 한 사람이 거둔 최고의 영광의 장소인가 하면, 그가 저지른 범죄에 대하여 최고의 중형으로 갚은 장소가 되었다.[19]

그의 사망 이후 그의 이름에는 불명예의 표시가 부착되었다. 공식적 성격의 표시는, 투표에 의해 결정되었는데 귀족은 성채나 카피톨리움에 주거지를 정해서는 안 된다는 것이었다. 만리우스의 집이 현재의 유

---

17 혹은 플루멘타나 성문이라고도 하는데 카피톨리움과 아벤티누스 언덕 사이에 있는 성벽의 한 지점이며 테베레 강에서 가깝다.
18 두움비르(duumvirs)는 왕의 이름으로 대역죄를 다루는 특별 검사인데 툴루스 호스틸리우스 왕 시절에 푸블리우스 호라티우스의 대역죄를 심리할 때 처음 등장했다. 참조 1권 26장.
19 타르페이아 바위는 카피톨리움 언덕 서남쪽 구석에 있는 높은 바위인데 대역죄를 저지른 범죄자들을 여기서 아래로 내던져 추락사시켰다. 타르페이아는 로마 요새의 사령관인 스푸리우스 타르페이우스의 젊은 딸로서, 로마가 사비니 인들과 전쟁을 할 때, 사비니 인의 황금 팔찌가 탐나서 로마를 배반하려다가 오히려 사비니 인들에게 압살당한 매국노였다. 참조 로마사 1권 11장. 따라서 타르페이아 바위는 매국노를 살해하는 바위라는 뉘앙스를 갖고 있다.

노 모네타 신전 겸 동전 주조소鑄造所의 자리에 있었기 때문이다.[20] 또다른 불명예의 표시는 만리우스 가문에서 나왔다. 이 가문은 앞으로 태어날 아이에게 마르쿠스 만리우스라는 이름을 붙이지 말라는 가훈을 남겼다.[21]

그가 자유로운 국가에 태어나지 않았더라면 오래 기억되었을 사람이 이처럼 비참한 최후를 맞이했다. 오래지 않아 사람들은 그의 좋은 점들만 기억했다. 사망으로 인해 만리우스로부터 직접적인 위험이 가해질 일이 없었기 때문에, 그의 좋은 점들이 사라진 것을 아쉬워했다. 게다가 그 사건 직후에, 아무런 뚜렷한 이유도 없이 전염병이 터졌는데, 대부분의 사람들이 만리우스의 처형 때문에 이런 재앙이 찾아왔다고 생각했다. 카피톨리움은 그 신전을 구한 자의 피로 오염이 되었고 ─ 사람들은 이렇게 말했다 ─ 적들의 더러운 손으로부터 신들을 지킨 자가 신들의 목전에서 처형을 당한 것에 대하여 불쾌하게 생각했다는 것이었다.

21. 전염병 뒤에는 기근이 따라왔다. 그 다음 해(기원전 383년) 이 두 가지 재앙의 소식이 국외로 전해지자, 여러 전선에서 전투가 벌어졌다. 집정관급 정무관은 루키우스 발레리우스(4선), 아울루스 만리우스(3선), 세르비우스 술피키우스(3선), 루키우스 루크레티우스(3선), 루키우스 아이밀리우스(3선) 등이었다. 로마의 병사들에게 끊임없는 실전 훈련을 제공하는 운명인 듯한 볼스키 인이 준동했고, 오래전부터 음모를 획책해 왔던 키르케이이와 벨리트라이의 식민지들도 쳐들어올 생각을 했으며, 이미 의심을 받아왔던 라틴 인들은 새로운 적으로 등장하여 갑자기 무장

---

20 유노 모네타 신전은 기원전 345년에 루키우스 푸리우스 카밀루스가 건설하겠다고 맹세한 것으로서 기원전 344년 6월 1일에 봉헌되었다. 이 신전에서 동전을 주조했다. 참조 7권 28장.
21 실제로 후대에 마르쿠스 만리우스라는 이름을 가진 로마 귀족은 알려진 바가 없다.

반란을 일으켰다. 여태까지 전적인 충성을 바쳐왔던 도시인 라누비움의 사람들도 로마에 맞서 전쟁을 하겠다고 나섰다. 로마의 시민들인 트라이의 반란이 아무런 처벌도 받지 않는 것을 보고서 이 도시는 로마를 우습게 여겼다. 그리하여 원로원은 이들에 대하여 가능한 한 빨리 전쟁을 선포하자는 제안을 평민 앞에 내놓았다. 이 전쟁에 평민들을 신속하게 동원하기 위하여 원로원은 폼프티눔 땅의 분할을 주관하는 위원 5인을 임명했고 또 네페테 식민지를 운영할 위원 3인도 함께 임명했다. 이해는 주로 전쟁 준비에 주력했고 로마 군은 전염병 때문에 출병하지 않았다.

이처럼 정벌전이 지연되자 식민지 정착민들은 원로원의 용서를 구하는 시간을 벌 수 있었다. 실제로 정착민들 중 대다수가 로마에 사절을 보내어 승복을 맹세하는 것이 좋겠다고 생각했다. 그러나 종종 그러하듯이, 도시 전체의 위험은 개인의 위험과 밀접하게 연결되어 있었다. 그리하여 로마에 반기를 들었던 그 도시의 주모자들은 그들 자신만이 그 범죄의 책임자로 지목되어 로마의 분노에 희생 제물로 바쳐지는 것을 두려워하여 로마에 평화를 호소하자는 제안에 등을 돌렸다. 이들은 고향 도시의 민회에 사절 파견을 반대하는 것으로 그치지 않았다. 그들은 다수의 평민들을 선동하여 로마 영토를 약탈하도록 사주했고 이런 새로운 모욕적 행위는 평화의 희망에 종지부를 찍었다. 이해에 프라이네스테 사람들도 반란을 일으켰다는 보고가 처음으로 들어왔다. 프라이네스테 사람들로부터 국경을 공격받은 투스쿨룸 인, 가비니 인, 라비카니 인이 이들을 고발하는 보고서를 로마에 보내왔을 때, 원로원은 아주 미지근한 답변을 했다. 로마 원로원은 그런 비난이 사실이 아니기를 바랐기 때문에 좀처럼 그것을 믿으려 하지 않는다는 것이 분명했다.

22. 그 다음 해(기원전 382년), 새로운 집정관급 정무관인 스푸리우스와 루키우스 파피리우스는 군대를 움직여 벨리트라이를 치러 갔다. 네

명의 동료 집정관급 정무관인 세르비우스 코르넬리우스 말루기넨시스 (3선), 퀸투스 세르빌리우스, 가이우스 술피키우스, 루키우스 아이밀리우스(4선)는 뒤에 남아 도시를 방어하고 에트루리아에서 보고가 들어오는 새로운 군사적 움직임에 대비하기로 되었다. 에트루리아 지역에서 벌어지는 일은 모든 것이 의심의 대상이었다. 벨리트라이 근처에서 로마 군은 적군을 패배시켰다. 적군은 프라이네스테에서 파견나온 지원군의 숫자가 그 도시의 식민 정착자들의 전체 숫자보다 더 많았다. 하지만 그 도시가 아주 가까운 곳에 있었으므로 적군은 곧 퇴각하면서 그 도시를 유일한 도피처로 삼았다. 집정관급 정무관들은 그 도시를 공격하는 것을 삼갔다. 공격이 성공을 거둘 수 있을지 확신할 수 없는 데다 전투를 끝까지 밀어붙여서 그 식민지를 완전 파괴해 버려서는 안 된다고 생각했기 때문이다.

두 집정관급 정무관이 로마에 보낸 보고서는 전투의 승리를 보고하면서, 동시에 벨리트라이 사람들보다는 프라이네스테에서 온 지원군들을 아주 강하게 비판했다. 그 결과 원로원의 결의와 민회의 권고로 프라이네스테 사람들에 대한 전쟁이 선포되었다. 그들은 볼스키 인과 힘을 합쳤고, 그 다음 해에는 로마의 식민지인 사트리쿰을 공격했다. 그 도시의 식민 정착자들이 완강하게 저항했음에도 불구하고 그들은 기습 공격을 감행하여 도시를 함락시켰고, 포로들을 무자비하게 다루는 등 승자의 권한을 남용했다. 이러한 사태 발전에 로마인들은 격분했고 즉각 마르쿠스 푸리우스 카밀루스를 여섯 번째로 집정관급 정무관에 임명했다. 그의 동료로는 아울루스와 루키우스 포스투미우스 레길렌시스, 루키우스 푸리우스, 루키우스 루크레티우스, 마르쿠스 파비우스 암부스투스 등이 선출되었다.

볼스키 인을 상대로 전쟁을 수행하는 책임은 특별 임명에 의하여 카밀루스에게 돌아갔다. 그리고 나머지 집정관급 정무관들 중 추첨에 의하여 루키우스 푸리우스가 그의 차석으로 임명되었다. 이 차석 임명은 공공의 이익에 도움이 되기보다는 카밀루스의 명성을 더욱 높여주는 계기가 되었다. 루키우스 푸리우스의 무모한 행동 때문에 악화된 상황을 카밀루스가 원상 회복시켜 그의 능력을 다시 한 번 증명했을 뿐만 아니라, 푸리우스의 실책을 카밀루스가 자신의 영광을 높이는데 사용한 것이 아니라 푸리우스의 감사를 얻어내는데 활용했기 때문이다.

카밀루스는 이제 나이가 아주 많았고, 자신이 집정관급 정무관으로 선출되자 건강이 나쁘다는 이유로 취임을 거부하려 했다. 그러나 평민의 만장일치 합의가 있었으므로 그는 마지못해 취임했다. 그러나 평소 강건한 체격 덕분에 그의 기개는 아주 활발하게 살아 있었고 판단력은 전과 다름없이 예민했다. 그는 정치에는 별로 관심이 없었으나 전쟁에 대해서는 깊은 흥미를 느꼈다. 각각 4천 병력으로 구성된 4개 군단이 조직되었고, 로마 군은 그 다음 날 에스퀼리아이 성문에서 집결하도록 명령이 내려갔다. 이어 카밀루스는 사트리쿰 식민지를 향하여 진군했다. 그 도시에서는 정복자들이 전혀 겁먹지 않고 그의 도착을 기다리고 있었다. 적은 그들의 엄청난 수적 우위를 단단히 믿고 있었다. 적은 로마 군이 다가오는 것을 목격하자마자 전투 대열을 형성하고 승패를 결정하는 전면전을 감행하려는 의도를 드러냈다. 이렇게 수적으로 우세한 군세를 일거에 밀고나가 로마 군의 수적 열세를 파고들면 저명한 로마 군 사령관의 지략도 별 뾰족한 수가 없을 것이라고 적은 판단했다. 사실 로마 군은 사령관의 지략에만 희망을 걸고 있는 약체라고 생각했던 것이다.

23. 로마 군 또한 적군 못지않게 초조했고, 부 사령관 루키우스 푸리우스는 특히 그러했다. 카밀루스의 신중함과 권위가 없었더라면 로마 군은 즉각적인 전면적 위험을 피해가지 못했을 것이다. 카밀루스는 교

전을 가능한 한 지연시킴으로써 전략적 우위를 차지할 수 있는 기회를 노렸다. 그러자 적은 로마 군이 겁먹은 줄 알고 더욱 강하게 밀고 나왔다. 그들은 더 이상 병력을 그들의 진지 앞에 전개하는 것에 만족하지 않고, 탁 트인 들판 한가운데까지 행군하는가 하면, 심지어 로마 군의 보루 바로 앞까지 밀고 나와 그들의 강한 군세를 과시하는 오만한 행군을 해보였다. 로마 병사들은 그런 광경을 보고서 격분했고, 부 사령관 루키우스 푸리우스 또한 분노를 감추지 못했다. 그는 젊은데다 성격이 괄괄한 만큼 성급하고 충동적이었으며 그런 기질은 병사들의 교전 희망 때문에 더욱 강력하게 불타올랐다. 하지만 병사들이 그처럼 열정적으로 교전을 바라는 데에는 아무런 합리적 근거가 없었다. 병사들은 이미 흥분했고 부 사령관은 그가 할 수 있는 유일한 방법 ─ 카밀루스의 나이를 깔보는 듯한 언급 ─ 으로 동료 사령관의 권위를 비난함으로써 그 흥분을 더욱 부채질했다.

푸리우스는 전쟁은 젊은 사람들이 하는 것이며, 정신은 신체와 마찬가지로 나이가 들면서 위축되어 부패하게 된다고 주장했다: 과거에 아주 적극적이던 전사가 이제 시간을 끄는 사람으로 변했고, 적절한 순간이 오면 단 한 번의 기습 공격으로 적의 진지와 도시를 함락시켰던 사람이, 이제는 참호 뒤에 조용히 앉아서 시간만 낭비하고 있다고 비난했다. "카밀루스는 무엇이 자신의 힘을 강하게 하고 적의 힘을 약하게 할 것이라고 생각하는가? 그는 어떤 경우, 순간, 입지를 잡아서 잠복 작전에 나서려 하는가? 노인의 전략에는 열정도 활기도 기백도 없다. 카밀루스는 이미 삶과 영광에 있어서 한물간 사람이다. 왜 영원불멸해야 하는 국가가 한 개인의 신체 쇠락과 궤적을 같이하면서 국력이 나이를 먹고 또 쇠퇴하게 내버려 두는가?"

이 연설은 로마 군 진지 전역에서 찬성을 이끌어냈고 온 사방에서 병사들이 어서 전투에 나설 것을 요구해 오자 루키우스 푸리우스는 카밀루스에게 말했다. "마르쿠스 푸리우스 카밀루스, 우리는 병사들의 열광적인 태도를 거부할 수 없습니다. 우리가 이처럼 시간을 끄는 바람에 자신감이 높아진 적은 오만한 행동으로 우리를 모욕하고 있는데, 우리는 더 이상 그것을 참고 봐줄 수가 없습니다. 지연작전을 지지하는 사람은 당신 혼자뿐입니다. 우리에게 길을 비켜주고 또 그 생각이 잘못되었음을 인정하십시오. 그러면 당신은 곧 전쟁에서 승리를 거둘 것입니다."

이에 대하여 카밀루스는, 지금껏 그가 단독으로 지휘를 맡아 수행한 전쟁 중에서 로마 시민이 그의 전략이나 결과를 후회한 적이 단 한 번도 없었다는 것을 지적했다. 하지만 이제 법적 권한이나 권위에 있어서 동격인 동료 사령관이 있고 또 그가 젊고 활기차다는 것도 안다고 말했다. 그래서 지금껏 그 자신이 명령하는 데 익숙할 뿐 명령을 받아본 적이 없는 로마 군에 대하여, 동료 사령관이 권위를 행사하는 것에 반대하지 않겠다고 대답했다. 그러니 부 사령관은 신들의 축복을 받아가며 국가에 가장 좋다고 생각하는 것을 하도록 하라. 카밀루스 자신은 나이를 감안하여 최전선에 위치하지 않아도 되는 배려를 해줄 것을 요청했다. 카밀루스는 불멸의 신들에게 단 한 가지 사항만을 빌었다: 제발 카밀루스의 작전 계획이 더 좋은 것이었음을 알려주는 불운만은 벌어지지 않기를.

그러나 병사들은 그런 유익한 조언에 귀 기울이지 않았다. 또한 신들도 카밀루스의 신실한 기도를 들어주지 않았다. 작전권을 위임받은 부 사령관은 전투 대열을 형성했고, 카밀루스는 뒤에 처져서 예비 부대를 강화하고 로마 군 진지 앞에 삼엄한 경계를 세웠다. 이어 그는 높은 둔덕에 올라가서 부 사령관의 전략이 어떤 결과를 가져오는지 세심하게 관찰했다.

24. 양군의 제1차 교전에서 적군은 뒤로 밀려났는데 겁먹어서 그런

것이 아니라 로마 군을 유인하기 위한 기만술의 일환이었다. 적군 뒤의 등성이는 적의 전선에서 적 진영에 이르기까지 완만하게 솟아올라 있었다. 적군은 병력이 충분했으므로, 진영 안에다 충분한 예비 병력 3개 부대를 남겨놓고 있었다. 이 예비 부대는 일단 전투가 개시되어 로마 군이 그들의 보루 가까이 접근해 올 때 재빨리 출격하여 요격할 준비를 갖추었다. 로마 군은 도망치는 적군을 쫓아서 무질서하게 추격하다가 불리한 장소로 유인되어 갔고, 그곳에서 적의 예비 부대가 가하는 기습 타격에 무방비로 노출될 판이었다. 이렇게 되자 로마 군은 이제 위협을 당하게 되었고 적의 예비 부대는 언덕 아래로 내달리면서 로마 군을 타격해 오자 로마 군 전선은 뒤로 밀리게 되었다. 볼스키 인의 예비 부대가 진지에서 튀어나와 요격을 해오자 로마 군은 크게 압박을 받은 모양새가 되었다. 그리고 일부러 퇴각하는 척하면서 로마 군을 유인했던 적군도 예비 부대와 함께 로마 군 공격에 가세했다.

이 무렵 로마 병사들은 그냥 퇴각을 하는 것이 아니라, 바로 어제까지 하늘을 찌르던 기개와 예전의 영광은 전혀 간 데가 없었고, 전선 도처에서 적에게 등을 돌려대며 로마 군 진지를 향해 전속력으로 뺑소니쳐 왔다. 그 순간, 카밀루스는 옆에 있던 수행자들의 부축으로 말안장 위에 올라타고서 재빨리 예비 부대를 투입했다. 그가 소리쳤다. "병사들이여, 이것이 너희들이 원했던 전투인가? 너희들이 비난하던 사람과 신은 어디에 있는가? 없다면 그 무모함은 너희들의 것이고, 이 비겁함 또한 너희들의 것이다. 너희는 다른 사령관을 따라갔다. 이제 카밀루스를 따르라. 내가 너희들을 지휘할 때 나는 언제나 너희들을 승리로 이끌었다. 왜 보루와 진지 쪽을 쳐다보고 있는가? 승리를 쟁취하지 못한다면 너희들 중 그 누구도 진영 안으로 들어가지 못할 것이다."

로마 군 병사들의 노골적인 패주를 억제한 것은 먼저 수치심이었다.

이어 그들은 군기들이 다시 휘날리고 적군에 대적하기 위해 전열이 재정비되는 것을 보았다. 이어 수많은 승리를 거두었고, 또 나이 많은 그들의 사령관이 전열 맨 앞의 군기들 사이에서 말을 탄 채 우뚝하게 버티고 서 있는 모습을 보았다. 고령의 사령관은 치열한 전투가 벌어지고 엄청난 위험이 도사리고 있는 최전선에서 전투를 독려하고 있었다. 그 순간 병사들은 자기 자신과 상대방을 서로 비난했다. 이어 로마 군 병사들이 서로 격려하는 함성이 전군에 엄청난 메아리를 일으키며 퍼져 나갔다. 부 사령관도 위기상황에 적극 대응하고 나섰다. 카밀루스는 보병대의 전열을 재정비하는 한편 푸리우스를 기병대에 보내 싸움을 감독하고 사기를 북돋도록 시켰다.

부 사령관 푸리우스는 아무런 비난의 말도 하지 않았고 ― 비난을 가장 크게 받아야 할 사람은 그였으므로 그런 비난은 아무 효과도 없었을 것이다 ― 어투도 명령조에서 애원조로 완전히 바뀌었다. 그는 모든 병사들에게 그날의 참사에 대한 죄책감으로부터 그를 좀 구해 달라고 호소했다. 푸리우스가 소리쳤다. "동료 사령관의 반대와 거부에도 불구하고, 나는 단 한 사람의 통찰을 받아들이지 못하고 모든 병사들의 어리석음에 동참하는 선택을 했다. 여러분이 승리하든 혹은 패배하든 카밀루스는 자신의 영광을 볼 수 있을 것이다. 그러나 전세가 역전되지 않는다면 나의 곤경은 정말로 한없이 비참해질 것이다. 나는 불운은 모든 사람과 함께 나누겠지만, 그 치욕은 온전히 나의 것이다."

로마 군의 전열이 계속 흔들리자, 기병대는 말에서 내려 보병으로 전환하여 적군을 공격하는 것이 가장 좋겠다고 판단했다. 기병대의 무기와 용기는 눈에 띄는 것이었고 그들은 보병대가 가장 곤경을 당하는 전투 지역은 어디든 달려가서 도왔다. 사령관들도 병사들도 용기를 발휘하여 엄청난 노력을 기울였고 그들의 용맹과 끈기는 결국 전투의 결과에 반영되었다. 볼스키 군은 아까 유인작전을 펴며 달아나는 척했던 들판 위로 이번에는 진짜 겁을 집어먹고 총체적으로 패주했다. 백병전에서 적의 상당수가 살육되었고, 그 뒤에 이어진 패주에서도 그만큼의 적군이 살해당했다. 또한 로마 군은 그 반격에서 함락시킨 적 진지에 있던 다른 적군들도 처치했다. 그러나 살해된 적군보다 포로로 잡힌 적군의 숫자가 더 많았다.

25. 포로들의 인원수를 계산하는 과정에서 여러 명이 투스쿨룸 사람인 것으로 판명되었다. 그들은 다른 포로들로부터 분리되어 집정관급 정무관들 앞으로 끌려갔다. 그들은 심문 과정에서 정부의 공식적인 명령 아래 볼스키 군대에게 근무하게 되었다는 것을 시인했다. 카밀루스는 그처럼 가까운 투스쿨룸 지역에서 전쟁이 벌어질지도 모른다는 사실에 당황하면서 자신이 투스쿨룸 포로들을 즉각 로마로 데려가서, 원로원에게 보고함으로써 투스쿨룸이 동맹 관계를 위반했다는 사실을 알려야 한다고 말했다. 따라서 부 사령관이 그동안 진지와 로마 군을 맡아주기를 바란다고 말했다.

그날 하루의 경험으로 루키우스 푸리우스는 자기 자신의 생각보다는 현명한 사람의 조언을 따라야 한다는 교훈을 뼈저리게 느꼈다. 그러나 푸리우스도 군내의 다른 병사들도 카밀루스가 공화국을 대참사의 벼랑으로 몰아넣을 뻔했던 자기 자신의 실수를 눈감아주리라고는 짐작하지 못했다. 로마 군 내에서나 로마 시내에서나 모두들 같은 말을 했다: "루키우스 푸리우스는 볼스키 전쟁의 변덕스러운 운명 속에서 패전과 패주의 책임을 져야 하고, 반면에 승리의 모든 영광은 카밀루스에게 돌아가야 한다."

투스쿨룸 포로들은 원로원으로 끌려갔고 의원들은 투표를 하여 투스쿨룸 원정전에 나서기로 결정했고, 카밀루스가 그 전쟁 수행의 책임자로 지명되었다. 그가 함께 데려갈 집정관급 정무관을 말해 달라는 요청을 받자, 그가 루키우스 푸리우스를 선택하여 모두를 놀라게 했다. 이런 관대한 태도는 동료 집정관급 정무관의 치욕을 경감시켰고 카밀루스 자신의 고매한 명성을 더욱 높였다.

그러나 실제에 있어서 투스쿨룸을 상대로 하는 전쟁은 없었다. 그들은 평화적인 태도를 지속적으로 유지함으로써, 무장 항거를 했을 경우에는 얻을 수 없는 폭력으로부터의 자유를 획득했다. 로마인들이 그들의 영토로 들어갔을 때, 그들은 행군 도로 근처에 거주한다고 해서 달아나지도 않았고, 들판에서 하던 일을 멈추지도 않았다. 도시의 성문들은 열려져 있었고 시민들은 토가를 입고서 밖으로 나와 사령관들을 환영하기 위해 몰려들었다. 로마 군을 위한 식량을 고맙게도 도시와 전원에서 수송하여 진지까지 가져다주었다. 카밀루스는 성문들 맞은편에 진영을 설치하고, 전원에서 보여주었던 그런 환대를 성벽 내의 사람들도 보여줄 것인지 파악하고자 했다. 그가 도시로 들어가서 보니, 주택의 문들이 열려져 있고, 가게들은 상품을 진열한 채 셔터를 내리지 않았으며, 장인들은 각자의 분야에서 열심히 물건들을 만들어 내고 있었고, 학교들은 학생들의 목소리가 낭랑했고, 거리는 행인들 사이에서 유유히 걸어가는 아녀자들로 붐볐다. 그들은 현재 목적하는 바 일을 위해 그렇게 돌아다니고 있었고 두려움이나 놀람의 기미는 전혀 없었다. 그는 혹시 전쟁 준비를 몰래 하는 것이 아닌가 하여 모든 곳을 살펴보았으나 어디에서도 전쟁을 위해 물자를 운반하거나 치우는 흔적은 찾아볼 수 없었다. 모든 것이 평온하고 너무나 평화로워서 과연 이러한 곳에서 무슨 전쟁의 소식이 들려올 것인지 의아해졌다.

26. 카밀루스는 적의 평화로운 행동에 깊이 감동되어 그들의 민회를 소집하라고 지시했다. 그가 말했다. "투스쿨룸의 시민들이여, 지금까지

여러분은 로마의 분노로부터 당신들의 재물을 지킬 수 있는 올바른 무기와 진정한 힘을 발견했습니다. 로마의 원로원을 찾아가십시오. 의원들은 당신들이 과거의 행동에 대하여 처벌을 받을 것인지 아니면 사면을 받을 것인지 판단할 것입니다. 원로원이 공식적으로 양해해 줄 사항에 대하여 내가 당신들의 감사한 마음을 미리 받아들임으로써 원로원을 곤란하게 하지는 않으렵니다. 나는 당신들에게 자비를 청할 수 있는 기회를 제공하겠습니다. 당신들의 청원에 대한 결과는 원로원이 적절하다고 생각하는 방식으로 결정할 것입니다."

투스쿨룸 사람들이 로마에 도착했을 때 최근까지도 충실한 동맹으로 여겨지던 사람들의 낙담이 그 대표단의 얼굴에 그대로 드러났다. 대표단이 그런 처량한 모습으로 원로원의 현관에서 기다리는 모습을 보고서 의원들은 감동하여 즉각 원내로 들이라고 지시하고서, 적대적이기보다는 우호적인 분위기로 그들을 맞이했다. 이어 투스쿨룸의 최고위 행정관은 이렇게 말했다.

"존경하는 원로원 의원님들, 당신들은 우리에게 전쟁을 선포하고 우리의 땅을 침공해 왔습니다. 그러나 우리는 로마의 사령관들과 군대를 환영했습니다. 여러분이 지금 원로원 현관 앞에 서 있는 우리를 보고 있는 것처럼, 무장을 하지 않은 일상의 복장으로 말입니다. 우리는 늘 이런 방식으로 살아왔습니다. 이것은 우리의 평민들도 마찬가지이고 앞으로도 그러할 것입니다. 단 우리가 당신들의 손으로부터 무기를 받아들고 당신들을 위해 사용할 때는 제외하고 말입니다. 우리는 당신의 사령관들과 군대에 감사를 표시했습니다. 그들의 귀보다는 그들의 눈을 더 믿는 것에 대하여 또 아무런 적대적 태도도 발견할 수 없는 곳에서 적대적 행동을 저지르지 않은 것에 대하여 고맙게 생각했습니다.

우리가 지금껏 당신들을 향해 유지해 왔던 평화를 이제 당신들에게 요청하고자 합니다. 당신들의 전쟁 무기를 전쟁이 실제로 벌어지는 곳으로 돌려달라고, 우리는 애원합니다. 만약 우리가 당신들의 무력이 우리에게 가해지는 것을 그대로 당해야 한다면 우리는 비무장인 채로 감당할 것입니다. 이것이 우리의 의도이며, 신들께서는 이런 충성심에 걸맞은 행복한 결과를 그 의도에 부여해 주시기를 기원합니다. 로마가 우리를 상대로 선전포고를 하게 된 혐의에 대해서는, 객관적 사실이 이미 증명한 바를 구구히 말로써 설명한다는 것은 무의미합니다. 백보를 양보하여 설사 그런 혐의가 사실이었다 하더라도, 우리가 이처럼 참회하는 것을 당신들이 분명히 보았으니, 우리는 선선히 그 죄상을 자백했을 것입니다. 그리고 이처럼 자비를 바라는 우리의 호소를 선선히 들어주는 당신들의 고귀한 명예는 그런 죄상을 뒤덮고도 남을 것입니다. 당신들이 이런 선후책을 너그러이 받아주시니, 그 누구라도 설사 잘못을 한들 무엇이 그리 큰 걱정이겠습니까?"

투스쿨룸 사람들은 이렇게 연설했다. 그들은 당분간 평화를 보장받았고 그 직후에 정식 시민권을 부여받았다. 로마 군은 투스쿨룸으로부터 철수했다.

27. 카밀루스는 볼스키 전쟁에서 보여준 지략과 용기, 투스쿨룸 원정전에서 거둔 성공, 이 두 번의 전쟁에서 동료들에게 보여준 놀라운 관용과 절제 등으로 인하여 높은 칭송을 받았다. 그는 다음 해(기원전 380년)의 집정관급 정무관 선거가 치러진 후에 관직에서 사임했다. 이때 뽑힌 사람은 루키우스 발레리우스(5선), 푸블리우스 발레리우스(3선), 가이우스 세르기우스(3선), 리키니우스 메네니우스(2선), 푸블리우스 파피리우스, 세르비우스 코르넬리우스 말루기넨시스 등이었다. 이해에 부채에 관하여 막연한 소문이 떠돌고 있었기 때문에 감찰관(켄소르)들을 뽑아야 할 필요가 있었다.

호민관들은 그 소문이 야기한 적개심을 과장했고, 반면에 채권자들은 그 문제의 심각성을 축소하려고 애썼다. 부채는 채무자의 불운 때문이 아니라 채무자의 불성실 때문에 벌어진 문제라는 것이었다. 이때 선출된 감찰관 두 명은 가이우스 술피키우스 카메리누스와 스푸리우스 포스투미우스 레길렌시스였다. 두 사람이 감찰 작업을 벌이던 중에 포스투미우스가 갑자기 사망하여 작업이 중단되었는데, 감찰관의 동료를 대체하는 문제에는 종교적 거리낌이 있었기 때문이다. 따라서 술피키우스는 그의 직책에서 사임했고 다른 감찰관들이 선임되었다. 그러나 선거 절차에 하자가 있어서 그들은 취임하지 못했다. 그러자 신들이 그해에는 감찰관들을 원하지 않는 것처럼 보여서 세 번째로 두 명의 감찰관을 선출하는 건에 대하여 반감이 높아졌다.

호민관들은 이처럼 감찰관 선임에 미온적인 것은 평민들에 대한 참을 수 없는 조롱이라고 하면서 이런 주장을 폈다: "원로원은 각 시민의 개인 재산에 대한 공공 기록의 증거를 무시하려고 하는 것이다. 왜냐하면 원로원은 부채의 총액이 알려지는 것을 원하지 않기 때문이다. 그것이 알려지면 국가의 절반(평민)은 다른 절반(귀족)에 의해 파괴되어 왔고 빚에 시달리는 평민들이 이런저런 적들에게 차례로 노출되는 것이 만천하에 드러나게 되는 까닭이다."

그런데 이제 전쟁이 온 사방에서 무차별적으로 벌어지고 있었다. 로마 군은 안티움에서 사트리쿰으로, 그리고 사트리쿰에서 벨리트라이로, 그리고 거기에서 투스쿨룸으로 이동하면서 전투를 치르고 있었다. 혹은 라틴 인, 혹은 헤르니키 인, 혹은 프라이네스테 인들이 로마의 적들에게보다는 로마의 시민들에 대한 증오심 때문에 공격의 위협을 받고 있었다. 그렇게 자주 군사 작전을 편 목적은 군 복무로 평민들을 피곤하게 하여, 도시 내에서 숨쉴 틈을 주지 않고 또 자유를 생각하거나 평민의 모임에 나갈 여유를 주지 말자는 것이었다. 그런 모임에 나가면 평민들은 때때로 이자의 경감을 요구하거나 평민들의 다른 고충사항들을 끝내주는 방법을 논의하는 호민관의 목소리를 듣게 되기 때문이었다. 평민들이 조상들의 자유혼自由魂을 상기하게 된다면 그들은 로마 시민의 인신이 채권자에게 넘어가거나 병사들의 강제 모집을 거부할 것이었다. 그러면서 평민들은 부채의 진상을 명확히 파악하고, 그것을 경감하는 방안을 실시하라고 요구하게 될 것이었다. 그런 부채 조사가 이루어지면 무엇보다도 모든 사람이 자신의 재산과 남의 재산을 명확하게 파악하여 그의 신체가 여전히 자유로운지 혹은 그 신체마저도 남들에게 구속되는 바가 될 것인지 여부를 명확히 알게 될 것이었다.

소요를 일으키면 보상이 따라온다는 생각을 했으므로 평민은 곧 소요를 일으켰다. 많은 사람들의 신병身柄이 채권자들에게 넘어가고 있는 와중에 원로원은 프라이네스테 사람들과 싸워야 한다는 소문을 듣고서 새로운 군단을 모병하기로 결정했다. 그러나 두 가지 사안은 호민관들이 개입하고 평민들이 단합하여 저항하는 바람에 제대로 진척되지 못했다. 호민관들은 채권자에게 신병을 넘기라는 선고를 받은 채무자들을 끌고 가는 것을 허용하지 않았고 젊은 남자들은 징병 등록부에 자신의 이름을 올리기를 거부했다. 사정이 그렇게 돌아가자 귀족들은 부채 관련 법률을 단속하는 것보다는 징병 절차에 더 관심을 갖게 되었다. 왜냐하면 적이 이미 프라이네스테를 출발하여 가비이 영토에 진지를 구축했다는 소문이 들려왔기 때문이다. 그렇지만 그 소식에 호민관들은 전혀 위축되지 않았다. 오히려 그것을 하나의 유인책으로 삼아서 그들이 지금껏 벌여온 투쟁을 더욱 강화하려고 했다.

28. 프라이네스테 사람들은 로마에서 새로운 군단이 조직되고 있지 않으며, 사령관을 맡을 사람은 아예 없고, 귀족과 평민이 서로 죽을 둥

살 등 싸운다는 소식을 접하자, 그들의 지도자는 절호의 기회가 왔다고 하면서 즉각 군대를 움직여서 행군해 나가는 들판을 모조리 파괴하면서 마침내 콜리누스 성문 턱밑까지 그들의 군기를 휘날리며 접근해 왔다. 도시의 공포는 극도에 달했다. 어서 무기를 잡으라는 구호가 울려 퍼졌고, 다들 성벽과 성문을 향해 달려갔다. 마침내 전쟁의 위기가 국내의 갈등을 이겼다. 티투스 퀸크티우스 킨킨나투스가 독재관으로 임명되었고 그는 아울루스 셈프로니우스 아트라티누스를 사마관으로 지명했다. 독재관 선임 사실이 알려지자 ─ 독재관에 대한 두려움은 아주 컸다 ─ 적은 즉각 성벽으로부터 퇴각했고 젊은 로마인들은 더 이상 징집을 거부하지 않고 군 복무 등록부에 이름을 올렸다.

　로마에서 군대가 조직되고 있는 동안에 적은 알리아 강 근처에 진영을 설치했다. 그들은 그 진지로부터 광범위한 전원 지역을 습격했고, 이제 로마에 불운을 안겨줄 수 있는 위치를 확보했다고 그들끼리 떠벌리고 다녔다. 로마에게 닥쳐올 공황과 패주는 갈리아 전쟁 때 벌어졌던 공황과 패주와 똑같은 게 될 것이라고 허풍쳤다.[22] 로마인들은 악운이 가득했던 그날을 너무 두려워하여 알리아의 날이라고 지정하여 기념하고 있는데, 이제 알리아의 날이라는 날짜가 아니라 알리아 강 자체를 대면해야 할 터이니 얼마나 더 겁먹고 떨리겠느냐는 것이었다. 로마인들은 틀림없이 피에 굶주린 갈리아 인들의 유령을 볼 것이고, 그들의 귓가에 맴도는 갈리아 인들의 목소리를 들을 것이었다. 이런 한가한 주제를 한가하게 생각하면서 적은 알리아 강이라는 지명의 악운에 한 가닥 희망을 걸고 있었다.

　이와는 대조적으로 로마인들은 라틴 인 적들의 정체가 무엇이든 간

───────────

22 참조 5권 38장.

에, 그들이 결국 레길루스 호수에서 대패당한 자들이고, 또 지난 1백 년 동안 로마에 복종을 바쳐온 부족이라고 생각하면서 자신감이 충만했다. 지난날 로마 군의 큰 패배로 유명한 그 장소가 로마인을 겁주어 승리를 거두기에는 불길한 장소라고 생각하기보다는, 과거의 불명예스러운 기록을 이참에 깨끗이 털어버릴 좋은 기회라고 생각했다. 설사 갈리아 인들이 그 장소에 다시 나타났다 하더라도 로마인들은 도시를 탈환하기 위해 치열하게 싸웠던 그 태도로 다시 한 번 갈리아 인들과 맞설 것이었고, 그 다음 날 가비이에서는 로마의 성벽 안으로 들어왔던 갈리아 인들을 한 명도 남김없이 살육하여 성공 혹은 실패의 소식을 갈리아로 가지고 돌아가는 일이 없게 할 터였다.

29. 로마 군이 알리아 강에 접근할 무렵, 양측의 생각은 그런 사즉생死卽生의 결단이었다. 전투 대형을 갖추고 돌격 직전에 있는 적군이 시야에 들어오자, 독재관은 사마관 셈프로니우스를 불렀다.

"적들이 저곳의 악운만 믿고서 알리아 강 근처에 진지를 설치한 것이 보이지? 이 전쟁의 결과는 신들이 적에게 확실한 의지처依支處를 준 것도 아니고 또 견고한 지원을 해주는 것도 아니었음을 보여주게 될 거야. 자네, 셈프로니우스, 우리 군의 무기와 사기를 믿고서 전 속력으로 적의 중앙을 향하여 돌진하라. 나는 적의 보병 전선이 우리 기병대의 돌격으로 혼란에 빠져 있는 상황을 틈타서 보병대를 이끌고 공격할 것이다. 약속의 신들이여, 우리를 지지해 주시고, 또 당신들이 당한 모욕에 대하여 징벌을 요구하시고, 나아가 당신들의 거룩한 이름을 지키기 위해 우리가 당한 기만을 설욕할 기회를 주소서!"

프라이네스테 사람들은 로마 군의 기병대와 보병대를 당해내지 못했다. 그들의 전열은 최초의 돌격과 함성에 넋이 나가서 산지사방으로 흩어졌다. 전열이 로마 군의 공격을 막아내지 못하자 적의 병사들은 등을 돌려 달아났고, 너무 겁먹고 혼란스러운 나머지 적의 진지 너머 지역으로까지 도망쳤다. 그들은 프라이네스테 도시가 보이는 지점까지 도망치는 발걸음을 멈추지 않았다. 그 지점에서 도망치던 적군은 일단 멈춰서 진지를 확보하고 황급히 방어를 강화하려 했다. 만약 그들이 성벽 안으로 도망치면 도시 주위의 들판은 모두 불태워지고 모든 재물을 약탈당한 후 도시 자체가 포위 공격을 당할 것을 우려했기 때문이다. 그러나 로마 군이 알리아 강 근처의 적 진지를 약탈하고 그 지점에 도착하자마자 그들은 그동안 파놓았던 참호를 포기하고, 성벽 안에 들어가도 별로 안전하지 못하다는 것을 알면서도 프라이네스테 도성 안으로 틀어박혀버렸다.

프라이네스테 주위에는 8개의 위성 도시들이 있었다. 로마 군은 그 도시들을 하나씩 공격하여 별다른 저항을 받지 않으면서 모두 함락시켰고, 그 다음에는 벨리트라이로 향하여 기습 공격을 감행함으로써 그 도시 또한 함락시켰다. 이어 로마 군은 방향을 틀어서 전쟁의 진원지인 프라이네스테로 향했다. 로마 군은 이 도시를 무력이 아니라 적의 항복으로 접수했다. 그리하여 티투스 퀸크티우스 킨킨나투스는 로마로 개선했다. 그는 단 한 번의 총력전에서 승리를 거두었고, 적의 진영 두 곳을 장악했고, 기습 공격으로 아홉 도시를 함락시켰으며, 프라이네스테의 항복을 받아냈으며, 프라이네스테에서 유피테르 임페라토르[23]의 신상神像을 모셔왔다. 그는 이 신상을 카피톨리움의 유피테르 신상과 미네르바 신상 사이의 지점에 봉헌했고, 그 신상 밑바닥에는 그 자신의 공적을 적은 명패를 부착했다. 명패에는 이런 글이 적혀 있었다. "유피테르와 그 밖의 모든 신들이 독재관 티투스 퀸크티우스 킨킨나투스가 아홉

---

23 명령자이신 유피테르 신.

도성을 함락시키는 공적을 허락해 주셨다." 그는 독재관에 임명된 지 스무 날 만에 그 자리에서 사임했다.

30. 이어 집정관급 정무관들을 뽑는 선거가 거행되었다. 그 결과 평민 계급과 귀족 계급에서 같은 숫자의 정무관들이 선출되었다. 귀족 계급에서는 푸블리우스 만리우스, 가이우스 만리우스, 루키우스 율리우스가 뽑혔고, 평민 계급에서는 가이우스 섹스틸리우스, 마르쿠스 알비니우스, 루키우스 안티스티우스가 뽑혔다. 만리우스 가문 출신의 두 집정관급 정무관들은 선임된 평민들보다 출생 신분이 높았고, 또 율리우스보다 더 개인적 영향력이 컸다. 그래서 두 만리우스는 추첨 절차나 사전 조율 없는 특별 임명에 의하여 볼스키 지역의 전쟁을 지휘하는 사령관 자리에 올랐다. 두 사람은 나중에 이 자리에 취임한 것을 후회하게 되었고, 그들을 임명한 원로원 의원들 또한 그러했다.

그들은 사전 지형 조사도 하지 않고서 군대를 풀어서 말먹이를 조달하게 했는데, 그 군대가 포위당했다는 거짓 보고를 받고서 황급히 그 군대를 도와주러 나갔다. 두 사령관은 그런 거짓 보고를 퍼트린 라틴 인 적군의 신병을 확보하지도 않았다. 그 적군은 로마 병사의 복장으로 변장하고서 그들을 속였던 것이다. 황급히 달려 나가기만한 두 사령관은 적의 매복 작전에 걸려들었다. 그런 곤궁한 처지에서 오로지 로마 군 병사들의 용기 하나만으로 적의 포위망을 뚫고 나오는 동안에 많은 병사들이 살해되었다. 그동안 들판에 설치되었던 로마 군의 진영은 반대편에 있던 적의 공격을 받았다. 야전이든 진지든 두 사령관은 우둔함과 무지 때문에 그들의 목숨을 잃고 말았다. 로마 군 중에서 살아남은 행운을 얻은 자들은, 작전을 지휘할 사령관이 없는 상황에서도 동요되지 않고 자신들의 용기를 발휘한 병사들이었다.

그 소식이 로마에 전해지자 제일 먼저 떠오른 생각은 독재관을 임명하자는 것이었다. 그러나 볼스키 인들 진영에서 모든 것이 잠잠하고, 또 적군이 그들의 승리와 기회를 어떻게 활용해야 하는지 모르는 것 같고 또 적군과 적 지휘관들이 모두 철수했다는 보고가 들어오자 그 계획은 보류되었다. 그 때 이후 볼스키 인들의 지역에서는 평화가 찾아왔다. 유일한 소요 사태는 그해 말에 벌어진 것이었는데, 프라이네스테 사람들이 라틴 인을 선동하여 반란에 가담해 달라고 요청한 사건이었다.

같은 해(기원전 379년) 세티아에 정착하러 갈 새로운 식민지 정착민들의 명부가 작성되었다. 이 식민지는 그곳의 주민 수가 너무 적다고 로마에 불평을 해왔던 것이다. 비록 국외의 전투 상황은 그리 순조로운 것은 아니었지만, 국내의 상황은 평화로워서 그것으로 위안을 삼을 만했다. 그 평화는 평민 출신의 집정관급 정무관들의 인기와, 그들이 평민들 사이에서 누리는 권위 덕분에 확보된 것이었다.

31. 그 다음 해(기원전 378년)는 심각한 정치적 갈등이 터져 나오는 것으로 시작되었다. 집정관급 정무관들은 스푸리우스 푸리우스, 퀸투스 세르빌리우스(2선), 리키니우스 메네니우스(3선), 푸블리우스 클로엘리우스, 마르쿠스 호라티우스, 마르쿠스 게가니우스 등이었다. 다시 한 번 갈등의 주제와 원인은 부채 문제였고, 이 문제를 조사하기 위해 스푸리우스 세르빌리우스 프리스쿠스와 퀸투스 클로엘리우스 시쿨루스가 감찰관으로 임명되었다. 두 감찰관은 전쟁이 또다시 터지는 바람에 감찰 업무를 수행하지 못했다. 처음에는 겁먹은 전령이 소식을 전하고, 이어 그 다음에는 전원에서 도망쳐온 피난민들이 이런 소식을 전했던 것이다: "볼스키 인의 군대가 국경을 넘어서 광범위한 로마 지역을 파괴하고 있다." 로마 시민들이 다들 경악했음에도 불구하고, 외부로부터의 위협은 도시 내의 계급 간 불화를 멈추게 하지 못했다. 오히려 호민관들은 병사들의 징병을 가로막기 위해 지나칠 정도로 그들의 권위를 행사했고,

마침내 원로원이 마지못해 그들의 요구 조건을 받아들였다. 전쟁이 계속되는 한, 세금을 납부하지 않아도 되고 또 부채 문제에 관련하여 판결을 내리지 않기로 합의한 것이었다.

평민들이 이런 완화 조치를 받게 되자 징병 절차는 장애가 제거되어 순조롭게 진행되었다. 새로운 군대가 조직되자 2개 군으로 나누어서 볼스키 영토로 진격하기로 결정되었다. 스푸리우스 푸리우스와 마르쿠스 호라티우스는 안티움과 해변 지역을 향하여 오른쪽으로 행군했고, 퀸투스 세르빌리우스와 루키우스 게가니우스는 산간 지대와 에케트라를 향하여 왼쪽으로 군대를 움직였다. 좌우 양쪽의 행군로에서 적들의 저항은 없었다. 로마 군의 들판 초토화 작전은 볼스키 인들의 산발적인 노략질과는 전혀 다른 성질의 것이었다. 볼스키 인들은 산적들처럼 적들의 불화를 이용하면서도 로마의 용기를 겁내어서 황급히 산발적으로 노략질을 벌였을 뿐이었다. 하지만 로마 군의 초토화 작전은 합법적인 보복의 일환으로 정규군에 의해 질서정연하게 수행되는 것이어서 시간에 쫓기지도 않아 엄청난 파괴력을 발휘했다. 볼스키 인들은 접경지역만 노략질했는데 로마 군이 언제 로마로부터 불시에 습격을 나올지 몰라 떨고 있었기 때문이다.

반면에 로마인들은 적의 영토에 오래 머물러야 할 충분한 이유가 있었다. 로마 군은 볼스키 인들을 도발하여 총력전에 나서게 하려는 것이 목적이었다. 그래서 로마 군은 가는 곳마다 농가를 불태우고 심지어 마을의 인가들도 남겨두지 않았고, 유실수나 옥수수는 모조리 파괴하여 수확의 희망을 아예 없애버렸다. 또한 도시의 성벽 밖에 사는 사람들과 소들을 전리품으로 챙겼다. 좌우 양 방향으로 파견되었던 로마 군은 이런 초토화 작전을 수행한 후 로마로 돌아왔다.

32. 채무자들은 잠시 숨 돌릴 틈이 주어졌다. 그러나 전투 상황이 잠

잠해지자 법원은 다시 채무 관계 소송 건으로 바빠졌다. 예전의 빚에 대한 이자를 경감해 줄 전망은 거의 보이지 않았다. 두 감찰관은 네모난 돌 성벽(갈리아 전쟁 때 파괴된 도시의 성벽 일부를 보수하는 작업) 공사를 발주했다. 그리하여 이 공사에 들어가는 돈을 조달하기 위해 세금이 부과되었는데, 이 때문에 평민들은 새로운 빚을 지게 되었다. 호민관들이 징병 문제를 구실로 과세를 방해하지도 못했기에 평민들은 그런 엄청난 부담을 져야 했고, 귀족들이 가하는 재정적 압박 때문에, 모두 귀족 계급 출신의 집정관급 정무관을 선출해야만 했다. 선출된 정무관은 루키우스 아이밀리우스, 푸블리우스 발레리우스(4선), 가이우스 베투리우스, 세르비우스 술피키우스, 루키우스와 가이우스 퀸크티우스 킨킨나투스 등이었다.

귀족들은 그들의 영향력을 발휘하여 라틴 인과 볼스키 인에 대한 군사 조치에 나서도록 강요했다. 두 부족은 이제 힘을 합쳐서 사트리쿰 근처에 진지를 설치하고 있었다. 로마의 젊은이들은 아무런 반론도 제기하지 못하고 무조건 입대 맹세를 해야 했고, 그리하여 3개 군단이 편성되었다. 제1군은 도시 방어에 배정되었고, 제2군은 그 어떤 지역이 되었든 반란 사태가 벌어지면 즉시 비상으로 파견될 군대였고, 제3군은 최강의 정예부대인데 푸블리우스 발레리우스와 루키우스 아이밀리우스가 이끌고 사트리쿰으로 출병하기로 되었다. 두 사령관은 현지에 도착하여 잘 진용을 갖춘 사트리쿰 군대를 발견하고서 곧바로 공격에 나섰다. 아직 승리가 확실한 것은 아니었지만 전투 상황은 성공의 기미를 보이고 있었는데 갑자기 폭우를 동반한 강풍이 불어와 전투가 중단되었다.

그 다음 날 전투가 재개되었고 한동안 적은 로마 군에 맞먹는 용기와 기백으로 그들의 현 진지를 완강하게 고수했다. 특히 라틴 인 군대가 잘 버티고 있었는데, 그들은 로마와 오랜 기간 제휴하는 동안에 로마의 전투 수행 방식을 훈련받았기 때문이다. 그러나 로마 군 기병대의 돌격이 그들의 전열을 뒤흔들어 놓았고 그들이 전열을 재정비하기도 전에 로마 보병대가 들이닥쳤다. 로마 군이 앞으로 밀고 들어가자 적은 요지要地를 내버리고 뒤로 밀리기 시작했고, 일단 전황이 그들에게 불리하게 돌아가자 로마 군의 공격을 버텨낼 힘이 없었다. 그들은 대열이 붕괴되었고 병사들은 산개하여 그들의 진영이 아니라, 3km 떨어진 사트리쿰으로 달아났다. 하지만 그들을 뒤쫓는 작전은 대체로 로마 기병대가 수행했는데 달아나는 도망병들을 무자비하게 살육했다. 적진지는 함락되어 파괴되었다.

전투가 벌어진 날 밤에 적은 사트리쿰에서 행진한다기보다 달아나서 안티움으로 갔다. 로마 군은 적들을 바싹 뒤쫓았으나, 이때에 분노보다는 공포가 더 빠른 속력을 냈다. 이렇게 하여 적은 로마 군이 그들의 후미를 괴롭히거나 지연시키기 전에 그 도시 안으로 들어갔다. 그 후 로마 군은 며칠에 걸쳐서 적의 농촌 지대를 파괴했다. 로마 군은 성벽을 공격할 장비가 충분하지 못했고 적은 전투를 감행할 생각이 없었기 때문이다.

33. 그때 라틴 인과 안티움 사람들 사이에서 싸움이 벌어졌다. 안티움 인들은 그들의 불운에 피로함을 느꼈고, 또 그들이 태어나서 성장할 때까지 지속되어 온 전쟁에 넌더리가 났다. 그래서 안티움 인들은 항복을 생각하고 있었다. 반면에 라틴 인은 상당히 오랜 기간 평화를 누렸기 때문에 아직도 싱싱하고 활기찬 상태였다. 그들이 반란을 일으킨 것은 최근의 일이었으므로 전쟁을 계속 수행하고 싶어 했다. 하지만 양측이 상대방의 정책을 제지할 방법이 없다는 것을 깨달으면서 싸움은 끝났다. 라틴 인은 안티움을 떠나감으로써 그들이 보기에 불명예스러운 평화에 일체 끼어들지 않게 되었다. 안티움 사람들은 그들의 신중한 정책을 거

추장스럽게 비판하는 자들이 사라지자, 그들의 도시와 땅을 로마인에게 넘겼다. 라틴 인은 전쟁을 해서 로마 군에게 피해를 입힐 수도 없고 볼스키 인을 무력으로 제압할 수도 없게 되자, 엄청난 분노를 폭발시키면서 사트리쿰을 공격하여 그 도시를 완전 불태워버렸다. 그들이 최근에 전쟁에서 패배하면서 일차적인 피난처로 삼았던 그 도시를 말이다.

그들은 신성한 건물이든 세속적 건물이든 가리지 않고 불태웠고 그리하여 마테르 마투타Mater Matuta[24]의 신전을 제외하고는 남아 있는 건물이 없게 되었다. 그들이 이 신전을 남겨둔 것은 신들에 대한 존경심이나 종교적 양심 때문이 아니었다고 한다. 만약 그들이 그 불경한 불을 이 성소로부터 재빨리 치우지 않으면 엄청난 재앙을 맞이하게 될 것이라는 무서운 목소리가 신전에서 들려왔기 때문이다. 그들은 맹목적인 분노를 느끼면서 투스쿨룸으로 달려갔다. 투스쿨룸 사람들은 라틴 인의 단합된 권고를 무시하고 로마와 동맹을 맺었을 뿐만 아니라 나아가 로마의 시민이 되었던 것이다.

라틴 인들은 성문이 열려 있는 것을 발견했고 첫 번째 전투의 함성과 함께 그 도시를 장악했으나 요새는 아직 함락시키지 못했다. 그 도시의 사람들은 아내와 자녀들을 데리고 요새로 피신했고 로마에 전령을 보내어 원로원에 그들의 곤경을 알렸다. 그리하여 로마 시민들의 명예에 걸맞게 즉각 지원군이 투스쿨룸에 파견되었다. 파견 부대의 사령관은 집정관급 정무관 루키우스 퀸크티우스와 세르비우스 술피키우스였다. 로마 군은 투스쿨룸의 성문이 굳게 닫혀 있는 것을 발견했고 라틴 인은

---

24 "양육하는 어머니"라는 뜻으로서, 출산과 육아를 담당하는 고대의 여신인데 사트리쿰에서 특히 중요한 여신이었으며 로마의 우시장에 있는 그녀의 신전은 기원전 396년에 카밀루스에 의해 재건되었다. 참조 5권 23장.

이제 후방에서 로마 군이 접근해오자 공격하면서 공격당하는 입장에 놓였다. 그들은 한편으로는 성벽을 방어하면서 다른 한편으로는 요새를 공격했는데, 투스쿨룸 사람들을 겁나게 하면서 그들 자신도 겁을 먹고 있었다.

로마 군의 등장은 양측 사람들의 마음에 변화를 가져왔다. 투스쿨룸 사람들은 절망의 심연에서 벗어나 사기가 충천하게 되었고, 반면에 이미 도시를 점령했으니 곧 요새도 함락시킬 것이라고 자신하던 라틴 인은 그들 자신을 온전하게 보전할 수 있을까 걱정하게 되었다. 투스쿨룸 사람들은 요새에서 함성을 질러댔고, 로마 군은 그보다 더 큰 함성으로 응답했다. 이제 라틴 인은 양쪽에서 압박을 당했다. 그들은 언덕에서 달려 내려오는 투스쿨룸 사람들의 공격을 견뎌낼 수 없었고 또 성벽을 기어올라와 성문의 빗장을 분쇄하는 로마 군을 물리칠 수도 없었다. 로마 군은 먼저 성벽을 기어올라와 그 지역을 장악했고, 그 다음에는 성문의 빗장을 파쇄했다. 라틴 인은 앞뒤로 두 적에 의해 공격을 당했고 반격하거나 도망칠 힘도 남아 있지 않았다. 그들은 그 자리에 선 채로 마지막 한 사람까지 살육당했다. 로마 군은 적들로부터 투스쿨룸을 해방시켰으므로 로마로 돌아왔다.

34. 그해(기원전 377년)에 성공적인 전쟁으로 국외의 문제가 안정을 찾아갈수록, 국내에서는 귀족들의 고압적인 태도와 평민들의 비참한 생활은 날마다 더 악화되고 있었다. 즉각 부채를 상환하라는 요구로 인해 평민은 더욱 부채를 갚기가 어려워졌다. 그래서 어떤 사람이 부채를 갚을 만한 재산을 갖고 있지 않다면, 그의 신용과 신체는 채무 상환의 일환으로 채권자에게 법적으로 넘어가게 되었다. 그래서 그가 부채를 갚을 때까지 기다려주는 것이 아니라 그에 대한 징벌이 가해졌다. 따라서 가장 비천한 평민뿐만 아니라 그들의 지도자까지도 비참한 굴종의 상

태에 놓이게 되었다. 따라서 그들이 힘들게 쟁취한 집정관급 정무관 자리에 대해서도 귀족들과 경쟁하기는커녕, 평민 몫의 고관직을 수행할 만한 기상과 정력을 가진 사람이 없었고 심지어 입후보하는 사람도 없었다. 귀족들은 지난 몇 년 동안 평민들이 차지했던 관직을 모조리 독식하는 것처럼 보였다.

이런 사태로 인해 귀족들의 오만은 끝 간 데가 없을 뻔했으나, 늘 그렇듯이 사소한 사건이 상황을 급격하게 바꾸어 놓았다. 귀족 출신의 마르쿠스 파비우스 암부스투스는 귀족 계급뿐만 아니라 평민 계급 사이에서도 영향력이 큰 인사였다. 그는 자신이 평민들을 경멸한다고 생각한 적이 없었다. 그에게는 두 딸이 있었는데 큰 딸은 귀족인 세르비우스 술피키우스에게 시집갔고, 막내딸은 평민 출신으로서 뛰어난 인물인 가이우스 리키니우스 스톨로에게 시집갔다. 파비우스가 평민 출신을 사위로 맞아들였다는 사실로 인해 그는 평민들 사이에서 신망이 높았다.

어느 날 두 딸은 당시 집정관급 정무관이었던 세르비우스 술피키우스의 집에서, 여인들이 늘 그렇듯이 잡담을 하면서 시간을 보냈다. 그런데 술피키우스가 포룸에서 퇴근하여 집으로 오면서 그의 릭토르가 평소 늘 그렇게 하듯이 권표로 저택의 문을 가볍게 두드렸다. 그런 관습에 익숙하지 못한 막내딸은 그 소리에 깜짝 놀랐다. 언니는 동생의 무지에 놀라면서 웃음을 터트렸다. 여자들의 감정은 사소한 것들로부터 영향을 받으므로, 언니의 웃음은 동생의 마음 속에서 오랫동안 가시로 남게 되었다. 술피키우스를 둘러싼 사람들이 집까지 따라온 후에 사라지는 것을 보고서 동생은 언니의 결혼은 훌륭한 것이지만 자신은 그렇지 못하다고 생각하며 후회했다. 그런 잘못된 태도는 누구나 취할 수 있는데, 특히 우리와 가장 가깝고 친한 사람이 우리보다 앞서 나갈 때에는 잘 참아주지 못하는 법이다.

동생이 상처 난 자존심 때문에 아파하고 있을 때, 마침 그녀의 아버지가 그 광경을 보게 되었다. 그래서 아버지는 뭐가 잘못되었느냐고 물었다. 딸은 슬픔의 이유를 잘 말하려 하지 않았다. 그것은 언니에 대한 애정이 없음을 보여주고 남편에 대해서도 명예로운 일이 되지 못할 것이었기 때문이다. 그러나 아버지는 은근하게 달래면서 어서 말해 보라고 했다. 그 슬픔의 원인은, 고관직을 맡을 수도 없고 영향력도 크지 못한 집안으로 시집간, 내리먹은 결혼 때문이었다. 그러자 암부스투스는 딸을 위로하면서 힘을 내라고 말했다. 막내딸도 언니의 집에서 보았던 그런 일이 동생의 집에서도 벌어지는 것을 보게 해주겠다고 한 것이었다. 그때부터 암부스투스는 막내 사위와 함께 계획을 꾸미기 시작했고 루키우스 섹스투스도 가담시켰다. 섹스투스는 귀족 계급 출신이 아니어서 좌절감을 느끼던 야심만만한 젊은이였다.

35. 혁명의 기회는 엄청난 부채의 문제로부터 찾아오는 듯했다. 평민들은 그들의 대표자를 최고위직에 앉히지 않는 한 그 문제로부터 벗어날 희망이 없었다. 그들은 이런 목적을 염두에 두고서 투쟁에 나서야 한다고 주장했다. 그들의 꾸준한 노력과 예전의 업적으로 인해 평민들은 이미 상당한 지위에 올라서 있었다. 그 지위에서 조금만 더 노력을 경주한다면 능력뿐만 아니라 공식적 인정에 있어서도 귀족과 대등한 정상의 자리에 도달할 수 있었다. 한동안 그들은 평민 출신 중에서 호민관을 선출시키기로 결정했고, 이 관직을 통하여 다른 행정관직으로 나아가는 길을 열 수 있었다. 그리하여 가이우스 리키니우스 스톨로와 루키우스 섹스티우스가 호민관으로 선출되어 3가지 법안을 주장하고 나섰다.

세 법안 모두 귀족들의 힘을 억제하고 평민들의 이해관계를 강조하는 것들이었다. 첫 번째 법안은 부채 문제에 대응하는 것이었는데, 빌려온 원금에서 지금껏 지불한 이자의 액수를 공제하고 그 나머지 금액을

3년에 걸쳐 3회에 균등 상환한다는 것이었다. 두 번째 법안은 토지 소유에 상한선을 부과하여 개인이 5백 유게룸 이상의 땅을 소유하지 못하게 하자는 것이었다. 세 번째 법안은 집정관급 정무관 제도를 철폐하고 예전처럼 두 명의 집정관을 선출하되 그 중 한 명은 평민 출신으로 한다는 것이었다. 이것들은 아주 중요한 법안으로서, 치열한 투쟁을 벌이지 않는 한 성취하기 어려웠다.[25]

이렇게 하여 인간의 욕망이 끝없이 추구하는 세 가지 대상 곧 토지, 돈, 출세가 동시에 시비의 대상이 되었다. 귀족들은 당연히 크게 놀랐다. 그들은 백방으로 내달리면서 공식 모임이나 개인적 회합을 가졌지만 거부권 이외에는 다른 해결안을 생각할 수 없었다. 그들은 전에 그와 유사한 대치 상황에서 거부권을 행사하곤 했었다. 따라서 그들은 호민관들의 동료들로부터 그 법안에 반대하는 입장을 이끌어 내려고 애썼다. 이 동료들은 리키니우스와 섹스티우스가 부족들에게 투표를 권유하고 다니는 현장에 귀족들의 호위대를 이끌고 나타나서, 법안을 낭독하는 것을 못하게 하거나 부족 투표 전의 통상적 절차를 밟지 못하게 방해했다. 그리하여 부족 민회를 아무리 소집하려 해도 성사가 되지 않자, 그 법안은 폐기된 거나 마찬가지가 되었다.

섹스티우스가 소리쳤다. "당신들이 거부권을 강력하게 행사할 생각이라면, 우리도 평민을 보호하기 위하여 바로 그 무기를 행사할 것입니다. 자, 원로원 의원들이여, 집정관급 정무관 선출을 위한 부족 회의를 소집하십시오. 나는 당신들이 '거부권'이라는 말에서 즐거움을 못 느끼

---

25 이것을 가리켜 섹스티우스-리키니우스 법안이라고 한다. 하지만 이 법안은 국가가 소유한 토지에 주로 적용되는 것으로 보아야 한다. 과도한 토지 보유를 제한하려는 것은 더 많은 가난한 주민들을 수용하려는 목적이었다. 그러나 법안의 주창자인 리키니우스 스톨로는 그 자신이 만든 법을 위반하여 기원전 357년에 처벌을 받았다. 참조 7권 16장.

게 해줄 것입니다. 당신들은 지금 그 말을 음악처럼 귀로 듣고 있지만, 우리의 동료들이 그 말을 합창하면 아무런 즐거움도 느끼지 못할 것입니다."

그것은 결코 한가한 위협이 아니었다. 실제로 토목건축관리관 및 호민관 선거 이외에 다른 선거는 열리지 못했다. 리키니우스와 섹스티우스는 호민관으로 선출되었고 최고위 행정직의 선거가 개최되는 것을 허용하지 않으려 했다. 이렇게 하여 도시에 최고위 행정관이 없는 사태가 5년이나 지속되었다. 시민들은 리키니우스와 섹스티우스를 계속 호민관으로 선출했고, 이들은 집정관급 정무관 선거를 계속 틀어막았다.

36. 다행스럽게도 다른 전쟁들은 한동안 벌어지지 않았다. 그렇지만 벨리트라이의 식민 정착자들은 그 평화로운 상황을 적극 이용하려 했다. 그들은 로마가 그들을 견제할 군대가 없다는 점에 착안하여 로마 영토로 들어와 몇 차례 노략질을 했고 투스쿨룸을 포위 공격했다. 로마의 오랜 동맹이자 이제 동료 시민인 투스쿨룸이 도움을 애원해 오자 로마의 평민들과 귀족들은 크게 부끄러움을 느끼면서 행동에 나서야 한다고 생각했다. 호민관들도 완강하던 태도를 누그러트렸고, 그리하여 인테르렉스의 주관 아래 선거가 치러져서 루키우스 푸리우스, 아울루스 만리우스, 세르비우스 술피키우스, 세르비우스 코르넬리우스, 푸블리우스 발레리우스, 가이우스 발레리우스가 집정관급 정무관으로 선출되었다.

그들은 선거 개최와는 다르게 징집 절차에 대해서 시민들이 그리 우호적이지 않다는 것을 발견했다. 그들은 아주 힘들게 병사를 등록시켜 가까스로 출발할 수 있었다. 로마 군은 적을 투스쿨룸 지역에서 몰아내어 그들의 성벽 안에 가두어 놓았다. 그리하여 벨리트라이는 전에 투스쿨룸이 당했던 것보다 훨씬 더 심한 포위 공격을 당하게 되었다. 그러나 포위 공격에 나선 로마 군은 함락에 성공하지 못했고, 그동안에 퀸투스 세르빌리우스, 가이우스 베투리우스, 아울루스 코르넬리우스, 마르쿠스 코르넬리우스, 퀸투스 퀸크티우스, 마르쿠스 파비우스가 집정관급 정무관으로 선출되었다. 하지만 이들도 벨리트라이에서 특기할 만한 업적을 올리지 못했다.

한편 국내에서는 문제가 더욱 심각해졌다. 3개 법안을 제안했고 이제 8선으로 호민관에 선출된 리키니우스와 섹스티우스 이외에, 스톨로(리키니우스)의 장인인 집정관급 정무관 파비우스도 노골적으로 사위가 제출한 세 법안에 찬성을 표시했다. 당초 호민관 단에서 8명이 이 법안에 거부권을 행사했으나, 이제 5명으로 줄어들었다. 이 다섯 명은 무리에서 이탈한 사람들이 그러하듯이 혼란과 당혹감을 느꼈다. 그들은 귀족들이 입에 넣어준 말을 되풀이했고 은밀하게 코치를 받은 주장으로 그들의 거부권을 정당화했다. 즉, 평민들 중 상당수의 시민들이 군대를 따라 벨리트라이에 나가 있으므로, 그들이 돌아올 때까지 선거를 연기해야 한다는 것이었다. 시민들의 중요한 관심사인 만큼 시민들 전원이 참여하는 투표가 되어야 마땅하다는 얘기였다.

리키니우스와 섹스티우스, 그들의 몇몇 동료들, 그리고 집정관급 정무관 파비우스는 다년간의 경험 덕분에 평민의 감정을 조작하는데 아주 능숙했다. 그들은 원로원 의원들을 앞으로 나오게 하여 그들이 평민을 선동했던 모든 조목에 대하여 질문을 퍼부었다. 토지를 분배할 때 평민들에게는 각자 2 유게룸밖에 안 나누어주면서, 의원들 자신은 5백 유게룸 이상을 소유한다는 게 말이 되는가? 근 3백 명에게 나누어줄 땅을 귀족 한 사람이 소유하는 반면에, 평민 한 사람은 생활필수품을 저장할 땅이나 망자를 매장할 땅조차 없는 게 합리적인가? 원로원 의원들은 빚을 진 평민들이 빚진 원금만 갚아서는 안 되고 높은 이자 때문에 투옥과 고문을 받아도 싸다는 말인가? 채무자들이 매일 포룸에서 끌려 나가 채권자들에게 넘겨지고, 그리하여 노예로 전락한 그들이 귀족의 집을 가득 채움으로써, 모든 귀족의 저택을 민간 감옥으로 만들려고 하는 것인가?

37. 이런 수치스럽고 고통스러운 비난이 쏟아지자, 연설하는 사람들보다 청중들의 가슴에 더 큰 분노가 뭉게뭉게 피어올랐다. 청중은 자신들의 안전에 대하여 두려움을 느꼈다. 그들은 귀족들이 결코 토지 점유에 한도를 두지 않을 것이고, 또 고리대금으로 평민들을 찍어 누르는 행위를 그만두지 않을 것이라고 생각했다. 대응책은 두 명의 집정관 중 한 명을 평민 출신으로 선출하여 평민의 자유를 보호하도록 하는 것뿐이라고 보았다. 청중은 호민관들이 이제 경멸의 대상이 되었다고 말했다. 그들 중 대다수가 거부권을 행사하여 호민관 자리의 위력을 파괴하고 있기 때문이었다. 귀족들이 일방적으로 명령을 내리는 권한을 그들 손에 가지고 있고 호민관이라는 자들은 거부권을 행사하여 귀족을 도와주기만 하고 있으니 양 계급 사이의 평등한 권리는 무망한 일이었다. 그런 권위[26]가 공유되지 않으면, 평민은 원로원에서 결코 동등한 지위를 누리지 못할 것이었다. 또 평민이 집정관 선거에 입후보하는 것만으로는 충분하지 못하다고 생각했다. 집정관 두 명 중 한 명을 반드시 평민 출신으로 뽑는다는 의무사항을 두지 않는 한, 그 누구도 후보로 나서지 않을 것이었다.

사람들은 벌써 잊어버렸는가. 국가 최고위직을 평민들에게도 개방한다는 분명한 목적 아래, 두 명의 집정관 대신에 다수의 집정관급 정무관을 뽑기로 결정을 했었다. 하지만 지난 44년 동안 단 한 명의 평민 출신

---

26 원어는 imperum(명령권)인데 호민관들은 이런 임페리움이 없었고 단지 선거, 법률, 원로원의 선고 등에 대하여 거부할 권리만 있었다.

집정관급 정무관도 배출되지 않았다. 귀족들이 지금껏 여덟 자리인 집정관급 정무관 직도 독점을 해 왔는데, 만약 집정관 제도로 돌아가서 두 명의 최고위직만 선출하기로 한다면 과연 그들이 그 두 자리 중 하나를 평민에게 내어놓을 것이라고 볼 수 있겠는가? 집정관급 정무관 직으로 가는 길도 이처럼 오래 봉쇄해 온 그들이 집정관 직으로 가는 길을 선뜻 열어줄 것 같은가? 따라서 법률은 선거에서 대중적 투표에 의해서 얻어지는 것이 아닌, 당연직 자리를 마련해주어야 한다. 집정관 두 자리 중 하나는 평민 몫으로 떼어놓아 경쟁에서 배제해야 한다. 만약 그 자리마저도 경쟁에 의해서 뽑는다면 그것은 언제나 더 힘이 센 귀족 당의 차지가 되고 말 것이다. 과거에 단골 메뉴로 써먹던 논리, 평민들 중에는 쿠룰레(최고위직 의자) 행정관에 오를 만한 재목이 없다는 얘기는 더 이상 나와서는 안 된다.

푸블리우스 리키니우스 칼부스[27]가 최초로 집정관급 정무관에 당선되었을 때, 그 전 오로지 귀족들만이 집정관급 정무관이었던 시절에 비하여 국가 행정이 덜 효율적이고 덜 책임지는 형태였는가? 오히려 그 반대였다. 여러 명의 귀족들이 그 정무관 직이 끝난 후에 법의 심판을 받았지만, 평민은 단 한 명도 없었다. 집정관급 정무관들과 마찬가지로, 재무관도 몇 년 전부터 평민 출신에서 뽑기 시작했으나, 로마 시민들은 그것을 후회해 본 일이 없다. 오로지 자유의 성채이며 초석인 집정관 직만이 아직까지 평민들에게 개방되지 않았다. 이것이 성취되어야만 로마 시민들은 왕들이 이제 도시로부터 영구 추방되었고 시민들의 자유가 확

---

27 기원전 400년에 집정관급 정무관에 당선된 평민 후보는 푸블리우스 리키니우스 칼부스 단 한 사람뿐이었는데, 평민의 권리를 간신히 행사한 수준이었다. 나머지 자리는 전부 귀족에게로 돌아갔다. 참조 5권 12장.

고히 정립되었다고 믿게 될 것이었다. 그날로부터 평민들은 귀족들에게 그 우수성을 부여해 주는 모든 것을 얻게 될 것이었다. 가령 권력과 명예, 군사적 영광, 출생과 신분, 평민들 자신이 멋진 것들을 즐길 수 있는 권리, 그리고 그런 것들을 후손에게 물려줄 수 있는 권리 같은 것들이 그것이었다.

호민관들은 이런 종류의 연설이 시민들에게 잘 먹혀들어가는 것을 보고서 기존의 종교 의례를 맡은 두 명의 관리를 10명으로 증원하고, 그중 절반은 귀족, 나머지 절반은 평민으로 구성하는 법안을 제출했다.[28] 그러나 이런 법안들에 대한 투표는 벨리트라이를 포위 공격하는 로마 군이 돌아올 때까지 연기되었다.

38. 로마 군이 벨리트라이에서 돌아오기 전에 한 해가 다 갔다. 그래서 새로운 법률을 정하는 문제는 미제로 남았고 새로운 집정관급 정무관들이 선출될 때까지 기다려야 했다. 호민관들은 지난해와 똑같은 사람들이 뽑혔고, 새로운 법안을 제출했던 섹스티우스와 리키니우스도 다시 뽑혔다. 이해(기원전 368년)에 선출된 집정관급 정무관은 티투스 퀸크티우스, 세르비우스 코르넬리우스, 세르비우스 술피키우스, 스푸리우스 세르빌리우스, 루키우스 파피리우스, 루키우스 베투리우스였다. 이해 벽두부터 새로운 법률을 둘러싼 최종적인 싸움이 벌어졌다. 투표를 위해 부족 민회가 소집되고 법안 제창자들이 동료 호민관들의 거부권을 받아들이지 않자, 귀족들은 겁을 집어먹고 최후의 두 가지 수단, 즉 최고위 직책과 최고위 시민에 의존하려 했다. 원로원 의원들은 투표로

---

28 두 명의 관리는 duumvir를 말하는데 시빌의 예언서를 관리하는 사람들이었다. 이들은 새 점을 치지는 않았고 그래서 귀족들이 탐욕스럽게 지키려고 하는 권리와는 직접적인 관계가 없었다.

독재관 임명을 결정했고 마르쿠스 푸리우스 카밀루스를 그 자리에 임명했다. 카밀루스는 사마관으로 루키우스 아이밀리우스를 지명했다. 귀족들이 이런 초강수를 들고 나오자, 법안의 제창자들은 그 법안에 대한 평민의 엄청난 열광을 선동하면서 평민의 대의를 강화했고 민회를 소집하여 각 부족에게 투표를 요청했다.

이런 분노와 적개심이 가득한 위협적인 분위기에서 독재관은 다수의 귀족들의 호위에 둘러싸여 독재관 직에 좌정했고 법안을 통과시키려는 호민관들과, 거부권을 행사하려는 사람들 사이에 갈등이 고조되는 가운데 투표 절차가 개시되었다. 거부권도 엄청난 법적 권한을 갖고 있었으나, 법안들의 평민 우호적인 내용과 법안 제창자들의 인기 덕분에 투표 당일 그 법안들은 통과될 가능성이 높아졌다. 그래서 첫 번째 부족은 그 법안을 승인하는 투표를 했다. 이때 카밀루스가 개입하여 연설했다.

그가 말했다. "동료 시민들이여, 여러분은 평민 호민관들의 권위가 아니라 그들의 무법한 태도에 동요되고 있습니다. 그리하여 오래전에 평민들의 근무지 이탈로 얻었던 거부권을, 그 오래전에 그랬던 것처럼 난폭한 행동으로 무효로 만들려 하고 있습니다. 여러분과 공화국 전체의 이익을 위하여 나는 독재관 자격으로 그 거부권을 지지하며, 나의 최고 권력을 활용하여 당신들이 전복하려는 그 안전장치를 수호할 것입니다. 그러니 만약 가이우스 리키니우스와 루키우스 섹스티우스가 동료 호민관들의 거부권에 승복한다면, 나는 결코 민회의 결정에 나의 독재관 권력을 행사하지 않을 것입니다. 그러나 이 두 사람이 거부권에 도전하고 도시가 마치 그들의 포로인 양 법률을 강제하려 든다면, 나는 호민관들의 권력이 파괴되는 것을 결코 허용하지 않을 것입니다."

호민관들은 그의 연설을 경멸했고 예전처럼 적극적으로 그들의 투표 작전을 밀고 나갔다. 카밀루스는 분노하여 그의 휘하 릭토르들을 보내어 사람들을 민회에서 쫓아냈다. 만약 그들이 투표를 고집한다면, 군복무 연령대의 장정들을 모두 소집하여 복무 맹세를 시키고 그 즉시 군대를 이끌고 로마에서 나가겠다고 위협했다. 시민들은 겁을 집어먹었지만, 그 지도자들의 투지는 그 위협으로 위축되는 것이 아니라 오히려 불타올랐다. 그러나 그 문제가 해결되기도 전에 카밀루스는 독재관 직에서 사임했다. 몇몇 역사가들이 주장하는 바와 같이 그의 임명 절차에 하자가 있었거나, 아니면 호민관들이 제안하여 민회가, 만약 카밀루스가 독재관 자격으로 어떤 조치를 취한다면 50만 아스의 벌금형에 처한다라고 선언했기 때문이었다.

나는 다음 두 가지 이유로 그의 사임이 전례 없는 제안 때문이 아니라 조점鳥占과 관련되었기 때문이라고 본다. 하나는 카밀루스라는 사람의 성품이고, 다른 하나는 그가 즉시 푸블리우스 만리우스라는 독재관으로 대체되었다는 사실이다. 만약 카밀루스가 패배한 위기를 다루기 위해 만리우스를 독재관으로 선출한다는 것은 무슨 의미가 있었겠는가? 게다가 카밀루스는 다음 해에 다시 독재관 자리에 올랐다. 만약 그 전 해에 그 자리에서 중도 퇴출되었더라면 그는 틀림없이 그 자리를 다시 맡는 것을 아주 당황스럽게 생각했을 것이었다. 더욱이 그를 벌금형에 처한다는 제안이 나왔다는 시점에, 카밀루스는 그 자신에게 모욕을 가할 법한 그 제안을 거부할 힘이 있었거나, 아니면 그 벌금형의 원인이 되었던 세 법안을 가로막을 힘이 없었거나 둘 중 하나였을 것이다. 마지막으로, 우리의 시대에 이르기까지 호민관과 집정관 사이의 갈등에서, 독재관 자리는 언제나 공격의 범위에서 벗어나 있었다.

39. 구舊 독재관이 사임하고 신임 독재관 만리우스가 취임하는 시기에, 호민관들은 인테르레그눔이나 다름없는 상황을 활용하여 민회를 소집했다. 민회에서 평민이 좋아하는 법안이 무엇이고, 법안 제창자가 좋

아하는 법안이 무엇인지 분명하게 드러났다. 투표 결과 평민은 고리대금(부채)과 토지 분배에 대하여 관심이 많은 반면에, 평민 출신의 집정관 임명에는 반대했다. 평민 호민관들이 세 법안을 하나로 묶어서 처리해야 한다는 주장을 펴지 않았더라면 부채와 토지의 문제는 해결이 되었을 것이다. 그러는 와중에 푸블리우스 만리우스는 독재관에 취임하여 평민이면서 전에 집정관급 정무관을 지낸 가이우스 리키니우스를 사마관으로 임명했고, 그리하여 균형의 추는 평민에게 유리하게 기울어졌다. 나는 이 조치가 귀족 계급을 불안하게 만들었으리라고 생각한다. 그래서 독재관은 자신이 리키니우스와 가까운 사이라는 점을 호소하고, 또 사마관이 집정관급 정무관보다 더 큰 권위를 가지고 있는 자리는 아니라고 주장함으로써 귀족들을 달래려 했다.

리키니우스와 섹스티우스는 호민관을 선출하는 민회가 공고되자, 더 이상 출마할 의사가 없다고 선언했다. 그렇지만 두 사람은 말만 그렇게 해놓고 일정한 계산된 행동을 하면서, 그들이 원하지 않는 척하면서도 실은 원하는 것을 얻어내기 위하여 평민에게 압박을 가했다. 두 사람은 귀족 계급을 상대로 9년이나 싸워왔지만 그들 자신에게는 위험만 더 많아지고 평민에게는 보편적 혜택을 가져다주지 못했다고 말했다. 그들이 제안한 세 법안과 호민관의 권위는 그들이 9년이나 재임하면서 나이가 들어 쇠퇴하게 되었다고 주장했다. 세 법안은 먼저 동료 평민 호민관들의 개입으로 방해를 받았고, 그 다음에는 젊은 남자들을 징병하여 벨리트라이의 전쟁에 파견하는 절차에 의해 가로막혔다. 그리고 마지막으로 두 호민관은 개인적으로 독재관의 권위로부터 위협을 당했다. 이제 동료 호민관들도 국외의 전쟁도 독재관도 위협이 되지 못한다. 왜냐하면 독재관은 평민 출신의 사마관을 지명함으로써 평민 출신의 집정관이 임명되는 것을 예고했기 때문이다. 오히려 그들의 출세와 기회를 지연시키고 있는 것은 평민들이라고 리키니우스와 섹스티우스는 주장했다. 도시와 포룸에서 채권자를 제거하고, 토지를 불법 점유로부터 자유롭게 하는 것, 이 두 가지는 그들이 원한다면 언제라도 성취할 수 있었다.

그러나 이 두 법안이 평민들을 위해 승인되는 순간에, 그 법안을 제안한 사람들이 승진할 수 있는 희망이 사라져 버린다면 어떻게 두 사람이 그것을 감사하는 마음으로 축복할 수 있겠는가? 고리대금으로부터 자유로워지고 힘센 자들이 불법으로 점유한 땅에 정착할 수 있게 되었지만, 그 일을 성사시킨 두 사람을 명예도 없고 또 명예를 얻을 수 있는 희망도 없이 전직 호민관으로 늙어죽게 만든다는 것은 로마 시민의 자존심에 걸맞지 않은 일이다. 만약 시민들이 호민관들이 제안한 3건 법안을 하나로 묶어서 통과시키려 한다면 리키니우스와 섹스티우스가 같은 호민관 직에 재선되어야 할 이유가 충분하지만, 시민들의 의도가 시민 각자에게 이익이 되는 것만 선호한다면 이미 혐오스럽게 되어버린 관직의 임기만 연장한다는 것은 아무런 의미 없는 일이라는 것이었다. 요약하면, 리키니우스와 섹스티우스가 호민관 직이 없어도 되는 것처럼, 평민은 두 사람이 제안한 개혁 법안이 없어도 된다는 얘기였다.

40. 다른 원로원 의원들은 두 평민 호민관들의 비타협적인 연설을 겁먹은 침묵 속에서 들었고, 그 뻔뻔한 주장에 경악했다. 그러나 10인회 위원이었던 아피우스의 손자 아피우스 클라우디우스 크라수스는 자리를 박차고 일어나 두 사람의 주장에 도전했다고 한다. 크라수스는 자신의 연설이 성공할 것이라는 희망보다는 두 호민관에 대한 분노와 적개심 때문에 분연히 들고 일어선 것이었다. 그는 다음과 같은 취지의 연설을 했다.

"동료 로마 시민들이여, 저로서는 새롭지도 않고 예상하지 못한 바도 아니지만, 소요를 일으키기 좋아하는 호민관들이 우리 가문을 상대할 때마다 써먹던 비난이 이제 나에게도 퍼부어졌습니다. 그 비난은, 클라우디우스 가문이 처음부터 원로원의 위엄이 국가에 가장 중요한 사안이라고 믿었고, 또 이 가문은 언제나 평민의 이해관계에 반대해 왔다는 것입니다. 이 두 가지 비난 중, 첫 번째 것은 부정하지도 않고 반박하지도 않겠습니다. 우리 가문이 시민이 되고 또 원로원 의원이 된 시절부터, 우리 가문이 소속된 계급의 권위가 우리 가문에 의해 낮아지는 것이 아니라 더 높아지게 되도록 최선을 다해 왔습니다.[29]

후자의 비난에 대하여, 동료 시민들이여, 나는 감히 나 자신과 나의 선조들을 위하여 말하는 바, 국가의 안녕이 평민의 이익에 반대되지 않는 한(가령 평민들이 다른 도시를 점령한 것처럼 행세하지 않는 한), 우리 가문 사람들은 개인 자격으로나 관직에 취임한 공인의 자격으로나 평민들에게 유해한 일을 의식적으로 해 본 적이 없습니다. 여러분의 기대에 미흡한 우리 가문의 사람들이 몇몇 있기는 했지만 말입니다. 설사 내가 클라우디우스 가문 사람이 아니고 또 귀족의 피를 타고 나지 않은, 평범한 로마 시민이라고 할지라도, 나의 부모가 자유인으로 살았고 나 또한 자유로운 국가에 살고 있는 이상 내가 어떻게 침묵을 지키고 있을 수 있겠습니까? 우리의 항구적인 평민 호민관인 루키우스 섹스티우스와 가이우스 리키니우스가 무려 9년 동안 재임하는 바람에 너무 오만해져서 선거 및 법률 제정과 관련된 여러분의 권리마저도 거부하겠다는 말입니까?

그들 중 한 사람은 이렇게 말합니다. '여러분이 나를 10선 호민관으로 다시 뽑아주는 데에는 조건이 있다.' 이것은 다르게 말하면 이렇게 주장하는 것이나 뭐가 다릅니까? '다른 사람들이 청원하는 것은 그리 중요

---

29 클라우디우스 가문은 원래 사비니 사람이었는데 기원전 504년에 로마로 이주해 왔으며 귀족 계급이 된 것은 왕정 시대로까지 소급된다. 참조 2권 16장.

한 문제가 아니므로 우리는 충분한 보상이 없으면 그 청원을 다루어주지 않겠다.' 우리가 아홉 번이나 호민관으로 뽑아준 그들이 요구하는 보상이란 무엇입니까? '우리가 제안한 세 법안을 당신들이 좋아하든 말든, 혹은 당신들에게 혜택이나 피해를 주든 말든, 하나의 묶음으로 받아들여야 한다' 라는 것입니다. 내가 호소하노니, 당신들 타르퀴니우스를 닮은 호민관들[30]이여, 나를 민회의 한가운데에서 외치는 평민 시민이라고 상상해 주십시오. 그러면 우리의 대화는 이렇게 됩니다.

'당신이 승인해 주신다면, 우리가 세 법안 중에서 우리에게 혜택을 주는 것을 취하고 나머지는 거부하면 안 되겠습니까?'

'안 돼. 고리대금과 토지에 관련된 법안만 통과시키는 것은 안 될 일이야. 먼저 루키우스 섹스티우스와 가이우스 리키니우스라는 꼴보기 싫은 자들을 집정관으로 옹립시킬 수 있어야 해. 너희들이 보기에 화가 나고 혐오스러운 자들을 말이야. 세 법안을 모두 받아들여. 그렇지 않으면 나는 아무것도 제안하지 않을 거야.'

이것은 어떤 사람이 배고파 죽어가는 사람에게 음식을 내놓으면서 동시에 독을 주는 것이나 마찬가지입니다. 그러면서 생명을 유지시키는 음식을 먹지 말거나, 죽음을 가져오는 독을 그 음식에 섞어 먹으라고 말하는 것입니다. 만약 로마가 자유로운 국가라면 그 시민들은 한 목소리로 이렇게 외치지 않겠습니까? '네 놈의 호민관 직과 법안들을 가지고 여기서 썩 꺼져!' 당신들이 평민이 받아들이고자 하는 법안을 제안하지 않겠다면, 당신들 이외에는 그것을 제안할 사람이 없다는 뜻입니까? 만약 그 사람이 귀족 출신이고 또 클라우디우스 가문의 일원이었는데 — 그들이 아주 싫어하는 사람입니다만 — 이렇게 말한다고 해 봅시다.

---

30 타르퀴니우스 왕정 시대의 왕처럼 오만한 호민관들이라는 뜻.

'그것을 통째로 받아들여. 아니면 나는 아무것도 제안하지 않겠어.' 그러면 여러분, 로마 시민들 중에 그 누가 이런 제안을 참아줄 수 있겠습니까? 당신들은 저 행정관이 하는 얘기를 언제나 들어주어야 하고, 반면에 우리가 당신에게 말해주는 것은 거부해야 한다는 것입니까?

분명 이렇게 말하는 그의 언어는 자유로운 국가와는 거리가 먼 것입니다. 그렇다면 여러분이 거절하여 두 호민관이 짜증을 내는 저 세 법안은 어떻습니까? 그것은 '그것을 통째로 받아들여. 아니면 나는 아무것도 제안하지 않겠어'와 다름없는 얘기입니다. 두 호민관은 이렇게 말하는 거나 마찬가지입니다. '당신들이 스스로 선택하여 집정관을 선출하는 것을 못하게 하겠어.' 그들이 두 명의 집정관 중 한 명은 반드시 평민으로 뽑아야 하고, 여러분에게 두 명의 귀족 출신 집정관을 뽑아서는 안된다고 하는 것은, 바로 그것입니다. 가령 포르센나가 야니쿨룸을 점령했던 에트루리아 전쟁[31]이나 카피톨리움과 요새를 제외하고 로마 전역이 갈리아 인들의 손에 들어갔던 갈리아 전쟁 같은 것이 오늘날 벌어졌다고 가정해 봅시다. 그리고 루키우스 섹스티우스가 마르쿠스 푸리우스 카밀루스와 그 외의 다른 귀족 출신 후보와 함께 집정관 자리에 출마했다고 합시다. 그런데 섹스티우스는 당선이 확실하고 카밀루스는 다른 후보와 경쟁하다가 패배할지도 모르는 그런 사태를 여러분은 참아줄 수 있겠습니까? 이것이 귀족당과 평민당 양쪽에 동등한 기회를 부여하는 방식입니까? 두 명의 평민 출신 집정관 선출은 가능하고 두 명의 귀족 출신 집정관 선출은 불가능한 것? 두 명의 귀족 출신 집정관이 취임하는 것은 안 되는데, 평민 출신 집정관 한 명은 반드시 있어야 한다는 게 말이 됩니까? 이게 대체 무슨 동료 의식이며 파트너 정신이란

---

31 참조 2권 11장.

말입니까? 당신들은 전체를 가지지 못한다면, 전에 가져본 적이 없는 부분을 가지는 것으로는 충분하지 못하다는 말입니까?

두 호민관은 말합니다. '두 명의 귀족으로 집정관 자리를 채우는 것이 허용된다면 당신들은 평민 출신은 뽑지 못할 것입니다.' 이렇게 말하는 것은 '당신들의 자유의지에 맡겨 놓으면 적합한 후보만 뽑을 것 같으니, 당신에게 의무 사항을 부과하여 당신들이 원하지 않는 후보를 뽑게 하겠다'라고 말하는 거나 마찬가지입니다. 평민 후보 한 명에 귀족 후보 두 명이 나서게 된다면 유권자들은 그들의 지지에 대하여 아무런 감사 표시도 받지 못할 것입니다. 당선된 평민 후보는 그들의 투표가 아니라 법에 의하여 뽑혔다고 말할 것이기 때문입니다.

41. "두 호민관이 노리는 것은 이런 것입니다. 그들은 후보자들 사이의 자유로운 경쟁이 아니라 법규에 의해 일방적으로 관직 진출을 하려고 하는 것입니다. 그들은 가장 낮은 단위의 의무사항들도 수행하지 않고서 최고위 자리를 차지하려는 것입니다. 그들의 지원을 뒷받침해줄 공로나 능력도 없이 그저 승진 기회만 낚아채려 하는 것입니다. 감사와 평가를 받는 것을 싫어하고, 경쟁자들은 관직에 진출하기 위해 힘들게 경쟁해야 하는 한편 자기 자신은 경쟁 없이 성공을 확신하고 또 그렇게 되어야 마땅하다고 생각하는 사람들이 있습니다. 또 여러분의 판단을 받으려 하지 않고 여러분이 선택이 아니라 의무로, 자유인이 아니라 노예의 자격으로 그들에게 투표해야 한다고 믿는 사람들이 있습니다. 리키니우스와 섹스티우스는 9년이나 호민관으로 권력을 누려 와서 이제 카피톨리움의 왕들의 재위 기간만큼이나 오래 권력을 행사했습니다.[32]

---

32 카피톨리움에는 왕들의 조각상이 세워졌고 그 조각상 기단에는 그들의 재위 기간이 새겨졌다. 이 조각상이 세워진 연대는 기원전 368년 이후의 일이었다.

오늘날 우리 국가에 이 제안된 법률 덕분에 평민이 집정관 자리에 오르는 길이 우리 귀족이나 귀족의 후손보다 한결 쉬워졌다고 생각하는, 그런 비굴한 시민들이 과연 있습니까? 이 법안대로라면 우리 귀족의 경우, 여러분은 뽑고 싶은 사람을 뽑지 못하는 반면에, 당신들이 원하지도 않는 사람을 뽑아야 하게 될 것입니다.

"나는 이 법안의 위엄 없음에 대해서는 충분히 말씀드렸습니다. 그러나 위엄이야말로 우리 인간의 가장 핵심적인 사항입니다. 이러한 불경과 모욕이 영원불멸한 신들의 이름도 더럽혔으니, 조점과 종교적 절차에 대해서는 더 말해 무엇하겠습니까? 이 도시는 조점에 의하여 세워졌고, 다들 잘 알다시피 조점의 인도 아래, 전쟁과 평화의 일들, 국내와 전쟁터에서의 일들을 수행해 왔습니다. 그렇다면 누가 조상의 전통에 의거하여 조점을 통제할 것입니까? 당연히 귀족들이 해야 합니다. 조점에 의해 선출된 평민 출신 행정관이 없는 까닭입니다. 조점은 독점적으로 우리의 권리이기 때문에, 시민에 의해 선출되는 귀족 행정관들이 조점 이외의 방식으로 선출되는 것은 불가능할 뿐만 아니라, 우리는 시민들의 투표가 없어도 우리 자신이 조점을 실시하고 또 인테르렉스를 임명할 수 있습니다. 그리고 우리는 재야의 시민일지라도 조점을 치는 권한이 있으나, 평민들은 관직에 취임한다고 할지라도 조점을 치지 못합니다. 따라서 평민 출신 집정관을 선출하여 귀족들로부터 조점권을 빼앗아가는 사람은 결국 국가로부터 조점권을 빼앗아가는 꼴이 됩니다. 이 사람들은 이제 이런 종교적 망설임마저도 비웃을지 모릅니다. '그게 무슨 문제인가?' 라고 그들은 말합니다. '조점을 치는 신성한 닭이 모이를 쪼아 먹지 않고 우리에서 나오지 않는다고 한들, 혹은 닭이 불길한 꼬꼬댁 소리를 낸다고 해서 그게 무슨 대수인가?'

이것은 사소한 문제입니다. 하지만 당신들의 조상은 이런 사소한 문제를 무시하지 않음으로써 이렇게 커다란 공화국을 세울 수 있었습니다. 그런데 이제 우리는 마치 신들의 호의가 필요 없는 것처럼 신성한 의식을 오염시키고 있습니다. 그러니 대제관, 조점관, 희생의 대사제를 평민 계급에서 선출하십시오. 플라멘 디알리스Flamen Dialis[33]의 모자를 아무 머리에나 씌우십시오. 방패, 신전, 신들, 그리고 신들에 대한 예배를 신성한 법칙에 의해 배제된 사람들에 의해 거행되게 하십시오. 법률이 아무렇게나 제안되고 행정관들이 조점 의식 없이 선출되게 하십시오. 켄투리아 민회나 트리부스 민회가 귀족들의 재가를 받지 않게 하십시오. 섹스티우스와 리키니우스가 그들의 것도 아닌 돈과 토지를 내주었다고 해서, 이 두 사람이 로마를 로물루스나 타르퀴니우스처럼 통치하게 하십시오. 다른 사람들에게서 그들의 재산을 빼앗는 것이 그렇게 재미있는 일입니까? 그들이 제안한 법들 중 하나가 농촌을 광대한 사막으로 만들고, 또 다른 법은 시민들의 상호 신뢰를 끝장내서 사회의 모든 유대관계를 파괴한다는 것을 그 두 사람은 왜 모른단 말입니까? 이런 모든 점을 감안하여 여러분은 이 법안들을 거부해야 합니다. 신들이 당신들이 하는 일을 번창하도록 해주시기를!"

42. 아피우스의 연설은 그 법안들의 통과를 연기시켰을 뿐이었다. 문제의 섹스티우스와 리키니우스는 10번째로 호민관에 선출되었고, 신성한 의례의 담당자 10인 중 절반은 평민 계급에서 선출하는 법안을 통과시켰다.[34] 그리하여 5인의 귀족과 5인의 평민이 선출되었는데, 이것은 평민이 집정관 직에 진출하는 길을 연 조치였다. 평민들은 이 승리에 만족했고, 따라서 당분간 집정관 얘기는 언급하지 않으면서 원로원이 집

---

33 유피테르의 대제관.
34 참조 6권 37장 12절.

정관급 정무관들을 선출하는 것에 동의했다. 아울루스 코르넬리우스(2선)와 마르쿠스 코르넬리우스(2선) 이외에, 마르쿠스 게가니우스, 푸블리우스 만리우스, 루키우스 베투리우스, 푸블리우스 발레리우스가 뽑혔는데 이들은 모두 6선이었다.

로마의 국외 상황은 벨리트라이 포위 공격을 제외하고는 평온했다. 벨리트라이 전투가 승리로 끝날 것이라는 데에는 의문의 여지가 없었으나 승리가 지연되고 있었다. 그러던 중 갈리아 인들이 공격해 온다는 급보가 날아들자 마르쿠스 푸리우스 카밀루스를 다섯 번째로 독재관에 임명했다. 그는 사마관으로 티투스 퀸크티우스 포에누스를 지명했다. 클라우디우스[35]에 의하면, 그해(기원전 367년)에 갈리아 인들과의 전투는 아니오 강 근처에서 벌어졌는데 양군은 팽팽하게 대치했다. 이 강의 다리 위에서 벌어진 1대 1 대결에서, 티투스 만리우스는 도전을 걸어온 덩치 큰 갈리아 인을 죽이고 그 거인으로부터 목걸이를 빼앗았다. 나는 여러 권위 있는 역사가들의 기록에 따라 이 사건이 그보다 10년 뒤에 벌어졌다고 믿고 싶다.[36]

그리고 이해에 독재관 마르쿠스 푸리우스 카밀루스는 알바 영토에서 갈리아 인들과 싸웠다. 로마인들은 별 다른 어려움 없이 무난히 승리를 거두었다. 그러나 전투를 벌이기 직전까지 전에 갈리아 인들에게 대패당한 경험이 있어서 그들을 크게 무서워했다.

수천 명의 야만인들이 살육되었고 또 진영에 남아 있던 많은 적들 또한 목숨을 잃었다. 나머지는 뿔뿔이 흩어졌는데 대부분 풀리아 쪽으로

---

35 기원전 70년경에 활동한 로마의 역사가 퀸투스 클라우디우스 콰드리가리우스
36 1대1 대결은 7권 9-10장에 서술되어 있는데, 리비우스는 6년 뒤인 기원전 361년의 일이라고 적고 있다.

도망쳤다. 그들이 목숨을 건질 수 있었던 것은 로마인보다 훨씬 빠른 걸음으로 도망친 데다 겁먹고 농촌 지역으로 황급히 흩어진 덕분이었다. 독재관은 원로원과 시민들의 합의로 개선식 환영을 받는 것으로 결정되었다.

카밀루스는 전쟁을 성공리에 끝내자마자 로마 시내에서 전보다 더 격렬한 갈등에 직면하게 되었다. 치열한 투쟁이 벌어졌으나 독재관과 원로원은 패배했다. 평민 호민관들이 제출한 법안들은 통과되었고, 귀족들의 반대에도 불구하고 집정관 선거가 거행되어 루키우스 섹스티우스가 최초의 평민 출신 집정관으로 선출되었다. 그러나 이것조차도 양계급의 경쟁을 종식시키지 못했다. 귀족들은 그 선거를 비준하는 것을 거부했고, 그러자 그 위기는 평민들의 근무지 이탈로 이어져서 또다른 내전이 벌어질 조짐이 가득했다.

이때 독재관이 개입하여 양측의 이견 차이는 타협에 의하여 해결되었다. 귀족들은 평민 출신 집정관 건에 대하여 평민들에게 양보하고, 대신 평민들은 귀족들에게 귀족당 가운데서 법무관 한 사람을 뽑는 데 양보했다. 법무관은 도시의 법률을 관장하는 고위 행정관이었다.[37]

이렇게 하여 오랜 갈등 끝에 양 계급은 화해를 하고 마침내 합의에 도달했다. 원로원은 이러한 합의의 때가 영원불멸한 신들에게 영광을 돌릴 좋은 기회라고 선언하면서(물론 신들에게는 아무 때에나 영광을 돌려도 무방하지만), 그레이트 게임 Ludi Romani[38]의 개최를 선언했고, 그 기간도 평

---

37 법무관(praetor urbanus)을 두기로 한 조치는 도시의 규모가 팽창하면서 사법 업무를 두 명의 집정관이 모두 맡을 수 없는 사정과도 관련이 있다. 그렇지만 평민들과 타협한 데 대한 보상으로 귀족을 위해 내놓은 조치이기도 하다. 이 직책은 기원전 337년에 평민들에게도 개방되었다. 참조 8권 15장.
38 대 경기대회로 후에는 해마다 9월에 열렸다.

소 사흘에서 하루를 더 늘여서 나흘로 해야 한다고 말했다. 평민 출신의 토목건축관리관들이 이 추가 부담을 거부하자 젊은 귀족들이 신들을 기념하기 위하여 그들 자신이 그 추가된 하루를 기꺼이 조직하겠다고 소리치고 나섰다. 원로원은 모든 시민들로부터 감사 표시를 받았다. 그 후에 원로원은 독재관에게 귀족 출신의 토목건축관리관 2명의 선출을 제안하라고 지시했고, 또 원로원이 그해의 모든 선거를 비준한다고 선언했다.

제 7 권

쿠르티우스의 자기희생과
발레리우스 코르부스

1. 이해(기원전 366년)는 "신인新人: novus homo"이 집정관 직에 오른 해로 기록할 만하고, 또 법무관(프라이토르)과 토목건축관리관(쿠룰레 아이딜레)이라는 두 개의 새로운 행정관 자리를 설치한 것으로도 주목할 만한 해이다. 귀족들은 집정관 두 자리 중 한 자리를 평민 계급에게 양보하고, 그 대신에 이 신설 행정관 두 자리를 차지하게 되었다. 시민들은 섹스티우스 법률이 만들어낸 평민용 집정관 자리를 루키우스 섹스티우스에게 주었다. 귀족들은 선거에서 그들의 영향력을 발휘하여 마르쿠스 카밀루스의 아들인 스푸리우스 푸리우스 카밀루스에게 법무관 자리가 돌아가게 했다. 토목건축관리관 두 자리는 귀족 계급 출신인 그나이우스 퀸크티우스 카피톨리누스와 푸블리우스 코르넬리우스 스키피오에게 돌아갔다. 집정관 루키우스 섹스티우스의 귀족 출신 동료로는 루키우스 아이밀리우스 마메르쿠스가 선임되었다.

이해 초에 아풀리아로 산개했던 갈리아 인들이 현재 집결 중이고, 또 헤르니키 부족이 반란을 일으켰다는 소문이 널리 퍼졌다. 귀족들은 평민 출신 집정관이 무슨 결정을 내리는 것을 방지하기 위하여 모든 행정 사무를 의도적으로 지연시켰다. 그리하여 로마 사회가 전반적으로 조용하고 무기력해서 마치 법정의 모든 법률적 사무가 중단된 것처럼 보였다. 그러나 (평민) 호민관들은 그런 사태를 조용히 묵과할 수가 없었다. 평민 출신이 집정관 자리를 하나 차지하는 대신에, 귀족들은 자주색 가장자리 수를 놓은 토가를 입고 또 집정관처럼 쿠룰레(최고위) 의자에 앉는 행정관 직을 세 자리나 차지했기 때문이다. 게다가 법무관은 집정관의 동료로서 똑같은 조점 아래 선출된 이후에, 독자적으로 사법적인 처분을 내리고 있었다. 이 때문에 원로원은 쿠룰레 토목건축관리관을 귀족 계급에서 선임하라고 명령을 내리는 것을 부끄럽게 여겼다. 처음에 토목건축관리관 직은 한 해 걸러서 평민 계급에서 선출하는 것으로 합의되었다. 그러나 나중에 토목건축관리관 선거는 아무 구분 없이 양 계급 모두에게 개방되었다.

루키우스 게누키우스와 퀸투스 세르빌리우스가 그 다음 집정관으로 선출되었고, 국외에는 전쟁이 없고 국내에는 양 계급 사이에 갈등이 없었으나, 무서운 전염병이 창궐하여 공포와 위험으로부터 한숨 돌릴 여가가 없게 되었다. 그 전염병 탓에, 한 명의 감찰관, 한 명의 쿠룰레 토목건축관리관, 세 명의 호민관이 사망했고, 또 도시의 나머지 인구들 중에서도 상당한 사망자가 발생했다. 그러나 이 전염병을 특별히 기억하게 만든 사건은 마르쿠스 푸리우스 카밀루스의 사망이었다. 그는 비록 나이가 많았지만 그 죽음은 예기치 못한 것이었다. 그는 모든 상황에서 아주 독특한 사람이었다. 그가 유배형을 떠나기 전까지만 해도 그는 평시나 전시나 아주 뛰어난 인물이었다. 그는 유배 상태에서 더 큰 명성을 얻었다. 도시가 갈리아 인들의 손에 함락된 이후에 동료 시민들은 현재 로마에 있지 않은 카밀루스에게 간절히 도움의 손길을 요청했다. 또 그런 요청을 받은 후에는 전투에서 승리를 거두고 조국으로 금의환향했고, 유배로 실추된 그 자신의 명성을 완전 회복했으며, 파괴된 도시를 원상

복구하는 일에 앞장섰다. 그 후 25년 동안(그는 아주 오래 살았으므로) 그의 영광스러운 명성에 걸맞게 살았고, 또 로물루스에 뒤이어 로마의 제2의 창건자로 칭송될 만하다고 널리 인정되었다.

2. 전염병은 이해(기원전 365년)와 다음 해까지 계속되었는데, 다음 해의 집정관은 가이우스 술피키우스 페티쿠스와 가이우스 리키니우스 스톨로였다. 신들에게 화해를 간청하기 위하여 렉티스테르니움(신들에게 차려놓은 제사상) 의식을 거행한 것 이외에는 특기할 만한 사건이 벌어지지 않았다. 이 의식은 로마가 창건된 이후 세 번째로 벌이는 행사였다.[1] 인간의 지혜도 신들의 도움도 전염병의 창궐을 가라앉히지 못하자, 로마인들은 미신적인 공포에 빠져들었다. 그들이 신의 분노를 완화시키기 위해 고안한 다른 행사들 중에는 연극 놀이ludus scaenicus 라는 것도 있었다. 이것은 상무적인 로마인들에게는 아주 새로운 것이었다. 그들은 전에 공공적인 구경거리라고 해봐야 키르쿠스(원형 경기장 내에서의 경기)가 전부였다. 대부분의 것들이 그러하듯이 연극 놀이는 처음엔 아주 소규모로 시작되었고 또 국외에서 수입되어 온 것이었다.[2]

연기자들도 에트루리아에서 데려왔는데 노래를 부르는 가수는 없고 또 가수의 동작을 흉내 내는 법도 없이, 단지 피리 가락에 맞추어 춤을 추었는데, 에트루리아 스타일답게 아주 우아한 동작을 선보였다. 이어

1 　렉티스테르니움(lectisternium) 의식은 5권 13장에 서술되어 있다. 소파와 그 위에 비스듬하게 누운 신들의 조상을 밖에다 내어놓고 그 신들 앞에서 축제의 의식을 거행했다. 최초의 행사는 기원전 399년에 전염병을 피하기 위해 거행되었다. 그러나 두 번째 행사에 대해서 리비우스는 언급하지 않았다.
2 　리비우스는 연극 놀이가 발달한 과정을 다음 5단계로 설명한다. ① 피리소리에 따라 춤을 추는 것. ② 음악과 춤 이외에 즉흥시를 추가. ③ 가수, 피리, 춤의 혼성. ④ 일정한 줄거리를 가진 코미디인데 서정적인 부분에서는 특별 가수가 등장. ⑤ 놀이 후의 일종의 뒤풀이인 exodium 혹은 Atellana의 추가.

로마 젊은이들이 그 춤 동작을 따라했는데 동시에 즉흥적인 운문으로 농담을 주고받으면서 그 내용에 걸맞은 동작을 해보였다. 이렇게 하여 연극 놀이가 채택되었고 자주 반복하다보니 자리를 잡게 되었다. 에트루리아에서 온 전문 연기자들은 히스트리오네스histriones라고 했는데 연기자를 가리키는 에트루리아 어가 이스터ister이기 때문이다. 그들은 페스케니아 운문 같은 즉흥적인 상스러운 운문을 말하지 않고, 그 대신에 음악, 피리에 맞추는 노래, 그 음악에 조화를 이루는 동작 등을 혼합한 사투라이saturae(혼합된 것들)를 연기했다.

몇 년 뒤에 리비우스[3]는 사투라이를 포기하고 줄거리가 있는 드라마를 고안했다. 그 당시 다른 사람들도 그러했듯이, 그는 자신의 드라마에 직접 나와 연기를 했다. 그에 대해서는 이런 얘기가 전해진다. 그가 너무 자주 공연에 나와서 목소리를 잃어버리자, 그는 피리 연주자 앞에 소년을 배치하는 것이 허용되었다. 그 소년이 노래를 부르면 그에게는 그 내용에 따라 몸동작을 해보였다. 이렇게 하여 목소리를 사용할 필요가 없게 되자 그는 더욱 활기차게 연기를 할 수 있었다. 그때부터 배우들은 가수를 고용하기 시작했고, 배우들은 몸동작에 전념하면서 대화를 할 때에만 목소리를 사용했다.

이러한 공연 양식은 웃음을 자아내기 위한 즉흥 농담으로부터 드라마를 분리시켰고, 그 때 이후 드라마는 서서히 예술로 발전해 나갔다. 젊은이들은 연기를 전문 배우들에게 완전히 넘겨버리고 운문으로 농담을 지껄이는 예전의 관행으로 되돌아갔다. 이것이 나중에 엑소디움으로 알려진 코미디 뒤풀이의 기원이다. 엑소디움은 보통 아텔라나 소극笑劇과

---

3   배우 겸 극작가인 타렌툼의 루키우스 리비우스 안드로니쿠스를 가리키는 것으로서, 그리스 희극에서 번안한 그의 첫 번째 코미디가 기원전 240년에 로마에서 공연되었다.

결합되는 형태를 취했다.[4] 엑소디움 혹은 아텔라나 소극은 오스칸 사람들[5]로부터 도입된 연예 행사인데 로마 젊은이들은 이것을 고수하여 전문 연기자들에게 넘겨주지 않았다. 이 때문에 아텔라나 소극의 연기자들은 그들의 부족으로부터 제외되지 않았고, 또 연극 무대와는 아무 관련이 없는 것처럼 군대에서 복무했다.[6]

다른 제도들도 이런 식으로 미미하게 시작되었으나, 드라마가 언제 처음 시작되었는지 기술하는 것은 가치 있는 일이라고 생각된다. 드라마가 처음에는 이처럼 한미하게 시작했으나, 이제는 거의 어리석은 광분이라고 할 정도로 인기가 높아서, 나라의 부富를 가지고서도 그 엄청난 사치스러움을 모두 감당하기가 부족할 지경이 되었다.

3. 그러나 미신적 공포를 제거하기 위해 처음 도입된 연극 놀이는 사람들의 마음을 불안으로부터 해방시키지 못했고, 신체를 질병으로부터 구해내지도 못했다. 그와는 정반대로 테베레 강이 범람하여 공연 중인 원형 대경기장이 침수되었고, 그래서 연극은 급히 중단되어야 했다. 그런 홍수 사태는 사람들의 마음에 커다란 공포를 심어 놓았고, 마치 신들이 인간들에게 소외감을 느껴서, 신들의 분노를 달래기 위해 헌상한 것을 거부하는 듯했다. 그래서 그나이우스 게누키우스와 루키우스 아이밀리우스 마메르쿠스(재선)가 집정관이던 시절, 사람들은 신체를 질병으로부터 구완하는 것보다는 분노하는 신들을 달래는 문제에 더 골몰했다. 그런데 전해지는 말에 의하면, 한 노인이 과거 어느 때 전염병의 창

---

4   아텔라나 소극은 캄파니아 지방의 작은 마을인 아텔라에서 이름이 나온 것으로, 여기에는 마쿠스, 파푸스, 부코, 도세누스 같은 고정된 희극 배우가 등장한다. 이탈리아의 코미디인 코메디아 델라르테(commedia dell'arte)는 이 소극에서 나온 것으로 추정된다.
5   오스칸 사람들은 삼니움 족의 지파로 캄파니아 지방에 살았다.
6   일반적인 배우들 aerarii은 시민들 중 가장 낮은 계급으로 투표와 군복무로부터 면제되었다.

궐이 못을 때려 박는 독재관의 망치질에 의해 완화된 적이 있다는 것을 기억해냈다. 시민들은 무서운 전염병 때문에 너무나 불안했으므로, 못을 때려 박는 바로 그 일을 해내기 위해 한시바삐 독재관을 임명하라고 원로원에 재촉했다. 그리하여 루키우스 만리우스 임페리오수스가 독재관으로 선출되었고, 다시 만리우스는 루키우스 피나리우스를 사마관으로 임명했다.

고대의 서체와 언어로 기록된 고대의 법에는, 9월 13일에 최고 행정관이 망치로 못질을 해야 한다는 것이 있었다. 그 법을 적어놓은 명판은 전에 최고 최선인 유피테르 신전의 오른쪽에 부착되어 있었고, 또 그곳에는 미네르바의 사당도 있었다. 전해지는 말에 의하면, 문자가 별로 사용되지 않았던 그 당시에 이 못은 지나간 햇수年數를 기록한 것이었는데 숫자는 미네르바의 발명품이므로 미네르바의 사당에 그 법률을 적은 명판이 바쳐졌다는 것이다. 햇수를 표시한 못들은 볼시니이에서도 발견되는데, 에트루리아의 여신인 노르티아의 사당에 박혀져 있었다. 킨키우스[7]는 그런 식으로 기록하고 있는데, 그는 이런 종류의 기록에는 아주 꼼꼼한 권위자이다.

집정관 마르쿠스 호라티우스는 왕들을 축출한 직후의 해에 최고 최선의 유피테르 신전을 봉헌할 때 이 법률을 따랐다. 따라서 망치로 못질하기 의식은 집정관으로부터 당시의 최고 권위자인 독재관으로 이관되었다. 그러다가 이 관습은 자연스럽게 사라지게 되었는데 이 의식의 거행이 중요하다고 판단되어 독재관을 임명하게 되었다. 이것이 루키우

---

7   로마의 원로원 의원이며 역사가인 제2차 포에니 전쟁 때 한니발에게 포로로 잡힌 L. 킨키우스 알리멘투스를 가리킨다. 참조 21권 38장. 이 사람은 같은 이름을 가진 아우구스투스 시대의 역사가일 수도 있다.

스 만리우스를 임명하게 된 이유였다. 하지만 그는 종교적 의무의 거행보다는 전쟁의 수행을 위해 자신이 선임되었다고 믿기를 좋아했다. 그는 헤르니키 족과의 싸움을 염두에 두고 있었으며 엄격한 징병 절차를 실시하여 시민들의 원성을 샀다. 마침내 호민관 전원이 그에게 반기를 들자 그는 외압에 눌려서 혹은 수치심을 느껴서 독재관 직을 사임했다.

4. 그렇지만 그 다음 해(기원전 362년), 퀸투스 세르빌리우스 아할라와 루키우스 게누키우스가 집정관에 오른 시절에, 만리우스는 호민관 마르쿠스 폼포니우스에 의해 재판에 소환되었다. 만리우스는 가혹한 징병 절차를 시행하여 시민들의 미움을 받고 있었다. 시민들은 그 과정에서 벌금형을 부과받기도 했고, 또 징병 등록부에 이름을 올리기를 거부한 일부 시민들은 매질을 당했기 때문에 더욱 그의 잔인함을 증오했다. 무엇보다도 만리우스는 그 난폭한 기질로 인해 사람들의 미움을 받았다. 더욱이 그의 별명 임페리오수스(독단적인)는 자유로운 국가에는 거슬리는 것이었는데, 그는 그런 독단적인 태도를 낯선 사람들뿐만 아니라 자신의 친인척들에게도 자랑이나 하듯이 노골적으로 드러냈다.

만리우스에 대한 여러 가지 혐의 중에는 그가 아들을 학대했다는 사실도 포함되어 있었다. 그 아들은 이렇다 할 비행을 저지른 것이 없는데도 그의 도시, 집과 가정신들, 포룸과 공식적 인정, 같은 나이 또래의 젊은이들과의 우정 등으로부터 완전 추방되었다. 그 대신에 그는 사실상 감옥이나 교화소에 들어간 것처럼 노예 같은 노동을 강요당했다. 유서 깊은 귀족 가문에서 독재관의 아들로 태어난 이 젊은이는 날마다 이런 비참한 노동을 하면서 그의 아버지가 얼마나 "독단적인지" 몸소 체험하게 되었다. 그렇다면 그 아들의 잘못은 무엇인가? 그는 의사 표현을 잘하지 못했고 말을 좀 더듬었다. 만약 그의 아버지가 인정미 있는 사람이라면 이런 타고난 장애를 고쳐주려고 애쓸 일이지, 그 장애를 비난하면서 그런 노골적인 박해로 사람들의 눈에 띄게 만들어서야 되겠는가? 심지어 말 못하는 동물조차도 잘 적응하지 못하는 새끼에게 먹이를 주고 사랑을 베풀지 않는가. 그러나 루키우스 만리우스는 아들의 어려움을 덜어주는 것이 아니라 학대함으로써 증가시켰고, 아들의 장애에 더욱 무거운 짐을 얹었으며, 그 아들에게 거친 노동을 시키고 소 떼들 사이에서 농부처럼 생활하게 함으로써 아들의 타고난 다른 능력을 억압해 버린 것이었다.

5. 모든 사람이 그런 고발 사항을 듣고서 분노했으나 정작 그 젊은 아들은 그렇지 않았다. 오히려 그는 자신이 아버지의 인기 없음에 추가적인 요인이 되고, 또 더 많은 고발을 만들어내는 원천이 되었다는 사실에 번민했다. 그래서 그 아들은 신들과 사람들을 향하여 아버지의 적보다는 아버지를 돕는 것이 더 좋다고 생각하는 것을 보여주려 했다. 그는 무식하고 상스러운 마음을 보여주는 것이었으나 동시에 그 효심 하나만은 가륵한 계획을 짰다. 그는 아무도 모르게 허리띠에다 단도를 집어넣고 어느 이른 아침에 도시로 와서 도시의 성문에서 호민관 마르쿠스 폼포니우스의 집으로 곧장 달려갔다. 그는 그 집의 수위에게 주인을 곧바로 만나야겠다고 말하고서 찾아온 사람은 루키우스 만리우스의 아들 티투스 만리우스라고 전하라고 했다. 그는 곧 안으로 인도되었다. 아들이 아버지에게 반감을 품고 있어서 좀 더 새로운 고발사항을 가지고 폼포니우스를 찾아올 것이라고 예상되었기 때문이다.

호민관과 인사를 나눈 후에 아들은 단 둘이서만 얘기를 나누고 싶다고 호민관에게 말했다. 그리하여 옆에 있던 수행원들을 모두 물리치자, 만리우스는 단도를 꺼내들고 호민관의 소파 위에 올라서서 단도를 겨누면서 위협을 가했다. 만약 호민관이 만리우스가 미리 준비해 온 말들을 읽으면서 맹세를 하지 않는다면 칼로 목을 찔러 죽이겠다는 것이었다. 그 맹세의 내용은, 그의 아버지를 고발할 목적으로 민회를 소집하는 일을 결코 하지 않겠다고 하는 것이었다. 호민관은 단도가 눈앞에 번쩍 거리는 것을 보자 겁을 먹었다. 그는 혼자인데다 비무장이었고 상대방은 완력이 강한 청년인데다 자신의 체력이 호민관보다 월등하다고 자신하며 막무가내로 나오고 있었으므로 아주 겁먹을 수밖에 없는 상황이었다.

그는 상대방이 요구하는 언사 그대로 맹세를 했으나, 그 직후에 위협에 의하여 고발을 포기하게 되었다는 것을 널리 알렸다. 평민들은 그처럼 잔인하고 거만한 아버지를 고발하는데 찬성표를 던지고 싶어 했지만, 동시에 아들이 아버지를 위해 그런 과감한 행동을 한 것에 대해서 전혀 불쾌하게 생각하지 않았다. 아버지의 가혹한 처사가 아들의 효심을 조금도 위축시키지 않았다는 점에서 아들의 그런 행동은 더욱 칭찬받을 만한 것이었다. 그래서 그 사건 덕분에 그의 아버지는 자신을 변호해야 하는 일에서 면제되었을 뿐만 아니라 그 아들은 널리 명성을 얻게 되었다.

그해(기원전 362년), 사상 처음으로 군단을 위한 천인대장千人隊長선거가 열렸는데(그 전까지는 사령관들이 직접 이 천인대장을 지명했는데, 오늘날에도 루풀리라고 하는 천인대장은 사령관이 지명한다), 티투스 만리우스는 선출된 6명 중 2등으로 뽑혔다. 국내나 국외에서 그런 높은 인기를 얻을 만한 업적이 없는데도, 그가 또래 청년들로부터 멀리 떨어진 외진 곳에서 청춘을 보냈다는 사실이 감안되어 선출된 것이었다.[8]

---

8 천인대장(tribuni militares)에는 두 종류가 있는데, 첫째는 루풀리(Rufuli)로서 통상 군단 내에서 임명되었다. 이들은 6명이었는데 2개월씩 교대되었다. 다른 하나는 코미티아티(comitiati)인데 로마의 코미티아에서 선거로 지명되었다. 집정관급 정무관(tribuni militum consulari potestate)은 루풀리나 코미티아티와는 다른 직책으로서, 집정관 제도가 폐지되었던

6. 같은 해(기원전 362년)에 지진 혹은 격심한 지각 변동의 결과로, 포룸 한가운데의 땅이 푹 꺼져서 엄청난 깊이의 거대한 구덩이가 만들어졌다고 한다. 그 심연은 사람들이 아무리 많이 흙을 가져와 메워도 도저히 채워지지 않았다. 그러다가 신들로부터 경고가 내려와 시민들은 "로마 시민의 가장 큰 힘"이 무엇인지 깊이 생각하게 되었다. 점술사들은 로마 시민들이 공화국의 영원무궁을 원한다면 바로 그 힘을 그 심연에 바쳐야만 한다는 점괘를 내놓았다.

이때(전해지는 이야기에 의하면), 뛰어난 군사적 업적을 자랑하는 청년인 마르쿠스 쿠르티우스는 로마가 그 무력과 가치관보다 더 큰 자산을 갖고 있다는 것을 의심하는 사람들을 비난했다. 그 뒤에 이어진 깊은 정적 속에서 쿠르티우스는, 포룸과 성채 위에 우뚝 서 있는 신들의 신전을 우러러 보면서 두 손을 하늘로 들어올리는가 하면, 땅 속에 거대한 입을 벌리고 있는 심연과 지하의 신들에게 내리면서 그 자신을 죽음에 바치겠다고 맹세했다. 이어 그는 완전 무장을 하고 아주 화려하게 장식된 말에 올라타서 전속력으로 그 거대한 입을 딱 벌린 심연으로 달려가 그 속으로 뛰어들었다. 남녀 군중은 그의 뒤를 이어 그 심연 속으로 봉헌물과 과일을 가득 던져 넣었다. 그의 이름을 따서 이 심연은 쿠르티우스의 심연Lacus Curtius이라는 이름이 붙었고, 그보다 이전 시절 사람인 티투스 타티우스의 병사였던 메티우스 쿠르티우스의 이름에서 나온 것은 아니다. 나는 이 문제와 관련하여 진실에 이를 방도가 있다면 모든 노력을 아끼지 않겠지만, 고대의 사건들을 확실하게 아는 것은 불가능하므로 우리는 전승을 따라야 한다. 그리하여 이 심연의 이름은 내가 방금 얘기한 후대의 전설로부터 나왔다고 보는 것

시절에 집정관을 대신하는 최고위 행정관을 말한다.

이 좋을 듯하다.[9]

이 무서운 조짐을 달래기 위하여 쿠르티우스가 자기희생을 한 후, 같은 해에 원로원은 헤르니키 인의 문제를 다루었다. 변상을 요구하기 위해 전령 사제단 fetiales[10]이 파견되었으나 아무런 소용이 없었다. 그래서 가능한 한 신속하게 헤르니키 인에 대하여 선전포고를 하자는 제안이 민회에 제출되었다. 민회는 투표로 전쟁을 의결했고, 전쟁의 수행 책임은 추첨에 의해 집정관 루키우스 게누키우스에게 돌아갔다. 그는 그 자신의 조점권鳥占權[11]을 가지고서 전투에 나선 최초의 평민 출신 집정관이었다. 도시는 아주 노심초사했다. 전쟁의 결과에 따라 집정관 직을 모든 시민에게 개방한 것이 현명한 처사였는지 여부가 결정될 것이었기 때문이다.

그런데 운이 없어서 그런 것인지, 게누키우스는 전속력으로 적을 향해 행군해 갔으나 적의 매복 작전에 걸려들고 말았다. 그리하여 로마 군 부대는 적의 기습 공격을 당하여 겁먹은 상태로 달아났다. 집정관 자신은 포위되었고 신분이 밝혀지지 않은 채 그를 포로로 잡은 적병에 의해 살해되었다. 그 소식이 로마에 전해지자, 귀족들은 그 참담한 실패에 경악하기보다는 평민에게 군대 지휘권을 부여하여 불행한 결과가 발생했

---

9 리비우스는 1권 13절에서 포룸에 있는 얕은 구덩이 혹은 연못인 쿠르티우스의 심연(Lacus Curtius)이 사비니 사람인 메티우스 쿠르티우스에서 나온 것이라고 기술했다. 이 병사는 로물루스에 대항하여 싸우던 중, 그의 말이 그만 늪지 속으로 들어갔다는 것이었다. 그러나 여기서 리비우스는 마르쿠스 쿠르티우스의 영웅적인 자기희생에서 그런 이름이 나왔다고 보는 게 더 좋겠다는 의견을 피력하고 있다. 이러한 희생을 라틴어로는 데보티오(devtoi)라고 하는데, 이 데보티오는 8권 9장에서 그리고 10권 28장에서 데키우스 부자가 2대에 걸쳐서 결행하게 된다.
10 20명의 사제들로 구성되었고 평화조약의 협상과 선전 포고를 담당했다. 참조 1권 32장.
11 닭을 가지고 점을 치는 권리로서 사령관이 전쟁에 나가기 전에 점을 쳤으므로 곧 전쟁 지휘권을 의미했다.

다고 분노했고, 온 도시에는 그들의 성난 고함소리가 가득했다: "봐라, 평민들 중에서 집정관을 뽑아서, 그런 권리를 누릴 자격도 없는 자에게 군대 지휘권을 주었더니 이런 참담한 결과가 빚어지지 않았느냐! 평민들은 민회의 투표로 귀족들을 관직에서 몰아낼 수는 있었지만, 그들의 정당하지 못한 법률[12]은 영원불멸의 신들을 설득하지는 못하지 않았느냐. 신들은 그들의 신성과 조점권에 대한 모욕을 그런 식으로 복수한 것이다. 인간이든 신이든 법률에 의해 이런 것들을 관장하지 못하도록 되어 있는 자가 감히 조점권을 주장하고 나섰기 때문에, 로마 군과 그 사령관이 몰살당한 것이다. 앞으로는 귀족 가문의 권리를 짓밟는 선거를 절대로 개최해서는 안 된다는 교훈인 것이다."

원로원 의사당과 포룸의 광장은 이런 아우성으로 크게 울려 퍼졌다. 아피우스 클라우디우스는 그 법을 반대해 왔고, 그래서 더욱 강력한 목소리로 그가 비난해온 법률의 결과를 위엄 있게 비난할 수 있었다. 그리하여 귀족들의 승인 아래, 클라우디우스는 집정관 세르빌리우스에 의해 독재관으로 임명되었다. 이어 징집 명령이 포고되었고 법률적 사무는 정지되었다.

7. 독재관과 로마 군 신규 부대가 헤르니키에 도착하기 전에, 부 사령관 가이우스 술피키우스는 군사 행동에 나설 기회를 보았고, 그리하여 작전에 돌입하여 큰 성공을 거두었다. 집정관의 죽음으로 너무 자신만만해진 헤르니키 인은 로마 군 진영을 기습 공격할 목적으로 진영 바로 앞까지 다가왔다. 그때 술피키우스의 격려를 받은 데다 분노와 복수심으로 들끓던 로마 군 병사들은 갑자기 요격에 나섰다. 그 결과 헤르니

---

12 평민 중에서 집정관 한 명을 뽑도록 한 법은 조점권이 없는 평민 호민관이 주재한 민회에서 통과가 되었으므로 정당하지 못하다고 한 것임.

키 인은 로마 군 진지를 공격하려던 희망을 접어야 했다. 적은 뒤로 물러났고 병사들은 혼란에 빠져 우왕좌왕하면서 간신히 도망쳤다. 곧이어 독재관이 도착했고, 신규 로마 군이 기존의 야전군과 합류하면서 로마 병력은 두 배로 늘어났다.

독재관은 병사들을 상대로 연설하면서, 먼저 용기를 발휘하여 진영을 구해낸 병사들과 지휘관을 칭찬하며 병사들의 사기를 한껏 높여 주었다. 동시에 독재관은 나머지 병사들에게도 이 칭찬받은 병사들 못지않은 용기를 발휘하라고 독려했다. 적군 진영에서도 지체하지 않고 작전 준비에 들어갔다. 적은 과거에 그들이 성취한 영광을 상기하고 또 로마 군의 병력이 두 배로 늘어났다는 것을 알기에 그들의 부대 병력도 크게 증가시키기 시작했다. 헤르니키 사람으로서 군 복무 연령대의 모든 남자들을 동원하여 각 부대 당 400명 규모의 8개 부대를 조직했다. 각 부대 소속의 400명은 정예 병력이었다.

이처럼 젊은 장정으로 구성된 정예 부대인데다, 봉급을 2배로 올려 준다는 법령이 통과됨으로써 적군 병사들의 기대감과 전투력은 크게 향상되었다. 그들은 군대 내의 잡무로부터 일체 면제되어 오로지 전투 당일에 온 힘을 쏟도록 격려받았으므로, 보통 병사들에게 기대되는 것보다 더 큰 전투력을 발휘해야 한다고 생각했다. 그들은 심지어 전열 밖의 지점에 배치되어 그 용맹함이 더욱 잘 눈에 띄게 했다.

3km 너비의 들판이 로마 군 진영과 헤르니키 진영을 갈라놓았다. 그리고 양군의 진영으로부터 비슷한 거리에 있는 들판 한가운데에서 전투가 개시되었다. 처음에 전투의 결과는 불분명했다. 로마 군 기병대가 적의 전선을 뒤흔들어 놓으려고 여러 번 시도했으나 아무런 성과가 없었다. 로마 군 기병대는 아무리 애를 써도 돌격이 제대로 이루어지지 않는 것을 발견하고서 독재관을 찾아가 조언을 구했다. 그의 승인 아래, 그

들은 말에서 내려서 커다란 함성을 내지르며 깃발들 앞으로 달려가면서 새로운 방식으로 전투를 수행했다. 그들과 힘이나 사기가 비슷한 특별한 부대가 그들의 길을 막아서지 않았더라면 아무도 그들을 말리지 못했을 것이었다.

8. 그리하여 전투의 승패는 양군의 가장 훌륭한 병사들에 의해 결판나게 되었다. 전쟁의 운명이 양군에 내리게 되어 있는 피해가 무엇이든 간에, 양군의 피해는 실제 투입된 병력 수에 비하여 너무 큰 것이었다. 양군의 보병대는 마치 전투를 상급자들에게 넘겨버린 것처럼 다른 병사들의 용맹에 의존하고 있었다. 양군에서 많은 병사들이 죽었고, 부상자는 그보다 더 많았다. 이윽고 말에서 내린 기병대 병사들을 서로 질책하기 시작했다. 말을 탔을 때에도 아무런 소득이 없고 이제 말에서 내려 보병으로 싸울 때에도 아무런 결정적 성과를 내지 못한다면 적을 물리치기 위해 이제 남아 있는 일은 무엇인가? 어떤 제3의 전투 방식을 그들은 기다리고 있는가?

이제 그들은 서로를 이런 말로 격려하면서, 새롭게 함성을 크게 내지르고 적을 공격했다. 적은 처음에는 뒤로 밀려났고 이어 도망을 치더니 누가 봐도 패주하는 것이 분명하게 되었다. 양군의 운명이 그들의 전투 정신을 들어올리기도 하고 추락시키기도 한다는 것 이외에는, 그처럼 치열하게 싸우던 양군 사이에서 세력 균형의 추를 기울여놓은 것이 무엇인지는 말하기 어렵다. 로마 군은 헤르니키 군을 그들의 진영 바로 앞까지 추격했지만 날이 너무 저물어서 공격을 하지는 못했다(독재관이 조점을 쳐서 좋은 조짐을 얻는데 오랜 시간이 걸렸고, 정오 전에는 전투 신호를 내릴 수가 없었으므로 전투가 일몰까지 계속되었다). 그 다음 날 헤르니키 군은 소수의 부상자만 뒤에 남겨놓은 채 밤새 진영을 버리고 달아나버렸다는 것이 발견되었다. 도망병의 대열이 시그니아 성벽 밑을 지나갈 때, 그 도시의 사람들은 군기 주위에 모여 있는 병사들의 숫자가 얼마 되지 않음을 발견했고, 또 나머지 병사들은 겁먹은 채 농촌 지역의 산지사방으로 달아났다. 그렇지만 로마 군도 무혈 승리를 거둔 것은 아니었다. 보병대의 병력을 4분의 1이나 잃었고, 기병대도 그에 못지않은 병력이 전사했다.

9. 그 다음 해(기원전 361년), 두 명의 집정관 가이우스 술피키우스와 가이우스 리키니우스 칼부스가 헤르니키 인을 향해 진군했고, 농촌 지역에서 적을 발견하지 못하자 그들의 도시 페렌티눔을 급습하여 함락시켰다. 로마 군이 그곳으로부터 돌아올 때, 티부르 족은 로마 군에 저항하여 성문을 닫았다. 예전부터 양측에서 불만이 터져 나왔으나, 그것은 낙타의 등을 부러트린 마지막 밀짚이었다. 로마인들은 전령 사제단을 통하여 피해 보상을 요구한 직후 티부르에게 선전 포고하기로 결정했다.

그해에 티투스 퀸크티우스 포에누스가 독재관으로 지명되었다는 것은 잘 알려진 사실이다. 그는 세르비우스 코르넬리우스 말루기넨시스를 사마관으로 임명했다. 리키니우스 마케르[13]에 의하면, 독재관은 선거를 개최할 목적으로 지명되었고 집정관 리키니우스에 의해 주도되었다고 한다. 그의 동료 집정관인 가이우스 술피키우스가 집정관에 재선될 목적으로 전쟁 전에 선거를 서두르고 있었는데, 이런 불명예스러운 의도를 좌절시키기 위해 리키니우스가 선수를 쳤다는 것이다.

그러나 역사가 리키니우스 마케르는 자신의 가문을 빛내기 위해 이런 기록을 남겼을 수도 있으므로 그의 기록은 좀 신빙성이 떨어진다. 나는 리키니우스 이전의 연대기에서는 이런 기록을 찾을 수가 없었다. 따

---

13 가이우스 리키니우스 마케르는 시인 C. 리키니우스 칼부스의 아버지이며, 기원전 73년에 호민관을 지냈다. 평민의 관점에서 역사서를 집필한 연대기 작가인데 제도의 정치적 의미와 평민의 주권에 대하여 관심이 많았다.

라서 포에누스가 독재관으로 임명된 것은 갈리아 인들에 대항하기 위한 전쟁 때문이었을 것으로 믿고 싶다. 이해에 갈리아 인들이 아니오 강의 다리 너머, 소금 도로Via Salaria[14]의 제3 마일스톤標石에 진지를 구축한 것은 확실하다.[15]

갈리아 인들의 침공으로 인해 공식 법률 업무의 중단을 선언한 직후에, 독재관은 징집 대상자인 모든 장정에게 복무 맹세를 시키고서, 대군을 이끌고 도시 밖으로 행군해 나가서 아니오 강둑 근처에 진지를 설치했다. 양군은 다리를 사이에 두고 대치했고, 겁먹은 것처럼 보이기 싫어서 감히 그 다리를 파괴하지 못했다. 그 다리를 점령하기 위해 여러 번 소규모 전투가 벌어졌으나, 양군의 군사력이 알려져 있지 않기에 누가 그것을 차지할 것인지는 불확실했다. 그때, 엄청난 덩치의 한 갈리아 인이 텅 빈 다리 위로 걸어 나와서 고래고래 소리를 질러댔다. "지금 이 순간 로마에서 가장 용감한 병사가 앞으로 나서서 나와 싸우도록 하자. 그리하여 우리 두 사람이 전투의 결과로 어느 종족이 전쟁을 더 잘하는지 결판을 내도록 하자!"

10. 오랫동안 젊은 로마 귀족들은 아무 대답도 하지 못한 채 서 있었다. 그들은 그 도전을 거부하기가 망설여졌지만 동시에 그처럼 위험한 일에 선뜻 나서고 싶지도 않았다. 그때 호민관의 괴롭힘으로부터 아버지를 구해주었던 티투스 만리우스(루키우스의 아들)가 초소에서 벗어나 독재관을 찾아갔다(5장 참조). 만리우스가 말했다. "독재관 님, 당신의 승인이 없는 한, 나는 대열에서 이탈하여 싸우지 않을 것입니다. 설사 승리

---

14 콜리누스 성문에서 사비니 지역으로 들어가는 길인데, 에트루리아 인들이 이 길을 통하여 바다로부터 소금을 수송했기 때문에 이런 이름이 붙었다.
15 마일스톤은 1 로마 마일이 끝나는 지점을 표시하는데, 1 로마 마일은 현대의 1마일에 비하여 10분의 9 정도에 해당.

가 확실하더라도 말입니다. 그러나 당신이 허락한다면, 나는 적의 군기 앞에서 거드름을 피우며 큰소리를 치는 저 괴물에게, 내가 타르페이아 바위에서 갈리아 병사들을 격퇴시킨 만리우스 가문의 사람이라는 것을 알려주고 싶습니다."

독재관은 이렇게 대답했다. "티투스 만리우스, 아버지와 조국을 위한 자네의 용기와 충성심에 축복을 보내네. 가서 싸우게. 그리하여 신들의 도움으로 로마의 이름은 난공불락임을 보여주게."

이어 만리우스의 친구들이 그를 무장시켰다. 그는 보병의 방패를 잡았고 백병진에 적합한 히스파니아 칼[16]을 쥐었다. 그가 무장을 끝내고 동료 병사들의 호위를 받아 가며 다리 위의 갈리아 거인 앞에 나서자, 거인은 아주 즐거워하면서 심지어 조롱하는 표시로 혀를 밖으로 쑥 내밀었다(고대의 역사가들은 이런 세부사항조차도 기억할 만하다고 생각했다).

만리우스의 동료들이 초소로 되돌아갔고, 두 전사는 양군 사이의 다리 위에 남겨졌다. 그들은 전투의 규칙을 수행한다기보다 무대 위에서 연기를 하는 것처럼 보였다. 특히 겉모습만 볼 때에는 도무지 게임이 될 것 같지 않을 정도로 덩치 차이가 많이 났다. 한 병사는 키가 엄청나게 컸고, 다채로운 색깔의 화려한 옷을 입었고 황금으로 상감된 채색 무기를 들고 거만하게 서 있었다. 다른 한 병사는 병사로서는 알맞은 체격이기는 했으나 특별히 구경거리가 되는 특징은 없었고 또 장식용이라기보다는 실용적인 무기를 들고 있었다. 로마인 전사는 전투의 함성을 부르지도 않았고 쓸데없이 무기를 휘두르며 춤을 추지도 않았으나, 그의 가슴은 엄청난 용기와 조용한 분노로 벌렁거리고 있었다. 그의 불 같은 용맹성은 오로지 결투의 결정적 순간에 집중되어 있었다.

---

16 히스파니아 칼은 짧고 날카로운 단도.

두 전사가 양군의 사이의 빈 공간에 우뚝 섰을 때, 그들 주위에 서 있던 많은 병사들의 가슴은 희망과 공포로 조마조마해졌다. 갈리아 전사의 엄청나게 큰 덩치는 로마인 전사를 압도했다. 그는 왼손에 잡은 방패를 앞에 내밀면서 그의 칼을 크게 휘둘러 로마인 적수의 무기와 크게 부딪쳤으나 아무런 소용이 없었다. 만리우스는 자신의 방패로 적의 방패 아래쪽을 내리친 다음, 칼을 높이 치켜들고 갈리아 전사와 그의 무기 사이로 재빨리 달려들었다. 그는 적수의 몸 가까이 바싹 붙었기 때문에 부상을 당할 염려는 없었다. 그는 적의 배를 한 번 찌르고 곧바로 다시 찌름으로써 적의 배와 허리를 크게 절개했다. 적은 머리부터 고꾸라지더니 다리 위에서 큰 대자로 뻗어버렸다. 만리우스는 시체를 더 이상 훼손하지 않았고 단지 피에 물든 적의 목걸이torque를 떼어내어 그 자신의 목에 둘렀다. 갈리아 인들은 찬탄이 뒤섞인 공포와 함께 만리우스를 뚫어져라 쳐다보았고, 로마인들은 참호에서 뛰쳐나와 동료를 맞이하러 갔다. 그들은 만리우스를 칭찬하고 축하하면서 독재관에게 데려갔다. 병사들이 운문 형태로 된 거친 농담을 해대는 중에, "토르콰투스(목걸이의)"라는 이름이 들려왔고, 이때로부터 이것이 그의 별명으로 채택되어 만리우스 가문의 후손들도 그렇게 불렀다. 독재관은 그에게 황금 관을 선물로 주었고, 전 병사들을 모아놓고 그의 감투 정신을 높이 칭찬했다.

11. 이 결투는 전쟁의 결과에 커다란 영향을 미쳤다. 그리하여 그 다음 날 밤 갈리아 인 군대는 창황 중에 진영을 떠나서 티부르의 영토로 이동해 갔다. 그들은 그곳에서 군사 동맹을 맺었고 티부르 사람들로부터 장비와 군량을 넉넉히 제공받은 다음에, 곧 캄파니아로 옮겨갔다. 바로 이런 이유로 해서, 그 다음 해에 집정관 가이우스 포에텔리우스 발부스는 민회로부터 티부르로 진군하여 공격하라는 명령을 받았다.

반면에 그의 동료 집정관인 마르쿠스 파비우스 암부스투스는 헤르니키 인들과의 전쟁을 담당하게 되었다. 갈리아 인들은 티부르 인들을 지원하기 위해 캄파니아로부터 돌아왔고, 그 다음에 라비키, 투스쿨룸, 알바 인근에서 벌어진 파괴적 습격 행위는 분명 티부르 인들의 지도 아래 이루어진 것이었다. 티부르 인들을 상대하기 위해 군대를 움직이는 데에는 집정관이면 충분했지만, 갈리아 인들을 공격하려면 독재관을 임명해야 할 필요가 있었다.

그리하여 퀸투스 세르빌리우스 아할라가 독재관으로 임명되었고 독재관은 다시 티투스 퀸크티우스를 사마관으로 지명했다. 독재관은 원로원의 승인을 받아서, 만약 전쟁에서 승리하고 돌아온다면 대 경기대회를 개최하겠다고 맹세했다. 독재관은 티부르 인들을 현재의 활동 지역에 묶어두기 위해 집정관의 군대에게 현 위치에 머물러 있으라고 지시했다. 그리고 징집 연령대의 모든 장정에게 복무 서약을 시켰는데, 그 누구도 복무하지 않겠다고 하지 않았다. 전투는 콜리누스 성문에서 그리 멀리 떨어지지 않은 곳에서 벌어졌다. 로마 병사들은 그들의 부모와 처자식이 지켜보고 있었으므로 명예심과 가족애를 발휘하면서 온 힘을 전투에 쏟아 부었다. 양군에서 희생자가 많이 나왔으나, 결국 갈리아 인들은 격퇴되었다. 갈리아 인 부대는 마치 티부르가 갈리아 전쟁의 요새인 양 티부르 쪽으로 달아났다. 그들이 흩어져서 도망치자, 집정관 포에 텔리우스는 티부르에서 그리 멀리 떨어지지 않은 곳에서 그들을 따라 잡고서 그들을 도우러 밖에 나왔던 티부르 인들과 함께 성문 안으로 몰아넣었다.

독재관과 집정관은 이 전투를 아주 능숙하게 처리했다. 동료 집정관인 파비우스도 헤르니키 인을 패배시켰다. 처음에는 몇 번의 소규모 전투에서, 그리고 그들이 전 병력을 동원하여 교전한 결정적 전투에서 그들을 완전히 패배시켰다. 독재관은 원로원과 평민들 앞에서 두 집정관을 극찬했고, 심지어 그 자신의 성공도 두 집정관의 공로로 돌린 다음 독재관 직에서 사임했다. 포에텔리우스는 갈리아 인과 티부르 인을 상대로 승리한 공로로 두 번의 개선식을 받았고, 파비우스는 도시로 돌아왔을 때 약식 개선식으로 환영받았다.

티부르 인들은 포에텔리우스의 승리를 대단치 않게 여기며 경멸했다. 그가 티부르를 상대로 어디에서 제대로 된 싸움을 했는가, 하고 그들은 물었다. 소수의 티부르 사람들이 성문 밖으로 나가서 겁먹고 도망치는 갈리아 인들을 보았을 뿐이었다. 그리고 티부르 사람들도 공격을 받고 또 로마인들이 무차별적으로 적을 살육하는 것을 보고서 성문 안으로 다시 들어왔다는 것이었다. 이런 시시한 사건을 두고서 로마인들은 개선식을 올리며 환영을 해주었던 것이다! 그러나 로마인들은 그들의 성벽 바로 앞에서 이런 혼란상을 보게 되면 적의 성문 앞에서 그들이 벌인 일을 그리 큰 업적이라고 생각하지 않게 될 것이었다.

12. 따라서 그 다음 해(기원전 359년), 마르쿠스 포필리우스 라이나스와 그나이우스 만리우스가 집정관이던 시절에, 티부르 인들은 초저녁에 공격 부대를 발진시켰고 적군은 한밤중에 로마 성벽에 도착했다. 시민들은 갑자기 잠자다가 깨어나 공포에 떨었고 많은 시민들이 도대체 적이 누구이며 또 어디에서 왔는지 알지 못했다. 그러나 무장 지시가 신속하게 내려갔고, 성문에는 초병이 세워지고 성문에는 경계병들이 배치되었다. 그러나 새벽녘에 도시 밖까지 진출해온 적군 부대가 소규모라는 것이 밝혀지자, 두 집정관은 군사를 이끌고 두 개의 성벽을 통하여 밖으로 나아가 성벽 쪽으로 다가오는 적군 부대와 맞섰다. 적군은 로마군의 일차 공격도 제대로 버텨내지 못하는 것으로 보아, 용기보다는 요행을 바라면서 그런 출병을 한 것이 틀림없었다. 또한 적군의 내침은 오히려 로마에게 좋은 일이었다고 널리 인정되었다. 전쟁이 그처럼 가까

이 와 있다는 사실은 귀족과 평민 계급 사이에서 점점 격화하는 갈등을 견제해 주었기 때문이다.

또다른 적의 내침은 도시 근처의 농촌 지역에 더 큰 위협이 되었다. 타르퀴니이 사람들은 습격대를 보내어 로마 영토에 침입해 왔는데, 특히 에트루리아 접경지대에 집중되었다. 새로운 집정관들인 가이우스 파비우스와 가이우스 플라우티우스는 손해 배상을 요구했으나 아무런 효과가 없자 민회의 권고를 받아서 타르퀴니이를 상대로 선전 포고를 했다. 타르퀴니이 원정전은 파비우스가 맡았고, 반면에 플라우티우스는 헤르니키 원정전을 담당했다.

갈리아 인들을 상대로 전쟁을 해야 한다는 소문이 점점 더 무성해졌다. 그러나 경각심을 불러일으키는 많은 원인들에도 불구하고 위로가 되는 사실도 있었다. 라틴 인들이 요구해와 그들에게 평화를 부여해 주었고, 여러 해 동안 지켜지지 않았으나 다시 발효된 오래된 조약[17]에 의거하여 라틴 인들로부터 상당수의 병력을 제공받게 되었던 것이다. 이 증원 부대는 로마 군의 입장을 크게 강화시켰고, 그래서 갈리아 인들이 최근에 프라이네스테에 도착하여 페둠 근처에 진영을 설치했다는 소식이 들려와도 로마인들은 별로 걱정하지 않았다.

이때 가이우스 술피키우스를 독재관으로 임명하기로 결정되었고, 이 임명 절차를 진행하기 위하여 집정관 가이우스 플라우티우스가 로마로 소환되었다. 이어 독재관 술피키우스는 마르쿠스 발레리우스를 사마관으로 지명했다.

독재관과 사마관은 두 집정관의 부대 중 가장 정예 병력만 뽑아서 부대를 편성한 후에 갈리아 인과 대적하기 위해 떠나갔다. 그 전투는 양측

---

17 코리올리를 함락한 후에 맺었던 조약으로 2권 33장 참조

에서 생각했던 것보다 다소 느리게 진행되었다. 처음에 전투에 적극적인 쪽은 갈리아 인들이었다. 그러나 그들은 로마 군이 무기를 잡고서 급격히 전투에 뛰어들자 압도당했다. 그러나 독재관은 적의 군사력이 날마다 약해지고 있었지만, 꼭 필요한 경우를 제외하고는 그 자신의 무운을 시험해 보기를 망설였다. 로마 군이 식량 조달을 미리 준비하지 못하고 또 축성 작업이 잘 갖추어지지 않은 비우호적인 땅에 진출했다는 이유를 내세우며 교전을 미루었다. 그러나 육체적으로나 정신적으로나 전적으로 공격에 의존해야 하는 적군도 전투가 날마다 지연되면서 군사력이 떨어져 가고 있었다.

독재관은 이런 사항들을 감안하여 지구전을 결심했고, 따라서 그의 명령 없이 소규모 교전에 나서는 병사들은 엄중 처벌하겠다고 위협했다. 병사들은 그것을 참아줄 수가 없었다. 병사들은 초소 근무나 야간 경계 근무에 나설 때 그들끼리 독재관에 대하여 불평을 터트렸고, 때로는 전쟁 지휘권을 두 집정관에게 부여하지 않은 원로원을 비난했다. 승리가 아무런 노력도 없이 하늘에서 무릎 위로 툭 떨어진다고 믿는 황당한 장군, 아주 특이한 사령관을 그들이 뽑아놓았다고 비아냥거렸다. 이어 병사들은 노골적으로 불평을 터트리면서 아주 난폭한 어조로 비난했고, 사령관의 명령을 기다리지 말고 전투에 나서거나 아니면 집단으로 로마로 돌아가자고 주장했다. 켄투리온(백인대장百人隊長)들도 병사들 편을 들기 시작했고, 처음에는 소규모 병사들의 중얼거림이던 항의가 이제 진영 한가운데, 사령관의 텐트 밖에서 커다란 함성으로 터져 나왔다. 모여든 병사들은 이제 민회의 규모로 불어났고, 온 사방에서 사령관을 즉각 찾아가서 항의하자고 소리쳤다. 동시에 용맹이 뛰어난 섹스투스 툴리우스를 병사들의 대변인으로 선출하라고 주장했다.

13. 툴리우스는 켄투리온으로 일곱 번이나 뽑힌 고참 켄투리온이었

고 로마 군 내에서, 특히 보병대 내에서 그보다 더 많은 전공을 세운 보병은 없었다. 그는 병사들의 맨 앞에 서서 지휘단指揮壇으로 가서, 사령관에게 말을 걸었다. 술피키우스는 병사들이 떼거리로 몰려와서 놀라는 것보다는 평소 권위에 순종적인 툴리우스가 그 무리의 대변인으로 나선 것을 보고서 더 놀랐다.

툴리우스가 말했다. "독재관님, 허락해 주신다면 한 말씀 드리겠습니다. 전 병사들은 당신이 마음속으로 로마 군을 비겁한 자라고 단정하고, 모욕을 줄 의도로 병사들로부터 무기를 빼앗았다고 생각합니다. 그리하여 나에게 그들의 고충을 대신 호소해 줄 것을 요청해 왔습니다. 우리가 다른 곳에서 초소를 내버리고, 적에게 등을 보이고, 부끄럽게도 우리의 깃발을 잃어버려 비난을 받을 수는 있으나, 그래도 내 생각에, 당신이 우리가 요구하는 것을 내려주는 것이 마땅하다고 생각합니다. 그렇게 해주신다면 우리의 용기로 과거의 잘못을 속죄하고 새로운 영광을 얻음으로써 수치의 기억을 설욕할 수 있을 것입니다. 심지어 알리아 강에서 패주했던 로마 군도 그 후에 베이이에서 출정하여 겁먹고 도망쳤던 그 도시를 탈환함으로써 그들의 가치를 회복했습니다.

신들의 관대함과 독재관 님의 행운과 로마인들의 행운 덕분에, 우리 부대의 경우 행운과 영광이 피해를 보지 않고 그대로 유지되고 있습니다. 하지만 나는 그것을 영광이라고 말하지 못하겠습니다! 우리는 적을 의식하여 보루 뒤에 여자들처럼 숨어 있고 또 적들로부터 온갖 야유를 당하고 있기 때문입니다. 그리고 사령관님은 ─ 이것이 우리로서는 더욱 참기 힘든 것인데 ─ 우리를 기백이 없고, 무기가 없고, 그 무기를 쥘 손이 없는 군대처럼 취급하고 있습니다. 당신은 우리를 시험해 보기도 전에, 우리에 대하여 너무나 낮은 기대치를 갖고 있기에, 당신 자신이 절름발이와 허약자들의 군대를 지휘하게 되었다고 생각하고 있습니다. 경험 많은 장군이며 전쟁에서는 두려움을 모르는 당신이 양손을 포개고 서 가만히 앉아 있는 것은, 그것 말고 무슨 다른 이유가 있겠습니까? 사태의 진상이 무엇이든 간에, 우리가 당신의 용기에 대해서 의심하는 것보다는 당신이 우리의 용기를 더 의심하는 것 같습니다.

그러나 이것이 당신 자신의 정책이 아니고 국가의 정책이라면, 또 원로원 의원들 사이에 합의된 내용이고, 우리가 도시와 가정으로부터 멀리 떨어져 이렇게 나와 있는 것이 갈리아 전쟁 때문이 아니라면, 이제 내가 하고자 하는 말을, 병사가 장군에게 하는 말이 아니라 평민이 귀족에게 하는 말로 받아주시기 바랍니다. 당신이 당신의 정책을 추구하는 것처럼, 우리 평민이 우리의 정책을 추구한다면 누가 우리를 비난할 수 있겠습니까? 우리는 당신의 노예가 아니라 당신의 병사 자격으로 복무합니다. 우리는 유배를 떠나온 게 아니라 전쟁을 하러 나왔습니다. 만약 누군가가 전투 신호를 내린다면 우리는 남자답게 또 로마인답게 싸울 것입니다. 그러나 우리의 무기가 필요 없다면 우리는 군 진영이 아니라 로마로 돌아가서 편안한 시간을 보내고 싶습니다. 이것이 우리가 귀족들에게 말하고 싶은 것입니다. 하지만 우리는 당신의 병사들로서 사령관인 당신에게 호소합니다. 우리에게 싸울 기회를 주십시오. 우리는 승리를 원합니다. 무엇보다도 당신의 지도 아래 승리를 거두어 영광의 월계관으로 당신의 머리를 장식하고, 당신을 호위하여 개선식을 받으며 로마로 들어가면서 당신의 전차 뒤에 행군하여 지고지선한 유피테르의 신전에 다가가 우리의 기쁨과 즐거움을 외치고 싶습니다."

툴리우스의 연설은 모여 있는 병사들의 호소로 뒷받침되었고, 모든 병사는 전투 개시 신호와 무장 신호를 내려달라고 아우성쳤다.

14. 술피키우스는 그런 호소가 타당한 것이라고 생각하면서도 나쁜 선례가 된다고 우려했다. 하지만 그는 병사들이 원하는 것을 주기로 했

다. 그는 툴리우스를 은밀하게 불러서, 이 시위의 의미는 무엇이며 그 원인은 무엇이냐고 물었다. 툴리우스는 독재관에게 간절하게 호소했다. 그가 군사 훈련을 잊어버렸거나 그 자신의 지위를 망각했거나 사령관에 대한 존경심을 잊어버린 것은 결코 아니라고 말했다. "흥분하여 행동에 나선 군중은 일반적으로 그 지도자를 따라가게 되어 있다"라고 툴리우스는 말했다. 그는 흥분한 군중이 제멋대로 지도자를 고를 것을 우려하여 자신이 먼저 선제적으로 지도자 노릇을 맡게 되었다고 설명했다. 적어도 그 자신은 사령관의 의도와 배치되는 행동은 하지 않을 것이라는 말도 했다. 툴리우스는 또한, 군대를 잘 통제하려면 독재관이 신경을 써야 한다는 말도 했다. 병사들의 감정이 아주 고조되어 있기 때문에 더 이상 지연은 안 되며, 만약 사령관이 지시를 내리지 않는다면 병사들 자신이 전투의 시간과 장소를 선택할 우려가 있다고 조언했다.

두 사람이 이런 의논을 하고 있는 중에, 한 갈리아 인이 보루 밖에서 풀을 뜯고 있던 역축役畜들을 쫓아버리려고 했다. 두 명의 로마 군 병사가 그 짐승들을 그 갈리아 인으로부터 데려오려고 하면서 갈리아 인들의 돌팔매를 맞았다. 그러자 로마의 경계 초소에서 함성이 터져 나왔고 양측에서 병사들이 뛰쳐나왔다. 켄투리온들이 그 싸움을 말리지 않았더라면 그것은 곧 정규전으로 발전했을 것이었다. 하지만 그 사건은 툴리우스에 대한 독재관의 믿음을 강화했고, 상황이 더 이상의 지연을 허락하지 않았으므로 그 다음 날 교전에 돌입한다는 명령이 내려갔다.

그러나 독재관은 부대의 군사력보다는 병사들의 감투 정신에 더 의존한 채 전투에 돌입하는 불안한 형국이었다. 그래서 그는 모종의 속임수로 적군에게 공포를 심어줄 수 있는 방법을 찾아보기 시작했다. 그는 놀라운 지능을 발휘하여 새로운 전략을 구상했는데, 로마인이나 외국인 장군들이 그때 이후에 이 전략을 많이 채택해 왔고 심지어 오늘날에

도 채택된 바 있다.[18]

그는 노새에게서 짐 안장을 떼어내고 각 노새의 등에 두 장의 짐 천만 얹어놓으라고 명령을 내렸다. 그런 다음 노새 잡이에게 절반은 포획된 무기, 나머지 절반은 병든 병사에게서 나온 무기로 무장하고 그 노새에 올라타게 했다. 이렇게 해서 독재관은 근 1천 명의 병사를 편성했고 그들에게 1백 명의 기병을 준 다음, 밤새 진영 너머에 있는 산 위로 올라가서 숲속에 숨어 있으라고 지시했다. 이 병사들은 독재관의 신호가 있을 때까지 그 자리에서 움직이지 말라는 명령을 받았다. 독재관 자신은 새벽이 밝아오자 낮은 등성이를 따라서 전선을 전개했다. 그의 목적은 적들이 산을 마주 보는 곳에다 전열을 배치하도록 유도하려는 것이었다. 그산에 그는 이미 적들에게 공포를 안겨줄 수 있는 가짜 병력을 매복시킨 상태였다. 그 공포는 비록 근거 없는 것이지만, 진정한 군사력의 과시보다 훨씬 더 로마 군에게 도움을 줄 터였다.

처음에 갈리아 지도자들은 로마 군이 들판까지 내려오지 않을 것으로 보았다. 그러나 로마 군이 실제로 내려오는 것을 보고서 그들은 열렬히 바랐던 것처럼 황급히 전투에 뛰어들었다. 그리하여 사령관들이 전투 신호를 내리기도 전에 전투가 개시되었다.

15. 갈리아 인들은 로마 군의 우익을 제일 강력하게 공격해 왔다. 만약 독재관이 현장에서 싸움을 독려하지 않았더라면 로마 군은 자리를 지키지 못하고 뒤로 퇴각할 뻔했다. 독재관은 섹스투스 툴리우스의 이름을 부르면서, "너의 병사들이 열심히 싸울 것이라고 말했는데 겨우 이거냐"라고 비난하듯이 말했다. 어서 무기를 들고 나아가 싸우자던 병사들의 함성은 모두 어디로 간 것인가? 장군의 명령이 없어도 자발적으로

---

18 카이사르의 게르고비아 전투를 가리키는데 『갈리아 전쟁기』 7장 45절에 나온다.

전투를 개시하겠다던 병사들의 협박은 어떻게 된 것인가? 병사들에게 전투를 독려하면서 깃발 앞에서 장검을 휘두르고 있는 이 사령관을 보라! 싸움을 자신 있게 이끌고 나가겠다고 하던 병사들 중에 사령관을 따라올 사람은 없는가? 그들은 진영에서는 맹렬한 전사이지만 막상 야전에서는 비겁쟁이로구나!

병사들이 독재관으로부터 들은 말은 사실이나 다름없었다. 그들은 수치심에 사로잡혀 위험하다는 생각은 완전히 잊어버린 채 적의 무기를 향해 달려들었다. 이러한 거의 미친 듯한 공격은 처음에 적을 혼란스럽게 만들었다. 이어 적이 정신을 차리기도 전에 로마 기병대가 돌격하여 그들을 패주시켰다. 독재관은 적의 전열 한 부분이 무너지는 것을 보자마자, 보병대에게 적의 왼쪽 날개를 공격하라고 명령했다. 독재관은 그쪽에 적의 병력이 집결하는 것을 보고서 곧바로 산속에 숨어 있던 병사들에게 신호를 내렸다. 산중에서 새로운 전쟁의 함성이 거세게 터져 나오고 로마 군이 갈리아 진영 쪽을 향하여 말을 타고 사선으로 내려오는 것이 보이자, 갈리아 인들은 진영으로부터 단절되어 포위되는 것을 두려워하여 전투 행위를 중단하고 곧바로 그들의 진영 쪽으로 달아나기 시작했다. 그들은 거기에서 사마관 마르쿠스 발레리우스의 군대를 만났다. 발레리우스는 갈리아 우익을 파괴하고 적의 보루를 향해 말 타고 올라가는 중이었다.

적은 방향을 돌려 산과 숲으로 달아났으나, 그곳에서 노새 잡이들로 구성된 가짜 기병대에 의해 저지되었고, 겁에 질려 숲속으로 달아난 도망병들은 전투가 잦아든 후에 끔찍하게 살육당했다. 마르쿠스 푸리우스 카밀루스 이래, 가이우스 술피키우스처럼 갈리아 인들을 상대로 혁혁한 승리를 거둔 사령관은 없었다. 그는 갈리아 인들로부터 빼앗은 물품들 중에서 상당한 무게의 황금을 수집하여 기증했는데, 그 황금과 정사각형의 돌들을 함께 섞어서 카피톨리움의 한 벽을 채울 수 있었다.

같은 해에 전투에 나선 집정관들도 이런저런 성공을 거두었다. 가이우스 플라우티우스는 헤르니키 인들을 패배시켜 항복을 받아냈으나 동료 집정관인 파비우스는 사전 경계나 준비 없이 타르퀴니 인들과 교전했다. 로마 군은 야전에서 심각한 인명 손해를 보았으나 그것만이 최악의 참사는 아니었다. 307명의 로마 군 병사들이 타르퀴니 인들에게 포로로 붙잡혀서 희생 제의의 희생 제물로 살육되었다. 이런 끔찍한 참사 때문에 로마인들은 더욱 심한 굴욕감을 느꼈다. 이 참사 이외에도 일차 프리베르눔의 침공과 그 다음에 벨리트라이의 침공으로 말미암아 로마 주위의 농촌 지역이 황폐하게 되었다.

또한 이해에 폼프티네와 푸블릴리안의 두 부족이 로마에 편입되었다.[19] 마르쿠스 푸리우스가 독재관 자격으로 맹세했던 봉축의 대 경기대회가 열렸다. 사상 처음으로 원로원의 승인 아래, 호민관 가이우스 포에텔리우스가 반 뇌물 법안을 민회에 제출했다. 그들은 이런 법안이 부정부패 관행을 종식시킬 것이라고 믿었다. 특히 최근에 평민에서 출세한 사람들이 시장과 집회 장소를 자주 다니면서 그런 부패 행위를 많이 저질렀던 것이다.

16. 원로원 의원들이 못마땅하게 생각한 것은, 그 다음 해(기원전 358년), 가이우스 마르키우스와 그나이우스 만리우스가 집정관이던 때에 호민관 마르쿠스 두이둘리우스와 루키우스 메네니우스가 제출한, 이자율利子率을 12분의 1로 고정시킨 법안이었다.[20] 시민들은 이 이자 제한법

---

19 부족은 영토의 단위를 가리키는 것으로서 이 단위를 기준으로 시민들은 인구조사, 과세, 징병 등에 등록한다. 두 개 부족이 추가됨으로써 로마의 부족수는 기존 25개에서 27개로 늘어났다.
20 타키투스는 『연대기』 6권 14장에서 12 동판법이 높은 이자율을 금지했다고 말했다. 이것

을 반 부정부패법보다 더 열렬한 마음으로 투표하여 가결시켰다.

전 해에 결정된 새로운 전쟁들에 더하여, 팔레리이 인들이 다음 두 가지 사유로 로마의 적이 되었다. 첫째, 그들의 젊은이들이 타르퀴니 인들의 편에 서서 로마 군과 싸웠다. 둘째, 그들은 로마의 패배 이후에 팔레리이에 피신한 로마인들을 돌려주지 않았다. 전령 사제단을 보내 돌려줄 것을 요구했으나 듣지 않았다. 이들을 상대로 하는 전쟁 수행의 책임은 그나이우스 만리우스에게 돌아갔다.

동료 집정관 마르키우스는 로마 군을 거느리고 오랫동안 평화를 누리면서 외부의 침입을 받지 않았던 프리베르눔의 영토로 들어가서 병사들에게 마음껏 약탈할 수 있는 허가를 내렸다. 그는 약탈해온 물품을 관대하게 병사들에게 나누어주었고 국고를 위해서는 아무것도 비축하지 않음으로써 병사들이 개인 소유물을 늘릴 수 있도록 해주었다. 프리베르눔 주민들이 그들의 성벽 앞에 파놓은 참호 뒤에다 진영을 설치하자, 마르키우스는 병사들을 모아놓고 이렇게 연설했다. "나는 여러분이 적의 진영과 도시를 약탈하는 것을 허락한다. 단 여러분은 전투에서 과감하게 앞장 설 것이고 약탈하는 것만큼 전투 행위에도 혼신의 힘을 다하겠다고 나에게 약속해야 한다."

병사들은 전투 신호가 떨어지자 커다란 함성을 올렸고 열렬한 마음으로 전투에 뛰어들었다. 그들은 성공에 대한 희망으로 사기가 높았다. 깃발 앞에는 앞에서 언급한 섹스투스 툴리우스가 서 있었다. 툴리우스는 "사령관님, 당신의 군대가 어떻게 약속을 지키는지 살펴보십시오!"

이 사실이라면 두 호민관은 죽어버린 법을 다시 살린 것뿐이다. 또한 12분의 1이라는 이율도 논쟁의 대상이다. 원금에 대하여 연리 12분의 1이라면 연 8.33 퍼센트로 그리 높은 것은 아니다. 하지만 연리가 아니라 월리를 가리키는 것이라면 100퍼센트에 가까운 높은 이자가 된다.

라고 소리쳤다. 이어 그는 장창을 내려놓고 칼을 빼들고서 적진으로 달려들었다. 최전선의 병사들은 툴리우스를 따라갔고 첫 번째 공격으로 적들을 패주시켰다. 이어 로마 군은 적을 도시까지 추격했다. 그 도시의 성벽에 사다리를 걸쳐놓는 순간에, 도시는 항복했다. 로마 군은 프리베르눔 인들에 대한 승리를 자축했다.

동료 집정관은 역사책에 기록할 만한 군사적 업적을 거두지 못했다. 단, 그는 병사들이 스투리움 근처의 진영에서 부족 단위로 투표하게 하는 전례 없는 방식으로 한 법률을 통과시켰다. 이 법은 해방된 노예들에게 12분의 1의 세금을 부과하는 것이었는데, 당초 원로원이 발의했었다. 그 이유는 그렇게 하면 고갈된 국고를 상당 부분 채울 수 있기 때문이었다. 그러나 호민관들은 그 법의 내용보다는 그 법이 통과된 절차를 더 괘씸하게 생각했다. 그리하여 그들은 앞으로 로마 이외의 지역에서 민회를 소집하는 것을 중범죄로 규정했다. 만약 그런 민회가 허가된다면, 집정관에게 충성 맹세를 한 병사들을 조종하여 법률을 통과시키기는 너무나 쉽기 때문에, 로마 시민들의 이익에 위배되는 법률도 통과될 우려가 있다고 그들은 주장했다.[21]

같은 해(기원전 357년), 가이우스 리키니우스 스톨로가 그 자신이 만든 법률에 의해 마르쿠스 포필리우스 라이나스에게 기소되어 10만 아스의 벌금을 부과 받았다. 죄목은 아들과 공동으로 1천 유게룸의 땅을 소유하고 또 아들을 아버지의 권위로부터 해방시켜 두 세대라고 주장함으로써 그 법률의 취지를 위반한 혐의였다.[22]

---

21 도시의 성벽으로부터 1마일 이내 지점에서 시민은 집정관의 결정에 항의할 수 있지만, 1마일을 벗어난 지점에서는 집정관의 권위는 절대적이었다.
22 참조 6권 35장. 기원전 367년의 리키니우스-섹스티우스 법률은 개인이 500 유게룸 이상의 땅을 소유하는 것을 금지했다.

17. 새로운 집정관 마르쿠스 파비우스 암부스투스와 마르쿠스 포필리우스 라이나스가 취임했는데 이들은 모두 재선이었다. 두 집정관은 두 건의 전쟁을 수행해야 되었다. 하나는 티부르 족을 상대로 한 것으로서 별 어려움이 없는 전쟁이었다. 라이나스가 이 전쟁을 맡아서 적을 그들의 도시로 몰아넣고 농촌 지역을 파괴했다. 동료 집정관 암부스투스는 첫 번째 교전에서는 팔레리이 인과 타르퀴니 인에게 패배했다. 적의 사제단이 뱀을 휘두르고 횃불을 흔드는 등 퓨리[23]처럼 접근해 오자 로마 병사들이 그 예기치 못한 광경을 목도하고 사기가 저하되었고, 뒤이어 공포가 진중에 확산되었기 때문이었다. 처음에 로마 군은 당황하고 놀라는 병사들이 그러하듯이 무질서한 오합지졸처럼 달아나면서 방어 시설 뒤에 몸을 숨겼다. 그러나 집정관, 부 사령관, 천인대장 등이 기이하지만 실은 무해한 광경을 보고서 아이들처럼 놀란다고 병사들을 조롱하고 질타하자, 그들은 수치심을 느끼며 심기일전하여 다시 싸움에 나섰다. 병사들은 방금 전에 그들을 도망치게 만들었던 그 대상을 향하여 맹렬히 달려들었다. 로마 군은 적의 무해한 장치들을 짓밟았고 적의 무장한 병사들을 공격하여 적군을 완전히 패주시켰고, 이어 같은 날에 적의 진영을 점령했다. 로마 군은 승리를 거두었고 엄청난 양의 전리품을 챙겨서 돌아왔다. 병사들은 적의 교묘한 장치에 농담을 해댔고, 심지어 그들 자신이 잠시 놀란 것에 대해서도 농담을 했다.

이어 에트루리아 인의 이름을 가진 모든 사람에게 무장 동원령이 내려졌고, 일부 팔레리이 인과 타르퀴니 인이 그들을 지휘하는 가운데, 적군은 살리나이까지 진출했다. 이러한 위협에 대처하기 위하여, 평민 출신으로는 처음인 가이우스 마르키우스 루툴루스가 독재관에 임명되었

---

23 그리스-로마 신화에 나오는 복수의 3 여신.

고, 루툴루스는 역시 평민인 가이우스 플라우티우스를 사마관으로 지명했다. 그러나 귀족들은 독재관 자리마저 모든 시민에게 개방되는 사실을 불쾌하게 여겼고, 그리하여 독재관이 전쟁 수행과 관련하여 어떤 결정이나 준비를 하는 것을 방해하기 위해 귀족 계급이 할 수 있는 모든 조치를 다 취했다. 이렇게 되자 시민들은 독재관이 제안하는 것이라면 뭐든지 투표로 승인하겠다고 마음먹게 되었다.

독재관은 군대를 이끌고 도시 밖으로 행군하여 병사들을 뗏목에 태워 테베레 강을 도강시킨 후, 적이 주둔하고 있다는 소문이 들어온 곳으로 갔다. 그는 테베레 강의 양안에서 농촌 지역을 약탈하고 있던 적의 약탈자들을 곧바로 공격했다. 그는 또한 적의 진영을 기습 공격하여 점령했고 8천 명을 포로로 잡았다. 그 나머지는 모두 살육하거나 로마 밖으로 쫓아낸 후에, 그는 시민들에 의하여 개선식을 수여받았으나 원로원은 그것을 승인하지 않았다.

귀족들은 독재관이든 집정관이든 평민 출신이 주관하는 집정관 선거는 원하지 않았고, 또다른 집정관 파비우스가 전쟁 때문에 국외에 나가 있었기 때문에, 정부는 인테르레그눔 체제로 바뀌었다. 인테르렉스 직은 퀸투스 세르빌리우스 아할라, 마르쿠스 파비우스, 그나이우스 만리우스, 가이우스 파비우스, 가이우스 술피키우스, 루키우스 아이밀리우스, 퀸투스 세르빌리우스, 마르쿠스 파비우스 암부스투스 등이 연이어 맡았다.

두 번째 인테르레그눔 동안에, 두 명의 귀족이 집정관으로 지명되려고 하자 양 계급 사이에 논쟁이 벌어졌다. 그리고 평민 호민관들이 거부권을 행사하려고 하자, 인테르렉스인 파비우스는 이렇게 선언했다. 12 동판 법에 의하면, 민회가 결정한 가장 최근의 법령은 유효한 법적 결정이고, 민회의 투표 또한 법령으로 간주된다는 것이었다. 호민관들은 그 논쟁에 개입하여 선거를 연기하는 것 이외에 아무런 소득도 올리지 못했다. 그리고 두 명의 귀족 출신 집정관이 선출되었는데 가이우스 술피키우스 페티쿠스(3선)와 마르쿠스 발레리우스 푸블리콜라였다.

18. 두 집정관은 같은 날 취임했는데, 그해(기원전 355년)는 로마의 건국(기원전 754년)으로부터 400년 되는 해였고 갈리아 인으로부터 로마를 수복한 지 35년 되는 해였다. 이 선거로 평민은 평민 출신이 10년간 누렸던 집정관 직을 빼앗기게 되었다.

그해에 로마는 티부르 인들로부터 엠풀룸 땅을 빼앗았다. 하지만 특별한 전투 기록은 남아 있는 것이 없다. 몇몇 권위 있는 역사가들이 말한 것처럼, 그 전투는 현지에서 두 집정관의 지휘 아래 수행되었거나, 아니면 집정관 술피키우스가 타르퀴니 영토를 파괴하는 동안에, 동료 집정관 발레리우스는 군대를 이끌고 티부르 인과 싸우러 갔을 수도 있다.

두 집정관은 국내에서 평민들과 호민관들을 상대로 어려운 싸움을 벌였다. 두 집정관은 도덕적 의무와 명예 등을 감안할 때 귀족 출신으로 집정관 직에 올랐으므로 당연히 귀족 출신에게 그 자리를 물려주어야 한다고 생각했다. 만약 그 자리가 평민 출신에게 돌아간다면 그들은 당장 그 자리에서 물러나야 하고, 그렇지 않다면 그들이 선조로부터 물려받은 그 권한을 아무런 피해 없이 그대로 유지해야 한다고 보았다.

그러자 평민들은 두 집정관에게 분노했다. 평민들의 단합된 노력에 힘입어 루키우스 섹스티우스와 가이우스 리키니우스가 용기를 발휘하여 평민에게 얻어주었던 그 권리를 행사하지 못한다면, 살아 무엇 할 것이며 또 과연 시민으로 간주될 수 있을 것이냐고 물었다. 명령을 교대로 주고받지 못하고, 귀족 계급은 항구적으로 명령을 내리고 평민 계급은 오로지 복종을 하기 위해 태어난 사람들이라면, 차라리 왕정, 10인회, 기타 더 가혹한 정부 체제가 더 나은 게 아니냐고 따졌다. 문제를 일으킬 만한 호민관들은 얼마든지 있었지만 온 평민이 그처럼 흥분한 상태에서 제대로 된 평민의 지도자를 뽑는 것은 어려운 일이었다.

평민은 여러 번 캄푸스 마르티우스[24]까지 나갔으나 아무런 소득이 없었고, 많은 투표일들이 폭동을 하면서 낭비되었고, 집정관들의 인내심이 마침내 효과를 거두는가 싶은 때에, 평민 쪽에서 분노의 함성이 터져 왔다. 호민관들은 평민의 자유는 끝장이 나버렸고 이제 평민은 투표소뿐만 아니라 도시 자체를 떠나야 한다고 소리쳤다. 도시가 귀족 계급의 전횡에 사로잡혀 노예나 다름없게 되었다는 것이다. 평민은 분노하면서 호민관들의 이런 규탄에 가세했다. 두 집정관은 유권자들이 절반 이상 빠져나가서 투표자들이 부족했는데도 불구하고 선거를 밀어붙여 완료했다. 이렇게 새로 선출된 집정관 마르쿠스 파비우스 암부스투스(3선)와 티투스 퀸크티우스는 모두 귀족 출신이었다. 어떤 기록들에서 나는 티투스 퀸크티우스 대신에 마르쿠스 포필리우스가 집정관으로 등재되어 있는 것을 발견했다.

19. 이해(기원전 353년)에 타르퀴니와 티부르를 상대로 한 전쟁이 성공적으로 수행되었고 두 부족은 항복했다. 로마는 티부르 인들로부터 사술라 시를 빼앗았고, 그 외의 나머지 도시들도 티부르 인들이 무기를 내려놓고 집정관의 보호를 요청하지 않았더라면 사술라 시와 똑같은 운명을 맞이했을 것이다. 두 부족을 패배시킨 공로를 축하하기 위하여 개선식이 거행되었다.

그 외에 모든 점에서 로마는 티부르 인에 대하여 승리를 거두었다고 해서 모질게 이득을 추구하지 않았다. 그러나 반면에 타르퀴니 사람들에게는 아주 가혹하게 대했다. 그들과 전투 중에 많은 적군을 살육했고,

---

24 켄투리아 민회의 투표가 거행되는 장소.

엄청난 숫자의 포로들 중에서 귀족 가문 출신으로 358명을 골라서 로마로 보냈다. 그들은 포룸의 한가운데서 공개리에 매질을 당하고 이어 참수되었다. 전에 타르퀴니의 포룸에서 로마인들이 희생을 당한 바 있었는데,[25] 그에 대하여 이런 보복을 가한 것이었다. 이 전투에서 승리를 거두자 삼니움 족은 로마와의 동맹을 자발적으로 요청해 왔다. 그들의 사절은 원로원으로부터 정중한 답변을 받았고, 삼니움 족에게는 동맹의 조약이 수여되었다.

로마의 평민들은 국내에서는 야전에서만큼 운이 좋지 못했다. 이자율을 12분의 1로 고정시킴으로써 고리대금의 부담은 덜어지긴 했지만, 아주 가난한 사람들은 여전히 빌린 원금을 아주 부담스럽게 여겼고 그리하여 일부 채무자들은 부채 때문에 그들의 몸을 채권자에게 넘겨주어 노예로 전락했다. 따라서 평민들은 개인적 문제가 너무 심각한지라 귀족 출신이 집정관 두 자리를 모두 차지한 것, 선거 절차, 국가의 정치적 문제 등에 대하여 신경 쓸 여가가 없었다. 집정관 자리는 둘 다 귀족에게 돌아갔고 가이우스 술피키우스 페티쿠스(4선)와 마르쿠스 발레리우스 푸블리콜라(재선)가 집정관 직에 취임했다.

로마 시민이 에트루리아 전쟁 대비로 정신이 없을 때에 ─ 카이레 사람들이 친인척인 타르퀴니 사람들을 동정한 나머지 그들과 함께 거병하려 한다는 소문이 들려왔기 때문이다 ─ 라틴 인이 로마에 사절을 보내와 볼스키 족에 대한 그들의 생각을 보고해 왔다. 볼스키 족이 군대를 소집하여 무장을 하고서 이미 라티움을 위협하고 있으며, 라티움으로부터 발진하여 로마의 영토를 침공하여 파괴할 계획이라는 것이었다. 따라서 원로원은 에트루리아 전쟁과 볼스키 족의 위협을 무시해서는 안

---

25 참조 7권 15장.

된다고 결정했고, 군대를 동원하도록 지시했으며 또 두 명의 집정관에게 그 두 건의 전쟁을 수행하는 책임을 맡겼다.

그러나 곧 에트루리아 전쟁이 원로원의 주된 관심사가 되었다. 타르퀴니 인을 상대로 전투를 벌이던 집정관 술피키우스가 현황 보고를 보내왔기 때문이다. 로마의 소금 공장 주위의 농촌 지역이 파괴되었고, 그 지역에서 강탈한 약탈품 일부가 카이레의 영토로 들어갔으며, 상당수 카이레의 젊은이들이 그 약탈자 무리에 끼어 있다는 것이었다. 그래서 원로원은 볼스키 인을 상대로 싸우면서 투스쿨룸 경계 근처에 진영을 설치한 집정관 발레리우스를 소환하여, 그에게 독재관을 지명하라고 명령했다.

그는 루키우스 만리우스의 아들인 티투스 만리우스를 독재관으로 선택했다. 만리우스는 차례로 아울루스 코르넬리우스 코수스를 사마관으로 지명했다. 독재관은 집정관 휘하의 군대가 그의 목적에 알맞은 상태임을 발견했고, 그리하여 원로원의 권위와 민회의 명령에 의거하여 카이레에 전쟁을 선포했다.

20. 그러자 카이레 인들은 그때 처음으로 전쟁의 위협이 닥쳐왔다는 것을 깨달았다. 마치 그들이 로마의 농촌 지역을 침략하여 로마인에게 도전해온 것보다는 로마인의 말이 전쟁의 더욱 확실한 표시인 것처럼 행동했다. 그들은 이런 전쟁은 그들의 힘을 넘어서는 일임을 알았고, 그들이 저지른 파괴 행위를 후회하면서 그런 짓을 하도록 부추긴 타르퀴니 인들을 저주했다. 아무도 무기를 들거나 전쟁 준비를 하지 않았다. 그러나 카이레 인들은 다들, 어서 빨리 로마에 사절을 보내어 그들의 비행에 대하여 용서를 호소하라고 요청했다.

카이레 사절은 로마 원로원을 접근했으나 원로원은 그들을 만나주지 않으면서 평민에게 보냈다. 사절들은 갈리아 전쟁 때에 신성한 신상들을 잘 받아서 정성스레 보관한 사실[26]을 신들에게 호소하면서, 신들이 로마인들에게 영감을 주어 로마인들이 카이레를 불쌍히 여기게 해 달라고 애원했다. 전에 신들이 로마인들이 곤경을 겪을 때 내려주었던 자비를 이제 카이레 인들에게도 내려달라고 호소했다. 이어 사절들은 베스타 신전에 고개를 돌려서, 그들이 순수하고 경건한 마음으로 모셨던 퀴리누스의 신관과 베스타의 성처녀[27]에게 도와달라고 하소연했다.

그런 성스러운 일을 담당했던 사람들이 갑자기 아무런 이유없이 적으로 돌변할 수 있다는 것을 과연 누가 믿을 수 있을까, 라고 사절들은 말했다. 설사 카이레가 적대적인 행위를 했거나 또 그것을 의도적으로 계획했다고 하더라도, 그것은 광기의 발동 때문이었지 않았을까? 예전에 그처럼 고마워했던 친구들에게 친절을 베풀었는데 새로운 비행을 저질러 그 친절을 무효로 만들려 했을까? 번창하고 또 승리를 계속 구가하고 있는 로마인을 상대로 적이 되는 것을 선택했을까? 로마가 어려울 때 카이레를 상대로 우호적인 대우를 요청했던 그 로마를 상대로? "강요" 혹은 "필연"에 의해 저질러진 행위에 대하여 "의도"라는 명칭을 붙이면 안 된다고 사절들은 주장했다.

타르퀴니 인들은 군대를 이동시키면서 카이레 영토를 지나갔고 그들은 카이레에게 오로지 통행권만 요구해놓고는, 정작 일부 현지 농민들을 강제로 끌고 가서 약탈 행위에 가담시켰는데, 그 행위에 대하여 카이레 사람들은 이제 비난을 받고 있다는 것이었다. 로마인들이 그 가담자를 인도하라고 요구한다면 그렇게 할 준비가 되어 있으며, 징벌을 더 선호한다면 그들에게 징벌을 내릴 것이라고 말했다. 따라서 로마인의 성

---

26 참조 5권 40장.
27 참조 5권 50장.

소이고 또 사제들의 휴식처 겸 로마의 성물들의 피난처였던 카이레는 전쟁을 선포했다는 혐의로부터 완전 자유로워야 한다는 것이었다. 특히 카이레가 베스타의 성처녀들과 로마의 신들에게 보여준 환대를 감안하면 이는 더 분명해진다고 주장했다. 로마의 평민은 감동을 받았다. 카이레 사절의 연설보다는 과거에 그들로부터 받았던 환대의 기억이 더 크게 작용했다. 그래서 로마 평민은 과거의 친절을 기억하고 현재의 피해는 잊어버리기로 했다. 따라서 카이레 사람들에게 평화가 수여되었고, 1백 년 간의 휴전 조약을 맺어 원로원의 청동 판에 기록하기로 합의하였다.

이제 전쟁 수행의 모든 노력이 로마 영토를 침략한 죄를 저지른 팔레리이 족에게로 집중되었다. 그러나 어디에서도 적을 찾아볼 수가 없었다. 로마인들은 그들의 땅을 침공하여 가는 곳마다 파괴했으나, 그들의 도시를 공격하지는 않았다. 그 후에 로마 군은 로마로 소환되었고 그해의 나머지 기간은 성벽과 망루를 보수하는 작업을 했다. 그리고 아폴로에게 신전이 봉헌되었다.

21. 그해(기원전 352년) 말에, 귀족과 평민 사이의 갈등 때문에 집정관 선거가 열리지 못했다. 호민관들은 선거가 리키니우스 법에 의해 거행되지 않으면 선거를 치를 수 없다고 주장했고, 반면에 독재관은 집정관 자리를 귀족과 평민 모두에게 공개하느니, 차라리 그 자리를 정부 제도에서 아예 제거해 버리겠다고 단호하게 결심했다. 따라서 선거는 독재관 임기가 끝날 때까지 열리지 못했고, 다시 한 번 인테르레그눔 체제가 들어섰다. 인테르렉스들은 평민들이 귀족들에게 적대적인 태도를 취하는 것을 발견했고, 그리하여 정치적 갈등이 계속되는 가운데 열한 번째 인테르렉스까지 들어섰다. 호민관들은 계속하여 리키니우스 법을 옹호한다고 주장했으나, 평민들은 그들이 지불해야 하는 점점 더 늘어나는

이자에 더 관심이 많았다. 평민들의 개인적 고충은 이제 공적인 문제로 불거져 나왔다.

원로원 의원들은 이 문제로 번민하다가 인테르렉스인 루키우스 코르넬리우스 스키피오에게 평민과 귀족을 화해시키기 위하여 집정관 선거에서 리키니우스 법을 준수하라고 지시했다. 이렇게 하여 귀족 출신의 푸블리우스 발레리우스 푸블리콜라와 평민 출신의 가이우스 마르키우스 루툴루스가 집정관으로 선출되었다. 도시에 전반적으로 평화의 기운이 찾아들자, 새 집정관들은 이자 문제의 해결에 착수했다. 그 문제가 이제 불화의 유일한 원인이었기 때문이다. 두 집정관은 부채 문제의 해결을 공공 관심사로 지정했고, 다섯 명의 위원을 국가 금융가로 지정하여 금전 문제를 다루도록 지시했다. 이 위원들은 공평무사함과 의무감이 투철하여 모든 연대기의 기록에 그 이름이 언급되고 있다. 그들은 가이우스 두일리우스, 푸블리우스 데키우스 무스, 마르쿠스 파피리우스, 퀸투스 푸블릴리우스, 티투스 아이밀리우스였다. 금전 문제는 아주 다루기 어려웠다. 언제나 한쪽에 피해를 주었고 때로는 채무자와 채권자 양쪽에 피해를 주었다.

그러나 다섯 위원들의 일처리는 전반적으로 합리적이었고 또 공금을 낭비하지 않고 적절히 사용했다는 칭송을 받았다. 채무자가 변제 수단이 있는데도 상환을 소홀히 한 오래된 부채의 해결을 위해서 위원들은 다음 두 가지 방식 중 하나를 선택했다. 첫째, 채무자와 채권자의 이익을 적절히 감안하면서, 포룸에 설치된 금융표[28]에 따라 국고에서 현금으로 부채를 먼저 갚아준다. 둘째, 채무자의 재산을 공정한 가격으로 평가하여 그 재산을 가지고 변제한다. 화급한 부채 문제는 이렇게 하여 공정

---

28 이자 산정 계산표.

하게 해결되었을 뿐만 아니라 채무자와 채권자 양측에서 불평이 나오지 않았다.

에트루리아의 12 부족이 전투 맹세를 했다는 소문이 들려오자 로마는 공포에 휩싸여서 — 나중에 근거 없는 것으로 드러났지만 — 독재관을 임명하는 것이 필요하다고 판단했다. 이러한 판단은 야전의 진영 내에서 이루어졌고 — 원로원의 결의는 그곳에 있는 두 집정관에게 내려갔으므로 — 가이우스 율리우스가 독재관에 지명되었고, 이어 그는 루키우스 아이밀리우스를 사마관으로 지명했다.

22. 그러나 국외에서는 모든 것이 평온했다. 반면에 국내에서는 독재관이 두 명의 집정관을 모두 귀족 계급에서 선출하려고 하다가 인테르레그눔 사태를 초래했다. 그리하여 들어선 두 명의 인테르렉스는 가이우스 술피키우스와 마르쿠스 파비우스였다. 그들은 독재관이 시도했다가 실패한 곳에서 성공을 거둘 수 있었다. 평민들은 부채의 부담으로부터 상당히 자유로워졌기 때문에 그에 대한 보답으로 모두 귀족 출신을 집정관에 앉히는데 상당히 너그러워졌던 까닭이다. 그래서 귀족 출신의 집정관 두 명이 선출되었다.

두 명의 인테르렉스 중 한 사람이었던 가이우스 술피키우스 페티쿠스와 티투스 퀸크티우스 포에누스(어떤 역사가들은 퀸크티우스의 개인 이름이 티투스가 아니라 카이소, 또 어떤 역사가들은 가이우스라고 한다)가 신임 집정관이 되었다. 두 집정관은 야전에 나갔는데 퀸크티우스는 팔레리이 인을, 술피키우스는 타르퀴니 인을 맡았다. 그러나 막상 두 집정관은 야전에서 적을 만나지 못했다. 따라서 로마 군은 적의 병사가 아니라, 적의 토지를 상대로 불태우기와 약탈을 했다. 이것은 고질병의 점진적 효과와 비슷하게도 두 나라 사람의 끈기를 닳아빠지게 했고, 마침내 그들은 먼저 집정관에게 휴전을 요청했고, 이어 두 집정관의 허락을 받아 로마 원로원에 요청했다. 그리하여 그들에게 40년 간의 휴전이 허락되었다.

두 위협적인 전쟁의 불안은 이렇게 하여 불식되었고 이제 잠시 전쟁을 쉬게 되었으므로, 인구조사를 거행하기로 결정되었다. 왜냐하면 부채 문제의 해결로 인해 상당수의 부동산이 소유권 이전이 되었기 때문이었다. 민회에 의해 감찰관(젠소르) 선거가 통지되자, 최초의 평민 출신 독재관인 가이우스 마르키우스 루툴루스가 입후보를 선언함으로써 귀족 계급과 평민 계급 사이의 조화를 흔들어놓았다. 그의 입후보 선언은 시기적으로 적당하지 못한 것처럼 보였다. 왜냐하면 그 당시 집정관 두 명이 모두 귀족 출신이었으므로 그들은 루툴루스를 후보로 간주하기를 거부했기 때문이다. 그러나 루툴루스는 자신의 입후보 의도를 굽히지 않았고 호민관들은 그를 적극 지지하면서 그를 통하여 집정관 선거에서 잃었던 그들의 권력을 되찾을 수 있기를 희망했다. 사실 루툴루스 자신은 그 어떤 고위직이라도 입후보할 자격이 충분했고, 게다가 평민들은 평민이 독재관 자리에 진출할 수 있는 길을 열었던 루툴루스가 감찰관에 선임되어 감찰관 자리를 귀족과 공유할 수 있기를 바랐다. 선거에서 아무런 반대의 목소리가 나오지 않았고, 그리하여 마르키우스 루툴루스와 그나이우스 만리우스, 두 사람이 감찰관에 선임되었다.

23. 이해(기원전 351년)에, 외국과의 전쟁 위협은 없었지만 리키니우스 법이 집정관 선거에서 준수되는 것을 막기 위하여 독재관이 임명되었다. 마르쿠스 파비우스가 독재관에 올라 퀸투스 세르빌리우스를 사마관으로 지명했다. 그러나 독재관 자리는 지난번 감찰관 선거에서도 그러했듯이, 집정관 선거에서도 별 효력을 발휘하지 못했다. 마르쿠스 포필리우스 라이나스가 평민 자격으로 집정관에 선출되었고, 귀족 계급에서는 루키우스 코르넬리우스 스키피오가 집정관이 되었다.

심지어 행운은 평민 출신 집정관에게 더 큰 영광을 부여했다. 갈리아 인의 대규모 군대가 라틴 영토 내에 진지를 설치했다는 소식이 들어왔을 때, 스키피오는 중병을 앓고 있었고 그래서 전쟁 수행 책임은 포필리우스에게 돌아갔다. 그는 재빨리 장정 동원 절차에 착수했고 징집 연령대의 모든 남자들에게 무장을 갖추고 마르스 신전 근처인 포르타 카페나(카페나 성문)에 집결하라고 지시를 내렸다. 또 재무관(콰이스토르)들에게는 군대의 깃발들을 그 성문으로 가져오라고 명령했다. 이렇게 하여 집정관은 4개 군단을 먼저 편성하고 나머지 병사들은 법무관 푸블리우스 발레리우스 푸블리콜라에게 넘겨주었다. 또 원로원에서 국가 방어를 위한 제2군을 편성하여 전쟁의 위험에 대비해야 한다고 조언했다.

그는 전쟁 준비를 모두 마치자 로마 군을 이끌고 적을 맞으러 나아갔다. 적과 결정적 전투를 치르기 전에 그 힘이 어느 정도인지 알아보기 해 그는 갈리아 진영에서 가장 가까운 곳에 있는 언덕을 점령하고 그곳의 축성을 강화했다. 갈리아 인은 싸우기 좋아하는 본성을 가진 맹렬한 전사였다. 그들은 멀리 언덕 위에서 로마 군의 깃발들이 나부끼는 광경을 보자, 즉시 교전할 목적으로 전열을 산개시키기 시작했다. 이어 그들은 로마 군이 들판으로 내려올 생각을 하지 않고, 높은 언덕의 지리적 이점을 활용하는 한편 누벽을 열심히 쌓아올리고 있는 모습을 보았다. 갈리아 인들은 로마 군이 겁을 먹은 상태이고 또 그들이 열심히 축성 작업을 하는 시점에 공격을 감행하는 것이 더 유리하다고 판단했다. 그리하여 갈리아 인은 커다란 전투 함성을 내지르며 공격해 왔다. 로마 군은 전열의 제3선이 축성 작업을 맡고 있었는데 그들은 그대로 내버려 두고, 작업 조 앞에서 무장을 갖추고 전투 대기 중이었던 제1선과 2선이 응전에 나섰다.

로마 군은 사기가 높았을 뿐만 아니라 언덕 위에 자리 잡은 지리적 이점이 있었다. 로마 군이 던진 장창과 단창은 아주 효과적으로 적을 공격했다. 평지에서 던질 때와는 다른 위력을 발휘했다. 위에서 아래로 날아가기 때문에 가속도가 붙었고 목표물에 명중했다. 갈리아 인들은 날아오는 창에 맞아 죽거나 그 창이 방패에 꽂혀서 무겁게 된 방패를 제대로 들 수가 없었다. 갈리아 인들은 돌격하면서 거의 언덕 꼭대기 직전까지 도달했으나 그 다음에는 무엇을 할지 몰라 걸음을 멈추면서 망설였다. 그러나 그런 망설임은 그들의 전투 정신을 약화시킨 반면에 로마 군의 사기를 크게 높여 놓았다. 이어 벌어진 교전에서 갈리아 인들은 뒤로 물러서기 시작했고 전투의 파괴력보다는 그들끼리 우왕좌왕하다가 죽는 병사들이 더 많았다. 로마 군의 칼에 맞아 죽기보다는 허겁지겁 달아나다가 넘어져 아군의 발길에 밟혀 많은 갈리아 병사들이 죽었던 것이다.

24. 그러나 로마 군은 아직 승리를 확신하지 못했다. 들판으로 내려오는 로마 군들에게는 또다른 시련이 기다리고 있었다. 갈리아 인들은 병력 규모가 어마어마하여 그런 손실 정도는 얼마든지 감내할 수 있었다. 그리하여 마치 새로운 군대가 생겨난 것처럼 갈리아 인들은 승리를 거둔 로마 군을 상대로 다시 공격해 왔다. 로마 군은 행군 속도를 늦추다가 걸음을 멈추었다. 이미 피곤한 상태로 두 번째 전투를 맞이해야 되었고, 또 집정관은 1차 전투 때 최전선을 돌아다니며 독전하다가 갈리아 인이 던진 장창을 어깨에 맞고서 잠시 전장을 떠나 있었기 때문이다. 그처럼 로마 군이 머뭇거리면서 패전이 거의 확실시 될 때, 집정관은 상처를 붕대로 묶고서 최전선의 깃발 앞으로 말 타고 달려왔다.

그가 소리쳤다. "병사들이여, 왜 멈추어 섰는가? 저들은 일단 패배시키면 동맹으로 만들 수 있는 라틴 인이나 사비니 인이 아니다. 우리는 사나운 들짐승을 향하여 칼을 빼들었으므로 저들의 피를 보거나 우리의 피를 흘리거나 둘 중 하나다. 너희들은 방금 전만 해도 그들을 우리의 진지로부터 격퇴시켰고, 언덕 아래 계곡으로 추락시켰고, 적들의 쓰러진 시체들 위에 우뚝 서지 않았는가. 자, 이제 언덕 위에서 했던 것처럼 들판에서도 저들을 살육하면서 저들의 시체로 들판을 뒤덮도록 하라. 너희들이 가만 서 있는데 적이 달아날 것이라고 생각하지 마라. 너희들은 앞으로 밀고 나아가 공격하라."

이런 독전의 말에 격려를 받은 로마 군 병사들은 갈리아 인들의 선두 보병 중대를 뒤로 밀어붙이면서 쐐기꼴 대형의 갈리아 본진에 도달했다. 이렇게 되자 야만인들은 대형이 붕괴되었고 적절한 명령을 내리는 지휘자가 없었으므로 등을 돌리고 달아나기 시작했다. 그들은 황급히 도주하면서 온 들판으로 퍼져 나갔다. 그리하여 그들은 심지어 그들의 진영을 지나쳐서 인근에서 가장 높은 곳인 알바 요새arcem Albanam[29]까지 갔다.

집정관은 갈리아 인들을 추격하지 않았다. 어깨 부상이 너무 아픈 데다가 로마 군을 적들이 점령한 언덕 위로 올라가게 할 생각이 없었기 때문이다. 그는 병사들에게 적의 진영을 약탈하도록 허락했고, 갈리아의 전리품을 가득 챙겨서 승리한 군대와 함께 로마로 돌아왔다. 집정관이 부상을 당했기 때문에 개선식은 연기가 되었다. 그 때문에 원로원은 독재관을 어서 빨리 지명하고 싶어 했다. 두 집정관이 와병 중이어서 기동이 어려운 동안에 선거를 주관해야 할 사람이 있어야 했기 때문이다.

루키우스 푸리우스 카밀루스[30]가 독재관으로 임명되었고, 그는 푸블리우스 코르넬리우스 스키피오를 사마관으로 지명했다. 카밀루스는 집정관 직이 귀족 계급에 의해 독점되도록 했고, 그에 대한 보답으로 원로

---

29 리비우스는 오늘날 몬테 카보를 말하는 것 같은데, 기이하게도 이곳을 가리켜 인근에서 가장 높은 곳이라고 서술하고 있다.
30 제2의 로마 창건자라는 칭송을 받는 카밀루스의 아들.

원의 열렬한 승인 아래 그 자신이 집정관에 선출되었다. 카밀루스는 그의 동료 집정관으로 아피우스 클라우디우스 크라수스가 선출되었다고 선언했다.

25. 새 집정관들이 선출되기 전에 포필리우스는 갈리아 인들을 상대로 한 전투에서 승리하고 돌아와 연기했던 개선식을 올렸고, 평민들은 열렬히 그를 찬양했다. 그들은 자기들끼리 수군덕대면서 이제 평민 출신 집정관을 뽑은 데 대해서 후회하는 사람은 아무도 없다고 말했다. 동시에 그들은 카밀루스가 독재관으로 재직하면서 동시에 자신을 집정관에 선출되게 한 사실을 공격했다. 평민들은 이렇게 말했다: "그 집정관 자리는 카밀루스가 리키니우스 법을 위반한 데 대한 보답으로 받은 것인데, 그러한 처신이 국가에 입힌 손해보다는 그 자신의 탐욕을 노골적으로 드러내는 것이어서 더욱 가증스럽다."

이해(기원전 348년)에, 다양한 종류의 소란스러운 사태들이 많이 벌어졌다. 갈리아 인들은 겨울 추위를 견디지 못하여 알바 언덕에서 내려와 평야와 해안 지대를 배회하면서 농촌 지역을 파괴했다. 바다에는 그리스 배들이 많이 떠 있었고, 안티움 해안, 라우렌툼 해안, 테베레 강 하구 등에도 그리스 배들이 올라왔다. 한번은 해적들이 지상의 약탈자들과 조우하여 결판이 나지 않은 싸움을 벌였다. 그 후 갈리아 인들은 진영으로 돌아갔고 그리스 해적들은 배로 돌아갔는데 양측이 각자 졌는지 이겼는지 확신하지 못했다.

한편 그보다 훨씬 더 놀라운 경고는 페렌티나[31]의 숲에서 라틴 인들이 총 집결하여 로마의 병사 지원을 일절 거부하기로 결의했다는 소식이었다. 그들은 로마인이 병사가 필요하다면 자력으로 조달해야 한다고 주장

---

31 라틴 연맹의 중심지로 현대 아리키아의 남쪽이다.

했다. 라틴 인들은 다른 나라의 지배를 받기보다는 차라리 무기를 들고 투쟁에 나서겠다는 것이었다. 두 개의 국외 전쟁을 수행하는 중에 동맹국들이 이처럼 반란을 일으키자, 원로원은 충성심으로 묶어둘 수 없는 자는 공포로 제압해야 한다고 판단하고, 두 집정관에게 모든 권력을 다 발휘하여 병사를 동원하라고 지시했다. 이제 동맹국이 병사 지원을 거부했으므로 로마의 자체 시민만으로 군대를 편성해야 했기 때문이다.

이렇게 하여 로마 시내와 농촌 지역으로부터 징집 연령대의 장정들을 모두 동원하여 10개 군단을 편성했다. 각 군단은 보병대 4,200명, 기병대 300명으로 구성되었다. 만약 오늘날의 로마에 이런 외부 위협이 벌어진다면, 오늘날의 로마인 ― 온 세상이 좁다고 여기는 로마인 ― 은 국가 방어라는 단 하나의 목적에만 집중한다고 해도 이 정도 규모의 신규 군대를 편성하기 어려울 것이다. 오늘날 우리 로마의 팽창은 오로지 부와 사치의 획득이라는 목적에만 봉사하기 때문이다.

이해의 또다른 울적한 사건들 중에는 전쟁 준비를 하던 중에 집정관인 아피우스 클라우디우스 크라수스가 사망했다는 것이다. 그리하여 지휘권은 카밀루스에게 넘어갔는데, 비록 그에게는 동료 집정관이 없게 되었지만 원로원은 그보다 높은 지위의 독재관을 임명하는 것은 부적절하다고 생각했다. 그의 지위가 너무 높아서 독재관을 둘 수가 없었거나 아니면 그의 이름이 갈리아 전쟁에서 좋은 조짐으로 작용할 것이라고 보았기 때문이다.[32]

카밀루스는 2개 군단을 도시 방어에 할당하고, 나머지 8개 군단을 그 자신과 법무관 루키우스 피나리우스 사이에 나누어 맡았다. 아버지 카

---

32 카밀루스 집정관의 아버지 카밀루스는 갈리아 인에게 점령된 로마를 수복하는 과정에서 대승을 거두었다. 참조 5권 49장.

밀루스의 용맹과 명성 덕분에 카밀루스는 추첨 없이 갈리아 전쟁을 맡았고, 법무관에게는 해변 지역을 방어하면서 그리스 해적들이 상륙하지 못하도록 하는 임무를 부여했다. 이어 카밀루스는 폼프티눔 지대로 내려가서 적절한 장소를 선택하여 항구적 진지로 삼았다. 그는 꼭 필요하지 않으면 탁 트인 들판에서 적과 교전할 생각은 없었다. 갈리아 인들은 약탈을 해야만 버틸 수가 있었는데, 카밀루스는 그 약탈 행위를 잘 막으면 자연스럽게 그들을 제압할 수 있다고 생각했다.

26. 로마인들이 경계 업무를 철저히 하며 조용히 시간을 보내던 중에, 엄청나게 덩치가 크고 멋진 무장을 한 어떤 갈리아 인이 로마 군 진지에 접근해 왔다. 그는 창으로 방패를 두드려서 주위를 조용하게 만든 뒤, 통역을 통하여 로마 군의 훌륭한 전사와 1대 1 대결을 해보고 싶다는 도전의 의사를 밝혔다. 로마 군 진중에는 마르쿠스 발레리우스라는 젊은 천인대장(천부장)이 있었는데 그 자신이 티투스 만리우스[33] 못지않게 명예심이 강하다고 생각했다. 발레리우스는 먼저 집정관의 승인을 받은 후에 무기를 들고서 양군 사이에 있는 빈 들판으로 나아갔다.

그 결투는 두 전사의 용맹보다는 신들의 개입에 의해 더 유명해졌다. 발레리우스가 갈리아 거인을 상대하려고 하는 순간, 커다란 까마귀가 날아와 그의 투구 위에 사뿐히 내려앉아 갈리아 인을 노려보았다. 발레리우스는 그것을 하늘이 보낸 신호라고 여겨 기쁜 마음으로 받아들였다. 그리고 신이든 여신이든 이 까마귀를 내려 보낸 신神의 호의와 은총을 빌었다. 이야기하기에는 좀 놀라운 일이지만, 아무튼 까마귀는 투구 위에 계속 앉아 있었을 뿐만 아니라 두 전사의 싸움이 진행되는 동안에, 날갯짓하며 사뿐히 날아올라 그 부리와 발톱으로 갈리아 전사의 얼굴

---

33 토르콰투스 만리우스를 가리키는 것으로 7권 10장 참조.

과 눈을 공격했다. 그 전사는 결국 그런 기이한 조짐에 겁을 먹고 말았다. 그처럼 겁먹은 데다 눈앞이 잘 보이지 않기까지 하자 그는 곧 발레리우스에게 살해당했다. 그러자 커다란 까마귀는 창공을 박차고 날아올라 동쪽으로 사라졌다.

그때까지 양군의 초소에 있던 병사들은 침묵을 지키고 있었다. 그러나 발레리우스가 죽은 갈리아 전사의 몸에서 갑옷을 벗기자, 갈리아 인들은 초소를 떠났고 로마 군은 승자를 향해 재빨리 달려갔다. 이어 죽은 갈리아 전사의 시신을 차지하기 위해 싸움이 벌어졌고 곧 본격적인 전투로 발전했다. 가까운 초소에 있던 양군의 보병 중대가 싸움에 끼어들더니 군단 전체로 번져나갔다. 카밀루스는 병사들에게 돌격 명령을 내렸다. 병사들이 발레리우스의 승리에 고무되었고 또 신들의 임재와 가호로 사기가 충천했다는 것을 알았기 때문이다. 그는 또 전리품을 챙긴 발레리우스를 그들에게 보여주며 이렇게 말했다.

카밀루스가 소리쳤다. "병사들이여, 이 전사를 따르라. 그들의 쓰러진 지도자 주위에 몰려드는 갈리아 인 무리들을 해치워라!" 갈리아 인들을 상대로 하는 그 싸움에는 신들과 인간들이 함께 참여했고, 그 결과가 어떻게 나올지는 아무도 의심하지 않았다. 양군은 두 전사의 싸움에서 이미 그 결과를 분명하게 보았기 때문이었다. 그러나 일차 그 싸움에 뛰어든 양군 병사들과 나중에 뛰어든 병사들 사이에서 치열한 전투가 벌어졌다. 하지만 결국 갈리아 무리는 장창이 날아올 수 있는 거리에 접어들자 등을 돌려 달아났다. 처음에 그들은 볼스키 인들 사이로 스며들었고 나중에는 팔레리이 지역까지 흩어졌다. 갈리아 인들은 거기서 다시 아풀리아와 낮은 바다[34]로 패주했다.

---

34 토스카나의 바다.

집정관은 군사 회의를 소집하여, 천인대장 발레리우스를 칭찬하고, 그에게 황소 열 마리와 황금 관을 하사했다. 집정관 자신은 원로원으로부터 해안 지대로 병력을 돌려서 법무관이 이끄는 부대에 합류하라는 지시를 받았다. 그쪽의 전투는 전면전을 감행하기를 두려워하는 그리스인들의 무기력 때문에 지지부진한 상태였다. 이에 카밀루스는 선거를 개최하기 위하여 원로원의 권위를 빌려서 티투스 만리우스 토르콰투스를 독재관으로 임명했다. 독재관은 아울루스 코르넬리우스 코수스를 사마관으로 지명하고, 집정관 선거를 개최했다. 그리고 대중이 기뻐하는 가운데 그 자신의 것과 맞먹는 전공을 올린 23세의 젊은이 마르쿠스 발레리우스 코르부스를 집정관으로 선출했다고 공지했다. 발레리우스는 그 결투 이래 코르부스(까마귀)라는 별명을 얻었던 것이다. 코르부스의 동료 집정관으로는 평민 출신에 4선인 마르쿠스 포필리우스 라이나스가 선출되었다.

카밀루스는 그리스인들을 상대로 이렇다 할 전공을 올리지 못했다. 로마인들이 바다에서는 전사가 아니듯이, 그리스인들은 육지에서는 전사 노릇을 하지 못했다. 결국 그리스인들은 상륙을 하지 못하고 물과 필수 보급품이 떨어지자 이탈리아를 떠났다. 그들이 타고 온 배들이 어느 민족 혹은 어느 나라에 속한 것인지는 불명확했다. 나는 그 배들이 시칠리아의 참주[35]가 보낸 것이라고 믿고 싶다. 왜냐하면 그 당시 그리스는 내전으로 피폐한 상태인데다 이미 마케도니아의 군사력을 두려워하며 살고 있었기 때문이다.[36]

---

35 시라쿠사의 참주 디오니시우스 2세.
36 당시 그리스에서는 마케도니아의 필리포스 왕의 개입으로 세 번째 성전(The Third Sacred War)이 막 끝났다.

27. 로마 군은 해산했고, 귀족과 평민 계급 사이의 조화 덕분에 국내 외로 평화가 찾아왔다. 그러나 사정이 너무 좋아지는 것을 방지하려는 듯, 전염병이 도시를 덮쳤다. 이 때문에 원로원은 10인 성직 위원[37]에게 지시하여 시빌의 예언서를 참조하게 했고, 이 위원들의 권고에 따라 렉티스테르니움[38] 의식이 거행되었다. 같은 해(기원전 347-346년)에 안티움 사람들은 사트리쿰에 식민 정착자들을 파견하여 라틴 인들이 파괴한 도시를 재건했다.[39] 그 외에, 로마를 찾아와 동맹을 맺을 것을 요구한 카르타고 사절들과 조약을 맺었다.[40]

티투스 만리우스 토르콰투스와 가이우스 플라우티우스가 집정관이던 시절에 국내외에서 평화가 유지되었다. 부채의 이자율은 12분의 1에서 24분의 1로 떨어졌고 부채 원금의 상환도 4분의 1을 즉시 갚고 나머지 4분의 3은 3년 균등 상환하는 것으로 결정되었다. 일부 평민들은 이것조차도 여전히 부담스럽게 생각했으나 원로원은 개인의 고충보다는 공공 신용에 대해서 더 관심을 보였다. 가장 큰 부담의 경감은 세금과 징병의 의무가 덜어진 것이었다.

볼스키 인들이 사트리쿰을 재건한 지 이태 뒤, 마르쿠스 발레리우스 코르부스(재선)와 가이우스 포에텔리우스가 집정관으로 선출되었다. 안티움의 사람들이 라틴 인들 사이를 돌면서 전쟁을 독려하고 있다는 소식이 라티움으로부터 전해져 왔다. 따라서 원로원은 발레리우스에게 다

---

37 이 위원들에 대해서는 6권 42장 참조.
38 7권 2장 참조.
39 참조 6권 33장.
40 이것은 리비우스가 카르타고와의 조약에 대해서 처음으로 언급한 대목이다. 역사가 디오도루스 또한 이것이 로마와 카르타고 간의 첫 번째 조약이라고 했으나, 역사가 폴리비우스는 로마-카르타고 조약은 공화국 첫해(기원전 509년)에 맺어졌다고 기술했다.

른 사람들이 그들에게 합류하기 전에 볼스키 인을 공격하고, 이어 사트리쿰으로 출병하라고 명령했다. 그곳에서 그는 안티움 사람들과 다른 볼스키 인들을 만났다. 그들은 세력을 규합하여 로마 군의 도착을 대비하고 있었다. 양측은 서로에게 아주 깊은 적개심을 갖고 있었기에 전투는 지체없이 벌어졌다. 전투를 잘 수행하기보다는 반란을 더 잘 일으키는 맹렬한 부족인 볼스키 인들은 전투에서 패배하여 무질서하게 달아나면서 사트리쿰의 요새를 향하여 도주했다.

그러나 그 도시의 성벽도 그들에게 자신감을 안겨주지 못했다. 로마 병사들이 그 도시를 포위한데다 공성 사다리를 세우고 있었기 때문이다. 그래서 그들은 항복했는데 병사가 약 4천 명이었고 그 외에 비전투원들도 상당수였다. 그 도시는 파괴되고 불태워졌다. 오로지 마테르 마투타[41]의 신전만 화마를 피했을 뿐이다. 약탈품은 병사들에게 골고루 분배되었으나 포로로 잡힌 4천명은 약탈품의 일부로 간주되지 않았다. 이 포로들은 족쇄에 묶인 채로 개선하는 집정관의 마차 앞을 걸어갔다. 그 후에는 노예로 팔려나가 상당한 금액을 올렸는데 집정관은 그 돈을 국고에 납부했다.

28. 그 다음 집정관은 마르쿠스 파비우스 도르수오와 세르비우스 술피키우스 카메리누스였다. 이어 아우룬키 족이 기습 공격을 해오는 바람에 그들과의 전쟁이 발생했다. 그 반란은 한 부족의 행위였으나 모든 라틴 인들이 공모한 결과일지도 모른다고 우려되었다. 그래서 마치 라티움 전역이 이미 무장하고 반란을 일으킨 것처럼, 루키우스 푸리우스를 독재관으로 임명했고, 다시 푸리우스는 그나이우스 만리우스 카피톨리누스를 사마관으로 지명했다. 위기 상황에서는 늘 그렇듯이, 법원

---

41 참조 6권 33장.

업무는 정지되었고 동원 가능한 장정들이 예외 없이 징발되었다.

이어 로마 군은 전속력으로 아우룬키 족을 향해 나아갔다. 그들은 정규 군대라기보다 비적 떼에 가까웠고 단 한 번의 교전으로 전쟁은 끝나게 되었다. 하지만 그들은 도발의 이유도 없이 공격을 해온 자들이고 또 뒤로 물러서지 않고 전투에 임할 태세를 보였으므로, 독재관은 실제 전투 중에 유노 모네타[42]에게 신전을 봉헌하겠다고 맹세했다. 승리하고 로마로 돌아온 독재관은 이 맹세를 꼭 지키겠다고 다짐하면서 독재관 자리에서 물러났다.

원로원은 그 신전을 로마 시민의 장엄함에 걸맞은 규모로 건설하는 공사를 감독할 위원 두 명의 임명을 지시했고, 카피톨리움의 요새에서 그 부지를 물색했다. 그 부지는 전에 마르쿠스 만리우스 카피톨리누스의 집이 있던 자리였다.

두 집정관은 볼스키 전쟁에 나가기 위해 독재관으로부터 군대를 인수하여 행군에 나섰다. 그들은 기습 공격을 감행하여 적으로부터 소라 시를 탈취했다.

봉헌을 맹세한 지 1년 뒤에 유노 모네타의 신전이 봉헌되었다. 이해(기원전 343년)의 집정관은 가이우스 마르키우스 루툴루스(3선)와 티투스 만리우스 토르콰투스(2선)였다. 신전의 봉헌 직후에 오래전 알바 산에서 벌어진 것과 같은 이적異蹟이 발생했다.[43] 돌들이 비처럼 쏟아져 내리고 대낮인데도 어둠이 하늘을 가득 덮었다. 시빌의 예언서가 참조되었고, 도시에는 신들이 불쾌해하고 있다는 조짐이 가득했으므로, 원로원은 독재관을 임명하여 종교적 예식을 준수하기 위한 공공 휴일을 선포하도

---

42 참조 6권 20장.
43 참조 1권 31장.

록 지시했다. 그리하여 푸블리우스 발레리우스 푸블리콜라가 독재관으로 임명되었고, 다시 독재관은 퀸투스 파비우스 암부스투스를 사마관으로 지명했다. 로마의 부족들뿐만 아니라 이웃 부족들도 신들에게 탄원을 바치는 것으로 합의되었다. 그리하여 이러한 종교적 의식을 거행하는 날짜가 지정되어 시민들에게 공지되었다. 전승에 의하면, 이해에 토목건축관리관들에 의해 기소된 고리대금업자들에 대하여 무거운 징벌이 내려졌다고 한다. 그리고 국가는 이렇다 할 특기할 만한 이유 없이 인테르레그눔 체제로 들어갔다. 인테르레그눔의 결과는 — 마치 이것 때문에 그 체제가 들어선 것처럼 보였는데 — 둘 다 귀족인 집정관을 선출한 것이었다. 그들은 마르쿠스 발레리우스 코르부스(3선)와 아울루스 코르넬리우스 코수스였다.

29. 이제부터 서술된 전쟁들은 아주 중요한 것들이다. 로마의 적들은 아주 강력했고, 전투는 평소보다 더 오래 지속되었고 또 멀리 떨어진 곳에서 치러졌다. 바로 이해에 삼니움 족을 상대로 하는 전투가 벌어졌던 것이다. 그들은 자원이나 무기가 풍부한 부족이었다. 결론이 나지 않은 삼니움 전쟁 뒤에는 피로스와의 전쟁[44]이 찾아왔고, 그 다음에는 카르타고 전쟁이 발생했다.[45] 엄청난 사건들이 연이어서 벌어진 것이었다! 로마가 오늘날의 이 높고 장엄한 제국을 건설하기 위하여 치명적인 위험을 겪었던 것이 그 얼마였던가! 그런데 그 제국은 오늘날 아주 힘들게 유지되고 있는 것이다!

---

44 에페이로스의 왕 피로스는 로마에 대항하여 타렌툼을 보호하기 위하여 이탈리아를 공격해 왔는데 이 전쟁은 기원전 280년과 275년 사이에 벌어졌고, 리비우스는 『로마사』 12-14권에서 이 전쟁을 기록했으나 이 책들은 인멸되어 전해지지 않는다.
45 카르타고 전쟁은 기원전 264-241년에 벌어진 것으로서 리비우스 『로마사』 16-19권에서 다루어졌으나 이 책들은 전해지지 않는다.

로마와 삼니움은 과거에 우정과 동맹으로 맺어져 있었다. 전쟁의 원인은 외부에서 온 것이었고 그들 사이의 직접적인 문제로 발생한 것은 아니었다. 삼니움 인들은 그들이 시디키니 인들보다 더 강하다는 이유 하나만으로 시디키니 인들을 부당하게 공격했다. 시디키니 인들은 속수무책이었고 그래서 좀 더 부유한 이웃 부족에게 도움을 요청할 수밖에 없어서 캄파니아 인들에게 의탁하게 되었다. 캄파니아 인들은 그들의 동맹을 보호하는데 있어서 무력을 제공했다기보다 공허한 명성만 가져왔을 뿐이었다.

사치스러운 생활로 심신이 허약해진 캄파니아 인들은 시디키니 인들의 영토에서 무기 사용으로 단련된 삼니움 인들을 만나자 제대로 싸워보지도 못하고 패주했다. 삼니움 인들은 시디키니 인들은 아예 무시해 버리고 캄피니아 족의 성채를 곧바로 공격했다. 그들은 야전에서처럼 거기에서도 손쉬운 승리를 거둘 것이라 예상했고, 또 더욱 풍성한 약탈과 영광을 얻을 것으로 기대했다. 그들은 카푸아 위쪽의 작은 산맥인 티파타를 점령했고, 그곳에다 강력한 주둔군을 남겨놓은 후, 카푸아와 티파타 사이의 평원을 향해 전투 대형으로 천천히 내려왔다. 이 평원에서 두 번째 전투가 벌어졌다. 캄파니아 인들은 패배하여 성벽 안으로 내몰렸다. 그들은 정예 부대를 이미 소모해 버렸고 더 이상 구원 부대를 편성할 힘이 없었으므로, 로마인들에게 도움을 요청하는 수밖에 없다고 생각했다.

30. 캄파니아의 사절들은 로마의 원로원 앞으로 나아가 이렇게 호소했다. "존경하는 원로원 의원님들, 캄파니아 사람들은 현재 이 순간에는 도움을 요청하고 또 앞으로 모든 시간에 우정을 호소하기 위하여 우리를 사절로 보냈습니다. 만약 우리의 호시절에 로마의 우정을 요청했더라면, 그런 요청은 좀 더 신속하게 이루어졌을지 모르지만, 우리 양국 사

이의 유대는 그리 튼튼하게 되지는 않았을 것입니다. 그런 호시절의 경우라면, 우리는 로마와 동등한 입장에서 우호 관계를 맺었을 것이고, 비록 우리가 로마의 친구이기는 하지만 로마에 대하여 강력한 의무감과 유대감은 덜 느꼈을 것입니다. 그렇지만 실제 상황은 어려워서 우리는 로마의 연민을 많이 받았고 또 환난의 시기에는 로마의 지원으로 보호가 되었습니다. 그래서 우리는 인간적·신적 도움에 대하여 배은망덕하지 않으려고 우리의 마음속에 로마로부터 받은 은혜를 항시 기억하고 있습니다. 물론 삼니움 족은 우리보다 먼저 로마의 친구요 동맹이었다는 사실을 알고 있습니다. 그렇다고 해서 그것이 우리가 로마와의 우정을 거부당할 이유는 되지 못합니다. 그것은 단지 우리 캄파니아와 비교하여 그들에게 우선순위와 명예로운 지위 상의 이점을 부여할 뿐입니다. 로마가 그들과 맺은 조약에는 그것 이외의 다른 조약을 맺어서는 안된다고 하는 조문은 없습니다.

"로마는, 도움을 요청하며 친구가 되기를 원하는 자가 있다면 그것 자체가 우호 친선의 사유가 된다고 생각해 왔습니다. 우리 캄파니아 인은 비록 지금은 이렇게 궁색하여 자랑할 처지가 되지 못하지만, 로마를 제외하고 도시의 장엄함이나 영토의 비옥함에서 그 어느 부족에게도 밀리지 않습니다. 우리가 로마의 친구가 되어 로마의 번영에 기여할 공로는 결코 사소하지 않습니다. 로마 시의 영원한 적인 아이퀴 인과 볼스키 인이 준동할 때마다 우리는 그들의 등 뒤에서 그들을 공격할 것이고, 로마가 우리의 도시의 보존을 위해 해준 것에 대하여, 우리는 로마의 제국과 영광을 위하여 보답할 것입니다. 로마와 우리 사이에 침입해 온 이 부족을 항복시킨다면 ― 로마의 용기와 좋은 행운은 충분히 그런 결과를 약속하고 있습니다 ― 로마의 권위는 저 멀리 사는 우리들 자신에게까지 미치게 될 것입니다. 우리가 불운에 내쫓겨서 할 수 없이 해야 하는 고백의 말은 아주 씁쓸하고 가련한 것입니다. 존경하는 원로원 의원님, 우리 캄파니아는 친구나 적에 의해 합병될 지경에 이르렀습니다. 만약 로마가 우리를 방어해준다면 우리는 로마의 소속이 될 것입니다. 만약 로마가 우리를 버린다면 캄파니아는 삼니움 인의 차지가 되겠지요. 로마가 카푸아와 캄파니아 전역을 차지하여 국력을 증강시킬 것인가, 아니면 그 지역을 삼니움 인에게 넘겨줄 것인가, 한번 잘 생각해 보십시오.

"로마인들이여, 당신들은 당연히 그 누구에게도 동정과 도움을 베풀 것입니다. 그러나 자신들의 능력 이상으로 이웃을 도우려다가 우리와 같은 현재의 곤경에 떨어진 사람들이라면 특히 더 도와주려 할 것입니다. 우리는 겉으로는 시디키니를 위해 싸운 것처럼 보이지만 실은 우리 자신을 위하여 싸웠습니다. 우리는 이웃 시디키니가 산적 떼 삼니움 인에 의해 위협을 당하는 것과, 시디키니가 불타오르는 것을 목격하면서 결국 그 불길이 우리에게 미치리라는 것을 알았습니다. 만약 삼니움 인이 지금 이 순간 우리를 공격해 온다면 그들은 자국이 입은 피해 때문에 그러는 것이 아니라 공연한 트집을 잡아서 공격해 오는 것입니다. 설사 이 전쟁이 그들의 탐욕에서 나온 것이 아니라 분풀이를 위한 것이라 할지라도 그들로서는 시디키니 영토에서 우리 군대를 한 번 패배시키고 캄파니아 그 자체에서 두 번째로 우리 군대를 격퇴한 것으로 충분하지 않겠습니까? 그들의 분노가 대체 얼마나 크기에 두 번의 전투에서 흘린 피로도 진정이 되지 않는다는 것입니까? 여기에다 우리의 토지가 황폐하게 된 것, 그들이 무자비하게 약탈해간 사람과 소 떼, 농가의 화재와 파괴, 불과 칼에 의한 총체적 황폐화를 한 번 생각해 보십시오. 이 모든 것이 그들의 분노를 달래지 못한다는 것입니까? 하지만 충족되기를 바라는 것은 그들의 무한한 탐욕뿐입니다. 이 때문에 그들은 서둘러 카푸아를 포위한 것입니다. 그들은 이 아름다운 도시를 몰살해 버리거나 아니면 그들 자신이 차지하려고 혈안이 되어 있습니다.

　그러나 로마인들은 그들이 그 도시를 차지하도록 내버려 두면 안 되고, 로마인 자신이 그것을 차지하는 것이 차라리 더 낫습니다. 로마인이 그렇게 하면 좋은 행위가 되지만 삼니움 족이 도시를 점령하면 그것은 악한 행위가 되는 까닭입니다. 나는 정당한 전쟁을 거부하는 사람들을 상대로 말을 하고 있는 게 아닙니다. 설사 그렇다고 하더라도 로마는 우리를 지원하기 위해 군대를 내어주는 척만 하면 되고 실제로는 전쟁을 할 필요도 없을 것입니다. 삼니움 인의 경멸은 우리들에게까지 미치고 있지만 그 이상은 넘어서지 못할 것입니다.

　그러니 로마인들이여, 당신들의 지원의 그림자만으로도 우리를 보호하기에 충분합니다. 앞으로 우리가 무엇을 소유하든 또 우리가 어떤 존재이든 그 모든 것은 당신들의 것이라고 생각하겠습니다. 당신들을 위해 캄파니아의 땅을 경작할 것이고, 당신들을 위해 카푸아 도시는 사람들이 거주할 것입니다. 우리는 로마를 우리의 창건자, 부모, 영원불멸한 신들과 동격으로 생각할 것입니다. 로마를 향한 복종심과 충성심에 있어서 우리를 능가하는 로마의 식민지는 없을 것입니다.

　"존경하는 원로원 의원님들, 우리에게 동의해 주십시오. 캄파니아 사람들에게 패배당한 적이 없는 로마의 위력을 허락해 주시고 카푸아가 온전히 보전될 것이라는 희망을 갖게 해주십시오. 우리가 로마를 향해 출발할 때 모든 계급의 밀집된 대중이 우리를 전송했다는 사실을 아십니까? 출발의 고비마다 사람들의 기도와 눈물을 만난 사실을 아십니까? 지금 이 순간 캄파니아의 의회와 시민들과 그 처자들이 어떤 상태에 있는지 아십니까? 그들은 모두 성문에 모여서 로마에서 오는 길을 주시하고 있을 것입니다.

　존경하는 원로원 의원님들, 이 불안하고 겁먹은 사람들에게 우리가 어떤 소식을 가지고 가기를 바라십니까? 한 대답은 그들에게 안전, 승리, 빛, 그리고 자유를 가져다줄 것입니다. 그리고 다른 대답은 그것이 어떤 결과를 가져올지 예측하는 것만으로도 몸서리가 쳐집니다. 그러니 우리의 다음과 같은 입장을 헤아려 주십시오. 우리는 장차 로마의 동맹이며 친구가 되거나, 아니면 더는 지상에 존재하지 않게 될 것입니다."

31. 카푸아 사절들은 물러갔고 그동안 원로원 의원들은 서로 의견을 교환했다. 상당수 의원들은 다음 사실에 동의했다: "이탈리아에서 가장 크고 부유한 도시인 카푸아는 바다에 인접해 있는 아주 풍요로운 도시이고, 로마인의 곡창으로 봉사하면서 옥수수 수급의 요동을 충분히 대처하게 해주는 도움을 줄 것이다." 그러나 그런 큰 이점도 로마인의 약속의 말보다 더 무게를 가지지는 못했다. 그리하여 원로원은 집정관을 불러서 다음과 같은 답변을 하라고 지시했다.

"캄파니아 인들이여, 원로원은 당신들을 도와줄 만한 가치가 있다고 판단한다. 그러나 우리가 전에 맺은 우정과 동맹을 위반하지 않는 범위 내에서 우리는 당신들과 우호조약을 맺을 수 있다. 삼니움 인과 우리 로마는 조약을 맺었고 그래서 우리는 당신들을 위하여 삼니움 인과 전쟁을 벌일 수가 없다. 그것은 사람을 해치기 이전에 신들 앞에서 맺은 약조를 위반하는 것이기 때문이다. 우리는 동맹이며 친구인 삼니움에게 사절을 보내어 당신들에게 피해를 입히지 말라고 호소할 것이다."

이러한 답변에 카푸아 사절은 본국에서 가져온 지시에 따라 이렇게 대답했다. "로마는 폭력과 불의에 대항하여 우리의 것을 보호하기 위한 무력 과시를 거절했습니다. 그렇다면 이제 당신 자신의 것을 보호해 주소서. 존경하는 원로원 의원님들, 우리는 캄파니아 사람, 카푸아 도시, 우리의 영토, 신들의 신전, 그 외의 모든 성속聖俗의 것들을 로마의 권위에 바칩니다. 따라서 우리가 앞으로 무슨 고통을 당하든, 우리의 항복 이

후에는 로마의 식민지로서 당한 것이 됩니다."

이렇게 말하고 카푸아 사절들은 양손을 집정관에게 내뻗고 두 눈에는 눈물이 그렁그렁한 채, 원로원 건물의 현관 앞 바닥에 엎드렸다. 원로원 의원들은 카푸아의 추락을 잠시 생각하며 인간의 운명의 변덕스러움에 깊은 감회를 느꼈다. 카푸아는 얼마 전만 해도 강력하고 부유한 사람들이었고, 자부심과 사치스러운 생활로 명성이 높았으며, 이웃들은 그 도시의 도움을 추구했었는데 이제 사기가 완전히 바닥에 떨어져서 스스로 항복을 선언하면서 그들이 가진 모든 것을 다른 나라의 통치에 맡기고 있는 것이었다. 이제 의원들은 로마의 식민지를 배신해서는 안 된다는 명예감을 느끼게 되었다. 이제 자발적 항복으로 로마의 도시와 영토가 된 카푸아를 공격한다면 삼니움 인이 정당하게 행동하는 것이 아니라고 생각했다. 그리하여 즉각 삼니움 인에게 로마의 사절을 파견하기로 결정되었다.

사절에게는 이런 지시가 내려갔다: 먼저 삼니움 인에게 캄파니아 인들의 요청을 말하고, 이어 로마와 삼니움 사이의 조약을 원로원이 캄파니아 인들에게 지적했다는 사실을 말하고, 마지막으로 캄파니아 인들의 항복을 말하라. 그런 다음 삼니움 인에게 기존에 로마에 대해서 갖고 있던 삼니움의 동맹 및 우호 조약을 감안하여, 이제 로마의 식민지로 편입된 영토에 적대적인 침공을 삼가 달라고 요청하라. 만약 삼니움이 수긍할 뜻을 보이지 않는다면 로마 원로원과 시민의 이름으로 카푸아와 캄파니아 영토에서 손을 떼라고 삼니움에게 경고를 하라.

로마 사절은 이런 훈령을 삼니움 국무회의 앞에 내놓았으나, 그들이 들은 대답은 아주 비타협적인 것이었다. 삼니움 인은 전쟁을 계속할 의사를 선언했을 뿐만 아니라, 그들의 고위 행정관들은 로마 사절이 아직 대기 중인 데도 국무회의실을 빠져나가, 보병부대의 지휘관들을 소집하여 커다란 목소리로, 지금 즉시 출발하여 캄파니아 영토를 침공하라고 지시를 내렸다.

32. 로마 사절의 보고가 로마에 도착하자, 원로원은 다른 모든 일은 접어놓고 전령 사제단을 삼니움에 보내어 피해 보상을 요청했다. 이것이 수락되지 않자, 로마는 통상적인 의전 절차에 따라서 삼니움에 전쟁을 선포했다. 이어 원로원은 가능한 한 빠르게 출병 문제를 시민들에게 보고하기로 의결했다. 인민의 명령에 따라서, 두 집정관은 각자 군대를 거느리고 출병에 나서서, 발레리우스는 캄파니아로, 코르넬리우스는 삼니움으로 갔다. 발레리우스는 가우루스 산 근처에 진지를 설치했고, 코르넬리우스는 사티쿨라 근처에 자리를 잡았다. 삼니움 군대와 먼저 조우한 것은 발레리우스였다. 삼니움이 전쟁의 주 무대가 그 쪽이 될 것이라고 판단한 까닭이었다. 동시에 삼니움이 캄파니아에 적개심을 느껴서 그 쪽으로 움직인 탓도 있었다. 그들은 캄파니아 인들이 처음에는 삼니움을 도와줄 것처럼 하다가 결국에는 그들에게 대항하기 위하여 로마를 끌어들였다고 생각했다. 로마 군 진영을 보자 삼니움 병사들은 지휘관에게 어서 빨리 공격 명령을 내려달라고 맹렬하게 요구했다. 그들은, 캄파니아에 지원군을 보낸 로마는 시디키니를 도와주려고 하다가 처참하게 패배한 캄파니아와 똑같은 운명에 처해질 것이라고 선언했다.

발레리우스는 소규모 전투를 벌이며 적의 전력을 떠보면서 며칠 동안 기다리다가 마침내 전면전의 지시를 내렸다. 그는 먼저 병사들에게 간단하게 연설하면서, 낯선 전쟁과 낯선 적을 두려워하지 말라고 주문했다.

"로마 군이 로마에서 멀리 떨어진 곳으로 출병할수록 그 거리에 역비례하여 상무尚武 정신은 그만큼 떨어지는 부족들을 만났을 뿐이다. 시디키니와 캄파니아가 그들에게 패배당했다고 해서 삼니움의 전력을 높이 평가해서는 안 된다. 전투에 돌입한 양군의 전력이 어떠하든 간에, 그 중 하나는 패자가 되게 되어 있다. 캄파니아의 경우, 그들은 삼니움의 전력이 막강해서가 아니라 과도한 사치와 전반적인 유약함에서 오는 사기 저하 때문에 자멸한 것이었다. 게다가 삼니움 인이 거둔 두 번의 승리라는 것은, 지난 수 세기 동안 로마인이 거두어온 많은 군사적 업적들에 비해 보면 조족지혈鳥足之血에 지나지 않는 것이다. 도시가 창건된 이래 수많은 해가 지나갔는데 그 햇수만큼이나 많은 승리를 로마 군은 거두어 왔다. 로마는 무력으로 인근의 부족인 사비니, 에트루리아, 라틴, 헤르니키, 아이퀴, 볼스퀴, 아우룬키 등을 정복했고, 무수한 전투에서 많은 갈리아 인들을 살육했으며, 마지막으로 그들을 바다와 배 쪽으로 달아나게 만들었다. 이런 영광스러운 기록을 갖고 있으므로, 로마 군 병사들은 각자 자신감을 가지고 전투에 임해야 하고 또 각자의 용기를 믿어야 한다. 그리고 병사들은 그들의 지휘관이 누구인지 명심해야 한다. 그럴듯한 연설로 병사들의 이목을 끌고 언변은 그럴 듯하지만 군사 작전에 대해서는 전혀 모르는 지휘관, 그리고 충분한 경험을 쌓아 무기를 다룰 줄 알고, 군기 앞에서 공격하고, 싸움의 한가운데 뛰어들어 우뚝 중심을 잡는 지휘관, 이렇게 두 명의 지휘관 중에 누가 더 잘 지휘를 하겠는가?"

발레리우스가 말했다. "병사들이여, 나는 너희들이, 나의 말이 아니라 나의 행동을 따를 것을 명령한다. 너희들은 군사 훈련뿐만 아니라 실제 전투의 모범으로서 나를 쳐다볼 것을 원한다. 나는 정치적 파당이나 귀족들의 음모 덕분에 세 번이나 집정관 직에 오른 것이 아니라, 오로지 내 오른손의 힘으로 그 자리에 올랐다. 나에 대하여 이런 말을 하는 시절도 있었다. '하지만 당신은 로마를 왕정에서 해방시킨 귀족 출신이 아니오? 당신의 가문 사람이 이 도시가 집정관 직을 실시하던 초창기에 집정관을 지냈지 않소.'[46] 그러나 오늘날 집정관 자리는 귀족과 평민 모두에게 열려 있고, 그 자리는 출신보다는 능력에 의해 올라가는 자리이다.

그러니 병사들이여, 가장 높은 명예에 너희들의 시선을 고정시켜라. 너희들이 신들의 허락으로 내게 코르비누스[47]라는 별명을 붙여주었지만, 나는 우리 가문의 옛 별명인 푸블리콜라이, 즉 평민들의 친구를 잊어버린 적이 없다.[48] 나는 지금껏 로마의 시민들에게 봉사해 왔다. 평시나 전시나, 재야에 있으나 관직에 있으나, 높은 자리에 있으나 낮은 자리에 있으나, 천인대장으로서 또 집정관으로서 로마 시민을 생각하지 않은 적이 없었다. 여러 번 집정관 자리에 있으면서 끊임없이 로마 시민들에게 봉사할 것을 생각했다. 이제 우리의 과제는 아주 화급하다. 신들의 좋은 도움으로 나와 함께 삼니움 인에 대한 새로운 승리를 추구하자. 그것은 전에는 이룩하지 못한 승리가 될 것이다."

33. 병사들과 그처럼 사이좋은 지휘관은 따로 찾아보기 어려울 것이었다. 발레리우스 코르부스는 가장 비천한 병사들과도 군사적 임무를 즐거운 마음으로 나누었다. 동일한 연령의 병사들 사이에 속력과 힘을 겨루는 군대 스포츠에서도 그는 유쾌하고 정중했으며 승리와 패배를 똑같은 얼굴로 받아들였다. 또 그를 상대로 겨루어 보겠다고 나서는 병사들을 거절하는 법이 없었다. 그의 실용적인 자상함은 모든 상황에 적절히 들어맞았고, 그의 언변은 그 자신의 위엄은 물론 상대방의 자유까지도 배려했으며, 관직에 있을 때나 후보 시절이나 행동거지가 변함이 없

---

46 왕정을 타파할 때 브루투스를 도왔던 푸블리우스 발레리우스는 브루투스에 뒤이어 집정관 직에 올랐다. 참조 2권 2장.
47 코르비누스는 코르부스와 똑같은 말로서 '까마귀'라는 뜻.
48 푸블리콜라 혹은 포플리콜라는 집정관 초창기의 집정관이었던 푸블리우스 발레리우스를 가리킨다. 이 집정관은 고위 행정관의 결정에 대하여 항소권을 도입한 인물이다. 참조 2권 8장.

었다. 이것처럼 병사들의 인기를 끄는 비결은 없었다. 그래서 로마 군 전군이 사령관의 연설에 열렬한 마음으로 호응했고, 자신감 넘치는 상태로 진영에서 출발했다.

양군은 똑같은 승리의 기대감과 그에 못지않은 비등한 군사력을 갖고 있었고, 자신감이 넘쳤으되 적을 경멸하지는 않았고 또 아주 비상할 정도로 각오가 대단했다. 당연히 전투는 치열하게 전개되었다. 삼니움인은 며칠 전에 거둔 두 번의 승리로 사기가 충천했다. 반면에 로마 군은 도시의 창건으로부터 시작하여 지난 4세기 동안 거두어온 승리로 자부심에 넘쳤다. 그렇지만 양군은 내심 전에 만나보지 못한 적에 대하여 공포심을 느끼고 있었다. 전투는 그들의 결단력이 여실히 드러난 한판이었고, 그래서 그들은 전열이 조금도 흐트러지지 않은 채 상당 시간 싸웠다. 집정관은 힘으로 적을 격퇴할 수 없으니 적을 혼란에 빠트려야 한다고 생각했다. 그래서 그는 기병대를 보내어 적의 최전선 대열을 무너트리려 했다. 하지만 보병대는 기병대가 일으킨 혼란으로부터 조금도 득을 보지 못하는 상황이었다. 로마 군 보병대는 비좁은 공간에서 기동작전을 펼치려고 하니 적 전열을 제대로 돌파하지 못했다. 발레리우스는 그 광경을 목격하고서 말타고 군단의 깃발 앞으로 달려나가 말에서 내려 이렇게 소리쳤다.

"병사들이여, 이것은 우리 보병이 해내야 할 일이다. 자, 나를 보라. 내 칼이 적의 전열을 쳐서 길을 만들어내는 것을 보라. 너희들은 너희들의 길 앞에 있는 적 병사들을 쳐라. 높게 들어올린 창들이 날아가는 저 전방 지역을, 너희들은 적을 무자비하게 살육하면서 길을 만들어내야 한다." 발레리우스 코르부스가 이렇게 말하자마자, 기병대는 그의 명령을 받아서 두 부대로 나뉘어져 적의 양익을 향해 돌진했다. 그리하여 로마 군 보병대는 양익이 공격받아 전열이 다소 흐트러진 적의 중군을 향해 돌격했다. 집정관 발레리우스 코르부스는 병사들의 맨 앞에 서서 돌격을 지휘했고, 그의 길 앞을 가로막는 적 병사는 모두 베어버렸다. 사령관의 그런 모습에 고무된 로마 군은 왼쪽과 오른쪽에서 용감하게 싸우면서 전진했다. 반면에 삼니움 인도 끈덕지게 진지를 고수했으나, 로마 군에게 피해를 입히기보다는 부상을 더 많이 당했다.

전투는 이제 장시간 지속되었다. 삼니움 인의 깃발 주위에는 피를 흘리며 쓰러진 병사들이 많았으나 그들은 죽지 않는 한 물러나지 않는다는 결심이었으므로 퇴각의 기미를 보이지 않았다. 로마 군은 피로 때문에 그들의 힘도 빠지고 있다고 느꼈고 게다가 햇빛이 얼마 남아 있지 않았다. 그래서 로마 군은 더욱 분발하며 적에게 달려들었다. 그때 처음으로 적은 후퇴의 기미를 보였고, 나아가 패주의 기색마저 드러냈다. 이어 삼니움 병사들이 붙잡혀서 살육되었고, 만약 어둠이 내려서 승리가 확실한 전투를 종식시키지 않았더라면 살아남은 병사들이 얼마 되지 않았을 것이었다. 로마 군은 그처럼 끈덕진 적군과 싸워본 적이 없다고 인정했다. 삼니움 군대가, 그처럼 끈덕지게 저항하다가 마음을 바꾼 이유가 무엇이냐는 질문을 받자, 로마 군 병사의 눈 때문이라고 대답했다. 로마 군 병사의 두 눈은 불붙는 듯했고, 그 성난 표정과 무서운 응시가 무엇보다도 그들에게 겁을 주었다는 얘기였다. 그렇게 겁먹은 것이 전투 결과로 나타났고, 또 뒤이어 삼니움 군대가 밤중에 도주한 이유가 되었다. 그 다음 날 로마 군은 텅 빈 적 진영을 점령했고, 캄파니아의 온 시민들이 성 밖으로 나와 로마 군을 축하했다.

34. 그러나 이런 기쁜 소식은 삼니움 지방으로 출병한 로마 군의 심각한 패퇴로 인해 빛바래게 되었다. 그 방면으로 진출한 집정관 코르넬리우스는 사티쿨라를 떠난 후에 무모하게도 군대를 이끌고 숲 속으로 들어갔다. 그 숲은 깊은 계곡으로 이어졌고 그 계곡은 온 사방이 적에 의

해 둘러싸여 포위되고 있었다. 그는 안전한 퇴각이 불가능한 지점에 들어설 때까지 심각한 위협이 그의 머리 위에 드리워져 있다는 것을 깨닫지 못했다. 삼니움 인이 집정관 코르넬리우스가 로마 군 전군을 그 깊은 계곡으로 들어올 때까지 기다리는 동안에, 천인대장 푸블리우스 데키우스가 숲 위로 우뚝 솟아서 적의 진영을 내려다보는 외딴 언덕을 발견했다. 그곳은 중무장한 군대가 접근할 만한 곳은 되지 못했지만 경무장한 병사들은 쉽게 올라갈 수 있었다. 데키우스는 집정관에게 다가가서 그 얘기를 했고 그러자 집정관은 상당히 당황했다.

데키우스가 말했다. "사령관님, 저기 적들 위에 우뚝 솟은 언덕이 보이지 않습니까? 저기에 우리의 희망과 안전의 보루가 있습니다. 삼니움 인이 눈이 멀어 저기를 그대로 내버려 두었는데 우리가 재빨리 저 언덕을 점령하면 큰 힘이 될 것 같습니다. 사령관님은 제게 1개 군단의 제1선과 제2선 병력만 주시면 됩니다.[49] 제가 저 언덕 꼭대기로 올라가면 더 이상 두려움을 느끼지 마시고 여기서 이동하십시오. 그러면 당신 자신과 군대를 구할 수 있을 것입니다. 적들은 우리의 장창 등 날아가는 무기에 노출되면, 크게 동요되어 자중지란이 일어날 것입니다. 그러면 우리는 로마 시민의 행운과 우리 자신의 용기 덕분에 이곳으로부터 벗어날 수 있을 겁니다."

그는 집정관으로부터 따뜻한 칭찬을 받았고 파견 부대를 인수했다. 그는 나무 그늘에 몸을 숨기며 앞으로 나아가 적에게 들키지 않은 채로 목표물에 도착했다. 언덕 꼭대기에 올라갔을 때 로마 군 병사들은 모두

---

49 로마 군의 군단은 3선으로 구성된다. 제1선은 haslati라고 하여 주로 창을 던지는 병사들이고, 제2선은 principes라고 하여 돌격하여 백병전을 벌이는 병사들이며, 제3선은 triarii라고 하여 예비 부대이다.

놀라면서 데키우스에게 시선을 고정시켰다. 이렇게 하여 데키우스는 집정관이 좀 더 안전한 지점으로 군대를 퇴각시키는 시간적 여유를 주었다. 이제 데키우스는 언덕 꼭대기에 자리 잡고서 적의 동향을 기다렸다. 삼니움 군은 군기를 이리저리 돌리다가 두 번의 기회를 놓쳤다. 한 번은 집정관을 추격할 수 있었는데 그렇게 하지 않은 것이었다. 얼마 전만 해도 그는 로마 군을 비좁은 계곡 길로 계속 몰아넣고 장창 공격을 할 수 있었는데 실기했다. 다른 한 번은 데키우스가 그들의 머리 위에 있는 언덕 고지를 점령하려고 할 때 가로막을 수 있었으나 그렇게 하지 않았다. 삼니움 군대는 그들의 손에서 승리를 낚아채 간 로마 군에게 더욱 큰 분노를 느꼈다. 또한 그들의 진지에서 가까운 언덕을 소규모 로마 군이 점령하고 있다는 사실도 더욱 그들의 분노를 풀무질했다.

어느 한순간, 삼니움 군은 무장 병사들로 언덕을 포위하여 데키우스를 집정관의 본대와 두절시킬 생각을 하다가, 또 다른 순간에는 길을 열어 두어 집정관의 본대가 계곡 깊숙이 들어올 때까지 기다리는 게 좋겠다는 생각을 했다. 그들은 결정을 내리지 못하고 망설이는 동안에 어둠이 찾아왔다.

데키우스는 처음에는 언덕 꼭대기에서 언덕을 올라오는 적군을 맞아 교전할 생각이었다. 그러나 적이 공격을 해오지도 않고, 또 지형상의 불리함 때문에 공격이 어렵다고 판단하여 토벽과 방책을 쌓아 데키우스 군을 포위하지도 않는 것을 보고서 깜짝 놀랐다. 그 순간 그는 켄투리온(백인대장) 회의를 소집했다. "저들이 전투를 망설이고 이토록 무지한 행동을 하는 것은 무엇 때문일까?" 그가 물었다. "이런 군대가 어떻게 시디키니와 캄파니아를 상대로 승리를 거둘 수 있었을까? 그들의 군기는 이리저리 지향 없이 움직이고 있다. 처음에는 군기를 집결시키더니 이어 산개하고 있다. 우리라면 이 시간쯤엔 충분히 방어 작업을 완료했을 텐데, 저들은 그런 작업조차 하지 않고 있다. 우리도 여기서 필요 이상으로 머물면 저들이 하는 것처럼 우물쭈물하는 것이 되어버릴 우려가 있다. 자, 나를 따르라. 아직 햇빛이 남아 있을 때, 저들이 경계 초소가 어디에 있고 또 여기서 탈출할 길은 어디에 있는지 알아보자."

그는 곧바로 경계 초소와 탈출로 탐사 작업에 나섰다. 그는 사병의 복장을 했고 그를 따라 나선 켄투리온 또한 같은 복장으로 변장했다. 이렇게 해야 적이 척후병 중에 지휘관이 들어 있다는 것을 눈치 채지 못할 것이었다.

35. 그는 이어 경계병을 보초 서게 하고, 제2경[50]을 알리는 나팔 소리가 들리면 무장을 하고서 지휘관 주위에 조용히 몰려들라는 지시를 병사들 사이에 돌렸다. 병사들이 지시받은 대로 조용히 모여들자, 그는 평소처럼 병사들의 함성을 내지르지 말고 침묵 중에 지휘관의 말을 들어야 한다고 지시했다.

데키우스가 말했다. "내가 계획을 다 설명하고 나면, 그 계획을 좋아하는 병사들은 아무 말도 하지 말고 이동하여 내 오른쪽에 와서 서라. 우리는 다수에 의한 결정을 내릴 것이다. 이제 내가 구상하고 있는 계획을 듣도록 하라. 너희들은 여기서 적에게 포위되어 있다는 것을 안다. 그러나 너희들은 적에게 쫓기거나 낙오되어 여기까지 온 것이 아니다. 너희들 자신의 용기를 발휘하여 여기까지 온 것이고, 따라서 여기서 벗어나는 것도 너희들의 용기를 발휘해야 한다. 이 고지를 점령함으로써 너희들은 로마 시민을 위한 훌륭한 군대를 구했다. 이제는 여기서 탈출하여 너희 자신을 구해야 할 때이다. 너희들은 비록 소수이지만 아주 많은 사람들에게 도움을 준 병사들이고, 그래서 너희 자신은 다른 사람의 도움

---

50 로마인은 밤을 4경으로 나누는데 1경은 밤 6시, 2경은 9시, 3경은 12시, 4경은 새벽 3시였다.

을 필요로 하지 않는다. 너희는 적이 어떤 자들인지 잘 알고 있다. 그들은 어제 전군을 파괴시킬 기회가 있었는데도 꼼짝하지 않았고, 그들을 위협할 수도 있는 전략적 고지인 이 언덕을 우리가 점령하도록 내버려 두었다. 우리는 소수이고 적은 엄청난 다수이지만, 그들은 우리의 고지 점령을 막지도 않았고, 또 아직 햇빛이 남아 있는데도 우리를 토벽으로 포위하지도 않았다. 우리가 적의 손가락 사이로 스르르 빠져나갈 때, 적은 눈 크게 뜨고 쳐다보기만 했으니, 우리는 적이 잠들어 있을 때에도 역시 그들을 속일 수 있을 것이다.

아니, 너희들은 반드시 그렇게 해야 한다. 우리는 아주 위급한 처지에 놓여 있고 그래서 나는 너희들에게 그런 필요성을 말해주고 있는 것이다. 나에게는 이렇다 할 계획이 없다. 왜냐하면 여기 머무를 것인가 아니면 탈출할 것인가 하고 의논하는 것은 무의미하기 때문이다. 운명은 너희들에게 무기와 그것을 사용할 전투 정신만을 남겨 놓았다. 우리가 로마인에게 걸맞은 것 이상으로 칼에 대하여 공포심을 갖는다면, 우리는 배고픔과 목마름으로 죽게 될 것이다. 그러니 우리의 안전을 도모하려면 여기에서 탈출하여 본진으로 돌아가야 한다. 우리는 대낮이든 밤중이든 반드시 그렇게 해야 한다.

그런데 여기에 한 가지 참고 사항이 있고, 그것은 훨씬 덜 의심스러운 것이다. 만약 우리가 새벽이 될 때까지 기다린다면 우리는 무슨 희망이 남아 있겠는가? 적은 그들의 병력으로 이 언덕을 완전 포위한 것을 알아차리고 지속적으로 누벽과 참호 작업을 하면서 우리를 압박할 것이다. 이것이 우리가 밤중에 탈출해야 하는 이유이고 그 중에서 지금 이 시간이 가장 좋은 시간이다. 인간이 가장 졸음을 느끼는 시간인, 제2경을 알리는 신호가 너희들을 여기에 데려왔다. 너희는 잠든 적들 사이로 헤쳐 나가야 한다. 아주 정숙을 기하여 비번인 적의 눈에 띄지 않거나, 적에게 들켰을 때에는 갑작스러운 고함을 내질러서 적을 겁먹은 상태로 몰아넣어야 한다. 전에 나를 따라왔던 것처럼 이번에도 나를 따라오기만 하면 된다. 나는 우리를 여기에 인도한 운명의 손길을 따라갈 것이다. 자, 내 말이 타당하다고 생각하는 자는 내 오른쪽으로 오라."

36. 병사들은 모두 오른쪽으로 갔고, 이어 데키우스가 경계 초소들 사이의 빈 공간으로 나아가자 그 뒤를 따랐다. 그들은 진영으로 돌아가는 길을 절반쯤 갔을 때, 한 병사가 잠들어 있는 적 경계병의 몸에 걸려 넘어지면서 방패를 땅에 박았는데 큰 소리가 나자 적군이 잠에서 깨어났다. 적의 병사는 옆의 병사를 깨워서 일어서면서 다른 병사들도 깨웠다. 그들은 방금 소리가 난 것이 아군인지 적군인지 헷갈렸다. 로마의 파견부대가 언덕에서 탈출하는 것인지, 로마의 집정관이 진영을 점령한 것인지 확실치 않았다. 데키우스는 적에게 들켰다는 사실을 간파하고 병사들에게 함성을 내지르라고 명령했다. 그러자 아직도 잠에 취해 있던 삼니움 병사들은 공포로 온몸이 얼어붙어서, 신속하게 무장을 하고서 로마 군에 저항하거나 추격을 할 엄두를 내지 못했다. 삼니움 병사들이 공포와 혼란 속에 빠져 있는 동안, 로마 군은 길을 가로막는 경계병을 모두 살육하고 집정관의 진영 쪽으로 빠르게 나아갔다.

날이 아직 새지 않았는데도 그들은 이제 안전한 지대에 들어선 것 같았다. 그러자 데키우스가 말했다. "로마 병사들이여, 너희들의 용기에 명예가 있으라! 앞으로 모든 세대가 너희들의 원정과 무사 귀환을 칭송할 것이다. 그러나 이런 무용을 드러내기 위해서는 대낮의 햇빛이 필요하다. 그러니 너희들은 야음을 틈타서 정적 속에 진영으로 돌아가는 것보다 더 좋은 대접을 받을 자격이 있다. 우리는 여기서 쉬면서 새벽이 오기를 기다리자."

병사들은 그의 제안을 따랐다. 새벽빛이 희미하게 밝아오자 데키우스는 미리 전령을 집정관에게 보냈다. 로마 군 진영은 엄청난 기쁨 속에서 깨어났다. 로마 군의 안전을 위해 그들의 목숨을 걸었던 병사들이 무사 귀환한다는 소식이 전해지자, 전군이 그들을 맞이하러 나갔다. 각 병사는 자발적으로 환영 행사에 나서서 그들을 칭송하고 축하했으며, 생명의 은인이라고 찬양했다. 그들은 신들에게 감사 기도를 올렸고, 데키우스를 하늘 높이 칭송했다. 이어 데키우스는 진영 안으로 들어가는 개선식을 벌였다. 그는 무장한 휘하 병사들과 함께 진영 한가운데로 걸어갔다. 모든 병사들의 눈이 그에게 고정되었고, 천인대장 데키우스는 집정관에 걸맞는 예우로 환대받았다. 그가 지휘단에 도착하자 집정관은 나팔을 불어 군내 회의를 소집하라고 지시했고, 데키우스에게 합당한 칭찬을 하려 했다. 그러나 데키우스가 그를 가로막자 그의 연설은 중단이 되었다. 데키우스는 기회가 있을 때 그것을 잡아야 하며, 따라서 이런 행사는 연기해야 한다고 조언했다.

데키우스는 집정관에게 지금 즉시 적을 공격하자고 요청했다. 적은 밤중에 놀라서 겁먹은 상태이며 그래서 여러 부대로 나뉘어져 언덕 주위에 흩어져 있다. 그 중 어떤 부대는 로마 군을 추격한다면서 숲속을 배회하고 있을지 모른다고, 데키우스는 말했다. 그러자 로마 군단은 즉각 무장을 하고서 진영 밖으로 나섰다. 이제 숲은 척후병의 보고로 지형이 잘 알려져 있으므로, 로마 군은 좀 더 탁 트인 길을 통하여 적군에게 접근해 갔다. 로마 군의 기습 공격은 아무 준비도 하지 않는 삼니움 군을 강타했다. 그들은 대부분 무장하지 않은 채 넓은 지역에 흩어져 있었으므로, 집결하여 무장을 하기도 어려웠고 또 참호 속으로 물러갈 수도 없었다. 그들은 먼저 겁먹은 상태로 진영으로 도주했다. 그리하여 먼저 적 경계 초소들이 제압되었고 이어 적 진영이 점령되었다. 로마 군의 함성이 온 언덕에 가득 울려 퍼졌고 적병은 초소를 내버리고 도망치기 바빴다. 삼니움 병사의 대다수가 저항 한 번 못해 보고 전투를 포기했다. 겁먹고 누벽 뒤로 도망친 자들(대략 3만 명)은 모두 살육되었고 적의 진영은 약탈되었다.

37. 공격 작전이 만족스럽게 수행되자, 집정관은 회의를 소집하여 전에 하려다 중단한 푸블리우스 데키우스 칭찬 연설을 마쳤을 뿐만 아니라 새로운 무공까지 함께 언급했다. 그는 군사적 선물 이외에도, 데키우스에게 황금관corona aurea과 황소 1백 마리에다, 아주 멋진 황소(뿔을 도금한 아주 살찐 하얀 황소) 한 마리도 추가로 하사했다. 그와 함께 나섰던 결사대의 병사들에게는 평생 동안 두 배의 곡식 배급이 약속되었고, 각 병사는 선물로 황소 한 마리와 두 벌의 튜닉(군복 상의)을 하사 받았다. 집정관의 치사 이후에, 군단은 포위 공격으로부터 해방시켜 준 보답의 표시로 풀잎 관을 데키우스의 머리에 씌워 주었다. 모든 병사들이 축하의 박수를 쳤고, 그가 지휘했던 결사대 병사들은 두 번째로 풀잎 관을 헌정하여 그의 명예를 높여 주었다.[51] 데키우스는 이 관을 쓰고서 마르스軍神에게 뿔을 도금한 살찐 하얀 황소를 희생으로 바쳤고, 나머지 1백 마리의 황소는 결사대에 가담했던 병사들에게 골고루 나누어 주었다. 군단은 또한 결사대 병사들에게 한 파운드의 스펠트밀(가축 사료)과 한 파인트의 와인을 분배했다. 이 모든 행사가 엄청난 열광 속에서 거행되었고, 병사들의 커다란 함성 소리는 그들의 만장일치 동의를 증명해 주었다.

삼니움 군을 상대로 하는 세 번째 전투는 수에술라 근처에서 벌어졌다. 마르쿠스 발레리우스에게 패주한 이후에, 삼니움 사람들은 정예 장정들을 동원하여 마지막 전투로 그들의 운명을 시험해 보기로 결정했

---

51 풀잎 관은 황금 관 다음으로 중요도가 높은 훈장이다. 이 관은 포위되었던 땅에서 따온 풀잎을 엮어서 만들었다.

다. 불안에 휩싸인 수에술라는 전령을 카푸아로 보내 도움을 간절하게 호소했다. 카푸아는 긴급 파발마를 집정관 발레리우스 코르부스에게 보내어 그 요청을 알렸다. 로마 군은 즉각 무장에 돌입했고, 각종 군용 짐은 진영에 남겨두어 주둔군의 감시 아래에 두었으며, 부대는 곧 신속하게 행군에 나섰다. 적으로부터 그리 멀리 떨어지지 않은 곳에다 소규모 진영을 설치했다. 로마 군은 말들만 가져왔고, 다른 짐말이나 진영 봉사자들은 데려오지 않았기 때문이다.

삼니움 군은 신속하게 전투를 수행해야 한다고 생각하면서 전투 대열을 형성했다. 그러나 로마 군이 그들과 교전하러 나오지 않자 로마 군 진영을 공격하기 위해 전진했다. 적은 누벽 뒤에 로마 군 병사들이 있다는 것을 목격했으나, 진영을 정탐했던 척후병이 진영의 규모가 작아서 병사들도 얼마 되지 않는다는 보고를 해오자, 삼니움 군은 로마 군의 참호를 메우고 누벽을 파괴한 후에 진영 안으로 돌격해야 한다고 투덜거렸다. 만약 그들의 지휘관이 병사들의 충동적인 태도를 제지하지 않았더라면 그 어리석은 돌격은 전투를 끝장냈을 것이다.

그러나 삼니움 군의 대규모 병력은 보급품 조달에 심각한 부담을 주었고, 전에 수에술라를 봉쇄하느라고 힘을 뺐고, 또 이제 전투가 지연되고 있기 때문에, 곧 모든 물자가 부족해질 것 같았다. 그들은 로마 군이 토벽 뒤에서 겁먹고 위축되어 있는 동안에, 농촌 지역에 식량 징발대를 파견하기로 결정했다. 삼니움 군은 다음과 같은 잘못된 판단도 했다. 로마 군은 현재 아무런 행동도 취하고 있지 않다. 그들은 군용 짐을 가지고 오지 않고, 오로지 먹을 식량과 무기만 휴대하고 왔으므로 곧 식량이 떨어질 것이다.

집정관은 적이 경계 초소에 소수의 병력만 남겨놓고 농촌 지역으로 산개하는 것을 보고서, 병사들에게 몇 마디 격려의 말을 하고 나서 군대를 이끌고 나와 삼니움 진영을 공격했다. 그는 첫 번째 함성과 공격으로 그 진영을 점령했고, 출입구나 누벽에 있던 자들보다 텐트에 있던 자들을 더 많이 죽였다. 이어 탈취한 적의 군기들을 한 군데 집결시키라고 명령했다. 집정관은 두 개 군단을 수비대로 뒤에 남겨서 그 군기들을 지키라고 하면서, 그가 돌아올 때까지 진영을 약탈해서는 안 된다고 엄중한 지시를 내렸다. 그는 군대를 밀집 대형으로 정렬시킨 뒤 행군에 나섰다. 동시에 그는 기병대를 선발대로 보내서 사냥꾼이 그물로 사냥감을 잡듯이 흩어진 삼니움 군을 일망타진하게 했다.

이렇게 하여 많은 적이 살육당했다. 삼니움 군은 겁을 집어먹었기 때문에 어떤 군기 주위로 집결해야 하는지 알지 못했고, 진영으로 돌아가야 할지 아니면 더욱 앞으로 도망쳐야 할지 결정하지 못하고 우물쭈물했다. 그들의 공포와 도망치려는 충동은 너무나 강하여, 그들이 내버리고 간 방패를 수집하여 집정관 앞에 대령한 것만도 4만 점이나 되었다. 하지만 그 만큼의 적 병사를 살육한 것은 아니었다. 진영에서 탈취한 군기와 야전에서 빼앗은 군기를 합치면 그 숫자가 약 170개였다. 이어 로마 군은 삼니움 진영으로 되돌아갔고 그곳의 모든 약탈품은 병사들에게 분배되었다.

38. 이 전투가 성공적으로 수행되자 이미 휴전 중이던 팔레리이 사람들은 로마 원로원에 평화 조약을 요청해 왔고, 이미 전투 준비를 끝낸 라틴 인들은 공격 대상을 로마인에서 파엘리니 인으로 바꾸었다. 승전의 명성은 이탈리아에만 국한된 것이 아니었다. 카르타고 인들 또한 로마에 사절을 보내어 축하해 왔고, 카피톨리움의 유피테르 신전에 바칠 25파운드 무게의 황금 관을 선물했다. 두 집정관은 삼니움 인에 대한 승전으로 개선식을 수여받았고, 그들 뒤에는 무공과 영광이 아주 뛰어난 전사인 데키우스가 따라왔다. 군대 내의 거친 농담에서는 두 집정관 못

지않게 데키우스의 이름도 많이 언급되었다.

　이어 캄파니아와 수에술라의 사절들은 원로원에서 접견이 허용되었고 그들의 지원 요청도 수락되었다. 로마는 겨울 동안에 그 두 지역에 주둔 부대를 보내어 삼니움의 공격으로부터 보호해 주기로 하였다.

　카푸아는 그때에도 이미 군기 유지에는 아주 해로운 곳이었다. 그 도시는 온갖 쾌락을 제공하여 병사들의 마음을 타락시켰다. 그들은 고국 로마를 잊어버리고 겨울 숙영지에서 음험한 생각을 품기 시작했다. 캄파니아 인들도 원래의 주인[52]으로부터 그 도시를 빼앗는 범죄적 행동을 저질렀는데, 이제 로마인이 카푸아를 그들로부터 빼앗는다고 한들 무엇이 문제인가. 캄파니아 인들이 예전에 한 짓을 그대로 따라서 하는 것이니 그들도 별로 할 말이 없을 것이다, 라고 로마 군 주둔 병사들을 주장했다. 왜 캄파니아 인들이 이탈리아에서 가장 부유한 땅과 또 그에 걸맞은 도시를 소유해야 하는가? 그들은 자신의 몸은 물론이고 재산도 제대로 지키지 못했고, 우리 로마 군은 피와 땀으로 승리하여 삼니움 군을 이 땅으로부터 몰아내지 않았는가. 로마에 항복한 자들이 이 비옥한 땅을 누릴 자격이 있는가. 전투에 시달린 로마 병사들은 로마 밖에서는 질병이 창궐하는 척박한 땅에서 힘겹게 살아가야 하고, 로마 안에서는 날마다 늘어나는 고리대금의 뿌리 깊은 사악함 때문에 신음하고 있는데 말이다.

　일부 카푸아 주둔군 병사들은 은밀한 모임을 갖고서 이런 음험한 계획을 논의했으나 모든 병사들에게 그런 소행이 알려진 것은 아니었다. 그러나 캄파니아 지역을 지휘권 아래에 두고 있던 신임 집정관 가이우스 마르키우스 루툴루스는 병사들의 그런 움직임을 파악했다. 당시 그

52　에트루리아 인.

의 동료 집정관 퀸투스 세르빌리우스는 로마 근처에 머무르고 있었다. 루툴루스는 4선 집정관이었으므로 연륜과 경험이 풍부하여 많은 것을 알고 있는 사람이었다. 그는 독재관과 감찰관도 지냈다. 그는 천인대장들을 통하여 병사들 사이에 무슨 움직임이 오가는지 완전히 파악한 후에, 병사들이 언제든지 그들의 계획을 실행에 옮길 수 있다는 희망을 안겨줌으로써 그 실행을 가능한 한 늦추는 방식을 선택했다. 그래서 세르빌리우스는 다음 해 겨울에도 주둔군은 그대로 카푸아를 위시하여 캄파니아의 도시들에 머물 것이라는 소문을 영내에 흘리게 했다. 병사들은 캄파니아의 여러 도시에 주둔하고 있었고 음험한 계획이 주둔군 전체에 퍼져 있었기 때문이다.

39. 집정관은 로마 군을 여름 진영으로 이동시켰다. 그는 삼니움 사람들이 군사적 행동에 나서지 못하도록 막는 한편, 주둔군 내의 불순 병사들을 제대시키는 방식으로 군을 정화하는 작업에 나섰다. 그는 일부 병사들에게는 복무 기간이 끝났다고 말해 주었고, 일부 병사들에게는 오래 국외 근무로 체력이 많이 저하되었다면서 로마로 돌려보냈다. 일부 병사들은 휴가를 주었는데, 처음에는 개별적으로 주었으나 나중에는 보병대 단위로 휴가를 보냈다. 그들이 고향에서 멀리 떨어진 곳에서 겨울을 보냈고 또 집에 돌아가서 돌보아야 할 개인적 업무가 있는 만큼 휴가가 필요하다면서 그런 조치를 취했다. 또한 군사적 필요를 내세워서 불순 병사들을 다른 지역으로 전보 조치했다. 이렇게 하여 상당수 불순 병사를 귀국 조치했다.

동료 집정관과 법무관은 차일피일 미루면서 그런 병사들 상당수를 로마에 잡아두었다. 처음에 병사들은 그런 술수가 그들을 상대로 벌어지고 있다는 것을 모르고서 기꺼이 집으로 돌아가려 했다. 그러나 나중에 그들은 깨닫게 되었다. 제일 먼저 귀국한 병사들은 다시 군으로 돌아오지 않았고, 휴가를 보낸 자는 겨울 동안 캄파니아에서 근무한 자에게 국한되었으며, 휴가를 보내는 인원은 음험한 계획의 주모자들이 특히 많았다. 그들은 처음에는 놀랐고, 이어 그들의 음모가 발각되었다는 공포에 사로잡혔다. 곧 그들은 각자 심문을 당하고, 고발을 당한 후에 처형될 것이었다. 집정관과 원로원 의원들이 그들을 상대로 저지른 무자비하고 노골적인 횡포를 감안할 때 그것이 예정된 수순이었다. 이런 소문이 진영 내의 병사들 사이에 은밀하게 나돌았고, 그들은 음모의 골수를 빼버리려는 집정관의 전략을 완전히 파악하게 되었다.

안크수르(나중에 이 도시는 타라키나라고 불렸다)에서 멀지 않은 곳에서 주둔 중이던 한 보병대는 산과 바다 사이의 비좁은 고개인 라우툴라이에 진지를 설치했다. 그리고 위에서 말한 것처럼 집정관이 이런저런 이유로 귀국시키는 병사들을 가로채서 그 진지에 그대로 머물게 했다. 그들은 상당히 큰 부대가 되었고 이제 정규군으로 편성해도 충분한데 단지 그들을 지휘할 사령관만 없었다. 그들은 제멋대로 돌아다니면서 마음 내키는 대로 약탈을 했다가 마침내 알바 영토에 도달했다. 그들은 그곳에다 진을 치고 알바 롱가의 산둥성이에다 참호를 팠다. 참호 작업이 완료되자 그들은 사령관을 선택하는 문제를 두고서 하루 종일 갑론을박했다. 그들은 자기들 중에서는 믿을 만한 사령관 감이 없다고 생각했다.

그렇다면 누구를 로마에서 불러와야 하나? 이런 위험을 자발적으로 받아들일 만한 귀족 혹은 평민 출신 장군이 있을까? 부당한 대우를 당하고 미친 듯이 고통을 당하고 있는[53] 군대를 믿고 맡아줄 사람은 누구일까? 그 다음 날도 같은 문제로 병사들이 숙의하던 중에, 약탈을 나가

---

53 리비우스는 그 고통이 어떤 것인지 구체적으로 언급하고 있지 않으므로, 아마도 고리대금을 암시하는 것이 아닐까 짐작된다.

던 일부 병사가 이런 보고를 해왔다. 티투스 퀸크티우스[54]가 투스쿨룸 근처에서 농사를 지으면서, 도시로 돌아가거나 관직에 다시 나갈 생각 없이 한거閑居하고 있다는 것이다. 퀸크티우스는 귀족 가문 출신이고 뛰어난 군공을 자랑하는 군대 경력을 갖고 있었다. 그러나 한쪽 발에 부상을 입어 발을 절게 되면서 군사적 경력은 끝장이 나 버렸고, 그 이후로는 포룸과 정계를 멀리하면서 시골로 은퇴해 버렸다.

병사들은 그의 이름을 듣자 그가 누구인지 알아보았고 모든 것이 잘될 것이라는 희망 아래 그에게 사람을 보냈다. 그러나 그가 자발적으로 사령관 직을 맡을 가능성은 별로 없었으므로 병사들은 위협과 폭력을 사용하기로 했다. 그래서 이러한 목적 아래 파견된 병사들은 한밤중에 그의 농가로 들어가서 곤히 잠든 퀸크티우스를 깨워서 일방적으로 말했다. "자, 명예롭게 부대를 지휘할 것인가, 아니면 지금 이 순간 죽음을 맞이할 것인가, 둘 중 하나를 선택하라." 그가 따라 나서려 하지 않자, 그들은 당장 그들과 함께 가지 않는다면 죽여 버리겠다고 위협했다.

그들은 그를 강제로 진영으로 데려갔고, 도착 즉시 사령관으로 옹립하였다. 그런 황당한 일이 벌어진 데 대하여 아직도 놀라고 있는 퀸크티우스에게 사령관 휘장이 제공되었고, 지금 즉시 병사들을 이끌고 도시로 쳐들어가 달라는 명령이 떨어졌다. 하지만 병사들은 사령관의 명령을 따르는 것이 아니라 그들 자신의 충동에 따라 제멋대로 행동하면서 군기도 다 찢어버리고 전투태세를 완비하고 행군을 계속하여 오늘날 아피아 길의 제 8 마일스톤까지 도착했다.[55] 이때 마르쿠스 발레리우스 코

---

54 기원전 351년에 집정관이었던 티투스 퀸크티우스 포에누스를 가리킴. 참조 7권 22장.
55 아피아 길은 총연장 길이 350마일로서 유럽에서 최초로 건설된 대로이면서 이탈리아에서 가장 긴 도로이다. 로마 시의 남단에서 출발하여 카푸아 ─ 아이클라눔 ─ 베누시아 ─ 실비움 ─ 브룬디시움에 이르기까지 로마와 이탈리아의 남쪽 지역을 하나로 이어준다. 마일스

르부스가 독재관, 루키우스 아이밀리우스 마메르쿠스가 사마관으로 임명되어, 반란군을 제압할 목적으로 군대를 이끌고 로마 밖으로 출동 중이었다. 반란군 병사들은 이 소식이 들려오지 않았더라면 로마로 직접 진군했을 것이다.

40. 정부군과 반란군이 서로 바라볼 수 있는 지점까지 와서 상대방의 무기와 군기를 알아볼 수 있게 되자, 반란군 병사들은 갑자기 고향 생각이 나면서 분노가 사라져 버렸다. 그들은 아직도 동포 시민의 피를 보겠다고 마음먹을 정도로 모질게 되지는 않았다. 그들은 오로지 외국과의 전쟁만 알았고 아무리 광분하고 있다고 해도 동족상잔을 할 정도로 미쳐버린 것은 아니었다. 그래서 양군의 지휘관과 병사들은 서로 만나서 얘기해 볼 것을 원했다. 퀸크티우스는 이미 조국을 위해 무수한 전쟁을 해 본 백전노장이었으므로, 조국을 해치는 전쟁은 조금도 하고 싶은 마음이 없었다. 발레리우스 코르부스는 모든 동포 시민을 사랑했고 병사, 특히 자신의 휘하에 있는 병사들이라면 아주 좋아했다. 그는 연설을 하기 위해 앞에 나섰고, 일단 그의 얼굴을 알아보자, 반란군이나 정부군이나 모두 그에게 존경심을 표시했고 그의 말을 듣기 위해 정숙했다.

발레리우스 코르부스가 말했다. "병사들이여, 나는 도시를 출발하면서 영원불멸의 신들에게 기도를 올렸다. 그 신들은 내가 모시는 분인가 하면 여러분이 모시는 분이기도 하다. 나는 신들에게 너희들을 제압하는 승리를 기원한 것이 아니라, 너희들과 우리 사이에 화해가 이루어지게 해 달라고 기도했다. 전쟁에서 영광을 거두는 기회들은 충분히 있어

톤(영어 milestone, 라틴어 miliarium)은 1 로마 마일이 끝나는 지점을 표시하는데, 1 로마 마일은 현대의 1마일에 비하여 10분의 9 정도에 해당하며, 제8마일스톤은 로마에서 약 12킬로 떨어진 지점을 가리킨다.

왔고 앞으로 더 많을 것이다. 지금은 평화를 추구해야 할 때이다. 내가 영원불멸한 신들에게 기도를 올리면서 호소한 것은 너희들 자신이 나에게 줄 수 있는 것이다. 너희들이 다음의 사실을 기억한다면 말이다. 너희는 삼니움이나 볼스키 땅이 아니라, 로마 땅에다 진지를 설치한 것이다. 너희들이 바라보고 있는 언덕들은 고국의 언덕들이고, 이 군대는 너희들의 동료 시민들로 구성된 군대이다. 그리고 나는 너희들의 집정관으로서 지난해에 두 번이나 삼니움 군단을 패퇴시켰고, 또 두 번이나 그들의 진영을 급습하여 점령했다.

병사들이여, 나는 마르쿠스 발레리우스 코르부스이다. 너희들은 나로부터 받은 피해가 아니라 혜택을 통하여 내가 고상한 사람이라는 것을 알아보았을 것이다. 나는 너희들을 억압하는 법을 강요하지도 않았고 그 어떤 가혹한 원로원 법령에 찬성하지도 않았다. 나는 군대를 지휘할 때면 언제나 병사들보다는 나 자신에게 더욱 엄격했다. 어떤 사람의 가문, 능력, 위엄, 명예가 그 사람에게 오만한 마음을 불러일으킬 수 있다면, 나의 가문, 입증된 나의 군사적 능력, 23세의 약관에 집정관 직에 오른 경력 등은 평민들뿐만 아니라 귀족들도 얕잡아 보기에 충분할 것이다. 하지만 내가 집정관으로 있을 때, 나의 천인대장 시절에 비하여 더 견디기 어려운 말이나 행동을 한 적이 있었는가? 나는 언제나 한결 같은 마음으로 두 번의 집정관 직을 수행했고, 이제 그와 똑같은 마음으로 막강한 자리인 독재관 직을 수행하려고 한다.

이런 말을 하기는 좀 그렇지만 이제 적으로 나선 너희들에게 내 휘하의 병사들, 내 나라의 병사들에게 하는 것보다 더 잘 대해줄 수는 없다. 너희들이 나의 적이라면 나보다 너희들이 먼저 칼을 뽑아라. 그러면 우리 정부군의 나팔수는 너희들을 향하여 공격하라고 나팔을 불 것이고, 굳이 전투를 해야겠다면 전투의 함성을 크게 울리며 너희들을 공격할 것이다. 그렇다면 너희들은 조상이 결코 하지 않았던 것 — 성산으로 근무지 이탈[56]을 했던 조상들이나, 나중에 아벤티누스 언덕에 진을 친 조상들[57]이 하지 않았던 것 — 을 하겠다고 마음을 모질게 먹어야 할 것이다. 과거에 코리올라누스가 그렇게 했듯이, 너희들은 잠시 기다리면서 너희들의 처자식이 머리카락을 잡아 뜯으며 너희들을 만나기 위해 도시에서 나오는 것을 지켜보라. 코리올라누스 때에는 볼스키 군대가 로마인을 사령관으로 모시고 있었기 때문에 군사 행동을 중지했다. 그러나 너희, 로마인의 군대는 너희의 사악한 전쟁을 중지하려 하지 않는구나!

티투스 퀸크티우스여, 당신이 그 군대에서 자발적이든 비자발적이든 어떤 지위를 맡았는지 모르겠지만, 우리가 싸워야 한다면 당신은 전열의 맨 뒤로 가시오. 당신의 조국을 상대로 싸우기보다는 당신의 동료 시민들에게 등을 보이며 달아나는 것이 더 명예로울 것이오. 반대로 당신이 평화를 제안할 생각이라면, 명예롭게 전열의 맨 앞에 서도록 하시오. 그리고 이 담판에서 유익한 중재자가 되어 주시오. 너희들이 정당하다고 생각하는 요구를 해 온다면 그것은 들어주겠다. 나는 우리가 애국심을 모두 내던지고 동족상잔의 혈투를 벌이기보다는 다소 정당하지 못한 요구라도 들어주는 것이 더 낫다고 생각한다."

틴투스 퀸크티우스는 두 눈에 눈물이 그렁그렁한 채로 반란군의 병사들에게 말했다. "병사들이여, 너희들은 내가 전쟁보다는 평화를 더 좋아하는 사령관이라는 것을 알 것이다. 방금 너희들에게 연설을 한 사람은 볼스키 인도 삼니움 인도 아닌 로마인이고, 또 너희들의 집정관이며 사령관이었던 분이다. 원로원은 너희들을 상대로 아주 무자비하게 소

---

56 참조 2권 32장.
57 참조 3권 50장.

탕 작전을 벌일 수 있는 다른 사령관들도 많았다. 그러나 병사들이여, 너희들에게 가장 많은 자비를 베풀어 줄 사람, 너희들의 사령관으로서 가장 큰 신임을 얻을 수 있는 사람을 선임했다. 평화는 정복할 능력이 충분한 사람조차도 바라는 바이다. 그렇다면 우리의 바람은 무엇이 되어야 하겠는가? 우리가 믿을 수 없는 조언자인 희망과 분노를 잊어버리고, 우리 자신과 우리의 이익을 우리가 잘 아는 신용 높은 사람에게 맡겨야 하지 않겠는가!"

41. 티투스 퀸크티우스가 군기 앞으로 나서서, 병사들은 독재관의 권위를 받아들일 것이라고 선언하자, 모든 곳에서 커다란 찬성의 함성이 터져 나왔다. 그는 독재관에게 이 불운한 동료 시민들을 선처해 주기를 호소했고, 평소 발레리우스 코르부스가 국사를 처리할 때의 그런 성실함으로 이들을 선처해 달라고 요청했다. 퀸크티우스는 그 자신을 위해서는 아무런 개인적 보장을 필요로 하지 않는다고 말했다. 오로지 그 자신의 무고함에 희망을 걸어보겠다는 뜻도 밝혔다. 그러나 반란 병사들은 예전에 조상들이 근무지 이탈을 했을 때 불문에 부쳤던 것 같은 그런 관대한 조치가 있어야 하고, 또 군대에서 탈영했다고 하여 그 부대에 가혹한 징벌을 추구해서는 안 된다는 말도 했다.

독재관은 퀸크티우스를 치하하고, 다른 병사들에게는 힘을 내라고 말한 뒤, 전속력으로 말을 달려 로마로 돌아갔다. 거기서 그는 원로원의 권위 아래, 페텔리눔 숲[58]에서 민회를 소집했고 탈영 병사들에게 징벌을 내려서는 안 된다는 제안을 내놓았다. 그는 또 민회가, 로마 시민의 자격으로, 그 반란 사건에 대하여 누구라도 농담이든 진담이든 비난의 말을 하지 못하도록 하게 해달라고 요청했다.

---

58 참조 6권 20장.

또한 렉스 사크라타lex sacrata 군법이 통과되어,[59] 징병 장부에 올라 있는 병사의 이름을 그의 동의 없이 삭제하지 못하게 되었다.[60] 또 추가 조항도 삽입되었는데 전에 군단 내에서 천인대장으로 근무한 자는 제1 켄투리온(백인대장)이 되는 것을 금지한다는 내용이었다. 이 추가 조항은 반란자들이 요구한 것이었는데, 거의 연속적으로 한 해는 천인대장이었다가 그 다음 해에는 제1 켄투리온(현재의 명칭은 primipilus)였던 푸블리우스 살로니우스에 대한 원한 때문에 나온 것이었다. 살로니우스는 병사들의 전복적인 음모를 언제나 억압했고, 또 그런 음모에 끼어들기 싫어서 라우툴라이에서 도망친 전력이 있기 때문에 병사들이 아주 싫어했다.[61]

원로원이 살로니우스를 배려하여 이 추가 조항에 동의하지 않으려고 하자, 살로니우스는 자신의 지위보다는 국가의 평안이 더 중요하다면서 원로원 의원들에게 신경 쓰지 말아 달라고 호소했고, 그리하여 이 조항 또한 수락되었다. 또 다른 요구 조건 역시 오만했다. 기병대가 음모에 반대했다는 이유 하나만으로 그들의 급료(그 당시 보병의 3배)를 삭감하라고 요청한 것이었다.

42. 이런 요구 조건들 이외에, 일부 역사가들에 의하면, 호민관인 루키우스 게누키우스가 이자를 받고 돈을 빌려주는 행위를 금지하자는 법안을 민회에 제출했다. 민회의 다른 의결사항에는, 같은 사람이 10년

---

59 이 법을 위반한 사람은 사케르 sacer[저주 받은 자]가 되는데 지하의 신들에게 바쳐지는 사람이라는 뜻으로 자동 범법자가 되어, 이 사람을 살해한 자는 무죄 처리된다.

60 징병 명부에서 삭제되지 않는다는 것은 그 병사가 채무를 다 해결하지 못해도 그의 재산을 몰수당하지 않고 또 전리품 배분에서도 제외되지 않는다는 뜻.

61 이 추가 조항에 대해서는 많은 논평가들이 의문을 표시하고 있다. 선출직인 천인대장이 그 다음 해에는 그보다 계급이 낮고 덜 선호되는 직책인 제1 켄투리온으로 내려간다는 것이 말이 되지 않는다는 것이다. 그래서 그런 인사 조치가 다른 병사들에게 좀 불공평하게 보였을 것이라고 추측된다.

내에 같은 관직을 맡으면 안 되고, 또 1년 사이에 두 개의 관직을 맡아서도 안 되며, 집정관 두 명을 모두 평민 출신으로 선출할 수 있어야 한다는 사항도 들어 있었다. 만약 평민들이 이런 의결 사항들을 다 관철시킬 수 있었다면, 분명 그 반란 사건은 엄청난 영향력을 갖고 있었다고 보아야 한다.

다른 연대기들은 발레리우스 코르부스가 독재관에 선임된 것이 아니고, 그 반란 사건은 두 집정관이 처리했다고 기록했다. 반란군이 무장 봉기를 일으킨 것은 로마 도착 전의 일이 아니라, 로마에 도착한 이후라는 기록도 있다. 또 반란군이 사령관을 옹립하기 위해 밤중에 찾아간 곳은 티투스 퀸크티우스의 농가가 아니라, 가이우스 만리우스의 도시 저택이었고 이 만리우스가 반란군의 사령관으로 옹립되었다는 기록도 있다. 이 기록에서는, 반란군이 제4 마일스톤까지 접근하여 진지를 설치하고 참호 작업을 벌였다. 양측 사령관들 사이에 화해가 이루어졌다는 얘기는 없고, 정부군과 반란군은 실제로 교전 일보 직전까지 갔는데, 병사들이 갑자기 서로를 알아보고 뒤섞이더니 악수를 하면서 눈물이 그렁그렁한 채 포옹을 했다. 그러자 집정관들은 반란군이 싸울 의사가 없다는 것을 알아차리고 원로원에다 국가의 안정을 회복시키기 위한 제안들을 제출했다는 것이다. 이렇게 볼 때 이 반란 사건에 대해서는 고대의 역사가들 사이에 합의점이 없다. 단, 반란이 있었고 그것이 해결되었다는 사실만 확실할 뿐이다.

이 반란 사건에 대한 소문과 로마인이 삼니움 인을 상대로 싸운 전쟁의 중대한 상황 때문에, 여러 부족이 로마와의 동맹을 저버렸다. 라틴 인은 오래전부터 우호 조약을 무시해 왔고, 이제는 프리베르눔 사람들조차도 인근 로마 식민지인 노르바와 세티아를 침략하여 황폐하게 만들었다.

제 8 권

만리우스 토르콰투스와
무스 데키우스의 데보티오

1. 이해(기원전 341년)의 집정관은 가이우스 플라우티우스(재선)와 루키우스 아이밀리우스 마메르쿠스였다. 세티아와 노르바에서는 전령을 보내어 프리베르눔 사람들이 반란을 일으킨 소식을 전하면서 두 식민지가 그들에게 패배한 일에 대해서도 불평을 해왔다. 안티움 사람들이 주도하는 볼스키 군대가 사트리쿰 근처에 진지를 설치했다는 보고도 들어왔다. 이 두 건의 전투를 수행하는 일은 추첨에 의해 플라우티우스에게 돌아갔다. 그는 먼저 프리베르눔으로 행군하여 즉각 전투를 벌였다. 적은 이렇다 할 전투나 저항도 없이 패배했다. 그 도시는 점령되었고 강력한 주둔군을 배치한 후에 다시 원 주민들에게 돌려주었다. 그러나 그들의 영토 3분의 2는 로마에게 빼앗겼다.

승리를 거둔 로마 군은 이어 사트리쿰으로 이동하여 안티움 사람들과 맞섰다. 그곳의 전투는 치열하여 양측에 사상자가 많이 발생했는데, 승리가 어느 한 쪽으로 기울어지기 전에 비바람이 거세게 불어와 전투가 중단되었다. 로마 군은 그런 무승부 전투에 전혀 약화되지 않았고 그다음 날 전투를 속개하려고 했다. 그러나 볼스키 인들은 야전에서 잃은 병력수를 헤아려 보더니 전혀 두 번째 전투를 벌일 마음이 생기지 않았고, 그리하여 패배당한 군대나 마찬가지로 야음을 틈타서 안티움으로 도주해 버렸다. 그들은 부상자와 일부 군용 짐을 진영에 남겨 놓고 겁먹은 채 사라졌다. 적의 시체와 적의 진영에서 적지 않은 무기가 발견되었다. 집정관은 이 전리품을 루아 마테르Lua Mater에게 봉헌한다고 선언했고, 멀리 해변에 이를 때까지 적의 영토를 초토화했다.[1]

동료 집정관인 아이밀리우스 마메르쿠스는 사비니 영토에 들어갔으나 그 어디에서도 삼니움 진영이나 군대를 만나지 못했다. 그가 불과 칼로 농촌 지대를 초토화하고 있을 때, 평화를 구걸하는 삼니움 사절들이 접근해 왔다. 그는 그들에게 원로원을 찾아가라고 말했다. 그들은 원로원에서 발언 기회를 얻었고, 호전적인 태도를 버리면서, 로마가 그들에게 평화를 수여하고 또 시디키니에게 전쟁을 할 권리를 부여해 달라고 호소했다. 그들이 모든 것이 불리할 때 도움을 요청해온 캄파니아 인들과는 다르게, 운명이 순조로울 때 로마와 우호조약을 맺었기 때문에 그들의 요청이 좀 더 합리적이라는 말도 했다. 더욱이 그들이 전쟁을 하려하는 시디키니는 언제나 그들의 적이었고 로마와는 우호적인 때가 없었다. 시디키니는 삼니움처럼 평화 시에 우호를 요청해 온 것도 아니고, 캄파니아처럼 전쟁 시에 도움을 요청해온 것도 아니며, 로마인의 보호를 받은 적도 없고 식민지인 적도 없었다.

2. 이러한 요청은 법무관 티투스 아이밀리우스에 의해 원로원에 제출되었다. 원로원 의원들이 삼니움에게 우호 조약을 수여하기로 투표 결정하자, 법무관은 삼니움 사절에게 다음과 같은 답변을 했다: "우호적

---

1   루아 마테르에게 봉헌한다는 것은 불태워 버린다는 뜻이다. 루아 마테르는 전쟁에서 흘린 피를 속죄해주는 여신으로 사투르누스의 배우자이다. 전리품으로 획득한 무기들은 종종 불카누스나 유피테르에게도 봉헌되었다. 리비우스는 45권 33장에서 포획한 전리품을 마르스와 미네르바에게 봉헌하면서 불태웠다고 기록하고 있다.

관계가 일시 중단된 것은 로마의 잘못이 아니다. 그러나 삼니움이 그들 잘못으로 벌어진 전쟁에 대하여 싫증을 느끼고 있으므로, 로마는 우호 관계를 복원하는데 반대하지 않는다. 시디키니에 대해서 말해 보자면, 로마는 삼니움 사람들이 전쟁 혹은 평화에 대하여 자유롭게 결정하는 데 대하여 아무런 간섭도 하지 않을 것이다."

그리하여 로마와 삼니움 사이에 조약이 맺어졌고 사절들은 삼니움으로 돌아갔고 로마 군은 즉각 철수했다. 로마 군 병사는 1년치 급료와 석 달 치 옥수수 배급을 받는데, 집정관은 그 정도면 삼니움 사절이 다시 돌아올 때까지 휴전의 보상으로 충분하다고 판단했다.

삼니움 인은 로마를 상대로 할 때 동원했던 병력을 그대로 투입하여 시디키니 출병에 나섰다. 그들은 적의 도시를 신속하게 함락시킬 수 있다는 기대를 가지고 병사를 동원했으나, 시디키니는 로마에 항복함으로써 삼니움의 예봉을 피해보려 했다. 그러나 로마 원로원은 시디키니의 요청이 너무 늦게 나왔을 뿐만 아니라 간절한 필요에 의해 억지로 나온 것임을 알아보고서 그 항복 요청을 거부했다. 그러자 시디키니는 이미 그들 나름 전쟁을 준비하고 있던 라틴 인들에게 항복하겠다고 말했다. 심지어 캄파니아 사람들도 그 전쟁에 참가할 준비가 되어 있었다. 그들은 로마로부터 받은 은전보다는 삼니움 인에게서 당한 모욕의 기억이 더 생생했던 것이다. 이렇게 하여 라틴 인의 주도 아래 세 부족의 연합군이 형성되었고, 이 군대는 삼니움 영토로 들어가서 전투할 때보다 더 파괴적인 약탈을 자행했다. 라틴 인은 그런 약탈 작전에서 가장 큰 이득을 누렸으나, 적의 영토를 어서 떠나고 싶어 했고 더 이상 싸우는 것을 원하지 않았다.

그래서 삼니움은 시간을 벌어서 로마에 사절을 보낼 수 있었다. 그들은 원로원에 들어가자 삼니움은 이제 로마의 우방인데, 로마의 적일 때와 마찬가지의 대접을 받고 있다고 불평했다. 또한 아주 간절한 어조로 호소했다. "로마는 삼니움으로부터 캄파니아와 시디키니에 대하여 승리를 거둘 수 있는 기회를 빼앗은 것만으로 만족해 주십시오. 그리고 이제 삼니움이 가장 비겁한 사람들에 의해 패배하는 것을 허용하지 마십시오."

사절은 계속해서 말했다. "라틴과 캄파니아가 로마에 복속된 사람들이라면, 로마는 그 권위를 사용하여 그들의 삼니움 영토 침입을 막을 수 있을 것입니다. 만약 이들이 로마의 권위를 거부한다면 무력으로 억제해야 마땅할 것입니다." 이러한 요청에 대하여 로마는 애매모호한 대답을 했다. 로마는 더 이상 라틴 인을 통제하지 않는다는 사실을 자백하기 싫었고, 또 라틴 인을 비난하면 그들의 반발을 일으킬까 두려웠기 때문이다. 그러나 캄파니아는 사정이 다르다고 로마인들은 말했다. 캄파니아는 조약에 의해서가 아니라 스스로 항복해 와서 로마의 보호령이 되었기 때문이다. 따라서 캄파니아는 그들이 원하든 말든 평화를 유지해야 마땅했다. 그러나 로마-라틴 조약에는, 라틴 인이 전쟁을 원할 경우에 로마가 그들을 제지할 수 있다는 조항이 없었다.

3. 이러한 로마의 답변에, 삼니움 사절은 로마의 의도를 명확히 파악하지 못한 채 귀국했으나, 동시에 로마의 태도는 캄파니아를 놀라게 하고 또 소외시켰다. 반면에 라틴 인은 더욱 대담한 마음을 먹게 되었다. 라틴 인은 이제 로마가 그들이 하자는 대로 다 양보를 할 것이라고 제멋대로 해석하며 더욱 기고만장해졌다. 그리하여 라틴 지도자들은 삼니움 인에 대한 전쟁을 준비한다는 구실 아래 자주 국무회의를 소집했고 그 과정에서 로마에 대한 전쟁을 은밀하게 준비하기 시작했다. 캄파니아 인들도 그들의 보호국인 로마에 저항하는 전쟁에 가담했다.

하지만 라틴인의 이러한 준비는 비밀리에 진행되었다. 로마가 경각심을 갖기 전에 삼니움을 라틴의 등에서 떼어내고 싶었기 때문이다. 하지만 이런 음모에 대한 소문이 밖으로 흘러나와 로마에 전달되었다. 라틴 지역에는 좋은 대접과 친인척 등 개인적 유대관계로 로마와 줄을 대고 있는 사람들이 있었기 때문이다. 이런 심각한 전쟁에 대비하기 위하여, 두 집정관은 임기 전이라도 사임하여 새로운 집정관을 선출할 수 있게 해달라는 권고를 받았다. 그러나 권위가 이미 실추한 집정관에 의하여 선거를 치러야 한다는 데 대하여 종교적인 망설임이 있었다. 그리하여 인테르레그눔 체제가 들어섰고, 마르쿠스 발레리우스와 마르쿠스 파비우스가 차례로 인테르렉스를 맡았다. 파비우스는 티투스 만리우스 토르콰투스(3선)와 푸블리우스 데키우스 무스를 집정관으로 지명했다.

이해(기원전 340년)에 에페이로스의 왕인 알렉산드로스가 함대를 이끌고 이탈리아를 공격해 왔다고 일반적으로 믿어진다. 만약 그가 공격 초창기에 성공을 거두었더라면 그 소식이 로마인에게까지 전해졌을 것이다. 이 때는 이 왕의 여동생 아들인 (마케도니아의) 알렉산드로스 대왕이 무공을 떨치던 때였다. 알렉산드로스 대왕은 이 세상의 아주 외딴 곳에서 젊은 나이에 숨을 거두었다. 하지만 대왕은 전쟁에서 패배를 모르는 사람으로 알려졌다.[2]

그러나 로마인은 동맹국들과 라틴 인들이 반란을 일으킬 것이라는 것을 확신했지만, 라틴 인들보다는 삼니움을 더 의식하는 것처럼, 라틴

---

2   에페이로스의 왕인 알렉산드로스는 기원전 342년에서 330년까지 에페이로스의 몰로시아 왕을 지낸 인물이다. 그는 타렌툼의 요청으로 이탈리아 남부를 공격했는데 그의 죽음은 8권 24장에 다루어져 있다. 여기에서 제시된 기원전 340년이라는 연대는 실제보다 10년 앞당긴 것이다. 마케도니아의 알렉산드로스 대왕은 기원전 323년에 바빌론에서 33세의 나이로 사망했다. 알렉산드로스 대왕과 로마의 사령관들이 전쟁에서 맞붙었더라면 누가 이겼을까, 하고 리비우스가 추측하는 논의는 9권 17-19장에 나온다.

인 대표 10명을 로마로 불러서 로마가 원하는 일방적 명령을 내렸다. 당시 라티움에는 세티아의 루키우스 안니우스와 키르케이이의 루키우스 누미시우스라는 두 명의 법무관이 있었는데 둘 다 로마 식민지 출신이었다. 이들의 영향력을 통하여 볼스키 인(역시 로마 식민지인 시그니아와 벨리트라이 이외에) 또한 무장 반란에 가담하기로 결정되었다. 그래서 로마 원로원은 이 두 사람을 지명하여 로마로 소환하기로 결정했다. 누구나 그들이 소환되는 이유를 알고 있었다. 그래서 로마로 출발하기 전에 두 법무관은 국무회의를 소집하여 원로원에 의해 소환된 사실을 말하면서, 로마가 자신들에게 해올 질문에 대하여 어떤 답변을 할 것인지 지시를 내려달라고 요청했다.

4. 여러 가지 의견들이 나오는 가운데, 안니우스가 이렇게 말했다. "비록 제가 여러분에게 답변에 대한 지시를 내려달라고 했지만, 나는 우리의 행동이 우리의 발언보다 이 문제에 더 영향력을 미칠 것이라고 생각합니다. 우리가 일단 계획을 확정한다면 우리의 행동에 적합한 말을 찾아내는 건 쉬운 일입니다. 우리가 공정한 조약이라는 허울 좋은 구실 아래 노예제도를 견딜 생각이라면 우리에게 남아 있는 것은 무엇이겠습니까? 우리는 시디키니를 포기해야 하고, 로마 인과 삼니움의 지시를 따라야 하고, 로마가 명령만 내리면 우리의 무기를 내려놓겠다고 로마에 답변해야 합니다. 하지만 우리의 마음은 자유에 대한 동경으로 가득 차 있습니다. 조약이나 동맹은 동등한 권리를 보장해야 합니다. 그런데 지금 우리는 전에 부끄럽게 여겼던 로마의 지배권을 인정하려 합니다. 로마는 '동맹군'이라는 허울 좋은 이름 아래, 우리의 군대를 로마의 군대에 추가하여 그들의 병력을 두 배로 늘리려 합니다. 그리고 우리의 군대가 로마의 허가 없이는 전쟁을 시작하고 끝내는 독립된 결정을 하지 못하게 합니다. 이것이 공정이고 동맹입니까? 왜 모든 것이 이처럼 공정

하지 못합니까? 왜 라틴 인 출신의 집정관은 없는 겁니까? 힘을 공유할 수 있어야 권위도 공유하게 되는 겁니다.

"우리들의 입장에서 볼 때 이렇게 한다고 해도 그것은 그리 큰 명예는 아닙니다. 우리가 로마를 라티움의 수도로 인정하고 있기 때문입니다. 우리는 지속적으로 복종적인 태도를 취함으로써 그게 명예인 것처럼 보이게 만들었습니다. 여러분이 권위를 공유하고 자유를 얻을 기회를 원한다면 지금이야말로 그 순간입니다. 여러분이 용기를 발휘하고 신들이 호의를 베푼다면 말입니다! 여러분은 로마에 군대를 내놓기를 거부함으로써 그들의 인내심을 시험했습니다. 우리가 지난 2백년의 전통을 깨트렸으니 그들은 분명 화를 내고 있을 겁니다. 그렇지만 그들은 분노를 삼켰습니다. 우리는 스스로의 힘으로 파엘리니를 상대로 전투를 벌였습니다. 전에 우리가 자력으로 우리 영토를 지키는 권리를 거부했던 자들은 개입하지 않았습니다. 그들은 우리가 시디키니를 보호령으로 삼고, 우리가 그들의 조약 상대국인 삼니움을 상대로 전쟁을 준비한다는 얘기를 들었습니다. 그러나 그들은 도시(로마)에서 행군할 기색이 조금도 없습니다.

그들은 왜 이렇게 과도할 정도로 자제할까요? 그들의 힘과 우리의 힘을 비교해본 결과가 아닐까요? 나는 믿을 만한 소식통으로부터 이런 사실을 알게 되었습니다. 삼니움 인이 우리에 대하여 로마 원로원에 불평을 하자, 원로원이 내놓은 대답은 명백한 것이었습니다. 그것은 로마인이 더 이상 라티움이 로마의 권위 아래 있는 것을 요구하지 않는다는 암시였습니다. 이제 우리가 할 일은 그들이 암묵적으로 양보하고 있는 것을 노골적으로 요구하는 것입니다. 만약 누군가가 공포 때문에 이 말을 하지 않는다면, 내가 로마의 원로원과 시민들이 듣는데서 그리고 카피톨리움에 거주하는 유피테르가 듣는 데서 나 자신이 직접 그 말을 하겠습니다. '만약 로마가 우리에게 동맹 조약의 준수를 요구한다면 로마는 집정관 한 자리와 원로원 의석 일부를 우리에게 넘겨달라는 요구사항을 들어주어야 한다.' "

이런 자신감 넘치는 태도의 대담한 조언은 만장일치의 박수갈채를 받으며 승인되었다. 안니우스는 라틴 연맹과 그 자신의 명예에 걸맞게 발언하고 행동하는 권한을 위임받은 것이었다.

5. 라틴 인들은 로마에 도착하여 카피톨리움의 원로원 의원들을 만났다. 거기서 집정관 티투스 만리우스는 원로원의 지시를 받들어, 로마와 조약국인 삼니움을 상대로 전쟁을 하지 말 것을 라틴 인 대표에게 설득하려 했다. 하지만 안니우스는 만민법의 보호를 받는 사절 자격이 아니라, 마치 카피톨리움을 기습 점령한 정복자처럼 발언했다.

그가 말했다. "티투스 만리우스, 그리고 존경하는 의원님들, 우리 라티움을 마치 로마의 복속 국가처럼 취급하지 말기 바랍니다. 당신들은 라티움이 신들의 가호를 받아서 인력과 무기가 번창하고 있음을 보았습니다. 삼니움은 우리와의 전쟁에서 패배했고, 시디키니와 캄파니아는 우리의 동맹이 되었으며, 이제 볼스키 족까지 우리의 연맹에 들어와 있습니다. 심지어 로마의 식민지들조차도 로마의 통치보다는 라틴 인의 통치를 더 좋아합니다. 그러나 당신들이 전제적인 횡포를 그만둘 의사가 없으니 우리는 행동에 나서야 합니다. 우리는 무력으로도 라티움을 자유롭게 해방시킬 수 있으나, 그래도 로마와의 지난 관계를 생각하여 이런 양보안을 내놓으려 합니다. 우리는 양국에 똑같이 공정한 평화 조건을 내놓겠습니다. 영원불멸한 신들은 우리가 힘에서 로마와 똑같은 나라가 되기를 원했기 때문입니다. 집정관 두 명 중 한 사람은 로마에서 뽑고, 다른 한 사람은 라티움에서 뽑아야 합니다. 원로원 의원 구성도 두 민족에게서 동수로 선출해야 합니다. 그래야 한 민족 한 나라가

되는 것입니다. 그래야 동일한 권위의 자리가 마련되고 모든 것이 명실상부해집니다. 한쪽이 필요한 양보를 하면 양쪽이 모두 혜택을 보게 됩니다. 그리하여 로마를 우리의 어머니 도시로 만들고 우리 모두 로마인이 됩시다."

로마의 집정관 티투스 만리우스는 안니우스 못지않게 외향적이고 노골적인 사람이었다. 그는 결코 분노를 참을 사람이 아니었다. 그는, 원로원 의원들이 돌아버려서 세티아 출신의 라틴 인에게 법률을 제정할 권리를 부여한다면 칼을 뽑아들고 원로원에 난입하여 원로원 건물 안에 있는 라틴 인은 모조리 죽여 버리겠다고 공개적으로 선언했다. 이어 그는 유피테르 신상에 고개를 돌리며 말했다. 그가 소리쳤다.

"유피테르여, 이 사악한 말을 좀 들어 보소서, 그리고 엄정하고 정의로운 의원들이여, 들어보소서. 당신들은 이 신성한 전당 안에 외국인 집정관과 외국인 의원이 들락거리는 꼴을 보아주겠단 말입니까? 당신들 자신의 권리가 전복되고 또 노예가 되는 꼴을 보겠단 말입니까? 라틴 인들이여, 이것이 로마의 왕 툴루스가 라티움의 조상인 알바 인들과 맺은 조약입니까? 이것이 루키우스 타르퀴니우스가 나중에 당신들과 맺은 조약입니까?[3] 당신들은 레길루스 호수의 전투를 기억하지 못합니까?[4] 당신들은 예전의 패배와 우리 로마가 당신들에게 보여준 관대함을 모두 잊어버렸단 말입니까?"

6. 집정관의 말에 원로원 의원들은 다들 분노를 터트리면서 그 말을 적극 지지했다. 전승은 이렇게 말하고 있다. 두 집정관이 거듭하여 신들을 부르며 조약의 증인으로 나설 것을 호소하는 가운데, 로마의 유피테

---

3   참조 1권 24장과 1권 52장.
4   참조 2권 19장.

르 신성神性을 거부하는 안니우스의 목소리가 들려왔다. 안니우스는 화가 나서 제정신이 아닌 상태로 신전 입구에서 밖으로 빠르게 달려 나가다가 계단에서 미끄러져서 넘어지면서 맨 밑 부분의 돌에 머리를 찧고서 의식을 잃었다. 그러나 권위 있는 역사가들이 그가 실족하여 죽었다는 얘기는 하지 않고 있으므로, 나 또한 그 문제를 미결로 놔두기로 하겠다. 또한 원로원 의원들이 조약의 파탄에 대하여 신들에게 호소하는 동안에, 엄청난 천둥소리가 들리고 회오리바람이 솟구쳤다고 하는 전승도 전해지고 있다. 이것은 진실일 수도 있고, 아니면 신들의 분노를 적절히 묘사하기 위해 지어낸 것일 수도 있다.

원로원은 토르콰투스에게 라틴 사절을 돌려보내라는 지시를 했다. 토르콰투스는 계단 밑바닥에 쓰러져 있는 안니우스를 보고서 시민과 원로원 의원들이 모두 들을 수 있는 커다란 목소리로 말했다. "정말 잘 되었구나. 신들은 이미 정의로운 전쟁을 시작했다. 하늘의 힘은 분명히 있고, 위대한 유피테르여, 당신은 존재하십니다. 우리가 이 신전에서 당신을 예배한 것은 결코 헛된 일이 아니었습니다. 로마의 시민들이여, 그리고 존경하는 원로원 의원들이여, 왜 무기를 들고 나서는 것을 망설이십니까? 나는 라틴 인의 군대를 베어 넘겨 저기 쓰러진 사절처럼 만들어 버릴 것입니다."

집정관의 연설은 시민의 칭송을 받았고 그들은 너무 흥분하여, 떠나가는 라틴 사절들을 공격하려 했다. 그들은 만민법의 위력보다는 그들을 호위하라는 집정관의 지시를 받은 행정관들 덕분에 시민의 분노와 폭행을 모면할 수 있었다. 원로원 또한 전쟁에 동의했고 두 집정관은 두 군대를 편성하여 마르시와 파엘리니 영토를 통과하여 출병했다. 로마군은 지원을 나온 삼니움 군과 합류했고, 카푸아 근처에다 진지를 설치했다. 라틴 인과 그들의 동맹군은 이미 그 도시 근처에 집결해 있었다.

그곳에서 두 집정관은 한밤중 꿈속에서 유령의 방문을 받았다고 한다. 그것은 초인적인 키와 장엄함을 가진 사람의 유령으로서 이런 말을 했다. "한편으로는 장군을, 다른 한편으로는 군대를 지하세계의 신들과 어머니 대지에게 희생 제물로 바쳐야 한다." 어느 쪽의 장군이든 그가 자신을 희생 제물로 바치면 적의 군대는 패배하게 되고, 그의 군대는 승리를 거두게 된다. 두 집정관은 지난밤의 유령 얘기를 서로 비교하고서 신들의 분노를 피하기 위해 희생제물을 도살하기로 결정했다. 동시에 희생 제물의 내장이 보여주는 표징이 두 집정관이 꿈속에서 본 것과 일치한다면, 두 집정관 중 어느 한 명이 그 희생의 운명을 수행하기로 되었다. 복점관의 보고서는 두 집정관이 이미 내심 머릿속에 갖고 있던 확신과 일치했다.

그래서 두 사람은 부 사령관과 천인대장들을 불러서 신들의 명령을 공개적으로 알렸고, 야전군이 한 집정관의 자발적인 죽음으로 동요되지 않기를 바라는 희망을 표시했다. 그리고 로마 군의 어느 측면이 허물어지든 간에, 그 측면을 담당하는 집정관이 국가와 로마 시민을 위하여 그 자신을 희생하기로 합의되었다. 또한 전쟁은 엄정한 명령에 따라 수행되어야 하는데 지금이야말로 군대의 기율을 예전의 수준으로 회복시켜야 할 때라고, 군사 회의에서 주장되었다. 두 집정관은 라틴 인을 상대로 전쟁을 해야 하기 때문에 불안감이 더욱 가중되었다. 라틴 인은 언어, 관습, 무기의 유형, 무엇보다도 군사 제도가 로마인과 똑같았다. 병사들, 켄투리온들, 천인대장 등은 주둔군 부대에서 또는 보병 중대에서 동등한 동료 자격으로 서로 어울렸다. 로마 군 병사들이 이것 때문에 실수를 저지르는 것을 방지하기 위하여, 두 집정관은 그 어떤 병사도 진지를 떠나서 적과 교전해서는 안 된다는 명령을 내렸다.

7. 그런데 온 사방으로 정찰 업무를 나갔던 기병대의 분대장 중에는

집정관의 아들 티투스 만리우스가 있었다. 그는 휘하 기병 분대와 함께 적의 진영을 지나쳐서 적의 최전선 초소에서 창 하나 던질 거리까지 나아갔다. 그곳에 주둔한 투스쿨룸 기병대는 게미누스 마이키우스의 지휘 아래 있었는데 마이키우스는 높은 군공과 고귀한 가문 출신으로 동료들 사이에서 높은 평가를 받고 있었다. 그는 로마 군 기병대를 보더니 그 중에서 눈에 띄는 인물인 집정관 아들이 분대의 맨 앞에서 달려오는 것을 발견했다(귀족 출신 자제들은 서로 아는 것이 흔한 일이었다).

그가 소리쳤다. "너희 로마인들은 일개 분대를 가지고 라틴 인과 그 동맹국을 상대로 전쟁을 치를 생각인가? 도대체 너희들의 집정관과 집정관 휘하의 군대는 어디에 있는가?"

"그분들은 적당한 시간에 여기 도착할 것이다"라고, 만리우스가 대답했다. "두 집정관과 함께 그분들보다 더 강력한 힘과 위력을 가진 유피테르도 여기에 오실 것이다. 너희들이 위반한 조약의 증인으로 말이다. 너희들은 이미 레길루스 호수에서 전투의 쓰린 맛을 충분히 보았으나, 여기에서도 너희는 로마 군과 싸우고 충돌해 봐야 별 재미를 보지 못할 것이다."

이 말을 듣자 게미누스는 자신의 부하들 앞으로 말을 타고 나왔다. "그렇다면 로마 군이 전군을 움직여 작전에 나서는 그 잘난 날이 오기 전에, 너는 나와 싸워볼 의향이 없느냐? 너와 나의 결투 결과는 라틴 기병대가 로마 기병대보다 얼마나 더 나은지 증명해줄 것이다."

젊은 만리우스의 혈기가 끓어올랐다. 그것은 분노 탓일 수도 있고, 도전을 거부해야 한다는 생각에 부끄러움을 느꼈기 때문일 수도 있고, 아니면 운명의 거역할 수 없는 힘 때문일 수도 있었다. 그래서 아버지의 지고한 권위와 집정관의 명령을 잊어버린 채, 젊은 만리우스는 그 도전을 받아들여 싸움에 나섰고 승패 여부는 전혀 중요하지 않았다. 양군의 기병대는 마치 승마 쇼를 보는 것처럼 뒤로 멀찍이 물러섰다. 두 전사는 그들 사이의 빈 공간을 맹렬히 말 달려서 격돌했다. 그들의 창이 서로에게 겨누어졌을 때, 만리우스의 창은 적의 투구 곁을 스쳐 지나갔고, 마이키우스의 창은 만리우스 말의 목덜미 위를 지나갔다. 두 전사는 다시 말을 돌렸고, 만리우스가 먼저 정신을 차리고 두 번째 가격을 준비하여 창끝으로 마이키우스가 타고 있는 말의 이마를 찔렀다. 그 말은 상처를 받자 앞발을 일으켜 세우고 머리를 격렬하게 흔들어서 기수를 땅에 떨어트렸다. 마이키우스는 땅에 쿵 하고 떨어진 후 창과 방패에 기대어 일어서려고 애썼다. 만리우스는 그의 목덜미를 창으로 찔렀고 창끝은 그의 갈비뼈 사이로 튀어나와 그를 땅에 고정시켰다. 만리우스는 전리품을 챙긴 다음 말을 몰아서 부하들에게로 돌아왔다. 그는 부하들이 내지르는 승리의 함성 속에 진영으로 돌아왔다. 그는 어떤 운명과 미래가 기다리고 있는지 또 어떤 신상필벌이 있을 것인지 모르는 채, 곧장 아버지의 사령부로 갔다.

그가 말했다. "아버지, 다른 사람들이 나를 아버지의 진정한 아들로 칭송할 수 있도록 나는 적의 도전을 받아들인 뒤 그를 죽이고 그 기병대원의 전리품을 여기 가지고 왔습니다." 그 말을 듣자 집정관은 아들에게서 고개를 돌리더니 나팔을 불어 군사 회의를 소집하라는 지시를 내렸다. 회의가 개최되자 집정관은 이렇게 말했다.

"티투스 만리우스, 너는 집정관의 권위도 아버지의 위엄도 존중하지 않았다. 너는 나의 명령을 무시하고 적과 싸우기 위해 진지를 이탈했다. 너는 분대장이라는 네 직책을 잊어버리고, 오늘 이때까지 로마의 운명이 의존해 왔던 군사적 기율을 파괴했다. 너는 나로 하여금 공화국을 잊어버리거나 아니면 나 자신을 잊어버리게 만들었다. 국가가 우리의 잘못을 엄청난 희생을 치르며 속죄해 줄 수는 없는 일이니, 우리 자신의 잘

못에 대하여 벌을 받는 게 더 좋겠다. 우리는 아주 가혹한 모범을 보이게 될 것이나 장래의 젊은이들을 위해서는 유익한 모범이 될 것이다. 나의 개인적 감정을 말하자면, 자식에 대한 어버이의 사랑으로 동요되고 있고 또 네가 보인 용기의 사례를 가상하게 생각하지만, 너의 행동은 헛된 영광을 추구함으로써 크게 잘못된 것이 되고 말았다. 집정관의 권위가 너의 죽음으로 확인되거나, 아니면 너를 처벌하지 않음으로써 그의 권위가 영원히 상실되거나 둘 중 하나일 뿐이다. 네가 네 몸 속에 내 피를 단 한 방울이라도 가지고 있다면, 네가 잘못된 행동으로 훼손시킨 군기는 너의 처벌로 회복되어야 한다. 릭토르, 그를 데려가서 말뚝에 묶도록 하라."

이 무서운 명령에 모든 병사들이 공포로 온몸이 얼어붙었다. 모든 사람이 처형 도끼가 마치 그 자신을 향해 떨어지는 듯한 느낌이었다. 병사들을 억제시킨 것은 복종심이 아니라 공포심이었다. 그들은 아무 말도 하지 못하고 너무나 놀란 채로 그 자리에 딱 달라붙었다. 잘려진 목에서 피가 분출하자, 갑자기 그들은 고통스러운 불평의 목소리를 내지르면서 엄청난 슬픔과 분노를 표출시켰다. 그들은 젊은 만리우스의 시신을 그의 전리품과 함께 수습하여 토벽 밖에 쌓은 장작 위에 올려놓고 불태웠다. 그들은 모든 예의를 갖추어 엄숙한 군대 장례식을 치렀다. "만리우스의 명령"은 그 당시에도 병사들의 몸에 전율을 일으켰을 뿐만 아니라 후대에도 추상 같은 경고의 말이 되었다.

8. 그러나 그런 잔인한 징벌은 병사들로 하여금 사령관의 말에 더 잘 복종하게 만들었다. 병사들은 경계 임무, 야간 경비, 목책용 말뚝 박기 등의 군내 근무에 더 많이 신경 썼을 뿐만 아니라, 라틴 인을 상대로 마침내 전투를 벌일 때에도 엄정한 군기를 유지하여 큰 성과를 거두었다. 라틴 인은 로마인과 여러 모로 비슷하여 그 전투는 이제 내전 비슷한 것

이 되었으나 단지 라틴 인이 용기가 부족하다는 점만 달랐다.

　로마인은 전에 둥근 방패를 사용했다. 그러나 봉급을 받고 군 복무를 하게 된 이후에 방패를 원형에서 직사각형으로 바꾸었다. 그들의 전투 대형은 마케도니아 군대의 그것처럼 방진方陣이었으나, 나중에는 중대 단위로 3가지 전열을 갖추게 되었다. 제1선은 하스타티hastati라고 하는데 그들 사이에 촘촘한 간격을 유지하며 자리 잡은 15개 중대로 구성된다. 각 중대는 20명의 경무장한 병사들을 보유했고 그 나머지 병사들은 직사각형 방패를 들었다. "경무장"은 오로지 창과 투창을 든 병사들을 가리키는 말이다. 제1선은 방금 복무 연령에 도달한 정예 청년들을 포함한다. 그들 뒤에 있는 제2선은 좀 더 힘이 세고 원숙한 나이의 병사들로 충원된 보병 중대가 있다. 제2선을 가리켜 프린키페스principes라고 하는데 모두 직사각형 방패와 훌륭한 무기를 들고 있다. 제1선과 제2선에 배당된 총 30개 중대를 가리켜 안테필라니antepilani라고 한다. 제2선 뒤에는 제3선이 있는데 역시 15개 중대로 편성되어 있다. 각 중대는 3개 소대로 나누어지며, 제1소대는 필루스pilus라 하고, 나머지 소대는 벡실룸vexillum 이라고 하며, 각 소대는 60명으로 구성된다. 각 중대에는 두 명의 켄투리온과 한 명의 기수vexillarius가 있다. 이렇게 하여 1개 중대의 총 인원은 186명이 된다. 제1기수가 트리아리triarii(최전선)를 이끄는데 용기가 증명된 고참 병사로 보임된다. 제2기수는 로라리rorarii를 이끄는데 좀 젊고 경험도 덜한 병사로 보임된다. 제3기수는 가장 믿을 수 없고 그래서 최후방에 배치되는 아켄시accensi를 이끈다.

　군단이 이런 식으로 정렬되었을 때, 전투를 처음으로 개시하는 것은 제1선hastati이다. 만약 제1선이 적을 해치우지 못하면 그들은 뒤로 서서히 퇴각하고 제2선principes 사이의 빈 공간을 통하여 뒤로 물러난다. 그러면 제2선이 제3선triarii을 뒤에 둔 채로 전투를 담당한다. 제3선의 병사들은 왼쪽 다리를 앞으로 쭉 내밀고 방패를 어깨에 올린 채로 군기 밑에 무릎을 꿇는다. 동시에 창을 땅에 꽂고서 앞으로 내달리는 듯한 자세를 취하여 제3선 전체가 보호 방책防柵처럼 보이게 한다. 만약 제2선이 전투에 임하여 아무런 성공을 거두지 못하면, 그들은 서서히 뒤로 물러나 제3선과 합류한다. 속담에 일이 잘 안 되어가는 형상을 가리켜 "제3선에 도달했다"라고 하는데 바로 이것을 가리킨다. 제3선이 제1선과 제2선을 그들 사이의 빈 공간으로 물러나게 한다면, 그 다음에는 제3선이 일어나 신속한 전투 대열을 갖추고 방어에 나선다. 이제 그들 뒤에는 더 이상의 전선이 없기 때문에 모두 함께 달려들어 최후의 일전을 벌인다.

이것은 적을 아주 놀라게 만든다. 패배하여 달아난다고 생각한 로마 군을 추격해왔다가 훨씬 더 많은 병력을 갖춘 새로운 전선이 벌떡 일어나니까 말이다. 로마 군은 보통 4개 군단으로 편제되며, 각 군단에는 500명의 보병과 300명의 기병이 있었다.[5]

동일한 규모의 두 번째 예비군이 라틴 인들로부터 징발되곤 했었다. 그런데 이제 라틴 인이 그들 스스로 병사를 동원하여 동일한 전투 대형으로 로마 군에 맞서고 있는 것이었다. 라틴 인은 소대 대 소대, 하스타티 대 하스타티, 프린키페스 대 프린키페스 방식으로 맞서야 한다는 것을 알고 있었고, 전투 대열이 흐트러지지 않는 한 켄투리온 대 켄투리온으로 싸워야 한다는 것도 알았다. 각 부대에서 프리미필루스primipilus라고 하는 수석 켄투리온이 트리아리 사이에 자리를 잡았다. 로마인 켄투리온은 신체의 힘이 특별히 강건하지는 않았지만 활동적이고 또 경험

---

5   리비우스가 말하는 군단은 제1선 10개 중대, 제2선 10개 중대, 제3선(트리아리+로라리+아켄시) 각 10개 중대로 구성된다. 제3선은 트리아리, 로라리, 아켄시에 각 600명의 병력이 있으므로 통틀어서 1800명이 된다. 제1선과 제2선은 각 중대가 160명이므로 1600×2=3200명이 된다. 그래서 1800+3200=5000이라는 계산이 나온다.

이 많은 군인이었고, 라틴 인 켄투리온은 덩치가 엄청 크고 또 1급의 전사였다. 그들은 유사한 규모의 중대를 지휘했으므로 서로에 대해서 잘 알았다. 한 로마인 켄투리온은 그 자신의 힘을 확신하지 못하여, 로마를 떠나기 전에 자신의 후계 켄투리온을 지명하고 싶다고 집정관들에게 요청하여 허락을 받았다. 그가 라틴 인 켄투리온과 대적하여 패배할 경우를 대비하기 위해서였다. 그러나 이 젊은 켄투리온은 전투에서 라틴 인 켄투리온을 만나서 그에게 승리했다.

양군의 전투는 베스비우스 산기슭 근처에서 벌어졌는데 그곳에는 베세리스 강으로 가는 길이 나 있었다.

9. 전투에 돌입하기 전에 두 집정관은 신들에게 희생 제물을 바쳤다. 복점관은 집정관 데키우스에게 제물의 간肝의 머리 부분[6]이 손상되어 있어서 그의 가문을 특별히 가리키는 것 같다는 점괘를 내놓았다. 그 외에는 그 동물이 신들에게 올리는 제물로 합당하다고 말했다. 반면에 동료 집정관 만리우스가 올린 희생제물은 아주 좋다는 점괘를 내놓았다. "동료 집정관이 올린 희생제물이 좋다면 그걸로 됐다"라고 데키우스는 말했다.

로마 군의 전열은 위에서 말한 것처럼 조직되었고, 이제 로마 군은 야전으로 나갔다. 만리우스는 로마 군의 우익을, 데키우스는 좌익을 맡았다. 로마 군과 라틴 군은 전력이 대등했고 똑같은 열정과 감투 정신으로 싸웠다. 로마 군 좌익의 제1선이 라틴 군의 압박을 견뎌내지 못하자, 제2선이 앞으로 나섰다. 이런 당황스러운 순간에 집정관 데키우스는 제관 마르쿠스 발레리우스에게 큰 목소리로 말했다. "마르쿠스 발레리우스,

---

6   간엽(肝葉)의 오른쪽 부분이 툭 튀어나온 것을 말하는데 마치 손상된 것처럼 보이고 그래서 데키우스에게는 불길한 조짐을 알리는 것임.

우리는 신들의 도움을 필요로 합니다. 자, 당신은 로마 시민의 국가 제관祭官입니다. 내가 군단을 구제하기 위하여 나 자신을 바치고자 하니 그 주문을 외워주십시오."[7]

제관은 그에게, 보라색 가장자리의 하얀 토가를 입고, 머리에 베일을 두르고, 토가에서 한 손을 빼내어 턱을 만지고, 발밑의 창槍 위에 서서 다음과 같은 기도를 올리라는 지시를 했다. "야누스, 유피테르, 아버지 마르스, 퀴리누스, 벨로나, 라레스, 새로운 신들, 토속 신들, 우리의 적을 지배하는 신들, 지하세계의 신들이여, 나는 당신들을 예배하고 간원합니다. 나는 당신들에게 호소하여 간절히 빕니다. 신들께서 로마 시민들의 힘과 승리를 번창하게 해주시고, 로마 시민들의 적을 공포, 무서움, 죽음으로 타격해 주십시오. 내가 로마 공화국, 로마 군의 군단과 보조군을 위하여 이런 말씀을 올리는 동안, 나 자신을 희생 제물로 바치면서 동시에 우리 적의 군단과 보조군을 지하세계와 지상의 모든 신들에게 희생 제물로 바치고 싶습니다."

이 기도를 올리고 나서 데키우스는 릭토르에게 즉각 동료 집정관 티투스 만리우스에게 가서 그가 로마 군의 승리를 위해 그 자신을 희생 제물로 바치기로 했다는 사실을 알리라고 지시했다. 이어 그는 가비누스 방식[8]으로 말아 올리고 완전 무장한 채로 말에 뛰어올라 혈혈단신 적진으로 달려갔다. 양군은 그 광경을 보고 찬탄을 금치 못했다. 그 고상함은 너무나 초인적인 것이어서, 신들의 분노를 달래고 로마 군의 재앙을 라틴 군 쪽으로 돌리기 위해 하늘에서 내려 보낸 거룩한 조치처럼 보였

---

7 로마 군 내에는 중요한 의식을 거행하기 위하여 사제단의 일원이 동행하는 것이 관례였다.
8 의식을 치를 때 토가를 입는 방식으로 양팔을 밖으로 빼냄으로써 옷을 덜 거추장스럽게 만드는 이점이 있다.

다. 그런 식으로 데키우스가 만들어낸 공포와 경악은 라틴 군 전선을 동요시키면서 라틴 군 전체를 혼란에 빠트렸다. 그것은 누구나 뚜렷하게 볼 수 있었다. 그가 말 달리는 곳은 어디든지, 적의 병사들이 마치 저승 사자를 만난 것처럼 겁먹고 뒤로 물러섰다.

그가 마침내 우박처럼 쏟아지는 창을 맞고 쓰러지자, 그 순간부터 라틴 보병대는 대혼란에 빠져들었고 적 병사들은 전선을 이탈하여 산지 사방으로 도주했다. 그와 동시에 로마 군은 종교적 불확실성으로부터 해방되어 사기충천하여 마치 전투 신호를 방금 받은 것처럼 다시 규합하여 돌격에 나서기 시작했다. 그리하여 제3선의 로라리가 안테필라니 사이로 돌진하면서, 제1선과 제2선을 강화했고, 나머지 트리아리는 오른쪽 무릎을 꿇고서 일어나 돌격하라는 집정관의 신호가 내려지기를 기다렸다.

10. 전투가 계속되었고 전장의 일부 구역에서는 라틴 군이 수적 우세 덕분에 유리한 고지를 점령한 동안에, 집정관 만리우스는 동료 집정관의 최후에 대해서 들었다. 집정관은 그런 고귀한 죽음에 대하여 정의와 경건함의 예의를 다하여 눈물과 찬양으로 추모했다. 잠시 만리우스는 트리아리를 일으켜 세울 때가 되지 않았나, 하고 불확실한 느낌이 들었으나 곧 마지막 일전을 위해 그 부대를 아껴두는 게 좋겠다고 판단했다. 그는 최후방에 있던 아켄시 부대에게 군기 앞으로 나아가라고 지시했다. 그들이 앞으로 나서자, 라틴 군은 상대가 트리아리를 불러냈다고 짐작하면서 그들의 트리아리를 불러내며 강 대 강으로 맞섰다. 양군은 서로 피곤해지고 창날이 무뎌질 때까지 한동안 치열하게 싸웠다. 그러나 라틴 군은 로마 군을 계속 뒤로 밀어냈고 마침내 그들이 전쟁을 거의 이겼고 마지막 전열戰列까지 도달했다고 생각했다.

그 순간 집정관은 트리아리를 불러냈다. "이제 일어서라. 너희들은 피곤한 적을 상대하도록 하라. 너희들에게 승리를 가져다주기 위해 스스로 죽음을 선택한 집정관을 기억하라." 트리아리가 벌떡 일어서서 칼날을 빛내며 전투태세를 갖추자 완전히 새로운 군대가 생겨났다. 그들은 안테필라니를 그들의 전열 사이의 빈 공간을 통하여 뒤로 퇴각시킨 후에 일제히 함성을 내질러서 라틴 인의 최전선을 혼란에 빠트렸다. 로마 군은 적의 얼굴에 창을 내밀면서 적의 정예 병사들을 찔러 죽였고 거의 부상을 입지 않고 적의 중대들 사이로 나아갔다. 적은 마치 무장을 하지 않은 병사들 같았다. 로마 군은 적 전열을 완전히 붕괴시켰고, 적들 중에 살아남은 자는 4분의 1도 채 되지 못했다. 산기슭에서 약간 떨어진 곳에 자리 잡은 삼니움 군도 라틴 인의 가슴에 공포를 불어넣었다.

그러나 모든 시민과 동맹들 중에서, 두 집정관이 그 전쟁의 가장 큰 영광을 얻었다. 한 집정관 데키우스는 천상과 지하의 모든 신들의 위협과 분노를 그 한 몸으로 다 받아냈고, 다른 집정관 만리우스는 야전에서 엄청난 용기와 지혜로운 책략을 발휘했다. 라틴 인이든 로마인이든 후세에 이 전투의 기록을 남긴 역사가들은 로마 군의 어느 쪽 부대를 담당했든 만약 티투스 만리우스가 그 쪽을 담당했더라면 반드시 승리를 거두었을 것이라고 다들 동의했다. 라틴 인들은 패주하여 민투르나이로 갔다. 전투 후에 그들의 진영은 점령되었고 대부분 캄파니아 사람인 많은 병사들이 사로잡혀서 살육되었다. 데키우스의 시신을 찾아내려고 열심이던 수색대는 밤이 되자 작업을 중지했다. 그 다음 날 시체 더미 아래에서 그의 시신이 발견되었는데 온몸에 창들이 꽂혀 있었다. 만리우스는 동료 집정관의 지위에 걸맞은 장례식을 거행했다.

여기서 나는 데보티오devotio(봉헌)에 대하여 한 마디 하고자 한다. 집정관, 독재관, 법무관이 적의 군대를 몰살시키기 위해 신들에게 봉헌할 때, 반드시 그 자신의 몸을 봉헌 제물로 내놓아야 되는 것은 아니다. 그는 로마의 군단 중에서 아무 시민이나 임의로 선택할 수 있다. 만약에 데보티오에 나선 자가 죽는다면, 모든 것이 잘 되리라고 여겨졌다. 만약 그가 죽지 않는다면, 그의 인형을 만들어서 7피트(2.1m) 혹은 그 이상 깊이의 땅에다 묻고 속죄의 희생 제의를 올려야 한다. 로마의 행정관들은 그 인형이 묻힌 무덤 위로 올라가는 것이 금지되었다. 그리고 어떤 사람이 데키우스처럼 자신을 봉헌하기로 했는데 그 후에 죽지 않는다면, 그가 그 자신이나 다른 사람들을 위해 종교적 행위 — 희생 제물(동물)을 선택한 것 혹은 그 외에 그가 선택한 어떤 것 —를 할 경우 그 행위는 부정 탄 것으로 간주되었다. 집정관 데키우스가 땅에 놓고 밟으면서 데보티오를 선언했던 창은 적의 손에 들어가게 해서는 안 되었다. 만약 그 창이 적의 손에 떨어졌다면, 돼지, 양, 황소를 마르스에게 바치는 속죄 의식을 반드시 치러야 했다.

11. 이러한 세부사항을 여기에다 전해져 내려오는 그대로 기록해 두는 것이 적절하다고 나는 생각한다. 종교적이든 세속적이든 모든 관습의 기억은 새롭고 이국적인 것에 의해 밀려나고, 그리하여 토속적이고 전통적인 관습은 잊히는 경향이 있기 때문이다.

일부 역사가들의 기록에서 나는 삼니움 군이 로마 군을 도와주러 온 것은 전투가 끝난 이후였다는 걸 발견했다. 삼니움 군은 전투의 결과를 기다리며 양다리를 걸쳤다는 얘기이다. 라비니움에서 대책을 의논하면서 시간을 끌다가 마침내 지원군을 보내려고 결정했을 때, 라틴 군은 이미 전투에서 패배하여 달아나고 있었다. 라비니움 군이 군기를 앞세우고 일부 병력이 성문을 막 빠져나가려고 하는데 라틴 군의 패배 소식이 전해졌다. 라비니움 사령관 미리오니우스는 이 짧은 행군 때문에 로마에 큰 대가를 치러야 할 것이라고 말한 걸로 알려졌다. 전투에서 살아남은 라틴 인들은 산지사방으로 달아났다. 그들은 전열을 재정비하고서 베스키아 시에 피난처를 정했다.

그 도시에서 벌어진 대책 회의에서 라틴 인 사령관 누미시우스는, 전쟁의 운명은 양군이 똑같고 양측은 서로 많은 피해를 입었다고 말했다. 로마 군은 명목상의 승리자일 뿐 다른 모든 점에서 패배자의 운명을 공유했다고 라틴 인 사령관은 말했다. 두 집정관의 사령부는 오염이 되었다. 한 사령부는 그 아들을 사형에 처했고 다른 사령부는 사령관 자신이 데보티오에 나서지 않았는가. 로마 군 전군이 살육을 당했다. 로마 군의 하스타티(제1선)와 프린키페스(제2선)는 군기 앞쪽이든 뒤쪽이든 하나 같이 많은 피를 흘렸다. 그 상황을 수습하기 위해서는 마침내 고참 병사들로 구성된 트리아리(제3선)을 투입해야 되었다. 라틴 군도 똑같은 피해를 입었으나 군대 재편성을 위해서는 라티움이나 볼스키 영토가 로마보다 더 가까이 있기 때문에 유리한 입장이라는 말도 했다. 따라서 대책 회의가 적절하다고 판단을 내리면, 그는 라틴과 볼스키 사람들로부터 전사들을 재빨리 동원하여, 전투태세를 갖춘 군대와 함께 카푸아로 돌아가겠다는 의사를 밝혔다. 만약 그렇게 한다면, 이제 전투를 벌일 생각이라고는 조금도 없을 로마인들의 가슴에 커다란 공포를 안겨줄 수 있을 것이다.

그리하여 오해를 불러일으키기 딱 좋은 편지들이 라티움과 볼스키 사람들에게 발송되었다. 그 편지를 받은 사람들은 전투 현장에 있지 않았으므로 그 편지의 내용을 곧이곧대로 믿었다. 그리하여 온 사방에서 신속하게 징집 절차가 진행되어 병력이 동원되었다.

집정관 토르콰투스는 시누에사와 민투르나이 사이에 있는 곳인 트리파눔 근처에서 이 군대와 맞섰다. 양군은 진영을 설치할 여가도 없이, 곧바로 군용 짐을 쌓아두고 전투에 돌입했다. 그것은 전쟁을 아예 끝내버리는 전투가 되었다. 적의 피해는 엄청나게 컸고 집정관은 전투에서 승리한 병사들에게 마음껏 그 주변 토지를 약탈하라고 허락했다. 그러자 라틴 인은 완전 항복을 선언했고, 뒤이어 캄파니아 인들도 항복해 왔다. 라티움과 카푸아는 그들의 영토를 포기해야 되었다. 라틴 인의 땅, 프리베르눔 땅, 그리고 볼투르누스 강에 이르는 팔레리이 땅(캄파니아에 속한 땅)이 로마 평민들 사이에 골고루 분배되었다. 각 병사들이 가져갈 몫은 라티움 땅 2 유게룸과, 그 외에 프리베르눔 땅 4분의 3 유게룸이었다. 그러나 팔레리이 땅을 배분받으면 3 유게룸이 지급되었다. 팔레리이 땅을 4분의 1 더 지급한 것은 그 땅이 로마로부터 좀 떨어져 있는 것을 보상하기 위해서였다.

라우렌티아와 캄파니아의 기사騎士들은 불충을 저지르지 않았기 때문에 라틴 인에게 가해진 징벌로부터 면제되었다. 라우렌티아 인들과 맺은 조약은 갱신하라는 지시가 내려갔다. 그때로부터 그 조약은 라틴 인 축제 10일 후인 날짜에 해마다 갱신되었다. 캄파니아의 기사들에게는 로마 시민권이 부여되었고, 이것을 기념하기 위하여 청동 명판이 로마의 카스토르 신전에 부착되었다.[9] 그 외에 캄파니아 사람들은 1인당 연간 450 데나리우스[10]의 세금을 납부하라는 지시가 내려갔다. 여기에 해당하는 자는 1,600명이었다.

12. 전쟁을 승리로 이끌고 각 개인의 실적에 따라 해당 상벌을 내린 후에 티투스 만리우스는 로마로 돌아왔다. 그가 로마에 접근하자 오직 나이든 사람들만이 환영을 나갔다고 한다. 젊은 사람들은 그 당시에도 그랬지만 만리우스의 여생 동안 그를 싫어하고 혐오했다.

---

9 카스토르와 폴룩스는 로마 기사들의 수호신이었고 따라서 카푸아 귀족들과의 우호적인 관계를 잘 후원해줄 신으로 선택되었다.
10 로마의 은화로서 처음에는 10아스의 가치가 있었으나 후대에는 16아스의 가치가 있었음. 그러나 로마에서 은화가 주조된 것은 기원전 268년 이후의 일이었다.

안티움 사람들이 오스티아, 아르데아, 솔로니움의 땅을 공격했다. 집정관 만리우스가 건강 악화로 전투를 직접 지휘할 수 없었으므로, 당시 법무관이던 루키우스 파피리우스 크라수스를 독재관으로 지명했다. 독재관은 다시 루키우스 파피리우스 쿠르소르를 사마관으로 임명했다. 독재관은 안티움의 땅에 여러 달 동안 진지를 유지했으나 안티움 사람들에 대하여 이렇다 할 업적을 올리지 못했다.

이해(기원전 340년)는 여러 강력한 나라들을 상대로 승리를 거둔 기록적인 해로서 그 후에도 오랫동안 기억되었다. 두 집정관 중 한 명은 명예로운 죽음을 선택하고, 동료 집정관은 아주 가혹했지만 집정관의 권위를 확실하게 수립했다. 그 다음 해(기원전 339년)에는 티베리우스 아이밀리우스 마메르키누스와 퀸투스 푸블릴리우스 필로가 집정관으로 선출되었다. 두 사람은 이렇다 할 전쟁 수행의 기회가 없었고, 국가의 일보다는 그들 자신의 일 혹은 그들 당의 관심사에 더 몰두했다. 라틴 인들은 그들의 땅을 빼앗긴 사실에 분노하여 무장 반란을 일으켰으나 페넥타네 들판[11]에서 패배했고 그들의 진영은 약탈당했다. 전쟁을 지휘했던 푸블릴리우스는 그곳에 머물면서 전사들이 살해된 라틴 인의 항복을 받아냈고, 아이밀리우스는 페둠을 상대로 하는 전투를 지휘했다.

페둠 사람들은 티부르, 프라이네스테, 벨리트라이 사람들의 지원을 받았고, 라누비움과 안티움에서도 보조 군대를 보내왔다. 로마인들은 전투에서 우월한 모습을 보여주었지만 그래도 페둠 시와 그 도시에 인접한 이웃 나라 동맹군의 진영을 공격해야 되었다. 그러던 차에 집정관 아이밀리우스는 동료 집정관에게 개선식 수여가 선포되었다는 소식을 듣고서, 승리가 아직 쟁취되지도 않았는데 로마로 돌아갔다. 그 자신에

---

11 라티움의 영토로 추정되나 구체적 지점은 알려져 있지 않다.

게도 개선식을 열어 달라고 요구하기 위해서였다. 원로원 의원들은 그의 탐욕에 분노했고 페둠을 함락시키거나 항복을 받아내지 않는 한 그에게 개선식을 열어줄 수 없다고 말했다.

이렇게 하여 아이밀리우스와 원로원 사이에 불화가 생기게 되었다. 그때 이후 이 집정관의 태도는 늘 말썽을 일으키는 호민관의 그것과 별반 다를 바 없게 되었다. 그는 집정관으로 재직하는 동안 평민들에게 원로원 험담을 했다. 반면에 동료 집정관 푸블릴리우스는 평민 출신임에도 불구하고 원로원에 대한 불평을 단 한 마디도 하지 않았다. 아이밀리우스가 불평의 근거로 제시하는 것은 라틴과 팔레리이 땅을 분배할 때 평민들에게 너무 쩨쩨하게 나누어주었다는 것이었다. 원로원이 라틴 인의 반란에 대응하기 위하여 집정관의 권위를 종료하고 독재관을 임명하려고 하자, 그 시점에 권표權標[12]를 잡고 있던 아이밀리우스는 동료 집정관을 독재관으로 임명했다. 그리고 푸블릴리우스는 유니우스 브루투스를 사마관으로 임명했다.

푸블릴리우스의 독재관 지위는 인기가 높았다. 그가 원로원을 비난하는 연설을 자주 했을 뿐만 아니라 평민들에게는 크게 유리하지만 귀족들에게는 불리한 3가지 법을 통과시켰기 때문이다. 첫 번째 법은 시민들의 선포가 모든 로마 시민에게 적용된다는 것이었다. 두 번째 법은 원로원은 켄투리아 민회에서 나온 제안들을 비준해야 한다는 것이었다. 세 번째 법은 원래 감찰관 직 두 자리가 모두 평민에게 돌아가도 좋다는 것이 이미 허용되었으므로, 적어도 그 중 한 자리는 평민 출신을 선출해야 한다는 것이었다. 원로원 의원들이 볼 때, 이해에 두 집정관과 독재

---

12 도시의 궁극적 권위의 표시로서 두 집정관이 한 달 동안 교대로 돌아가면서 잡고서 권력을 행사했다.

관이 국가에 미친 피해가 국외의 전투에서 승리함으로써 국가의 땅을 크게 늘린 이익보다 훨씬 큰 것이었다.

13. 그 다음 해(기원전 338년)의 집정관은 루키우스 푸리우스 카밀루스와 가이우스 마이니우스였다. 지난해의 집정관인 아이밀리우스의 직무 태만을 좀 더 강력하게 지적하고 비판하기 위하여, 원로원은 로마 군이 페둠을 더욱 강하게 공격하여 함락시키거나 파괴시키라고 명령했다. 신임 집정관들은 그 무엇보다도 이 문제를 중시해야 되었고 그리하여 출병했다. 라티움 상황은 이미 평화든 전쟁이든 용납할 수 없는 것이었다. 라틴 인은 전쟁을 수행할 수단이 없었지만 동시에 그들의 땅을 빼앗긴 것에 분노하며 평화를 거부했다. 그들은 평화와 전쟁의 중간노선을 선택하여 도시에 그대로 머무르기로 결정했다. 그렇게 하면 아무런 자극도 주지 않으면 로마인은 전쟁을 걸어올 구실이 없게 될 터였다. 그리고 어떤 도시가 포위 공격을 당하고 있다는 보고가 들어오면 포위당한 시민들을 포위한 자들로부터 구하기 위해 지원군을 보내기로 결정하였다.

인근에 자국 영토가 있는 티부르와 프라이네스테가 보낸 병력이 페둠에 도착했다. 그러나 아리키아, 라누비움, 벨리트라이 등에서 보낸 군대는 아스투라 강[13]에서 안티움의 볼스키 군과 합류하려고 하던 중에, 마이니우스의 갑작스러운 공격을 받았다. 카밀루스는 페둠 인근에서 티부르의 강력한 군대와 싸웠다. 그 싸움은 치열했으나 결과는 성공적이었다. 전투 동안에 도시의 시민들이 갑자기 돌격해 와서 아주 큰 혼란을 일으켰다. 카밀루스는 로마 군의 일부를 떼어내서 그들과 맞서게 했다. 도시의 시민들은 곧 성벽 안으로 도망쳤다. 카밀루스는 그들과 그들의

---

13 안티움 남쪽에서 지중해로 들어가는 작은 강.

동맹군을 낙담시켰고, 뒤이어 공성 사다리를 성벽에 걸쳐서 병력을 도시에 진주시킴으로써, 그날 하루 만에 결국 도시를 점령했다.

이 한 도시를 함락시킨 것만으로도 로마 군의 사기와 용기는 크게 높아졌다. 그래서 두 집정관은 로마 군을 라티움 전역에 진주시켜 완벽한 정복전을 성취하기로 결정했다. 한 도시를 공략하여 항복을 받아내고 이어 다른 도시를 공격하는 정복 작전은 철저하게 수행되었고, 그리하여 로마 군은 라티움 전역을 제압했다. 이미 점령한 도시에는 주둔군을 남겨놓았다. 그런 후 두 집정관은 로마로 돌아갔고 원로원은 그들에게 개선식 수여를 만장일치로 의결했다. 두 집정관은 개선식 이외에 그들의 말 탄 조각상이 포룸에 세워지는 명예(당시로서는 드문 일)도 받았다.

그 다음 해의 집정관 선출을 위한 선거가 치러지기 전, 카밀루스는 라틴 인 문제에 대하여 원로원에 나가 연설을 하면서 이렇게 말했다.

"존경하는 원로원 의원님들, 우리가 라티움에서 전쟁을 통하여 성취하려 했던 과업은 신들의 가호와 우리 병사들의 용기 덕분에 이제 결말을 보았습니다. 적의 군대는 페둠과 아스투라 강에서 도륙되었습니다. 모든 라틴 도시와 볼스키 영토인 안티움은 기습 공격에 의해 함락되었거나 스스로 항복해 왔고, 그리하여 이 지역은 우리 로마 주둔군의 지배 아래에 있습니다. 라틴 인들이 과거에 종종 적대적 행위를 재개함으로써 우리를 괴롭혀 왔기 때문에, 우리가 앞으로 그들을 억제하면서 지속적으로 평화를 유지할 것인지는 두고 볼 문제입니다. 영원불멸한 신들은 의원님들을 국가 업무의 통제자로 임명하였으므로, 라티움이 앞으로 존재할 것인지 혹은 지상에서 완전히 사라져 버릴 것인지 여부는 의원님들의 손에 달려 있습니다. 따라서 라틴 인의 처분에 관해서 말씀드리면, 의원님들은 잔인함 혹은 너그러운 용서를 통하여 우리 로마의 항구적인 평화를 창조할 권한을 갖고 있습니다.

"의원님들은 항복했거나 패배한 사람들에게 가혹한 조치를 취할 계획입니까? 여러분은 라티움 전역을 파괴해 버릴 수도 있습니다. 과거에 여러 번의 중요한 전투에서 멋진 동맹군을 제공해 왔던 지역을 완전 파괴하여 광대한 사막으로 만들어 버릴 수 있습니다. 혹은 의원님들은 조상들의 과거 전례를 취하여 패배한 적들을 시민으로 받아들여 로마의 국가 영토를 확장할 계획입니까? 이런 국토 확장의 소재는 저기에 충분히 있고 최고급 영예 또한 의원님들을 기다리고 있습니다. 확실히 가장 강력한 정부는 많은 사람들이 스스로 복종해오는 정부입니다. 의원님들이 어떤 결정을 내리든 간에 빨리 결정을 해야 합니다. 의원님들은 너무 많은 사람들을 공포와 희망의 중간지대에서 안절부절못하게 만들고 있습니다.

가능한 한 빨리 그들에 대한 의원님들의 의심을 해결해야 합니다. 그들의 마음이 두려움으로 마비되어 있으니, 그들에게 필연적 징벌을 내릴 것이냐 아니면 관대한 대우를 해줄 것이냐를 결정해야 합니다. 모든 문제에 대하여 결정을 내리도록 의원님들에게 권한을 밀어주는 것은 우리의 의무입니다. 반면에 의원님 자신과 국가를 위하여 무엇이 가장 좋은 일인지 결정하는 것은 의원님들의 의무입니다."

14. 원로원의 선임 의원들은 집정관이 문제의 핵심을 잘 짚었다고 칭찬했다. 그렇지만 모든 라틴 인들이 같은 입장은 아니므로 그의 조언은 다음과 같은 방식으로 수행되면 좋겠다는 의견도 덧붙였다. 두 집정관이 서로 다른 사람들의 명단을 제출하면, 그들 각자의 공로를 감안하여 적절히 해결하는 것이 어떻겠는가. 따라서 라틴 인들은 정상을 참작해 가며 서로 다르게 처분되었다.

라누비움 사람들은 시민권이 부여되었고 또 그들의 신전들도 되돌려 받았다. 단, 해방자 유노의 신전과 인근 숲은 라누비움 시민들과 로마 시민들이 공동 소유한다는 조건이었다. 아리키니, 노멘타니, 페둠 인은 라누비움과 같은 조건으로 시민권이 부여되었다. 투스쿨룸 사람들은 이미 갖고 있는 시민권을 그대로 보유했고, 전쟁을 새롭게 일으킨 혐의는 소수의 주모자들에게만 물어졌을 뿐, 공동체 전체로까지 확대되지는 않았다. 오랫동안 로마 시민이었던 벨리트라이 사람들은 여러 차례 반란을 일으킨 죄로 엄중한 처벌을 받았다. 그들의 성벽은 철거되었고, 원로원은 해산되었으며, 그 의원들은 테베레 강 반대편의 오지로 추방되었다. 만약 의원들 중 누구라도 테베레 강 가까운 쪽에서 잡히면 청동 1천 파운드 이상의 석방금을 내야하고, 그를 붙잡은 사람은 그 돈을 지불할 때까지 풀어주어서는 안 된다는 조건이 붙었다. 벨리트라이 원로원 의원들이 갖고 있던 땅을 점령하기 위해 식민 정착자들이 파견되었고, 그들이 현지에 잘 정착하자 벨리트라이는 예전의 인구 번성한 외관을 다시 갖추게 되었다. 안티움에도 식민 정착자들이 새롭게 파견되었다. 단, 안티움 사람들이 원한다면 그들 자신도 식민 정착자로 등록할 수 있다는 조건이었다. 티부르 사람들과 프라이네스테 사람들도 토지를 몰수당했다. 이 두 부족은 다른 라틴 인들과 결합하여 반란을 일으켰을 뿐만 아니라, 로마의 통치를 혐오하여 야만족인 갈리아 인과 결탁했기 때문이었다.

나머지 라틴 인 부족들은 서로 통혼하고 교역할 수 있는 권리를 빼앗겼고 그들끼리 민회를 개최하는 것도 금지되었다. 캄파니아 인들은 라틴 인의 반란을 거부한 기사들에 대한 보답으로, 투표권 없는 시민권이 부여되었다. 푼다니 인과 포르미아니 인은 언제나 그들의 영토를 안전하고 평화롭게 지나갈 수 있도록 해준 데 대한 보답으로 동일한 권리를 부여받았다. 로마 원로원은 쿠마이와 수에술라 사람들에게 카푸아에게 수여한 것과 동일한 권리와 조건을 부여하기로 결정했다. 안티움의 전함 일부는 끌어와서 로마의 선착장에 계류시켰고, 나머지 배들은 불태워 버렸다. 그 배들의 선수船首는 포룸에 설치된 연단을 꾸미는 장식물로 사용하기로 결정되었다. 그래서 이 신성한 곳은 로스트라rostra라는 이름이 붙었는데 이는 선수라는 뜻이다.

15. 가이우스 술피키우스 롱구스와 푸블리우스 아일리우스 파이투스가 집정관이던 해(기원전 337년)에, 전반적으로 평화가 유지되었다. 이것은 로마의 국력 덕분이지만 동시에 로마인들이 자선을 베풀어 주위 부족들의 호감을 산 덕분이기도 했다. 그러다가 시디키니 인과 아우룬키 인 사이에서 전쟁이 터졌다. 아우룬키 인은 티투스 만리우스가 집정관이던 시절(기원전 340년)에 항복했고, 그 때 이후 아무런 문제도 일으키지 않았다. 그래서 그들은 로마에게 도움을 요청할 만한 자격이 충분했다. 그러나 두 집정관이 로마에서 출병하기 전에 ― 원로원은 이미 집정관에게 아우룬키 인을 수호하라고 지시를 내렸었다 ― 아우룬키 족이 그들의 도시를 버리고 처자식과 함께 수에사(현재 아우룬카라고 불리는 도시)로 달아나서 그 도시의 축성을 강화하고 있다는 보고가 들어왔다.

그러자 원로원은, 꾸물거려서 동맹을 배신한 결과가 된 두 집정관에 화를 내면서, 독재관을 임명하라고 지시했다. 그리하여 가이우스 클라우디우스 인레길렌시스가 독재관에 임명되었고, 독재관은 이어 가이우스 클라우디우스 호르타토르를 사마관으로 지명했다. 그러나 독재관에 대하여 어떤 종교적 의문이 제기되었고, 이어 복점관이 임명 절차에 하자가 있다고 선언하자, 독재관과 사마관은 모두 사임했다.

그해에 베스탈(베스타 신전의 여제관) 미누키아가 필요 이상으로 화려한 옷을 입고 있다가 사람들의 주목을 받았고, 이어 어떤 노예가 제시한 증거에 의거하여 대제관 앞으로 고발되었다. 그녀는 대제관의 명령에 의해 신성한 의례를 거행하지 못하는 것은 물론이고, 또 노예를 면천시키는 권리 또한 금지되었다.[14] 그녀는 유죄가 선고되었고 그 후에 콜리누스 성문 근처에서 산 채로 매장되었다. 그 지점은 오염된 들판에 있는 포장도로의 오른쪽이었다. 오염된 들판이라는 지명은 그녀의 정결하지 못함에서 비롯된 것으로 생각된다.

같은 해(기원전 337년), 퀸투스 푸블리리우스 필로가 법무관으로 선출되었는데 평민 출신으로는 처음이었다. 이 선출 건은 집정관 술피키우스의 강력한 반대에 부딪혔다. 집정관은 그를 법무관으로 뽑는 투표를 실시하지 않겠다고 선언했다. 그러나 원로원은 최고 행정관 직인 집정관 자리에 평민 출신이 오르는 것을 막지 못했으므로, 그보다 권위가 떨어지는 법무관 직에 평민이 진출하는 것에 대하여 그리 강력하게 반발하지 않았다.[15]

16. 그 다음 해(기원전 336년)는 루키우스 파피리우스 크라수스와 카이소 두일리우스가 집정관이었다. 이해는 심각하기보다는 다소 기이한 전쟁으로 기록해 둘 만한 가치가 있다. 그 전쟁은 칼레스 시에 거주하는 아우소네스 족을 상대로 벌인 것이었다. 그들은 이웃인 시디키니 족과 힘을 합쳐서 연합군을 만들었으나 이 연합군은 이렇다 하게 기록할 만한 가치도 없는 단 한 번의 전투에서 패배했다. 두 도시는 가깝게 붙어 있었으므로 그들은 더욱더 도망칠 생각이 간절했고 그리하여 패주함으로써 안전함을 추구했다. 그렇지만 원로원 의원들은 이 전쟁에 대해서 계속 걱정을 했다. 시디키니 족은 자주 반란을 일으켰을 뿐만 아니라 반란을 일으키려는 주변 부족들을 지원하여 여러 번 적대적 관계를 만들어

---

14 만약 미누키아가 노예들을 면천시키면 해방된 노예들로부터 증거를 얻어내기 위해 고문을 가하는 것은 불법행위가 되기 때문에 증거 수집 차원에서 면천권 금지 처분을 내린 것이다.
15 집정관 술피키우스는 원로원 의원들의 지지가 별로 없자 그의 협박을 스스로 거두어들인 것 같다고 리비우스는 암시하고 있다.

낸 장본인이었기 때문이다.

그래서 원로원 의원들은 전력을 경주하여 당대의 위대한 장군인 마르쿠스 발레리우스 코르부스를 집정관(4선)으로 선출했다. 그의 동료 집정관은 마르쿠스 아틸리우스 레굴루스였다. 전쟁 준비에 만전을 기하기 위하여 두 집정관은 추첨 없이 코르부스에게 군 통수권을 주라는 원로원의 권고를 받았다. 그리하여 코르부스는 지난해 집정관들로부터 상승군을 인수받아, 전투가 이미 시작된 칼레스로 출병했다.

코르부스는 첫 번째 함성과 돌격으로써, 이전 전투의 공포를 아직 극복하지 못한 적을 패주시켰다. 이어 그는 칼레스 시의 성벽을 향해 공격했다. 그의 병사들은 전투 정신이 충만하여 곧장 적의 성벽에다 기어오르기 용 사다리를 갖다 붙이자고 주장하면서, 충분히 사다리를 기어올라갈 수 있다고 소리쳤다. 그러나 그것은 말처럼 쉬운 일이 아니었다. 코르부스는 병사들의 목숨을 위태롭게 만들기보다는 적의 성벽 주위로 공성 작업을 먼저 하는 것이 좋겠다고 판단했다. 그리하여 그는 토벽을 짓고 방어용 투창 막이를 세운 후, 공성 탑을 천천히 성벽에다 접근시켰다. 하지만 이런 공성 무기를 사용하기도 전에 한 줄기 행운이 찾아와 그런 무기를 불필요하게 만들었다.

칼레스의 축제일에 감옥의 간수가 부주의해진 틈을 타서, 로마 군 포로였던 마르쿠스 파비우스는 족쇄를 끊어버리고서, 그가 흉벽에다 묶어놓은 외줄기 밧줄을 땅으로 내린 다음 그 밧줄을 타고서 한 발 한 발 내려와서, 로마 군의 공성 무기 사이로 무사히 안착했다. 그는 로마 군 사령관에게 적이 축제를 벌이고 술 취해 절반 쯤 잠든 이때에 공격할 것을 건의했다. 그리하여 로마 군은 전투를 벌일 것도 없이 아주 손쉽게 아우소네스 족과 그들의 도시를 함락시켰다. 엄청난 양의 전리품이 탈취되었고 현지에 수비대를 설치한 후에 로마 군은 도시로 돌아왔다. 집정관 코르부스는 원로원의 선언에 의해 개선식 환영을 받았다. 그리고 원로원은 아틸리우스에게도 영광의 몫을 나누어주기 위해 두 집정관에게 시디키니 족을 정벌하기 위한 원정에 나서라고 지시했다.

그들이 떠나기 전에 두 집정관은 원로원의 지시를 받들어 루키우스 아이밀리우스 마메르키누스를 독재관으로 지명하여 선거를 치를 수 있게 했다. 이어 독재관은 퀸투스 푸블릴리우스 필로를 사마관으로 지명했다. 독재관이 주재한 선거에서 뽑힌 집정관은 티투스 베투리우스와 스푸리우스 포스투미우스였다. 시디키니 족과의 전쟁이 아직 절반 정도밖에 진행되지 않았는데도, 두 집정관은 혜택을 베풀어 달라는 평민들의 소원을 들어주기 위해 칼레스에 식민 정착자를 보내는 법안을 도입했다. 원로원은 이 식민 사업에 2,500명을 보낸다고 의결했고 카이소 두일리우스, 티투스 퀸크티우스, 마르쿠스 파비우스의 3인을 식민지 사업 관리 위원으로 임명했다. 이들은 식민 정착자들을 칼레스로 데리고 가서 그들에게 골고루 토지를 분배하는 업무를 주관하게 되었다.

17. 새로 선출된 두 집정관은 선임 집정관들로부터 군대를 인수하여 적의 영토로 출병하여 적의 성벽에 도착했고, 그 과정에서 적의 농촌 지역을 초토화시켰다. 시디키니 족도 대규모 군대를 편성하여 그들의 마지막 희망인 다가오는 전투에 총력을 기울이는 모양이었다. 또한 삼니움 인도 로마를 상대로 전쟁을 하기 위해 군대를 조직하고 있다는 소문이 들려왔다. 그리하여 원로원은 두 집정관으로 하여금 독재관을 지명하도록 지시해야 할 때라고 판단했다. 그 결과 푸블리우스 코르넬리우스 루피누스가 독재관으로 선임되었고, 이어 독재관은 마르쿠스 안토니누스를 사마관으로 지명했다. 하지만 독재관 선출에 종교적 하자가 있다는 지적이 나오자 두 사람은 곧바로 사임했다. 이어 전염병이 창궐하자 모든 조점鳥占이 변칙 때문에 영향을 받았다는 판단이 나왔다. 원

로원은 곧바로 인테르레그눔을 선언했다.

인테르레그눔이 시작되어 다섯 번째로 인테르렉스에 오른 마르쿠스 발레리우스 코르부스가 마침내 아울루스 코르넬리우스(재선)와 그나이우스 도미티우스를 집정관으로 선출하는데 성공했다. 늘 그렇듯이, 모든 것이 평온할 때에 갈리아 인들이 전쟁을 준비 중이라는 소문이 나돌았고 그 소문은 실제로 갈리아가 쳐들어오는 것 같은 효과를 일으켰다. 그리하여 원로원은 독재관을 세우기로 결정했다. 마르쿠스 파피리우스 크라수스가 독재관으로 선임되었고, 이어 독재관은 푸블리우스 발레리우스 푸블리콜라를 사마관으로 지명했다. 독재관이 이웃 부족들을 상대로 하는 전쟁 때보다 더 긴급하게 징병 절차를 진행하는 동안에, 정탐을 위해 밖으로 내보냈던 척후병이 돌아와 갈리아 인들은 아주 조용히 있다는 보고를 해왔다.

삼니움 또한 지난 2년 동안 반란을 일으킬 계획을 꾸미고 있다는 의심을 받아왔고, 그래서 로마 군은 시디키니 영토에서 철수하지 못하고 있었다. 그러나 그리스 에페이로스의 알렉산드로스 왕이 이탈리아로 공격해오자 삼니움 인은 군대를 루카니아 쪽으로 돌려서 응전에 나섰다. 시디키니와 삼니움의 두 부족은 파이스툼 쪽으로 올라오는 알렉산드로스에 맞서서 총력전을 벌였다. 그 싸움에서 알렉산드로스가 승리를 거두었고, 이어 그는 로마인들과 평화 조약을 맺었다. 그의 나머지 전투가 생각처럼 잘 굴러갔더라면 그가 과연 로마와의 조약을 어느 정도 지켰을지는 의문 사항이다.

같은 해(기원전 332년), 인구조사가 실시되어 새로운 시민들이 생겨났다. 마이키아 부족과 스카프티아 부족이 로마의 새로운 부족으로 추가되었다. 이 조사 작업을 맡은 감찰관은 퀸투스 푸블릴리우스 필로와 스푸리우스 포스투미우스였다. 법무관 루키우스 파피리우스가 제안한 법률에 의해 아케라이 사람들이 로마인이 되었다. 그들은 투표권 없이 시민권만 부여되었다. 이상이 이해에 국내와 국외에서 벌어진 일들이다.[16]

18. 불순한 날씨 탓인지 혹은 인간의 부패 때문인지 모르지만 그 다음 해(기원전 331년)에 끔찍한 일이 벌어졌다. 이해의 집정관은 마르쿠스 클라우디우스 마르켈루스와 가이우스 발레리우스였다. 나는 여러 연대기에서 발레리우스라는 성 대신에 플라쿠스 혹은 포티투스라는 성이 제시되어 있는 것을 발견했으나, 이것의 진실 여부는 그리 중요한 것이 아니다. 그렇지만 내 생각에, 거짓 정보가 후대까지 전해지고 있는 한 가지 사항이 있다(물론 모든 권위있는 역사가들이 그 사항을 지적한 것은 아니다). 즉, 이해에 발생한 많은 죽음이 전염병 때문이 아니라 독살에 의한 것이라는 주장이 그것이다. 하지만 나는 이것을 후대에 전해지는 그대로 기록할 수밖에 없다. 내가 의존하는 역사가들의 권위에 대하여 자신감을 잃지 않기 위해서라도 말이다.

유지급 시민들이 결국에는 죽음으로 끝나는 동일한 질병의 징후를 보이기 시작하자, 어떤 하녀가 쿠룰레 토목건축관리관 퀸투스 파비우스 막시무스를 찾아와서 이런 말을 했다: "만약 그녀의 증언이 그녀에게 아무런 피해도 주지 않을 것임을 토목건축관리관이 약속해준다면, 이 전염병의 원인을 밝히겠다." 파비우스는 이 문제를 즉각 두 집정관에게 보고했고 집정관은 다시 원로원에 보고했다. 원로원이 승인하자 제보자 하녀는 안전을 보장받았다. 그러자 하녀는 도시가 여자들의 배신 때문에 고통을 받고 있다고 말했다. 기혼 부인들이 독약을 끓이고 있는데,

---

16 마이키아 부족은 아마도 6권 2장에서 언급된 카스트룸 마이키움[라누비움 근처]에서 유래되었을 것이다. 그리고 스카프티아 부족은 스카프티아 출신을 말하는데 이 도시는 티부르와 투스쿨룸 사이에 있었다. 이 두 부족이 추가됨으로써 로마의 부족수는 총 29개가 되었다.

만약 토목건축관리관이 즉각 그 하녀를 따라 현장에 출동한다면 독약탕을 만들고 있는 여자들을 현행범으로 체포할 수 있을 것이다. 그리하여 유부녀들이 포룸으로 끌려왔다. 자기 집에서 독약탕을 끓이던 주부로서 포룸에 나오라는 공식 소환장을 받은 여자는 스무 명이나 되었다. 그 여자들 중 코르넬리아와 세르기아는 귀족 출신이었는데 그 탕은 건전한 약제일 뿐이라고 주장했다.

그러자 제보자 하녀가 그 말을 즉각 반박하면서 만약 독약을 끓인다는 얘기가 무고誣告임을 증명하고 싶다면 지금 이 자리에서 그 탕약을 먹어보라고 요구했다. 두 여자는 서로 의논을 하더니, 관중이 다 흩어져 가자 나머지 주부들에게 어떻게 대응할 것인가를 물었다. 나머지 여자들도 두 여자와 마찬가지로 그 탕약을 먹는 것을 거부하지 않았고, 그래서 스무 명의 여자가 모두 탕약을 마셨는데, 자신들의 나쁜 꾀로 죽음을 맞이했다. 그 여자들의 수행원들이 즉각 체포되었고, 이 수행원들은 많은 주부들을 고발했는데 그 중 170명 정도가 유죄 판결을 받았다.

그 사건 이전에는 로마에 독살의 혐의에 대해서 공식 조사가 이루어진 적은 없었다. 그 사건은 불길한 조짐으로 여겨졌고, 사건 속 여자들의 마음은 타락했다기보다는 귀신들린 것처럼 보였다. 그러다가 과거의 연대기에 평민들의 근무지 이탈 때 독재관이 망치로 못을 박아 사태를 진정시켰다는 고사가 있음을 사람들은 기억해냈다. 평민과 귀족 사이의 불화로 아주 혼란스럽게 되었던 평민들의 마음이 그 속죄의 행위로 인해 자제심을 회복했던 것이다.[17]

따라서 대못을 박을 임무를 맡길 목적으로 독재관을 선임하기로 결

---

17 리비우스는 7권 3장에서 이 행사를 언급하고 있으나 평민들의 근무지 이탈 때문에 그런 것이 아니라 전염병의 진정이 그 목적이었다. 참조 9권 28장.

정되었다. 그나이우스 퀸크틸리우스가 독재관으로 선출되었고, 이어 독재관은 루키우스 발레리우스를 사마관으로 지명했다. 망치로 대못을 박는 행사가 엄숙하게 거행되었고 독재관과 사마관은 곧바로 사임했다.

19. 선출된 집정관은 루키우스 파피리우스 크라수스(재선)와 루키우스 플라우티우스 베녹스였다. 두 집정관의 취임 초기에 파브라테리아와 루카니아에서 보낸 볼스키 사절이 로마를 찾아와 보호를 요청했다. 만약 삼니움의 공격에 대비하여 그들을 보호해 준다면 앞으로 로마 시민을 따르는 충실하고 순종적인 복종자가 되겠다고 약속했다. 로마 원로원은 삼니움에 사절을 파견하여 이 두 부족에게 폭력을 가하지 말라고 경고했다. 로마 사절은 그 임무를 성공적으로 해냈는데, 삼니움 족이 평화를 위해서라기보다, 그들이 아직 전쟁 준비가 안 되었기 때문이었다.

같은 해(기원전 330년) 프리베르눔과의 전쟁이 시작되었다. 그곳 주민들은 푼디 사람들을 동맹으로 두고 있었고 심지어 비트루비우스 바쿠스라고 하는 푼디 사람을 사령관으로 모시고 있었다. 바쿠스는 고향 마을뿐만 아니라 로마에서도 명성을 얻고 있었는데, 로마의 팔라티움 언덕에 집을 가지고 있었다. 그의 집이 철거되고 그 부지가 몰수된 후에, 그 지역은 바쿠스의 초원으로 알려지게 되었다. 바쿠스가 세티아, 노르바, 코라 등의 영토에서 광범위한 초토화 작전을 펼치고 있을 때, 루키우스 파피리우스가 출병하여 바쿠스의 진영에서 그리 멀지 않은 곳에 진지를 구축했다.

비트루비우스(바쿠스)는 그 자신보다 강력한 군대와 조우했을 때 누벽 뒤에 머무르며 때를 기다리는 지혜도 없었을 뿐만 아니라 그 자신의 진영에서 멀리 떨어져서 싸우려는 충분한 용기도 갖추지 못했다. 그가 진영 출입문 밖에 전군을 전개시키자 병사들은 로마 군과 싸우겠다는 생각보다는 도망치겠다는 생각이 더 간절했다. 게다가 그는 아무런 작전 계획이나 감투 정신 없이 작전을 개시했다. 그를 전투에서 패배시키는 데에는 별 힘이 들지 않았다. 그러나 전투 지역이 너무 협소한데다 퇴각이 용이했기 때문에 바쿠스는 심각한 병력 손실 없이 별로 어렵지 않게 진영으로 퇴각할 수 있었다. 실제 전투에서 죽은 병사는 거의 없었고, 몇몇 늦게 출발한 적 병사들만이 그들의 군대가 진영으로 황급히 퇴각하는 혼란 중에 살해당했을 뿐이었다. 밤이 되어 어두워지자 바쿠스 군대는 겁에 질린 상태로 프리베르눔으로 퇴각하여, 보루가 아니라 성벽 뒤에서 그들의 안전한 피난처를 찾으려 했다.

동료 집정관 플라우티우스는 온 사방의 토지를 파괴하고 소 떼를 축출한 뒤에, 푼디의 영토로 군대를 이동시켰다. 그가 국경을 막 넘어가는데 푼디의 의원들이 그를 맞이하러 나와서, 비트루비우스와 그의 추종자 때문이 아니라 푼디의 시민들을 위해 평화를 호소하러 왔다고 말했다. 비트루비우스가 고향 도시인 푼디가 아니라 프리베르눔에 피신처를 정한 이후에는 푼디에 대해서 아무런 책임이 없다고 주장했다. 따라서 로마 군이 로마의 적으로 삼아 응징을 가해야 할 대상은 푼디가 아니라 프리베르눔이라는 얘기였다.

프리베르눔은 로마와 푼디에게 전혀 의리를 지키지 않은 불충한 도시였다. 푼디 사람들은 평화를 사랑하고 로마에 대하여 좋은 감정을 가지고 있고, 또 로마 시민권을 부여받은 것에 대하여 좋은 추억을 갖고 있었다고 말했다. 이렇게 말하면서 푼디 의원들은 집정관 플라우티우스에게 무고한 사람들을 상대로 전쟁을 하지 말 것을 호소했고, 또 푼디의 땅, 도시, 남자들, 그들의 처자식은 모두 로마 시민의 권위에 복종하며, 앞으로도 그럴 것이라고 선언했다. 집정관은 푼디 사람들을 따뜻하게 칭찬하면서 푼디가 충성스러운 사람이라는 내용의 급보를 로마에 보낸 다음, 프리베르눔으로 이동했다.

클라우디우스[18]에 의하면, 플라우티우스는 푼디를 떠나기 전에 음모의 주동자들을 처형하고 음모자들 350명을 사슬에 묶어서 로마로 보냈고, 또 원로원은 푼디 사람들이 겸손하고 곤궁한 척하면서 징벌을 모면하려 한다고 판단하여 그들의 항복을 받아들이지 않았다.

20. 두 명의 집정관이 프리베르눔을 포위 공격하는 동안, 한 집정관은 선거를 주관할 목적으로 로마로 소환되었다. 이해에 원형 경기장에 전차 보관소가 설치되었다.[19]

프리베르눔과의 전투가 아직 완결되지 않은 상황에서, 갈리아 인이 로마를 공격하기 위해 봉기했다는 울적한 소식이 전해졌다. 로마 원로원은 과거에 갈리아 인에게 로마를 점령당한 경험이 있었으므로 특히 갈리아 소식은 무시하는 법이 없었다. 루키우스 아이밀리우스 마메르키누스와 가이우스 플라우티우스는 집정관 취임 당일(7월 1일)에 군대를 둘로 나누어 각자 지휘권을 행사하라는 명령을 받았다. 갈리아 전쟁을 담당하게 된 마메르키누스는 동원 가능한 병력은 일체의 예외를 인정해 주지 말고 모두 동원하라는 지시를 받았다. 그리하여 군 복무에는 부적절한 유럽인 장인들과 기능공 또한 군복무 소집 인원 명부에 들어갔다고 한다. 베이이에는 대규모 군대가 집결했고, 그곳으로부터 갈리아 인에 대한 전투가 시작될 예정이었다. 그러나 적이 로마 군에 노출되지 않은 채 다른 길을 통하여 로마로 진격할 것을 우려하여, 멀리까지 행군하지는 않기로 결정되었다. 며칠 뒤 갈리아 쪽에서 아무런 움직임도 없다는 것이 확실해지자 로마 군은 전군이 프리베르눔 쪽으로 이동했다.

---

18 고대 로마의 연대기 작가 Q. 클라우디우스 콰드리가리우를 말하는데 6권 42장에서 이미 언급되었다.

19 전차 보관소는 전차 출발 칸 혹은 축사(畜舍)라고도 하는데, 전차 경기가 시작되기 직전에 축사를 가로 막고 있던 수평 막대를 내려서 전차를 출발시켰다.

여기서부터 후대에 전해지는 전승은 약간씩 다르다. 어떤 전승은 프리베르눔이 기습 공격에 의해 함락되었고 비트루비우스는 생포되었다고 전한다. 다른 전승은 최후의 공격이 전개되기 직전에 그곳 주민들이 전령의 막대기를 들고 성 밖으로 나와 집정관에게 항복했으며, 비트루비우스는 고향 사람들에 의해 로마 군에게 인도되었다고 전한다. 집정관은 비트루비우스와 프리베르눔 문제에 대하여 원로원에 지시를 요청했고, 원로원은 플라우티우스에게 프리베르눔의 성벽을 허물어버리고 그곳에 강력한 수비대를 남긴 다음에 로마에 돌아와 개선식을 받으라는 지시를 내렸다. 비트루비우스는 집정관의 도착 시까지 투옥되었다가 매질을 가한 다음에 처형되었다. 팔라티움 언덕에 있던 그의 집은 철거되었고 그의 부동산은 세모 산구스에게 봉헌되었다.[20] 또한 그의 가내 재산을 팔아서 만든 청동을 가지고 청동 원판을 만들어서 퀴리누스 신전 곁에 있는 산구스 신전에 봉헌했다.

프리베르눔의 원로원 의원들 처리와 관련해서는, 로마를 배신한 이후에도 프리베르눔에 살았던 의원들은 테베레 강에서 먼 곳에 살도록 추방되었고, 그들에게 가해진 출입 제한은 벨리트라이 사람들에게 내려진 것과 똑같았다.[21] 일단 이런 법령을 선언한 이후에, 프리베르눔 사람들에 대해서는, 플라우티우스가 로마로 돌아와 개선식을 거행할 때까지 아무런 언급이 없었다. 개선식 이후에 비트루비우스는 범죄의 공모자들과 함께 처형되었고, 집정관은 범죄자의 처형에 대해서 신물이 나는 사람들을 상대로 프리베르눔 사람들의 문제를 언급하는 것이 안

---

20 세모 산구스는 맹세의 신인 디우스 피디우스의 다른 이름으로 헤라클레스와 동일시되었는데, 헤라클레스는 다시 유피테르와 밀접한 관계가 있었다.
21 참조 8권 14장.

전하다고 생각했다.

집정관은 이렇게 말했다. "존경하는 원로원 의원님들, 반란의 주모자들이 영원불멸의 신들과 의원님들이 합당하다고 생각되는 처벌을 받았으니, 이제 대다수 무고한 사람들은 어떻게 처리할 것입니까? 나 자신은 이 문제에 대하여 의견을 내놓기보다는 의견을 알아보아야 할 입장입니다. 프리베르눔 사람들은 현재 우리 로마와의 관계가 아주 불안정한 삼니움 족의 이웃입니다. 그러니 우리와 그들 사이에 가능한 한 악감정이 남아 있지 않는 것이 좋겠다고 생각합니다."

21. 그 문제는 간단히 답변할 수 있는 것이 아니었다. 엄격한 징벌과 관대한 처분은 의원들 개인의 취향에 달린 것이었기 때문이다. 게다가 그 문제는 프리베르눔에서 온 사절들 중 한 사람의 강력한 태도에 의해 더욱 복잡해졌다. 그 사절은 프리베르눔이 현재 처한 곤경보다는 자신이 신분 높은 귀족 가문 출신이라는 것을 더 의식했다. 엄격한 징벌을 지지하는 의원이 프리베르눔 사람이 어떤 처벌을 받아야 마땅하다고 생각하느냐고 그 사절에게 질문하자, 그는 이렇게 대답했다. "자기 자신이 자유를 누릴 권리가 있다고 생각하는 사람들이 받아야 할 처벌을 받으면 된다고 생각합니다."

이런 오만한 답변이 프리베르눔을 관대하게 봐주는 것에 이미 반대하던 사람들의 적개심을 더욱 높일 것을 우려한 나머지, 집정관은 좀 더 전략적인 답변을 이끌어낼 만한 부드러운 질문을 던졌다. "만약 우리가 당신들을 처벌하지 않는다면 우리는 어떤 종류의 평화를 당신들로부터 얻으리라고 봅니까?" 그 사절은 이렇게 대답했다. "당신이 우리에게 좋은 평화를 내려준다면 그것은 충성스럽게 지켜지고 또 오래갈 것입니다. 그러나 나쁜 평화를 부여한다면 그건 오래가지 못할 것입니다."

그런 대답을 듣자 일부 의원들은 그가 아주 분명한 어조로 의원들을 협박하고 있고, 또 그런 말은 이미 평화를 원하는 사람들을 반란으로 내몰 수도 있다고 지적했다. 그러나 관대한 처분을 원하는 의원들은 그 사절의 말을 좋은 쪽으로 해석하면서, 그의 말은 자유롭게 태어난 자의 말이라고 두둔해 주었다. 그 어떤 민족 혹은 개인이 고통스러운 상황을 필요 이상으로 감내하려 하겠는가, 라고 의원들은 물었다. 강화 조건을 자발적으로 받아들일 때 평화는 충성스럽게 지켜지는 것이다. 어떤 사람들에게 노예 상태를 부과해 놓고 그들에게서 충성심을 기대할 수는 없다.

집정관 자신도 이 후자의 의견을 채택할 것을 적극 건의했다. 플라우티우스는 원로원에서 의견을 제일 먼저 말하게 되는 전 집정관들을 상대로 남들이 다 들을 수 있도록 아주 큰 목소리로 이 의견을 채택할 것을 요청했다. 집정관은, 오로지 자유만을 생각하는 사람들만이 로마인이 될 자격이 있다고 주장했다. 그렇게 하여 프리베르눔 사절은 원로원에서 그들의 주장을 관철시켰고, 원로원의 승인 아래 프리베르눔 사람들에게 시민권을 부여하는 제안이 민회에 제출되었다.

같은 해(기원전 329년)에 300명의 식민 정착자들이 안크수르에 파견되었고 그들은 각자 2 유게룸의 땅을 하사받았다.

22. 그 다음 해(기원전 328년), 푸블리우스 플라우티우스 프로쿨루스와 푸블리우스 코르넬리우스 스카풀라가 집정관 자리에 올랐다. 이해는 국내외적으로 무탈한 한 해였다. 단 다음 두 가지 사항은 특기할 만하다. 첫째, 프레겔라이에 식민 정착자들이 파견되었는데, 이 땅은 원래 시그니아 사람들의 것이었으나 나중에 볼스키 사람들의 차지가 되었던 땅이었다. 둘째, 마르쿠스 플라비우스가 자신의 어머니 장례식에서 조문객들에게 고기를 분배해 주었다. 어떤 사람들은 어머니 장례식에 온 조문객들에 대하여 답례를 한다는 구실로, 플라비우스가 전에 재판에서 신세를 졌던 사람들에게 진 빚을 갚은 것이라고 말했다. 그는 유부녀를

유혹하여 관계를 맺은 혐의로 토목건축관리관에 의하여 고발을 당했는데, 그 사람들의 우호적인 증언으로 무죄 방면된 일이 있었던 것이다. 그 고기는 전에 재판정에서 우호적인 증언을 해준 보답으로 나누어준 것이었으나, 그가 관직을 얻는데 힘을 발휘하기도 했다. 호민관을 뽑는 다음 번 선거에서 마르쿠스 플라비우스는 선거 운동을 하지 않았는데도, 유세를 열심히 한 후보들을 누르고 당선되었다.

팔라이폴리스 시는 현재의 네아폴리스 자리에서 그리 멀지 않은 곳에 있었다. 두 도시는 원래 쿠마이 출신의 동일한 사람들이 거주했다. 그리고 쿠마이 사람들은 에게 해의 제일 큰 섬, 에우보이아의 칼키스에서 왔다. 그들은 고향에서 이곳으로 데려온 배들 덕분에, 그들이 살게 된 해안 지역에 커다란 영향력을 행사했다. 그들은 먼저 아이나리아 섬과 피테쿠사이 섬[22]에 상륙했다가, 이어 좀 더 모험심을 발휘하여 이탈리아 본토에 정착촌을 형성하게 되었다. 이들은 자신들의 힘을 믿었고, 삼니움 동맹과 로마의 불안정한 관계, 로마 시를 휩쓸었다고 하는 전염병 등의 외부 조건을 감안하여 캄파니아와 팔레리이 영토 내의 로마 정착촌들을 상대로 많은 적대적 행위를 저질렀다. 따라서 루키우스 코르넬리우스 렌툴루스와 퀸투스 푸블릴리우스 필로(재선)가 집정관이던 시절에, 로마는 팔라이폴리스에 전령 사제단을 보내어 피해 보상을 요구했다. 그러나 행동보다 말이 더 거친 그리스인들로부터 거친 답변만 들었을 뿐이었다. 로마 민회는 원로원이 제안한 조치를 즉각 수용하여 팔라이폴리스에 전쟁을 선포하라고 명령했다. 두 집정관은 군대의 지휘권을 양분하여 그리스인들을 상대로 하는 전투는 푸블릴리우스가 맡았고, 동료 집정관 코르넬리우스는 삼니움이 군사적 움직임을 보일 경우에 대

---

22 나폴리 만 북쪽에 있는 섬들.

비하여 즉각 삼니움 군대에 대적할 수 있는 곳에다 진지를 구축했다. 삼니움은 캄파니아 인들이 반란을 일으키는 시점을 출병의 신호로 삼고 있다는 얘기가 들려왔으므로, 캄파니아 근처가 영구 진지를 구축하기에 가장 좋은 곳이라고 코르넬리우스는 판단했다.

23. 두 집정관은 삼니움과 평화 조약을 맺을 가능성은 아주 낮다고 원로원에 보고했다. 푸블릴리우스는 이런 보고를 올렸다: "놀라 출신의 병사 2천과 삼니움 병사 4천이 팔라이폴리스에 들어왔는데, 이것은 그리스인들이 자발적으로 받아들인 것은 아니고, 놀라 사람들이 그들에게 강요해서 그렇게 된 것이었다. 삼니움 관리들은 징집령을 선포했고, 삼니움 전역이 무장 봉기에 나섰으며, 프리베르눔, 푼디, 포르미아이 등 인근 도시들은 삼니움을 지원하라는 압박을 받고 있다."

원로원은 푸블릴리우스의 보고서를 접하고서 전쟁을 선포하기 전에 삼니움에 사절을 보내기로 결정했고, 이어 사절이 삼니움에서 가져온 답변은 호전적인 것이었다. 삼니움은 로마가 불법 행위를 저질렀다고 뻔뻔하게 비난하고 나섰고, 삼니움에게 가해진 비난들을 모두 일소해 버리겠다고 더욱 단단하게 결심하고 있었다. 삼니움은 그리스인들에게 공식적인 조언이나 지원을 해준 것이 없고, 또 푼디와 포르미아이를 병합할 생각이 없다고 말했다. 삼니움은 만약 전쟁을 해야 한다면 자체 자원만으로도 충분히 싸울 수 있다고 호언했다.

반면에 그들은 로마가 프레겔라이를 원상복구시키자 당황하는 느낌을 감추지 못했다. 그곳은 삼니움이 볼스키 인으로부터 빼앗아 완전히 파괴했던 곳이었다. 삼니움의 땅에 로마가 식민촌을 건설하고 로마의 식민지 정착자들이 들어와 다시 예전의 이름을 부여한 것이었다. 그것은 도발이며 모욕이었고, 그 정착촌이 책임 있는 자들에 의해 철거되지 않는다면, 삼니움은 모든 수단을 동원하여 그것을 강제 철거할 것이라고 말했다. 로마 사절이 양쪽의 이웃과 우방과 함께 그 상황을 논의해보자고 제안하자, 삼니움 대변인은 그것이 문제만 복잡하게 만들 뿐이라고 대답했다.

그가 말했다. "로마인들이여, 우리의 의견 차이는, 사절들 사이의 담판이나 그 어떤 사람의 중재로 해결되지 않을 것입니다. 우리 양군이 캄파니아의 들판에서 만나 칼과 전쟁의 운명에 의해 결판을 내야 할 것입니다. 카푸아와 수에술라 사이에서 양군은 진지를 구축하고 총력전을 벌여서 이탈리아의 맹주가 삼니움이냐 로마냐를 결정해야 합니다."

로마의 사절들은, 그들은 로마의 사령관이 가라고 하는 곳으로 갈 뿐, 적들이 명령하는 곳은 가지 않는다고 대답했다. 그리고…[23]

푸블릴리우스는 이미 팔라이폴리스와 네아폴리스 사이의 편리한 장소를 점령했고, 적들이 어려움에 빠질 때마다 번갈아가며 두 도시에서 도움을 얻었던 이점을 박탈했다. 당시 선거 날짜가 임박해 있었다. 그러나 푸블릴리우스가 적의 성벽을 위협하면서 곧 적의 도시를 함락시킬 것 같은 상황에서 그를 선거 때문에 도시로 소환하는 것은 공익에 어긋나는 일이었다. 그래서 원로원은 호민관단과 논의하여 다음과 같은 제안을 민회에 제출하여 통과시켰다. 퀸투스 푸블릴리우스 필로는 집정관 임기가 끝나더라도, 그리스인들을 상대로 한 전쟁이 끝날 때까지 집정관 자격으로 전쟁을 계속 수행한다.[24]

반면에 동료 집정관 루키우스 코르넬리우스는 이미 삼니움 영토에

---

23 여기서 상당한 길이의 한 문단이 인멸되었는데, 아마도 사절들의 결과 보고, 전쟁의 선포, 나폴리 포위 공격 등이 다루어졌을 것으로 짐작된다.
24 이것은 임기 이후에도 집정관이 그 직을 계속 수행한 것을 최초로 기록한 사례이다. 예전 기원전 464년에 T. 퀸크티우스가 전쟁 수행을 계속하기 위해 집정관의 권위가 부여된 적이 있었다. 참조 3권 4장.

들어가 있었다. 원로원은 현재 적극적으로 전쟁 수행 중인 코르넬리우스를 로마로 소환하는 것이 꺼려졌다. 원로원은 그에게 편지를 보내어 선거를 주관할 독재관을 지명해 달라고 지시했다. 그는 마르쿠스 클라우디우스 마르켈루스를 독재관으로 지명했고, 독재관은 다시 스푸리우스 포스투미우스를 사마관으로 지명했다. 그러나 독재관은 선거를 주관하지 못했다. 그의 임명 절차에 하자가 있다는 의문이 제기되었기 때문이다. 복점관들은 점을 쳤고 독재관의 임명 절차가 불규칙했다고 선언했다. 호민관들은 이 선언을 불신하면서 이런 비난을 했다. 임명 절차의 하자는 찾아보기 어렵다. 왜냐하면 집정관 코르넬리우스는 밤중에 일어나서 침묵 중에 독재관을 임명했기 때문이다. 그는 이 임명 건에 대하여 공식적으로나 개인적으로나 그 누구에게도 편지를 쓰지 않았다. 그 지휘권 행사를 무효로 만들 수 있는 어떤 것을 보거나 들은 사람은 아무도 없다. 독재관으로 지명된 사람이 평민 출신이기 때문에 복점관들이 임명 절차에 하자가 있다고 말하는 게 아닌가, 라고 호민관들은 말했다. 호민관들이 제시한 이런 반론이나 다른 반대 의견들은 아무 효과가 없었다. 정부는 인테르레그눔 체제로 들어섰고 선거는 이런저런 이유로 연기되다가 마침내 열네 번째 인테르렉스인 루키우스 아이밀리우스가 가이우스 포에텔리우스와 루키우스 파피리우스 무길라누스를 집정관으로 선출했다. 나는 다른 연대기들에서는 쿠르소르의 이름도 발견했다.

    24. 같은 해(기원전 326년) 이집트의 알렉산드리아 건설이 기록되었다. 또 루카니아의 유배자가 에페이로스의 왕 알렉산드로스를 살해했다.[25]

---

25 알렉산드리아 건설과 왕의 죽음은 기원전 332년 혹은 331년의 일인데 리비우스는 5년 뒤의 일로 기록하고 있다. 알렉산드로스 대왕과는 동명이인이다.

왕의 죽음은 도도나의 유피테르 신탁이 말한 운명대로 된 것이었다. 타렌툼 사람들의 요청에 의하여 이탈리아로 건너오게 되었을 때 왕은 아케론의 물과 판도시아 시를 경계하라는 신탁의 경고를 받았다. 그곳에 왕이 죽음을 맞이할 운명이었기 때문이다. 그래서 왕은 최대한의 속도를 내면서 이탈리아로 건너왔다. 에페이로스의 판도시아 시와 아케론 강을 피하기 위해서였다. 아케론 강은 몰로시스에서 흘러내려 지옥의 늪으로 들어갔다가 다시 테스프로티아 만으로 빠져들었다.[26]

그러나 사람이 운명을 피하여 달아나려고 하면 그 달아남으로 인해 오히려 그 운명 쪽으로 더욱 깊숙이 빠져들게 된다. 왕은 브루티움 군대와 루카니아 군대를 여러 차례 패주시키고, 당시 타렌툼의 식민지였던 헤라클레아를 루카니아 사람들로부터 빼앗았다. 왕은 또한 시폰툼과, 콘센티아와 테리나라는 브루티움 도시를 점령했고, 이어 메사피아 사람들과 루카니아 사람들로부터 더 많은 도시들을 탈취했다. 왕은 3백 명의 귀족 자제들을 에페이로스로 보내 인질로 삼았고, 루카니아와 브루티움 경계에서 가까운 판도시아 근처에서, 서로 얼마 떨어지지 않은 세 개의 언덕 위에다 진지를 구축했다. 그는 그곳에서 온 사방의 적군 영토를 향하여 공격을 지휘할 계획이었다. 왕은 자신의 주변에 믿을 만하다고 생각하는 루카니아 망명자 2백 명을 포진시켰다. 그러나 그들의 충성심은 운명의 변화에 따라 언제든지 변할 수 있는 것이었고, 그것은 루카니아 사람들의 일반적인 특징이었다.

지속적인 비가 내려 온 들판이 범람했고 알렉산드로스 부대의 좌익, 중군, 우익은 서로 지원을 할 수가 없게 되었다. 왕이 직접 지휘하지 않

---

26 '지옥의 늪'이라는 이름은 에페이로스의 아케론 강이 지하세계의 강 아케론과 같은 이름인 데서 나온 연상 작용의 결과이다.

는 나머지 두 부대는 적의 기습 공격을 받아 몰살되었고, 이제 적군은 알렉산드로스 부대에 전력을 집중했다. 사태가 왕에게 불리하게 돌아가자 왕의 근위병인 루카니아 유배자들은 루카니아에 전령을 보내어, 그들의 유배를 해제하고 안전한 귀국을 보장한다면 왕을 산 채로 혹은 죽은 채로 루카니아에 넘겨줄 수 있다고 약속했다. 그러나 알렉산드로스는 무모한 감투 정신을 보이면서 근위병들과 함께 적진을 돌파했고, 그 과정에서 루카니아 사령관과 백병전을 벌여서 그를 쓰러트렸다. 이어 왕은 산지사방으로 달아났던 휘하 병력들을 수습하여 어떤 강에 도달했다. 그 강의 다리는 최근의 장마로 인해 파괴되었지만 다리의 잔해는 그래도 나아갈 길을 보여주었다.

왕의 일행이 위험한 강을 건너가려고 하는데, 공포와 피로에 지친 한 병사가 강의 불길한 이름을 저주했다. "그래서 강의 이름이 아케로스이구나!" 왕은 그 말을 듣고 자신에게 예언된 운명이 생각나서 도강을 망설였다. 그러자 왕을 시중드는 수행원인 소티누스가 이런 위급한 상황에서 왜 망설이느냐고 물었고, 루카니아 인들이 매복 장소를 찾고 있다는 말도 했다. 왕은 뒤를 돌아다보았고 조금 떨어진 곳에서 다수의 적군이 다가오는 것을 보고서 칼을 뽑아들며 강 쪽으로 말을 달렸다. 그가 수심이 얕은 곳으로 들어섰을 때, 루카니아 유배자가 멀리서 던진 장창이 그의 몸에 와서 꽂혔다. 그는 즉사했으며, 몸에 장창이 꽂힌 채로 말에서 떨어져 강물에 추락했고 그의 시신은 강물을 타고 적의 경계 초소까지 흘러내려 갔다. 그곳에서 그의 시신은 처참하게 훼손되었다. 그들은 시신의 허리를 끊어 두 동강 낸 후에 절반은 콘센티아로 보내고, 나머지 절반은 조롱거리로 삼았다. 그들은 멀찍이 떨어져서 돌과 창으로 그 시신을 공격했다. 그들의 분노는 거의 짐승에 가까웠다.

그때 한 여자가 그런 무리들 사이를 뚫고 들어가 이제 그만두라고 호소했다. 그녀는 눈물을 흘리며 남편과 아이들이 적에게 붙잡혀 있는데, 아무리 훼손이 되었더라도 왕의 시신을 가지고 협상하여 그들을 되돌려 받을 생각이라고 말했다. 그러자 루카니아 병사들은 훼손 행위를 그만두었다. 이 여자의 보살핌으로 시신은 콘센티아에 매장되었고, 왕의 유골은 메타폰툼에 있는 그리스인들에게 보내졌다. 이어 해로로 운송되어 에페이로스에 있는 왕의 아내 클레오파트라와 왕의 여동생 올림피아스에게 전달되었다. 클레오파트라는 알렉산드로스 대왕의 누나이고, 올림피아스는 대왕의 어머니이다. 에페이로스의 알렉산드로스가 맞은 이 슬픈 종말을 여기에 기술하는 까닭은 그가 이탈리아 원정전을 펼쳤기 때문이다. 운명이 로마에 대해서 공격하는 것을 금지시켰는데도 그 운명에 항거했다가 그런 결말을 맞은 것이다.

25. 이해(기원전 326년)에, 전과 마찬가지로 신들에게 속죄하기 위한 렉티스테르니움[27]이 도시의 창건 이래 다섯 번째로 열렸다. 이어 새로 선임된 집정관들은 평민의 뜻을 받들어 전령 사제단을 보내어 삼니움에 전쟁을 선포했고, 그리스인들에 대항하기 위해 편성했던 것보다 더 큰 규모로 군대를 조직하기 시작했다. 두 집정관은 당시로서는 전혀 예상하지 못했던 새로운 지원을 받았다. 그때까지 로마와는 전혀 거래가 없었던 루카니아 인과 아풀리아 인이 보호를 요청해 오면서 전쟁에 필요한 병력과 무기를 제공하겠다고 약속했다. 그리하여 이 두 부족에게는 시민권이 부여되었다. 동시에 삼니움에서 벌인 전쟁도 성공을 거두었다. 알리파이, 칼리파이, 루프리움의 세 도시가 로마인의 수중에 떨어졌고, 그 밖의 농촌 지역은 집정관들이 가는 곳마다 초토화시켰다.

삼니움 전쟁이 이처럼 성공적으로 출발하는 동안에, 그리스인을 포

---

27 참조 7권 2장.

위한 다른 전쟁은 끝나가고 있었다. 적의 일부 병력은 로마의 보루 작업으로 인해 나머지 병력들과 단절이 되었고, 도시의 성벽 내에 갇혀 있는 팔라이폴리스 시민들은 로마 군의 실제 공격보다 더 큰 공포를 느끼고 있었다. 그들은 이미 포로나 다름없는 신세였고 그들의 처자식은 이미 함락된 도시의 시민이나 다름없이 온갖 고통과 공포를 겪고 있었다. 그래서 타렌툼과 삼니움으로부터 증원군이 오고 있다는 보고가 들어오자, 그들은 팔라이폴리스가 필요 이상으로 삼니움의 도시가 되었다는 느낌이 들었다. 그러나 그들은 그리스 사람이었으므로 동료 그리스인인 타렌툼의 젊은 전사들이 어서 도착하기를 학수고대했다. 그러면 그들은 로마 군에게 대항하는 것은 물론이고, 삼니움 족과 놀라 족에게도 대항할 수 있으리라 희망했다.

그러다가 결국에 그들은 로마인에게 항복하는 것이 가장 덜 나쁜 길이라고 판단했다. 도시의 두 유지 카릴라우스와 님피우스는 서로 숙의하여 계획을 세운 후에 각자 어떤 역할을 맡는 것이 좋겠는지 결정했다. 한 사람은 로마 장군을 찾아가서 항복 계획을 말하고, 다른 한 사람은 도시 내에 남아 항복 절차를 시민들에게 납득시키기로 했다. 그리하여 카릴라우스는 로마 집정관 푸블릴리우스 필로를 찾아가서 도시가 항복을 결정했다고 알렸다. 그는 이러한 조치가 팔라이폴리스와 로마에게 멋지고, 우호적이고, 상서로운 것이 되기를 바란다고 말했다. 이러한 조치로 그가 국가에 봉사했는지 혹은 배신했는지 여부는 로마인의 명예로운 행동에 달려 있다는 말도 했다. 그는 자신의 신상에 대한 것은 규정하지도 요구하지도 않겠다는 뜻을 분명히 밝혔다. 그는 팔라이폴리스의 시민들을 위해 앞에 나선 것뿐이었다. 만약 그의 이러한 시도가 성공을 거둔다면, 로마인은 팔라이폴리스 사람들이 어떤 위험을 무릅쓰고 로마와의 우호적인 관계를 선택했는지 감안해야 할 것이며, 도시 방어의 의무를 저버린 시민들이 정말 어리석고 무모하다고 생각하지는 말아야 할 것이다. 사령관은 카릴라우스의 행동을 따뜻하게 칭찬했고 3천 명의 병사를 투입하여 삼니움이 점령한 도시의 구역을 탈환하게 했다. 이 부대의 지휘는 천인대장(천부장) 루키우스 퀸크티우스가 맡았다.

26. 동시에 님피우스는 삼니움 사령관을 외교적으로 접근했다. 그는 로마 군이 팔라이폴리스를 포위 공격하거나 아니면 삼니움의 다른 지역을 공격할 것이라고 지적하면서 사령관을 다음과 같이 설득하여 합의를 받아냈다: "님피우스는 선단을 이끌고 로마 영역으로 항해하여, 해안 지역뿐만 아니라 로마 시 인근 지역을 공격할 예정이다. 그러나 로마 군에게 들키지 않고 출발하려면 그는 밤중에 떠나야 하고 배들을 지금 즉시 해안가로 끌고 나와야 한다." 이 준비 과정을 거들어주기 위하여, 도시를 방어하기로 되어 있는 병사들을 제외하고 모든 삼니움 병사들이 해안에 파견되었다. 님피우스는 어둠 속에서 시간을 죽이면서 숫자가 많아서 거추장스러운 병력들에게 혼란을 일으키는 모순되는 지시를 내렸다.

이렇게 하는 동안 카릴라우스는 사전 계획된 대로 동료 음모자들과 함께 도시 안으로 들어와, 로마 병사들과 함께 요새를 점령한 후, 병사들에게 함성을 내지르라고 지시했다. 이 소리를 듣고서 그리스인들은 지도자로부터 사전 지시 받은 대로 가만히 있었고, 놀란 시 사람들은 그 도시로 가는 길과 정반대 방향으로 도시를 뛰쳐나왔다. 삼니움 족은 도시로부터 단절되어 있었기 때문에 좀 더 쉽게 도망칠 수 있는 이점이 있었으나, 일단 위험이 지나가자 그 이점은 아주 치욕스러운 것으로 밝혀졌다. 그들은 모든 것을 적에게 내버린 채 비무장 상태로 아주 곤궁한 모습으로 고국에 돌아와, 고향 사람들은 물론이고 낯선 사람들에게도 웃음거리가 되었다.

나는 팔라이폴리스의 함락이 삼니움 족이 주도한 것이라는 또 다른 전승을 알고 있으나, 좀 더 믿음직스러운 권위 있는 역사가들을 따르기로 했다. 더욱이 네아폴리스와의 조약 — 그리스인들은 이제 이곳으로 행정 중심지를 옮겼다 — 은 그들이 자발적으로 로마와 우호 조약을 갱신했을 것이라는 가능성을 높여준다.[28] 푸블릴리우스는 개선식을 수여받았다. 적이 로마에 귀순해온 것은 그가 수행한 포위 작전의 결과라고 널리 믿어졌기 때문이다. 그는 전례 없는 집정관 임기 연장과, 임기 끝난 후의 개선식 영광의 두 가지 특전을 얻은 최초의 집정관이 되었다.

27. 이 전쟁에 뒤이어 곧바로 다른 전쟁이 터졌는데 이번에는 동부 해안의 그리스인들을 상대로 한 것이었다. 타렌툼 사람들은 지키지도 못할 지원 약속을 하면서 한동안 팔라이폴리스의 사기를 높여주었는데 그 도시가 로마인의 수중에 떨어졌다는 소식을 듣고서, 그들 자신이 동료 그리스인들을 배신한 것이 아니라 팔라이폴리스가 그들을 배신했다면서 적반하장 식으로 그 도시의 주민들을 비난하고 나섰다.

타렌툼 사람들은 로마인에 대하여 엄청난 분노와 질투를 느꼈고 루카니아와 아풀리아가 로마에 귀순했다는 얘기를 듣고서 더욱 울화를 참지 못했다. 그해에 타렌툼은 두 도시와 합의를 맺었기 때문이다. 그들은 로마인이 이제 타렌툼 성문 근처까지 왔다고 주장하면서, 사태는 로마인을 적으로 맞을 것이냐 아니면 상전으로 받아들일 것이냐 결정해야 할 단계라고 말했다. 삼니움 전쟁과 그 결과가 타렌툼 문제의 전환점이 될 터였다. 아직까지 저항하고 있는 세력은 삼니움 족뿐이었고, 루카니

---

28 이 조약은 팔라이폴리스-네아폴리스의 주민들에게 큰 혜택을 주었는데, 만약 그들이 자발적으로 항복하지 않고 무력으로 진압되었더라면 그런 조약이 맺어지지 않았을 것이기 때문이다.

아의 배신 이후 그들의 입장도 그리 강력한 것이 아니었다. 하지만 약간의 술수를 써서 불화의 씨앗을 뿌릴 수 있다면 루카니아로 하여금 로마와의 조약을 깨트리고 다시 삼니움 품안으로 돌아오게 하는 것도 영 불가능한 것은 아니었다.

타렌툼 사람들은 새로운 음모를 꾸미는 것을 좋아했으므로 이러한 의견이 그들 사이에 득세하게 되었다. 그들은 몇몇 젊은 루카니아 청년들 ― 인품은 별로 없고 얼굴만 잘 알려진 청년들 ― 을 뇌물로 매수하여 도시로 오게 했다. 그곳에서 그들은 막대기로 서로 때린 후에 루카니아로 돌아가서 맨몸을 내보이며 이렇게 소리쳤다. 그들이 겁 없이 로마 군 진지에 들어갔더니, 집정관들이 그들을 붙잡아 매질을 하였고 그래서 간신히 도끼를 피하여 도망쳐 왔다는 것이었다. 그 광경은 그 자체로 흉악했고, 사람들은 그게 기만이라고는 전혀 생각하지 않으면서 피해의 증명으로 받아들였다. 흥분한 군중은 행정관들에게 원로원 의원 회의를 소집하라고 소리쳤다.

그러자 몇몇 사람들은 집합한 의원들 주위로 모여들더니 로마인에게 전쟁을 선포하라고 요구했다. 다른 사람들은 밖으로 나가서 농민들을 자극하며 무장을 권유했다. 그리하여 평소 합리적인 사람들조차 이성을 잃어버리고 총궐기를 외치게 되었고 결과적으로 삼니움 족과의 동맹을 갱신하기로 결정되었다. 그리하여 이 문제를 타결하기 위해 사절들이 파견되었다. 그러나 그것은 충분한 근거가 없는 충동적인 행동이었으므로 확신이 결여되어 있었다. 루카니아 사람들은, 삼니움에 인질을 제공하고 또 루카니아의 요새 안에 삼니움 병사들을 받아들이라는 삼니움의 요구사항을 받아들일 수밖에 없었다. 그들은 분노와 기만으로 눈이 멀었기 때문에 이런 요구 조건들 중 그 어떤 것도 거부하지 않았다. 잠시 뒤 무고를 했던 거짓 증인들이 타렌툼으로 돌아가자, 그 사기극이 서서히 밝혀지기 시작했다. 그러나 그 시점에서 루카니아 사람들은 독자적으로 행동할 수 있는 힘을 잃었고 그들에게는 한심한 후회밖에는 남아 있는 것이 없었다.

28. 이해(기원전 326년)에, 부채에 의한 노예화 법 조항이 폐지되면서 로마인의 자유는 말하자면 두 번째 탄생을 맞이하게 되었다.[29] 관련 법 조문의 변경은 돈을 빌려주었던 어떤 남자의 이례적인 욕정(동성애)과 잔인함 때문에 성사되었다. 그 남자는 루키우스 파피리우스인데, 채무자 가이우스 푸블릴리우스는 아버지가 진 빚 때문에 파피리우스에게 매인 몸이 되었다. 채무자가 청년인데다 미남이었기 때문에 채권자의 동정을 살 만도 한데 오히려 채권자 파피리우스의 욕정과 폭력을 부추겼을 뿐이었다. 채권자는 그 청년의 아름다움을 부채에 대한 추가적 보너스 정도로 여기면서 음란한 암시로 청년을 유혹하려 했다. 청년이 그런 부끄러운 수작에 등을 돌리자, 채권자는 빚을 진 자는 노예로 팔려갈 처지라는 사실을 자꾸 상기시키면서 청년을 협박하고 겁을 주었다. 마침내 채권자는 청년이 채무자라는 곤궁한 처지보다는 자신의 명예를 더 높이 생각하는 것을 보고서 청년을 발가벗겨서 채찍질을 했다.

푸블릴리우스는 채찍을 맞아 온몸에 피를 흘리는 상태로 거리로 달려 나가 채권자의 욕정과 폭력을 고발했다. 많은 사람들이 청년에게 동정을 보냈고 또 그에게 가해진 잔인하고 수치스러운 폭력에 분노했다. 군중은 그들의 상황뿐만 아니라 그들의 자식에 대해서도 같은 일이 벌어질까봐 우려했다.

---

29 평민들은 왕을 몰아내고 공화정을 수립함으로써 정치적 자유를 얻었다. 그리고 이제 부채와 관련하여 노예로 팔려가는 법조문을 폐지함으로써 인신의 자유를 얻었다. 이것을 두 번째 탄생이라고 한 것이다.

그들은 때를 지어 포룸으로 몰려가서 원로원 건물 앞에 쇄도했다. 갑자기 군중의 소요 사태를 접한 두 집정관은 황급히 원로원 회의를 소집해야 되었다. 의원들이 원로원 안으로 들어오기 시작하자 군중은 의원들의 발밑에 쓰러지면서 그 청년의 피 흘리는 등을 가리켰다. 그날 한 개인의 가혹한 학대를 당하는 것을 계기로 하여 강력한 채권의 족쇄가 깨트려졌다. 두 집정관은 다음과 같은 내용의 법안을 민회에 제출하라는 지시를 받았다: "죄를 저질러서 선고를 기다리는 자를 제외하고는 그 누구도 사슬에 묶이거나 감옥에 들어가지 않으며, 빚을 진 자가 빚을 갚으려고 할 때에 채무자의 재산은 압수가 될 수 있으나 그의 인신은 몰수되지 않는다." 그리하여 부채 때문에 갇힌 사람들은 풀려났고, 부채로 인해 노예로 전락하는 것은 향후 금지되었다.

29. 같은 해,[30] 원로원 의원들은 삼니움 전쟁과, 루카니아의 갑작스러운 반란, 그리고 그 반란을 부추긴 타렌툼 건만으로도 골치가 아픈 상태였으나, 베스티니 족이 삼니움과 연합함으로써 더욱 의원들의 머리를 아프게 했다. 이 문제는 이해에 공식적인 자리보다는 개인적인 사석에서 더 많이 논의되었다. 그러나 다음 해의 집정관인 루키우스 푸리우스 카밀루스(재선)와 유니우스 브루투스 스카이바는 이 문제가 정말 심각한 것이므로 원로원에 우선적으로 제출되어야 한다고 결정했다. 그것은 의원들에게 새로운 문제는 아니었으나, 그들은 너무나 불안을 느껴서, 행동에 나서는 것도 두려워했고 동시에 아무것도 안 하는 것도 역시 두려워했다.

만약 베스티니 족을 그대로 내버려 둔다면 그들의 이웃은 그것 보라

---

30 기원전 325년 — 로마의 집정관 임기는 한 해의 7월에서 다음 해 7월까지이므로 한 해는 보통 두 해에 걸쳐 있게 된다.

면서 더욱 도발적이면서 오만한 태도로 나올 것이었다. 만약 전쟁 후에 징벌을 가한다면 다가오는 위험에 대한 분노와 공포가 그와 비슷한 혼란스러운 결과를 가져올 것이었다. 사실 베스티니는 전쟁이라고 하면 삼니움을 혼자서 대적할 정도로 능력이 있는 부족이었다. 그들의 영토는 마르시, 파엘리니, 마루키니 등을 포함하고 있어서 만약 베스티니를 공격한다면 이들 부족의 반격도 각오해야 되었다. 하지만 그 문제의 대응 방안은 지혜보다는 용기가 더 강한 사람들에 의해 결정되었다. 그리고 전쟁의 결과는 운명이 용감한 자를 선호한다는 것을 보여주었다.

원로원의 지시에 따라 민회는 베스티니 족에 대하여 전쟁을 선포했다. 베스티니 원정군의 지휘권은 추첨에 의해 브루투스에게 돌아갔고, 카밀루스는 삼니움을 상대로 하는 전쟁을 맡았다. 로마 군은 양 방향으로 출병했고 적은 그들의 국경을 지켜야 하기 때문에 서로 힘을 합치지 못했다. 그러나 더 무거운 책임을 맡은 집정관 루키우스 푸리우스 카밀루스는 불행하게도 중병이 들어서 출병에 나설 수가 없었다. 카밀루스는 그의 군대를 대신 지휘해줄 독재관을 임명하라는 지시를 받았다. 그는 당대의 뛰어난 장군인 루키우스 파피리우스 쿠르소르를 독재관으로 임명했고 독재관은 이어 퀸투스 파비우스 막시무스 룰리아누스[31]를 사마관으로 지명했다. 이 두 사람은 집정관 시절에 높은 군공을 쌓은 것으로 유명하다. 하지만 거의 필사적인 투쟁 수준으로까지 발전한 두 사람 사이의 불화로 인해 더 유명해졌다.

동료 집정관 브루투스는 베스티니 족을 상대로 다양한 형태의 전투

---

31 이 사람은 24권 9장에서 룰루스라고 지칭되기도 한다. 제2차 포에니 전쟁 때 로마를 쳐들어온 한니발에 맞서서 지연작전을 펴서 군공을 세운 파비우스 쿤크타토르[지연하는 사람]의 할아버지이다.

를 벌였는데 그때마다 한결같이 승리를 거두었다. 그는 적의 땅을 초토화하고, 그들의 집과 곡식을 약탈하고 불태움으로써 그들이 별로 원하지 않아도 전쟁에 나서도록 만들었다. 그는 단 한 번의 전투로 그들의 기세를 꺾어놓았으나 로마 군도 사상자가 발생하지 않은 것은 아니었다. 베스티니 족은 먼저 진영으로 달아났고 이어 진영의 목책과 참호를 믿지 못하여 여러 도시들로 흩어져 갔다. 그들은 도시와 성벽이 그들을 지켜줄 것이라고 생각했다. 마침내 집정관은 이 도시들에 대한 공격에 나섰다. 병사들도 지난번 전투에서 부상을 많이 입었기 때문에 적을 완전히 섬멸하겠다는 전투 정신에 불타고 있었다. 로마 군은 먼저 쿠티나에 공성 사다리를 걸치고 기어올라가 그 도시를 함락시켰고, 이어 마찬가지 방법으로 킨길리아를 점령했다. 집정관은 이 두 도시에서 나온 약탈품을 병사들에게 나누어주었다. 적의 성벽과 출입문은 전혀 병사들을 제지하지 않았기 때문이다.

30. 삼니움 출병은 조점이 상서롭지 못했다. 조점의 하자는 전투의 결과에 영향을 미치지는 못했으나 ─ 전투는 아주 성공적으로 진행되었다 ─ 두 지휘관의 엄청난 질투심과 개인적 적개심에 큰 영향을 미쳤다. 독재관 파피리우스는 신성한 닭을 관리하는 사람의 조언에 따라 조점을 다시 치기 위하여 로마로 일시 귀국하게 되었다. 그는 현장을 잠시 비우면서 그의 부재중에 지휘소를 떠나거나 적과 교전하는 일이 없도록 하라고 사마관에게 각별히 지시를 내렸다.

독재관이 귀국한 후, 사마관 퀸투스 파비우스는 척후병을 통하여 적의 동태가 아주 느슨하다는 것을 파악했다. 적은 마치 삼니움 땅에 로마인이 단 한 명도 없는 것처럼 행동했다. 사마관은 젊은 혈기에 모든 군사 작전권이 독재관의 손에 있는 것에 화가 났을 수도 있고, 아니면 엄청난 성공을 거둘 수 있는 기회를 만나게 되자 거기에 현혹된 것일 수도 있었다. 그는 부대에게 출동 준비를 시키고 임브리니움이라는 곳으로 출병하여 그곳에서 삼니움 군대와 총력전을 벌였다. 전투는 아주 성공적으로 치러졌고, 설사 독재관이 현장에 있었다고 하더라도 그 정도로 승리를 거두기는 어려웠을 것이었다. 지휘관은 부하들의 기대에 부응했고 부하들 역시 지휘관의 명령을 잘 수행했다. 기병대는 천인대장 루키우스 코미니우스의 지휘에 따라 적의 전열을 흩트리기 위해 몇 번 돌격했으나 성공을 거두지 못했다. 그러나 기병대가 말의 굴레를 벗기고 있는 힘을 다해 적진으로 돌진하자 적의 전열은 버텨내지 못했다. 그들은 넓은 전선에 걸쳐서 적의 병사들을 죽이고 무기를 탈취했다. 보병대는 기병의 뒤를 따라 붙어서 사기가 떨어진 적군을 거칠게 공격했다. 적은 그날 병사 2만 명을 잃었다고 한다. 몇몇 권위 있는 역사가들은 독재관의 부재중에 두 번 전투가 벌어져 두 번 다 대승을 거두었다고 기록했다. 그러나 일부 오래된 역사가들은 이 전투 하나만 기록했으나, 다른 역사서에는 이 전투가 아예 언급되지 않았다.

이런 대규모 살육을 벌이고 나서 사마관은 엄청나게 많은 전리품을 탈취했다. 그는 적들의 무기를 산처럼 쌓아놓고 불을 질러 태워버렸다. 이것은 신들에게 바친 맹세를 이행하는 것일 수도 있고, 혹은 파비우스[32]의 말을 믿는다면, 독재관이 탈취한 무기에 그의 이름을 새기고 개선식에서 과시하면서 사마관의 영광을 가로챌 것을 우려하여 아예 태워버린 것일 수도 있다. 더욱이 승전 보고서가 독재관이 아니라 원로원에 직접 보내진 것을 보면, 사마관 파비우스가 전공을 독재관과 나누어 가질 의향이 없다는 것을 알 수 있다.

---

32 1권 44장에 나오는 가장 오래된 역사가 퀸투스 파비우스 픽토르를 가리키는데, 그는 로마의 원로원 의원 겸 역사가였고 제2차 포에니 전쟁에 참가했다.

그리하여 독재관 루키우스 파피리우스는 짜증과 불만을 느끼며 그 소식을 접했으나, 다른 사람들은 대승을 올린 것을 모두 기뻐했다. 독재관은 황급히 원로원 회의를 휴회하고 원로원 건물 밖으로 빠져나가면서 다음과 같은 말을 되풀이했다: "사마관이 명령을 위반하고서도 아무런 처벌을 받지 않는다면, 그의 승전은 삼니움 군대 못지않게 독재관의 지고한 권위와 군사적 기강을 무너트린 것이 된다." 그러면서 그는 위협과 분노를 내뿜으며 진영을 향해 출발했다. 그는 가장 멀리 달리는 역마를 타고 돌아가는 길을 재촉했으나, 그가 진영으로 돌아오고 있다는 소식보다 빨리 달리지는 못했다. 전령이 그보다 앞서서 도시를 떠나서 독재관이 돌아오고 있는 중이며, 명령 위반에 대한 복수심에 불타오르고, 티투스 만리우스[33]의 처사를 두 마디 할 때마다 한 번씩 언급하면서 셀 수 없을 정도로 칭찬하고 있다는 것이었다.

31. 파비우스는 재빨리 병사들을 회의에 소집했다. 그는 병사들이 국가를 지키기 위해 무서운 적들에게 보여주었던 그 용기를, 독재관의 지독한 분노로부터 그들의 지휘관 — 그의 지휘 아래 그들은 커다란 승리를 거두지 않았는가 — 을 지키는 데에도 발휘해 달라고 호소했다. "파피리우스가 다른 사람의 용기와 행운에 대하여 몰지각한 질투심으로 가득한 채 진영으로 돌아오고 있다" 라고 파비우스는 말했다.

독재관은 그의 부재중에 로마가 엄청난 군사적 성공을 거두었기 때문에 분노로 제정신이 아니다. 만약 그가 운명을 바꿀 힘을 갖고 있었더라면 그는 로마의 승리보다는 삼니움의 승리를 더 선호했을 것이다. 그는 자신의 권위가 무시당했다고 계속해서 말한다. 전투를 금지시킨 그의 명령이 전투 결과를 못마땅해하는 그의 태도와 마찬가지로 동일한

---

33 명령 위반한 자기 아들을 처형한 집정관. 참조 8권 7장.

이유에서 나온 것인지 모르는 양 말하고 있는 것이다. 전투를 금지시킨 것은 질투심이 작용하여 다른 사람의 군공을 가로막고 싶었기 때문이다. 그래서 그의 부재중에 다른 사람이 무기를 사용하는 것을 방지하기 위해 무기의 사용을 금지시키려 했던 것이다. 이제 그가 분노와 원한으로 가득한 것은, 루키우스 파피리우스가 없는 데에도 그의 부하들이 무기와 손을 사용하는 용기를 발휘했기 때문이다. 퀸투스 파비우스는 독재관의 꼭두각시 부하가 아니라 사마관으로 행동했을 뿐이다! 전쟁의 위험과 전투의 운명이 패배로 결말났더라면 그는 어떻게 행동했을까? 독재관의 지휘가 필요 없을 정도로 전투가 잘 수행되어 적을 패퇴시켰음에도 불구하고, 그는 이제 큰 승리를 거둔 사마관을 죽이겠다고 위협하고 있다. 사실 그는 사마관에게만 화를 내는 것이 아니라 천인대장, 켄투리온, 일선의 병사들 모두에게 적개심을 품고 있다. 만약 가능하다면 그는 이 모든 장병들에게 분풀이를 하고 싶었을 것이다. 하지만 그것이 가능하지 않기에 그는 오로지 한 사람만 폭력의 대상으로 삼고 있는 것이다.

파비우스는 외쳤다. "질투심은 번개처럼 가장 높은 곳을 때립니다. 독재관은 여러분과 의논한 지도자, 여러분의 지휘관을 겨냥하고 있습니다. 만약 그가 내 군공의 영광과 함께 나를 파괴해 버린다면, 그 다음에는 마치 패배한 군대를 가혹하게 다루는 것처럼 사마관을 처치한 바로 그 방식을 여러분에게도 그대로 적용하려 들 것입니다."

파비우스는 자신의 대의를 옹호함으로써 모든 사람의 자유를 수호하자고 병사들에게 간곡히 호소했다. 만약 병사들이 전투에 임했을 때의 단합된 모습을 승리를 옹호하는 데에도 그대로 보여주고, 또 한 사람의 안전이 모든 병사의 관심사임을 표시한다면, 독재관도 마음을 돌려 좀 더 관대한 처분을 내릴 수 있을 것이었다. 파비우스는 병사들의 충성심과 용기에 그의 목숨과 운명을 맡긴다고 말하면서 연설을 마쳤다.

32. 병사들은 일제히 하늘 끝에 닿을 듯한 함성을 내지르며 파비우스에게 안심하라는 뜻을 전했다. 로마의 군대가 승리를 거두며 이처럼 잘 나가고 있는데 그 누구도 사마관에게 폭력을 가할 수 없다는 뜻이었다.

그 회합 직후에 독재관이 도착하여 지체 없이 나팔이 울려 군사 회의가 소집되었다. 이어 전령이 정숙을 요청하고 사마관 퀸투스 파비우스가 재판석 아래에 있다가 재판석으로 올라서자 독재관이 그에게 이렇게 말했다.

"퀸투스 파비우스, 독재관의 권위는 지고한 것이어서 왕과 똑같은 권위[34]를 가진 집정관들도, 또 집정관과 똑같은 조점 아래 선출된 법무관들도 독재관에게 복종한다. 그래서 묻겠는데 사마관이 독재관의 명령에 복종하는 것이 옳은 일인가, 아니면 그렇지 않은 일인가? 그리고 나는 이런 추가 질문도 하고자 한다. 내가 불명확한 조점 아래 출병을 했을 때, 우리의 종교적 의무가 혼란 상태에 빠진 것이 밝혀져서 나는 공공의 안전을 먼저 신경 써야 했다. 그래서 신들의 의지가 의심스러운 상황에서, 조점을 다시 거행하여 확인을 받을 때까지 군사 행동을 금지시켰던 것이다. 그대는 이것이 정당하지 않다고 생각하는가? 또 이런 질문도 하고자 한다. 독재관이 종교적 문제로 행동을 금지당한 상황에서 사마관이 제멋대로 자유롭게 군사적 행동을 하는 것이 정당한가? 과연 내가 이런 질문을 할 필요가 있을까? 설사 내가 아무 말 없이 군영을 떠났더라도 그대의 생각은 내 뜻을 온전히 해석하는데 바쳐져야 했을 것이다. 자, 이제 대답하라. 나의 부재중에 군사 행동을 금지하라는 지시를 받았는가? 적과 교전하지 말라는 지시를 받았는가? 그러나 그대는

---

34 초창기의 집정관들은 왕의 권한과 관련 표장을 가지고 있었다. 참조 2권 1장.

나의 권위를 무시했다. 조점은 불명확했고, 우리의 종교적 의무는 혼란에 빠졌고, 그대는 우리의 군사적 선례, 조상의 가르침, 신들의 신성한 힘을 무시하고 감히 적과 교전했다. 그대에게 제기된 질문에 대답하라! 하지만 그 외의 것에 대해서는 일체 말하지 않도록 하라. 대기하라, 릭토르!"

파비우스는 그런 공격에 일일이 답변하기가 쉽지 않았다. 파비우스는 그의 생사가 걸린 문제에서 동일한 사람이 비난자이면서 재판관인 사실을 불평하면서, 그가 올린 군공의 영광은 아랑곳하지 않고 아주 간단하게 그의 목숨을 앗아가려 한다고 소리쳤다. 그는 자기 옹호에서 거친 비난으로 선회했고 마침내 파피리우스는 맹렬한 분노를 터트리면서 사마관의 옷을 벗기고 철퇴와 도끼를 준비하라고 지시했다. 릭토르들이 파비우스의 옷을 찢으려하자 그는 달아나면서 부하들의 충성심에 호소했고, 이미 폭동을 일으킬 준비를 하고 있던 트리아리 사이로 숨었다.[35]

이에 전 병사들 사이에서 고함이 터져 나오면서 온 사방에서 간원과 위협의 목소리가 들려왔다. 심판석에서 가장 가까운 곳에 있어서 독재관이 금방 얼굴을 볼 수 있는 병사들은 그에게 사마관의 목숨을 살려 달라고 호소하면서 그가 지휘한 군대를 단죄하지 말라고 애원했다. 재판석에서 멀리 떨어져 파비우스를 둘러싸고 있던 병사들은 독재관의 가혹한 처사를 비난하면서 폭동을 일으킬 기세였다. 재판석 근처의 장병들도 조용히 있지 않았다. 독재관 근처에 서 있던 장교들은 이 문제를 다음 날까지 미루어 달라고 호소했다. 그들은 좀 더 숙의할 시간을 갖기 바랐고 그렇게 하면 독재관의 분노가 가라앉을 것으로 기대했다. 파비우스의 젊은 혈기는 충분히 비난을 받았고, 그의 승리는 충분히 비판받았

---

35 군사 회의 때 병사들은 전투 대형과 똑같은 대열을 이루어 도열했다. 참조 8권 8장.

다고 장교들은 말했다. 독재관 파피리우스는 처벌을 극단적으로 밀어붙이지 말아야 하고, 또 높은 전공을 올린 젊은이, 그의 저명한 아버지, 그리고 파비우스 가문 전체에 불명예를 안겨 주어서는 안 된다고 조언했다.

장교들의 호소와 주장이 전혀 먹혀들지 않자 그들은 저기 집결한 병사들의 움직임을 한 번 보라고 말했다. 사병들이 저처럼 동요하고 있을 때, 높은 연륜과 신중함으로 무장한 독재관이 폭동의 불길에 기름을 부어서는 안 된다고 조언했다. 자신의 징벌을 모면하려고 애쓰는 퀸투스 파비우스를 비난하는 사람은 아무도 없는 반면에, 과도한 분노를 터트리면서 이런 괴이한 대결을 강요하여 병사들의 적개심을 촉발시킨다면 오로지 독재관이 책임을 져야 할 것이라는 말도 했다. 마지막으로, 장교들이 파비우스에 대한 개인적 인연 때문에 이런 조언을 한다고 생각하지는 말아 달라고 요청했다. 지금 이 순간 퀸투스 파비우스의 처형을 집행한다면 그것은 공공의 이익을 해치는 것이다, 라고 장교들은 맹세할 준비가 되어 있었다.

33. 그러나 장교들은 이렇게 말함으로써 독재관을 사마관과 화해시킨 것이 아니라 장교들에 대한 독재관의 분노를 더욱 부채질했을 뿐이었다. 장교들은 재판석에서 내려가라는 명령을 받았다. 파피리우스는 전령을 통하여 장내를 조용하게 만들려 했으나 성공하지 못했다. 병사들의 함성과 고함 때문에 독재관이나 수행원의 목소리가 들리지 않았다. 그러자 밤이 찾아와 전투 때와 마찬가지로 재판도 일시 중지가 되었다.

사마관은 다음 날 재판석 앞에 다시 출두하라는 명령을 받았다. 그러나 파피리우스가 병사들의 저항을 받아서 더욱 분노하여 적대적인 태도로 나온다고 다들 말해주자, 파비우스는 밤중에 몰래 진영에서 빠져나와 로마로 달아났다. 거기서 그는, 세 번 집정관을 지내고 독재관도 역임한 아버지 마르쿠스 파비우스의 지원을 받아 즉각 원로원 회의를 소집하고 의원들에게 자신의 억울한 사정을 호소했다. 파비우스가 독재관의 폭력과 불공정에 대해서 불평을 말하는 동안에 원로원 건물 밖에서 릭토르들이 사람들을 좌우로 물리치는 소란스러운 소리가 들려왔다. 이어 독재관 파피리우스가 화를 내며 원로원 건물 안으로 들어섰다. 그는 파비우스가 진영에서 달아났다는 보고를 받자마자 경무장 기병대와 함께 즉각 로마로 출발했던 것이다. 곧 싸움이 재개되었고 파피리우스는 파비우스의 체포를 명령했다. 그러나 원로 의원들과 원로원 전원은 독재관이 마음을 누그러트릴 것을 요청했으나, 그는 고집스럽게 자신의 의도를 밀어붙일 기세로 나왔다. 그러자 사마관의 아버지 마르쿠스 파비우스가 말했다.

"원로원의 권위도 나의 고령 ― 나는 이제 나이가 많아 곧 세상을 떠나려 합니다만 ― 도 당신에게는 아무런 의미가 없군요. 당신 스스로 임명한 사마관의 용기와 고귀한 가문도, 적을 진정시키고 신들의 분노를 가라앉히는 애원도 당신에게 아무 소용이 없군요. 그렇다면 나는 이제 호민관들과 평민에게 호소하겠습니다. 당신은 휘하 군대의 판단과 원로원의 판단을 외면했습니다. 그렇다면 평민이 당신의 재판관이 될 것입니다. 평민은 당신의 독재관 자리보다 더 높은 힘과 권위를 갖고 있으니까 말입니다. 로마의 왕 툴루스 호스틸리우스가 호소했던 평민의 판단에 당신이 승복할 것인지 어디 두고 봅시다!"[36]

그들은 원로원에서 로마 광장의 연단으로 갔다. 독재관은 소수의 지지자들과 함께 그 연단 위로 올라갔고 사마관은 원로원 의원들과 함께

---

36 로마의 왕 호스틸리우스는 여동생을 살해한 호라티우스의 재판 때에 평민의 관대한 처분을 호소했다. 참조 1권 26장.

광장으로 나갔다. 파피리우스는 파비우스에게 연단 아래에 서라고 명령했다. 파비우스의 아버지는 아들을 따라 아래로 내려가면서 말했다. "좋습니다. 우리 부자에게 아래로 내려가라고 하십시오. 하지만 우리가 서 있는 곳에서 시민의 자격으로 발언할 수 있습니다." 처음에 조리 있는 연설은 잘 들리지 않고 양측의 분노 가득한 고함 소리만 오고갔다.

그러자 파비우스 아버지가 크게 고함치면서 그 소음을 제압했다. 그는 이어 파피리우스의 오만과 잔인함을 공격했고, 그 자신 로마의 독재관을 역임했지만 아무도 ─ 평민이든 켄투리온이든 병사든 ─ 그의 손에서 고통을 받은 바 없다고 말했다. 파피리우스는 마치 적의 지휘관을 무찌른 것처럼 로마의 장군을 상대로 승리와 개선을 주장하고 있다, 라고 지적했다. 조상들의 자제심과 이 새로운 종류의 오만과 잔인함을 비교해 보면 얼마나 천양지차인가!

독재관 퀸크티우스 킨킨나투스가 포위당한 집정관 루키우스 미누키우스를 구출했을 때, 독재관은 미누키우스를 집정관이 아니라 부대의 부 사령관으로 강등시키는 정도로 그의 분노를 표시했을 뿐이었다.[37] 루키우스 푸리우스가 독재관 마르쿠스 푸리우스 카밀루스의 고령과 권위를 조롱하며 전투에 나섰다가 패배 당했을 때, 독재관은 자신의 분노를 억눌렀을 뿐만 아니라 원로원에 보내는 보고서에도 사마관의 잘못을 언급하지 않았다. 또한 카밀루스는 지휘권을 공유할 인사를 임의로 선택하라는 권한을 부여받았을 때, 여러 천인대장 중에서 자신을 조롱한 푸리우스를 동료로 지명한 바 있었다.[38] 그리고 로마의 모든 일에 최고의 권위를 갖고 있는 평민도 무모함이나 무경험으로 군사를 잃은 장군들

---

37 참조 3권 29장.
38 참조 6권 22장.

에게 벌금형 이상의 분노를 터트린 적이 없었다. 오늘날까지 전쟁에서 패한 장군에게 사형을 내려 본 적이 없다.

그런데 지금 패배한 후에도 처벌하는 것을 금기시하는 로마에서, 대승을 거두어 개선식 환영이 마땅한 로마의 장군에게 철퇴와 도끼로 사형을 시키겠다고 위협을 하고 있다. 만약 사마관 파비우스가 군대를 잃어버리고 전투에 패배하여 도주하고 진영으로부터 달아났더라면 과연 그에게 어떤 일이 벌어졌을까? 파피리우스의 분노와 폭력은 그 때에도 매질을 하고 처형하는 것 이외에는 없었을 것이다. 그런데 퀸투스 파비우스가 대승을 거두어 시민들이 감사와 기쁨으로 그 승리에 동참하고 있는 이때에, 또 대승을 축하하기 위해 신들의 신전을 활짝 열어젖히고 제단에는 불에 그을린 희생제물의 연기가 가득하고 또 신들을 찬양하는 봉헌물이 가득한 이때에, 파비우스가 로마 시민들이 모두 보는 가운데 옷을 벗기우고 매질을 당해야 하는 것이 가당한 일인가? 파비우스는 전투에 앞서서 카피톨리움과 요새를 쳐다보며 두 번이나 간절히 기도를 올린 덕분에 그런 대승을 거둔 것이 아닌가? 만약 그를 처형한다면 그의 지도와 조점 아래에서 대승을 거둔 군대의 반응은 어떨 것인가? 로마의 진영 내에서는 슬픔과 애도가 가득할 것이고, 적의 진지에서는 엄청난 기쁨의 환성이 터져 나올 것이다!

파비우스 아버지는 불평과 비난이 반반 섞인 어조로 이런 말을 했다. 그리고 눈물 가득한 눈으로 아들을 포옹하면서 신들과 시민들의 보호를 간절히 요청했다.

34. 파비우스 편에는 원로원의 강력한 권위, 시민들의 호의, 호민관들의 지원, 야전에 나가 있는 군대의 기억 등이 함께 하고 있었다. 반면에 독재관의 편에는 로마 시민의 침범 불가능한 권위, 군대의 기율, 언제나 신들의 의지라고 여겨졌던 독재관의 명령, 공익을 우선하여 아들

을 처형한 만리우스의 사례,[39] 두 아들이 공화국에 대하여 음모를 꾸미자 로마의 자유를 위해 두 아들을 처형한 로마 공화국의 창건자 루키우스 브루투스의 전례[40] 등이 있었다.

독재관 파피리우스는 이런 주장을 폈다: 오늘날 아버지들은 너무 관대하고 또 나이든 사람들은 상대방의 권위가 무시되는 것을 신경 쓰지 않는다. 군대의 기율이 위반되어도 그것이 별 것 아닌 양 젊은이들을 위하여 변명을 찾아내기에 급급하다. 독재관은 자신이 천명한 노선을 고수할 것이고, 독재관의 명령을 무시하고 전투를 수행한 자에 대하여 처형을 감면해줄 생각이 조금도 없다. 조점이 불분명하고 종교적 의무 사항이 혼란스러운 때에 어떻게 전투에 나선단 말인가. 절대적 권위의 존엄함을 앞으로도 계속 유지시킬 것인지 여부는 독재관이 결정할 문제가 아니다. 그러나 루키우스 파피리우스 쿠르소르는 그 권위를 감소시킬 의사가 조금도 없다. 역시 신성불가침한 권위를 가진 호민관들은 이 문제에 개입하여 로마의 권위를 훼손시키지 말기 바란다. 또한 평민도 쿠르소르가 독재관으로 재직하는 시기에 독재관 직의 합법적 효율성을 파괴하지 말기 바란다. 만약 그들이 그렇게 한다면 후세 사람들은 루키우스 파피리우스 쿠르소르가 아니라 호민관들과 평민의 잘못된 판단을 비난할 것이나 그때에는 아무 소용도 없을 것이다.

군대의 기율이 한 번 무시되어 버리면, 병사들은 켄투리온에게 복종하지 않을 것이고, 켄투리온은 천인대장의 말을 따르지 않을 것이며, 천인대장은 부 사령관을 무시할 것이다. 나아가 부 사령관은 집정관은 물론이고 사마관의 말도 듣지 않을 것이다. 아무도 사람이나 신들에 대하

---

39 참고 8권 7장.
40 참고 2권 5장.

여 존경의 마음을 품지 않을 것이다. 장군의 명령과 조점은 무시될 것이다. 병사들은 휴가증이 없이 제멋대로 적지나 아군 지역을 돌아다닐 것이다. 병사들은 입대 맹세를 잊어버리고 자기 자신이 좋은 때에 임의로 제대를 하겠다고 나설 것이다. 군대의 깃발을 지킬 병사들이 없어서 그 깃발은 내버려질 것이다. 군대는 명령을 내려도 집결하지 않을 것이고, 밤과 낮의 구분 없이 제멋대로 싸울 것이고, 좋고 나쁜 진지를 가리지 않을 것이고, 장군의 명령이나 금지를 무시할 것이고, 전투 대열을 지키지 않을 것이다. 그러면 군대 생활은 오래 전통을 가진 군기 엄정한 복무 기간이 되는 것이 아니라 눈먼 비적 떼가 제멋대로 돌아다니는 그런 생활로 타락할 것이다.

"호민관들이여, 당신들은 앞으로 다가올 시대에 이런 혐의로 재판을 받아야 할 것입니다! 퀸투스 파비우스가 제멋대로 하고서도 처벌을 받지 않는다면 당신들의 머리는 영원한 유죄의 관을 써야 할 것입니다."

35. 독재관의 말이 끝나자, 파비우스를 지원하려고 나섰던 호민관들은 경악하면서, 이제 파비우스보다는 그들 자신의 입장을 더 걱정하게 되었다. 하지만 로마 시민들이 하나가 되어 독재관에게 그들의 말을 들어주고 또 사마관의 처벌을 경감해 달라고 호소하자 호민관들의 책임은 많이 덜어졌다. 호민관들은 평민의 호소하는 분위기에 편승하여, 독재관에게 퀸투스 파비우스의 젊은 나이와 인간적 약점을 감안해 달라고 호소했다. 파비우스는 이미 충분히 처벌을 받았다는 말도 했다. 이어 파비우스 자신과 그의 아버지 마르쿠스 파비우스는 더 이상 논쟁을 벌일 생각을 포기하고 독재관의 발 아래 무릎을 꿇으면서 그의 분노를 진정시키려 했다. 그러자 독재관은 정숙을 요청하면서 이렇게 말했다.

"로마인들이여, 이제 군대의 기율과 권위의 존엄함이 확보되었습니다. 오늘이 기율과 권위의 마지막 날이 될 위험이 있기는 하지만 말입니다. 퀸투스 파비우스는 사령관의 명령을 무시하고 전투를 벌인 것에 대하여 유죄가 확정되었습니다. 그렇지만 로마 시민들에 대한 선물로, 그의 구제를 호소했으나 법적인 도움을 주지는 못한 호민관들의 권위에 대한 답례로, 퀸투스 파비우스를 살려주기로 하겠습니다. 그러나 퀸투스 파비우스, 얼마 전에 그대가 거둔 승리 때문이 아니라 그대를 살려주려는 동료 시민들의 단합된 뜻을 존중하여 살려주는 것이다. 그대의 아버지가 내 입장이었더라도 결코 용서해 주지 않을 죄를 저질렀으나, 그대를 살려주겠다. 그대와 좋은 때에 그대는 나와의 관계를 다시 회복할 수 있을 것이다. 그대의 목숨을 살려준 로마 시민들을 향하여, 그대가 좋은 교훈을 배웠으며, 앞으로 평시든 전시든 합법적 권위에 절대로 승복하겠다는 마음을 보여주도록 하라."

파비우스를 더 이상 붙잡아두지 않겠다고 선언한 뒤에 독재관은 광장의 연단에서 내려왔다. 기뻐하는 원로원 의원들과 그보다 더 기뻐하는 평민은 의원들 주위에 몰려들었고, 사마관과 독재관의 원만한 관계 수습을 축하했다. 이후 로마 군의 군기는 젊은 만리우스의 안타까운 처벌 못지않게 퀸투스 파비우스의 아슬아슬한 사태로 인해 더욱 강화된 듯했다.

그런데 그해(기원전 325년)에 독재관이 군영을 비울 때마다 삼니움 군대의 움직임이 있었다. 그러나 퀸투스 파비우스의 사례가 아직도 기억에 생생했기에 진영을 임시 지휘하게 된 부 사령관 마르쿠스 발레리우스는 적의 공격 못지않게 독재관의 음울한 분노를 두려워했다. 그래서 로마 군 약탈대가 적의 매복 작전에 걸려들었을 때 힘든 상황에서 싸우면서 전사자가 많이 발생하는데도, 도움을 주지 못했다. 만약 발레리우스가 가혹한 명령을 의식하여 위축되지 않았더라면 충분히 적의 매복에 걸린 로마 군을 구제할 수 있었을 것이라고 널리 믿어졌다. 독재관 자신도 다들 그의 분노를 두려워했기 때문에 병영 내에서 인기가 없었다. 그가 퀸투스 파비우스에게 그토록 모질게 대했기에 다들 그에게 적대적인 마음을 품고 있었다. 또 독재관이 자신의 휘하 군대의 호소에는 꿈쩍도 하지 않다가 로마 시민들의 호소를 받아들여 양보한 것에 대해서도 좋지 않게 생각했다.

36. 독재관 루키우스 파피리우스 쿠르소르는 루키우스 파피리우스 크라수스에게 도시 방어의 책임을 맡기고 사마관 퀸투스 파비우스는 그 어떤 방식으로도 공식적 권한을 사용하지 못하도록 금지시킨 후에, 진영으로 돌아왔다. 그의 도착은 로마 병사들을 별로 기쁘게 하지 못했고 적들에게도 경계심을 불러일으키지 못했다. 도착 다음 날, 독재관의 도착을 모르는 것인지 아니면 독재관의 존재 따위는 신경 쓰지 않는 것인지, 삼니움 군대가 완전 전투 대형을 갖추고 로마 군 진지로 다가왔다. 루키우스 파피리우스는 독재관으로서 모든 사건에 대하여 결정적 영향력을 미칠 수 있는 사람이었고, 만약 병사들이 독재관의 작전 계획을 철저히 수행할 의사가 있었더라면, 삼니움과의 전쟁은 그날 당일로 끝났을 것이 확실했다. 그는 병사들을 잘 배치하고 또 모든 종류의 군사 전략을 동원하여 로마 군 진지를 강화했기 때문이다.

그러나 병사들은 적극적으로 전투에 임하는 것이 아니라 뒤로 자꾸 뺐고 독재관에게 승리의 공로를 안겨주는 것이 싫어서 일부러 승리를 피하는 것 같았다. 물론 로마 군보다 삼니움 군이 더 많이 죽었지만 로마 군도 적잖이 부상을 당했다. 독재관은 그날의 경험으로 무엇이 승리의 길을 가로막고 있는지 깊이 깨달았다. 그는 자신의 방식을 부드럽게 바꾸어야 하고, 또 좀 더 온화한 태도로 자신의 타고난 가혹한 성정을 완화시켜야 한다는 것을 알았다. 그래서 그는 부 사령관들을 불러서 친히 부상당한 병사들을 둘러보았고, 그들의 텐트에 머리를 들이밀면서 상태가 어떤지 물어보았고, 또 그들의 이름을 부르면서 부 사령관, 천인대장, 백인대장에게 잘 보살피라고 지시했다. 이것은 병사들의 마음을 사로잡는 좋은 방법이었다. 그는 병문안을 아주 멋지게 했고 병사들의 쾌유를 비는 과정에서 파피리우스는 그들이 병이 다 낫기도 전에 그들의 신임을 얻었다. 사실 병사들을 상급자가 잘 보살펴주는 것처럼 병사들의 마음을 사로잡는 것은 없고 또 그런 고마운 마음을 갖고 있으면 병도 빨리 낫는 것이다.

로마 군은 재편하여 적군을 다시 만났고, 그때에 독재관은 병사들 못지않게 승리에 대한 자신감이 넘쳤다. 로마 군은 삼니움 군을 대파하여 흩어지게 만들었고, 그리하여 삼니움이 파피리우스와 전투를 벌인 것은 그 날이 마지막 날이 되었다. 승리를 거둔 로마 군은 약탈의 희망이 있는 곳이면 어디든지 나아갔다. 그들은 공개전이든 매복 작전이든 적병을 만나는 일 없이 적의 영토를 마음껏 휘젓고 다녔다. 로마 군 병사들은 적에 대하여 크게 분노한 것도 있지만, 약탈을 허락받은 이상 개인적 소득을 올리려는 희망에서 더욱 적극적으로 약탈전에 나섰다. 삼니움은 전투에서 크게 패배하자 독재관을 찾아와 평화를 호소했다. 그들은 병사 1인당 옷 한 벌과 일 년치 봉급을 주겠다고 독재관에게 약속했다. 독재관은 병사들에게 원로원 앞으로 행군하라고 명령했다. 병사들은 자신들의 대의를 독재관의 명예와 신의에 맡기겠다면서 그의 뒤를 따라가겠다고 대답했다. 그렇게 하여 로마 군은 삼니움에서 철수했다.

37. 루키푸스 파피리우스 쿠르소르는 개선식을 하면서 도시로 들어왔다. 그는 독재관 직에서 사임하려 했으나, 그 전에 원로원의 명령을 받들어 집정관 선거를 주관했다. 그 결과 가이우스 술피키우스 롱구스(재선)와 퀸투스 아이밀리우스 코렉타누스가 선출되었다. 삼니움과의 평화 조약은 조건이 아직 논의 중이었으므로 체결되지 못했고, 그래서 삼니

움은 1년 간의 휴전 말미를 얻어서 도시를 떠나갔다. 그러나 삼니움은 약속을 지킬 생각이 없었으므로 이 휴전마저도 깨어졌다. 그들은 파피리우스가 독재관 직에서 사임했다는 소식을 듣자 다시 전쟁을 해야겠다고 마음먹었다.

가이우스 술피키우스와 퀸투스 아이밀리우스(일부 역사가는 그를 아울리우스라고 불렀다)의 집정관 시절에 삼니움은 모반을 했고 아풀리아에서 새로운 전쟁이 터졌다. 그리하여 두 방향으로 군대가 파견되었다. 추첨을 통하여 술피키우스는 삼니움을 맡고, 아이밀리우스는 아풀리아를 맡게 되었다. 일부 기록에 의하면, 전쟁은 아풀리아를 상대로 한 것이 아니라 아풀리아와 동맹을 맺은 사람들을 삼니움의 방자한 공격으로부터 보호하기 위한 것이었다고 한다. 그러나 당시 그들 자신에 대한 공격도 물리칠 힘이 없던 삼니움이 아풀리아를 침공한다는 것은 개연성이 없는 얘기이다. 아마도 아풀리아와 삼니움이 동시에 로마에 모반을 일으켰다고 보아야 할 것이다. 하지만 이렇다 할 전투는 벌어지지 않았다. 로마군은 아풀리아와 삼니움 지역을 초토화했고 그 과정에서 두 지역으로부터 아무런 저항이 없었다.

로마에서 갑자기 야간 경보가 울려서 온 도시의 시민들이 공포에 떨며 잠에서 깨어났다. 카피톨리움과 요새, 성벽과 성문은 무장한 사람들로 가득 들어찼다. 도시의 온 지역에서 야단법석을 떨고 무장을 한 채 소동을 벌였지만, 새벽이 되니 경보를 울린 사람이나 그 경보를 울린 이유를 알 수가 없었다.

같은 해(기원전 323년), 투스쿨룸 사람들이 플라비우스 법안에 의거하여 민회 앞에 불려나와 재판을 받았다. 호민관 마르쿠스 플라비우스가 벨리트라이와 프리베르눔이 로마와 전쟁을 할 때 투스쿨룸이 그 두 부족에게 도움을 준 사실을 적시하며 투스쿨룸을 처벌해야 한다는 법안을 이미 제출했었던 것이다. 다수의 투스쿨룸 사람들은 처자식을 대동하고 로마로 와서, 죄인 같은 모습으로 변장을 하고서 로마의 각 부족을 돌면서 모든 시민의 무릎을 부여잡고 처벌을 면하게 해 달라고 호소했다. 혐의를 벗어나기 위해 강력하게 주장하는 것보다는 이런 식으로 애원하는 것이 로마 시민들의 동정을 더 많이 이끌어냈다. 그리하여 폴리아 부족을 제외하고 모든 부족이 플라비우스 법안을 거부했다. 폴리아는 투스쿨룸의 남자는 매질한 다음에 죽이고, 처자식은 노예로 팔아치워야 한다고 투표했던 것이다. 당연히 투스쿨룸 사람들은 그런 잔인한 처벌을 제안한 폴리아 부족에 대하여 엄청난 분노를 느꼈고 그 분노는 우리 아버지들의 시대에까지 전해져 내려왔다. 그리하여 폴리아 부족 출신의 후보는 파피리안 부족의 표를 결코 얻지 못했다.[41]

38. 그 다음 해(기원전 322년), 퀸투스 파비우스와 루키우스 풀비우스가 집정관이었는데 삼니움과의 중대한 전쟁에 대한 우려가 높아져서 ─삼니움 사람들이 이웃들로부터 용병을 받아서 군대를 크게 키우고 있다는 소문이 전해졌다 ─ 결국 독재관을 지명하게 되었다. 아울루스 코르넬리우스 아르비나가는 독재관에 선출되어, 마르쿠스 파비우스 암부스투스를 사마관으로 지명했다. 독재관과 사마관은 엄격한 징집 절차를 거쳐서 정예군을 편성하여 삼니움과 대적하기 위해 출병했다. 독재관은 적지에 들어가 진지를 구축하는데 별 신경을 쓰지 않았는데 마치 적이 멀리 떨어져 있는 것처럼 행동했다. 그런데 삼니움 군대가 갑자기 나타나 로마 군의 외곽 초소 근처에다 과감히 참호를 파기 시작했다. 그러다 밤이 되자 삼니움은 참호 작업을 중단하고 로마의 보루를 공격하

---

41 투스쿨룸은 나중에 로마의 시민권을 얻어서 파피리안 부족에 편입되었고 숫자가 많아서 그 부족의 투표를 좌지우지했다.

지 못하게 되었다. 하지만 그들은 다음 날 새벽에 로마 군을 공격하겠다는 의도를 감추지 않았다. 독재관은 전투가 예상보다 빨리 시작되리라는 것을 간파했으나 로마 군의 열악한 진지 상황 때문에 병사들의 사기가 떨어지는 것을 원하지 않았다. 그는 적을 속이기 위해 다수의 모닥불을 피워놓고서 군대를 진영 밖으로 이동시켰다.

하지만 양군의 진영은 아주 가까워서 독재관은 적의 감시를 피할 수가 없었다. 삼니움 기병대는 즉각 로마 군을 추격했다. 그들은 행군하는 로마 군을 가까이 따라붙으며 감시했지만 새벽이 될 때까지 공격을 자제했다. 삼니움의 보병대는 새벽을 기다리며 아예 진영을 떠나지도 않았다. 마침내 날이 샜을 때, 삼니움 기병대는 로마 군을 공격해 왔다. 그들은 로마 군의 후미를 괴롭혔고 돌파가 어려운 곳에서는 로마 군의 측면을 산발적으로 압박해 왔다. 그리하여 로마 군은 행군을 멈추었다. 곧 삼니움 보병대가 기병대에 합류했고 삼니움은 총력을 다하여 공격에 나섰다. 독재관은 더 이상 앞으로 행군하려면 엄청난 피해를 입을 것으로 판단하여 현재 멈추어 선 곳에서 진지를 구축하라고 지시를 내렸다. 그러나 삼니움 기병대가 온 사방을 포위한 상황에서 로마 군 병사들은 말뚝을 꺼내어 목책 작업을 하기가 불가능했다.

독재관은 더 이상 행군하기도 어렵고, 그렇다고 현 위치에 머무르기도 어렵다고 판단하여, 병사들에게 등에 진 군용 짐을 모두 내려놓고 전투 대형을 갖추라고 지시했다. 적병도 독재관에게 맞서서 전투 준비를 했고 전투력이나 사기에서 조금도 로마 군에 밀리지 않았다. 삼니움 군의 사기가 높은 것은 로마 군이 어려운 위치에서 벗어났다는 사실을 모르기 때문이었다. 그들이 짐작하는 것처럼 로마 군이 삼니움 군의 추격을 두려워하여 산지사방으로 흩어지려는 것은 아니었다. 그리하여 양군은 잠시 팽팽한 균형을 이루었다. 하지만 삼니움은 오래전부터 로마 군의 전투 함성을 잘 견뎌내지 못했다.

하지만 제3시부터 제8시까지 계속된 그날의 전투 결과는 아주 불확실했다고 한다. 그리하여 첫 번째 교전 때의 전투 함성 이후에는 두 번째 전투 함성이 터져 나오지 않았다. 군대의 깃발들은 앞으로 나아가지도 뒤로 물러서지도 못했다. 양군은 한 치의 땅도 양보하지 않았다. 병사들은 자신의 진지를 사수했다. 양군은 방패를 앞세우고 전진하여 숨 쉴 틈도 뒤돌아볼 짬도 없이 싸웠다. 지속적인 소음과 변함없는 전투 대형은 밤이 찾아오거나 양군이 지쳐 나가떨어질 때까지 계속될 것 같았다. 이제 병사들은 힘이 빠졌고, 칼은 찌르는 힘이 무뎌졌으며, 지휘관의 전략은 먹혀들지 않았다.

그러던 중에 삼니움 기병대는, 앞서 달리던 옆 기병 중대로부터 로마군이 군용 짐을 전투 현장에서 좀 떨어진 곳에다 방치했다는 얘기를 들었다. 경계병도 목책도 없이 들판에 그냥 내버려져 있다는 것이었다. 삼니움 기병대는 약탈의 욕심이 나서 그 짐을 차지하기 위해 그 쪽으로 맹렬하게 달려갔다. 겁에 질린 로마 군 전령이 이 사실을 독재관에게 보고하자, 독재관은 "그들이 약탈품은 마음껏 차지하도록 내버려 두라"라고 대답했다. 이어 점점 더 많은 로마 군 병사들이 다가와 적들이 병사들의 재산을 약탈하여 가져가고 있다고 소리쳤다.

그러자 독재관 코르넬리우스는 사마관을 불렀다. "마르쿠스 파비우스, 적의 기병대가 전장을 이탈한 것을 보았지? 그들은 이제 우리의 군용 짐을 챙기느라고 뒤엉켜서 혼란스러운 상태야. 다수의 인원이 약탈에 나서면 반드시 제멋대로 흩어져 있게 마련이야. 그 자들 중에 말 탄자는 별로 없고, 칼을 손에 든 자는 더더욱 없을 거야. 그들이 말에다 약탈품을 싣는 동안에, 비무장한 그들을 베어버리도록 해. 그들의 전리품을 피로 물들이란 말이야! 나는 여기서 보병대를 이끌고 보병 전투를 할 테니까. 이제 기병대의 영광은 자네의 것이야!"

39. 가장 효율적인 전투 대형을 갖춘 로마 기병대는 약탈품을 챙기느라 흩어진 적을 기습하여 좌우로 마구 베어 죽였다. 적은 약탈품을 황급히 내던지고 달아나기에 바빴다. 그러나 적들은 겁먹은 말발굽 아래 황급히 내던져진 약탈품들 사이에서 싸우지도, 제대로 달아나지도 못한 채 일방적으로 살육당했다. 그런 식으로 적의 기병대가 거의 일소되자, 마르쿠스 파비우스는 기병대의 좌우 양익을 하나로 합쳐서 적 보병대의 후방을 공격하게 했다.

로마 기병대에서 새롭게 터져 나온 전투의 함성은 삼니움 병사들을 겁먹게 했고, 독재관은 적의 최전선 병사들이 뒤를 돌아다보고, 그들의 깃발이 무질서하게 흔들리고, 적의 좌우 전선이 동요하고 있는 것을 간파했다. 그는 병사들을 독전하며 고함을 쳤고 천인대장과 백인대장의 이름을 한 사람씩 호명하면서 그와 함께 전투에 새로운 박차를 가하자고 지시했다. 다시 전투의 함성 소리가 하늘 높이 솟구쳤고 로마 군은 전보다 더욱 거세게 공격을 밀어붙였다. 로마 군은 앞으로 돌격하면서 삼니움 군이 점점 혼란에 빠져드는 것을 볼 수 있었다. 적 후방에서 교란 작전을 펼치는 로마 군의 기병대가 보병대의 최전선 병사들에게 목격될 정도였다.

코르넬리우스는 그를 따르는 보병대를 돌아다보면서 손짓과 고함으로 기병대의 방패와 깃발이 보인다고 알렸다. 독재관의 말이 떨어지자마자 로마 군 기병대가 눈앞에 보였다. 로마 군은 그날 하루 내내 치렀던 격전과 부상을 다 잊어버리고, 진영에서 금방 나와 공격 신호를 처음 받은 병사들처럼 삼니움 전열을 향해 돌격했다. 삼니움 군은 기병대의 충격과 보병대의 돌격을 더 이상 견뎌내지 못했다. 일부 삼니움 병사들은 혼전 중에 살육되었고 일부는 겁먹고 달아났다. 로마 보병대는 달아나지 않고 버티던 적을 모조리 베어버렸고, 기병대는 달아나는 삼니움 병사를 추격하며 죽였는데, 그 중에는 삼니움 군의 사령관도 있었다.

　이 전투는 마침내 삼니움의 사기를 완전히 꺾어놓았다. 삼니움 사람들은 그들의 국무회의에서, 신성한 조약을 위반하고 불경한 전쟁을 시작했으니 성공을 거둘 리가 없다고 투덜거렸다.[42] 신들이 인간보다 더 삼니움 족에게 분노를 느꼈을 것이라는 말도 했다. 이 전쟁에 대하여 보상하고 속죄하려면 엄청난 대가를 지불해야 될 것이었다. 문제는, 죄를 지은 소수의 피로 그 죄과에 대한 보상을 갚을 것이냐, 아니면 무고한 다수의 피를 흘릴 것인가 하는 것이었다. 어떤 사람들은 그 시점에서 무장 반란에 대하여 책임 있는 자의 이름을 거명하기도 했다. 모든 사람이 이구동성으로 말하는 책임자는 파피우스 브루툴루스였다. 이자는 유서 깊은 귀족 출신으로 최근의 휴전 조약을 깨트리는 데 가장 큰 책임이 있었다.

　법무관들은 이 건에 대하여 (삼니움) 원로원에 보고를 올렸다. 원로원은 다음과 같은 포고를 내렸다: "파피우스 브루툴루스의 신병을 확보하여, 로마의 약탈품 및 포로들과 함께 로마로 압송하라. 조약의 조문에 의거하여 전령 사제단이 피해 보상을 받으려 요구했던 모든 재산들을 관련 법률과 종교의 절차에 의해 보상하도록 하라." 이 포고에 따라 전령 사제단이 로마로 파견되었고, 그들은 파피우스 브루툴루스의 시신도 함께 가지고 갔다. 브루툴루스는 자결함으로써 징벌과 불명예를 모면했다. 브루툴루스의 재산도 그의 시신과 함께 인도하는 것으로 합의되었다. 그러나 로마인들은 포로들과, 그들이 자신의 것으로 인정한 약탈품 이외에는 그 어떤 것도 받지 않으려 했다. 그 이외의 것도 바치겠다는 삼

---

42 기원전 341년에 맺어진 조약을 말하는데 이 조약은 8권 2장에 나오며 조약의 위반은 8권 22장과 23장에 나옴.

니움의 태도는 아무런 효과를 발휘하지 못했다.[43] 독재관은 원로원이 수여한 개선식 환영을 받았다.

40. 일부 역사가들은 이 전쟁이 두 집정관에 의해 수행되었고 삼니움 족에 대한 승리는 집정관들의 것이라고 주장한다. 그들은 심지어 파비우스가 아풀리아 깊숙이 쳐들어가 상당한 양의 전리품을 챙겼다고 말한다. 아울루스 코르넬리우스가 그해(기원전 322년)의 독재관이었던 사실은 의심의 여지가 없다. 여기서 불확실한 몇 가지 사항은, 그가 전쟁 지휘권을 부여받았는지, 또 당시 법무관이던 루키우스 플라우티우스가 와병 중이어서 로마 게임[44]에서 전차 경주의 시작을 선언할 사람이 있었는지, 또 상당한 권위를 가진 사람의 존재를 필요로 하는 이 임무를 수행한 후에 그가 독재관 직에서 사임했는지 여부이다.

여러 권위 있는 역사가들이 제시한 사실들 중에서 어떤 것을 선택할지는 쉬운 문제가 아니다. 역사적 기록은 종종 왜곡되어 왔다. 가령 장례식 만사(輓詞)라든가 흉상 밑의 기명 등에는 왜곡된 사실이나 허구를 삽입되는 경향이 있기 때문이다. 이것은 유수한 가문들이 사람들을 속일 목적으로 허구를 지어내어 군공의 전통이나 관직의 직급 등을 그들 가문의 것인 양 독점하려 들었기 때문이다. 이것은 필연적으로 개인의 업적과 사건들의 공식적 기록에 혼란을 가져왔다. 게다가 그 당시와 동시대인인 역사가는 존재하지 않기 때문에, 우리는 믿을 만한 권위를 가진 확실한 근거가 없는 상황이다.

---

43 로마인은 때늦게 조약의 조문에 순응하려는 삼니움의 태도를 받아들이지 않으려 한 것인데, 이는 더욱 가혹한 조건을 부과하려고 결심했기 때문이다.
44 왕정시대에 타르퀴니우스 프리스쿠스 왕이 만든 대 경기 대회인데 1권 35장 참조.

제 9 권

카우디움 협곡에서의 대참사

1. 이해(기원전 321년)에 로마 군이 악명 높은 대참사를 당한 후 카우디움 평화가 맺어졌다. 두 집정관은 티투스 베투리우스 칼비누스와 스푸리우스 포스투미우스였다.[1] 삼니움 족은 그해에 사령관으로 가이우스 폰티우스를 세웠다. 사령관의 아버지 헤레니우스는 현명한 통찰력으로 명성이 높았고, 그 아들은 군사적 능력과 지도력이 삼니움에서 당할 자가 없었다. 원상회복을 위하여 로마에 파견했던 사절이 평화를 얻지 못하고 돌아오자 폰티우스는 삼니움 사람들에게 다음과 같이 연설했다.

"이 사절이 아무런 성과도 올리지 못했다고 생각해서는 안 됩니다. 우리가 조약을 위반하여 신들의 분노를 얻었으나 그것은 이미 충분히 속죄가 되었습니다. 조약의 조건에 의하여 우리가 원상회복시켜야 한다고 신들이 바라는 것이 무엇이든 간에, 원상회복을 위한 우리의 노력이 로마인들에 의해 경멸당하고 거부당해 마땅하다고 신들은 생각하지 않을 것입니다. 신들을 위무하고 인간을 달래기 위하여 우리가 한 것 이상

---

1 이 두 사람은 재선이었고 13년 전인 기원전 334년에 함께 집정관으로 근무했다. 참조 8권 16장.

으로 어떻게 더 할 수 있겠습니까? 우리가 전리품으로 탈취하여 우리의 당연한 전쟁 권리라고 생각했던 적의 재산을 우리는 돌려주었습니다. 전쟁에 대해서 책임이 있는 자들을 산 채로 넘겨줄 수 없었기에 우리는 그들이 죽은 후 그 시체와 그들의 재산을 로마에 넘겨주었습니다. 우리가 죄 있는 자들과 접촉하여 같이 범죄자 취급을 받는 것을 우려하여 그렇게 했던 것입니다.

로마인들이여, 내가 그 이상 무엇을 당신들에게 빚을 졌으며, 또 그 조약과 그 조약의 증인인 신들에게 더 이상 무엇을 어떻게 해야 한다는 말입니까? 당신들의 분노와 내가 받아야 할 처벌을 판단하기 위해 내가 누구를 당신들에게 건네주어야 합니까? 나는 다수의 사람이든 개인이든 그 누구도 거부하지 않습니다. 강한 자와 거래를 할 때 약한 자에게 공통의 정의를 남겨두지 않는다면, 나는 저 견딜 수 없는 거만함에 대하여 징벌을 내려달라고 신들에게 호소할 수 있습니다. 신들에게 로마에게 분노를 내려달라고 청원할 수 있습니다. 로마는 그들의 재산을 원상 회복했는데도 만족하지 않았고, 다른 사람의 재산을 가져가서 그들의 재산을 늘렸는데도 여전히 미흡하다고 생각합니다. 그들의 야만적 분노는 죄인들의 처형, 처형된 자들의 시신 인도, 그 죄인들 소유의 재산 헌납 등에 의해서도 가라앉을 줄 모릅니다. 그들은 우리의 피를 마시고 우리의 내장을 뜯어먹어야 만족하겠다는 것입니다.

삼니움 사람들이여, 꼭 필요한 경우에 전쟁은 정당한 것이고, 오로지 무기에만 희망을 걸고 있는 사람에게 무기는 정의로운 것입니다. 인간의 일에서 그들이 하는 일이 신들의 호의를 얻고 있는지 여부는 아주 중요한 사항입니다. 여러분은 지난번 전쟁에서 인간이 아니라 신들에 대항하여 싸웠지만, 오늘 여러분을 위협하고 있는 전쟁은 신들을 여러분의 지도자로 모시고 있으니 그 결과에 대하여 안심해도 좋을 것입니다.”

2. 이런 예언적이면서도 고무적인 연설을 한 뒤에, 폰티우스는 삼니운 군을 이끌고 출병하여 카우디움 근처에다 아주 은밀하게 진영을 구축했다. 거기서 그는 열 명의 병사들을 목동으로 변장시켜 칼라티아 방면으로 보냈다. 폰티우스는 로마의 집정관들이 그곳에 이미 진영을 설치했다는 얘기를 들었던 것이다. 폰티우스는 목동으로 변장한 병사들에게 로마의 외곽 초소에서 그리 멀리 떨어지지 않은 곳에서 소 떼를 풀어놓고 방목하라고 지시했다. 그리고 로마의 정찰대나 마초 수집 부대를 만날 때마다 다음과 같은 똑같은 얘기를 되풀이하라고 일렀다: "삼니움 군대가 현재 아풀리아로 행군하여 온 부대의 힘을 기울여 루케리아를 포위공격하고 있으며, 거의 함락시키기 일보 직전이다."

이 소문은 이미 의도적으로 국외 지역에 널리 유포되었으며 로마인들의 귀에까지 들어갔다. 포로들은 로마인의 그런 믿음을 더욱 강화했는데, 그들이 일관되게 그 소문을 전했기 때문이다. 로마인들은 아무런 망설임 없이 루케리아 사람들을 구하러 가려고 했다. 루케리아는 로마의 충실한 동맹이었기 때문이다. 또 로마인은 임박한 위험에 직면하여 아풀리아 전역이 로마로부터 이반하는 현상을 막고 싶어 했다. 로마인들의 유일한 심사숙고 대상은 어떤 길을 통하여 루케리아로 행군할 것인가 하는 것이었다.

루케리아로 가는 길은 두 개가 있었다. 하나는 아드리아 해 연안을 따라 가는 것이었는데 탁 트이고 접근성이 좋고 안전한 점은 있으나 상대적으로 멀리 돌아가는 길이라는 약점이 있었다. 다른 하나는 카우디움 협곡을 통과하여 나아가는 것이다. 이 길은 지름길이기는 하지만 그 지형상 이런 단점이 있었다. 숲속 깊숙한 곳에 나 있는 이 길은 카우디움 협곡에 이르면, 비좁고 나무가 울창한 두 개의 소로가 좌우로 갈라지는데, 이 갈라진 두 길은 양쪽에 연이어 솟아 있는 산들에 의해 연결되었다. 좌우로 갈라진 두 길을 무시하고 계속 앞쪽으로 나가면 길은 풀이 자라고 물이 흐르는 꽤 넓은 분지를 통과한다. 하지만 이 분지 중앙에 도달하기 전에 로마 군은 먼저 첫 번째 계곡에 들어서야 한다. 그리고 돌아가려고 하면 이미 들어선 길을 되밟아 가거나, 아니면 앞으로 더 나아가 전보다 더 비좁고 가로막힌 다른 비좁은 길을 통과해야 한다.

로마 군은 바위 많은 험준한 협곡을 통과하는 이 후자의 길을 행군하여 분지 한가운데에 들어섰다. 그러나 로마 군이 두 번째 더 비좁은 길로 들어섰을 때, 그 길은 일부러 베어 쓰러트린 교목喬木들과 거대한 바위 덩어리들로 막혀 있었다. 적군의 작전은 이제 분명해졌다. 그와 동시에 적군이 계곡 입구에 모습을 드러냈다. 로마 군은 황급히 방향을 돌려서 분지로 들어서는 다른 좁은 길로 가려고 했으나, 그곳 역시 거대한 방책과 다수의 무장 군인에 의해 가로막혀 있었다. 그 광경을 보는 순간 로마 군은 명령이 내려지지 않았는데도 우뚝 멈추어 섰다. 그들은 자신들이 분지 한가운데에서 독 안에 든 쥐처럼 갇혔다는 것을 깨달았다. 모든 병사가 경악하면서 온 몸이 마비되는 느낌을 받았다. 병사들은 서로 쳐다보면서 상대방이 자신보다 더 좋은 생각과 판단을 가지고 있을 것이라고 막연히 짐작할 뿐이었다. 그런 식으로 그들은 아무 말도 하지 않고 꼼짝도 하지 않은 채 그 자리에 한동안 서 있었다.

그러다가 병사들은 집정관들의 천막이 쳐지고 일부 병사들이 참호 작업용 도구를 꺼내드는 것을 보았다. 상황이 아주 절박하여 모든 희망이 사라진 상황에서 참호 작업을 한다는 건 어리석은 일이었으나, 그래도 병사들은 이미 닥쳐온 불행에 더하여 추가로 더 잘못을 저지르지 않기 위해 땅 파는 작업에 돌입했다. 병사들은 격려나 명령이 없어도 각자 열심히 참호를 팠고, 물 가까운 곳을 택하여 진영 주위에 참호를 만들었다. 이어 그들은 이 쓸모없는 작업에 대하여 자조적인 솔직함을 발휘하며 농담을 했고, 적들은 로마 군 병사들에 대하여 계속하여 경멸하는 조롱을 보냈다. 집정관들은 너무 비참하여 군사 회의를 소집하지도 않았다. 그 절박한 상황이 조언이나 도움을 허용하지 않았기 때문이다. 그러나 부 사령관들과 천인대장들은 명령하지 않았는데도 집정관 주위에 모여들었고 병사들은 사령관 천막에 모여들어 사령관에게 도움을 호소했다. 그러나 그 상황에서는 설령 영원불멸의 신들이라고 해도 도와줄 방도가 없었다.

3. 밤이 되었으나 병사들은 서로 의논한다기보다는 비탄에 빠져서 탄식했고, 각자 자신의 성정대로 의견을 꺼내놓았다. 한 병사가 말했다. "도로 양쪽에 있는 방책防柵을 돌파하자. 우리를 온 사방에서 가로막고 있는 산을 올라가서 숲속으로 들어가자. 무기를 들고 가서 우리가 지난 30년 동안 계속 패배시켜 온 적들을 무찔러 버리자. 배신자 삼니움을 상대로 싸우는 로마 군 앞에 모든 길은 평탄하고 안전할 것이다."

다른 병사가 물었다. "우리는 어디로 어떻게 갈 것인가? 우리가 저 산을 들어 옮기겠다는 것인가? 저 산봉우리가 우리를 내려다보는 한, 어떻게 적에게 도달할 수 있겠는가? 무장이든 비무장이든, 용감하든 비겁하든, 우리는 똑같이 함정에 빠져서 패배할 수밖에 없다. 적은 칼을 뽑지도 않을 것이고 우리에게 영광스러운 죽음을 허용하지도 않을 것이다. 적은 그냥 가만히 앉아 있어도 이 전쟁을 끝낼 수 있다." 이런 종류의 의견을 교환하면서 밤이 흘러갔고 아무도 식사나 수면에 대해서는 생각하지 않았다.

심지어 삼니움조차도 이 좋은 행운을 어떻게 활용할 것인지 계획이 없었다. 그래서 그들은 사령관 폰티우스의 아버지 헤레니우스에게 편지를 보내어 의견을 묻기로 만장일치로 결정했다. 헤레니우스는 이미 나이가 많아서 몸이 쇠약했고 군대와 정부의 모든 관직으로부터 물러난 상태였다. 비록 신체는 허약했지만 그의 정신과 판단력은 예전의 총기를 잃지 않았다. 로마 군이 카우디움 협곡의 두 고개 사이에서 갇혀 있다는 사실을 보고받고 또 그의 아들이 보낸 전령이 조언을 요청하자, 헤레니우스는 이런 조언을 했다: "로마 군을 손끝하나 건드리지 말고 지금 즉시 안전하게 돌려보내도록 하라." 이 조언이 거부당하고, 동일한 전령이 다시 찾아와 조언을 구하자 헤레니우스는 정반대의 조언을 했다: "로마 군을 마지막 한 명까지 몰살하라." 신탁처럼 모순되고 또 애매모호한 이런 조언을 받자, 그의 아들은 아버지가 쇠약한 신체로 인해 노망이 들었다고 생각한 첫 번째 사람이었다. 하지만 참모들의 공통적인 소원에 따라 아버지를 모셔 와서 직접 그 조언을 들어보기로 했다.

전해지는 얘기에 의하면, 노인은 그 초빙을 반대하지 않았다. 그는 수레에 태워 진영으로 모셔져 왔고 곧바로 회의장으로 안내되었다. 헤레니우스는, 그의 첫 번째 조언이 상책上策인데, 그렇게 하면 아주 강력한 국가의 사람들에게 엄청난 혜택을 안겨주어 항구적인 평화를 수립할 수 있을 것이라고 말했다. 두 번째 조언은 하책下策이지만, 전쟁을 여러 세대 동안 지연시키는 효과가 있다고 설명했다. 2개 군단을 잃어버렸으니 로마가 군사력을 다시 회복하기까지 오랜 시간이 걸릴 것이기 때문이다. 이어 헤레니우스는, 상책과 하책 중에 중간노선은 없다고 말했다. 그의 아들과 다른 지도자들은 헤레니우스에게, 중간노선을 선택하여 로마인을 건드리지 않고 풀어주되, 전쟁 법에 따라 패배한 사람들이 부담해야 하는 조건들을 부과하면 어떻겠느냐고 물었다.

헤레니우스가 대답했다. "그건 당신들의 생각인데, 친구를 얻지도 못하고 그렇다고 적을 제거하지도 못합니다. 여러분이 화를 돋운 사람들에게 굴욕을 주면서 목숨을 살려주는 것에 불과합니다! 로마인은 패배를 당해서도 굽힐 줄 모르는 사람들입니다. 현재의 난국에서 그들이 어떤 종류의 수치를 당하든 간에, 그 상처는 그들의 가슴속에서 계속 사무칠 것이고 당신들에게 몇 배로 보복하지 않는 한 잠잠해지지 않을 것입니다." 그러나 헤레니우스의 상책과 하책은 채택되지 않았고, 그는 삼니움 군의 진영에서 그의 집으로 다시 돌아갔다.

4. 한편 로마 군 진영은 여러 가지 탈출 시도를 해보았으나 실패로 돌아갔고 이제 필수품들이 바닥나기 시작했다. 로마 군은 할 수 없이 적에게 사절을 보내야 했다. 사절은, 처음에는 공정한 강화 조건을 요구하고 그것이 여의치 않을 경우 적에게 당당히 싸움으로 결판을 낼 것을 요구하라는 지시를 받았다. 폰티우스는 전쟁은 이미 치러져서 승패가 결정났다고 말했다. 로마 군이 패배하여 포로가 되었음에도 불구하고 그들의 곤경을 인정하지 않으므로, 로마 군 병사들이 단 한 장의 겉옷만 입은 채 비무장으로 이우굼 아래를 허리 굽혀 지나가도록 요구했다.[2]

이것 이외에 다른 점들에 있어서는, 평화의 조건들이 승자나 패자에게 공정한 것이었다. 만약 로마인이 삼니움 영토에서 퇴각하고 그들이 세운 식민지들을 철폐한다면 로마와 삼니움은 동일한 조건에서 각자 그들의 법률에 따라 살아갈 수 있을 것이었다. 폰티우스는 이런 조건 하에 두 집정관과 조약을 맺을 준비가 되어 있다고 말했다. 만약 이런 조건을 받아들이지 않을 거라면 로마의 전령은 앞으로 그를 찾아오지 말라는 말도 했다. 사절의 방문 결과가 로마 진영에 알려지자 온 사방에서 비명 소리가 터져 나왔다. 그들의 심리적 번민은 너무나 커서 마치 지금 그 자리에서 모두 죽으라는 얘기를 들은 사람 같은 표정이었다.

오랫동안 로마 군 진영에는 정적이 감돌았다. 두 집정관은 그토록 수

---

2 이우굼(iugum)은 기둥처럼 벌려 세운 두 개의 창에 낮게 가로 지른 창을 말한다. 패전한 적을 무장 해제시키고 복장까지 벗겨서 굴복의 표시로 그 아래를 허리 굽혀 지나가게 하였다.

치스러운 조약, 그렇지만 필요한 조약에 대하여 단 한 마디 발언도 할 수가 없었다. 마침내 성품이나 공식 기록에 있어서 선임 부 사령관인 루키우스 렌툴루스가 이런 연설을 했다.[3]

"나는 나의 아버지가 갈리아 인의 로마 함락 시 요새에서 갈리아 인들을 황금으로 매수해서는 안 된다고 주장한 유일한 사람이었다고 회상한 것을 기억합니다.[4] 아버지는 로마인이 적들에 의한 참호와 누벽 안에 갇혀 있는 게 아니라고 주장했습니다. 적들은 참호 작업과 축성 작업을 아주 느리게 진행했고, 그래서 큰 위험은 있겠지만 대참사 없이 탈출할 수 있으리라고 주장했습니다. 그래서 로마인은 손에 칼을 들고 갈리아 인을 공격하면서 요새 아래로 달려 내려갈 힘이 있다고 말했습니다. 포위 당한 자는 종종 그런 식으로 포위망을 뚫고 나간다고 하면서 말입니다. 싸움터가 유리하든 아니든 우리가 적과 대적할 수 있는 방법을 찾아낼 수 있다면, 내가 조언을 내놓는데 있어서 우리 아버지의 기백을 물려받았음을 보여주고 싶습니다. 조국을 위해 죽는 것이 영광임을 나는 인정합니다. 나 개인적으로는 로마 군과 로마 시민을 위하여 나 자신을 희생 제물로 바치거나, 아니면 혈혈단신 적진으로 뛰어들고 싶습니다.

그렇지만 나는 여기 이 지점에서 나의 조국을 봅니다. 여기 이 지점에서 남아 있는 로마 군대를 봅니다. 병사들이 자기 만족을 위하여 스스로 죽음을 선택한다면, 그들은 그 죽음으로 무엇을 구제할 것입니까? 어떤 사람들은 도시의 집들과 울타리, 그리고 그 집들에 사는 사람들을 구제한다고 말할지 모릅니다. 하지만 여기 이 군대가 다 없어지면 그 사람들

3　렌툴루스는 기원전 328년에 집정관이었는데 8권 22장을 참조할 것. 그의 후손은 그 후에 카우디누스라는 별명을 썼는데 P. 코르넬리우스 카우디누스가 26권 48장에 보이고, L. 코르넬리우스 카우디누스가 27권 21장에 보인다.
4　참조 5권 48장. 그러나 렌툴루스의 이름은 나오지 않는다.

은 구제가 되는 것이 아니라 파괴되어 버립니다. 아무도 그들을 보호해 주지 않을 것이기 때문입니다. 그들은 전쟁도 할 줄 모르고 무장도 갖추지 못한 오합지졸에 지나지 않습니다. 과거 갈리아 인들이 로마를 침략해 왔을 때 그랬던 것처럼 그들은 결코 도시를 막아내지 못할 겁니다. 혹은 그들이 베이이에 군대를 보내달라고 구걸하고 카밀루스에게 그 군대를 지휘해 달라고 요청할 수 있을까요? 어려울 것입니다. 그러니 바로 여기에 우리의 희망과 자원이 놓여 있는 것입니다. 우리가 이 군대를 살린다면 조국을 살리는 게 됩니다. 우리가 이 군대를 다 죽여 버린다면 우리는 조국을 버리는 겁니다. 당신들은 항복이 수치스럽고 굴욕적이라고 말할 겁니다. 그러나 우리의 조국은 너무나 소중하기 때문에, 필요하다면 우리의 죽음만큼이나 우리의 굴욕을 통해서도 구제해야 하는 것입니다. 그러니 아무리 엄청난 것이라 해도 이 굴욕에 승복합시다. 신들도 어떻게 하지 못하는 이 필연에 굴복합시다. 집정관들이여, 가서 당신의 무기를 포기함으로써 도시를 되사들이십시오. 우리의 조상들이 황금으로 되사들였던 것처럼."

5. 두 집정관은 폰티우스를 만나러 갔다. 그러나 정복자가 조약을 맺기를 바라자, 두 집정관은 로마 시민의 명령이 있어야 하고 또 전령 사제단과 다른 관습적 의례를 지켜야 하기 때문에 조약을 맺는 것은 불가능하다고 답변했다. 따라서 카우디움 평화는 역사가 클라우디우스가 기록하고 또 널리 믿어지고 있는 것처럼 조약에 의해서가 아니라 보장에 의해서 맺어졌다. 만약 조약을 맺었다면 보장하는 사람이나 인질이 무슨 필요가 있었겠는가? 조약은 협상이 끝나면 기도에 의해서 타결이 되고, 그 조약을 지키지 않는 자는 전령 사제단에 의해 희생 돼지가 도살되는 것처럼, 유피테르가 내린 벼락에 맞아 죽게 되는 것이다. 약속을 보장한 사람은 집정관, 부 사령관, 재무관, 천인대장 등이었는데 이 사

람들의 이름은 현존하고 있다. 만약 평화가 조약에 의해 정착이 되었다면 두 명의 전령 사제의 이름만 보존이 되었을 것이다.[5] 조약이 체결될 때까지는 상당한 시간이 걸릴 것이므로, 6백 명의 로마 기병대가 인질로 요구되었다. 만약 평화의 조건들이 지켜지지 않으면 6백 명은 몰살될 것이었다. 이어 인질들을 삼니움에 내놓고, 로마 군이 무기를 버리고 이우굼 밑으로 허리 굽혀 지나가는 시간이 결정되었다.

집정관들이 돌아오자 로마 진중에서는 또다시 탄식의 울부짖음이 터져 나왔다. 병사들은, 어리석은 판단으로 인해 그들을 이 장소로 데려왔고, 그 비겁함으로 인해 들어올 때보다 더 치욕스럽게 이 장소를 떠나게 만든 자들에 대하여 폭력 행사를 가까스로 참았다. 두 집정관은 안내자와 정찰병을 제대로 세우지 않았고 광포한 들짐승처럼 눈먼 상태에서 이 함정 속으로 들어오고 말았다. 병사들은 서로 응시했고, 이제 곧 내려놓아야 할 무기, 무장 해제된 오른손, 적의 자비에 맡겨진 그들의 몸을 내려다보았다. 병사들은 각자 마음속에서 적의 이우굼, 승자들의 비웃음, 경멸하는 얼굴을 보았다. 그들은 비무장인 채로 적의 무장 대열을 지나가고 이어 치욕을 당한 군대로서 비참하게 행군하는 모습을 떠올렸다. 그들은 동맹들의 도시를 그런 비참한 모습으로 지나가야 할 것이고, 이어 도시에 들어서서 부모를 만나야 할 것이었다. 조상들처럼 언제나 승리하여 로마로 개선했던 그 부모들을. 그들은 아무런 상처, 무기도, 전투도 없이 전쟁에 패배했다. 그들은 칼을 빼들고 적과 교전할 기회를 거부당했다. 그들에게 무기, 힘, 정신력이 있었으나 그 모든 게 아무 쓸모가 없게 되었다.

---

5   전령 사제(fetialis)는 고대 로마에서 국민의 대표로 전쟁의 타당성 여부를 검토한 다음, 선전포고와 강화 조건 등을 결정하여 지시하던 사제이며 전령 사제단은 20명으로 구성되었다.

그들이 이런 항의를 하는 동안, 굴욕을 강요하는 운명의 시간이 도착했다. 그 쓸쓸한 체험은 병사들의 모든 상상을 초월하는 것이었다. 그들은 먼저 비무장에 겉옷 하나만 입고 참호 밖으로 나서라는 명령을 받았다. 먼저 인질이 제공되어 보관소로 끌려갔다. 릭토르들은 집정관 옆에서 물러서라는 지시를 받았다. 집정관들은 장군의 복장을 박탈당했다. 그 광경은 어제까지만 하더라도 집정관들을 욕하며 그들을 적에게 넘겨주어 고문 받게 해야 한다고 저주하던 병사들의 마음에 연민을 불러일으켰다. 모든 병사들이 자신의 곤경을 잊어버리고 그런 고상한 관직에 가해진 모욕이 마치 끔찍한 살해의 장면이나 되는듯이 고개를 돌리며 외면했다.

6. 먼저 집정관들이 거의 알몸으로 이우굼 아래를 지나갔다. 다음에 장교들이 계급 순으로 치욕을 맞이했고, 이어 병사들이 하나씩 하나씩 지나갔다. 적들은 무장을 한 채 주위에 서서 욕설을 하고 조롱을 했으며, 그들의 칼을 휘두르다가 일부 병사에게는 부상을 입히거나 죽이기도 하였다. 수치가 아닌 도전의 눈빛으로 승자를 쳐다보다가 적의 비위를 상하게 만들면 그런 대접을 받았다.

그런 식으로 그들은 이우굼 밑을 지나갔는데, 더욱 견디기 어려운 것은 적이 보는 데서 그렇게 해야 된다는 것이었다. 그리하여 마침내 산속의 고갯길로부터 빠져나왔다. 비록 그들은 죽음의 영역에서 되살아난 것처럼 대낮의 광명을 보기는 했으나 그 광명은 그 어떤 형태의 죽음보다 더 침울한 것이었다. 그들은 치욕을 당한 동료 병사들을 볼 때마다 수치심이 더욱 깊어졌다. 그들은 어두워지기 전에 카푸아에 도착할 수도 있었으나, 그 동맹국의 충성심을 의심하는데다 그들의 수치심이 깊었기 때문에 그 도시에서 그리 멀리 떨어지지 않은 곳의 도로변에 몸을 내던졌다. 그들에게는 생필품이 하나도 없었다.

이런 참상이 카푸아에 보고되자 동맹국의 자연스러운 동정심이 캄파니아 사람들의 타고난 오만함을 억눌렀다. 카푸아 사람들은 지체 없이 집정관에게 장군 휘장을 보냈고 그 외에 무기, 말, 의복, 병사들의 식량 등도 함께 보내왔다. 그들이 카푸아에 도착하자, 그 도시의 의원들과 시민들이 그들을 맞이하러 나왔고 공적, 사적인 환영의 행사를 수행했다. 그러나 동맹국의 환대와 다정한 표정도 로마 군으로부터 그 어떤 대답의 말도 이끌어내지 못했다. 로마 군 병사들은 심지어 고개를 들어, 동정을 표시하는 우방 국가의 사람들을 쳐다보지도 못했다. 그들은 비참한 기분 이외에도 수치심이 너무나 강하여 사람들과 대화를 나누거나 함께 모이는 것을 아예 회피했다.

그 다음 날 로마 군을 캄파니아 국경까지 호송하는 임무를 맡은 젊은 귀족들이 임무를 마치고 돌아와 카푸아 의원들 앞에 소환되었다. 그들은 로마 군이 전날보다 더 침울하고 슬픈 표정이었다고 보고했다. 행군 종대는 모든 구성원이 벙어리인 양 아무 말 없이 걸어가기만 했다. 저 오래된 로마의 감투정신은 땅에 떨어졌고, 그들의 용기는 내려놓은 무기와 함께 내팽개쳐졌다. 그들은 인사를 해도 대답을 하지 않았으며, 부끄러워서 아무 말도 하지 않으려 했다. 그들은 아직도 그들이 허리를 굽혀 지나온 이우굼을 목에 두르고 있는 듯했다. 그들은 삼니움이 명예로우면서도 오래가는 승리를 거두었다고 말했다. 그들이 제압한 것은 과거 갈리아 인들이 했던 것처럼 로마 시가 아니라, 그보다 훨씬 더 전투적 노력을 필요로 하는 것, 다시 말해 로마인의 용기와 감투정신이었기 때문이다.

7. 이 사건은 널리 알려지고 또 퍼져 나갔다. 그리하여 로마의 이름은 동맹국의 국무회의에서 이제는 끝난 도시로 치부되었다. 그때 오부스의 아들 아울루스 칼라비우스가 앞에 나섰다. 그는 고상한 가문과 뛰

어난 업적을 갖추었고 또 고령으로 존경을 받는 인물이었다. 그는 지금 널리 알려진 것과 사실은 크게 다르다고 주장했다. 저 고집스러운 침묵, 땅에 고정된 시선, 위로의 말을 거부하는 자세, 광명을 보지 않으려 하는 고집 등은 무엇을 의미하는가? 그것은 뿌리 깊은 강력한 복수심의 표시인 것이다. 그는 로마인의 특성을 잘 안다고 말했다. 저 침묵은 앞으로 곧 삼니움 인들로부터 슬픈 비명과 신음 소리를 뽑아낼 것이다. 카우디움 평화는 로마인보다는 삼니움 인의 기억에 더 고통스러운 사건이 될 것이다. 로마와 삼니움은 어디에서 다시 교전하든지 각 민족의 타고난 기질을 발휘하게 될 것이다. 그리고 삼니움이 앞으로 다시 카우디움 협곡 같은 것을 이용하는 일은 없을 것이다.

이 무렵 수치스러운 참사의 소식이 로마에 도착했다. 첫 번째 보고는 로마 군이 함정에 빠졌다는 것이었다. 이어 그보다 더 음울한 소식이 들려왔는데 위험의 소식이 아니라 굴욕스러운 평화의 소식이었다. 로마 군이 포위당했다는 소문이 들려오자 로마는 징병 장부를 작성하기 시작했다. 그러다가 치욕스러운 항복 소식이 전해지자 증원군을 보내려던 모든 준비 작업은 포기되었고 공식 승인이 내려진 것도 아닌데 시민들은 한 몸이 되어 다양한 형태의 복상服喪을 했다. 포룸 근처의 가게들은 휴업을 했고, 공식 선포가 내려지기도 전에 포룸의 업무는 일시 중단되었다. 폭 넓은 띠가 달린 상의와 황금 반지는 착용되지 않았다.[6]

시민들은 군대보다 더 깊은 슬픔에 잠겼다. 그들은 그런 평화를 부추기고 보장한 장군과 그 이하 장교들에게 분개했을 뿐만 아니라 무고한 사병들에 대해서도 증오심이 가득했다. 시민들은 그들이 도시와 가정

---

6 앞면에 넓은 보라색 띠를 두른 상의는 원로원 의원들이 입었고, 기사들도 비슷한 옷을 입었으나 띠의 폭이 좀 좁았다. 황금 반지는 고귀한 신분의 상징인데 평민은 쇠 반지를 꼈다.

에 들어오는 것을 금지하겠다는 의도를 선언했다. 그러나 로마 군이 도시에 도착하자 이런 분노는 눈 녹듯이 사라졌다. 아무리 화가 난 시민일지라도 그 병사들에 대해서는 연민을 느꼈기 때문이다. 그들은 안전의 희망이라고는 전혀 없다가 뜻하지 않은 안전 속에서 귀국한 사람들 같지 않았다. 그날 늦게 도시에 들어오는 그들은 죄수의 표정과 태도 바로 그것이었다. 병사들은 각자 자신의 집에 숨듯이 들어갔고, 다음 날 그리고 그 다음 날에도 포룸이나 거리에 나오지 않았다.

두 집정관은 각자 집안에 틀어박혔고 공식 업무를 전혀 수행하지 않았다. 단 원로원의 선포로 선거를 주관할 독재관을 지명하는 업무만 수행했다. 그들은 퀸투스 파비우스 암부스투스를 독재관에 지명했고, 이어 독재관은 푸블리우스 아일리우스 파이투스를 사마관으로 임명했다. 하지만 그들의 선거에 하자가 있었으므로 마르쿠스 아이밀리우스 파푸스(독재관)와 루키우스 발레리우스 플라쿠스(사마관)로 대체되었다. 그러나 이들도 선거를 개최하지 못했다. 시민들이 그해의 고위 행정관들에 대해서 염증을 느꼈으므로 정부는 인테르레그눔 체제로 들어갔고, 퀸투스 파비우스 막시무스와 마르쿠스 발레리우스 코르부스가 인테르렉스로 선임되었다. 그리하여 퀸투스 푸블릴리우스 필로와 루키우스 파피리우스 쿠르소르(재선)가 집정관으로 선출되어 시민들의 적극적인 지지를 받았다. 그 당시에 시민들은 쿠르소르보다 더 뛰어난 지도자는 없다고 생각했다.

8. 두 집정관은 원로원의 요구에 따라 선거 당일에 취임했고, 원로원의 일상적 결의를 처리한 다음 카우디움 평화의 건을 꺼내들었다. 푸블릴리우스가 권표를 잡고서 카우디움 평화의 당사자인 스푸리우스 포스투미우스를 소환하여 발언하게 했다. 그는 이우굼을 허리 굽혀 지나갔을 때의 그 표정 그대로 일어서서 말했다.

"집정관님, 내가 명예가 아니라 나의 굴욕 때문에 이런 발언대에 서게 되었다는 것을 잘 압니다. 나는 여기 원로원 의원 자격이 아니라 불운한 전투와 치욕스러운 평화를 가져온 죄인으로 이 자리에 섰습니다. 하지만 당신은 우리의 범죄나 처벌에 대해서는 언급하지 않았습니다. 그래서 나는 아무런 변명도 내놓지 않겠습니다. 하지만 인간의 운명과 제약에 대해서 잘 아는 분들이 듣고 있는 데서 나 자신을 변호하는 것이 그리 어렵지 않겠지만 그렇게 하지 않겠습니다. 나는 당신이 제기한 문제에 대하여 내 의견을 간단히 진술하는데 그치겠습니다.

나의 진술은 내가 구제한 것이 나 자신인지 혹은 당신의 군대인지 증언해줄 것입니다. 나는 치욕스러운 보장을 강요당하여 그것을 받아들였습니다. 하지만 그것은 로마 시민들의 명령이 없이 이루어진 보장이기에 로마 시민에게는 아무런 구속력이 없습니다. 그 평화의 조약에 의하면 삼니움 인은 우리의 신병身柄 이외에는 아무것도 요구하지 못합니다. 우리의 신병을 알몸으로 묶은 채 전령 사제단에 넘겨 적에게 건네 주십시오. 우리가 시민들에게 어떤 종교적 의무를 부과했다면 우리의 신병을 내놓음으로써 시민들을 그 의무로부터 해제시킬 수 있습니다. 그러면 신적인 것이든 인간적인 것이든 그 어떤 장애도 앞으로 로마의 정당하고 올바른 전쟁 수행을 가로막지 못할 것입니다.

나는 두 집정관이 징병 장부를 작성하여 새롭게 군대를 편성할 것을 제안합니다. 하지만 우리가 항복한 세부사항들이 완료될 때까지는 적의 영토에 들어가지 마십시오. 나는 영원불멸의 신들에게는 이런 기도와 호소를 바칩니다. 두 집정관 스푸리우스 포스투미우스와 티투스 베투리우스가 대 삼니움 전쟁에서 성공을 거두지 못하는 것이 신들의 뜻이었다면, 이제 안심하소서. 우리가 이우굼 밑을 허리 굽혀 지나갔고, 불명예스러운 보장에 구속당했고, 알몸인 채로 묶여 적에게 신병이 인도됨으로써 우리 적들의 분노를 모두 우리의 머리 위에 뒤집어썼으니 말입니다. 신들께서 새 집정관과 로마 군대에 축복을 내리셔서 우리 이전의 모든 전쟁이 수행되었던 방식으로 삼니움과 전쟁을 수행할 수 있게 하소서."

그가 발언을 마치자 원로원 의원들은 그의 제안에 경악하면서도 깊은 동정심을 느꼈다. 그들은 한순간 그 사람이 과연 충격적인 평화 보장을 한 스푸리우스 포스투미우스 그 사람인가 의아한 생각마저 들었다. 그 다음 순간에는 그런 고상한 제안을 한 사람이 평화 위반으로 분노하는 적의 손에 모진 형벌을 당해야 할 것을 생각하면서 연민의 정을 느꼈다. 의원들이 그의 제안을 칭찬하면서 투표를 하려고 할 때, 호민관인 루키우스 리비우스와 퀸투스 마일리우스가 잠시 거부권을 시도하려 했다. 두 호민관은 그들(호민관들)의 항복으로 시민들이 종교적 의무에서 해방되지 않는다고 주장했다. 삼니움이 카우디움에서 거둔 모든 이득을 돌려주지 않는다면 그 의무는 여전히 유효하다는 얘기였다. 다시 말해, 그들이 평화의 보장자로 행동함으로써 로마 시민의 군대를 구제한 것에 대하여 처벌을 받아서는 안 된다는 것이었다. 또한 호민관인 그들은 신성한 존재이므로 적에 신병이 건네져 그 신성함을 훼손하는 일이 없어야 한다는 것이었다.[7]

9. 그러한 반론에 대하여 포스투미우스는 이렇게 답변했다. "그렇다면 성별聖別되지 않은 우리들만 먼저 넘겨주도록 하십시오. 그렇게 하면 종교적 의무를 위반하지 않고서도 일을 추진할 수 있을 것입니다. 나중에 그들이 관직에서 물러나면, 현재는 신성불가침이어서 넘겨줄 수 없으나 그때에는 넘겨줄 수 있을 것입니다. 집정관님이 제 말을 들어준다

---

7   리비우스와 마일리우스는 카우디움 참사 당시에 보증자의 일원이었던 것으로 여겨지며 그 후에 호민관으로 선출된 것으로 보인다.

면, 나중에 그들을 넘겨주기 전에 지연된 징벌에 대한 이자로 그들을 여기 코미티움에서 채찍질을 가할 것을 건의합니다. 우리의 신병을 건네주어도 로마 시민이 의무로부터 해방되지 않는다고 호민관들이 말하는 것은 참으로 전령 사제단의 법을 모르는 소리입니다. 그런 식으로 말하는 것은 객관적 사실의 진술이라기보다는 그들의 신병을 넘겨주지 않겠다는 억지에 지나지 않습니다.

존경하는 의원님들, 인간들 사이의 명예 지키기를 신들에 대한 의무라고 생각하는 사람들의 눈에, 보장은 조약 못지않게 신성한 것임을 부정하지는 않겠습니다. 그러나 시민들이 승인하지 않은 제재가 시민들을 구속할 수 있다는 얘기는 부정하겠습니다. 삼니움 사람들이 우리에게서 그 보장을 강제로 빼앗아냈던 그런 오만한 태도를 취하면서 우리에게 도시를 항복하는 사람들의 맹세를 정확하게 말하도록 시켰다고 해서, 당신들 호민관들은 로마 시민들이 항복했으며 이 도시, 신전, 지성소, 영토, 하천 등을 다 갖다 바쳐야 한다고 말하겠습니까? 결코 바치지 않을 것입니다! 현재 문제가 되는 것은 보장의 문제일 뿐입니다. 우리가 로마 시민들이 이 도시를 내버릴 것으로 보장했다면 어떻게 할 겁니까? 도시에 불을 지르기로 했다면? 고위 행정관, 원로원, 법률을 포기하기로 했다면? 왕정으로 회귀하기로 했다면? 당신들은 '절대로 안 돼'라고 말할 것입니다.

그러나 이런 조건들이 일고의 가치가 없다고 해서 보장의 구속력을 감소시키는 것은 아닙니다. 만약 시민들이 어떤 한 가지 사항에 대하여 구속을 받는다면 그것은 모든 사항에 적용되는 것입니다. 어떤 사람들이 생각하는 것처럼, 보장을 한 사람이 집정관인지 독재관인지 법무관인지 하는 것은 그리 중요하지 않습니다. 이것이 삼니움 사람들이 생각했던 바이고, 그래서 두 집정관만 보장자로 나서는 것에 만족하지 않고 그 이하 부 사령관, 재무관, 천인대장 등도 같이 보장해줄 것을 요구했던 것입니다.

그런데 이제 집정관이라도 할 수 없는 그런 보장을 왜 했느냐고 내게 묻지 마십시오. 나는 그럴 권한이 없었으므로 삼니움에게 평화를 보장할 수 없었습니다. 또 원로원이 나에게 그럴 권한을 부여하지 않았으므로 원로원을 위해서 그런 보장을 할 수도 없었습니다. 존경하는 의원님들, 카우디움에서는 인간의 지혜로 할 수 있는 것이 없었습니다. 영원불멸의 신들이 여러분의 지휘관과 적의 지휘관으로부터 이성을 빼앗아갔습니다. 우리 측에서 보자면 우리는 전투에 대한 대비를 적절하게 하지 못했습니다. 적들도 잘못된 처신으로 잘못 얻은 승리를 내팽개쳤습니다. 그들은 무기를 사용하기로 되어 있는 사람들로부터 그 어떤 조건이든 간에 황급히 무기를 빼앗고 싶어서 그들의 잘못 얻은 승리를 내던져 버렸습니다.

만약 그들이 제정신이었더라면 고국에서 원로 인사들을 불러서 상의를 하고 또 로마에 사절을 보내는 것이 그렇게 어려웠겠습니까? 원로원과 로마 시민들을 상대로 평화의 조건과 조약을 협상하는 것이 어려웠겠습니까? 카우디움에서 로마까지 경무장한 사람이라면 사흘이면 도착할 수 있습니다. 그 기간 동안에 양군은 잠시 휴전을 하고 사절들이 적극적인 승리든 평화든 답변을 가지고 돌아오기를 기다릴 수 있었을 것입니다. 이렇게 해야 로마 시민의 지시 아래 우리가 올바른 보장을 할 수 있었을 겁니다. 하지만 의원들은 이런 보장을 투표하지도 않았고 우리도 그런 보장을 할 생각이 없었습니다. 하늘은 삼니움 사람들이 그들 자신도 제대로 이해하지 못하는 달콤한 몽상을 품도록 내버려두었고, 우리는 로마 군을 함정 속으로 몰아넣은 그 운명에 의하여 로마 군을 빼내려는 생각만 했습니다. 그리하여 그들의 한심한 승리는 그보다 더 한심한 평화 속으로 증발해 버렸고, 우리는 보장 당사자 이외에는 아무런 구속력이 없는 보장을 하게 되었습니다.

존경하는 의원님들, 이 문제에 대해서 어떤 의논이 있었습니까? 또 로마의 시민들도 이 문제를 의논했습니까? 누군가가 의원님들에게 호소하면서 의원님들이 그 사람을 속였다고 말할 수 있겠습니까? 적이 그렇게 할 수 있겠습니까, 시민이 그렇게 할 수 있겠습니까? 여러분은 적에게 보장을 하지 않았고 시민들에게 여러분의 대리인으로 보장하라고 하지도 않았습니다. 그러니 여러분은 아무런 위임도 해주지 않은 우리와는 무관한 입장이고, 여러분이 직접 거래를 하지 않은 삼니움 사람들과도 무관합니다. 따라서 삼니움 사람들은 우리 자신만을 적절하고 책임 있는 보장자로 지목할 수 있을 뿐이고, 우리가 해줄 수 있는 보장의 일환으로 우리의 신병과 목숨을 그들에게 건네주려고 하는 것입니다. 따라서 이 두 가지에 대해서만 그들은 분풀이를 할 수 있으며, 그들의 칼을 갈고 분노를 터트릴 수 있을 것입니다. 호민관들에 대해서는, 의원님들이 지금 즉시 건네줄 것인지 아니면 지정된 날까지 연기했다가 건네줄 것인지 결정해 주십시오. 따라서 티투스 베투리우스여, 우리의 보장에 대한 이행으로 이 쓸모없는 우리의 머리를 적에게 건네주고, 우리의 고통으로써 로마의 군대를 해방시켜 주십시오."

10. 그 주장과 그 연설은 원로원 의원들과 호민관을 포함한 모든 사람을 감동시켰다. 호민관들은 원로원의 권위에 승복할 준비가 되어 있다고 선언했다. 그들은 즉시 호민관 직을 사임했고 전령 사제단에 넘겨져 다른 보장자들과 함께 카우디움으로 가게 되었다. 포스투미우스의 제안을 실천하면서 도시에 새로운 서광이 비쳐들기 시작했다. 포스투미우스의 이름은 모든 사람의 입에서 회자되었다. 그는 하늘 높이 칭송을 받았고, 그의 처신은 집정관 푸블리우스 데키우스의 데보티오와 기타 유명한 행위들과 비교되었다. 국가는 그의 조언과 노력 덕분에 굴욕스러운 평화

로부터 벗어날 수 있게 되었다. 그는 분개하는 적의 고문拷問에 그 자신을 내어놓았고, 로마 시민을 위하여 희생 제물을 자청한 것이었다. 로마 시민들은 오로지 전쟁과 무기만을 생각했다. 그들은 이렇게 물었다: "손에 칼을 들고 삼니움 사람들과 대적할 날이 언제 올까?"

분노와 증오가 들끓는 도시에서 징병 절차는 거의 자원병으로 다 채워졌다. 예전의 병사들로 새로운 군단이 편성되었고 로마 군은 카우디움을 향해 출발했다. 전령 사제단은 그에 앞서 떠났는데 적의 도시의 성문 앞에 도착하자 평화의 보장자들에게 옷을 벗고 손을 등 뒤로 돌려 결박하기 좋게 하라고 명령했다. 포스투미우스의 고관직에 대한 배려로 수행원이 두 손을 느슨하게 묶으려 하자 그가 말했다. "아니야, 가죽 줄을 더 세게 당겨. 투항하는 자에게 어울리게."

그들이 삼니움 의회와 폰티우스의 재판석 앞에 오자, 전령 사제 아울루스 코르넬리우스 아르비나는 이렇게 말했다. "이 사람들은 로마 시민들의 명령을 받지 않았는데도 조약의 보장자로 나서서 로마에 피해를 입혔습니다. 그래서 로마 시민들을 불경의 죄로부터 해방시키기 위하여 이자들을 당신들에게 넘깁니다."

전령 사제가 이렇게 말하자, 포스투미우스는 자신의 무릎으로 있는 힘을 다해 전령 사제의 허벅지를 강타했다. 그는, 자신이 삼니움 시민인데 만국 법을 위반하면서 사절의 신성함에 모독을 가했다고 소리쳤다. 그가 이렇게 한 것은 로마인들에게 더 좋은 전쟁 구실을 만들어주기 위해서였다.[8]

11. 폰티우스는 이렇게 답변했다. "나는 이 투항을 받아들일 수 없고

---

8 포스투미우스는 삼니움의 전쟁 포로였고, 포로는 승리한 군대의 재물이 되기는 하지만 삼니움 시민이 된다고 보기는 어렵다.

또 삼니움 사람들도 그것을 타당하다고 여기지 않을 것이다. 그리고 당신, 스푸리우스 포스투미우스, 당신이 신들의 존재를 믿는다면, 그 협상을 거부하거나 아니면 합의를 지켜야 할 것이 아닌가? 삼니움 사람들은 손안에 사로잡은 모든 병사들을 마음대로 처분할 권한을 가지거나 아니면 그 병사들 대신에 평화를 차지할 자격이 있다. 당신이 이제 명예롭게 포로가 되어 승자에게 돌아왔는데 당신에게 무엇을 호소할 것인가? 만약 카우디움 협곡에서 보장을 했던 자들이 그것을 후회한다면 그들이 포위당했던 그 비좁은 길에 로마 군 병사들을 모두 되돌려 놓아야 할 것이다. 아무도 상대방을 속여서는 안 된다. 모든 것을 협상이 벌어지기 이전 상태로 되돌려 놓아야 한다. 로마인들은 합의안에 따라 내려놓은 무기를 다시 들어야 할 것이다. 로마 군 병사들을 다시 계곡 속의 그 진영에 돌려놓아라. 협상이 벌어지기 전날에 그들이 가지고 있던 것을 모두 그들에게 돌려주라. 그처럼 원상회복을 한 다음에 비로소 전쟁과 과감한 조치를 표결하고 당신의 보장과 평화를 거부하라. 평화 협정을 맺기 직전과 똑같은 상황과 전투 대형으로 전쟁을 하자.

　　로마 사람들은 집정관의 보장을 불평하지 말아야 하고, 우리도 로마 시민의 명예 의식을 불평하지 않는다. 로마는 패배를 당하고서 내놓은 약속을 위반하면서 핑계가 부족한 적이 있었던가? 로마는 포르센나에게 인질을 주었다가 술수를 부려서 그 인질을 빼냈다.[9] 로마인들은 갈리아 인에게 황금을 내어주고 도시를 되찾았다. 갈리아 인이 황금을 받으려고 할 때 로마는 그들을 도륙했다.[10] 너는 우리와 평화에 합의했고 그

9　클로엘리아가 여자들을 데리고 테베레 강을 헤엄쳐서 로마로 돌아온 유명한 사건을 가리킨다. 참조 2권 13장. 포르센나에 대해서는 6권 40장 참조.
10　참조 5권 48장.

래서 우리는 사로잡은 로마 군단을 로마에 돌려주었다. 그런데 이제 너는 그 평화를 무효로 만들었다. 로마는 언제나 사기를 치면서 그 사기극에 그럴 듯한 합법성의 외투를 입힌다. 로마 시민은 수치스러운 평화로 로마 군을 보존하는 것을 승인했단 말인가? 그렇다면 그 평화를 유지하고 사로잡혔던 군단을 승자에게 돌려주도록 하라. 이것이야말로 로마의 명예, 그 조약, 그 전령 사제단에 걸맞은 조치일 것이다. 당신들은 합의에 의해 추구한 모든 것, 즉 이 모든 시민들의 안전을 확보한 반면, 로마 군단을 로마로 돌려보낼 때 내가 규정했던 평화를 나는 얻지 못했다. 아울루스 코르넬리우스, 이것이 당신이 말하는 정의이고, 그대, 전령 사제단은 이것을 온 세상에 선포하겠다는 것인가?

내 입장을 말하자면, 나는 당신이 건네주겠다고 하는 사람들을 받아들이지 않을 뿐만 아니라 저 사람들이 적절히 항복했다고 여기지도 않는다. 저들이 모멸한 신성한 신들의 분노에도 불구하고, 나는 저들의 보장에 대하여 의무감을 느껴야만 하는 도시에 저들을 돌려보낸다. 이제 스푸리우스 포스투미우스가 무릎으로 로마의 사절을 쳤다고 하면서 전쟁을 걸어오겠지. 로마 사절이 삼니움 사람에게 능멸을 당했으니 우리에게 정당한 전쟁을 선포할 수 있다고 하면서! 종교적 의무를 백주 대낮에 이런 식으로 우롱하고서도 부끄럽게 생각하지 않다니 기가 차는구나. 나이든 데다 집정관을 역임한 네가 약속을 위반하고 거기서 빠져나가려고 구차한 구실을 만들어내는구나. 어린애 소꿉장난만도 못한 그런 구실을 들이대다니! 릭토르, 로마인들을 묶은 밧줄을 풀어줘라. 그리고 저들이 자기 마음대로 여기서 떠나갈 수 있도록 내버려 둬라."

따라서 보장을 했던 사람들은 아무런 피해도 입지 않고 카우디움에서 로마 진영으로 돌아왔다. 그렇게 해서 그들은 자신들의 보장을 모면했고, 더 나아가 국가도 그 보장으로부터 해방시킨 것이 되었다.

12. 삼니움 사람들은 이제 그들이 바라던 오만한 평화가 물 건너갔다는 것을 깨달았다. 그들은 이제 전보다 더 위험한 전쟁에 직면하게 되었다. 그 전쟁의 결과는 그들의 머릿속 생각을 지배했을 뿐만 아니라 마음의 눈 앞에서도 어른거렸다. 그들은 뒤늦게 폰티우스 부친의 현명한 정책을 칭송했지만 아무런 소용이 없었다. 삼니움 사람들은 그 부친이 제시한 상책과 하책의 중간노선을 선택했다가, 손안에 들어왔던 승리를 불확실한 평화와 맞바꾼 꼴이 되었다. 그들은 좋은 일을 하거나 피해를 입힐 기회를 날려버렸고 이제 로마 군을 상대로 처절하게 싸워야 했다. 얼마 전만 해도 그 로마 군을 완전히 섬멸해 버리거나 아니면 로마를 항구적인 우방으로 만들 수 있었는데 이도 저도 아닌, 아주 불확실한 전쟁을 벌이게 된 것이었다. 카우디움 평화 이후에 양군의 어느 쪽에 어떤 이점을 줄 만한 전투는 벌어지지 않았다. 그렇지만 이제 분위기는 일변했다. 포스투미우스는 그 항복 건으로 인해, 폰티우스가 무혈 승리로 삼니움 인들 사이에서 얻은 명성보다 더 큰 명성을 로마인들 사이에서 얻게 되었다. 로마인들은 이제 전쟁을 계속할 수 있다는 사실을 결정적 승리로 여겼다. 반면에 삼니움 사람들은 로마인이 전쟁을 재개하여 승리했다는 느낌이 들었다.

한편 사트리쿰 사람들은 삼니움에게 붙었고, 삼니움은 사트리쿰의 지원을 받아가며 야간에 기습 공격을 가하여 프레겔라이 식민지를 점령했다. 서로 공포가 작용하여 양측은 새벽이 될 때까지 더 이상의 전투는 없었다. 그러나 새벽이 되어 전투가 다시 시작되었고 한동안 프레겔라이 사람들은 적과 대등하게 전투를 지속했다. 왜냐하면 그들은 제단과 화로를 위해 싸우는 중이었고, 지붕 위에 올라간 많은 비무장 시민들로부터 지원을 받았기 때문이다. 그러나 간계가 팽팽한 균형을 무너트렸다. 그들은 무기를 내려놓으면 목숨은 살려준다는 적 전령의 목소리가 사람들의 귀에 들어가도록 허용했던 것이다. 안전하게 살려준다는 희망을 갖게 되자 그들은 더 이상 싸우겠다는 결단이 약해졌고, 온 사방에서 무기를 내려놓기 시작했다. 좀 더 끈질긴 자들은 무기를 계속 들고 있으면서 후문을 통하여 밖으로 도망쳤다. 그들은 공포에서 나온 어리석은 믿음보다는 과감한 탈출이 더 안전하다고 생각했다. 성 안에 남아 있던 사람들이 헛되이 신들과 삼니움의 명예에 호소하는 동안, 삼니움 사람들은 그 성에 불을 놓아 그들을 불태워 죽였다.

두 집정관은 군사 업무를 분담하여 파피리우스는 아풀리아 쪽 루케리아 방면으로 출병했다. 루케리아는 카우디움에서 인질로 잡힌 로마 기병 6백명이 엄중한 감시를 받고 있는 곳이었다. 한편 푸블릴리우스는 삼니움에 남아서 카우디움에서 돌아오는 군대를 대적할 예정이었다. 그리하여 삼니움 사람들은 로마 군을 어떻게 대처해야 할지 두 가지 마음을 갖게 되었다. 그는 후방에서 로마 군이 공격해 오는 것을 두려워하여 감히 루케리아로 가지 못했다. 그렇지만 현재 위치에 그대로 머물러 있으면 루케리아를 잃을 염려가 있었다. 가장 좋은 계획은 그들의 행운을 믿고서 푸블릴리우스와 싸워 결판을 내는 것이었다. 그리하여 삼니움은 야전으로 출병하여 전투 대형을 갖추었다.

13. 집정관 푸블릴리우스는 삼니움과 대적할 준비가 되었으나 먼저 로마 군에게 연설하는 것이 필요하다고 생각하여 전군을 사령부 앞에 모이라고 지시를 내렸다. 병사들은 열렬한 마음으로 사령부 앞 마당으로 달려왔다. 그러나 어서 빨리 전투를 개시하라는 병사들의 함성 소리 때문에 사령관의 격려사는 단 한 마디도 들리지 않았다. 그러나 모든 병사가 깊은 각오와 과거의 굴욕에 대한 기억이 있어서 그것이 엄청난 격려가 되었다. 그렇게 하여 병사들은 군기병軍旗兵을 재촉하며 전투에 돌입했다. 적과의 백병전을 지체하지 않기 위하여 창을 먼저 적진에 날린

다음에, 칼을 빼어들고 쇄도했다. 그들은 마치 주어진 신호에 따라 그렇게 하는 것처럼 일제히 투창 공격을 했고, 이어 신속하게 칼을 뽑아들고 삼니움 적진을 향하여 날아가는 듯이 달려들었다. 전투 대열과 예비 부대를 배치시키는 데 있어서 사령관은 아무런 전략 지시를 할 필요가 없었다. 병사들은 엄청난 분노를 느끼고 있었기 때문에 절반쯤 미친 사람처럼 무의식 중에 대형을 갖추고 적을 향해 홍수처럼 밀려들어갔다.

그 결과 적은 흩어져 달아나면서 심지어 그들의 진영에서도 멈출 생각을 하지 못하고 아풀리아 쪽으로 달아났다. 그리하여 루케리아에 도착할 즈음에 그들은 일렬종대로 재편성했다. 로마 군은 삼니움 적진에 맹렬하게 돌진하던 그 기세로 삼니움 진영을 덮쳤다. 그곳에서 야전보다 더 많은 유혈과 살육이 벌어졌고, 약탈품의 대부분은 엄청난 분노와 함께 불태워졌다.

동료 집정관 파피리우스가 지휘하는 다른 로마 군은 해안을 따라서 아르피까지 행군했다. 그 행군은 모든 면에서 순조로웠다. 로마 사람들로부터 받은 지원의 혜택 때문이 아니라, 삼니움이 저지른 잘못과 그에 따른 삼니움에 대한 분노가 병사들로 하여금 씩씩하게 행군하게 만드는 힘이 되었다. 그 당시 산간 마을에 살던 삼니움 사람들은 평야와 해안 지역을 약탈했고 그 지역에 사는 농부들을 경멸했다. 농부들은 그들의 땅을 닮아 마음이 부드러웠던 것이다. 반면에 삼니움 사람들은 산간 지대 사람들을 닮아서 거칠었다. 만약 평야와 해안 지역 사람들이 삼니움에게 충성을 바쳤더라면 로마 군은 아르피까지 행군하지 못하거나 아니면 보급로가 끊겨 농촌 지역의 황폐화 상태 때문에 행군 도중에 파괴되었을 것이다.

사정이 그렇기는 했지만 로마 군이 루케리아까지 행군했을 때 포위하는 자나 포위당하는 자나 똑같이 식량 부족으로 고통을 겪었다. 로마 군의 보급품은 아르피에서 수송해 왔으나 늘 부족한 양이었다. 보병대가 목책용 말뚝을 박고 참호를 파면서 축성 작업을 하는 동안에, 기병대는 아르피에서 작은 주머니에 든 옥수수를 아르피로부터 수송하여 진영으로 가져왔다. 그러나 때때로 기병대는 적을 만나 말에 실은 옥수수 자루를 내버리고 싸워야 했다. 포위당한 자들은, 다른 집정관이 승리한 군대를 이끌고 파피리우스의 군대에 합류하기 전까지만 해도, 산간의 삼니움 사람들로부터 식량을 조달했고 또 추가 병력도 지원받았다. 푸블릴리우스 군대의 도착은 루케리아의 운신을 더욱 어렵게 만들었다. 푸블릴리우스의 부대는 포위 공격을 동료 집정관에게 맡기고 자유롭게 농촌 지역을 순찰하면서 적의 보급품 이동을 전반적으로 어렵게 만들었다. 그 결과 루케리아 근처에 진을 친 삼니움 군대는 포위 공격이 계속되는 한, 식량 부족을 견뎌낼 희망이 사라졌고, 그리하여 온 사방에서 병력을 규합하여 파피리우스 군대와 교전할 수밖에 없었다.

14. 양군이 교전을 준비하던 그 순간에, 타렌툼의 사절이 도착하여 삼니움 군과 로마 군에게 전쟁을 중지해 달라고 요청했다. 전쟁의 종식을 가로막은 책임자가 누구이든 간에 그들은 책임이 없는 쪽을 지지하며 전쟁에 참가하겠다고 선언했다. 이 사절의 말을 들은 후에 파피리우스는 마치 그 말에 설득당한 것처럼 동료 집정관과 상의해 보겠다고 말했다. 그는 푸블릴리우스를 찾으러 사람을 보냈으나, 그동안에 전투 준비를 완료했다. 파피리우스는 푸블릴리우스와 그 상황(어떤 상황을 말하는지는 의문의 여지가 없다)에 대해서 논의하면서 전투 신호[11]를 사령관 천막 밖에 내걸었다. 교전 직전에는 늘 그러하듯이 두 집정관은 종교적이고 실무적인 문제들을 의논했는데, 그 때 타렌툼 사절들이 답변을 듣기를

---

11 사령관 천막 앞에 내거는 붉은 깃발.

원하면서 다가왔다.

파피리우스가 말했다. "타렌툼 사람들이여, 우리 성스러운 닭의 관리자가 이런 보고를 해왔소. 조점은 우호적이고 희생 제물에서 나온 조짐도 아주 좋소. 그래서 당신이 보다시피 신들은 우리 뒤에서 보살펴주고 있고 우리는 전투에 돌입할 생각이오."[12]

그는 이어 군기를 앞세우고 전진하라는 명령을 내렸고 친히 군사를 출병시켰다. 집정관은, 내부의 갈등과 불화 때문에 자기 나라의 문제를 제대로 관리하지 못하면서도, 다른 나라의 평화와 전쟁에 대하여 한계를 부과할 수 있다고 생각한 타렌툼의 어리석음을 크게 꾸짖었다.

반면에 삼니움 사람들은 전쟁을 계속하겠다는 생각을 머릿속에서 싹 지워버렸다. 그것은 그들이 진정으로 평화를 원하기 때문일 수도 있고, 아니면 타렌툼의 환심을 사기 위해 일부러 평화를 원하는 척하는 것일 수도 있었다. 그래서 그들은 로마 군이 갑자기 전투 대형을 갖추어 진격해 오자, 타렌툼 사람들의 뜻을 따르겠으며 그리하여 야전으로 행군도 하지 않고 진영 밖으로 무기를 들고 나서지도 않겠다고 소리쳤다. 그들은 속은 것이었다. 그렇지만 타렌툼의 평화 소망을 거부하여 타렌툼 사람들을 배척하기보다는 운명이 그들에게 마련해 놓은 것을 고스란히 당하겠다는 태도를 취했다.

두 집정관은 좋은 조짐[13]을 환영한다고 답변하면서 적이 그들의 보루를 지키지 않겠다는 생각을 그대로 고수하기를 기도했다. 이어 두 집정관은 로마 군을 둘로 나누어 삼니움의 보루를 향해 진격했고, 온 사방에

---

12 여기서는 두 종류의 복점이 언급되어 있다. 하나는 신성한 닭에게 모이를 주어서 먹는지 여부를 살피는 것이고, 다른 하나는 희생 동물의 내장을 갈라서 그 상태를 살펴보는 것이다.
13 좋은 조짐이란 삼니움 사람들이 아무런 저항도 하지 않으리라는 예상을 말한다.

서 동시다발적으로 적을 공격했다. 일부 로마 군 병사들은 적의 참호를 흙으로 메웠고 일부는 방책용 말뚝을 뽑아서 참호에 내던졌다. 그들의 전투 정신은 타고난 용기로부터 영감을 받았을 뿐만 아니라 카우디움 굴욕에 대한 기억과 그에 대한 분노로 불타올랐다. 그들은 적 진영으로 돌격했고 모든 병사가 이렇게 소리쳤다. "여기는 협곡도, 카우디움도, 길 없는 소로小路도 없다. 간교한 술수가 판단 착오를 무례하게 짓밟아 버린 카우디움 협곡은 더 이상 없다."

적의 보루와 참호는 로마 병사의 용기 앞에서는 허수아비나 다름없었다. 로마 군 병사들은 저항하는 자나 달아나는 자나, 무장한 자나 비무장인 자나, 노예나 자유인이나, 어른이나 아이나, 사람이나 동물이나 무차별적으로 베어 넘겼다.

두 집정관이 철군 지시를 내리지 않고 또 피에 굶주린 병사들을 명령과 위협으로 만류하지 않았더라면 진영 내의 모든 생명체는 전멸되었을 것이다. 병사들은 달콤한 복수를 중지당한 데 대하여 분노를 터뜨렸다. 두 집정관은 병사들에게, 적을 미워하여 복수하고 싶은 생각은 그들 못지않게 강하다고 소리쳤다. 만약 루케리아에 인질로 잡혀 있는 6백 명의 기병대를 생각하지 않았더라면, 다른 전쟁에서와 마찬가지로 그 복수를 계속 밀어붙여 정당한 징벌을 가하게 했을 것이다. 만약 적이 더 이상 도망칠 구석이 없다고 절망하여, 그들이 죽임을 당하기 전에 그 인질들을 맹목적으로 살해해 버리면 어떻게 할 것인가? 병사들은 동의하면서, 그들의 분노를 적절히 제지해 준 것을 감사하게 생각한다고 대답했다. 그들은 로마의 꽃다운 청년들의 목숨을 위태롭게 하기보다는 그 어떤 것이라도 참아내는 것이 좋다고 인정했다.

15. 그리하여 병사들은 흩어졌고 작전 회의가 열렸다. 로마 군의 전 병력을 루케리아 공격에 집중시킬 것인지, 아니면 집정관이 지휘하는

1개 군단을 아풀리아 인근 지역으로 파견하여 아풀리아 사람들의 태도를 떠볼 것인지 결정하기 위해서였다. 사실 아풀리아 사람들의 의도는 불확실했다. 그리하여 집정관 푸블릴리우스가 이끄는 군단이 아풀리아 쪽으로 출병했다. 로마 군은 단 한 번의 교전으로 아풀리아의 여러 부족들을 복속시켰거나 아니면 여러 가지 조건을 부과하면서 그들을 동맹으로 받아들였다. 루케리아 포위 공격을 계속하기 위해 뒤에 남은 파피리우스도 자신의 희망에 근접하는 결과를 얻게 되었다.

그가 삼니움에서 오는 보급로를 다 막아버리자 루케리아의 삼니움 주둔군은 기아에 허덕이던 나머지 로마 집정관에게 사절을 보내와, 전쟁의 원인인 로마 군 기병대 6백 명을 돌려주면 포위 공격을 풀겠느냐고 물었다. 파피리우스는, 정복당한 자가 어떤 고통을 당해야 하는지 알아보려면 헤레니우스의 아들 폰티우스를 찾아가는 게 마땅했을 것이라고 답변했다. 폰티우스는 패배한 로마 군을 이우굼 아래로 허리 굽혀 지나가게 한 자가 아니었던가. 그러나 그들이 어떤 제안을 내놓기보다는 로마 군에게 공정한 조건을 제시하기를 요구해 왔으므로, 파피리우스는 사절들에게 이런 조건을 내걸었다. 모든 무기, 짐, 역축, 그리고 비非전투요원은 성내에 머물러 있도록 하라. 하지만 삼니움 병사들은 겉옷만 입은 채 이우굼 밑을 지나가야 한다. 이것은 그들에게 새로울 것도 없는 조치이다. 하지만 카우디움에서 로마 병사들에게 가해진 굴욕을 설원雪寃해 줄 수는 있을 것이다.

사절은 아무런 이의도 제기하지 않았다. 7천명의 적 병사들이 이우굼 밑을 지나갔고 루케리아에서 막대한 양의 전리품이 탈취되었다. 카우디움에서 빼앗겼던 군기와 무기가 회수되었다. 그러나 무엇보다도 가장 기쁜 일은 삼니움이 평화에 대한 보장으로 루케리아에 잡아두었던 로마 기병대 병사들을 되돌려 받은 것이었다. 로마 군의 다른 승리들 중에서 그처럼 운명의 반전으로 극적인 승리도 없을 것이다. 나는 어떤 역사 기록들에서, 삼니움의 최고 사령관이며 헤레니우스의 아들인 폰티우스도, 다른 병사들과 함께 이우굼 밑을 지나감으로써 두 집정관의 굴욕이 설원되었다는 기사를 읽었다. 만약 이것이 사실이라면 그런 운명의 반전도 없을 것이다.

그러나 항복하여 굴욕을 당한 삼니움 사령관의 신원에 대하여 의문이 제기된다는 사실에 대하여 나는 그리 크게 놀라지 않는다. 정말로 놀라운 것은 이런 통쾌한 설욕 전쟁의 사령관이 누구냐 하는 것이다. 독재관 루키우스 코르넬리우스와 사마관 루키우스 파피리우스 쿠르소르인가? 아니면 두 집정관, 특히 파피리우스에게 돌아가야 하는가? 사마관과 독재관은 카우디움으로 먼저 출병하고 이어 루케리아로 갔고, 로마의 치욕에 대하여 전례 없는 보복을 해줌으로써 그 당시까지 푸리우스 카밀루스의 개선식을 제외하고 가장 성대한 개선식으로 환영받았다고 한다. 과연 어느 쪽이 승전의 당사자인가? 이 의문은 또다른 의문을 일으킨다. 다음 번 선거에서 파피리우스 쿠르소르는 루케리아의 전공을 인정받아 재임 기간이 연장되고, 또 퀸투스 아울리우스 케레타누스(재선)와 함께 집정관(3선)에 선출되었는가? 아니면 선출된 것은 루키우스 파피리우스 무길라누스이고 당선자의 성姓에 착오가 있었던 것인가?

16. 이 시점 이후에 전쟁은 집정관들에 의해 마무리되었다는 것은 널리 인정되고 있다. 아울리우스는 단 한 번의 성공적인 전투로 페렌타니 사람들에 대한 원정전을 마무리지었고, 인질을 요구한 후에 그 도시의 항복을 받아주었다. 그 도시에는 패배한 군대가 피신을 하고 있었던 것이다. 동료 집정관도 사트리쿰 인을 상대로 한 전투에서 성공을 거두었다. 그 사람들은 로마 시민이었음에도 불구하고 카우디움 대참사 직후에 삼니움에 붙어서 그들의 도시에 삼니움 주둔군이 들어오는 것을

허용했던 것이다. 로마 군이 사트리쿰의 성벽을 기어오르기 시작하자, 그 도시의 사람들은 사절을 보내어 평화를 호소하고 기원했으나, 집정 관으로부터 엄중한 답변을 들었을 뿐이었다: "사트리쿰 사람들이 삼니 움 주둔군을 처형하거나 넘겨주지 않으면, 다시는 사절을 보내올 생각 을 하지 마라."

그것은 무장 공격보다 더 살벌한 공포를 사트리쿰 사람들의 마음속 에 심어놓았다. 사절들은 사트리쿰 사람들이 힘도 약하고 숫자도 적은 데 어떻게 잘 무장된 강력한 주둔군을 상대로 무력을 사용할 수 있겠느 냐고 반문했다. 그러나 집정관은 그들에게 삼니움 주둔군을 받아들이 라고 사주한 사람을 찾아가서 그런 질문을 하라고 퉁명스럽게 대답했 다. 그러나 사절들은 도시로 다시 돌아가서 그들 원로원과 상의하여 그 대답을 가지고 다시 찾아와도 좋다는 집정관의 허락을 간신히 받아내 고서 로마 군 진영을 떠나 도시로 돌아갔다.

사트리쿰 원로원은 두 개의 당파로 분열되어 있었다. 한 당파는 로마 를 상대로 반란을 일으킬 것을 사주한 파이고, 다른 당파는 로마에 충성 하는 시민들로 구성된 파였다. 그러나 두 당파는 평화를 되찾기 위하여 집정관에게 봉사를 해야 한다는 점에서는 의견이 일치했다. 한 당파는 삼니움 주둔군이 포위 공격을 더 이상 견디지 못하고 다음 날 밤중에 도 시를 빠져나갈 것으로 예측하여 밤 몇 시에 어느 문을 통하여 어느 길로 갈 것인지를 로마 군에게 알려주면 충분하다고 생각했다. 삼니움에게 붙는 것을 반대하는 당파는 그날 밤 도시의 성문을 열어서 로마 군이 삼 니움 주둔군에게 들키지 않은 채로 시내 안으로 들어오게 했다.

이런 이중 배신의 결과로 삼니움 군은 그들이 행군하는 길 옆의 숲속 에 매복한 로마 군으로부터 기습 공격을 받았고, 로마 군이 몰래 잠입한 도시 내에서는 갑자기 전투의 함성이 터져 나오면서, 한 시간이라는 짧은 시간 내에 많은 삼니움 병사들이 살해당하고, 사트리쿰 사람들은 체포되었으며, 모든 것이 집정관의 수중에 떨어졌다. 그는 이어 배신자들을 색출하여 유죄인 자를 매질하고 참수형에 처했다. 사트리쿰 인들은 무기를 모두 빼앗겼고 로마 주둔군의 엄중한 감시를 받게 되었다.

루케리아가 수복되고 삼니움 병사들이 이우굼 밑을 허리 굽혀 지나간 것은 그가 사령관 시절의 일이었다고 기록하는 과거의 역사가들에 의하면, 파피리우스 쿠르소르는 그 후 로마로 귀국하여 개선식을 거행했다. 그는 의심할 나위 없이 모든 군사적 명예를 받을 만한 사람이다. 그는 전투정신이나 신체적 완력에 있어서 타의 추종을 불허할 정도로 뛰어났다. 그는 놀라울 정도로 발이 빨랐고(그래서 쿠르소르["달리는 사람"]라는 별명이 붙었다), 달리기에서는 그 누구에게도 져본 적이 없는데 타고난 힘과 꾸준한 훈련 덕분이었다고 한다.[14]

쿠르소르는 또한 음식과 술을 많이 먹는 대식가였다고 한다. 그 어떤 힘도 신체적으로 그를 피곤하게 만들지 못했기 때문에 기병이든 보병이든 그의 밑에서 근무하는 병사들은 다른 사령관에 비해 한결 고된 군대 생활을 해야 되었다. 실제로 이런 얘기가 전해져 온다. 한 기병대 병사가 주어진 업무를 잘 수행하면 업무를 일부 덜어달라고 요청하자, 쿠르소르는 그들이 아무런 업무도 덜어주지 않았다고 불평할까봐, 말에서 내릴 때 말 등을 두드려주는 일은 하지 않아도 된다고 말했다고 한다. 쿠르소르는 또한 동맹이나 시민에 대하여 엄청난 명령의 힘을 발휘했다. 프라이네스테의 한 법무관은 긴장한 나머지 예비 부대를 최전선으로 돌리는 조치를 좀 천천히 했다. 파피리우스가 걸어가다가 그 광경을 보고

---

14 쿠르소르라는 별명은 집안에서 내려오는 것인 듯하다. 왜냐하면 9권 34장에서 그의 할아버지에게도 쿠르소르라는 별명이 부여되어 있기 때문이다.

서 그 남자를 사령관 천막 앞으로 소환하고 릭토르가 도끼를 들어 내리칠 자세를 취하게 했다. 그 법무관은 그 말을 듣자 온몸이 얼어붙었다. 그러자 파피리우스는 릭토르에게 이렇게 말했다. "여기 와서, 이 뿌리를 잘라내라. 사람들이 걸어다니는데 방해가 되는군." 이어 그는 사형 선고가 떨어질까 봐 겁먹은 그 남자에게 벌금형을 처분하고 돌려보냈다.

분명 그의 세대는 다른 세대에 비해 많은 인물을 배출했다. 하지만 로마의 정부에 그처럼 철저하게 봉사하고 지원한 사람은 다시 없었다. 사람들은 심지어 그가 장군 역할에 알렉산드로스 대왕에 필적할 만한 사람이라고 말했다. 만약 대왕이 아시아를 정복한 후 유럽 쪽으로 군대를 돌려 로마로 쳐들어왔다면 말이다.

17. 이 책을 집필하는 초창기에 부당하게 사건들의 시간적 순서를 왜곡하거나, 독자들에게 즐거운 오락거리를 제공하고 나 자신에게는 심리적 휴식을 줄 수 있는 다양한 장식적 요소는 일체 도입하지 않겠다는 것이 나의 결심이었다. 그러나 대왕과 로마의 사령관 얘기가 나오다 보니 내가 오랫동안 조용히 명상해온 생각들이 머릿속에 떠올랐고, 그리하여 만약 알렉산드로스 대왕과 로마 공화국이 전쟁을 벌였더라면 로마의 운명은 어떻게 되었을까 하는 질문을 던지게 되었다.

전쟁에서 가장 중요한 요소는 병사들의 숫자와 용기, 지휘관의 재능, 그리고 운명인데, 인간사에 강력한 힘을 발휘하는 운명은 특히 전쟁에서 그 위력을 발휘한다. 이러한 요소들을 따로 떼어놓고 보거나 종합해 보아도 로마의 국력은 다른 왕이나 민족들에 의해 정복되지 않았던 것처럼 알렉산드로스 대왕에 의해 제압되지 않았을 것임을 보여준다. 먼저 장군들을 비교해 보자. 나는 알렉산드로스가 뛰어난 지휘관이라는 것을 부정하지 않는다. 그러나 그의 명성은 혼자서 일을 해냈다는 것, 성공의 상승 국면에서 젊은 사람으로 죽었다는 것, 운명의 반전을 겪은 경험이 없다는 것 등에 기인한다. 유명한 왕이나 장군들은 인간사의 변화를 증언하는 주목할 만한 사례들인데, 그 중에서도 그리스인들이 높이 칭송하는 키루스 왕의 장수長壽는 그로 하여금 운명의 반전을 겪게 하지 않았는가?[15]

최근의 사례로는 로마의 장군 폼페이우스 막시무스를 들 수 있다. 반면에 내가 높은 군사적 업적을 성취한 로마의 장군들 이름을 모두 거론해야 할까? 모든 시대의 장군들이 아니라 시기상으로 알렉산드로스와 교전했을 법한 장군들의 이름만 들어도 다음과 같다. 마르쿠스 발레리우스 코르부스, 가이우스 마르키우스 루툴루스, 가이우스 술피키우스, 티투스 만리우스 토르콰투스, 퀸투스 푸블릴리우스 필로, 루키우스 파피리우스 쿠르소르, 퀸투스 파비우스 막시무스, 데키우스 부자父子, 루키우스 볼룸니우스, 마니우스 쿠리우스 등이다.[16]

만약 알렉산드로스가 카르타고에 먼저 집중하고, 그 후에 로마를 상대하면서 이탈리아로 건너왔더라면, 이런 장군들 이외에 후배 장군들과 대적해야 되었을 것이다. 이런 로마의 장군들은 그 누구나 알렉산드로스 못지않은 용기와 재능을 갖고 있었다. 게다가 도시의 창건 이래 세대에서 세대를 거쳐 가며 전해져 내려온 군사적 훈련은 이제 일련의 명확한 개념들에 바탕을 둔 체계적 원칙으로 확립되어 있었다. 이런 방식으로 왕정 시대의 로마 왕들은 전쟁을 했고, 같은 방식으로 유니우스 가

---

15 키루스(기원전 559-529)는 페르시아 제국의 창건자로 대제국을 형성한 후 기원전 529년 스키티아의 전투에서 패하여 전사했다. 크세노폰이 『키루스의 교육』에서 공정한 군주의 모델로 칭송한 이후 그리스인들 사이에서 널리 칭송을 받았다. 하지만 그는 30세에 사망했으므로 '키루스의 장수'라고 한 부분은 사실과 일치하지 않는다.
16 볼룸니우스는 삼니움 족을 패배시킨 장군으로 로마사 10권 16장에서 언급되며, 마니우스 쿠리우스는 기원전 290년에 제3차 삼니움 전쟁을 종식시켰고 기원전 275년에 베네벤툼에서 피로스를 패배시켰는데 로마사 21권에 나온다.

문 사람과 발레리우스 가문 사람들은 왕정을 타파했고, 그를 뒤이어 파비우스 가문, 퀸크티우스 가문, 코르넬리우스 가문, 푸리우스 카밀루스 등이 적과 싸웠다. 특히 푸리우스 카밀루스는 실제로 알렉산드로스가 로마로 쳐들어왔더라면 대적했을 법한 젊은 장군들로부터 늙은이 취급을 받은 바 있었으나 그 젊은이에게 한 수 가르쳐 준 바 있다.[17]

　　몸소 싸운다는 군인의 의무 수행이라는 측면 ― 이 방면에서 알렉산드로스는 탁월함을 보였는데 ― 에서 볼 때, 지휘관 이전에 훌륭한 군인이었던 만리우스 토르콰투스나 발레리우스 코르부스가 알렉산드로스를 1대 1 백병전에서 만났을 때 밀렸으리라고 상상할 수 있을까? 혹은 자신을 데보티오에 바치기로 하고 혈혈단신 적진으로 달려간 데키우스 부자, 강인한 정신력과 강철 같은 체력을 가진 파피리우스 쿠르소르가 과연 알렉산드로스에게 밀렸을까? 알렉산드로스의 경우, 한 젊은이의 의견이 원로원 ― 원로원의 개인 구성원들은 말할 것도 없고 ― 을 제압했을 것이다. 그리고 그 누구보다도 로마 원로원에 대하여 잘 알고 있었던 사람[18]이 원로원을 가리켜 왕들의 의회라고 하지 않았던가.

　　나는 또 알렉산드로스가 진영의 부지 선정, 보급품 조직하기, 매복 작전에 대비하기, 전투 시기 정하기, 전투 대형을 구축하고 예비 부대로 후위를 강화하기 등에서 위에서 열거한 로마 장군들보다 더 재능을 보일 위험이 있다고 생각한다. 하지만 그는 다리우스[19]를 상대로 하는 것은 아님을 확실하게 인정했을 것이다. 다리우스는 다수의 여자들과 환관들을 대동하고 전장에 나왔고, 제왕의 지위에 걸맞은 황금과 보라색 치장에

17　참조 6권 24장.
18　피로스 왕의 사절인 키네아스로서 플루타르코스의 『영웅전』 중 피로스 전에 보인다.
19　페르시아의 마지막 왕 다리우스 3세로서 기원전 331년 가우가멜라 전투에서 알렉산드로스에게 패했다.

짓눌린 나머지 적이라기보다는 손쉬운 먹잇감이 아니었던가. 그런 공허한 과시를 알렉산드로스가 경멸하면서 곧바로 전투에 돌입하자 피 한번 흘리는 일 없이 패배하지 않았는가. 이탈리아는, 그가 술 취한 군대를 앞장서서 지휘하며 공격했던 인도와는 아주 다른 모습으로 그에게 비춰졌을 것이다. 알렉산드로스는 아풀리아의 고개, 루카니아의 산, 그의 아저씨인 에페이로스의 왕 알렉산드로스가 최근에 패배를 당하고 처참하게 살해된 최근의 발자취[20]를 둘러보면서 만만치 않은 땅에 왔음을 절감했을 것이다.

18. 우리는 지금까지 아직 성공에 도취되지 않은 알렉산드로스에 대해서 말해왔다. 사실 그는 그 누구보다 성공의 유혹에 약한 사람이었다. 그의 새로운 행운과 그의 새로운 특징[21]을 감안할 때, 알렉산드로스가 그리스 군을 이끌고 이탈리아로 쳐들어왔다면 그는 아마도 예전의 알렉산드로스보다는 다리우스에 더 가까운 사람이 되어 있었으리라. 그의 군대는 마케도니아 출신이라는 것을 이미 잊어버리고 타락한 페르시아의 관습을 따르고 있었으리라.

그처럼 위대한 왕이 그처럼 과시하기 좋아했다는 것을 여기에 적기가 좀 망설여지나 그래도 언급해야 할 필요가 있다. 그는 복장을 아시아식으로 바꾸었고, 왕에 대한 예의의 표시로 부복俯伏을 받는 것을 좋아했다. 마케도니아 사람들은 전쟁에서 패배했더라도 그런 부복을 강요당했더라면 혐오감을 느꼈을 텐데, 하물며 그들이 전쟁의 승리자임에 있어서랴. 그는 충성스런 부하에게 가혹한 처벌을 자행했고 친구들과 술

---

20 참조 8권 24장.
21 알렉산드로스는 아시아를 정복하고는 그리스와 동방을 융화시키기 위해 친 아시아 정책을 취하여 현지의 관습을 많이 채택했는데 이것을 가리킨다.

마시며 잔치를 하다가 친구를 무자비하게 찔러 죽였다. 또 자신의 근본에 대하여 허황되기 짝이 없는 거짓말을 했다.[22]

알렉산드로스의 주취酒醉가 날이 갈수록 더 심해졌으니 그 다음은 어떻게 되었겠는가? 난폭한 성정이 불같이 튀어나오는 현상도 조금도 줄어들지 않았으니 나이가 더 들었다면 어떻게 되었을까? 나는 역사가들 사이에서 아무런 이견이 없는 사실들만 말하고 있다. 이러한 악덕은 훌륭한 장군의 덕목에서 많이 벗어나는 것이 아닌가? 그런데 로마인들이 알렉산드로스의 장엄한 이름을 견뎌내지 못했을 것이라는 얘기도 나오고 있다. 그리스인들 중에서 무책임한 어떤 자는 파르티아 인의 명성이 로마인의 그것을 압도한다고 말하기까지 하고 있다.[23]

하지만 나는 그 당시 로마인들에게 알렉산드로스의 명성은 전혀 알려져 있지 않았다고 생각한다. 무책임한 그리스인은 또, 만약 로마 귀족이 알렉산드로스와 대면했더라면 그 중 단 한 명도 감히 왕에게 언성을 높여가며 자유롭게 얘기하지 못했을 것이라고 지적하면서, 아테네인은 그와 달랐다고 말한다. 아테네 시가 마케도니아 군대에 패배당하고, 테바이의 폐허로부터 불타는 연기가 거의 보이던 그 시점에도, 아테네인은 공공연하게 알렉산드로스에게 대항하는 연설을 했으며, 이는 아테

---

22 마케도니아의 장군 필로타스는 고문을 당하여 자신이 알렉산드로스의 목숨을 노리는 음모에 가담했다고 자백했고, 또 그의 아버지 파르메니오 장군도 연루되었다고 말하여 부자가 모두 처형되었다. 클리투스 장군은 그라니쿠스 강 전투에서 알렉산드로스의 목숨을 구해준 은인인데 술 마시는 자리에서 알렉산드로스가 격분하여 칼로 찔러 죽였다. 클리투스는 알렉산드로스의 동방화 정책을 비판하며 그의 아버지 필리포스 대왕이라면 그런 정책을 취하지 않았을 것이라고 부자를 비교하여 말하다가 화를 당했다. 허황된 거짓말은 알렉산드로스가 자신은 필리포스의 아들이 아니라 제우스의 아들이라고 주장한 것을 가리킨다.
23 무책임한 그리스인은 알렉산드리아의 역사가 티마게네스를 가리키는데, 그는 기원전 55년에 로마로 건너왔고 아우구스투스 시대와 당대의 로마인들을 낮게 평가한 것으로 알려져 있다.

네인의 연설 기록이 증명한다고 말했다.[24]

알렉산드로스의 위대한 명성이 아무리 인상적인 것이라 할지라도 그 명성은 단 한 사람의 실적이고 그것도 겨우 10년에 걸친 성공의 결과일 뿐이다. 알렉산드로스를 칭송하는 사람들은 로마인들이 전쟁에 지지는 않았으나 많은 전투에서 패배했다는 사실을 비교의 근거로 들이댄다. 그러면서 알렉산드로스의 좋은 행운은 그 어떤 전투에서도 그를 저버린 적이 없다고 주장한다. 이런 주장을 펴는 사람들은 그들이 단 한 사람의 업적 — 그것도 젊은 사람의 업적 — 을 도시 창건 후 8세기 동안 전투를 해온 국가의 업적과 비교하고 있다는 점을 망각하고 있다. 한쪽은 세대 단위로 따지고, 다른 한쪽은 연도 단위로 따지는데 이런 형평에 어긋나는 비교는 사람을 놀라게 하지 않겠는가? 고작 13년의 세월과 800년 세월 사이의 운명의 변천을 비교 가능하다고 보는가?[25]

이것은 많은 남자들을 단 한 명의 남자와 비교하고, 여러 명의 장군들을 단 한 명의 장군과 비교하고, 그들의 운명을 단 한 사람의 운명과 비교하는 것이 아니고 무엇인가? 로마 연대기들과 행정관 명부를 뒤져보면 집정관과 독재관의 이름만 여러 페이지에 달한다. 이들의 자질과 행운은 로마 시민들에게 단 하루의 후회도 안겨준 것이 없다. 그들을 알렉

---

24 그 연설은 데모스테네스의 필리픽 연설을 가리키는 것으로 보인다. 데모스테네스는 마케도니아 왕 필리포스를 비난하고 필리포스의 세력에 대항하도록 아테네 사람을 격려하는 공격적인 연설을 했다. 하지만 이 연설은 기원전 341년에 나온 것으로 테바이가 파괴되기 전의 일이었다.

25 세대의 라틴어 원어는 saeculum이다. 이 단어는 시대 혹은 세대로 번역되는데 여기서는 한 세대 33년으로 보아, 알렉산드로스 시대의 로마는 13번째 세대를 통과하는 중이었다. 리비우스는 여기서 무책임한 그리스인이 로마의 13세대를 알렉산드로스 인생의 유의미한 기간 즉 그의 통치기간인 기원전 336년에서 323년까지의 13년과 비교를 하고 있으니, 언어도단이 아니냐고 지적한 것이다.

산드로스나 그 어떤 왕보다 더 주목하게 만드는 것은 다음과 같은 사실이다.

어떤 독재관은 재임 기간이 열흘 혹은 스무날 이상이 되지 않았다. 그 누구도 집정관 직을 1년 이상 유지하지 않았다. 그들의 징병 절차는 호민관들의 견제와 방해를 받았다. 그들은 늦게 전쟁터에 나갔고 중간에 선거를 주최하기 위해 일찍 소환되었다. 이런 사건들이 벌어지는 가운데 임기 1년이 만료가 되었다. 동료 집정관의 무모함과 변칙은 업무에 장애가 되었고 때로는 큰 피해를 입혔다. 그들은 전임자가 망쳐놓은 상황을 인계 받아 일처리를 해야 되었다. 그들은 금방 징집한 병사들로 구성된 군대, 혹은 군율도 잡혀져 있지 않고 훈련도 제대로 되지 않은 군대를 물려받았다.

반면에 왕들은 각종 장애로부터 자유로웠을 뿐만 아니라 시대와 상황의 주인이었다. 그들이 결정을 내리면 그걸로 끝이고 외부 사건들에 의존하지 않았다. 따라서 패배하지 않은 알렉산드로스는 역시 패배하지 않은 로마 장군들을 상대로 싸움을 걸어야 할 것인데 전쟁의 승패는 양측이 모두 똑같이 운명의 손길을 기다려야 한다. 그러나 알렉산드로스가 로마 장군들보다 위험 부담이 더 크다고 보아야 한다. 마케도니아는 단 한 명의 알렉산드로스밖에 없는데 그는 많은 위험에 노출되어 있을 뿐만 아니라 위험에 노출되는 것을 좋아했기 때문이다. 반면에 로마의 장군들은 사정이 다르다. 로마에는 전쟁의 영광이나 군공의 찬란함에서 알렉산드로스와 필적할 수 있는 사람이 많고, 그들은 자신의 운명이 정한 바에 따라 전투에서 살아남거나 죽을 수도 있을 것이지만, 계속 그를 대신할 수 있는 장군이 임명되기 때문에 국가를 위험에 빠트리는 일이 없다.

19. 그러면 이제 남은 것은 양측의 병력 수, 군대의 유형, 보조군의 규

모 등을 비교하는 일이다. 그 시대의 5년 단위 조사에서 로마의 인구는 25만이었다.[26] 그리하여 라틴 동맹의 대규모 반란에 맞서기 위하여 도시의 전 장정을 바탕으로 한 징병 절차에서 10개 군단이 편성되었다. 그 당시 에트루리아, 움브리아(로마인은 이곳에서 갈리아 인과 싸웠다), 삼니움, 루카니아 등에 4~5개 군단이 파견 나가 있었다. 만약 알렉산드로스가 이탈리아를 침공해 왔다면, 사비니 족, 볼스키 족, 아이퀴 족이 도사리고 있는 라티움 전역을 상대해야 되었을 것이다. 그 뿐인가. 캄파니아 전역과 움브리아와 에트루리아 일부 지역도 대적해야 되었을 것이다. 그리고 피켄테스 족, 마르시 족, 파엘리니 족, 베스티니족, 아풀리아 사람들 등을 상대해야 하고 투리이에서 네아폴리스와 쿠마이에 이르는 해안 지역에 정착한 그리스인들도 대적해야 될 것이다. 이어 안티움에서 오스티아에 이르기까지 삼니움 족도 알렉산드로스의 적으로 등장했을 것이다.

알렉산드로스는 이들이 로마의 강력한 우방이거나 아니면 로마에 의해 패배당한 적들이라는 것을 발견하리라. 그는 노련한 마케도니아 병사들로 이루어진 군대를 거느리고 바다를 건넜을 것이다. 보병 3만은 주로 마케도니아 인이고 기병 4천은 주로 테살리 사람들로 구성되었을 것이고, 이것이 알렉산드로스 부대의 주력이었을 것이다. 만약 그가 페르시아 인, 인도 인, 그 외에 다른 나라 사람들을 동원했다면 그들은 도움을 주기는커녕 데리고 다니기도 번거로운 그런 애물단지에 불과했을 것이다.

이에 반하여 로마인은 홈그라운드의 이점이 있고 증원군을 즉시에

---

26 이것은 아마도 반올림을 한 숫자일 것이다. 기원전 459년(3권 24장)의 조사에서 인구는 117,319명이었고, 기원전 292년 조사에서는 262,321명(10권 47장)이었다.

내보낼 수 있다. 반면에 알렉산드로스는 외국에 건너와 싸우면서, 만년의 한니발이 그러했듯이 병력 숫자가 자꾸 줄어드는 것을 목격했을 것이다. 그의 병사들은 원형 방패와 기다란 마케도니아 창을 들었다. 반면에 로마 군은 신체를 더 잘 보호해주는 장방형 방패를 들었고 로마의 장창은 단창에 비해 적에게 던졌을 때 훨씬 효율적이다. 양군의 부대는 중무장을 하고 대열을 잘 유지할 것이다. 그러나 그리스의 방진方陣은 변화가 없고 그 병사들은 모두 같은 유형인데 비하여, 로마의 전선은 그보다 훨씬 개방적이고 필요에 따라 쉽게 세분될 수도 있고 다시 합칠 수도 있다. 그리고 그 어떤 병사가 전투 수행과 피로 내구성에 있어서 로마 병사에 필적할 수 있겠는가?

알렉산드로스는 단 한 번의 전투에서 패배한다면 그걸로 전쟁에서 지게 되지만, 카우디움과 칸나이의 패배[27]에도 불구하고 결국 전쟁에서 승리를 거둔 로마 군을 그 누가 패배시킬 수 있을 것인가? 이 가상의 전쟁 과정에서 알렉산드로스는 페르시아 인이나 인도 인 등 무예를 중히여기지 않는 아시아인들과 대적했더라면 좋았을 것을, 하고 생각하게 되었을 것이다. 설혹 개전 초기에 일이 잘 풀려나갔더라도 그런 생각을 했을 것이다. 그리고 그가 지금껏 여자들을 상대로 싸움을 해왔다고 인정했을 것이다. 에페이로스의 왕 알렉산드로스는 치명상을 입고서 이런 말을 했다고 하지 않는가. "젊은 조카 알렉산드로스가 아시아에서 수행한 전쟁은 아저씨 알렉산드로스가 이탈리아에서 수행한 전쟁에 비하면, 전자는 여자들과의 싸움이고 후자는 남자들과의 싸움이다."[28]

---

27 기원전 216년 제2차 포에니 전쟁에서 로마가 자국 내에서 당한 최대의 패전으로 로마사 21권 44~50장에 자세히 기술되어 있다.
28 서기 2세기의 라틴어 저자이며 『아티카의 밤』이라는 자료집을 펴낸 아울루스 겔리우스는 이 책 17권 21장에서 이런 말을 했다. 에페이로스의 왕 알렉산드로스는 이탈리아 원정을 떠나

우리 로마가 제1차 포에니 전쟁에서 24년 동안 해전을 치른 것을 상기하면, 알렉산드로스의 전 생애가 그 단 한 번의 전쟁 기간에도 미치지 못한다. 카르타고가 고대의 조약에 의하여 로마와 동맹관계이고 또 두 도시가 느꼈을 공포는 두 도시를 연합시켜, 이 공동의 적(알렉산드로스)을 상대로 가장 강력한 병사와 무기를 준비하도록 했을 것이다. 그렇다면 알렉산드로스는 카르타고와 로마의 동시 협공을 받아 파괴되었을지도 모른다. 알렉산드로스가 이끄는 운 좋은 마케도니아 군대는 물론 아니었지만, 로마인들은 실제로 마케도니아 인들과 전쟁을 해본 경험이 있다. 안티오코스, 필리포스, 페르세우스 등을 상대로 한 로마의 원정전은 아무런 패배도 당하지 않았을 뿐만 아니라 로마인 자신도 아무런 피해를 보지 않았다.

나의 자부심이 용서된다면 그리고 로마의 내전을 언급하지 않는다면, 로마는 적의 기병대나 보병대 공격에 의해 위험에 빠진 적이 없으며, 총력전은 물론이고 조건이 동등한 전투 혹은 로마에게 유리한 전투에서 패한 적이 없었다. 중무장한 우리의 병사들은 적의 기병대나 화살, 지나가기 어려운 좁은 길, 보급품 수송로가 없는 지역 등을 두려워했을 수는 있다. 그렇지만 로마 군은 알렉산드로스나 마케도니아의 군대보다 더 위험한 수많은 군대를 격퇴시켰다. 로마는 앞으로도 계속 이렇게 할 것이다. 우리의 삶을 지배하는 평화에 대한 사랑과, 국내의 화합을 중시하는 우리의 태도가 앞으로도 변함없이 계속된다면 말이다.[29]

면서 말했다. "그 자신은 남자들을 상대로 싸움을 하러 떠나지만, 페르시아로 떠난 마케도니아 인은 여자를 상대로 전쟁을 하러 간 것이다."

29 로마 장군과 알렉산드로스 대왕을 비교한 17~19장에 대하여 R.M.오길비는 리비우스 동시대의 그리스 역사가들 가령 티마게네스, 메트로도로스 등이 로마인과 파르티아 인을 비교하면서 오히려 로마인의 용기가 이 소아시아 인보다 못하다는 반 로마적인 비평에 대응하기

20. 마르쿠스 폴리우스 플라키나와 루키우스 플라우티우스 베넥스가 그 다음 해(기원전 318-317년)의 집정관으로 선출되었다. 이해에 인구 많은 삼니움의 사절들이 조약의 갱신을 추구하면서 원로원 앞에 부복하여 조약 연장을 호소함으로써 원로원 의원들의 동정심을 이끌어냈다. 하지만 사절들이 민회에 회부되었을 때 민회의 반응은 그리 호의적이지 않았다. 사절들은 일단 조약을 거부당했으나 며칠 동안 로마에 더 머물면서 중요한 개인들을 찾아가 계속 호소했고, 마침내 2년의 휴전 조약을 얻어내는데 성공했다.

아풀리아에서도 테아눔과 카누시움 사람들이 계속 공격을 당하는 것에 지쳐서 집정관 루키우스 플라우티우스에게 인질을 바치고 복종을 맹세했다. 같은 해, 법무관 루키우스 푸리우스가 카푸아에 법률을 제정해준 후에, 지방 총독이 처음으로 임명되어 카푸아에 파견되었다. 이 두 가지 조치는 내부 불화로 어려움을 겪은 카푸아의 요청으로 성사된 것이었다. 로마에서는 우펜티나와 팔레르나의 두 부족이 추가되었다.[30]

아풀리아에서 사태가 이렇게 돌아가자, 아풀리아의 테아테(=테아눔) 사람들도 새로운 집정관들인 가이우스 유니우스 부불쿠스와 퀸투스 아이밀리우스 바르불라를 찾아와 조약을 요청했고, 아풀리아 전역에서 로

위해서 나온 것이라고 해설한다. 이 당시 아우구스투스 황제는 기원전 53년에 크라수스가 파르티아 인과 벌인 전투에서 대패하여 빼앗긴 군기들의 반환 협상을 성공적으로 수행했는데, 아마도 이 전투와 협상 건이 그리스인 역사가들의 그런 비판을 일으킨 듯하다. 반면에 미국 학자 W.B. 앤더슨은 이 비교론이 "사자와 호랑이 중에 누가 더 세냐?"라는 어린아이 같은 분위기를 풍긴다면서 이 글은 소년 리비우스가 수사학을 공부하던 소싯적에 써두었던 것인데 아무런 수정을 가하지 않고 여기에 집어넣은 것이라는 추정을 하고 있다. 어떤 해석을 내리든 간에 이 기사는 로마 장군들의 멸사봉공 정신과 공화국 우선주의를 보여주는 아주 소중한 기사이다.

30 이렇게 하여 로마의 부족 숫자는 총 31개로 늘어났다. 참조 7권 15장과 8권 17장.

마인들에게 평화를 보장하는 책임을 떠안았다.[31] 이런 과감한 약속으로 그들은 조약을 얻어냈으나, 동동한 관계를 부여하는 조건은 아니었고 그들이 로마의 권위에 복종해야 한다는 조건이었다. 아풀리아가 완벽하게 로마의 통제 아래 들어오자(유니우스 또한 강력한 도시인 포렌툼을 점령했으므로), 로마 군은 루카니아로 이동했다. 집정관 아이밀리우스는 그곳에 갑작스럽게 도착하여 네룰룸을 기습 공격함으로써 점령했다. 카푸아 건이 로마의 군율에 의해 완벽하게 정리되었다는 소식이 동맹들 사이에 퍼져 나가자, 안티움 사람들 또한 그들이 정해진 법률이나 행정관들 없이 살아가고 있다고 불평하고 나섰다. 이에 원로원은 식민지를 후견할 후견인을 임명했고, 또 식민지의 법률을 제정해 주었다. 이렇게 하여 로마 군뿐만 아니라 로마 법률의 위력이 넓은 지역에서 느껴지기 시작했다.

21. 그해 말에 두 집정관 가이우스 유니우스 부불쿠스와 퀸투스 아이밀리우스 바르불라는 그들 휘하의 군대를, 그들이 선거를 주관하여 뽑은 새 집정관 스푸리우스 나우티우스와 마르쿠스 포필리우스에게 넘겨주지 않고, 독재관인 루키우스 아이밀리우스에게 넘겨주었다. 독재관은 사마관 루키우스 풀비우스와 함께 사티쿨라를 공격하려 했는데, 그로 인해 삼니움에게 반란을 일으킬 구실을 제공했다. 이렇게 하여 로마인은 이중으로 놀라게 되었다. 한편으로는 포위 공격을 당하는 동맹국의 포위를 풀기 위해 삼니움이 대규모 군대를 조직하여 로마 군 진영에서 그리 멀리 떨어지지 않은 곳에다 진영을 구축했다. 다른 한편으로는 사티쿨라 사람들이 갑자기 그들의 성문을 활짝 열어젖히고 로마 군 외곽 초소들을 거칠게 공격해 왔다. 삼니움과 사티쿨라 양군은 로마 군

---

31 테아테는 위에 나온 테아눔과 같은 도시로서 리비우스는 두 개의 출처로 동일한 사건에서 두 개의 에피소드를 만들어내고 있다.

을 강하게 압박하면서, 각자의 힘에 의지하기보다는 우군의 도움에 더 의존하려 했고 이렇게 하여 곧 교전이 시작되었다.

로마 군은 두 개의 전선을 상대로 전투를 벌여야 했으나, 독재관의 군대는 양쪽에서 보호를 받았다. 독재관은 쉽게 포위당하지 않는 지점에다 진지를 구축했고, 또 로마 군 전선을 여러 방면에다 배치했기 때문이다. 그러나 그는 돌격대에 거칠게 공격을 밀어붙이라고 지시했다가 별로 싸움을 하지 않았는데도 철수시켜 누벽 뒤에 대기하게 하고, 이어 전 병력을 삼니움 전선에 투입했다. 그는 거기서 더 큰 저항을 받았으나, 천천히 다가와서 그렇지 승리는 결정적이고 또 완벽한 것이었다. 삼니움 군은 패배하여 그들의 진영으로 철수했다. 밤이 되자 그들은 사티쿨라를 구원하겠다는 희망을 버리고서 진영의 모닥불을 끄고서 살그머니 도주했다. 이어 그들은 로마 군에 대한 분풀이를 하기 위하여 로마와 동맹을 맺은 도시인 플리스티카를 포위하여 공격했다.

22. 그해가 끝나가자 독재관 퀸투스 파비우스가 즉각 전쟁의 수행을 떠맡았다. 새로운 집정관들은 전임자들이 그랬던 것처럼 로마에 머물렀고, 파비우스는 증원군과 함께 사티쿨라에 도착하여 아이밀리우스로부터 로마 군을 넘겨받았다. 삼니움 군은 플리스티카 가까운 곳에 머물지 않았다. 그들은 본국에서 새로운 병력을 지원받았고 그 숫자를 믿고서 전과 똑같은 부지에다 진영을 설치했고, 로마 군을 포위 공격으로부터 떼어내기 위해 정식으로 교전하자고 도발을 걸어오고 있었다. 하지만 그것은 독재관으로 하여금 성벽 공격에 더욱 전념하게 만들었을 뿐이다. 독재관이 보기에 전쟁의 승패는 오로지 사티쿨라 포위 공격의 성공에 달려 있기 때문이었다. 독재관은 외곽 초소들을 설치하여 삼니움 군이 로마 군 진영을 공격해 오지 못하게 막는 것 이외에는, 삼니움 군의 이동에 대해서 무관심했다. 그러자 삼니움 군은 전보다 더 대담해져

서 로마 군 진영의 보루를 기어오르는 등 로마인들을 편안하게 내버려 두지 않았다.

그들이 로마 군의 진영 출입문 가까운 곳까지 접근해 오자 사마관 퀸투스 아울리우스 케레타누스는 독재관과 상의도 하지 않고 휘하의 기병 분대를 모두 동원하여, 적들을 향하여 전속력으로 달려갔다. 이 순간, 양군의 전투는 치열한 것도 오래 끌 만한 그런 종류의 것이 아니었는데, 운명이 개입하여 양측에 상당한 손실을 발생시켰다. 그 손실에는 양군 사령관의 명예로운 죽음도 포함되었다. 삼니움 사령관은 전투에 패배하고 그 자신이 과감하게 설치한 진영으로부터 달아나는 것에 분노를 느끼고서, 휘하 기병대를 호소와 권면으로 다독이면서 전투를 재개하라고 지시했다. 기병대를 돌격시키는 적 장군은 아주 눈에 띄는 모습이었고, 그래서 로마 군 사마관은 그에게 창을 겨누고 말을 전속력으로 달려서 가격했다. 적 장군은 단 일격에 말에서 떨어져 죽었다.

적 병사들은 그런 일이 벌어지면 종종 당황하게 되는데 이번에는 그와 다르게 분노했다. 그들은 삼니움 진지로 무모하게 달려오는 사마관 아울리우스를 향하여 일제히 장창을 던졌다. 그리고 신들은 삼니움 장군을 복수해주는 영광을 그 장군의 동생에게 돌아가게 했다. 슬픔과 분노가 온몸에 가득한 그 동생은 승리의 바로 그 순간에 아울리우스를 말에서 끌어내려 죽여 버렸다. 실제로 삼니움 병사들은 그들의 진중에 떨어진 사마관의 시신을 거의 차지할 뻔했다.

그러나 로마 기병대는 곧 말에서 내렸고 삼니움도 똑같이 할 수밖에 없었다. 신속하게 전투 대형이 구축되었고, 장군들의 시신을 둘러싸고 전투가 시작되었다. 그 전투에서 로마 군이 승리를 거두었다. 그들은 아울리우스의 시신을 수습하여 슬픔과 기쁨이 뒤섞인 심정으로 진영으로 돌아갔다. 삼니움 군은 사령관을 잃고 또 기병대 교전에서 힘을 쏟은 후

사티쿨라를 포기했다. 그 도시를 방어해봐야 얻을 것이 없다고 느꼈기 때문이다. 그들은 플리스티카로 돌아가서 그 도시를 포위 공격했다. 며칠 사이에 사티쿨라는 로마 군에게 항복했고 삼니움 군은 기습 공격으로 플리스티카를 함락시켰다.

23. 전쟁의 무대가 이제 다른 곳으로 이동되었다. 로마 군은 삼니움과 아풀리아에서 소라로 옮겨갔다. 소라는 로마 식민 정착자들을 살해한 후에 삼니움에 붙었다. 로마 군은 동료 시민의 학살을 복수하고 그 식민지를 되찾기 위하여 강행군하여 소라에 도착했다. 그러나 길에다 배치해둔 척후병들이 삼니움 군대가 그리 멀지 않은 후방에서 쫓아오고 있다고 보고해 오자, 로마 군은 회군하여 적을 상대로 라우툴라이 근처에서 교전했으나, 승패는 불명확했다. 전투를 중단하게 만든 것은 양측의 손실이나 도망병들이 아니라 날이 저물어 주위가 어두워진 탓이었다. 그리하여 양군이 자신이 이겼는지 혹은 졌는지 불확실했다.

일부 권위 있는 역사서들에서, 나는 전투가 로마 군에게 불리하게 돌아갔고 바로 이 전투에서 사마관 퀸투스 아울리우스가 전사했다는 기사를 읽었다. 아울리우스를 대신하여 가이우스 파비우스가 새로운 사마관으로 임명되어, 새로운 군대를 거느리고 로마로부터 도착했다. 사마관은 전령을 독재관에게 미리 보내어, 언제 어디에서 기병대가 정지해야 할지, 어디에서 적을 공격할 것인지 등을 상의했다. 그는 모든 비상 작전의 계획에 대하여 충분한 정보를 얻고서 사람들에게 잘 보이지 않는 곳에서 그의 기병대를 정지시켰다.

전투가 벌어진 후 며칠 동안 독재관은 병사들을 보루 뒤에 대기하게 했고, 그래서 로마 군은 포위 공격하는 자라기보다 포위 공격을 당하는 자 같았다. 이어 그는 갑작스럽게 사령관 천막 밖에다 전투 신호를 내걸었다. 그는 병사들이 오로지 사령관 자신에게만 희망을 거는 것이 병사들의 감투정신을 더욱 높인다고 생각했다. 하지만 병사들에게 새로운 사마관이 증원군과 함께 현장에 도착해 있다는 얘기는 하지 않고서, 로마 군의 유일한 기회는 힘으로 밀고 나가 돌파하는 것뿐이라고 말했다.

독재관이 말했다. "병사들이여, 우리는 승리하여 길을 열지 않는 한, 탈출구가 없는 함정에 갇혀 있다. 우리의 항구 진지는 축성 작업에 의해 충분히 보호되어 있으나 보급품의 부족으로 여전히 불안전하다. 군량을 조달해오는 주변 지역들이 모두 반란을 일으켰고, 설사 현지 주민들이 우리를 돕고자 해도 그곳 정부가 그것을 금지하고 있는 것이다. 그래서 나는 지난번 전투에서 그랬던 것처럼 전투 상황이 여의치 않을 경우 여러분이 되돌아올 진영이 있는 것처럼 말하여, 여러분을 오도하고 싶지 않다. 참호는 군대에 의해 안전하게 지켜져야 하는 것이지 참호에 의해 군대가 안전하게 지켜지는 것은 아니다. 장기전을 할 수 있는 군대는 진영을 설치하고 여의치 못할 경우 진영으로 후퇴할 수 있을 것이다. 하지만 우리는 승리 이외에 다른 것을 생각해서는 안 된다. 그러니 적을 향하여 돌격하라! 우리가 일단 보루 밖으로 나서게 되면 명령을 받은 병사들이 진영에 불을 지를 것이다. 병사들이여, 그대들의 재물 손실은 우리 주위의 반도叛徒들을 약탈한 물품으로 충분히 보충이 될 것이다."

병사들은 독재관의 연설에 고무되어 ─ 그것은 그들이 아주 어려운 형편에 빠져 있다는 표시이기도 했는데 ─ 병사들은 삼니움 군을 공격했다. 불타는 진영을 뒤돌아보는 것만으로도 커다란 독려가 되었다. 하지만 독재관은 병사들에게서 가까운 진영의 부분만 불태우라고 미리 일러두었다. 그래서 로마 군 병사들은 미친 듯이 적에게 달려들어 첫 번째 공격에서 적의 대열을 허물어트렸다. 그리고 곧바로 먼 곳에서 진영의 불길 ─ 그것이 합의된 신호였다 ─ 을 쳐다본 잠복 중인 사마관은 기병대를 이끌고 적의 후방을 쳤다.

이렇게 포위된 삼니움 군은 온 사방으로 달아나기 시작했고 병사들은 살아남기 위해 정신이 없었다. 수많은 병사들이 공포 속에 한 군데로 몰려들었고 대혼란에 빠져 각자의 빠져나갈 구멍을 막았으며 그러는 와중에 대열 속에서 우왕좌왕하면서 로마 군의 칼 아래 스러졌다. 삼니움 군의 진영은 점령되어 약탈되었다. 그리하여 독재관은 전리품을 가득 챙겨서 로마 군 진영으로 돌아왔다. 로마 군은 전투의 승리를 기뻐하기보다는 당초 예상과는 다르게 아주 소규모 부분만 불타버린 것을 발견하고서 그것을 더 기뻐했다.

24. 이어 로마 군은 소라로 돌아갔다. 새 집정관인 마르쿠스 포에텔리우스와 가이우스 술피키우스는 독재관 파비우스로부터 로마 군을 인수받아 많은 고참 병사들을 제대시켰고 숫자를 채우기 위해 새로운 보병대를 데려왔다. 그러나 공격 계획이 확정되지 않은데다 소라 시가 접근하기 어려운 곳에 자리 잡고 있어서 승리를 거두려면 오래 기다려야 했고, 만약 승리를 서두른다면 큰 위험이 따를 것 같았다.

이때 소라 시의 어떤 배신자가 몰래 그 도시를 빠져나와 로마 군 초병에게 접근하더니 자신을 집정관에게 데려가 달라고 부탁했다. 그는 집정관을 만나자 도시를 배신하겠다는 뜻을 밝혔다. 그 약속을 어떻게 실행할 것인지 질문을 받자 배신자는 자신의 계획을 말했고 집정관은 상당히 그럴 듯하다고 생각했다. 그는 로마 군에게 현재 진영이 성벽에서 아주 가까운 곳에 설치되어 있는데 도시에서 10km 정도 떨어진 지점으로 이동시키라고 말했다. 그렇게 하면 밤낮 없이 도시를 경계하는 보초 업무가 한결 줄어들 것이라는 얘기였다.

그 다음 날 밤, 배신자는 일부 보병대에게 도시 아래에 있는 숲 지역을 점령하라고 말한 뒤에 열 명의 정예 병사와 함께 가파르고 길 없는 언덕을 올라가 어떤 비어 있는 요새로 안내했다. 여기서 그는 투입된 사람

수에 비하여 아주 많다고 할 수 있을 만큼, 던지는 무기를 모아놓았다. 그것 이외에 거친 땅이 흔히 그러하듯이 주변에 돌들이 많았고 또 전에 도시 사람들이 더 잘 도시를 보호하기 위해 의도적으로 쌓아놓는 돌들도 있었다.

그는 거기에다 로마 군 병사들을 위치시키고는 도시에서 그 요새로 올라오는 가파르고 비좁은 길을 가리켰다. 그 배신자가 말했다. "이런 고갯길을 올라오는 사람들을 물리치는 데에는, 세 명의 무장 병사만 있으면 충분할 겁니다. 당신들은 열 명이고 게다가 로마인이고 그것도 엄청난 용기를 갖춘 로마인입니다. 게다가 위치와 어둠의 이점이 있고, 어두워서 모든 것이 확실치 않은 곳에서 겁먹은 사람들은 더욱 모든 게 크게만 보입니다. 나는 온갖 곳을 돌아다니면서 공포를 퍼트릴 겁니다. 여러분은 망을 보면서 이 요새를 단단히 지키십시오."

이어 그는 언덕길을 달려 내려가면서 커다란 목소리로 외쳐댔다. "무기를 들어요! 시민 여러분, 도와주십시오, 도와줘요!" 그는 유지급 시민의 집 문을 두드리면서 이런 말을 했고, 만나는 사람들마다, 또 겁먹고 집에서 뛰쳐나오는 사람들에게도 같은 말을 했다. 그리하여 한 사람에 의해 시작된 공포가 도시 전체로 퍼져 나갔다. 도시의 행정관들은 놀라면서 사람을 보내 알아보라고 했다. 그들은 요새를 장악한 무장 병사들의 숫자와 무기에 대하여 과장된 보고를 받았고, 그래서 요새를 다시 탈환할 희망을 버렸다. 온 도시가 탈출할 생각만 했고 아직도 잠이 덜 깨고 비무장인 시민들이 도시의 문들을 부숴 깨는 동안에, 그런 소동에 자극을 받은 로마 군 파견대는 그 성문을 통과하여 도시의 안으로 들어서서 겁먹은 시민들을 베어 쓰러트렸다.

소라는 이미 함락된 상태였고, 다음 날 새벽에 두 집정관이 도시 내부로 들어와서 운명이 지난밤의 패주와 살육으로부터 살게 해준 사람들의 항복을 받아들였다. 이 항복한 자들 중에서, 반란의 주모자로서 로마식민지 정착자들을 학살한 범인 225명을 족쇄로 묶은 다음에 로마로 이송했다. 그 나머지 사람들은 소라에 그대로 머물게 한 후 엄중한 감시대를 붙였다. 로마로 이송된 자들은 포룸에서 매질을 가한 후 단두 처형했다. 식민지에 친척들을 보내어 그들의 안위를 걱정하던 로마 평민들은 그 처형 광경을 보면서 기뻐했다.

25. 두 집정관은 소라를 떠나서 아우소나³²의 농촌과 도시를 공략하러 갔다. 삼니움 군대가 도착하여 라우툴라이에서 전투가 벌어졌을 때 대혼란 상황이 벌어졌고, 캄파니아 주위의 여러 곳에서 반란의 음모가 진행되었기 때문이다. 심지어 카푸아도 비난을 벗어나지 못했다. 심지어 조사는 로마로까지 확대되었고 놀랍게도 일부 유지급 시민들도 그 음모에 가담한 것으로 의심되었다. 그러나 아우소나도 소라의 경우와 마찬가지로 그 시민의 배신으로 인하여 굴복하게 되었다. 아우소나, 민투르나이, 베스키아 등에서 12명의 젊은 귀족들이 그들의 도시를 배신하기로 음모를 꾸미고서 두 집정관을 찾아왔다.

그들은 그 도시들의 시민이 삼니움 군대의 도착을 열렬히 기다렸다고 설명했다. 또 라우툴라이 전투가 벌어졌다는 소식을 듣고서 당연히 로마가 패했을 것으로 생각하여 전투병과 무기를 삼니움 군대에게 지원했다. 하지만 삼니움 군은 패했고 그래서 그들은 불안한 평화 속에서 살면서, 로마인을 상대로 문을 닫아걸지도 않았다. 그들에 대한 군사적 조치가 두려웠기 때문이다. 하지만 군대가 다가오면 성문을 닫아걸기로 결심했다. 도시의 시민들이 이런 불확실한 마음가짐을 갖고 있으므로 얼마든지 기습 공격을 가하여 제압을 할 수 있다는 것이 젊은 귀족들

---

32 아우룬키의 그리스 식 이름.

의 설명이었다.

그런 조언을 받자 로마 군 진영은 좀 더 도시 가까운 곳으로 옮겼고, 병사들을 세 도시에 동시에 내보내어 정탐하게 했다. 일부 병사들은 무장을 한 채 도시의 성벽 가까운 곳에 매복할 것을 지시받았고, 다른 병사들은 민간인 복장을 하고서 옷 밑에 칼을 감춘 채 성문이 열리는 새벽녘에 도시로 잠입하게 되었다. 이 병사들은 파수병을 살해했고 동시에 무장한 채 숨어 있는 병사들에게 은신처에서 뛰어나와 도시 안으로 들어오라는 신호를 보냈다. 이렇게 하여 성문이 장악되었고, 세 도시는 같은 전략에 의해 같은 시간 안에 모두 함락되었다. 하지만 사령관들이 현장을 지휘하지 않는 공격이었으므로 아우소나 사람들이 마치 결사항전을 해온 사람들처럼 마구 학살되었다. 하지만 그들이 과연 반란을 저지른 죄가 있는지 여부는 불확실했다.

26. 같은 해(기원전 314년), 루케리아는 로마 주둔군을 적에게 넘겨준 후에 삼니움 군대의 수중에 떨어졌다. 하지만 배신자들은 그런 소행에 대하여 아직 처벌을 받지 않았다. 마침 그곳에서 멀리 떨어지지 않은 곳에 로마 군이 있었고 곧바로 그 도시를 공략하여 첫 번째 공격으로(그 도시는 평야에 있었다) 함락시켰다. 루케리아의 주민들과 삼니움 군은 모두 살육되었고, 로마에서도 이 도시에 대한 분노가 충천했다. 원로원이 루케리아에 식민 정착자들을 보낼 것인지 여부를 논의할 때, 아예 그 도시를 파괴해 버리자는 투표가 훨씬 더 많았다. 두 번이나 배신하여 징벌한 도시에 대하여 반감이 아주 강했으며, 게다가 원로원은 그런 원격지에다 로마 시민을 유배 보내듯 보내어 적대적인 부족들 사이에서 척박하게 살아가게 한다는 아이디어를 선뜻 받아들이기가 어려웠다. 그렇지만 식민지 설치 법안이 통과되었고 2500명의 식민 정착자들이 파견되었다.

로마에 대한 충성심이 완전히 붕괴된 그해에 심지어 카푸아 귀족들 사이에서도 은밀한 음모가 진행되었다. 이것이 원로원에 보고되자 의원들은 중대한 조치를 취했다. 진상 조사가 의결되었고 그 조사를 담당할 독재관을 임명하기로 결정되었다. 가이우스 마이니우스가 독재관에 선임되었고, 이어 독재관은 마르쿠스 폴리우스를 사마관으로 지명했다. 독재관 옹립은 음모꾼들에게 커다란 경고가 되었고 그리하여 공포 때문인지 혹은 죄의식 탓인지 두 명의 칼라비우스, 오비우스, 노비우스(음모의 지도자들)는 독재관이 그들에 대하여 자세한 정보를 수집하기도 전에 자살인 것이 분명한 죽음을 선택함으로써 심판을 피해 갔다.

이 사건 이후에는 캄파니아에서 조사 활동을 벌일 더 이상의 근거가 없게 되어 재판 절차는 로마로 이관되었다. 원로원이 지시한 진상조사는 카푸아에 거주하는 어떤 개인들의 활동을 파고드는 것이 아니라, 로마 정부에 모반하거나 음모를 꾸미려는 세력을 파악하기 위한 것으로 인식되었기 때문이다. 게다가 고위 행정관 직을 얻기 위해 형성된 음모단은 공공 이익에도 위배되는 것이었다. 그리하여 조사 범위는 혐의를 받는 음모 사건뿐만 아니라 관련 개인들에게까지 확대되었다. 독재관도 자신의 조사 활동이 사법적 권력을 무제한적으로 발휘하는데 동의했다. 일부 귀족들이 탄핵되자 재판부에 무고함을 호소했으나 관련 정보를 막아줌으로써 그들을 도와줄 사람을 전혀 발견하지 못했다. 그러나 귀족들은─탄핵당한 사람들뿐만 아니라 귀족 세력 전부를 포함─이런 비난의 화살을 귀족에게 쏘아댄다는 것은 옳지 못하다고 선언했다. 귀족들은 부당한 방법으로 방해받지 않는 한 관직에 오르는 길이 환히 열려 있기 때문이었다. 그러면서 그들은 벼락출세한 정치인들이 비난의 대상이 되어야 마땅하다고 말했다. 그리고 사실을 말해 보자면 독재관과 사마관도 그런 혐의로 재판을 받는 게 더 적합한 사람들이지 재판석에 앉을 사람은 못 된다는 주장도 했다. 두 사람이 그 직책에서 물러나게 되면 이런 주장이 사실임이 밝혀질 것이라는 얘기도 했다.

이 시점에서 이제 자신의 권위보다는 명성이 더 걱정되었던 마이니우스는 앞에 나서서 민회를 상대로 이런 연설을 했다. "로마 시민들이여, 당신들은 나의 과거 생활에 대해서 잘 알고 있고 또 내게 부여된 관직은 나의 무고함을 증명하고 있습니다. 사법적 조사를 관리할 독재관으로는 과거 국가 위기 때에 저명한 장군을 선임했던 것과는 다르게, 이런 음모단과는 아주 무관하게 평생을 보내온 사람을 뽑는 것이 더 필요합니다. 하지만 일부 귀족들은 그 조사 활동을 막으려고 모든 노력을 다 기울이고 있습니다. 왜 그런지는, 오로지 명확히 조사한 것만 밝힐 수 있는 독재관 자리보다는 여러분 자신이 더 잘 판단할 수 있을 것입니다. 그들은 자신들에 대한 혐의를 피할 수 있을 만큼 강력하지 못한 경우에는, 귀족 신분임에도 불구하고 그들의 적수가 제공하는 보호 수단에 기대고 있습니다. 다시 말해 그들은 호민관의 항의와 도움에 기대고 있는 것입니다. 그리고 마지막으로 그 방면에서도 거부를 당하자, 우리를 직접 공격하고 나섰습니다. 자신들의 무죄를 떳떳하게 입증하려고 하는 것이 아니라 그 외의 다른 방법이 더 안전하다고 생각하는 것입니다. 그들은 아무런 관직도 갖고 있지 않은 야인이면서도 독재관을 기소하라고 요구하면서 아무런 부끄러움도 느끼지 못하고 있습니다. 이들이 자신들의 행동에 대한 면밀한 조사를 피하기 위하여 이런 불가능한 짓을 벌이고 있다는 것을 신들과 인간에게 보여주기 위해, 나는 그들의 비난을 받아들일 준비가 되어 있음을 말씀드립니다. 나는 정적들에게 나의 재판을 주관해 달라고 요청하며, 그것을 위해 독재관 직에서 사임합니다. 그리고 두 분 집정관은 원로원으로부터 이 문제의 재판을 위임받는다면 먼저 나와 사마관을 조사해 줄 것을 요청합니다. 그러면 우리가 현재

가지고 있는 직위의 권위가 아니라 우리의 무고함 덕분에 우리가 저들의 비난으로부터 안전하다는 것을 밝혀내게 될 것입니다.”

이어 독재관은 그 자리를 사임했고 곧바로 마르쿠스 폴리우스도 사마관 직위에서 내려왔다. 그들은 원로원이 재판을 맡긴 두 집정관 앞에서 재판을 받은 최초의 독재관/사마관 출신의 인물이 되었고, 그들에 대한 귀족들의 증거는 근거 없는 것으로 판명되어 무혐의 판결을 받았다. 국내 활동과 해외 전쟁에서 높은 업적을 쌓았고 거듭하여 최고위직을 역임했던 푸블릴리우스 필로도 귀족들의 미움을 사서 재판정에 소환되었으나 무죄 방면되었다. 이처럼 저명한 인사들을 상대로 한 조사 활동은, 그런 일이 늘 그러하듯이, 사람들의 호기심이 지속되는 동안에만 반짝했을 뿐 그 후에는 흐지부지 되고 말았다. 조사 활동은 중요도가 많이 떨어지는 하위 계급의 인물들까지 내려갔으나 그런 조사 활동이 척결 대상이라고 여겼던 음모단 혹은 파당에 의해 최종적으로 억압되고 말았다.

27. 이런 사건들의 소문에다, 캄파니아가 반란을 일으키지 않을까 하는 희망(음모꾼들의 원래 목적)이 덧붙여져서 아풀리아에 집중하던 삼니움 군대는 카우디움으로 돌아왔다. 그들은 카푸아에서 소요 사태가 발생하면 현지 가까이 있어야 로마인으로부터 카푸아를 탈취할 수 있다는 생각을 했다. 로마도 거기에 맞서서 두 집정관이 강력한 군대를 이끌고 출동했다. 먼저 양군은 고갯길이 너무 험준하여 앞으로 나아갈 수 없어서 고개 근처에서 대기했다. 그러다가 삼니움 군이 먼저 탁 트인 땅으로 우회하여 들판으로 들어섰다. 거기서 양군은 처음으로 서로 마주보면서 진영을 구축했다. 그 후에 보병대의 교전은 벌어지지 않고 상대방의 힘을 떠보기 위해 기병대의 소규모 접전이 몇 차례 있었다. 로마 군은 그 접전의 결과는 물론이고 전투를 미루는 것에 대해서도 큰 불만이 없었

으나 삼니움 군의 사령관은 날마다 발생하는 소규모 손실과 사기 저하 때문에 결국 지구전은 전투력의 고갈을 가져온다고 생각했다.

그래서 삼니움 군은 전면전을 결심하고 기병대를 좌우 양익 사이에다 나누어 배치하면서 진영에 더 신경을 쓰라고 지시를 내렸다. 그것은 전투를 수행하기 위한 것이라기보다 진영에 대한 공격을 막아내기 위한 것이었다. 보병대만으로도 충분히 전선을 유지할 수 있다고 본 것이었다. 로마 군은 두 집정관 중 술피키우스는 전열의 우익을 맡았고, 포에텔리우스는 좌익을 맡았다. 로마 군 우익은 꽤 넓은 지역을 커버하고 있었다. 삼니움 군도 그곳에 병력을 다소 넓게 전개하면서 그곳에 진을 쳤다. 로마 군의 측면을 공격하거나 아니면 그들의 측면이 공격당하는 것을 막기 위한 전개였다. 왼쪽 부분에서 로마 군은 밀집 대형으로 자리를 잡고 있었다. 로마 군 좌익은 집정관 포에텔리우스의 갑작스러운 결정에 의해 전력이 강화되었다. 집정관은 보조 보병대를 최전선에 투입하기로 결정했던 것이다. 보조대는 보통 예비 부대로 남겨 두었다가 전투가 예상보다 길어질 경우에 투입되는 부대였으나, 이 날은 일찍 투입되었다.

집정관은 이런 연합 부대를 가지고 첫 번째 공격에서 적을 뒤로 밀어붙였다. 삼니움 보병대가 비틀거리자 지원을 하기 위해 기병대가 전투에 가담했다. 삼니움 기병대가 양군 사이의 빈 공간을 휘젓고 돌아다니는 순간, 로마 기병대가 전속력으로 돌진해 와 보병대와 기병대의 전투 대형이 대 혼란에 빠져들었고 마침내 로마 군은 삼니움 군 전체를 전투 장소로부터 몰아내어 패주시켰다. 포에텔리우스뿐만 아니라 술피키우스도 로마 군 좌익 쪽에 나타나 병사들을 격려했다. 로마 군 우익은 아직 전투에 돌입하지 않았기 때문에 술피키우스는 왼쪽에서 전투 함성이 터져 나오자 그 쪽으로 말을 달려온 것이었다. 여기서 그는 승리가 확보된 것을 보고서 1,200명의 병사와 함께 우익 쪽으로 달려갔다.

그곳은 상황이 많이 달랐다. 로마 군은 진지로부터 밀리고 있었고 승리를 확신하는 적은 무너진 전열 사이로 돌격해 오고 있었다. 그러나 집정관 술피키우스의 도착은 모든 것을 재빨리 바꾸어 놓았다. 병사들은 사령관의 모습을 보자 더욱 힘을 내게 되었다. 그를 따라온 로마 군 용사들은 그 숫자 이상의 힘을 보태어주었다. 좌익 부대의 승리 소식은 우익의 전황을 회복시켰다. 곧 로마 군은 모든 전선에서 승리를 거두기 시작했고, 삼니움 군은 전투를 포기하여 그 자리에서 살육되거나 아니면 포로로 잡혔다. 말레벤툼(현재 베네벤툼이라고 불리는 곳)으로 도망친 자들은 겨우 목숨을 건졌다. 전승에 의하면 약 3만 명의 삼니움 병사가 살육되거나 포로로 잡혔다.

28. 이런 멋진 승리를 거둔 후에 두 집정관은 곧바로 군대를 이끌고 보비아눔을 포위 공격하러 갔다. 그곳에서 그들은 겨울 숙영에 들어갔다가, 새 집정관 루키우스 파피리우스 쿠르소르(5선)와 가이우스 유니우스 부불쿠스(2선)가 독재관으로 가이우스 포에텔리우스(사마관은 마르쿠스 폴리우스)를 지명할 때까지 기다렸다가 군대를 독재관에게 인계했다. 독재관은 프레겔라이의 요새가 삼니움 군에게 함락되었다는 소식을 듣고서 보비아눔의 포위 공격을 풀고서 그곳으로 출동했다. 그곳의 삼니움 군대는 야간에 도주했으므로 독재관은 별 어려움 없이 프레겔라이를 탈환했다. 그 도시에 강력한 주둔군을 남기고서 독재관은 다시 캄파니아로 돌아왔는데 이번에는 놀라를 무력으로 탈취하기 위해서였다.

그가 도착하기 직전에 모든 현지 삼니움 인과 놀라의 농업 인구는 도시의 성벽 안으로 피신했다. 독재관은 그 도시의 지형을 찬찬히 살펴본 후, 성벽 바로 밑에 있는 인구 조밀한 모든 건물을 불태워버림으로써 성벽 접근로를 확보하려 했다. 이런 조치를 취하고 얼마 지나지 않아 놀라는 독재관 포에텔리우스 자신 혹은 집정관 가이우스 유니우스에 의해 함락되었다. 후대에 전해지는 전승은 이 두 사람을 두고서 의견이 엇갈린다. 놀라 함락이 집정관의 공로라고 생각하는 사람들은 아티나와 칼라티아도 집정관이 함락시켰다고 주장하면서, 포에텔리우스는 전염병이 발생하자 대못을 박는 행사[33]를 거행하기 위하여 독재관으로 지명되었다고 말한다.

같은 해(기원전 313년), 수에사와 폰티아이에 식민 정착촌이 건설되었다. 수에사는 원래 아우룬키 족의 소유였고, 볼스키 거주 해안 지역에서 바라보이는 섬인 폰티아이는 볼스키 인이 살아 왔다. 원로원은 인테람나 수카시나에도 식민 정착촌을 건설해야 한다고 의결했으나, 3명의 식민 위원을 뽑고 4천명의 식민 정착자들을 파견하는 일은 다음 집정관인 마르쿠스 발레리우스와 푸블리우스 데키우스에게 넘겨졌다.

29. 삼니움 족과의 전쟁은 거의 끝났다. 그러나 원로원 의원들은 여전히 그 전쟁에 대해서 불안감을 불식시키지 못하고 있었는데, 곧 에트루리아 인들과 전쟁을 하게 될 것이라는 소문이 들려왔다. 그 당시 북에서 가끔씩 침략해 오는 갈리아 인들을 제외하고, 군사력이 에트루리아처럼 막강한 부족이 없었다. 그들은 로마가 가까운 곳에 살았고 또 인구가 많았기 때문에 두려움의 대상이었다. 동료 집정관이 잔여 삼니움 전쟁을 마무리하기 위하여 그곳에 남아 있는 동안, 집정관 푸블리우스 데키우스(그는 중병으로 로마에 남아 있었다)는 원로원의 권유에 따라 가이우스 술피키우스 롱구스를 독재관으로 지명했다. 독재관은 이어 가이우스 유니우스 부불쿠스를 사마관으로 지명했다.

독재관은 상황이 위중했으므로, 징집 연령대의 모든 남자에게 복무

---

33 참조 7권 3장 4절.

맹세를 시켰고, 온 힘을 쏟아 군대를 조직하면서 위기 대응에 필요한 조치를 취했다. 그러나 독재관은 그런 대규모 준비 작업에도 불구하고 공격에 나설 생각은 없었다. 그는 에트루리아 인이 먼저 공격해 올 때까지 기다리려 하는 것 같았다. 그런데 에트루리아 인도 마찬가지로 대규모 전쟁 준비를 했지만 먼저 전쟁을 시작할 생각은 없었다. 그래서 양측은 국경선 너머로 나아가지 않았다.

이해에 유명한 아피우스 클라우디우스와 가이우스 플라우티우스가 감찰관에 임명되었다. 후대의 사람들은 아피우스라고 하면 행복한 기억을 먼저 떠올리는 까닭이다. 아피우스는 도로를 건설했고 또 도시에 들어오는 수도교를 놓았다.[34] 이 업적은 순전히 그의 공로이다. 그의 동료 감찰관은 아피우스가 원로원 의원 명단을 채운 떳떳하지 못한 방식에 충격을 느끼고 사임했기 때문이다.[35] 아피우스는 이어 오래전 조상의 시대부터 가문의 내력이었던 고집을 부리면서 감찰관 직을 혼자서 수행했다. 아라 막시마[36]에서 사제직을 수행하는 것은 포티티우스 집안의 특권이었는데, 아피우스는 이 제사 업무를 공공 노예에게 훈련시키라고 지시를 내렸다. 나중에 그 업무를 공공 노예에게 이관하기 위해서였다. 전승에 의하면, 이 지시 이후에 이상한 일이 발생하여 종교적 의례의 합법적 절차를 바꾸려고 하는 사람들을 멈칫하게 만들었다. 당시 포티티우스 씨족은 열두 세대 정도 되었고 성인 남자는 대략 서른 명 정도

---

34 그 도로는 로마에서 카푸아까지 가는 아피아 가도(Via Appia)인데 나중에 베네벤툼까지 확장되었고 마지막으로 브룬디시움까지 연장되었다. 수도교는 로마에서 7~8 마일 떨어진 곳에서 취수하여 가비이 도로를 통하여 대 원형 경기장과 도시의 다른 저지대에 물을 공급했다.
35 참조 9권 46장. 아피우스는 노예에서 해방된 자유인의 아들들로 빈 자리를 메웠다고 전해진다.
36 헤라클레스를 기념하기 위해 세워진 고대의 제단. 참조 1권 7장.

였다. 그러나 그 조치가 있고 1년 사이에 그 집안의 사람들은 뿌리고 가지고 할 것 없이 모조리 멸절하여 가문의 이름이 아예 사라져 버렸다. 그리고 감찰관 자신도 늘 감시하는 신들의 분노를 사서 맹인이 되어버렸다.

30. 따라서 다음 해(기원전 311년)의 집정관인 가이우스 유니우스 부불쿠스(3선)와 퀸투스 아이밀리우스 바르불라(2선)는 취임하자마자 원로원 당이 의원 명부의 불규칙한 수정으로 인해 타락했다고 불평했다. 그 결과 기존에 뽑힌 사람들보다 더 우수한 인재들이 탈락했다는 것이었다. 옳고 그름의 구분이 없고 변덕과 편파성으로 얼룩진 의원 명부의 작성은 인정할 수 없다고 주장하고 나왔다. 이어 두 집정관은 아피우스 클라우디우스와 가이우스 플라우티우스가 감찰관 직을 맡기 이전의 원로원 의원 명단을 순서대로 크게 낭독했다.

이해에 군사 지휘권의 두 영역이 민회에 의해 배정되기 시작했다. 첫째, 전에는 4개 군단에 골고루 배분되는 16명의 천인대장 선출이 민회의 투표를 필요로 하는 몇몇 곳을 제외하고 거의 전적으로 독재관과 집정관의 전결 사항이었으나, 이제 민회가 맡게 되었다. 둘째, 전함을 건조하고 수리하는 업무를 담당하는 두 명의 해군 위원 또한 민회가 임명했다. 첫 번째 법안은 호민관 루키우스 아틸리우스와 가이우스 마르키우스가 제출했고, 두 번째 것은 역시 호민관 마르쿠스 데키우스가 제안한 것이었다.

이해에 벌어진 어떤 사건은 기록할 만한 가치가 적어서 생략할 뻔했으나 종교적 의무와 관련된 사안이므로 여기에 소개하기로 한다. 피리 연주자들은 오래된 관습에 의하여 유피테르의 신전에서 축제를 거행해 왔는데, 지난번 감찰관들이 그 축제를 금지시켰다. 그들은 이에 항의하기 위하여 떼를 지어 티부르로 가버렸다. 이렇게 되자 도시에는 희생제의 때 피리를 불어줄 사람이 없게 되었다. 원로원은 이 사건 때문에 경건한 위구심에 빠져들었고 티부르에 사절을 파견하여 그곳 시민들에게 피리 연주자들을 로마로 돌려보내 줄 것을 요청했다. 티부르 의원들은 그렇게 하겠노라고 정중하게 대답했고 먼저 피리 연주자들을 불러서 로마로 돌아가라고 촉구했다. 그러나 설득이 아무런 소용이 없다는 것을 알아차리고는 그들의 성격을 잘 보여주는 간계를 썼다.

공공 축제일에 여러 명의 티부르 시민들이 그 축제에 음악이 필요하다는 구실을 내세워 피리 연주자들을 그들의 집으로 초대했다. 그런 다음에 술을 좋아하는 그들에게 술을 많이 먹여서 잠들게 했다. 그러자 그들은 술에 곯아떨어진 잠든 피리 연주자들을 수레에 태워 로마로 보내버렸다. 로마에 도착한 수레들은 포룸에 내버려졌고, 피리 연주자들은 아무것도 모르고 계속 자다가 아침이 되어 눈을 뜨기는 했지만 지난밤의 술이 덜 깨어 여전히 비몽사몽의 상태였다. 로마 시민들은 재빨리 그들 주위에 몰려들어 계속 도시에 머물러 줄 것을 요구하여 승낙을 받았다. 억지로 로마로 귀환한 그들은 기발한 복장을 하고서 사흘 동안 도시를 마음껏 돌아다니면서 음악을 연주하고 제멋대로 즐거운 행동을 할 수 있는 권리가 주어졌다. 희생제의에서 피리를 연주하는 자들은 원상 복구된 신전에서 축제를 열 수 있는 권리까지 부여받았다. 이 사건은 아주 심각한 두 건의 전쟁이 고조되는 상황에서 막간극처럼 발생한 것이었다.

31. 두 집정관은 군 지휘권을 나누어 가졌다. 추첨 결과, 유니우스는 삼니움을, 아이밀리우스는 에트루리아와의 새로운 전쟁을 맡게 되었다. 삼니움에서, 클루비아이에 주둔한 로마 군은 적의 공격을 성공적으로 막아냈으나 포위 공격에 의한 기아로 항복을 했었다. 항복했는데도 불구하고 로마인은 삼니움 인에게 잔인한 매질을 당하고 처형되었다. 이런 잔인한 짓에 분노하여 유니우스는 클루비아이를 먼저 공격하는 것

이 자신의 의무라고 생각했다. 그는 성벽을 공격한 첫날에 그 도시를 함락시켰고 그곳의 모든 성인 남자들을 살육했다. 거기서 그는 승리한 군대를 이끌고 펜트리아 삼니움 인의 수도인 보비아눔으로 이동했다. 그 도시는 삼니움의 도시들 중 가장 부유했고 또 무기와 병력이 풍부했다. 그곳에서 로마 군은 클루비아이를 공격할 때처럼 분노를 느끼지는 못했으나 그래도 전리품에 대한 희망으로 그 도시를 함락시켰다. 로마 군은 적을 무자비하게 무찔렀고, 그 도시에서 탈취한 전리품은 다른 어떤 삼니움에서 빼앗은 것보다 훨씬 많은 양이었다. 전리품은 병사들에게 관대하게 골고루 분배되었다.

이제 삼니움 지도자들은 우월한 로마 군을 그 어떤 전투 대형, 진영 혹은 도시에서도 막아낼 수 없다는 것을 알게 되었으므로, 매복 작전을 펼 수 있는 장소를 알아보는데 온 신경을 집중했다. 로마 군이 전리품을 노리고 무절제하게 약탈 행위를 벌이며 온 사방으로 흩어져 있는 때에, 그들을 덮쳐서 포위할 수 있으리라 보았다. 이때 농촌에서 달아난 자들 혹은 감옥에서 도망친 자들이 우연하게 혹은 일부러 집정관을 찾아와 동일한 정보를 알려주었다. 그것은 진짜 정보였는데 많은 숫자의 소들이 먼 숲속의 개활지에 집결되어 있다는 것이었다. 집정관은 그들의 말을 믿고 경무장한 병사들을 그쪽으로 이동시켜 그 전리품을 확보하라고 지시했다. 하지만 그곳에서 삼니움 군은 로마 군 모르게 출입로를 봉쇄해 놓았다.

그들은 로마 군이 숲 속의 개활지로 들어가는 것을 보고서 함성과 고함을 지르며 일제히 매복 장소에서 일어나서 아무런 경계도 하지 않던 로마 군을 덮쳤다. 처음에 로마 군은 그런 갑작스러운 공격을 당하여 혼란스러운 느낌이었다. 그러나 곧 무기를 잡고 개활지 한가운데에 군용 짐을 내려놓으면서 전투 대형을 갖추었다. 그들은 곧 온 사방에서 달려와 군기 주위로 집결했다. 오랜 군사 훈련 덕분에 그들은 대열 내의 자기 위치를 잘 알았고 누가 명령을 내리지도 않았는데 스스로 알아서 전투 대형을 구축했다. 전투가 아주 위태로운 상황에 빠져들었을 때 집정관이 말을 타고 현장에 나타났다.

그는 말에서 뛰어 내려 유피테르, 마르스, 그 외의 다른 신들을 부르며 다음 사실에 증인이 되어 달라고 기도했다: 그는 자신의 영광을 위해서가 아니라 부하들의 전리품을 위하여 그곳에 왔다. 그에게 잘못이 있다면 적을 무찔러서 부하들을 부자로 만들어줄 욕심이 너무 강했다는 것뿐이다. 이런 치욕에서 그를 구해줄 수 있는 것은 부하들의 용기밖에 없다. 병사들은 모두 힘을 합쳐 적을 공격해야 한다. 저자들은 이미 전투에서 패배하고, 진영을 빼앗기고, 모든 도시들이 함락당하고, 이제 마지막 희망으로 매복 작전을 벌이고 있는데 저들은 무기를 믿는 것이 아니라 지리적 이점을 믿고 있다. 그러나 용감한 로마 군의 공격을 견뎌낼 만한 진지가 이 세상 어디에 있는가? 그는 병사들에게 프레겔라이, 소라, 그 외의 도시 등에서 지리적 이점이 없었음에도 불구하고 적의 요새들을 차지했던 일을 상기시켰다.

집정관의 이런 말에 고무된 로마 군 병사들은 그들을 위협하는 적진으로 맹렬하게 달려들었다. 그들이 나아가는 길이 아주 위험하다는 것은 조금도 생각하지 않았다. 그들은 고갯길을 올라갈 때에는 좀 어려움을 겪었다. 그러나 공격 제1선이 언덕 꼭대기의 평평한 지점에 도달하자 로마 군은 이제 더 이상 지리적으로 불리하지 않았다. 그러자 매복 장소에서 뛰쳐나왔던 적군의 병사들이 겁먹기 시작했다. 그들은 무기를 내버리고 뿔뿔이 달아나면서 조금 전만 해도 몸을 숨겼던 은신처로 황급하게 도망쳤다. 그러나 그들이 로마 군에게 어려움을 줄 것이라고 생각하여 선택한 땅이 이제는 반대로 그들에게 함정이 되었다. 그 결과 황급히 달아나서 목숨을 구한 적 병사는 얼마 되지 않았다. 2만 명 가까운 삼니움 병사들이 도살되었다. 승리를 거둔 로마 군은 적이 그들을 유인하기 위해 마련한 소 떼를 전리품 삼아 거두어들이느라고 여기저기 바쁘게 뛰어다녔다.

32. 삼니움에서 이런 사건이 벌어지는 동안에, 아레티니를 제외하고, 에트루리아 지역의 모든 사람들이 무장을 하고서 수트리움을 상대로 대규모 전쟁을 벌였다. 수트리움은 로마와 동맹을 맺은 곳이면서 에트루리아로 들어가는 관문 도시였다. 동료 집정관 아이밀리우스는 그 도시에 대한 포위공격을 풀기 위해 로마 군을 이끌고 현장에 도착했다. 로마 군이 도착하자 수트리움 사람들은 그들의 도시 앞에 설치된 로마 군 진영으로 보급품을 가져왔다.

로마 군 도착 첫날에, 에트루리아 사람들은 전쟁을 서둘러 전개할 것인지 아니면 지구전으로 나갈 것인지 논의했다. 그 다음 날 적의 지도자들은 안전한 전쟁보다는 신속한 전쟁을 선택하고 해뜰 무렵에 지휘관 천막 앞에 전투 신호를 내걸었다. 그러자 에트루리아 군대는 로마 군과 일전을 벌이기 위해 야전으로 나왔다.

이 사실이 집정관에게 보고되자 그는 병사들이 먼저 아침 식사를 해서 체력을 보충한 후에 무장을 하라는 지시를 내렸다. 그의 명령은 충실히 이행되었고 병사들이 완전히 무장한 것을 보자 집정관은 보루 밖으로 군기를 들고 나가라고 지시했다. 로마 군은 적군에게서 그리 멀지 않은 곳에서 전투 대형을 구축하기 시작했다. 한동안 양군은 서로를 노려보면서 상대방이 먼저 함성을 내지르며 전투를 해오기를 기다렸다. 정오가 지나가고 해가 질 무렵에 전투가 비로소 시작되어 양군은 먼저 적진을 향해 투창을 던졌다. 이어 에트루리아 인들은 승부의 결말 없이 야전에서 물러날 생각이 없었으므로 전투 함성을 크게 내지르고 돌격 나팔을 불어대며 힘차게 앞으로 달려 나왔다. 로마 군도 그들 못지않게 자웅을 겨루어볼 생각을 갖고 있어서 양측은 아주 치열한 접전을 벌였다. 에트루리아 군은 병력수가 우세했고 로마 군은 용기가 뛰어났다.

그러나 승패는 계속 결정이 나지 않았고 양측에서 가장 용감한 자들을 포함하여 많은 병사들이 쓰러졌다. 팽팽한 접전이 계속되자 피곤한 로마 군 제1선을 교대하기 위하여 제2선이 새롭게 투입되었다. 최전선 병력을 교대해줄 예비 부대가 없는 에트루리아 병사들은 깃발 앞에서 혹은 그 주위에서 쓰러져 갔다. 그보다 더 많은 피를 흘리고 또 탈주병이 없는 전투도 다시 없을 것이었다. 에트루리아 병사들이 이제 죽는 수밖에 없다고 체념하고 있을 때 주위가 어두워져 그들을 살렸다. 승자도 전투를 중단하고 다 잡은 패자를 놓아줄 수밖에 없었다. 해가 완전히 지자 소환 나팔이 울렸고, 양군은 어둠 속에서 각자의 진영으로 돌아갔다.

이 전투 이후에 수트리움에서는 기록할 만한 사건이 벌어지지 않았다. 에트루리아 군대는 단 한 번의 교전에서 최전선 병력이 모두 궤멸되었다. 이제 남은 것은 예비 부대뿐인데 그 병력으로는 진영을 지키는 일도 버거웠다. 한편 로마 군도 엄청난 손실을 입기는 마찬가지였는데 야전에서 전사한 병사들보다는 상처 때문에 죽어간 병사들이 훨씬 많았다.

33. 그 다음 해(기원전 310년)의 집정관인 퀸투스 파비우스는 수트리움에서 로마 군을 인수받았고, 동료 집정관은 가이우스 마르키우스 루툴루스였다. 파비우스는 로마에서 새로운 증원 부대를 이끌고 왔다. 한편 에트루리아도 신병을 모집하여 현지에 나와 있는 야전군에게 증원군을 파견했다.

여러 해 동안 로마에서는 귀족 출신 행정관과 평민들 사이에 갈등이 없었다. 그러나 이제 아피우스 가문의 사람을 통하여 새로운 갈등이 불거져 나왔다. 그 가문은 호민관과 평민들을 상대로 싸움을 벌이는 게 운명인 것 같았다. 감찰관 아피우스 클라우디우스는 아이밀리우스 법[37]에 의해 정해진 임기 18개월을 다 채웠다. 그리하여 동료 감찰관 가이우스 플라우티우스는 사임했지만, 아피우스는 사임하려고 하지 않았다. 그러자 호민관들 중 한 사람인 푸블리우스 셈프로니우스는 감찰관 임기를 법정 시한으로 고정시켜야 한다는 고발을 진행했는데, 그것은 정당할 뿐만 아니라 평민들 사이에서 인기 높은 고발이었다. 귀족들은 물론이고 평민들도 그러한 움직임을 환영했다. 셈프로니우스는 아이밀리우스 법을 거론하면서 그 제안자인 독재관 마메르쿠스 아이밀리우스를 칭송했다. 감찰관 임기는 원래 5년이었는데 너무 임기가 길어서 독단적인 경향을 보이자 독재관 아이밀리우스가 그 기간을 18개월로 단축한 것이었다.

셈프로니우스는 아피우스 클라우디우스에게, 만약 그가 가이우스 푸리우스와 게가니우스가 감찰관이었던 시절[38]에 그 자리를 맡았더라면 어떻게 했을 것이냐고, 직접 물어보았다. 아피우스는 호민관의 질문이 그의 경우와는 별로 상관이 없다는 답변을 했다. 아이밀리우스 법은 두 사람이 감찰관에 선출된 후에 평민에 의해 제정된 법이므로 그 법이 통과된 당시의 감찰관들에게는 적용될 수 있다. 그러나 법은 가장 최근에 제정된 법이 가장 큰 효력을 발휘하므로 그 법이 통과된 이후에 선출된 아피우스나 다른 감찰관에게는 구속력이 없다는 것이었다.[39]

---

37 기원전 434년에 제정된 법인데 참조 4권 24장.
38 즉 아이밀리우스 법이 통과되던 시기의 감찰관으로 이 당시는 임기 5년.
39 아피우스의 주장은 이러하다. 푸리우스와 게가니우스가 임기 5년의 감찰관 직에 선출되었으나 그 후 제정된 아이밀리우스 법에 의해 그 기간이 단축되었다. 아이밀리우스 법은 그 당시로는 가장 최근의 법이므로 당연히 그 이전의 법을 대체했다. 그렇지만 그때 이후 선출된 감찰관은 그 후에 제정된 법에 의하여 권력을 부여받았으므로 아이밀리우스 법은 후대의 최근 법에 의해 대체된 것으로 보아야 한다는 논리이다.

34. 아피우스의 그런 궤변에 가까운 논리는 그 누구의 지지도 받지 못했다. 그러나 셈프로니우스가 다시 말했다. "로마의 시민들이여, 여러분은 지금 아피우스 가문의 후예가 벌이고 있는 말도 안 되는 수작을 보고 있습니다. 왕년의 아피우스는 1년 짜리 10인회 위원에 뽑혔다가 두 번째 해에는 그 자신을 스스로 선출했고, 세 번째 해에는 그 자신도 또 그 누구도 뽑아주지 않은 야인이었는데도 권표와 최고 권위를 계속 붙잡고 있었습니다. 그는 무기한의 임기를 계속 고수하다가 마침내 그의 잘못 획득되고, 잘못 행사되고, 잘못 유지된 권력에 의해 파괴되었습니다.[40]

"로마인들이여, 이 가문이 어떤 가문입니까? 폭력과 불의로 로마인들을 도시에서 추방시켜 성산을 점령하게 만들었던 가문입니다. 로마인들이 그 가문으로부터 자신을 보호하기 위하여 호민관 제도를 설치했던 바로 그 가문입니다. 로마 군 2개 군단으로 하여금 아벤티누스 언덕에 주둔하게 만들었던 가문입니다.[41] 고리대금업 금지와 토지 재분배 법안에 반대했던 가문입니다. 귀족과 평민 사이의 통혼을 방해하고 평민이 쿠룰레 관직에 오르는 길을 봉쇄한 가문입니다. 이 가문은 타르퀴니우스 왕가보다 로마인의 자유에 훨씬 심각한 피해를 입혔습니다. 아피우스 클라우디우스여, 마메르쿠스 아이밀리우스가 독재관을 지낸 때로부터 1백년이 흘러갔고 그 기간 동안에 배출된 감찰관들이 모두 신분이 고귀하고 용감한 사람들이었는데, 그들 중 누구도 12동판 법을 들여다보지 않았다는 말입니까? 리키니우스 법이 평민이 가장 최근에 통과시킨 법이라는 사실을 몰랐다는 말입니까? 물론 그들은 모두 그 사실을

---

40 기원전 451년의 10인회 위원 아피우스 클라우디우스를 가리키는 것인데 3권 33~58장 참조. 이 사람은 현 감찰관의 고조 할아버지가 된다.
41 기원전 449년의 일로서, 참조 3권 50~51장.

알았습니다. 그들은 감찰관을 최초로 뽑은 고대의 법률을 따르지 않고 아이밀리우스 법을 따랐습니다. 후자가 최근에 만들어진 법임을 알았고 두 법률이 갈등할 때 새로운 법이 언제나 오래된 법을 우선한다는 것을 알았습니다.

"오, 아피우스여, 당신은 평민이 아이밀리우스 법의 구속을 받지 않는다고 말하는 겁니까? 아니면 그들은 구속을 받지만 오로지 당신만이 법 위에 있다는 것입니까? 아이밀리우스 법은 저 난폭한 감찰관인 가이우스 푸리우스와 마르쿠스 게가니우스에게도 구속력을 발휘했습니다. 그들은 감찰관 자리가 국가에 얼마나 큰 피해를 입힐 수 있는지 몸소 보여준 사람들입니다. 그들은 감찰관 권한이 축소된 데 대하여 분노를 품고서 그 당시 전시나 평시에 가장 훌륭한 인물이었던 마메르쿠스 아이밀리우스를 로마 사회의 가장 낮은 계급으로 강등시켰습니다. 하지만 그 법은 그 후 1백 년 동안 모든 감찰관에게 구속력이 있었습니다. 그것은 당신의 동료 가이우스 플라우티우스에게도 적용이 되었습니다. 그 또한 당신과 똑같은 조점 아래 선출이 되어 똑같은 권한을 누렸습니다. 아니면 평민이 그에게 전적인 권한을 주지 않고 감찰관으로 뽑았다는 말입니까? 혹은 오로지 당신만이 하나의 독특하고도 유일한 특혜로서 감찰관의 전권을 보장받은 사람이라는 말입니까? 평민은 누구를 희생제의의 왕[42]으로 뽑을 것입니까? 만약 어떤 사람이 제왕의 호칭을 쓰면서 그의 선출은 곧 그가 로마의 왕으로서 전권을 가진 사람으로 선출되었음을 의미한다고 주장하면 말입니다. 그렇다면 다른 사람들은 6개월 짜리 독재관 자리와 닷새 짜리 인테르렉스 자리에 만족할 거라고 보십니까? 그렇다면 여러분은 무모하게도 누구를 독재관에 임명하여 대못을 박게

---

42 참조 2권 2장.

하고 또 게임을 개최하게 할 것입니까? 아피우스에게는 사람들이 얼마나 우둔하고 어리석게 보일 것입니까? 높은 업적을 성취하고서도 스무날 만에 독재관 자리에서 사임하는 사람이나, 선거 절차상 하자가 있다고 하여 즉각 자리에서 물러나는 사람이 말입니다.

"최근 10년 사이의 일입니다만, 독재관 가이우스 마이니우스는 어떤 세력 있는 개인들이 불편함을 느낄 만한 범죄 조사를 진행하다가, 그의 적들로부터 독재관 자신이 현재 조사 중인 범죄에 연루되어 있다는 고발을 받았습니다. 그래서 그에게 쏟아지는 비난을 아무런 특권이 없는 야인 자격으로 해소하기 위하여 독재관 직에서 물러났습니다. 나는 당신에게 그런 정도의 자기 절제를 요구하려는 것이 아닙니다. 당신 가문의 오만하고 위압적인 기준을 당신이 양보할 필요는 없습니다. 정해진 임기보다 하루 혹은 한 시간 먼저 사임하라는 얘기도 아닙니다. 단지 임기를 초과하여 재직하지는 말라는 것입니다. 하루 혹은 한 달을 더 머무르면 충분하겠습니까? 하지만 당신은 이렇게 말하고 있습니다. '아이밀리우스 법이 정한 것보다 3년 반을 더 근무하겠소. 그것도 나 혼자서 감찰관 직을 수행하겠소.' 이런 얘기는 왕이나 할 법한 말이 아닙니까?

"아니면 당신은 동료 감찰관의 자리를 채우려는 생각입니까? 심지어 사망한 감찰관의 자리를 채우는 것도 신성한 법에 의해 금지되어 있습니다. 당신은 감찰관 권위를 남용하여 신이 그 자신을 기념하라며 시작한 제사, 저 오래된 의례 절차를 변경하려고 했습니다. 그 의례를 집전하는 사람은 고귀한 피를 가진 귀족 신분이었는데 그 제관을 노예 신분의 사람으로 대체하려 했습니다. 이 도시의 오래된 역사보다 더 오랜 뿌리를 가진 가문, 대대로 영구불멸의 신들을 모셔와서 거룩하게 된 가문이 당신과 당신의 감찰관 직 때문에 1년 사이에 멸절되어 버렸습니다. 이렇게 하는 것만으로는 충분치 않아서 당신은 국가를 불경한 행위 속으로 몰아넣었고,[43] 그것이 어떤 결과를 가져올지 생각만 해도 온 몸이 떨려옵니다. 로마는 루스트룸lustrum[44] 기간 동안에 갈리아 인들에게 함락된 적이 있습니다. 그때 동료인 가이우스 율리우스가 사망하여 그 빈 자리를 그대로 놔두는 것을 피하기 위하여 루키우스 파피리우스 쿠르소르는 마르쿠스 코르넬리우스 말루기넨시스를 대행으로 임명한 바 있습니다. 그러나 아피우스여, 당신의 야망에 비하면 그의 야망은 얼마나 절제된 것입니까! 그는 감찰관 자리를 혼자서 맡지도 않았고 정해진 임기 이상으로 근무하지도 않았습니다. 그러나 후에 그는 자신의 솔선수범을 따를 만한 사람을 발견하지 못했습니다. 동료 감찰관이 사망하면 모든 남아 있는 감찰관은 사임했습니다. 그러나 그 어떤 것도 당신을 제지하지 못합니다. 감찰관 임기가 종료되었어도, 동료 감찰관이 사임했어도, 관련 법률이 있어도, 적절한 공직자 예의상 물러나야 함에도, 당신은 전혀 물러날 생각을 하지 않았습니다. 당신은 오만함, 대담함, 신들과 인간에 대한 경멸 등을 훌륭한 가치라고 생각하는 것 같습니다.

"아피우스 클라우디우스여, 나는 당신이 맡고 있는 감찰관 직의 위엄과 그 직이 불러일으키는 존경심을 감안하여, 당신을 체포하라고 명령하거나 당신에게 모진 말을 하고 싶지 않았습니다. 그러나 당신의 고집스럽고 오만한 태도 때문에 지금까지 이런 가혹한 말을 해왔습니다. 당신이 아이밀리우스 법에 순종하지 않는다면 나는 당신을 체포하여 감옥에 처넣으라고 명령할 것입니다. 더욱이 우리 조상들은 이런 규정을 확립했습니다. 감찰관 선거에서 두 후보가 합법적인 표를 얻지 못하면 감찰관은 선출되지 않은 것으로 선언해야 하고, 선거는 자연히 연기되

---

43 감찰관 임기를 불법적으로 연장한 죄를 말한다.
44 5년마다 호구조사가 끝난 다음에 지내던 고대 로마의 재계식(齋戒式).

어야 한다고 말입니다. 단독 감찰관으로 선출될 수 없는 당신이 혼자서 그 자리를 차지하는 것을 나는 결코 용납할 수 없습니다.”

이런 말을 하고 또 그와 비슷한 내용의 항의를 했으므로, 호민관 셈프로니우스는 감찰관의 체포와 투옥을 명령했다. 여섯 명의 호민관들은 동료의 조치를 옹호했으나, 나머지 세 호민관들은 그런 조치에 반발하여 항소한 아피우스를 지지했다. 그리하여 귀족과 평민 계급의 분노에도 불구하고 그는 단독 감찰관 업무를 계속 수행할 수 있었다.

35. 로마에서 이런 사건들이 벌어지는 동안, 수트리움은 이미 에트루리아 인의 포위공격을 당하고 있었다. 집정관 파비우스는 동맹국을 지원할 목적 아래 산기슭으로 로마 군을 행군시켜서, 만약 가능하다면 적의 보루를 공격할 생각이었다. 그러다가 집정관은 전투 대형을 갖춘 에트루리아 인들과 조우했다. 산기슭에는 넓은 들판이 있었고 거기에 엄청난 숫자의 적 병력이 집결해 있었다. 그는 병력이 열세인 로마 군에게 지형상의 이점을 부여하기 위하여 행군 방향을 약간 바꾸어 병사들에게 돌이 많은 험준한 언덕 위로 올라가게 했다. 이어 적과 대적하기 위하여 돌아섰다.

에트루리아 군은 병사의 숫자만 믿을 뿐 다른 것은 전혀 생각하지 않은 채 전투에 돌입하지 못해 안달이었다. 그들은 좀 더 빨리 교전하기 위해 투창을 먼저 로마 군 진지 쪽으로 내던지고 칼을 뽑아들며 공격해 왔다. 이와는 대조적으로 로마 군은 먼저 창을 던졌고, 그 다음에는 주변에 많이 있는 돌들을 주워서 던졌다. 그 결과 부상을 당하지 않은 에트루리아 병사들은 대혼란에 빠져들었다. 창과 돌이 그들의 방패와 투구 위로 무수히 쏟아졌기 때문이다. 그들은 지근거리에서 싸울 수 있을 정도로 언덕 위쪽으로 올라가기가 어려웠고, 또 어느 정도 거리를 두고 싸울 때 필요한 창이 이미 떨어진 상태였다. 그래서 그들은 아무런 보호막

없이 공격에 노출되었고 일부 병력이 뒤로 물러나기 시작하자 전선이 불안정하게 요동쳤다. 이어 로마 군의 제1선과 제2선이 큰 함성을 내지르며 칼을 뽑아들고 돌격했다.

에트루리아 군은 이 공격을 견뎌내지 못했다. 그들은 몸을 돌려서 진영 쪽으로 곧장 도망쳤다. 그러나 들판을 사선으로 달려오던 로마 군 기병대가 그들의 도주를 가로막자, 그들은 진영으로 돌아가는 것을 포기하고 산속으로 도망쳤다. 거기서 그들은 떼를 지어 몰려다니면서 사실상 비무장인데다 상처에서 피까지 흘리며 키미니아 숲 속으로 달아났다. 로마 군은 수천 명의 에트루리아 병사를 살육했고, 38개의 깃발을 압수했으며 적의 진영을 점령하여 많은 양의 전리품을 탈취했다. 이어 로마 군은 적군의 잔병 소탕에 나섰다.

36. 이 당시 키미니아 숲은 최근의 게르마니아 숲[45]보다 더 뚫고 들어가기가 어렵고 무서운 곳이었다. 그리하여 아무도, 심지어 무역업자들도 이 숲을 통과해 본 적이 없었다. 따라서 그 숲을 탐사해 보겠다고 마음먹는 대담한 사람이 지금껏 없었는데 로마 군 사령관은 그것을 결심했다. 그 당시 탐사 작업을 자원한 사람들 중에는 집정관의 동생도 있었다. 어떤 역사가는 이 동생의 이름이 마르쿠스 파비우스라고 하고, 또 다른 역사가는 카이소 파비우스라고 했으며, 또 다른 역사가는 그가 집정관의 동복형제인 가이우스 클라우디우스라고 말하기도 했다. 그 남동생은 키미니아 숲을 탐사하여 빠른 시간 내에 숲에 관한 모든 정보를 수집해 오겠다고 말했다. 그 동생은 카이레에 있는 친구들의 집에서 교육을 받았으므로 에트루리아 문학에 대하여 잘 알았고 또 에트루리아 언

---

45 이 최근이라고 하는 부분은 기원전 55년과 53년에 카이사르, 기원전 38년에 아그리파 등이 게르마니아를 상대로 벌인 전투를 언급하는 것이다

어도 소상하게 알고 있었다. 이 당시 로마의 소년들은 에트루리아 문학에 대해서 정통했는데, 이는 오늘날의 로마 소년들이 그리스 문학을 잘 아는 것과 비슷하다.

그가 적진 속으로 그처럼 과감하게 들어가겠다고 자원한 것으로 보아 이 동생에게는 뭔가 특별한 자질이 있었을 것으로 생각된다. 그는 길동무로 딱 한 명의 노예만 데리고 갔는데 그 노예 역시 그와 함께 자라서 에트루리아 어를 알고 있었다. 탐사대는 출발하기 직전에 곧 들어갈 지역의 개략적인 정보와 다양한 부족의 족장 이름 정도만 알아가지고 떠났다. 대화 중에 아주 잘 알려진 세부사항을 제대로 대답하지 못해 신분이 탄로 나는 것을 막기 위해서였다. 그들은 목동으로 변장했고 각자 농촌에서 사용하는 무기인 낫과 두 자루의 창을 휴대했다.

그러나 에트루리아 어를 잘 알고 목동의 복장과 무기를 휴대했다는 사실보다는, 일찍이 그 어떤 이방인도 그 숲에 들어간 적이 없다는 사실이 더 큰 보호막이 되어 주었다. 그들은 움브리아의 카메리눔까지 침투해 들어갔고 거기서 대담하게도 그들의 신분을 밝혔다. 집정관의 동생은 그 지역의 의사당으로 안내되었고 집정관의 이름을 내걸고 동맹과 우호 관계에 대하여 협상을 벌였다. 그는 아주 극진한 대접을 받았고 다음과 같은 메시지를 가지고 로마 군에게 돌아가게 되었다: "로마 군이 그 지역으로 들어오면 30일 분의 식량을 제공할 것이고, 징집 연령대의 움브리아 카메리눔 장정들은 무장을 하고서 로마 군의 명령을 기다릴 것이다."

이런 사실이 집정관에게 보고되자, 그는 제1경(저녁 6시)에 치중차輜重車를 먼저 보냈고, 보병대는 그 뒤를 따라가라고 명령했다. 그는 기병대와 함께 뒤에 처졌다가 그 다음 날 새벽이 되자, 고갯길 밖에 설치된 적의 외곽초소까지 말을 달렸다. 그는 거기서 상당 시간 머물면서 적의 주의력을 집중시킨 다음에 재빨리 로마 군 진영으로 돌아와 후문으로 빠져나가 어둠이 내리기 전에 선발대를 따라잡았다. 그 다음 날 동이 터오자 집정관은 키미니아 산의 고지를 점령했다. 사령관은 그 고지로부터 에트루리아의 비옥한 농경지를 내려다볼 수 있었고 병사들을 풀어 그 땅을 약탈하라고 지시했다. 로마 군이 이미 상당한 약탈품을 챙겼을 때, 그 지역의 족장이 급히 징발한 에트루리아 농민들로 구성된 보병대를 만나게 되었다. 하지만 에트루리아 농민 보병대는 군기가 빠져 있는 데다 전리품을 되찾는데 혈안이 되어 있어서 오히려 그들 자신이 약탈품 신세가 되고 말았다.

로마 군은 그들을 살육하거나 쫓아버렸다. 그들은 상당히 광범위한 농촌 지역을 파괴한 후에, 각종 보급품을 가득 챙겨서 진영으로 돌아왔다. 그런데 진영에는 두 명의 호민관이 포함된 다섯 명의 원로원 사절이 와 있었다. 그들은 키미니아 숲으로 들어가지 말라는 원로원의 지시를 전달했다. 사절은 진영에 늦게 도착하여 키미니아 전투를 말릴 수 없게 된 것을 기쁘게 생각했고, 그 승리의 소식과 함께 로마로 돌아갔다.

37. 집정관이 주도한 이 탐색전은 전쟁을 종식시킨 것이 아니라 그 범위를 더 먼 곳까지 확대시켰다. 왜냐하면 키미니아 산기슭의 넓은 지역이 파괴되었을 뿐만 아니라 그런 초토화 작전이 에트루리아 사람과 근처인 움브리아 사람들의 분노를 샀기 때문이다. 그래서 그들은 수트리움에서 예전보다 더 대규모의 군대를 조직하여 항전하려고 했다. 그들은 진영을 숲 밖으로 이동시켰을 뿐만 아니라, 전투의 열망에 불타서 전투 대형을 갖추고 신속하게 들판으로 내려왔다. 그들은 전투 대형을 갖춘 채 진지에서 대기하면서 로마 군이 전투에 나서기를 기다렸다. 하지만 로마 군이 전투에 나설 기색을 보이지 않자 그들은 보루 앞까지 이동해왔다. 그들은 로마 군의 외곽 초소들마저도 보루 뒤쪽으로 철수한

것을 발견하자, 에트루리아 병사들은 그날치 양식을 진영에서 야전으로 수송해올 것을 지시하라고 지휘관에게 요구했다. 그들은 야전에서 무장한 채 대기하다가 밤이든 혹은 새벽이든 로마 군 진영을 공격하고 싶다고 말했다. 로마 군은 적 못지않게 초조했으나 집정관의 권위가 그런 불안감을 제어했다.

제10시(저녁 6시)가 되었을 때 집정관은 병사들에게 식사를 하라는 지시를 내렸고, 밤이든 낮이든 그 어떤 시간대든 가리지 말고 무장한 채 전투의 신호를 기다리라고 명령했다. 그는 로마 군 병사들에게 간단히 연설하면서, 과거에 로마 군이 삼니움을 상대로 거둔 승리를 크게 말하면서 에트루리아 군대는 아무것도 아니라는 듯이 말했다. 그는 이 두 군대는 사기나 규모에 있어서 비교가 불가능하다고 말했다. 그는, 또 비장의 무기가 있는데 병사들은 그것에 대하여 곧 알게 될 것이라는 말도 했다. 그때까지 그건 비밀로 유지되어야 한다고 지적했다. 집정관은 그런 말로 적 내부에 배신자가 있다는 막연한 암시를 주었다. 이것은 에트루리아 군의 많은 병력 수에 사기가 떨어져 있는 로마 군 병사들의 전투 의욕을 고취시키기 위한 것이었다. 에트루리아 인이 진영을 정한 곳에서 참호 작업을 하지 않는다는 사실은 집정관의 암시를 더욱 그럴 듯한 것으로 만들어 주었다.

식사를 해서 힘이 난 병사들은 긴장을 풀고 수면을 취했다. 그리고 제4경(새벽 3시)쯤에 조용히 잠에서 깨어나 무장을 하기 시작했다. 진영 노역자들에게 곡괭이를 지급하여 보루를 파괴하고 참호를 메우라는 지시가 내려갔다. 보루 뒤쪽에서 전투 대열이 형성되었고 선발된 보병대가 출구에 배치되었다. 여름밤이어서 사람들이 가장 깊이 잠드는 새벽 직전에 전투 신호가 내려졌다. 로마 군 병사들은 전투 대형을 갖추고 파괴된 보루를 넘어가서 넓은 지역에 퍼져 있던 적을 공격했다. 어떤 적병은 꼼짝도 하지 못한 채 죽음을 맞이했고 다른 병사들은 잠자리에 누워 절반 쯤 깬 상태로 칼을 맞았다. 그러다 대다수의 적 병사들은 혼란스러운 상황에서 황급하게 무기를 찾으려하다가 살육되었다. 제대로 무장한 적병은 소수였고, 그 소수마저도 눈에 띄는 군기나 지휘관이 없었기 때문에 곧 로마 군에게 제압되거나, 아니면 달아나면서 로마 군의 추격을 받았다. 그들은 흩어져서 진영이나 숲속으로 도주했다. 숲은 그들에게 좀 더 안전한 은신처였다. 왜냐하면 들판에 있던 적 진영은 그날 함락되었기 때문이다. 금과 은은 집정관에게 가져오라는 지시가 내려갔다. 반면에 그 이외의 약탈품은 병사들 차지가 되었다. 그날 약 6만 명의 적이 살해되거나 포로가 되었다.

일부 권위 있는 역사가들은 이 유명한 전투가 키미니아 숲 반대편, 페루시아 근처에서 벌어졌다고 말한다. 그리하여 로마 시민들은 로마 군이 이 위험한 숲에 의해 단절되어 에트루리아와 움브리아의 연합군에게 제압되는 것이 아닌가 하고 우려했다. 그러나 전투 장소가 어디든 로마 군은 승리를 거두었다. 그리하여 당시 에트루리아의 주요 도시들인 페루시아, 코르토나, 아레티움에서 사절들이 로마 군을 찾아와 평화 조약을 요청했다. 그들에게는 30년간의 휴전이 허락되었다.

38. 에트루리아에서 이런 사건들이 벌어지는 동안, 동료 집정관인 가이우스 마르키우스 루툴루스는 알리파이를 공격하여 삼니움으로부터 빼앗았다. 다른 많은 요새나 마을들도 교전 중에 파괴되었거나 혹은 파괴당하지 않은 채 로마 군의 수중에 떨어졌다.

거의 동시에 원로원이 해안 지역의 지휘권을 맡겼던 푸블리우스 코르넬리우스는 로마 선단船團을 캄파니아로 데려와서 폼페이에 계류시켰다. 거기서 수병들은 누케리아 지역을 약탈하러 나갔다. 배로 안전하게 돌아올 수 있는 가까운 지역을 재빨리 약탈했으나, 늘 그러하듯이 약탈의 재미에 정신이 팔려서 그들은 더 먼 내륙까지 들어갔고, 그리하여 적을 만나게 되었다. 로마 수병들은 들판의 넓은 지역에 퍼져 나가 있을 때에는 적을 만나지 않았으나, 아무런 위험도 예상하지 못하고 돌아오던 중에 배에서 그리 멀리 떨어지지 않은 곳에서 농민들로 구성된 적이 수병들의 약탈품을 빼앗고 일부 수병을 죽이기도 했다. 그 공격에서 살아남은 수병들은 무질서하고 정신없이 당황한 상태로 배로 돌아왔다.

퀸투스 파비우스가 키미니아 숲을 가로질러 행군할 때, 로마 시민들은 아주 우려했었다. 하지만 삼니움 군은 그 소식을 아주 기쁘게 받아들였다. 로마 군이 단절되어 포위 공격을 받는다는 얘기였기 때문이다. 그들은 카우디움 협곡 같은 대참사를 떠올렸다. 로마 군은 예전과 똑같은 고집스러움과 우둔함 때문에 길 없는 숲속을 통과하는 무모한 행군을 벌이게 되었다고 그들은 말했다. 로마 군은 적군의 무기보다는 그 지형의 험준함 때문에 제압될 것이라고 내다보았다. 그들의 기쁨에는 약간의 부러움마저 가미되어 있었다. 운명은 로마 군과 교전하는 영광을 삼니움 사람에게서 빼앗아 에트루리아 사람들에게 건네주었기 때문이다.

그래서 삼니움 사람들은 모든 병력을 집결시켜서 집정관 가이우스 마르키우스를 제압하는 것을 서둘렀다. 만약 마르키우스가 교전을 회피한다면 그들은 마르시 족과 사비니 족의 영토를 통과하여 즉각 에트루리아로 들어갈 것을 결정했다. 그러나 집정관은 교전을 결정했고 양군 사이에 치열한 전투가 벌어졌으나 그 결과는 불확실했다. 어느 쪽이 더 많은 사상자가 났는지 불확실했지만, 로마 군이 운명의 반전(패배)을 겪었다는 소문이 더 널리 퍼졌다. 로마 군은 기사 계급의 병사들을 다수 잃었고, 소수의 천인대장과 한 명의 부 사령관이 전사했고, 더욱 나쁘게도 집정관 자신이 부상을 당했다.

이런 운명의 반전은 보고서에 과장되기가 일쑤인데, 원로원은 그런 과장된 보고를 받고서 크게 놀랐고, 그리하여 독재관을 지명하기로 의결했다. 독재관 자리는 당연히 당대의 최고의 군사 전문가로 평가되는 파피리우스 쿠르소르에게 돌아가야 한다는 데에 이견이 없었다. 하지만 원로원 의원들은 전령이 과연 안전하게 삼니움까지 갈 수 있는지 확신하지 못했다. 삼니움 지역은 어디서나 교전이 벌어졌고 게다가 집정관 마르키우스가 아직 살아 있는지도 알 수 없었다. 동료 집정관 파비우스는 파피리우스에 대하여 개인적 불만을 갖고 있었고, 그래서 원로원은 그런 악감정이 공공에 해를 입히지 않을까 우려했다.

원로원은 전 집정관들로 구성된 사절을 파비우스에게 보내어, 의원들의 개인적 영향력과 원로원의 공식적 권위를 앞세워 파비우스가 조국의 이익을 위하여 과거의 개인적 악감정을 잊어버릴 것을 권유하기로 했다. 사절들은 파비우스를 찾아가 원로원의 의결 사항을 전하고 의원들이 지시한 바에 따라 연설했다. 집정관 파비우스는 시선을 땅바닥에 고정시키고 아무 말 없이 듣기만 하더니 물러갔고, 사절들은 그의 의중을 확실하게 알 수가 없었다. 그리고 한밤중에 파비우스는 관례에 따라 루키우스 파피리우스를 독재관으로 임명했다. 사절들은 고상하게도 개인적 감정을 극복한 그에게 사의를 표시했고, 그는 그의 조치에 대하여 아무런 답변이나 언급을 하지 않고 사절들을 물리쳤다. 그의 위대한 영혼이 엄청난 고뇌를 가까스로 극복했음을 잘 보여주는 장면이었다.

독재관에 지명된 파피리우스는 사마관으로 가이우스 유니우스 부불쿠스를 지명했다. 그러나 독재관이 쿠리아 회에 그의 권위를 확정해 주는 법을 제안했을 때, 불길한 조짐이 나와서 그 절차가 중단되었다. 최초로 보고된 표결은 쿠리아 파우키아의 표결이었다. 이 쿠리아는 이미 갈리아 인에 의한 로마 시 함락과 카우디움 협곡 대참사로 악명이 높았고, 두 사건은 그 쿠리아가 최초로 표결을 내놓았던 해에 벌어진 것이었다. 역사가 리키니우스 마케르는 쿠리아 파우키아가 크레메라 강의 패배 전에도 나쁜 조짐을 보여서 총 세 번의 참사를 예고했다고 지적했다.[46]

39. 그 다음 날 독재관은 다시 조점을 쳐서 그 법을 통과시켰다. 그는 다음 날 키미니아 숲으로 로마 군이 행군한 데 대한 우려 때문에 급히 편성된 로마 군을 이끌고 출병했다. 그는 롱굴라 외곽에 도착하여 집정관 마르키우스로부터 고참병으로 구성된 군대를 인수하여 곧바로 전투에 나섰다. 적도 곧바로 교전할 의사를 내비쳤다. 양군이 무장을 하고 전투 대형을 갖추었을 때 그 어느 쪽도 먼저 움직이려 하지 않았다. 그러자 곧 밤이 되었다. 그 후 양군은 한동안 서로 가까운 곳에 구축한 항구적 진영에 조용히 머물렀다. 양군은 자신의 군사력에 자신감이 있었지만 그렇다고 해서 상대방을 경멸하지도 않았다.

한편 에트루리아에서는 로마 군의 사정이 잘 돌아갔다. 움브리아 군을 상대로 한 전투는 적이 패주하는 바람에 싱겁게 끝났다. 적은 로마 군의 맹렬한 돌격을 견뎌낼 힘이 없었던 것이다. 그리고 바디모 호수 근처에서 에트루리아 사람들은 렉스 사크라타lex sacrata에 의거하여 모병을 실시했는데 한 장정이 다른 장정을 선택할 수 있게 하는 절차로서, 이로 인해 전보다 더 많은 병력을 모집했고 또 사기도 한결 높았다.[47]

---

46 과거 로마 시의 왕정 시절에 쿠리아 회가 평민의 유일한 공식적 기관이었다. 쿠리아는 로마사 1권 13장에 나오는 "도시의 인구를 나누어 설치한 30개 지역구(in curias triginta divideret)"라는 말이 그 기원이다. 그러나 공화국 시대로 들어서면서 그 기능이 대부분 켄투리아 민회로 이관되었다. 하지만 쿠리아 회는 지휘권에 관한 쿠리아 법(lex curiata de imperio)을 통과시킴으로써 아직도 새 행정관의 선출을 비준할 수 있었고 그 외에 다른 의식 절차도 주관했다. 크레메라 강의 패배는 기원전 477년에 파비우스 가문의 사람으로만 구성된 로마 군대가 그 강에서 몰살당한 사건을 말한다. 참조 2권 50장.

47 렉스 사크라타는 7권 41장에 나오며, 이 법을 위반한 사람은 사케르(sacer, 저주 받은 자)가 되는데 지하의 신들에게 바쳐지는 사람이라는 뜻으로 자동 범법자가 되어, 이 사람을 살해한 자는 무죄 처리된다.

양군 사이의 전투는 아주 치열하게 전개되었고 양측은 창을 던질 수 없는 지근거리에서 백병전을 벌였다. 양군은 칼을 뽑아들고 싸웠고 전투가 계속 되는 동안에 죽고 죽이는 살육전이 더욱 심화되었다. 한동안 그 어느 쪽도 유리하다고 할 수 없는 상황이 전개되었다. 로마 군은 전에 자주 패배시켰던 에트루리아 사람을 상대로 하는 것이 아니라 전혀 다른 종족을 상대로 전투를 벌이는 느낌이 들었다. 양군은 도망치려는 기색이 전혀 보이지 않았다. 선봉 부대가 쓰러지면 제2선이 제1선을 교대해 주었고, 그리하여 군기는 언제나 공중에 눈에 띄게 휘날렸다. 이제 마지막으로 예비 부대마저 전선에 투입되었다. 로마 군은 엄청난 고난과 위험의 상태에 접어들었다. 그러자 기병대 병사들이 말에서 내려 전우의 시체를 넘고 넘어 최전선으로 달려갔다.

그것은 피곤한 로마 병사들 사이에서 갑자기 새로운 군대가 나타난 것 같은 효과를 가져왔고 에트루리아 전선을 일대 혼란에 빠트렸다. 그러나 로마 군의 나머지 병사들은 비록 피곤했지만 기병대 병사들의 뒤를 따라 돌격에 나섰고 마침내 적의 전선을 붕괴시켰다. 에트루리아 군의 치열한 저항이 무너지기 시작했고, 일부 중대는 뒤로 물러섰다. 이 중대가 몸을 돌려 달아나기 시작하자 다른 중대들도 앞뒤 살펴보지 않고 도주 대열에 끼어들었다. 그날 처음으로 오랫동안 좋은 운명을 누려온 에트루리아의 군사력이 붕괴되었다. 에트루리아 병사들은 야전에서 무차별 살육되었고, 진영은 점령되어 무자비하게 약탈당했다.

40. 그 직후에 삼니움 지방에서 또다시 전쟁이 발발했는데, 예전의 전쟁 못지않게 위험한 것이었으나 그 결과는 역시 로마 군에게 영광스러운 것이었다. 평소 하던 전쟁 준비에 더하여 삼니움 인들은 그들의 무기에 화려함을 추가하여 전투 대형을 더욱 번쩍거리게 만들었다. 이런 종류로는 두 부대가 있었다. 한 부대는 병사들의 방패에 황금을 상감했

고, 다른 부대는 방패에 순은을 박아 넣었다. 그 방패의 모양은 윗부분이 아주 넓어서 가슴과 어깨를 충분히 보호했고 또 부드러운 테를 가지고 있었다. 반면에 아랫부분은 서서히 가늘어져서 병사들이 다루기가 한결 간편했다. 스펀지로 만든 가슴받이가 병사의 가슴을 보호했고 왼쪽 다리는 각반으로 보호되었다. 높은 신분을 드러내기 위해 투구에는 깃털을 달았다. 황금 부대 병사의 상의는 다채색이었고, 순은 부대 병사의 그것은 눈부신 하얀 리넨이었다. 순은 부대 병사는 은제 칼집과 은제 식대飾帶를 갖고 있었는데 비해 황금 부대는 황금 칼집과 식대를 갖고 있었고 그 말에는 황금을 장식한 안장을 얹었다. 이 두 부대는 오른쪽 날개를 맡았고, 나머지 부대들은 왼쪽 날개에 배치되었다.

로마 군은 이 황금 부대와 순은 부대 얘기를 전해 들었으나, 로마 군 사령관은 이런 훈시를 했다: "병사들은 당연히 거칠게 보여야 하고, 황금이나 순은으로 장식할 것이 아니라 자신의 용기와 칼을 믿어야 한다. 황금과 순은은 무기라기보다 전리품이 되기에 딱 좋으며 전투 개시 전의 반짝거리는 광채는 유혈과 상흔 사이에서는 아주 보기 흉한 것이 되어버린다. 병사의 제일가는 장식품은 그의 용기이다. 모든 것이 전투의 승리에 달려 있다. 병사가 아무리 가난할지라도 그가 승리한다면 부유한 적은 승자의 전리품에 지나지 않는 것이다."

쿠르소르는 이런 말로 병사들을 격려하면서 전장으로 나아갔다. 그는 전선의 오른쪽 날개를 맡았고 왼쪽은 사마관에게 위임했다. 교전이 개시되자마자 치열한 싸움이 벌어졌고, 어느 날개가 먼저 승리를 차지하는가 하는 문제를 두고서 독재관과 사마관 사이의 경쟁도 치열했다. 적을 먼저 흔들어놓은 것은 사마관 유니우스였다. 그가 맡은 왼쪽은 적의 오른쪽이었는데, 적병은 삼니움 방식을 따르면서 눈이 부신 하얀 옷과 번쩍거리는 방패가 전투를 대신 해줄 것이라고 믿고 있었기 때문이다. 유니우스는 적 병사들을 오르쿠스[48]에게 희생제물로 바친다고 선언하면서 유니우스는 앞으로 돌진하여 적의 전선을 무찔러서 뒤로 밀려나게 했다.

독재관은 그 광경을 보자 큰 소리로 외쳤다. "승리가 왼쪽 날개에서 시작되고 독재관이 맡은 오른쪽 날개는 왼쪽을 따라가면서 승리에 들러리 역할만 하겠다는 것인가?" 이 말은 병사들에게 자극을 주었다. 기병대는 보병대 못지않게 용기를 발휘했고 부 사령관들도 사령관 못지않게 적극적이었다. 오른쪽의 마르쿠스 발레리우스와 왼쪽의 푸블리우스 데키우스는 둘 다 집정관 급의 인물인데, 두 날개에 배치된 기병대 쪽으로 말을 몰고 나가서 그들을 따라나서 영광을 함께 차지하자고 소리친 뒤 삼니움 군의 측면을 향해 사선斜線으로 돌격했다. 삼니움 군은 왼쪽과 오른쪽의 두 부분에서 새롭게 공포가 퍼져 나가고, 또 놀란 적을 보고서 새로운 전투 함성을 외치면서 거세게 돌격해 오는 로마 군을 보자, 그만 겁을 집어먹고 달아나기 시작했다. 곧 들판은 죽어 넘어진 시체들의 더미와 반짝거리는 광채를 내는 무기들로 뒤덮였다. 겁먹은 삼니움 군은 처음에 진영으로 달아났으나 그것도 오래 지키지 못했다. 해떨어지기 전에 삼니움의 진영은 점령되어 약탈당했고 이어 불태워졌다.

독재관은 원로원의 선포에 의거하여 개선식을 치렀다(기원전 308년). 그 축하 행사에서 가장 눈에 띄는 것은 탈취한 적 무기의 번쩍거리는 광채였다. 그 겉모습은 너무나 화려했고, 황금으로 상감한 방패들은 나중에 포룸을 장식하는데 쓰일 목적으로 금전 환전상들이 나누어가졌다.[49]

---

48 지하의 신 플루토를 가리키는 것으로서 곧 죽음의 신.
49 로마인 자신이 은화를 주조하기 시작한 것은 그보다 40년 뒤인 기원전 268년의 일이었다. 그러나 이 당시에도 이미 에트루리아와 마그나 그라이키아에서 건너온 은화들이 유통되고 있었다. 금전 환전상(argentarius)은 곡물이나 토지를 가져오면 은화를 내주거나 아니면 은

이것은 신들의 조각상을 태운 마차가 포룸을 지나갈 때 토목건축관리관들이 포룸을 금으로 장식하는 의식의 시작이 되었다.[50]

이렇게 하여 로마인들은 신들에게 명예를 바칠 때 탈취한 적의 화려한 무기를 활용하기 시작했다. 캄파니아 사람들은 자부심이 있는데다 또 삼니움 사람들을 미워했기 때문에 그들의 잔치에서 여흥을 제공하는 검투사들에게 이와 비슷한 화려한 무기를 제공하고 그들에게 삼니움 사람이라는 이름을 붙였다.[51]

같은 해(기원전 308년), 집정관 파비우스는 페루시아 근처에서 에트루리아 패잔병들과 싸워서 별 힘을 들이지 않고 결정적 승리를 거두었다. 페루시아는 휴전 조약을 깨트린 여러 도시들 중 하나였다. 그는 전투에서 승리하자 그 도시의 성벽 바로 앞까지 진군했고, 만약 그 도시에서 사절을 보내어 항복하지 않았더라면 그 도시를 함락시켰을 것이다. 페루시아에 주둔군을 남겨놓고, 그에게 우호 조약을 요청하러 온 에트루리아 사절을 미리 로마의 원로원에 보낸 다음에, 집정관은 로마로 들어와 개선식을 치렀다. 그는 독재관 쿠르소르보다 더 뛰어난 승리를 거두었다. 그러나 삼니움 군을 패배시킨 더 큰 공로는 부 사령관인 푸블리우스 데키우스와 마르쿠스 발레리우스에게 돌아갔다. 두 사람은 다음 번 선거에서 평민의 열렬한 지지를 받으면서 각각 집정관(데키우스)과 법무관(발레리우스)에 선출되었다.

화를 내주고 반대로 사들이던 사람이었다.
50 원형 대경기장의 게임(ludi cirecenses)이 개최될 때, 카피톨리움 신전에 모신 신들의 조각상을 마차에 태우고 원형 대경기장까지 행진을 했는데 이 마차를 가리켜 tensa라고 했다.
51 로마인들은 검투사 놀이의 아이디어를 카푸아에서 수입해온 것으로 보인다. 검투사는 각각 그 출신에 따라 이름을 붙였는데 "삼니움 인"은 네 가지 표준 유형의 검투사 중 하나였다. 이 문장은 로마 군이 삼니움 군을 상대로 한 전투에서 카푸아도 참가했음을 보여주는 문장으로 해석된다.

41. 에트루리아에서 빛나는 승리를 거둔 것을 인정받아서 파비우스의 집정관 임기는 연장이 되었고 동료 집정관으로 데키우스가 들어섰다. 발레리우스는 네 번째로 법무관에 뽑혔다. 두 집정관은 군사 지휘권을 나누어가졌다. 추첨으로 데키우스는 삼니움을 뽑았고, 파비우스는 누케리아 알파테르나로 출병하게 되었다. 파비우스는 그곳 사람들의 평화 호소를 거부했다. 그 사람들은 전에 강화 조건을 제시받았을 때에는 거부했었기 때문에 그는 그 도시를 포위 공격하여 항복시켰던 것이다. 그리하여 로마 군과 삼니움 군 사이에 교전이 벌어졌고 적은 이렇다 할 저항 한 번 해보지 못하고 패배했다. 그 전투는 마르시 인들이 로마를 상대로 한 첫 전투였다는 것을 빼놓으면 이렇다 하게 기록할 만한 게 없었다. 마르시 인들을 따라서 반란을 일으킨 파엘리니 족도 똑같은 운명을 맞았다.

동료 집정관 데키우스 또한 전쟁에서 성공을 거두었다. 타르퀴니 사람들을 겁주어 로마 군에게 식량을 제공하고 만들고 또 40년의 휴전을 요청하게 한 뒤에, 그는 볼시니 족에게 소속된 여러 성채들을 기습 공격하여 함락시켰다. 그는 적이 그곳에 피신하는 것을 사전에 예방하기 위하여 그 성채들 중 일부는 불태워 버렸다. 그는 광범위한 지역에서 전투를 벌였고, 무서운 장군이라는 명성을 얻었다. 그리하여 에트루리아 사람들은 그를 찾아와 강화 조약을 요청했다. 데키우스는 그 요청을 일언지하에 거절했지만 그래도 1년간의 휴전 기간은 허락했다. 그들은 로마 군의 1년치 봉급을 대신 내주고 또 각 병사 당 두 벌의 상의를 제공하기로 되었다. 이것이 휴전을 얻어내려면 지불해야 할 대가였다.

이제 에트루리아에 찾아온 평화는 움브리아 사람들의 갑작스러운 반란에 의해 깨트러졌다. 그들은 로마 군이 그들의 지역을 통과할 때를 제외하고는 전쟁의 피해를 전혀 보지 않은 사람들이었다. 그들은 징집 연령대의 모든 장정을 소환했고 많은 에트루리아 사람들에게 반란을 일으키라고 압력을 넣었다. 이렇게 하여 대규모 군대를 조직한 그들은 자신들의 군사력에 대하여 과장된 언사로 허풍을 떨었고 노골적으로 로마 군을 경멸했다. 그들은 데키우스를 에트루리아에 남겨두고 로마로 곧바로 진격할 것이라고 말했다. 그들의 의도가 집정관 데키우스에게 보고되자 그는 강행군하여 에트루리아에서 로마로 돌아와 푸피니아라는 지방에 진을 치고서 적의 도착을 예의 주시했다.

로마에서도 움브리아 인과의 전쟁을 가볍게 보지 않았다. 그들의 위협은 예전에 로마 시민들이 갈리아 대참사에서 깨달은 소감, 즉 그들이 살고 있는 도시가 얼마나 불안전한가 하는 공포심을 다시 불러일으켰다. 그리하여 사절이 동료 집정관 파비우스에게 황급히 파견되어, 삼니움 전쟁이 다소 잦아들었으면 휘하 병력을 이끌고 황급히 움브리아로 들어갔으면 좋겠다는 원로원의 뜻을 전했다. 파비우스는 그 명령에 복종했고 강행군하여 메바니아로 갔다. 그곳은 움브리아 군이 집결해 있는 곳이었다.

움브리아에서 멀리 떨어진 삼니움에서 전쟁을 벌이고 있는 것으로 생각된 동료 집정관의 군대가 갑자기 나타나자, 움브리아 인들은 크게 놀랐다. 그들 중 일부는 방비가 강화된 도시들로 후퇴할 생각을 했고, 또 다른 일부는 아예 전쟁을 포기하자는 의견을 내놓았다. 오로지 마테리나라고 하는 한 지역만 계속 무장을 유지하면서 재빨리 전투에 나섰다. 그들은 파비우스가 진영의 참호 작업을 하고 있는 동안에 공격해 왔다. 파비우스는 보루 위로 거칠게 공격해 오는 적군을 보는 순간, 병사들에게 작업을 중단하고, 시간과 지형이 허용하는 범위 내에서 전투 대형을 갖추라고 지시했다. 그는 병사들에게 에트루리아와 삼니움에서 거둔 승리들을 열거하면서, 에트루리아 전쟁에 비하면 이것은 사소한 싸움에 지나지 않으니 적군을 단숨에 무찔러버리고 불경하게도 감히 로마 시를 공격하겠다고 나선 저들에게 징벌을 내리자고 말했다.

병사들은 아주 열광하면서 그 연설을 들었고 우렁찬 동의의 함성으로 집정관 파비우스의 말을 여러 번 끊어 놓았다. 그리고 명령이 내려오기도 전에 뿔피리와 나팔 소리가 크게 울려 퍼졌고 병사들은 적을 향하여 곧바로 돌진했다. 로마 군 병사들은 적병이 무장한 남자가 아닌 것처럼 싸웠다. 이렇게 말하기가 좀 이상하지만, 그들은 적 기수들의 손에서 깃발을 빼앗았고 이어 그 기수들을 질질 끌고서 집정관 앞으로 데려갔다. 그리고 움브리아 측의 무장 병사를 로마 군 쪽으로 끌고 왔다. 적의 저항이 있는 곳에서, 로마 병사들은 칼이 아니라 방패를 사용했다. 어깨로 적병을 밀어붙인 다음에, 방패의 톡 튀어 나온 부분으로 그들을 찍어 눌러 제압했다. 살해된 적 병사들보다 포로로 잡힌 자가 더 많았으며, 움브리아 군의 모든 전선에서 무기를 내려놓고 항복하자는 목소리가 합창처럼 터져 나왔다. 이렇게 하여 전투가 아직 계속되고 있는 와중에, 전쟁을 맨 처음 사주한 자들이 항복을 했다. 그 뒤의 여러 날 동안 움브리아 인들은 속속 항복했고, 오크리쿨룸의 사람들은 반란을 일으키지 않는다는 보장을 하고서 우호 조약을 맺게 되었다.

42. 동료 집정관이 맡은 지역에서 이런 승리를 거둔 후에 파비우스는 로마 군을 이끌고 자신의 관할 지역으로 돌아갔다. 원로원은 그의 승전을 높이 평가하면서 그의 군사 지휘권을 다음 해까지 연장했는데, 이것은 평민이 그 전 해에 그의 집정관 임기를 연장한 것과 마찬가지 사례였다. 이해(기원전 307~306년)에 새롭게 선출된 집정관은 아피우스 클라우디우스와 루키우스 볼룸니우스였다. 새 집정관 아피우스는 파비우스의 지휘권 연장을 강력하게 반대했다.

나는 몇몇 연대기에서 아피우스가 감찰관이면서 집정관 자리에 입후보했다는 기사를 읽었다. 하지만 호민관 루키우스 푸리우스는 아피우스가 감찰관 직을 사임하기 전에는 입후보할 수 없다고 말했다는 것도 발견했다. 아피우스가 선거에서 뽑힌 후에 동료 집정관인 볼룸니우스가 살렌티니 사람을 상대로 하는 새로운 전쟁의 지휘권을 맡았다. 아피우스는 군사적 영광을 얻을 기회를 빼앗겼기 때문에 로마에 남아서 통치술을 발휘하여 권력 기반을 강화할 생각을 했다.

볼룸니우스는 그가 맡은 지역에 대하여 불만을 느낄 이유가 없었다. 그는 여러 번의 전투에서 승리를 거두었고 기습 공격으로 적의 여러 도시를 함락시켰다. 그는 약탈품을 손 크게 나누어주었고 자상한 매너로 원래 인기가 높았던 그의 관대함을 더욱 폭넓게 발휘했다. 그리하여 휘하 병사들은 힘든 일과 위험을 두려워하지 않고 적극적으로 맡아서 수행하려고 했다.

집정관 대리 퀸투스 파비우스는 알리파이 근처에서 삼니움 군을 상대로 싸웠고 그 결과는 의심할 바 없는 파비우스의 승리였다. 적은 패배하여 진영으로 달아났고 해가 거의 저물어 어둑하지 않았더라면 그 진영마저도 유지하지 못했을 것이었다. 그렇지만 어둠이 내리기 전에 진영을 포위했고 그리하여 적병은 밤 사이에 도망을 칠 수가 없었다. 그 다음 날 날이 훤하게 밝자 항복이 시작되었다. 삼니움 출신의 적 병사들은 겉옷 하나만 입고 나오라는 명령이 내려갔다. 그들은 모두 이우굼 밑을 허리 굽혀 지나갔다. 삼니움 군의 동맹군에 대해서는 특별한 조치가 없었지만 그 중 7만 명이 노예로 팔려갔다. 헤르니키 출신의 적 병사들은 따로 떼어놓았다가 파비우스에 의해 로마의 원로원에 보내졌다. 그들이 삼니움 군에 강제 징집되었는지 아니면 자원입대했는지 여부를 조사한 다음에 라틴 사람들에게 건네서 엄중 감시하게 했다. 이미 새로 선출되어 있던 두 집정관 푸블리우스 코르넬리우스 아르비나와 퀸투스 마르키우스 트레뮬루스는 이 문제를 다시 원로원에 회부할 것을 요청받았다. 이러한 조치는 헤르니키 사람들을 화나게 했다. 아나니아 사람들은 그들이 〈해변의 원형 경기장〉이라고 부르는 경기장에서 전 부족 회의를 개최했고, 알레트리움, 페렌티눔, 베룰라이를 제외한 모든 헤르니키 부족이 로마인에 대하여 전쟁을 선포했다.

43. 삼니움에서도, 파비우스가 자리를 비우자 새로운 소요 사태가 발생했다. 로마 군이 주둔했던 칼라티아와 소라는 기습 공격을 당해 점령되었고, 그곳을 지키던 로마 병사들은 포로가 되어 야만적인 학대를 당했다. 아나니아 사람들과 대부분의 헤르니키 사람들에 대하여 전쟁이 선포되었으므로 마르키우스가 이 새로운 적들의 진압 작전을 맡게 되었다. 개전 초기에 적은 두 집정관의 진영 사이에 있는 전략적 요충을 모두 장악하여 심지어 가볍게 무장한 로마 군 전령도 그 지역을 통과하지 못했다. 여러 날 동안 두 집정관은 전반적 상황에 대하여 구체적 정보를 얻지 못했고, 동료 집정관이 어떻게 작전을 펴고 있는지 알지 못했다. 그런 불안감은 로마에까지 퍼졌고 위기의식이 크게 고조되어 군복무 연령대의 모든 장정에게 복무 맹세가 내려갔고, 그리하여 갑작스러운 비상사태에 대비하기 위한 2개 정규 군단이 편성되었다.

그러나 헤르니키를 상대로 하는 전쟁은 로마가 그런 경악을 느낄 만한 규모가 되지 못했고, 또 헤르니키 지방 사람들이 과거에 보여주었던 군사적 명성에도 미치지 못하는 것이었다. 그들은 이렇다 할 만한 공격을 해오지도 못했고 세 개의 진영에서 쫓겨난 이후에 로마의 원로원에 사절을 보내어 휴전을 청원하는 것이 허락되었다. 단 로마 군 봉급 두 달치를 대납하고 각 병사에게 상의 한 벌을 제공한다는 조건이었다. 원로원은 헤르니키 협상을 알아서 처리하라는 전결권을 마르키우스에게 내린 후 그 사절들을 돌려보냈다. 그는 헤르니키로부터 무조건 항복을 받았다.

삼니움 작전 구역에서, 동료 집정관은 적보다 군사력이 우월했으나 지리적 불리함을 안고 있었다. 삼니움 사람들은 모든 도로를 봉쇄하고 또 통행 가능한 고갯길을 장악했다. 그리하여 그 어떤 도로를 통해서도 보급품을 수송하는 것이 불가능하게 되었다. 게다가 집정관은 날마다 전투 지시를 내렸지만 적들을 전장으로 이끌어낼 수가 없었다. 삼니움 사람들은 즉각적인 교전을 피하려 했고, 로마 군은 전쟁이 길어지는 것을 허용하지 않으려 했다. 마르키우스가 헤르니키를 정복하는 즉시 동료 집정관을 돕기 위해 삼니움에 도착하면서 적의 지연 작전을 끝장냈다. 적은 그들의 군사력으로 로마 군 1개 군단을 대적하기에도 벅차다는 것을 알았다. 그런데 이제 마르키니우스가 현장에 도착하여 2개 군단으로 병력이 늘어나는 것을 허용하면 아무런 희망도 없게 될 것이므로 그 전에 느슨한 전투 대형으로 접근해 오는 마르키우스 군대를 공격했다. 로마 병사들은 재빨리 군용 짐을 내려놓고서, 시간이 허락하는 한도 내에서 그 짐 주위에 전투태세를 꾸렸다.

로마 군에서 외치는 전투의 함성은 곧 코르넬리우스의 진영에 들려왔다. 그리고 먼 곳에서 피어오르는 먼지 구름이 목격되었고 코르넬리우스의 진영은 흥분하기 시작했다. 그는 병사들에게 무장을 지시하고 재빨리 전투에 나서서, 마르키우스 군대와 싸우는 적의 측면을 비스듬히 공격했다. 코르넬리우스는 휘하 병사들에게, 동료 로마 군이 두 번이나 승리를 거두도록 허용하고 그들 자신은 아무런 군공을 세우지 못한다면 그거야말로 얼굴을 들 수 없는 창피가 될 것이라고 소리쳤다. 그는 공격하는 곳마다 적진을 돌파했고 이어 그들의 진영을 점령하러 갔다. 거기에는 방어 병력이 전혀 없었고, 그래서 코르넬리우스는 그 진영을 불질렀다. 마르키우스의 병사들이 그 불길을 보았고 그들의 적도 고개를 돌려 불길을 쳐다보았다. 그 순간 이후에 삼니움 병사들은 도주하기 시작했고 전 전선에 걸쳐서 다들 달아나기에 바빴다. 하지만 탈주병들은 그 어디에서나 가로막혀 살육을 당했고 안전한 피난처는 없었다.

적 3만 명이 이미 로마 군의 칼날 아래에 스러졌고, 두 집정관은 철수 신호를 울리고서 서로 기뻐하고 축하하는 가운데 각자의 병력을 수습했다. 그때 증원군으로 모병된 삼니움 파견부대가 먼 곳에서 목격되어 학살이 다시 시작되었다. 승리를 거둔 로마 병사들은 집정관의 신호나 명령을 기다릴 사이도 없이 그들에게 달려들면서 삼니움 신병들에게 매운 맛을 보여주어야 한다고 소리쳤다. 두 집정관은 적극적으로 나서는 병사들을 그냥 내버려 두었고, 이미 달아나기에 바쁜 삼니움의 고참 병사들에 비해 보면 신참 병사들은 감히 공격에 나설 생각도 하지 못할 것이라고 짐작했는데, 사태는 그 짐작대로 흘러갔다. 고참이든 신참이든 모든 삼니움 병사들은 가까운 산으로 도망쳤고 로마 군은 그들을 추격하여 산으로 올라갔다. 거기에도 패배한 자들이 숨을 수 있는 곳은 없었다. 그들은 높은 곳에서 아래쪽으로 내달리며 한 목소리로 평화를 구걸했다. 그들은 석 달 치 옥수수, 일 년 치 봉급, 병사 1인당 상의 한 벌을 제공하도록 명령받았다. 삼니움의 사절은 강화 조건을 협상하기 위해 로마 원로원으로 파견되었다.

코르넬리우스는 삼니움에 그대로 머물렀고, 마르키우스는 로마로 돌아가 헤르니키에 대한 승리를 기념하여 개선식을 치렀다. 원로원은 그에게 기사 조각상을 수여하기로 의결했고, 그 조각상은 카스토르 신전 앞에 세워졌다.[52] 알레트리움, 페렌티눔, 베룰라이에 소속된 3개 헤르니

---

52 카스토르와 폴룩스의 신전은 기원전 499년 레굴루스 호수 전투 때 맹세된 것으로 그보다 15년 뒤에 봉헌되었다. 참조 2권 20장과 42장.

키 부족은 그들 고유의 법을 유지하는 것이 허용되었다. 그들이 로마 시민권보다는 자체 법률을 더 선호했기 때문이다. 그들을 서로 통혼하는 것도 허락되었는데, 이런 특혜는 한동안 그들 세 부족만 누릴 수 있는 것이었다. 로마를 상대로 반란을 일으켰던 아나니아 사람들과 기타 부족들은 투표권 없는 로마 시민권이 부여되었다. 그들은 더 이상 국무회의를 개최하거나 통혼하는 것이 허용되지 않았고, 종교적 의례를 집행하는 사람들을 제외하고 행정관을 선출하는 것이 금지되었다.

같은 해(기원전 307~306년), 감찰관 가이우스 유니우스 부불쿠스는, 그가 삼니움 전쟁 당시 집정관 자격으로 맹세했던 〈안전〉의 신전 건립을 위한 공사 계약을 체결했다. 그와 동료 감찰관인 마르쿠스 발레리우스 막시무스는 공적 비용을 투입하여 농촌 지역을 가로지르는 도로를 건설했다. 이해에 카르타고와의 조약이 세 번째로 갱신되었다. 이 조약을 체결하기 위해 로마로 건너온 카르타고의 사절은 정중한 대접에 더하여 선물을 받았다.[53]

44. 이해(기원전 305년)에 푸블리우스 코르넬리우스 스키피오가 독재관에 임명되었는데, 그는 이어서 푸블리우스 데키우스 무스를 사마관으로 지명했다. 독재관은 그 임명 목적을 따라서 집정관 선거를 개최했는데, 기존의 두 집정관은 전쟁 때문에 로마에 있지 않았기 때문이다. 새롭게 선출된 집정관은 루키우스 포스투미우스와 티베리우스 미누키우스였다. 연대기 작가 피소는 퀸투스 파비우스와 푸블리우스 데키우스 바로 뒤에 이 두 집정관이 나왔다고 기록했는데, 이는 코르넬리우스와

---

53 7권 27장에서 로마와 카르타고의 조약이 맺어졌다고 했는데 이것은 두 번째이고, 첫 번째 맺어진 조약은 그리스 역사가 폴리비오스에 의하면 기원전 509년의 일인데 리비우스는 이 최초 조약은 언급하지 않았다.

마르키우스의 집정관 1년, 그리고 그 뒤의 클라우디우스와 볼룸니우스의 집정관 1년, 도합 2년을 생략한 것이다. 그가 연대기를 작성할 때 이 2년을 기억하지 못했는지 아니면 그들이 진짜가 아니라고 생각하여 의도적으로 빼버렸는지는 불확실하다.

그리고 이해에 삼니움 사람들은 캄파니아의 스텔라테 지역을 침공했다. 따라서 두 집정관은 삼니움의 다른 지역에 출병하게 되었다. 집정관 포스투미우스는 티페르눔으로 갔고, 동료 집정관 미누키우스는 보비아눔으로 갔다. 전투는 포스투미우스가 작전을 담당하는 티페르눔에서 먼저 시작되었다. 어떤 사람들은 삼니움이 완패하여 2만 명이 포로로 잡혔다고 하고, 다른 사람들은 양군이 무승부 상태에서 전장을 벗어났는데, 포스투미우스가 일부러 두려운 척하면서 밤중에 몰래 로마 군을 산속으로 이동시켰다고 한다. 적은 거기까지 그를 쫓아와서 3km 정도 떨어진 곳에 진영을 설치하여 참호 작업을 했다. 집정관은 그가 안전하고 보급이 잘 되는 곳에다 진지를 구축한 것처럼 보이고 싶어 했다. 실제로 그곳은 안전하고 또 보급도 원만한 곳이었다. 그래서 그는 보루 작업으로 진영을 강화하고 각종 유익한 장비들을 공급했다. 이어 포스투미우스는 진영에다 강력한 주둔군을 남겨 놓고 경무장한 채 휘하 군단을 이끌고 지름길을 통하여 동료 집정관 미누키우스에게 갔다.

동료 집정관은 다른 적을 상대로 그 맞은편에 진지를 구축해 놓고 있었다. 거기서 미누키우스는 동료 집정관의 격려를 받아가며 적과 교전했고, 그 전투가 아무런 결과 없이 오후 늦게까지 계속되자, 포스투미우스는 휘하 군단을 이끌고 이미 지쳐 있는 삼니움 군에게 예기치 못한 공격을 가했다. 적은 피곤한데다 부상이 심하여 도망갈 생각조차 하지 못했고 완전히 궤멸되었다. 로마 군은 21개의 깃발을 탈취했고 이어 포스투미우스의 산속 진영으로 갔다. 승리를 거둔 두 군단은 이미 소식을 들고서 겁먹고 있는 삼니움 군을 공격하여 제압했고 그들을 도망치게 했다. 26개의 삼니움 군기가 탈취되었고, 삼니움 사령관 스타티우스 젤리우스도 포로로 잡혔다. 또 그 외에 많은 병사들과 두 개의 진영마저 로마 군의 수중에 떨어졌다. 그 다음 날 로마 군은 보비아눔 시를 공격하여 곧 함락시켰고, 두 집정관은 그들의 영광스러운 업적 덕분에 개선식을 치를 수 있었다. 일부 권위 있는 역사가들에 의하면, 집정관 미누키우스는 치명상을 입고 진영으로 후송되었으나 며칠 만에 거기서 죽었다고 한다. 그리하여 마르쿠스 풀비우스가 그를 대신하여 집정관에 임명되었고 그 후 미누키우스의 군대를 인수받았으며, 보비아눔을 함락시킨 장군은 풀비우스라고 한다.

이해(기원전 305년)에 소라, 아르피눔, 케세니아가 삼니움 사람들로부터 수복되었다. 헤라클레스의 거대한 조각상이 제작되어 카피톨리움 언덕에 봉헌되었다.

45. 푸블리우스 술피키우스 사베리오와 푸블리우스 셈프로니우스 소푸스가 집정관이던 시절에, 삼니움 사람들은 로마에 사절을 보내어 평화를 협상하면서 전쟁을 끝내거나 연기하려는 시도를 했다. 그들의 겸허한 요청에 로마는 이런 답변을 했다. 삼니움 사람들이 한쪽으로는 전쟁을 준비하면서 다른 한편으로 그토록 빈번하게 평화를 요청하지 않았더라면, 강화 조약은 상호 논의 아래 체결될 수 있었을 것이다. 그러나 지금껏 말만 무성할 뿐 구체적으로 나온 것은 없기 때문에 로마는 사실에 입각하여 단호한 입장을 취할 수밖에 없다. 집정관 푸블리우스 셈프로니우스가 곧 군대를 이끌고 삼니움으로 내려가서 진상을 파악할 것인데, 삼니움의 의도가 전쟁이든 평화든, 셈프로니우스를 쉽사리 속여넘기지는 못할 것이다. 그는 전반적인 조사를 한 다음 그 결과를 로마 원로원에게 보고할 것이다. 그가 삼니움 지역을 떠나 로마로 돌아올 때에

는 삼니움 사절도 동행해야 한다. 현지에 나간 로마 군은 삼니움 전 지역을 행군했으나 모든 것이 평화롭고 또 현지 사람들이 적극적으로 보급품을 내놓는 것을 발견했다. 그리하여 삼니움은 그해(기원전 304년)에 옛 조약을 다시 회복시켰다.

로마 군은 이제 옛 적수인 아이퀴 족을 향하여 시선을 돌렸다. 그들은 여러 해 동안 믿음이 안 가는 평화를 겉으로 내세우며 잠잠했다. 로마가 군사 행동에 나선 이유는 이러했다. 헤르니키 정복 전쟁이 진행되던 중에, 아이퀴 족은 삼니움에게 계속 도움을 보내어 그들을 지원했다. 헤르니키가 정복된 후에, 아이퀴 족은 그들의 정책을 위장할 생각도 하지 않고 거의 마지막 한 명까지 적에게 가서 붙었다. 로마의 전령 사제단이 그들을 찾아가서 손해 배상을 요구하고 또 로마와 삼니움과의 조약이 맺어졌을 때, 아이퀴 족은 계속하여 이런 답변을 했다. 그것은 전쟁의 위협으로 아이퀴 족을 겁주어 아이퀴 인을 말살시키고 그 대신에 가짜 로마인을 만들려는 수작이다. 그 로마 시민권이라는 것이 얼마나 알량한 것인지는 헤르니키 인의 사례가 잘 보여준다. 선택권이 주어진 사람들은 로마 시민권 대신에 그들의 법률을 선택했고, 선택권이 없는 자들만이 하나의 징벌로 로마 시민권을 강요당했다. 아이퀴 민회에서 이런 의견이 노골적으로 표명되었으므로, 로마는 그들에게 선전 포고를 했다. 두 집정관은 새로운 전쟁에 나섰고 적의 진영으로부터 6km 떨어진 자리에 진지를 구축했다.

아이퀴 족은 여러 해 동안 그들 자신을 위해서 직접 전쟁을 해본 적이 없었다. 그들의 군대는 비상소집 부대 같았고 결단력 있는 지도자나 최고 명령권자도 없었으며 혼란 상태에 빠져 있었다. 어떤 자들은 어서 행군하여 전투를 벌이자고 주장했고, 어떤 자들은 진영을 잘 방어하자고 말했다. 그들은 아이퀴의 농촌 지역이 파괴당하고, 이어 경무장한 주둔

군만 남겨놓은 도시들이 함락될 것을 우려했다. 그런 식으로 의견이 분분한 가운데 이런 제안도 나왔다. 공공의 복지를 무시해 버리고 개인의 이익만 우선 챙기자는 것이었다. 제1경이 되었을 때 진영을 일제히 떠나 여러 방향으로 퇴각하되 각자의 재산을 도시 안으로 가져가서 그곳의 성벽 뒤에서 안전히 그들 자신을 방어하자는 얘기였다. 그 주장은 커다란 승인의 함성과 함께 만장일치로 받아들여졌다.

아이퀴 족은 밤중에 농촌 지역으로 흩어졌다. 그래서 새벽이 되어 로마 군이 전투 대형을 갖추었을 때 그들은 거기에 없었다. 로마 군은 적군이 교전하러 나오지 않자, 적의 진영으로 재빨리 이동했다. 적 진영의 출입구에는 초병도 없었고 또 보루 위에도 파수병이 없었다. 진영에서 평소에 나는 소리가 전혀 들리지 않았다. 로마 군은 그 부자연스러운 정적에 심란해하면서 걸음을 멈추었고 매복 작전을 우려했다. 이어 보루 위에 올라간 로마 군은 적군이 밤새 사라진 것을 발견했다. 그래서 적이 남긴 흔적을 따라 뒤쫓으려 했다. 하지만 적이 뿔뿔이 흩어져서 도망칠 때 그러하듯이 그 흔적은 온 사방으로 나 있었고, 그래서 로마 군은 적잖이 당황했다.

그러나 나중에 척후병을 통하여 아이퀴 족의 의도를 알게 된 로마 군은 공격 작전을 계속 펼치면서 도시들을 하나씩 함락시켜서 50일만에 31개 도시를 점령했는데 모두 직접 공격한 것이었다. 대부분의 도시들은 파괴된 후 불질러졌고 아이퀴의 이름은 완벽하게 지워졌다. 아이퀴 족에게 거둔 승리를 기념하여 개선식이 거행되었고 그들의 파괴 사례는 전반적인 경고가 되었다. 그리하여 마루키니, 마르시, 파엘리니, 프렌타니 등은 로마에 사절을 보내와 평화와 우호를 호소했다. 이 부족들에게는 그들의 요청에 따라 조약이 수여되었다.

46. 같은 해(기원전 304년), 정부 관리이며 그나이우스의 아들인 그나

이우스 플라비우스가 쿠룰레 토목건축관리관이 되었다. 그는 아버지가 해방 자유민인 비천한 환경에서 태어났으나 유능한 남자였고 또 뛰어난 연설가였다. 나는 몇몇 연대기에서 이런 기사를 발견했다. 그는 토목건축관리관을 수행하고 다녔는데, 부족들이 그를 토목건축관리관으로 밀고 있다는 것을 알았다. 그렇지만 그가 서기로 근무하고 있기 때문에 후보로 나설 수가 없는 것이었다. 그러자 그는 서판을 내던지고 다시는 서기로 근무하지 않겠다고 맹세했다.[54]

역사가 리키니우스 마케르는 그가 이미 호민관이고 또 한 번은 야간 경계 담당의 위원, 다른 한번은 식민지 건설 담당 위원 등 두 번이나 공익 위원으로 근무했기 때문에 그보다 전에 서기 직에서 사임했다고 말한다. 아무튼 자신의 비천한 출생 때문에 그를 업신여기는 귀족들을 상대로 그가 끈질긴 투쟁을 벌여서 그 자리에 올라갔다는 것은 의문의 여지가 없다. 그는 대제관의 비밀 문서보관서에 감추어진 민법의 조문들을 발간했고, 또 달력을 포룸 주위의 하얀 게시판에 게시하여 사람들이 소송을 걸 수 있는 날짜를 미리 알게 해주었다. 그는 불카누스 신(불과 대장간의 신)의 경내에다 〈화합〉의 신전을 봉헌하여 귀족들을 분개하게 만들었다. 수석 대제관인 코르넬리우스 바르바투스는 평민의 압도적인 소원에 떠밀려서 그나이우스에게 봉헌의 기도문을 외워줄 수밖에 없었다. 바르바투스는 조상들의 관습에 의하여 오로지 집정관이나 군대를 이끄는 사령관만이 신전을 봉헌할 수 있다고 주장하다가 양보한 것이었다.

이 일의 결과로, 원로원의 제안을 따라서, 평민은 다음과 같은 법을

---

54 부족들이 플라비우스를 지지하며 투표를 하려고 하자 선거를 주관하던 토목건축관리관이 그의 후보직을 거부했는데 그 이유는 그가 국가의 녹을 받아먹는 서기였기 때문이다. 그러자 플라비우스는 그 자리에서 사직을 선언하고 그 선거에서 서기 노릇을 하지 않겠다고 선언한 것이다.

통과시켰다. 원로원이나 과반수 호민관의 승인이 없으면 그 누구도 신전이나 제단을 봉헌하지 못한다.[55] 그러나 플라비우스가 토목건축관리관에 선출된 것은 아피우스 클라우디우스의 감찰관 직 덕분에 세력을 얻은 시장市場 세력으로 구성된 파당이 지원한 덕분이었다. 클라우디우스는 원로원 의원의 명부를 작성할 때 해방 자유민의 아들들도 의원으로 발탁한 최초의 인물이었다. 하지만 아무도 그의 선택을 받아들이지 않자 그는 원로원에서 추구하려 했던 정치적 영향력을 얻지 못했다. 그러자 그는 부족들의 투표권을 직공이나 장인 등 낮은 계급의 사람들에게까지 확대하여 포룸과 캄푸스에 나쁜 영향을 미쳤다.[56]

플라비우스가 선출되자 귀족들은 크게 분개했고 대부분의 귀족들은 황금 반지와 군사 훈장을 내던지며 항의했다. 그때부터 시민들은 두 당으로 나뉘었다. 한 당은 성실한 시민들 위주로 정의로운 원칙을 지지하고 옹호하는 당이고, 다른 한 당은 시장 세력들로 구성된 당이었다. 그러다가 퀸투스 파비우스와 푸블리우스 데키우스가 감찰관으로 당선되었을 때, 파비우스는 귀족-평민 두 계급의 조화를 위하여 또 선거가 저급한 사람들에 의해 좌지우지되는 것을 막기 위하여, 시장 세력을 구성하는 군중을 모두 다른 곳으로 이주시켜 네 개의 부족으로 조직했다. 그

---

55 나는 그 자체로는 언급할 만한 가치가 없으나 평민이 귀족의 오만함에 대하여 자유를 주장한 증거가 되기 때문에 이 사건을 소개한다. 플라비우스가 어느 날 병든 동료를 문병 왔다. 환자의 침대 주위에 앉아 있던 젊은 귀족들은 그가 방안에 들어왔는데도 일어서지 않았다. 그러자 플라비우스는 쿠룰레 의자를 방안으로 가져오게 하여 그 공식 의자에 앉아서 적들을 내려다보았다. 젊은 귀족들은 당황하면서도 내심 분개했다.

56 켄투리아 민회는 캄푸스 마르티우스에서 열렸고 트리부스 민회는 포룸에서 열렸다. 켄투리아 민회의 선거권은 이제 자영농이 아닌 직공이나 장인에게까지 확대되었는데, 이것은 트리부스 민회 역시 이런 사람들에게까지 선거권이 확대되었음을 뜻한다. 이러한 개혁은 선거권을 더 많은 계급의 시민들에게 확대한 것이었는데 그들 중 상당수가 재산이 있는 사람들이었다.

는 이 부족에게 도시의 부족(tribus urbanus)이라는 명칭을 부여했다. 이러한 조치를 당사자들은 아주 고맙게 받아들였고 그래서 이 부족들을 조직한 공로를 인정받아 그에게는 막시무스(maximus — 위대한)라는 별명이 붙었다. 이 별명은 일찍이 그가 야전에서 거둔 많은 승리들도 가져다주지 못한 것이었다. 매해 7월 15일에 기사들의 연례 퍼레이드 행사를 조직한 것도 파비우스였다고 언급된다.

제 10 권

에트루리아 및 삼니움과의 전쟁

1. 루키우스 게누키우스와 세르비우스 코르넬리우스가 집정관이던 시절에, 외국과의 전쟁이 거의 없어서 한숨을 돌릴 수 있었다. 소라와 알바에는 식민 정착촌이 건설되었다. 아이퀴 영토에 있는 알바에는 6천 명의 정착자들이 등록했고, 볼스키 영토였으나 삼니움 족이 점령했던 소라에는 4천 명의 정착자가 파견되었다. 이해(기원전 303~302년)에 아르피눔과 트레불라에 로마 시민권이 부여되었다. 프루시노는 그 주민들이 헤르니키를 선동했기 때문에 그 토지의 3분의 1을 박탈당했다. 원로원의 권유로 집정관은 프루시노에 대하여 엄밀한 조사를 수행했고, 그 결과 음모의 주모자들은 매질을 당한 후에 단두형을 당했다.

마치 전쟁 없이 지나가면 안 되기라도 하듯이, 이해에 움브리아로 소규모 원정 부대가 파견되었다. 그 지역의 어떤 동굴에서 나온 비적들이 농지를 마구 파괴한다는 소문이 접수되었던 것이다. 로마 군 병사들은 깃발을 날리며 동굴 안으로 들어갔다가 그곳에서 많은 부상을 당했다. 주로 동굴 안에서 날아온 돌덩이 때문에 입은 상처였다. 병사들은 동굴의 다른 쪽 입구를 발견했고(동굴에는 관통하는 길이 있었다), 동굴의 양쪽 입구에다 나무를 가득 쌓아올린 다음에 불을 질렀다. 이런 식으로 해서 동굴 안에 있던 2천 명 정도의 비적이 연기와 열기 때문에 죽었다. 그들은 동굴에서 탈출하려고 하다가 거센 불길 속으로 달려들어 목숨을 잃었던 것이다.

마르쿠스 리비우스 덴테르와 마르쿠스 아이밀리우스의 집정관 시절에 아이퀴 족과의 전쟁이 새롭게 시작되었다. 아이퀴 사람들은 그들 영토의 한가운데에 요새처럼 자리 잡고 있는 로마 정착촌을 못마땅하게 생각하여 그 마을에 난폭한 공격을 가하려 했으나 식민 정착자들의 거센 저항에 격퇴되었다. 그러나 이 사태는 로마에 큰 경각심을 불러일으켰다. 운명이 처참하게 영락한 아이퀴 족이 아무런 외부의 도움도 없이 반란을 일으키다니 참으로 믿기 어려운 일이었기 때문이다. 로마 정부는 그 반란을 진압하기 위하여 가이우스 유니우스 부불쿠스를 독재관으로 임명했고 독재관은 다시 마르쿠스 티티니우스를 사마관으로 지명했다. 독재관은 출병하여 아이퀴 족을 첫 번째 교전으로 굴복시켰고 일주일 뒤에 로마로 돌아와 개선식을 치렀다. 그는 독재관 자격으로 그가 집정관 시절에 맹세한 〈안전〉의 신전을 봉헌했고, 그것을 위하여 감찰관 자격으로 신전 건설 계약을 발주했다.

2. 같은 해(기원전 302년)에 스파르타 사람 클레오니모스가 지휘하는 그리스 함대가 이탈리아 해변까지 건너와서 살렌티니 족의 영토인 투리아이 시를 점령했다. 이 그리스인들과 대적하기 위하여 집정관 아이밀리우스가 파견되어 단 한 번의 전투로 그들을 격파하여 그들의 배들을 패주시켰다. 투리아이 시는 옛 주민들에게 다시 돌려주었고 살렌티니 지역은 평화가 회복되었다(일부 기록들에서 나는 현지에 파견된 것은 독재관 유니우스 부불쿠스이고, 클레오니모스는 로마인과 교전하기 전에 이탈리아를 떠났다는 기사를 읽었다).

클레오니모스는 브룬디시움 곶을 돌아서 바람에 밀려 아드리아 만으로 들어섰는데, 왼쪽으로는 항구 없는 이탈리아 해변의 위험에 노출되었고 오른쪽으로는 해적질로 악명 높은 야만 부족들인 일리리안, 리부르니안, 이스트리안 등의 공격을 경계해야 되었다. 그는 계속 항해하여 베네티 족의 해안에 도착했다. 그는 몇 사람의 수병을 해안가로 보내어 그 지역을 정찰하여 이런 사실을 알아냈다. 그들 앞에는 좁은 해변이 있고 그 뒤에는 파도가 밀려드는 석호가 있다. 그 석호에서 얼마 떨어지지 않은 곳에 평평한 땅이 보이고 그보다 좀 더 먼 곳에는 언덕들이 솟아 있는 것이 보인다. 또 수심이 깊은 메디아쿠스 강의 하구가 보이는데 그곳은 배들을 안전하게 계류시킬 수 있는 곳이다.

클레오니모스는 그런 보고를 받고서 배를 내륙 쪽으로 항행시켜 강상류 쪽으로 올라가라는 지시를 내렸다. 그러나 위로 올라갈수록 강바닥이 얕아서 무거운 배들을 통행이 어려웠으므로, 다수의 병사들이 가벼운 배로 옮겨 타고서 계속 상류 쪽으로 올라가니 사람들이 살고 있는 들판에 도달했다. 그곳 강둑에 파타비니 족이 건설한 해안 정착촌이 셋 있었다. 그들은 거기에서 상륙하여 배에다 약간의 초병만을 남겨놓고, 그 세 마을을 약탈하고 가옥을 불 지르고, 사람과 소 떼를 납치했다. 그들은 달콤한 노략질에 매혹되어 강둑에다 계류해 놓은 배로부터 점점 멀리 떨어져 내륙으로 들어갔다.

이 소식이 파타비니 족에게 들어갔다. 그들은 갈리아 인들과 가까운 지역에 살기 때문에 늘 무장을 하고 있는 상태였는데, 즉각 전투 부대를 둘로 나누었다. 한 부대는 광범위한 약탈이 벌어지고 있다는 소문이 들어온 지역으로 파견되었고, 다른 부대는 침략자들을 만나지 않기 위해 다른 길을 취하여 배들이 계류되어 있는 지점으로 갔다. 그곳은 도시에서 약 22km 정도 떨어진 곳이었다. 근처 육지에서 배들을 지키고 있던 적병은 아무런 경계도 하지 않고 있다가 그 자리에서 살해되었고, 현지

인들이 배를 공격하자, 겁먹은 수병들은 재빨리 배를 돌려 강의 반대편 둑에다 붙일 수밖에 없었다.

지상에서 노략질하는 침략자들을 상대로 하는 전투도 성공리에 전개되었다. 사태가 불리하여 상륙 장소로 되돌아가려 하던 그리스인들은 베네티 인들이 귀로를 차단했음을 발견했다. 이런 식으로 그들은 양쪽에서 차단당하여 살해되었다. 포로로 잡힌 그리스인들은 주함主艦과 클레오니모스 왕이 5km 떨어진 곳에 있다고 실토했다. 이 포로들은 인근 마을 사람들에게 맡겨졌고, 베네티 족의 무장 부대는 왕을 토벌하러 나섰다. 일부는 석호의 얕은 수심에도 잘 통행할 수 있는, 평평한 바닥을 가진 하천용 배에 올랐고, 다른 일부는 적에게서 빼앗은 배를 타고 갔다. 현지인들은 강둑에 계류된 적선들에게 접근하여 불안해하는 배들을 포위했다. 적은 현지인 적들보다는 미지의 수로를 더 두려워했고, 저항할 생각은 조금도 하지 못하고 곧바로 깊은 바다로 도망쳤다.

베네티 족은 하구까지 그들을 추격했으나, 대혼란 속에서 좌초한 배들을 잡아서 불태운 후에 의기양양하게 돌아왔다. 클레오니모스는 무사히 건진 배가 원래 데리고 왔던 배들의 5분의 1도 채 되지 않았고 아드리아 해안에서 아무런 성과도 올리지 못한 채 그리스로 돌아갔다. 베네티 현지인들은 탈취한 배들의 선수船首와 라코니아 전리품들을 오래된 유노 신전의 벽에다 못 박아 걸어두었다. 오늘날 파타비움[1]에 살고 있는 주민들로, 이 전리품을 본 사람들이 많다. 이 해전을 기념하여 그 전투가 벌어진 날이 돌아오면 이 도시의 한가운데에서는 해마다 모의 해전이 벌어진다.

3. 이해(기원전 302년)에, 베스티니 사람들의 우호 조약 요청에 따라서

---

1 현대의 파두아로, 리비우스의 고향 마을.

로마는 그들과 조약을 맺었다. 이어 여러 군데에서 경보 신호가 울려왔다. 아레티움에서 소요 사태가 발생하여 에트루리아가 반란을 일으켰다는 보고가 들어왔다. 아레티움에서는 킬니우스 가문이 아주 막강한데 이 가문의 부를 질시하여 사람들이 그 가문을 도시에서 몰아내려 한다는 것이었다. 동시에 마르시 족이 카르세올리의 식민촌 건설에 대항하여 그들의 영토를 무력으로 방어하겠다고 나섰다. 로마는 당초 이 식민촌의 정착을 위하여 4천명의 로마인을 등록시킨 바 있었다. 이런 반란들을 진압하기 위하여 마르쿠스 발레리우스 막시무스가 독재관으로 임명되었고, 이어 독재관은 마르쿠스 아이밀리우스 파울루스를 사마관으로 지명했다. 나는 이런 인선이 더 믿을 만하다고 생각한다. 퀸투스 파비우스는 나이도 그렇고 다양한 경력도 그렇고 도무지 독재관의 하급자로 나설 상황이 아니었으리라 본다. 이런 오류가 발생한 것은 막시무스라는 성 때문이 아니었을까 하고 추측해 본다.

독재관은 로마 군을 이끌고 출병하여 단 한 번의 전투로 마르시 족을 패배시켰다. 그는 이어 그들을 성벽이 둘러쳐진 도시들로 몰아넣었고, 밀리오니아, 플레스티나, 프레실리아 등을 단 며칠 사이에 함락시키고, 마르시의 영토를 일부분 몰수함으로써 그들에게 징벌을 가하고, 이어 그들과 새로운 조약을 맺었다. 그 다음 군사 작전은 에트루리아 인을 상대로 하는 것이었다. 독재관은 다시 조점을 치기 위하여 일시 로마로 귀국했다. 그의 부재중에 사마관이 약탈전에 나섰다가 매복 작전에 걸려들었다. 그는 여러 개의 군기를 잃었고 병사들은 치욕스럽게 도주하다가 부상을 입었으며 그 자신은 적에게 밀려서 진영으로 퇴각했다. 이런 끔찍한 일은 도저히 퀸투스 파비우스에게는 일어났을 법하지 않다. 그의 군사적 명성으로 보아 그런 패퇴를 당했을 것 같지도 않고 또 과거 파피리우스의 가혹한 처사를 잊지 않고 있을 텐데 독재관의 사전 명령 없

이 그런 작전에 나설 것 같지도 않기 때문이다.[2]

4. 이 참사 소식은 로마에 전해졌고 로마는 그 상황에 대하여 필요 이상의 경각심을 가졌다. 그리하여 법률 사무의 중단이 명령되었고 성문에는 초병이 설치되었으며 거리에는 야간 경비가 돌았고, 성벽에는 무기와 투창을 쌓아 놓았다. 군복무 연령대의 모든 장정이 소환되어 복무 맹세를 했고, 독재관이 군대를 이끌고 현지로 급파되었다. 그곳에서 독재관은 모든 것이 기대 이상으로 조용하고 또 사마관이 상황을 훌륭하게 장악하고 있는 것을 발견했다.

진영은 좀 더 안전한 곳으로 옮겼고, 군기를 잃어버린 보병대에 대해서는 징벌의 일종으로 보루 밖에 한참 동안 서 있으라는 지시가 내려갔다. 로마 군 병사들은 최근의 치욕을 설욕하고 싶어서 어서 빨리 전투를 하자고 안달이었다. 그리하여 독재관은 진영을 루셀라이 지역으로 전진시켰다. 적은 그곳까지 따라왔다. 최근의 승리 덕분에 적군은 들판 전투에서도 그들이 우세할 것이라는 기대가 높았다.

하지만 적군은 전에 매복전에서 승리를 거두었기 때문에 이번에도 매복전을 시도했다. 로마 군 진영에서 별로 떨어지지 않은 곳에, 농촌 지역이 초토화될 때 불타버린 절반쯤 폐허가 된 마을 건물들이 있었다. 적군은 그곳에다 병사들을 숨겨놓고 로마 군 외곽 초소에서 환히 볼 수 있는 데까지 소 떼를 몰고 왔다. 그 초소는 부 사령관 그나이우스 풀비우스가 지휘하고 있었다. 로마 군이 그 미끼에 걸려들지 않고 또 미동도 하지 않자, 한 목부가 로마 군 토벽 바로 앞까지 다가와서 나머지 목부들을 불렀다. 그들은 마을의 폐허로부터 다소 힘들게 소 떼를 몰고 왔다.

---

2   파피리우스와 파비우스의 스토리는 로마사 6-10권의 중심적 사건 중 하나인데 8권 30장에서 35장까지 다루어져 있다.

그들은 로마 군 진영을 안전하게 통과할 수 있는데 왜 지금껏 힘든 길로 다녔냐고 의아해했다. 카이레 출신의 병사들이 목부들의 말을 부 사령관에게 통역해주자, 보병대 사이에서는 로마 군을 저처럼 우습게 보는 것을 그냥 놔둘 것이냐며 분노의 고함이 터져 나왔다.

부 사령관은 그 지방 말을 아는 병사들에게 저들의 말을 잘 들어보고 저들이 과연 농촌 출신인지 아니면 도시 출신인지 판단해 보라고 지시했다. 병사들은 저들이 말투, 복장, 전반적 외양이 너무 세련되어서 농부 같지 않다고 보고했다. 부 사령관이 말했다. "그렇다면 가서 저 자들을 잡아서, 적군이 쓸데없이 매복하고 있는 곳을 말하라고 다그쳐라. 로마인은 모든 것을 알고 있고, 전투에서 패배하지 않는 것처럼 술수에도 넘어가지 않는다는 것을 보여줘라."

이 메시지가 매복 중인 적병들에게 전해지자 그들은 숨은 곳에서 즉각 일어서서 즉각 온 사방으로 탁 트인 들판으로 나와 정규전을 벌이려 했다. 부 사령관은 적군의 병력 수가 너무 많아서 그의 파견대만으로는 감당이 안 된다고 판단했다. 그는 황급히 독재관에게 전령을 보내 도움을 요청했다. 그동안 부 사령관은 파견대의 힘만으로 적을 막아보려 했다.

5. 그 소식을 접수하자 독재관은 군기를 든 기수에게 앞장서라고 지시했고 병사들에게 무장을 하고서 기수들을 따라가라고 명령했다. 명령이 내려지기가 무섭게 모든 것이 갖추어졌다. 병사들은 곧장 군기를 앞세우고 무장을 했으며 전속력으로 달려 나가 적군과 대적하고 싶어했다. 그들은 최근에 당한 운명의 반전 때문에 크게 화를 냈고, 그런 분노가 그들에게 강한 자극이 되었다. 전투 대형을 갖추면서 진중에서 일어나는 고함 소리가 그들의 귀를 자극했고 그것은 분노보다 더욱 강한 격려가 되었다. 병사들은 서로 격려하며 군기병에게 더 빨리 달려가라고 재촉했다. 병사들이 그처럼 서두를수록 독재관은 더욱더 그들을 진

정시키고 싶어 했고 그래서 천천히 전진하라고 명령했다. 반면에 전투 태세를 갖춘 에트루리아 군은 개전 초기에 모든 병력을 야전에 투입해 놓은 상태였다. 로마 군의 전령이 황급히 독재관에게 달려와 에트루리 아 군대가 모두 야전에 나섰기 때문에 파견부대의 병력만으로는 도저 히 감당이 되지 않는다고 보고했다. 독재관은 높은 곳에 자리 잡은 지휘 소에서 로마 군 파견부대가 위험에 처해 있다는 것을 분명하게 파악할 수 있었다.

그러나 그는 부 사령관이 지금도 충분히 전투를 계속 이어갈 힘이 남 아 있다고 자신했다. 게다가 독재관 자신이 가까운 곳까지 와 있어서 위 기 상황이 되면 재빨리 구원에 나설 수 있으므로, 현재로서는 에트루리 아 군을 가능한 한 지치게 만들어서, 그들이 완전히 피곤해진 틈을 타서 로마 군의 새로운 병력을 투입하여 제압할 계획을 세웠다. 로마 군이 천 천히 전진하고 있었지만 보병들 사이에는 기병들이 지나갈 만한 틈새 가 없었다. 군단의 깃발들이 맨 앞에서 전진하고 있었기 때문에 적은 매 복전이나 기습전은 두려워할 필요가 없었다. 그러자 독재관 발레리우 스는 보병대 사이에 넓은 공간을 마련하여 말들이 지나갈 수 있게 했다. 로마 군은 일제히 함성을 내질렀고 그 순간 로마 기병대가 보병대 사이 의 공간을 뚫고서 최대한의 속도로 앞으로 달려 나가 적을 공격했다.

적은 기병대 공격을 예상하지 못했으므로 곧바로 겁을 집어먹으면서 제압당했다. 중과부적으로 적에게 거의 포위되었던 로마 군 파견부대 에게 다소 지원이 늦게 이루어지기는 했지만, 그래도 숨을 돌릴 수 있는 여유를 얻었다. 새로 투입된 부대가 전투를 주도했고 전투는 그리 오래 가지 않았고 누가 승자인지도 분명해졌다. 적은 무질서하게 진영으로 후퇴했고 로마의 기병들이 그들을 쫓아가자 진영의 가장 먼 쪽으로 달 아나기에 바빴다. 도주병들이 일시에 몰려들자 출입문의 비좁은 출구는 적체가 되었고 다수의 적병들은 누벽과 목책 위에 올라서서 그곳이면 안전할지 혹은 다른 곳으로 도망쳐야 할지 난감해하며 두리번거리고 있었다. 어느 한 곳에서는 보루가 그 위에 서 있는 적병들의 무게를 지탱하지 못하여 참호 속으로 붕괴되고 말았다. 이렇게 하여 그들은 진영 밖으로 탈출할 수 있었는데 신神들이 그들에게 도주로를 열어주었다고 소리쳤다. 그러나 많은 병사들이 무기를 내팽개치고 달아났고 무기를 휴대한 채 달아난 병사들은 얼마 되지 않았다.

이 전투에서 에트루리아의 군사력은 두 번째로 패배를 맛보았다. 그들은 로마 군 병사의 1년치 봉급과 두 달 치 옥수수를 대납하기로 동의했고, 그러자 독재관은 그들이 로마로 사절을 보내어 평화의 조건을 협상하는 것을 허락했다. 그러나 그들에게 강화 조약은 주어지지 않았고 그 대신에 2년간의 휴전이 허락되었다(나는 일부 권위 있는 역사서들에서 이런 기사를 발견했다. 독재관은 이렇다 할 전투를 치르지 않고, 아레티움의 소요 사태를 진정시키고 킬니우스 가문과 평민을 화해시킴으로써 에트루리아에 평화를 수립했다). 마르쿠스 발레리우스는 독재관 직을 사임한 후에는 집정관에 선출되었다. 일부 기록들은 그가 관직을 추구하지 않았고 선거 현장에 있지도 않았는데 뽑혔다고 말한다. 선거는 인테르렉스에 의해 개최되었다는 것이다. 그러나 한 가지 사항은 의문의 여지가 없다. 그것은 그가 집정관 직에 올랐을 때 동료 집정관은 퀸투스 아풀키우스 판사라는 사실이다.

6. 그들이 집정관이던 시절(기원전 300년)에 외국의 일들은 아주 평화로웠다. 에트루리아 인들은 패전과 휴전으로 인해 잠잠해졌고, 삼니움 사람들은 여러 해에 걸친 운명의 반전에 완전히 굴복했고 로마와 맺은 조약이 갱신된 데 대하여 불만이 없었다. 로마에서도 다수의 평민들을 식민 정착자로 내보냈으므로 평민들도 조용히 지내고 있었다. 그러나 그런 보편적 평화를 시기猜忌라도 하는 것처럼 호민관인 퀸투스 오굴니

우스와 그나이우스 오굴니우스는 귀족과 평민 계급의 유지급 인사들을 뒤흔들어 놓았다. 두 호민관은 평민들의 공공 모임이 열리는 곳이면 어디든 찾아가서 원로원 의원들을 비난하면서 기회를 엿보았다. 그런 시도가 모두 수포로 돌아가자 그들은 하급 평민들이 아니라 지도자급 평민들 — 집정관 직을 역임하고 개선식을 치른 사람들 — 을 뒤흔들어놓기 위한 술수를 부리기 시작했다. 이런 고위직 인사들이 역임한 관직 중에서 아직 못해 본 것은 제관 직뿐이었다. 제관 직은 아직 평민들에게 개방되지 않았던 것이다.

그래서 호민관들은 다음과 같은 법안을 제출했다. 그 당시 복점관 4인, 대제관 4인이 재직 중이었다. 이 숫자를 각각 5인과 4인을 추가 증원하여 복점관은 9인, 대제관은 8인으로 하되 모두 평민 계급에서 선출하자는 것이었다. 복점관이 기존의 2명이 사망하지 않았다면 현재의 복점관 숫자가 어떻게 4인이 되는지, 나는 잘 알지 못하겠다.[3] 복점관 사이에서는 그들의 정원이 홀수가 되어야 한다는 것은 오래전부터 정립되어 있는 관행이었다. 오래된 3대 부족인 람네스, 티티엔세스, 루케레스는 각각 1명씩의 복점관을 두고 있었고, 만약 증원이 필요하면 3인을 더 뽑아야 한다. 그런데 이 경우 기존 4명에 5명을 증원하면 각 부족에 3명씩의 복점관을 분배할 수 있다.

그러나 이 추가 제관들을 평민 계급에서 뽑아야 한다는 주장이 나오자 원로원은 과거 집정관 직을 평민 계급에게 개방할 때처럼 분노했다. 의원들은 그 문제는 신들이 결정할 사항이지 인간이 결정할 것이 아니

---

3   리비우스는 원래 복점관이 3인이었고, 증원을 하게 되면 3인씩 증원을 하여 6인이 되는데 기존 6인중 2인이 사망했는데 아직 충원하지 않아 4인이 되었다고 본다. 따라서 결원 2명을 채워서 6인을 만들고, 다시 3명을 더 증원하여 9명을 만들어야 한다는 얘기이다

라는 태도를 취했다. 신들은 제사가 훼손되지 않았는지 알아서 살펴보아 줄 것이고, 의원들은 국가에 재난이 발생하지 않기만을 바란다고 말했다. 하지만 의원들은 이런 종류의 갈등에서 번번이 양보하는데 이골이 나 있으므로 별로 큰 저항은 하지 않았다. 그리고 평민들이 이 관직에 대하여 그리 큰 욕심을 내지 않을 것이라고 내다보았다. 평민들이 전에 별 성공의 가망성이 없는 관직을 향해 분투노력하여 결국에는 집정관, 감찰관, 개선식을 차례로 차지했기 때문에, 더 이상 관직에 대한 미련이 없을 것으로 판단했다.

7. 그러나 전승에 의하면, 이 법안의 통과 혹은 거부의 문제를 두고서 아피우스 클라우디우스와 푸블리우스 데키우스 무스 사이에 격렬한 갈등이 있었다고 한다. 평민 계급에 집정관 직을 개방하는 리키니우스 법을 두고 귀족과 평민 사이에서 찬반 논란이 벌어졌던 것처럼, 이 문제에 대해서도 두 사람은 격렬한 논쟁을 벌였다는 것이다. 데키우스 무스는 그의 아버지가 가비네 방식으로 토가를 입고서 발로 창을 밟고 서서 그 자신을 로마의 시민과 군대를 위하여 봉헌한 장면을 상기시켰다 (그 토론장에 나온 많은 사람들이 그 봉헌 의식을 목격했다).

(평민인) 데키우스 무스는 이어 말했다: "그때 영원불멸의 신들은 집정관 푸블리우스 데키우스의 봉헌을 순수하고 거룩한 의식으로 받아들였습니다. 마치 그의 동료 집정관 티투스 만리우스가 봉헌한 것처럼 받아들였습니다. 그렇다면 그 푸블리우스 데키우스가 로마 시민의 공식적 의례를 집전하는 제관으로 뽑힐 수 있는 게 아닐까요? 신들이 평민 데키우스의 기도를 귀족 아피우스 클라우디우스의 기도보다 덜 반가운 마음으로 받아들일 위험이라도 있다는 것입니까? 아피우스가 데키우스보다 개인적으로 더 경건하게 기도를 올리고 또 더 독실하게 신들을 경배한다는 말입니까? 출병을 하거나 전투 중에 평민 출신 집정관들이나

독재관들이 국가를 위해 한 맹세들을 후회하는 사람이 과연 누구란 말입니까? 지나간 세월 평민 출신 장군들의 지도력과 조점 아래 치러진 전투가 몇 번이며, 또한 로마에 귀국하여 치른 개선식이 몇 번이었던가를 한 번 세어보십시오. 그들의 고상한 행동에 대해서도 평민 출신들은 후회할 것이 전혀 없습니다. 앞으로 갑작스러운 전쟁이 터진다면 로마 원로원과 시민들은 귀족 출신 장군들뿐만 아니라 평민 출신 장군들에게도 희망을 걸어야 할 것입니다."

데키우스가 말했다. "사정이 이러하기 때문에, 쿠룰레 의자로 높임을 받고, 보라색 가장자리의 토가를 입고, 종려 가지로 장식된 상의를 입고, 멋지게 장식된 토가를 입고, 개선관과 월계수 가지 관을 쓰고, 적에게서 빼앗은 전리품을 자신의 집 대문에 걸어 놓는 사람들이 대제관과 복점관의 휘장을 추가한다고 해서, 그 어떤 신이나 인간이 어울리지 않는다고 할 것입니까? 최고 최선의 유피테르 복장을 하고서, 황금 전차를 타고 로마 시내를 지나가 카피톨리움 언덕으로 올라간 사람이 희생제사용 잔과 복점관의 막대기를 들지 못하고, 희생 제물을 바치지 못하고, 요새에서 복점을 받아들지 못한다면 말이 되겠습니까? 어떤 인물의 흉상 밑에 집정관, 감찰관, 개선식의 글자가 새겨진 명판을 평온한 마음으로 읽을 수 있는 사람이라면 복점관이나 대제관의 관직도 평온한 마음으로 읽을 수 있지 않겠습니까? 신들의 허락으로 나 자신에 대해서 말해 보자면, 우리는 로마 시민 덕분에 이러한 문제에 자격을 갖추었다고 생각합니다. 그리하여 우리는 우리의 존엄한 성격 덕분에 우리가 받은 것 못지않게 제관 직에 영광을 돌려줄 수 있다고 봅니다. 따라서 우리 자신을 위해서라기보다 신들을 위해서 우리는 개인적으로 예배하는 신들을 공적인 자격으로도 예배할 수 있기를 요구합니다.

8. "그런데 나는 왜 제관 직을 귀족이 독점해야 한다는 주장이 의문

시되지 않아 왔다고 주장하고, 또 우리 평민이 가장 명예로운 제관 직 하나를 이미 확보하고 있다는 사실을 말하지 않았을까요? 평민들은 이미 성스러운 의식을 수행하는 10인 성직 위원회의 위원들로서, 시빌의 신탁을 해석하고, 사람들의 운명을 읽어내고 있습니다. 그들은 또 아폴로 의식과 기타 의식들에 봉사하는 제관들입니다. 성스러운 의식을 수행하는 두 관리의 숫자를 평민들 때문에 늘렸을 때, 그것이 귀족들에게 아무런 피해도 입히지 않았습니다. 오늘 우리의 용감하고 진취적인 호민관이 다섯 명의 복점관과 네 명의 대제관을 증원하자고 제안했고 또 그 인원을 평민 계급에서 충원하자고 발의했습니다.

아피우스, 이렇게 한 것은 귀족들을 배척하려는 의도가 절대로 아닙니다. 오히려 당신들의 신성한 일을 집전하는데 평민 출신 제관들이 도움을 줄 수 있게 하려는 것입니다. 다른 모든 인간의 일들에서도 최선을 다하여 도와주었던 것처럼 말입니다. 아피우스, 당신은 평민을 제관 직의 동료로 두는 것을 부끄럽게 여길 필요가 없습니다. 집정관이나 감찰관 자리에도 평민 출신 동료가 있고, 또 당신은 평민 출신 독재관의 사마관으로 활약할 수도 있고, 반대로 당신이 독재관이 되었을 때 평민 출신 사마관을 둘 수도 있을 것입니다. 사비니 출신의 외국인인 아티우스 클라우수스 혹은 당신이 더 좋아하는 이름인 아피우스 클라우디우스는 당신 가문을 귀족으로 만든 첫 번째 조상인데 과거의 귀족들이 동료로 받아주었기 때문에 귀족이 되었습니다. 그러니 우리를 제관 계급의 동료로 받아들이는 것이 당신의 체신을 떨어트리는 일이라고 생각하지 말아 주십시오.

우리 평민들도 귀족들이 스스로 자랑스럽게 여기는 그런 명성을 많이 수립했습니다. 루키우스 섹스티우스는 첫 번째 평민 출신 집정관이었고, 가이우스 리키니우스 스톨로는 첫 번째 사마관이었으며, 가이우스 마르키우스 루툴루스는 독재관과 집정관을 모두 역임한 첫 번째 인물이었습니다. 그리고 퀸투스 푸블릴리우스 필로는 첫 번째 법무관이었습니다. 우리는 당신네 귀족들로부터 언제나 같은 얘기를 듣습니다. 조점권은 귀족의 전유물이고, 귀족만이 고상한 신분을 가진 사람이고, 귀족만이 최고 지휘권을 갖고 있고, 국내에서나 전장에서 조점을 칠 수 있는 권리는 귀족에게 있다, 라고 말입니다. 그러나 이런 권력들은 지금까지 평민과 귀족의 손에서 잘 발휘되어 왔고 앞으로도 그러할 것입니다. 그대는 듣지 못했습니까? 최초의 귀족은 하늘에서 떨어진 존재가 아니라 아버지가 있는 존재입니다. 다시 말해 그들은 자유민으로 태어났을 뿐입니다. 나의 아버지는 이미 집정관을 지냈고 내 아들 또한 앞으로 할아버지를 집정관으로 부를 것입니다. 로마인들이여, 사실을 말해 보자면, 우리는 처음에는 모든 것을 거부당했다가, 결국에는 그것을 얻습니다. 귀족들이 원하는 것은 의지의 대결일 뿐이고 그들은 이런 갈등의 결과는 신경도 쓰지 않습니다. 나는 이 법안이 제안된 대로 승인되어야 한다고 생각합니다. 그리하여 그 법이 여러분과 국가에 유익하고, 즐겁고, 행운이 넘치는 것이 될 겁니다."

9. 평민은 즉각 트리부스(부족) 민회를 소집했고 그 법안은 통과된 듯하다. 그러나 그날 거부권 행사 때문에 아무런 진전도 보지 못했다. 그 다음 날 호민관들을 거부권 행사를 하지 못했고 그리하여 법안은 열렬한 호응 속에 통과되었다. 그리하여 다음 네 명이 대제관으로 선출되었다. 법안의 제안자 푸블리우스 데키우스 무스, 푸블리우스 셈프로니우스 소푸스, 가이우스 마르키우스 루툴루스, 마르쿠스 리비우스 덴테르. 또한 다섯 명의 복점관이 평민 계급에서 선출되었다. 가이우스 게누키우스, 푸블리우스 아일리우스 파이투스, 마르쿠스 미누키우스 파이수스, 가이우스 마르키우스, 티투스 푸블릴리우스. 이렇게 하여 대제관은

8명으로, 복점관은 9명으로 늘어났다.

같은 해(기원전 299년), 집정관 마르쿠스 발레리우스는 전보다 더 엄격하게 제한하는 힘을 가지는 상소법을 제안했다. 왕들이 축출된 이후에 이런 법안이 발의된 것은 세 번째인데, 그때마다 모두 같은 가문의 사람들이 주도했다.[4] 이처럼 여러 차례 제안된 이유는 소수의 부가 시민의 자유보다 더 중요해졌기 때문이다. 포르키아누스 법은 로마 시민을 매질하거나 죽이는 행위에 대하여 중벌을 부과하는 법으로서, 시민들의 신병을 보호할 목적으로 도입된 듯하다.[5] 발레리우스가 제안한 상소법은 상소한 자를 매로 치거나 참수하는 것을 엄격히 금지하는 법이다. 그러나 매나 참수의 두 가지 사항과 관련하여 이 법을 무시하는 자는 "사악한 행위"를 했다고 지적하는 것이 전부였다. 하지만 그 당시 사람들 사이에서 위법행위는 엄청난 수치로 여겨졌으므로, 이 정도의 규정만으로도 충분히 구속력 있는 법적 제재가 된 듯하다.

발레리우스는 또한 반란을 일으킨 아이퀴 족을 상대로 사소한 전투를 벌였다. 아이퀴 족은 감투정신을 빼놓고는 예전의 행운이 남아 있는 게 별로 없었다. 동료 집정관 아풀레이우스는 움브리아에 있는 네퀴눔 도시를 포위공격했다. 그 도시의 접근로는 가파른데다 한 쪽은 절벽이어서 기습 공격이나 포위 공격으로 함락시키기가 어려웠다(이 장소는 현재 나르니아가 차지하고 있다). 그래서 새 집정관 마르쿠스 파이투스와 티투스 만리우스 토르콰투스가 들어섰을 때, 그 군사 작전은 아직도 진행 중이었다.

---

4   초창기의 상소법에 관련해서는 2권 7장과 3권 55장을 참조할 것.
5   포르키아누스 법은 대 카토가 법무관이던 기원전 198년에 도입되었으므로 리비우스는 시기를 너무 앞서 잡은 것이다.

두 역사가 리키니우스 마케르와 투베로는 모든 켄투리아가 그해에 퀸투스 파비우스를 집정관으로 지명하기를 원했다고 기록한다. 파비우스는 입후보하지 않은 데다가 전투가 더 많이 벌어질 것 같은 다음 해에 집정관으로 나가기를 원했다. 만약 올해에 국가에 봉사하고자 한다면 도시 행정관이 더 적합하다고 주장했다. 그래서 파비우스는 자신의 의중을 감추지도 않고 또 관직을 열심히 추구하지도 않았지만 루키우스 파피리우스 쿠르소르와 함께 쿠룰레 토목건축관리관이 되었다. 나는 이런 기록을 자신 있게 받아들일 수가 없다. 왜냐하면 아주 오래된 역사가인 피소는 그해의 토목건축관리관은 그나이우스의 아들인 그나이우스 도미티우스 칼비누스, 그리고 퀸투스의 아들인 스푸리우스 카르빌리우스 막시무스라고 기록했기 때문이다. 나는 막시무스라는 별명 때문에 토목건축관리관과 관련하여 착오가 발생한 것이 아닌가 생각한다. 그리하여 후대에 들어와 그 착오를 바로잡으려고 토목건축관리관과 집정관을 뽑았던 두 번의 선거를 하나로 합치는 전설이 생겨난 것으로 본다. 이해에 5년 단위의 희생제[6]가 감찰관 푸블리우스 셈프로니우스 소푸스와 푸블리우스 술피키우스 사베리오에 의해 거행되었다. 아니엔시스와 테렌티나의 두 부족이 추가되었다. 로마 국내의 사정은 이 정도면 충분하리라 본다.

10. 한편 네퀴눔 도시의 경우, 시간은 자꾸 흘러가는데 포위 공격은 지지부진했다. 그러다가 성벽에 바싹 붙여 지은 집에 사는 도시의 두 시민이 지하에 터널을 파서 아무에게도 들키지 않고 로마 군 외곽 초소에 접근해 왔다. 그들은 집정관 앞으로 나아갔고, 도시의 성벽 안으로 한 무리의 군인들을 데리고 들어갈 수 있다고 그에게 말했다. 그 제안은 간단

---

6 돼지, 양, 소를 바치는 희생 제의로 1권 44장에 언급되어 있음.

히 무시해버릴 것은 아니었지만 그렇다고 해서 무모하게 믿어줄 만한 것도 되지 못했다. 그 시민들 중 한 사람과 두 명의 척후병이 터널 안으로 들어갔고 다른 한 시민은 인질로 잡혔다. 척후병들이 만족스러운 조사 결과를 보고해 오자 그 탈주 시민의 안내로 3백 명의 무장 로마 군 병사들이 밤중에 몰래 도시 안으로 들어가 가장 가까운 출입문을 장악했다. 그 문이 완전히 파괴되자, 집정관과 로마 군은 별다른 저항을 받지 않고 도시를 함락시켰다. 이렇게 하여 네퀴눔은 로마 시민이 통치할 수 있게 되었다. 이곳에 식민지 정착민들을 보내어 인근 움브리아 인들을 견제하고 했고, 식민촌의 이름은 근처의 강 이름을 따서 나르니아라고 했다. 로마 군은 전리품을 가득 챙겨서 로마로 돌아왔다.

에트루리아 인은 이해에 휴전 조약을 위반하고 전쟁 준비를 했으나 갈리아의 대규모 침공군 때문에 잠시 그 목적을 접어두어야 했다. 에트루리아 인들이 다른 일로 바쁠 때 갈리아 인들이 그들의 국경을 침범해 왔던 것이다. 그러자 에트루리아 인들은 돈을 주어서 갈리아 인을 적에서 동맹으로 바꾸려고 했다. 에트루리아와 갈리아의 연합군이 로마를 공략하면 한결 성공 가능성이 높아지기 때문이었다. 야만족인 갈리아 인들은 동맹을 거부하지 않았으나, 단지 가격이 맞는가 하는 문제가 있었다. 그 가격은 합의가 되었고 갈리아 인에게 돈이 건네졌다.

그러나 에트루리아 인들이 전쟁 준비를 다 끝내고 갈리아 인에게 합류해 달라고 요청했을 때 그들은 합의된 금액이 로마를 상대로 전쟁을 하겠다는 것을 의미하지는 않는다고 말을 바꾸고 나왔다. 그들이 받은 돈은 어디까지나 무장 공격으로 에트루리아 토지와 그 농작물을 파괴하지 않는데 따른 대가일 뿐이라는 것이었다. 지금이라도 에트루리아 인들이 원한다면 전쟁에 가담할 수 있으나, 단 조건이 있다고 했다. 그들이 정착하여 안정된 가정을 꾸릴 수 있도록 에트루리아 땅을 일부 공유하게 해 달라는 것이었다.

에트루리아는 국무회의를 여러 번 열어서 이 문제를 논의했으나 결론을 내지 못했다. 영토가 줄어드는 것을 우려했다기보다는 모든 사람이 그런 야만족을 이웃으로 두는 것을 두려워했기 때문이다. 그리하여 갈리아 인들은 참전에서 배제되었고 그들은 아무런 노력이나 희생 없이 막대한 금전을 챙겨서 돌아갔다. 로마에서는 에트루리아 전쟁에 더하여 갈리아 인들도 무장 반란을 일으킬지 모른다는 소문이 떠돌자 피케눔 족[7]과의 조약을 서둘러 체결했다.

11. 에트루리아 방면의 군사 지휘권은 집정관 티투스 만리우스에게로 돌아갔다. 그는 적의 영토에 들어서서 기병대 훈련에 참가하자마자 빠른 속력으로 달리던 말의 방향을 바꾸는 순간 말에서 떨어져 거의 즉사할 뻔했다. 그 사고를 당한 지 사흘 째 되던 날 그는 숨이 끊어졌다. 에트루리아 인들은 그것이 전쟁의 길조라고 해석하면서 신들이 그들의 편을 도와 개전開戰한 것이라고 주장하면서 사기가 충천했다. 로마인들에게 그 소식은 커다란 타격이었다. 로마 군은 전쟁을 지휘할 집정관이 필요했을 뿐만 아니라 그 죽음이 아주 곤란한 때에 발생했기 때문이다. 후임을 뽑기 위해 선거가 열렸고 그 결과는 중진 원로원 의원들이 소망하는 바대로 되었다. 모든 켄투리아가 마르쿠스 발레리우스를 집정관으로 밀었으므로, 원로원은 원래 발레리우스를 독재관으로 지명하려 했던 계획을 내려놓았다. 의원들은 발레리우스에게 한시바삐 현장으로 달려가 로마 군을 지휘해 달라고 요청했다. 그의 도착은 적에게 큰 타격이었고 그래서 아무도 보루 밖으로 나서지 않으려 했다. 그들의 공포는 포위공격을 당할 때의 그것과 비슷했다. 새 집정관은 그들의 토지를 파괴

---

7   아펜니노 산맥 북동쪽의 해변 지대에 사는 사람들.

하거나 건물을 불태움으로써 전투를 촉구하는 방식은 쓰지 않았다. 그러나 여러 마을과 농가들에서는 계속 연기가 피어올랐다.

이 전쟁이 예상보다 길어지는 동안에, 또다른 전쟁의 보고가 접수되었다. 이번에는 로마의 새로운 동맹인 피케눔 사람들이 보내온 정보였다. 이 소식은 양측이 과거에 겪었던 여러 번에 걸친 운명의 반전을 생각할 때, 충분히 경각심을 불러일으킬 만했다. 피케눔 사람들은 삼니움 사람들이 반란을 일으키기 위해 무장을 준비하면서 그들에게 도움을 요청해 왔다고 보고했다. 로마는 그들에게 감사 표시를 했고 이어 원로원의 관심은 에트루리아에서 삼니움으로 옮겨갔다.

높은 곡물 가격도 사회적 불안의 한 요소였다. 파비우스 막시무스가 그해(기원전 298년)의 토목건축관리관이라고 믿는 역사가들의 기록에 의하면, 이 위대한 인물이 군사 작전에 쏟는 것과 똑같은 정력을 국내의 곡물 분배와 수송 업무에 쏟지 않았더라면 엄청난 기근 사태가 발생했을 것이라고 한다.

이해에 인테르레그눔 정부가 들어섰는데 그 구체적 이유는 기록되어 있지 않다. 인테르렉스는 아피우스 클라우디우스에 이어 푸블리우스 술피키우스가 맡았는데 술피키우스가 집정관 선거를 주관하여 루키우스 코르넬리우스 스키피오와 그나이우스 풀비우스를 새로운 집정관으로 선출했다.

이해의 초기에 루카니아의 사절이 새 집정관을 찾아와 삼니움 사람들에 대한 불평을 호소했다. 삼니움은 적대적인 군대를 이끌고 루카니아의 영토를 쳐들어와 파괴하면서 루카니아에게 삼니움 편을 들어 전쟁에 참가하라고 강요했다. 삼니움은 전에 뇌물을 주어 루카니아를 군사 동맹에 참여시키려 했으나 그게 통하지 않았던 것이다. 루카니아 사절은 그들이 과거에 많은 실수를 저질렀으나, 이제는 단단히 결심을 했으며 로마를 배반하기보다는 그 어떤 것도 참고 견디는 것이 더 쉽다고 생각한다고 말했다.[8] 루카니아 사절은 원로원 의원들에게 루카니아를 보호해 주고 삼니움의 폭력과 공격을 막아주는 방패가 되어 달라고 호소했다. 이제 로마에 충성을 바치기 위해 삼니움과의 전쟁을 각오하고 있지만 그래도 인질을 내놓을 의향도 있다고 말했다.

12. 원로원이 그 문제를 의논하는 데에는 오랜 시간이 걸리지 않았다. 루카니아와 조약을 맺고 그에 따라 삼니움에게 손해 배상을 요구해야 한다는 만장일치의 의견이 나왔다. 루카니아 사절에게는 우호적인 답변이 주어졌고 조약이 허락되었다. 따라서 로마의 동맹국 땅으로부터 철수할 것과 루카니아 영토에서 삼니움 군대를 빼라는 요구를 건넬 전령 사제단이 삼니움으로 파견되었다. 그러나 사제단은 길가는 도중에 삼니움의 전령을 만났는데, 그 전령은 만약 사제단이 삼니움 국무회의에 접근하려고 한다면 무사히 돌아가기는 어려울 것이라고 엄포를 놓았다. 이것이 로마에 알려지자 원로원이 권고하고 민회가 투표하여 삼니움에 대하여 전쟁을 선포하게 되었다.[9]

두 집정관은 군사 지휘권을 나누었다. 추첨에 의하여 스키피오는 에트루리아를 뽑았고, 풀비우스는 삼니움을 맡게 되었다. 두 집정관은 즉각 군대를 이끌고 현지로 출병했다. 스키피오는 그 전투가 작년과 마찬가지로 천천히 전개될 것으로 기대했으나, 볼라테라이 근처에서 적과 조우했다. 적은 행군 중이었는데 곧바로 교전에 나섰다. 그 전투는 낮 동안 계속되었고 양군은 엄청난 손실을 입었다. 해가 떨어져 어둠이 내렸

---

8   루카니아는 기원전 326년에 로마와 조약을 맺었으나[8.25], 그 후 삼니움의 유혹에 넘어가 그 조약을 파기했고[8.27], 그리하여 기원전 317년에 로마 군의 침공을 받았다[9.20].
9   이 전쟁을 가리켜 제3차 삼니움 전쟁이라고 한다.

을 때에도 어느 쪽이 승리를 거두었는지 불확실했다. 다음 날 해가 뜨자 승자와 패자가 분명해졌다. 에트루리아 군은 한밤중에 진영에서 철수했던 것이다.

다음 날 아침 로마 군은 그것을 모르고 전투에 나섰으나 적이 달아나서 패배를 인정한 것을 발견하고서 적 진영으로 쇄도했다. 로마 군은 그 진영이 비어 있는 것을 발견하고서 엄청난 양의 전리품을 탈취했다. 그곳은 항구적 진영인데다 적들이 황급히 달아나서 챙길 만한 물건들이 많았던 것이다. 스키피오는 이어 회군하여 팔레리이 영토로 들어가서 군용 짐을 모두 한 군데에 집결시켜 놓고 적절한 경비대를 배치한 다음, 경무장한 군대를 이끌고 에트루리아 영토를 습격하러 갔다. 그리하여 에트루리아 전역이 불과 칼로 파괴되었고 온 사방에서 엄청난 양의 약탈품이 수집되었다. 적은 초토화된 땅밖에 남지 않았고 심지어 요새와 마을들도 불태워졌다. 로마 군은 이제 겁먹은 에트루리아 인들이 달아나 숨은 도시의 성벽을 공격할 일만 남았다.

동료 집정관인 그나이우스 풀비우스는 삼니움 지역의 보비아눔 근처에서 삼니움 군과 멋진 전투를 치러서 확실한 승리를 거두었다. 그는 이어 보비아눔 시를 급습하여 함락시켰고, 그 직후에는 아우피데나를 점령했다.

13. 이해(기원전 298년)에 아이퀴콜리 족의 영토인 카르세올리에 식민촌이 건설되었고, 집정관 풀비우스는 삼니움 족에 대한 승리로 개선식을 치렀다.

집정관 선거 시기가 다가올 때, 에트루리아 인과 삼니움 인이 대규모 군대를 조직 중이라는 소문이 들려왔다. 에트루리아 지도자들은 조건이 무엇이었든 간에 갈리아 인을 전쟁에 끌어들이지 못한 것에 대하여 국무회의에서 노골적으로 비난을 받았다. 삼니움 행정관들 또한 루카니아의 적에 대응하기 위해 동원한 군대를 가지고 로마인에게 맞서지 않은 것에 대하여 질책을 당했다. 이렇게 하여 로마의 적들은 자체 군사력은 물론이고 동맹국의 지원 등 모든 힘을 다 동원하여 로마와의 전쟁을 준비하고 있으며, 로마는 아주 불리한 조건에서 그들과 맞서야 할 것이라는 말들이 많았다.

집정관 선거에 나선 우수한 후보들이 많았지만 로마 사회는 전반적으로 경악하고 있었기 때문에 모두들 퀸투스 파비우스 막시무스에게 시선을 돌렸다. 그는 처음에는 입후보하지 않았고, 또 사람들의 시선이 어디로 모아지고 있는지 알게 되자 단호하게 입후보를 거부했다. 왜 사람들은 노고와 그 보상을 겪을 만큼 겪은 노인을 그렇게 괴롭히려고 하는가, 하고 파비우스는 물었다. 신체적으로나 정신적으로나 예전처럼 강건하지 못할 뿐만 아니라, 운명의 여신도 두려워해야 한다고 그는 말했다. 다른 신들은 운명의 여신이 이미 그에게 충분한 호의를 베풀어주었고 또 신들이 인간에게 해줄 수 있는 것 이상으로 꾸준히 그를 밀어주었다고 생각하지 않을까? 그 자신은 일찍이 조상들이 누렸던 영광을 누렸고 그런 만큼 다른 사람들이 명성을 쌓는 것을 더 좋아한다고 말했다. 로마에는 가장 용감한 사람들에게 돌아갈 고위직이 부족하지 않으며, 또 그런 자리를 채울 용감한 사람들 역시 부족하지 않다.

파비우스가 이런 자제심을 발휘할수록 그를 집정관 자리에 앉히려는 사람들의 열광적인 호소는 더욱 강해질 뿐이었다. 파비우스는 시민들의 그런 열광적 태도를 법에 호소하여 제어해야 한다고 생각하고서 같은 사람이 10년 이내에 집정관 직에 재선되는 것을 금지한 법률을 대중 앞에서 낭독하라고 명령했다.[10] 그러나 군중들의 함성으로 인해 그 법률

---

10 이 법률은 기원전 342년에 제정되어 모든 행정관들에게 적용되었으나 종종 무시되어 왔

은 들리지가 않았고 호민관들은 그의 재선을 막을 방도가 없으므로 그를 그 법의 예외로 지정하는 법안을 민회에 제출하겠다고 말했다. 그러나 파비우스는 자신의 뜻을 굽히지 않았다. 법을 제정하는 사람들이 그 법을 회피하려 든다면 법을 제정하는 의미가 무엇인가, 하고 그는 물었다. 법에 의한 통치가 이제 법 위에 있는 통치가 된 것이 아닌가. 그러나 민회는 투표를 시작했고, 울타리 쳐진 공간으로 소환된 각 켄투리아는 파비우스를 집정관으로 분명하게 지명했다.[11]

그제서야 파비우스는 마지못해 전 시민들의 일치단결된 뜻에 승복했다. 그가 말했다. "로마인들이여, 신들이 여러분이 지금 하고 있는 일과 앞으로 하려는 일을 승인하시기를. 아무튼 여러분은 뜻대로 나를 집정관에 임명했습니다. 그러니 동료 집정관의 임명에 대해서는 내게 혜택을 베풀어주기를 바랍니다. 나는 여러분이 푸블리우스 데키우스를 동료로 선출해 주시기를 바랍니다. 나는 관직에 있을 때 그를 좋은 친구로 알게 되었고 또 여러분과 그의 아버지의 명성에 조금도 손색이 없는 인물입니다."[12] 그 인사 추천은 적절한 것이었고 나머지 켄투리아들은 퀸투스 파비우스와 푸블리우스 데키우스에게 투표했다.

이해에 여러 사람이 법정 한도 이상의 토지를 소유하여 토목건축관리관에 의해 법정에 소환되었다. 그 중에 무죄 판결을 받은 사람은 없었

다. 파비우스는 기원전 308년 이후로는 집정관에 오른 적이 없기 때문에 이 법은 그에게 해당되지 않는다. 아마도 2년 전에 있었던 선거와 관련하여 이런 얘기가 나왔을 것으로 보인다. 참조 10권 9장.

11 울타리 쳐진 공간(saepta)은 캄푸스 마르티우스에 마련되었고 각 켄투리아는 이곳으로 소환되어 켄투리아 단위 별로 그들의 선택을 선언했다.

12 데키우스의 아버지는 기원전 340년에 로마 군을 위해 자신을 희생 제물로 바친 사람이다. 참조 8권 9장. 아들 데키우스 또한 기원전 295년에 로마 군을 위해 자신을 봉헌했다. 참조 10권 28장.

다. 그들의 무절제한 탐욕에 대하여 높은 과징금이 부과되었다.

14. 새로 선출된 집정관 퀸투스 파비우스 막시무스(4선)와 푸블리우스 데키우스 무스(3선)는 누가 삼니움을 맡고 누가 에트루리아를 맡을지, 또 각자 휘하에 어느 정도의 병력을 거느리고 어느 방면으로 출병할지 등을 논의했다. 이때 수트리움, 네페테, 팔레리이의 사절들이 로마에 도착하여 에트루리아 사람들의 협의회가 만나서 평화를 추구하는 방도를 논의했다는 보고서를 제출했다. 이렇게 되자 전쟁의 추錘는 전적으로 삼니움으로 쏠리게 되었다.

파비우스는 군대를 이끌고 소라를 통과하여 출병했고, 데키우스는 시디키니 영토를 통과하여 전진했다. 이렇게 한 것은 군수물자 보급의 원천을 다양하게 하고 또 적에게 어디서 로마 군이 공격해올지 헷갈리게 하려는 것이었다. 두 집정관은 적의 영토에 들어서자마자 척후병을 내보내 광범위한 지역을 정탐해오게 했다. 그들은 약탈 범위 이상으로 나아가며 정탐을 했고, 그리하여 삼니움 군대가 좀 멀리 떨어진 티페르눔 근처의 계곡에 진을 치고 있다는 것을 발견했다. 적은 로마 군이 그 계곡으로 들어서면 고지에서 달려내려 오며 로마 군을 공격할 계획이었다. 파비우스는 군용 짐을 안전한 곳에다 치워 놓고 소규모 병력을 배정하여 지키게 했다. 이어 병사들에게 곧 전투가 벌어질 것임을 알려주면서 방진 대형을 구축하여 병사들을 위에서 말한, 적들이 숨어 있는 곳까지 이끌고 왔다.

삼니움 군대는 이제 기습전의 희망은 버려야 했다. 전쟁은 이제 힘과 힘의 테스트에 의해 결판이 날 것이므로 야전에서의 정규전을 더 선호했다. 그리하여 그들은 평지로 내려왔고 희망보다 용기를 더 믿으면서 운명에 몸을 맡겼다. 모든 삼니움 부족의 전투력을 집결시킨 덕분인지 혹은 전쟁의 승패가 걸린 그 전투에 온 의지력을 집결시킨 덕분인지는 알 수 없지만, 그들은 힘과 힘이 부딪치는 총력전에서도 로마인의 간담을 다소 서늘하게 했다.

파비우스는 적이 한 치도 뒤로 물러서지 않는 것을 보고서, 그와 함께 최전선에 나와 있는 천인대장인 아들 막시무스와 마르쿠스 발레리우스에게 이런 지시를 내렸다: "기병대에 가서 돌격을 권하라. 과거에 국가가 기병대의 도움을 받았던 때를 기억한다면 지금이야말로 전력을 기울여서 그 영광에 먹칠을 하지 말아야 한다고 전하라. 보병 대 보병의 전투에서 적은 조금도 밀리지 않고 진지를 사수하고 있으니, 이제 남아 있는 유일한 희망은 기병대 돌격뿐이다."

따뜻한 어조로 두 천인대장의 이름을 부르면서, 파비우스는 두 사람에게 칭찬과 약속의 말을 아끼지 않았다. 그러나 그들의 정력과 돌진도 충분하지 못할 수가 있으므로, 파비우스는 힘만으로 충분하지 않은 곳에서 전략을 써야 한다고 생각했다. 그는 부 사령관 스키피오에게 제1군단의 제1선을 전투에서 빼내어 그들을 인솔하여 아주 은밀하게 가까운 산으로 가라고 지시했다. 이어 시야에서 가려진 숨겨진 길을 통하여 그 산을 올라가서 적 후방에서 갑자기 나타나라고 명령했다.

두 천인대장이 이끄는 기병대는 로마 군 군기 앞쪽으로 갑자기 나타나서 돌격했으나 적을 별로 교란시키지 못했다. 삼니움 전선은 돌격해 오는 기병대를 맞서서 꿋꿋하게 버텼고 뒤로 밀리거나 전선이 무너지거나 하지 않았다. 로마 군 기병대는 별 성과를 거두지 못하자 보병대 뒤로 물러나 전장을 떠났다. 그것은 삼니움 군대의 사기를 높여주었다. 로마 군의 최전선은 적이 자신감을 얻으면서 더욱 사납게 나오자 전투를 오래 지속하기가 어려웠다. 파비우스가 제2선이 제1선을 교대하라고 지시하지 않았더라면 전선이 허물어졌을 것이다. 제2선이 앞으로 돌격하는 적의 전선을 막아내고 있을 때, 일제히 고함을 지르며 인근 산에서 내려오는 로마 군의 돌격은 실제 전투력 이상으로 삼니움 군에게 겁을 주었다.

게다가 파비우스는 동료 집정관 데키우스의 군대가 다가오고 있다고 소리쳤다. 로마 군 병사들은 아주 기뻐하며 다른 집정관과 그의 군대가 이미 거기에 와 있다고 외쳤다. 이 잘못된 정보는 삼니움 군에게 경악과 공포를 안겨줌으로써 로마 군에게 큰 도움을 주었다. 삼니움 군은 이미 지친 상태인데 현장에 신선한 힘을 가진 새로운 로마 군단이 나타나는 것처럼 겁나는 일이 없었기 때문이다. 그들은 겁먹고 온 사방으로 달아났고, 그리하여 그런 대승을 거둔 전투치고는 유혈 사태가 기대만큼 심각하지는 않았다. 적은 3400명이 죽었고 약 830명이 포로로 잡혔으며 23개의 군기를 탈취당했다.

15. 집정관 푸블리우스 데키우스가 말레벤툼 근처에 진영을 설치하고 아풀리아 인들을 밖으로 끌어내어 패배시키지 않았더라면 그들은 삼니움 군대에 합류했을 것이다. 이 전투에서도 살육당한 자보다 달아난 자가 더 많아서, 겨우 2천명의 아풀리아 인이 죽었을 뿐이다. 데키우스는 이런 적을 경멸하면서 군단을 이끌고 삼니움 지역으로 들어갔다. 거기서 두 집정관 휘하의 군대는 4개월 동안 온 지역을 돌아다니면서 닥치는 대로 파괴했다. 데키우스가 삼니움에 진영을 설치한 곳은 45군데였고, 동료 집정관은 86군데에다 진영을 설치했다. 두 집정관은 보루와 참호의 흔적만 남긴 것이 아니라 주변의 다른 농촌 지역에 비하여 훨씬 더 눈에 띄는 파괴의 기록을 남겼다. 파비우스는 또한 키메트라 시도 점령했다. 그 도시에서 2900명의 무장 병사가 포로로 잡혔고 약 930명이 전투 중에 사망했다.

파비우스는 그 후에 선거를 개최하기 위해 로마로 돌아갔고 곧바로 민회를 소집하여 선거를 실시했다. 모든 켄투리아는 퀸투스 파비우스를 집정관으로 밀었고, 아피우스 클라우디우스는 그 자신의 영향력과 귀족들의 지원을 등에 업고 그 자신이 집정관으로 선출되게 했다. 아피우스는 그 자신을 위해서 영광을 추구한 것이 아니라 집정관 두 자리가 모두 귀족 출신에게 돌아가게 하기 위해서 입후보한 것이었다. 파비우스는 처음에는 작년과 마찬가지 이유를 대면서 입후보를 거부했다. 귀족들은 그의 의자에 몰려들어서 집정관 직을 평민들의 수령으로부터 건져 내어, 집정관 직과 귀족 가문에 예전의 영광을 회복시켜 달라고 호소했다.

파비우스는 정숙을 요청하더니 비교적 절제된 연설로 의원들의 흥분을 가라앉혔다. 그는 그들의 뜻대로 하고 싶으나 그렇게 할 수 없다고 말한 다음, 그 자신이 아닌 다른 사람을 집정관으로 선출한다면, 둘 다 귀족 출신 중에서 뽑는 데에 찬성하겠다고 밝혔다. 또한 선거에서 그 자신이 지명되는 것을 받아들일 수 없다는 말도 했다. 그것은 불법일 뿐만 아니라 아주 나쁜 선례를 남기기 때문이었다. 그리하여 평민 출신인 루키우스 볼룸니우스가 아피우스 클라우디우스와 함께 집정관에 선출되었다. 두 사람은 전에 집정관으로 근무한 적이 있었다.[13] 귀족들은 파비우스가 아피우스 클라우디우스를 피한 것에 대하여 파비우스를 비난했다. 아피우스가 웅변과 정치 기술에서 파비우스보다 낮기 때문에 함께 동료가 되기를 회피한 것이 아니냐고 생각했다.

16. 집정관 선거가 끝난 후에, 지난해의 집정관들은 군사 지휘권을 6개월 연장하여 삼니움에서 계속 싸우라는 지시가 내려갔다. 마찬가지로 루키우스 볼룸니우스와 아피우스 클라우디우스가 집정관이던 해에, 동료 집정관에 의해 삼니움에 남겨진 푸블리우스 데키우스는 집정관 대

---

13 기원전 307년의 일로 참조 9권 42장.

리 자격으로 그 지역의 농가들을 파괴했고 마침내 그 어디에서도 교전해볼 엄두가 나지 않던 삼니움 군은 그 지방으로부터 철수했다. 삼니움 군은 힘에 밀려 철수하게 되자 에트루리아로 곧장 가서 그곳 지도자들의 협의회를 요구했다. 그처럼 많은 숫자의 삼니움 군대를 앞세워서 위협과 호소를 적절히 뒤섞어 요구한다면, 삼니움 사절이 전에 외교로 얻으려 했던 동맹을 힘으로 얻어낼 수 있지 않을까 생각했다.

에트루리아 국무회의가 소집되었을 때, 삼니움 군대는 여러 해 동안 그들의 자유를 위해 로마와 싸워온 공로를 강조했다. 전쟁의 무거운 부담을 삼니움 혼자서 지려고 최대한 노력했고, 또 이웃 나라들로부터 도움을 얻으려 했으나 별 소용이 되지 못한 사실도 지적했다. 삼니움은 전쟁을 계속 할 수 없을 때에는 로마인들을 상대로 평화를 추구했다. 하지만 다시 전쟁에 나설 수밖에 없었던 것은, 굴종 속의 평화는 자유 속의 전쟁보다 더 견디기 어려웠기 때문이다.

이제 그들에게 남아 있는 유일한 희망은 에트루리아다. 에트루리아는 무기, 병력, 금전 등에서 이탈리아 최고의 지방이고 이웃으로는 전쟁에 익숙한 부족인 갈리아 인을 두고 있다. 갈리아 사람들은 그 성격이 사나울 뿐만 아니라 로마인을 아주 미워하는 것으로 알려져 있다. 갈리아 인은 일찍이 로마를 함락시켜서 황금을 포로 석방금으로 받았다는 사실을 즐겨 말하는데 그것은 공허한 과장이 결코 아니다. 에트루리아 인이 아직도 포르세나 왕과 조상들의 상무적 기질을 갖고 있다면 그 어떤 것도 로마인을 테베레 강 북쪽에서 쫓아내는 것을 막을 수 없다. 그렇게 강하게 나가면 로마인들은 이탈리아 전역을 독재적으로 지배하는 것은 물론 하지 못할 것이고 그들 자신의 목숨을 부지하기 위해서 힘겹게 싸워야 할 것이다. 삼니움 군은 에트루리아의 그러한 출병을 적극 지원할 준비가 되어 있다. 여기에 무기와 봉급을 충분히 제공받는 삼니움 군대가 있다. 설령 에트루리아가 삼니움 군에게 로마 시를 공격하는데 따라오라고 해도 망설임 없이 따라갈 것이다.

17. 이런 과시와 음모가 에트루리아에서 진행되는 동안에, 로마 군의 침공은 삼니움 본국의 사람들에게 고통을 안겨주기 시작했다. 푸블리우스 데키우스는 척후병들로부터 삼니움 군대가 에트루리아로 떠나버렸다는 보고를 받고서 작전 회의를 소집했다. 그가 물었다. "왜 우리가 전쟁을 이 마을 저 마을로 가져가면서, 농촌 지역을 전전해야 합니까? 도시와 성벽을 갖춘 마을들을 공격해야 되지 않겠습니까? 이제 삼니움을 보호해주는 군대는 없습니다. 그들은 모두 국경을 넘어가 자발적 유배에 들어갔습니다."

그는 병사들의 열렬한 호응 속에서 강력한 도시인 무르간티아 공격에 나섰다. 병사들은 사령관에 대한 충성심이 높았고, 또 농촌 지역을 배회하는 것보다는 도시 공격이 더 많은 약탈품을 챙길 수 있다는 희망에 자극을 받아서 사기가 충천했다. 그리하여 로마 군은 단 하루 만에 그 도시를 함락시켰다. 전투가 벌어지는 동안 2100명의 삼니움 사람들이 포위되어 붙잡혔고 엄청난 양의 전리품이 압수되었다. 데키우스는 계속 행군해야 하는 병사들이 무거운 짐으로 고생할 것이 우려되어 그들은 불러 모아 놓고 이런 연설을 했다.

"병사들이여, 여러분은 이 정도의 승리로 만족하고 이 정도의 전리품으로 흡족하다고 생각하는가? 여러분의 기대가 여러분의 용기에 걸맞은 그런 높은 것이 되어야 하지 않겠는가? 삼니움 족의 모든 도시들과 그 안에 내버려진 모든 물건들이 여러분의 것이다. 여러분이 수많은 전투를 통하여 삼니움 군대를 그들의 땅에서 내쫓았기 때문이다. 여러분이 가진 것을 모두 팔도록 하라. 이익을 좋아하는 장사꾼들이 여러분의 뒤를 따라오게 하라. 전리품을 모두 내게 맡겨 여러분이 팔고 싶은 물건을 지속적으로 공급할 수 있게 하라. 여기서부터 로물레아의 도시로 행군해 가자. 그곳에서는 힘든 일은 별로 없고 더 많은 전리품이 여러분을 기다리고 있다!"

전리품은 매각되었고 병사들은 어서 행군하자고 사령관을 재촉하면서 로물레아로 갔다. 그곳에서도 공성 작업이나 공성기 동원은 필요가 없었다. 로마 군이 일단 성벽에 접근하자 그 어떤 것도 그들을 물리칠 수 없었다. 그들은 가장 가까운 곳에다 재빨리 사다리를 걸쳐놓고 흉벽으로 기어올라갔다. 그 도시는 함락되어 약탈되었다. 병사들은 엄청난 전리품을 챙겼고 이번에도 전과 마찬가지로 그 물품들을 팔아버렸다. 그들은 제대로 휴식을 취하지도 못했으나 아주 민첩하게 페렌티눔으로 이동했다. 하지만 그 도시는 공격하기가 까다롭고 또 어려웠다. 성벽은 아주 철저하게 방어가 되었고 천연적으로 험지인데다가 축성 작업이 아주 잘 되어 있었다. 하지만 전리품에 맛들인 군대는 그 어떤 장애도 극복했다. 적은 약 3천명이 성벽 주위에서 살해되었고, 전리품은 모두 병사들에게 돌아갔다.

일부 연대기들은 이런 도시들을 함락시킨 공로는 대부분 파비우스 막시무스의 것이라고 기록하고 있다. 어떤 기록은 무르간티아는 데키우스가 점령했지만 페렌티눔과 로물레아는 파비우스의 공로라고 말한다. 다른 연대기들은 새 집정관 두 사람의 공로라고도 하고, 또 그 중 일부 연대기는 루키우스 볼룸니우스의 단독 공로라고 하면서 볼룸니우스가 추첨으로 삼니움 지역의 군사 지휘권을 가져갔기 때문이라고 설명한다.

18. 삼니움에서 이런 군사 작전이 수행되는 동안에(지휘권을 누가 갖고 있고 또 조점을 누가 치는지 여부는 차치하고), 에트루리아에서는 삼니움 사람 겔리우스 에그나티우스가 로마를 치기 위해 대규모 군대를 조직하고 있었다. 이 군대에는 여러 부족이 참가했다. 거의 모든 에트루리아 사람들

이 전쟁을 결심했다. 그런 투쟁 의지는 이웃 지역으로 전염되어 움브리아의 새로운 이웃들을 끌어들였고 또 갈리아 족도 지원을 조건으로 금전 약속을 받았다. 이런 연합군들은 삼니움 진영에 모여들었다. 이런 갑작스러운 봉기 소식이 로마에 전해졌을 때, 집정관 루키우스 볼룸니우스는 제2군단과 제3군단, 그리고 1만5천 명의 동맹군을 이끌고 삼니움으로 출발한 뒤였다. 그래서 아피우스 클라우디우스를 에트루리아로 가능한 한 빨리 파견하기로 결정되었다. 그는 제1군단과 제4군단 그리고 1만2천 명의 동맹군을 이끌고 현지로 출발했다. 로마 군은 적으로부터 그리 멀리 떨어지지 않은 곳에 진영을 설치했다.[14]

아피우스의 신속한 도착은 상당한 영향을 미쳤다. 로마 군의 명성이 반란 연합군에 가담하려던 일부 에트루리아 부족들의 참여를 사전에 막았기 때문이다. 이렇게 된 것은 결코 아피우스의 리더십 때문은 아니었다. 사실 그는 특별한 기술도 없었고 그렇다고 좋은 운명이 뒤따르는 사람은 아니었다. 아피우스는 적을 상대로 엉뚱한 시간과 장소에서 많은 전투를 벌였다. 그 결과 적은 날마다 승전의 희망이 높아지고 또 군사력이 강해지는 반면에, 로마 군 병사들은 사령관에 대한 믿음이 점점 사라졌고 그것은 병사들을 대하는 사령관도 마찬가지였다. 세 군데 연대기에서, 나는 동료 집정관 볼룸니우스를 삼니움으로부터 소환해 달라고 요청하는 편지가 발송되었다는 기록을 읽었다. 나는 이것을 확실한 사실로 보기가 망설여진다. 이 점에 대하여 당시 두 번째로 집정관 직을 수행하던 두 사람의 이야기가 엇갈리기 때문이다. 아피우스는 그런 편지

---

14 이것은 리비우스가 군단의 이름을 제시한 첫 번째 사례이다. 집정관이 거느리는 군대는 보병 2개 군단과 그 외에 기병대와 보조군이 추가된다. 이 경우에 지난해 집정관들이 거느렸던 군단은 아직도 야전에 나가 있는 상태이다.

를 보낸 사실을 부정했고, 반면에 볼룸니우스는 아피우스가 보낸 편지 때문에 자신이 삼니움에서 소환되었다고 주장했다.

볼룸니우스는 이미 삼니움에서 3개의 요새를 점령하여 약 3천 명의 적을 죽이고 그 절반 정도 되는 숫자를 포로로 잡았다. 그리고 원로원 의원들의 전면적인 승인 아래, 퀸투스 파비우스를 집정관 대리로 임명하여 정예군과 함께 루카니아에 파견함으로써 그곳 평민 지도자들이 사주한 루카니아 반란을 진압했다. 볼룸니우스는 데키우스에게 맡겨 그 땅을 파괴하라고 지시했고 그 자신은 휘하 군대를 이끌고 에트루리아의 동료 집정관에게 합류하러 갔다. 그가 도착하자 다들 기쁜 마음으로 환영했다. 아피우스의 심정이 어쨌을 것인지는 오로지 그 자신만이 알 것이다. 만약 그가 편지를 보내지 않았다면 그는 볼룸니우스의 도착에 크게 화를 내야 마땅하다. 만약 그가 도움이 필요해서 편지를 보내고서도 그 사실을 숨기려 한다면 그의 반응은 야비하고 상스러운 것이다.

아피우스는 동료 집정관을 맞이하러 나왔고 수인사를 나누자마자 물었다. "루키우스 볼룸니우스, 잘 지냈습니까?" 아피우스가 물었다. "삼니움 사정은 어떻게 돌아가고 있습니까? 무슨 일로 당신이 맡은 지역을 벗어나서 여기에 오게 되었습니까?" 볼룸니우스는 삼니움에서 모든 것이 잘 되어 가고 있으며, 그 자신은 아피우스의 소환에 따라 에트루리아로 오게 되었다고 대답했다. 만약 그 편지가 가짜이고 그와 휘하 군대가 에트루리아에서 필요하지 않다면 즉시 회군하여 삼니움으로 가겠다고 말했다. "그렇다면 가십시오." 아피우스가 말했다. "아무도 당신을 말리지 않습니다. 당신 자신의 전쟁도 잘 대응하지 못하면서 다른 사람을 돕기 위해 여기에 왔다고 자랑하는 것은 정말 예의 없는 일입니다." 볼룸니우스는 아무튼 모든 일이 좋게 해결되기를 바란다고 대답했다. 그는 자신이 에트루리아를 찾아온 것이 헛수고가 될지언정, 한 집정관이 지휘하는 로마 군이 에트루리아 진압에 불충분하지 않기를 바란다고 말했다.

19. 두 집정관이 헤어지려고 하는데, 아피우스 군의 부 사령관과 천인대장들이 두 사람 주위로 몰려들었다. 일부는 아피우스에게 동료 집정관의 도움을 경멸하지 말라고 호소했다. 아피우스 자신이 먼저 요청할 만한 도움이 이렇게 자발적으로 주어졌으니 제발 무시하지 말라고 권고했다. 또 다수의 아피우스 참모들이 떠나가려는 볼룸니우스의 길을 막고서 동료 집정관과의 볼썽사나운 다툼 때문에 국가를 배신하지 말아달라고 호소했다. 만약 어떤 참사가 벌어지면 버리고 떠난 사람이 버림을 받은 사람보다 더 문책을 당한다는 얘기도 했다. 에트루리아 사태는 아주 급박하여 성공과 실패의 전적인 공로 혹은 수치가 루키우스 볼룸니우스에게 달려 있다고 지적했다. 아피우스는 볼룸니우스가 필요 없다며 돌아가라고 했으나, 공화국과 군대에 의하여 거기 머물러야 한다는 것이었다. 병사들이 어떤 뜻을 가지고 있는지 그것도 알아보라고 권했다.

이런 경고와 호소를 하면서 참모들은 미적거리는 두 집정관을 군사 회의 장소로 모시고 갔다. 거기서 참모들은 아주 길게 연설을 했으나, 아까 소수의 사람들을 상대로 한 연설과 똑같은 효과를 냈다. 논리적으로 좀 더 우세한 입장에 있던 볼룸니우스는 동료 집정관의 탁월한 연설 능력에 비해서 조금도 뒤떨어지지 않는 연설 실력을 보였다. 그러자 아피우스는 그 연설 실력에 대한 공로는 자신이 차지해야 한다고 약간 비아냥거리는 어조로 말했다. 왜냐하면 예전에 함께 집정관으로 근무하던 초창기에 볼룸니우스는 입이 잘 떨어지지 않아 말을 제대로 못했기 때문이었다. 그런데 이제 그때 함께 근무한 덕에 대중 연설을 그런대로 잘하게 되었다는 것이다.[15]

---

15 기원전 307년 두 사람이 함께 집정관으로 근무할 때 볼룸니우스는 살렌티니 족을 상대로

"내가 당신으로부터 멋지게 연설을 하는 것을 배우기보다는, 당신이 내게서 씩씩하게 행동하는 법을 배웠다면 얼마나 좋았겠습니까!" 하고 볼룸니우스가 소리쳤다. 그는 이윽고 둘 중 누가 더 훌륭한 연설가인지 따지기보다는 누가 더 훌륭한 사령관인지 결정하자고 제안했다. 그것이 공화국이 바라는 바가 아니냐는 말도 했다. 이제 군사 작전의 무대는 에트루리아와 삼니움 이렇게 둘인데 아피우스가 먼저 작전 지역을 선택하라. 그 자신은 휘하 군대를 가지고 에트루리아든 삼니움이든 상관없이 작전을 펼 준비가 되어 있다.

이 순간 병사들은 두 집정관이 에트루리아 전역戰域을 함께 평정해 달라고 소리쳤다. 병사들이 만장일치로 합의하는 것을 보고서 볼룸니우스는 그들에게 말했다. "내가 이미 동료 집정관의 뜻을 잘못 해석했으므로, 이제 여러분이 원하는 것이 무엇인지 확실히 알아야 할 필요가 있다. 내가 여기에 머물기를 원하는지 혹은 가버리기를 원하는지 여러분의 함성으로 알려 달라." 그러자 병사들은 여기에 머물러 달라는 함성을 아주 크게 내질렀고 그 소리가 어찌나 크던지 적은 놀라서 그들의 진영에서 뛰어나올 정도였다. 이제 병사들은 무기를 집어들고 진영이 있는 높은 곳에서 아래 쪽 들판으로 내려서면서 전투 대열을 형성했다. 볼룸니우스 또한 출전 신호를 울리고 군기를 들고 진영 밖으로 나가라는 지시를 내렸다. 아피우스는 어떻게 행동해야 할지 막연해했다고 한다. 그가 전투에 참가하든 또는 전투에서 빠지든 승리는 동료 집정관에게 돌아갈 것임을 알았기 때문이다. 하지만 그의 휘하 군대 또한 볼룸니우스를 따라갈 것을 두려워하여 그 역시 병사들이 요구하는 신호를 내렸다.

승리를 거두었고, 반면에 아피우스는 군사 지휘권은 맡지 않고 로마에 남아서 국내 통치만을 담당했다. 참조 9권 42장.

양군은 서로 군사적으로 적절히 전개되지 못했다. 삼니움 군의 사령관인 겔리우스 에그나티우스가 소규모 기병대를 데리고 약탈 작전을 나간 동안에, 그의 병사들은 사령관의 지시나 명령 없이 충동적으로 전투에 돌입했다. 반면에 로마의 두 군단도 함께 전투에 투입된 것이 아니었고 그나마 전투 대형을 충분히 갖출 시간도 없었다. 볼룸니우스는 아피우스가 적에게 도착하기도 전에 교전에 돌입했다. 그리하여 서로 맞선 양군의 전선은 전력이 불균형을 이루었다. 마치 추첨으로 결정된 것처럼 양군의 배치는 평소와는 다른 것이었다. 에트루리아 군은 볼룸니우스를 상대로 하게 되었고, 삼니움 군은 사령관이 없어서 잠시 망설인 끝에 아피우스와 맞서게 되었다. 전투가 한창 진행 중이던 때에 아피우스는 최전선 군기들 사이에 서서 양손을 하늘로 들어올린 채 기도를 올렸다고 한다.[16] "벨로나 여신이여, 오늘 우리에게 승리를 내려주신다면, 나는 당신에게 신전 건립을 맹세하겠습니다."

이 기도를 올린 후에 마치 여신이 그를 밀어주는 것처럼 그의 용기는 볼룸니우스에 필적할 만한 것이 되었고 휘하 병사들도 그들의 사령관의 움직임에 보조를 맞추었다. 로마 군의 병사들은 두 사령관의 업적에 걸맞은 행동을 했고, 승리가 동료 로마 군에게 돌아가는 것을 막기 위해 더 열심히 싸우려고 애썼다. 이렇게 하여 로마 군은 적을 물리쳐서 흐트러뜨렸다. 적은 평소보다 더 많은 병력이 투입된 로마 군의 돌격을 버텨내지 못했다. 로마 군은 적이 뒤로 물러서면 더 강하게 압박하고, 적이 달아나면 그 뒤를 따라 추격하여 마침내 적을 진영으로 밀어붙였다. 거기서 적 사령관 겔리우스와 사벨리언 기병대가 등장하자 전투가 잠시 재개되었다. 그러나 이 부대도 곧 패주했고 로마 군은 적 진영을 공격하

---

16 고대인들은 양팔을 앞으로 쭉 내뻗고 손바닥을 하늘 쪽으로 노출시킨 채 기도를 했다.

기 시작했다. 볼룸니우스는 친히 출입문 공격을 지휘했고, 아피우스는 거듭하여 승리의 여신인 벨로나를 부르면서 병사들의 전투 의욕을 고취시켰다. 결국 로마 군은 보루와 참호를 돌파하여 진영을 함락시키고 약탈을 했다. 엄청난 양의 전리품이 탈취되었고 그 물품들은 모두 병사들이 개인적으로 챙기는 것이 허락되었다. 적군 7800명이 살해되었고 2100명이 포로로 잡혔다.

20. 두 집정관과 로마 군의 전체 군사력이 에트루리아 전쟁에 집중되는 동안에, 삼니움에서 새로운 군대가 조직되어 로마 통치 아래의 땅들을 침략했다. 그 군대는 베스키아를 통과하여 캄파니아와 팔레리이 영토로 들어와 많은 전리품을 탈취했다. 볼룸니우스는 강행군하여 삼니움으로 돌아갔다. 파비우스와 데키우스에게 승인되었던 지휘권 기간 연장은 이제 끝나가는 시점이었다. 볼룸니우스는 귀로에 삼니움 군이 캄파니아 영토에서 노략질을 일삼고 있다는 소문을 듣고서 로마의 우방들을 보호하기 위해 캄파니아 쪽으로 방향을 틀었다.

그가 칼레스에 접근했을 때 삼니움 군이 저지른 파괴의 실상을 직접 목격할 수 있었다. 칼레스 사람들은 삼니움 군이 너무나 많은 물자를 빼앗아가서 그 짐 때문에 행군 자체가 어려울 지경이라고 말했다. 삼니움 군의 지휘관들은 삼니움으로 일단 돌아가서 전리품을 그곳에 놔두고 다시 돌아와야겠다고 공공연하게 말한다는 것이었다. 그처럼 많은 전리품을 안고 있는 군대는 도저히 전투의 위험을 감당할 수 없다는 얘기도 한다는 것이었다. 그 모든 얘기가 그럴 듯하게 들렸다. 그래도 볼룸니우스는 좀 더 확실한 것을 알아내야 한다고 생각했다. 그래서 그는 기병대를 내보내어, 농촌 지역을 배회하고 있을 법한 약탈자들을 잡아오라고 지시했다. 그는 이렇게 잡혀온 자들로부터 적이 볼투르누스 강 근처에 진영을 설치했고 아침 일찍 삼니움으로 출발할 계획임을 알았다.

볼룸니우스는 이런 탐사 정보에 만족하면서 병사를 움직여서 적으로부터 좀 떨어진 곳에 진영을 설치했다. 너무 가까이 설치하면 적에게 그의 도착을 들킬 염려가 있었기 때문이다. 그렇지만 적이 진영을 떠나는 순간 곧바로 덮칠 수 있는 거리였다. 새벽 직전에 그는 좀 더 가까이 적에게 다가가서 오스카 말을 할 줄 아는 로마 병사를 적진에 보내 현재 진행 중인 사정을 알아보게 했다. 어둠과 혼란 속에서는 그렇게 하기 쉬워서 정탐 병사들은 적과 쉽게 어울렸고, 군기가 진영 밖으로 이동했으나 소규모 병사들만 뒤따르고, 약탈품과 그 경비병들만 움직이고 있음을 발견했다. 그러나 본진은 아직 움직이지 않고 있었다. 공통된 합의나 결정적인 명령이 내려오지 않았기에 다들 자기 일에 집중하면서 미적거리고 있었다. 공격하기에 아주 좋은 상황이었고 날은 이미 밝아 있었다.

볼룸니우스는 전투 신호를 울리라는 지시를 내리고 적의 대열을 공격했다. 삼니움 병사들은 전리품 때문에 행동이 비둔했고 손에 무기를 들고 있는 병사는 거의 없었다. 일부 병사들은 걸음을 빨리 하면서 소 떼를 앞쪽으로 몰고 갔고, 일부 병사들은 우뚝 서서 앞으로 계속 나아가는 것이 안전할지 아니면 진영으로 되돌아가야 할지 망설이고 있었다. 그들은 그런 식으로 주저하는 동안에 제압당했다. 로마 군은 이미 보루 위를 넘어섰고 진영은 유혈이 낭자하고 소음이 가득했다. 삼니움 군은 일대혼란에 빠졌다.

로마 군이 갑자기 쳐들어와 혼란함을 느낀 것도 있지만, 포로들이 갑자기 감옥을 탈출해 나오면서 더욱 혼잡해졌다. 포로들 중 일부는 손발이 묶여 있지 않아서 묶여 있는 다른 포로들을 풀어주고 있었고, 다른 포로들은 병사들의 배낭에 묶여 있는 무기를 꺼내들었다. 그 포로들은 로마 군과 뒤섞여서 일대 혼란을 일으켰는데, 실제 전투가 벌어진 것보다 더 삼니움 병사들을 겁먹게 했다. 이어 포로들은 엄청난 성공을 거두었다. 그들은 삼니움 장군 스타이우스 미나티우스에게 달려갔다. 그 장군은 말을 타고서 병사들 사이를 돌면서 격려의 말을 외치고 있었는데, 포로들이 그를 호위하는 기마병들을 쫓아버리고 말 탄 상태의 장군을 오히려 포로로 사로잡아 로마 집정관 앞으로 데려간 것이었다. 사태가 이렇게 돌아가자 환호성이 터져 나왔고, 그 소리에 삼니움 군의 전위대가 방향을 돌려서 새롭게 전투에 나섰으나, 전투는 이미 거의 끝나가는 상태여서 오래 지속될 수 없었다.

적군 약 6천명이 살해되었고, 2500명이 포로로 잡혔으며(그 중 네 명의 천인대장이 포함됨), 30개의 군기가 탈취되었다. 로마 군을 더욱 기쁘게 한 것은 7400명의 포로들을 해방시키고, 삼니움이 우방들로부터 빼앗은 엄청난 전리품을 고스란히 다시 확보하게 된 것이었다. 로마 군은 공고를 내어 이 물품들의 소유주를 소환했고 지정된 날에 출두하여 자신의 물품을 확인하고 되찾아가게 했다. 주인 없는 물건들은 모두 병사들 차지가 되었다. 그러나 병사들은 향후의 전투에 장애가 되지 않도록 그 물품들을 모두 팔아 치우라는 명령을 받았다.

21. 캄파니아 지방에 대한 습격은 로마에 커다란 경각심을 불러일으켰다. 동시에 에트루리아에서 이런 소식이 들려왔다. 볼룸니우스가 휘하 군대를 이끌고 에트루리아 지방을 떠나자, 그 지역 사람들이 일제히 무장봉기를 하여 삼니움 사령관 겔리우스 에그나티우스와 움브리아 사람들이 그 반란에 참여해 달라는 초청을 받았고, 갈리아 인들에게도 참전을 요청하면서 고액의 대가를 약속했다는 것이다. 이런 보고에 놀란 원로원은 법정을 폐쇄하고 모든 연령대의 남자들을 징집하라고 지시했다. 군복무 연령대의 자유민 시민들은 복무 맹세를 해야 되었고, 그보다 나이 많은 사람들로 이루어진 보병대가 조직되고, 또 해방 자유민들은 켄투리아에 소환되었다. 도시를 방어하기 위한 계획이 논의되었고 최

고 지휘권이 법무관 푸블리우스 셈프로니우스에게 부여되었다. 그러나 루키우스 볼룸니우스가 캄파니아의 습격자들을 학살하여 흐트러트렸다는 소식을 전해오자 원로원의 불안감은 부분적으로 가셔졌다. 따라서 원로원 의원들은 집정관의 승리를 기념하는 감사의 날을 하루 지정하여 선포했고, 18일이나 끌었던 법률 업무의 중단을 해제했다. 시민들은 감사의 날을 맞아 즐겁게 감사하는 마음을 표시했다.

그 다음에 원로원 의원들은 삼니움 군이 침략한 지역을 보호하기 위한 대책을 논의하여, 베스키아와 팔레리이 지방에 두 개의 식민 정착촌을 건설하기로 결정했다. 한 정착촌은 리리스 강 하구에 자리잡은 것으로 명칭은 민투르나이였고, 다른 정착촌은 팔레리이 영토와 접해 있는 베스키아의 삼림지에다 건설했다. 전에 이곳에 시노페라는 그리스 도시가 들어섰다고 하는데, 로마 정착민은 이름을 시누에사로 바꾸었다. 호민관들은 주민투표를 조직하여 승인을 받으라는 임무가 주어졌다. 그 주민투표에 따라 법무관 푸블리우스 셈프로니우스는 두 식민촌에 파견할 정착민들을 관리하는 3명의 식민 위원들을 지명하게 될 것이었다. 하지만 위원 자리에 신청하는 사람을 구하기가 쉽지 않았다. 위원의 임무가 안정된 땅에 정착촌을 건설하는 것이 아니라 적지에서 항구적 외곽 기지를 설치하러 가는 것이라고 믿었기 때문이다.

에트루리아 상황이 점점 심각해지면서 의원들의 관심은 이 문제로부터 멀어지게 되었다. 아피우스는 툭하면 보고서를 보내어 그 지방의 상황을 경시하지 말라고 경고해 왔던 것이다. 그는 에트루리아, 삼니움, 움브리아, 갈리아의 네 개 부족이 연합군을 조직하는 중이라고 보고했다. 또 그들의 진영은 많은 병력을 다 수용할 수가 없어서 둘로 나뉘었다는 것이다. 이런 이유로, 또 선거철이 다가와서, 집정관 루키우스 볼룸니우스는 로마로 소환되었다. 그는 투표를 위해 켄투리아를 소집하기 전에 대규모 공공 모임을 소집하여 에트루리아 전쟁이 대규모임을 시민들에게 보고했다. 전에 그와 동료 집정관이 합동으로 작전을 펴던 때, 전쟁의 규모가 상당하여 한 명의 사령관과 그 휘하의 군대만으로는 전쟁 수행을 충분히 할 수 없었던 점을 지적했다. 그리고 그때 이후 움브리아 인과 갈리아 인의 대규모 군대가 반란군에 가담했다는 얘기가 들려오고 있었다. 시민들은 그날 투표로 선출하게 되는 두 명의 집정관이 네 개 부족을 상대로 해야 한다는 것을 꼭 명심해 달라고 요청했다. 볼룸니우스는 또한 시민들이 당대의 가장 뛰어난 지휘관을 집정관 직에 만장일치로 선출하지 않는다면, 그 자신이 즉각 독재관을 지명할 생각도 있음을 밝혔다.

22. 그리하여 파비우스가 다섯 번째로 집정관 자리에 오를 것임을 아무도 의심하지 않았다. 투표를 제일 먼저 하는 특권 켄투리아와 그 직후에 투표에 나서는 모든 켄투리아가 파비우스와 루키우스 볼룸니우스를 집정관으로 투표했다.[17] 파비우스는 2년 전과 비슷한 고사固辭의 뜻을 밝혔으나 평민들의 전반적 의지에 굴복했고 단지 동료 집정관으로 노령의 그를 보좌해줄 수 있는 푸블리우스 데키우스를 뽑아달라고 요청했다. 두 사람은 감찰관 직과 두 번의 집정관 직을 함께 했는데 동료 집정관들의 좋은 관계는 공화국에 큰 이득이 된다고 말했다. 파비우스는 이제 자신의 나이가 많기 때문에 그런 고위직에 새로운 동료를 받아들이기가 부담스럽다는 말도 했다. 그가 성격을 잘 아는 사람과 서로 의견을 나누는 것이 한결 수월할 것이라는 얘기였다.

집정관 볼룸니우스는 푸블리우스 데키우스의 공로를 칭송하면서 파

17　특권 켄투리아(centuriae praerogativae)는 기사들의 18개 켄투리아를 말하고, 그 직후에 투표했다는 켄투리아는 제1계급에 속하는 80개 켄투리아를 가리키는 것이다. 참조 1권 42장.

비우스의 호소를 거들고 나섰다. 그는 군사 업무의 관장에서도 두 집정관의 좋은 관계가 많은 혜택을 가져온다고 말하면서, 둘 사이가 나쁘면 공화국에 큰 피해를 입힐 수도 있다고 지적했다. 그러면서 최근에 그 자신과 아피우스 사이의 불화로 인해 거의 치명적인 위기를 맞을 뻔한 일을 상기시켰다. 데키우스와 파비우스는 한 마음, 한 뜻을 가진 사람들이라고 그는 치켜세웠다. 게다가 두 사람은 전쟁 수행의 적임자로서, 재빠른 군사적 행동에는 탁월하지만 말로 하는 싸움에는 그리 능숙하지 못하다는 점도 닮았다고 지적했다. 두 사람은 집정관 직 수행에 적합한 재능을 갖고 있다. 반면에 총명하고 머리가 잘 돌아가고 웅변과 법률에 능숙한 아피우스 클라우디우스 같은 사람들은 도시와 포룸을 통치하는데 능숙하므로 법무관으로 선임하여 사법 행정을 맡기는 것이 좋다.

그날은 이런 문제를 논의하느라 다 흘러갔고, 그 다음 날 집정관의 명령에 의하여 집정관과 법무관의 선거가 동시에 치러졌다. 퀸투스 파비우스와 푸블리우스 데키우스가 집정관에 선임되었고 아피우스 클라우디우스는 법무관으로 선출되었다. 이 세 사람은 모두 도시에서 부재중이었다. 그리고 원로원의 선포와 민회의 비준에 의하여 루키우스 볼룸니우스의 군사 지휘권이 1년 연장되었다.

23. 이해(기원전 295년)에 많은 불길한 조짐이 있었는데 그것을 피하기 위하여 이틀간의 공식 기도일이 지정되었다. 술과 향료가 국가 비용으로 제공되었고 남녀 군중이 신전에 기도를 올리러 갔다. 이 때 헤라클레스의 둥근 신전 근처의 가축 시장에 서 있는 〈귀족 순결의 여신〉 사당에서 유부녀들 사이에 싸움이 벌어졌다. 아울루스의 딸 베르기니아는 귀족 출신으로 평민 출신 집정관 루키우스 볼룸니우스와 결혼했다. 그녀는 귀족 계급이 아닌 사람과 결혼했다는 이유로 기혼 부인들에 의하여 그 예식에 참여하는 것을 금지당했다. 간단한 언쟁이 벌어지더니 곧 여

성들 사이의 엄청난 분노가 그러하듯이 열정적인 싸움으로 번졌다. 베르기니아는 귀족이면서 순결한 여성으로 사당에 들어섰다고 주장했다. 또한 그녀가 처녀의 몸으로 한 남자와 결혼을 했고, 그 남자와 그가 거둔 군사적 성공과 명예를 조금도 부끄럽게 여기지 않는다고 말했다.

이어 그녀는 자신의 고상한 말을 행동으로 실천했다. 그녀는 자신이 살고 있는 비쿠스 롱구스에서, 대저택의 일부를 따로 떼어서 조촐한 크기의 사당을 들이게 했다. 그녀는 거기다가 제단을 설치하고서 평민 유부녀들을 불러들여 기도를 올리게 했다. 귀족 부인들의 모욕적인 행동을 불평한 뒤 베르기니아는 이렇게 말했다. "나는 이 제단을 〈평민 순결의 여신〉에게 바칩니다. 이 제단이 다른 어떤 것보다도 순결한 생활을 해온 여성들에 의하여 공손하게 예배되기를 바랍니다. 우리의 국가에서 남자들이 용기의 라이벌들이라면, 우리 기혼 부인들은 정절의 실천으로 서로 겨루어야 해요."

그리하여 이 제단은 다른 오래된 제단처럼 똑같은 의식을 올리는 장소가 되었고 오로지 한 남자와만 결혼한 입증된 순결의 유부녀들만이 희생 제물을 바칠 권리가 있었다. 하지만 그 후에 이 종교의식은 더 이상 순결하지 않은 예배자들의 참여로 인해 타락하게 되었다. 기혼 부인들뿐만 아니라 사회 모든 계층의 여자들이 참가하는 바람에, 마침내 이 종교의식은 완전히 잊혀졌다.

같은 해에 쿠룰레 토목건축관리관 그나이우스 오굴니우스와 퀸투스 오굴니우스는 여러 명의 고리대금업자를 재판에 회부했다. 그들의 재산이 몰수되자 국가에 들어온 자금을 사용하여 카피톨리움에 청동 문턱을 깔았고, 유피테르 신전의 세 개 테이블에 들어가는 은제 잔을 만들었다. 두 토목건축관리관은 신전 지붕에다 네 마리 말이 끄는 전차에 올라탄 유피테르 조각상을 세웠다. 갓난아이 로물루스와 레무스가 버려진 장소인 무화과나무 자리에는 도시의 창건자들이 갓난아이 시절에 늑대의 젖을 빠는 모습을 묘사한 조각상이 세워졌다.[18] 두 토목건축관리관은 또한 카페나 성문에서 마르스 신전에 이르는 길에다, 네모난 포석을 깔아서 포장도로를 조성했다. 이것 이외에, 평민 출신 토목건축관리관인 루키우스 아일리우스 파에투스와 가이우스 풀비우스 쿠르부스는 그들이 유죄 판결을 내린 목축업자들로부터 받아낸 벌금을 가지고 게임을 개최하고 케레스 신전에 들어갈 황금 헌주 주발을 제공했다.[19]

24. 이러한 일이 벌어진 직후에 퀸투스 파비우스(5선)와 푸블리우스 데키우스(4선)는 집정관 직에 취임했다. 두 사람은 세 번이나 집정관을 함께 했고, 감찰관은 한 번 같이 근무했으며, 좋은 사이를 유지하면서 위대한 군사적 업적을 올린 것으로 명성이 자자했다. 그러나 그 좋은 사이는 영원히 지속되지는 못했다. 그 불화는 두 사람 사이의 문제라기보다는 귀족과 평민 사이의 계급적인 문제에서 기인하는 것이라고 나는 생각한다. 귀족들은 파비우스가 통상적 절차를 따를 것 없이 에트루리아의 군사 지휘권을 맡아야 한다고 주장했다. 반면에 평민들은 데키우스에게 추첨에 의해 지휘권을 결정하라고 압력을 넣었다. 아무튼 원로원에서 열띤 논쟁이 벌어졌고 파비우스가 거기에서 좀 더 힘이 센 것으로 판명되자, 그 문제는 민회로 이첩되었다.

공공 모임에 나선 두 집정관은, 말보다는 행동을 중시하는 군사 지도자들답게 짧고 간단하게 연설했다. 파비우스는 이런 주장을 했다: 어떤 사람이 나무를 심었는데 다른 사람이 그 나무 밑의 땅에서 과실을 따간

---

18 로물루스와 레무스 얘기는 1권 4장 참조.
19 목축업자들은 합법적으로 사용할 수 있는 국가의 땅 이외의 땅을 목축업에 사용한 죄로 벌금을 받았을 것으로 추정된다.

다면 그건 참을 수 없는 일이다. 키미니아 숲을 열어서 로마인들이 그 먼 길을 통하여 무기를 수송할 수 있도록 길을 연 것이 누구인가? 만약 시민들이 그에게 다른 장군 밑에서 전쟁을 수행하게 할 생각이었다면 왜 이런 고령의 인물을 뽑았는가? 그는 점점 열띤 목소리로, 지휘의 동반자를 뽑은 것이 아니라 경쟁자를 뽑은 게 틀림없다고 말했다. 데키우스는 세 번씩 집정관을 같이 하면서 아마도 질투심을 갖게 된 듯하다고 지적했다. 파비우스는 시민들이 그가 지휘할 자격이 있다고 생각한다면 지휘권을 가진 채 전장에 파견되게 해달라고 말하면서 연설을 마쳤다. 그는 이미 원로원의 의지를 따랐으므로 민회의 권위에도 승복하겠다고 말했다.

푸블리우스 데키우스는 원로원의 부당함에 대하여 불평했다. 원로원 의원들은 할 수만 있다면 평민들이 고위직에 오르는 것을 막으려 한다고 지적했다. 하지만 이제 어느 계급의 사람이든 타고난 능력으로 인정을 받게 되자, 그들은 민회의 결정뿐만 아니라 운명의 소망도 무시하면서 모든 것을 소수의 손에 집중시키고자 한다. 예전의 집정관들은 모두 추첨으로 지휘권을 받아갔다. 그런데 이제 원로원은 추첨도 하지 않고 일방적으로 파비우스에게 지휘권을 주려 한다. 만약 이런 조치가 명예의 표시라고 한다면, 또 파비우스의 공로가 공화국을 보나 본인 자신을 보나 아주 큰 것이어서 이런 조치를 한다면, 파비우스의 명성을 더욱 높이는 일에 나(데키우스)는 반대하지 않을 것이다. 그러나 그 찬란한 명예가 동료 집정관에게 모욕을 주는 방식으로 빛을 더해서는 안 될 것이다. 그런데 단 하나의 위험하고 까다로운 전쟁이 벌어졌는데 그 지휘권이 추첨 절차도 없이 어떤 집정관에게 주어진다면 그 동료 집정관은 불필요하고 쓸모없는 존재임을 그 누가 의심하겠는가? 파비우스는 에트루리아에서 거둔 전공을 자랑스럽게 여긴다. 푸블리우스 데키우스도 뭔가 자랑스럽게 여길 만한 것을 거두고 싶다. 파비우스가 완전히 꺼버리지 않고 약간 불씨를 남겨둔 불이 갑자기 새로운 불길로 번지고 있는데 그것을 데키우스가 꺼버리고 싶다. 요약하면, 그는 동료 집정관의 고령과 위엄을 감안하여 명예와 보상을 양보할 준비가 되어 있지만 위험과 전투에 관한 한 그 어떤 것도 자발적으로 양보하지 않았으며 지금도 그렇게 할 생각이 없다는 것이었다. 만약 이 논의에서 그가 아무것도 얻지 못한다면, 적어도 이 한 가지만은 얻고 싶다는 뜻도 밝혔다. 평민의 것은 평민이 처분해야 하며, 원로원이 그것을 특혜로 수여하는 일은 중단되어야 한다. 그는 이어 최고최선의 유피테르와 영원불멸의 신들에게 이런 기도를 올렸다.

"추첨을 함으로써 동료 집정관과 똑같은 기회를 그들이 내게 부여하게 해 주십시오. 전쟁을 수행함에 있어서 그와 똑같은 용기와 행운을 내게도 부여해 주십시오. 로마의 두 집정관 중 누가 사령관이 되어도 전쟁을 똑같이 잘 수행할 수 있다면, 그것은 정의롭고 유익한 모범이 될 것이며, 로마 시민들의 명성도 높여줄 것입니다."

파비우스는 부족들이 투표를 하기 전에 에트루리아에서 법무관 아피우스 클라우디우스가 보내온 급보를 로마 시민들이 귀 기울여 들어야 한다는 말 이외에 더 이상 호소하지 않았다. 이어 그는 공공 모임의 장소에서 떠나갔다. 민회는 원로원과 마찬가지로 추첨 절차 없이 파비우스가 에트루리아 방면의 군사 지휘권을 맡아야 한다고 만장일치로 결정했다.

25. 이어 거의 모든 젊은이들이 파비우스 주위에 몰려들었고 청년들은 각자 기꺼이 자신의 이름을 등록하면서 이런 훌륭한 지휘관 밑에서 복무하고 싶어 하는 열광적 의사를 드러냈다. 그를 둘러싼 군중들 한가운데에서 파비우스는 이렇게 말했다. "나는 보병 4천명에 기병 6백명만

징집할 생각입니다. 오늘과 내일 중에 이름을 등록한 자들만 데리고 출정할 계획입니다. 나는 다다익선의 군대를 가지고 전쟁을 할 생각은 없고 여러분 모두가 많은 전리품을 챙겨서 귀국하는 데에 더 관심이 많습니다." 그는 전투 준비를 끝내 군대를 이끌고 출정했다. 그가 다수의 병력을 원하지 않을 만큼 자신감과 낙관론이 흘러넘쳤다.

　파비우스 군대는 적으로부터 그리 멀리 떨어지지 않은 아하르나 시를 향해 출발했고 그곳 근처에 법무관 아피우스의 진영이 있었다. 파비우스는 진영에 도착하기 몇 km 전에 무장 경계병의 호위 아래 땔감을 수집하러 나온 몇몇 사람들을 만났다. 이들은 파비우스 앞에서 걷고 있는 릭토르들을 보고 또 파비우스가 집정관이라는 사실을 발견하자 아주 기뻐하면서, 그를 사령관으로 보내준 신들과 로마 시민들에게 감사를 표시했다. 그들이 집정관에게 인사를 올리기 위해 주위에 몰려들자 파비우스는 어디로 가는 중이었느냐고 물었다. 그들은 화목火木을 수집하기 위해 나왔다고 대답했다. "그럼 진영 주위에 보루를 설치하지 않았다는 말인가?" 그들은 이중 보루에 참호를 설치했지만 그래도 아주 깊은 두려움을 느끼고 있다고 말했다. "그럼 자네들이 나무를 충분히 가지고 있으니 돌아가서 보루를 파괴하도록 하라." 파비우스가 말했다.

　병사들은 진영으로 돌아가서 보루에 들어간 나무 말뚝을 뽑기 시작했다. 그것을 본 진영 내 병사들과 보루 뒤에 있던 아피우스는 깜짝 놀랐다. 그러나 곧 지금 진영 쪽으로 오고 있는 집정관 퀸투스 파비우스의 지시에 따라 이런 보루 해체 작업을 하고 있다는 말이 퍼져 나갔다. 그 다음 날 진영은 이동했고 법무관 아피우스는 로마로 귀국 조치되었다. 그때부터 로마 군은 항구적 진영은 운영하지 않았다. 파비우스는 군대가 어떤 한 장소에 정착하는 것은 무익한 일이라고 주장했다. 계속 행군하고 진영의 장소를 자주 바꿈으로써 군대는 기동성과 신체 적응성이 높아진다는 것이었다. 하지만 행군은 계절의 상황이 허용하는 범위 내에서만 이루어질 수 있었고 당시 겨울은 아직 끝나지 않은 상태였다.

이른 봄에 파비우스는 클루시움(전에는 카마르스라고 불리던 곳) 인근의 제2군단을 법무관 대리인 루키우스 스키피오에게 맡겨 진영을 지키게 하고서, 그 자신은 전쟁의 상황을 협의하기 위해 로마로 귀국했다. 전쟁이 보고서에서 알려온 것보다 훨씬 심각하다고 판단했거나 아니면 원로원의 소환이 있었기에 귀국하게 되었을 것이다. 그러나 권위 있는 역사가들은 이 점에서 의견이 엇갈리고 있다. 어떤 역사가들은 파비우스가 법무관 아피우스 클라우디우스에 의하여 소환되었다고 말한다. 아피우스는 전에 보고서에서도 그랬던 것처럼 원로원과 민회 앞에서도 에트루리아 전쟁의 위험을 과장했다. 한 명의 사령관이 하나의 군대만을 가지고 네 개 부족을 상대한다는 것은 결코 충분하지 않다고 주장했다. 네 개 부족이 연합하여 그 사령관을 제압하려 들 수도 있고, 또는 각자 네 개의 다른 전투를 벌여서 그의 병력을 분산시킬 수도 있으므로, 한 사령관이 그들을 모두 상대해야 하는 것은 불가능한 일이라는 얘기였다. 아피우스는 뒤에 2개 로마 군단을 남겨 놓고 왔고 또 파비우스는 보병 5천을 거느리고 그 지역으로 들어왔다.

그래서 아피우스의 견해는 이러했다. 집정관 푸블리우스 데키우스가 가능한 한 빨리 추가 병력을 이끌고 에트루리아로 내려가 파비우스 군과 합류해야 하고, 루키우스 볼룸니우스에게는 삼니움 방면의 지휘권을 수여해야 한다. 만약 데키우스가 독자적인 지역에서 지휘를 하고 싶다는 의사라면, 볼룸니우스에게 집정관급 정규군[20]을 주어 에트루리아로 내려가 파비우스에게 합류하도록 해야 한다. 대다수 의원들이 이러

---

20 보병 2개 군단 이외에 기병대와 동맹국의 보조군.

한 주장에 마음이 움직였지만 푸블리우스 데키우스는 모든 문제를 미결정 상태로 놔두고 파비우스가 로마로 귀국할 때까지 기다리자고 제안했다. 혹은, 이것이 공공 정책에 타당하다면, 파비우스가 휘하 부 사령관을 귀국시켜 에트루리아의 전황이 얼마나 심각한지 또는 어느 정도의 병력을 몇 명의 장군이 지휘해야 하는지 보고하게 하는 것이 좋겠다고 말했다.

26. 파비우스는 로마로 귀국하여 원로원과 민회 앞에서 중도 노선의 연설을 하면서 전황을 과장하지도 않았고 그렇다고 해서 축소하지도 않았다. 사령관을 한 명 더 받는 문제에 대해서는, 그 자신이나 국가에 위험이 있어서라기보다는 사람들의 공포심을 진정시키기 위해 동의했다. 만약 그에게 전쟁 수행을 도와주고 또 지휘권을 공유할 두 번째 사령관을 파견할 생각이라면, 과거에 잘 조화를 이루어 일했던 집정관 푸블리우스 데키우스를 어떻게 잊어버릴 수 있겠느냐고 파비우스는 말했다. 파비우스는 데키우스 이외에는 함께 일하고 싶은 사람이 없다고 했다. 데키우스 휘하의 2개 군단이 추가로 투입된다면 그는 충분한 병력을 확보하게 될 것이고, 적은 아무리 많은 병력을 갖고 있다고 하더라도 로마군의 상대가 되지 못할 것이다. 만약 동료 집정관이 다른 지역을 원한다면 루키우스 볼룸니우스를 그에게 주어 도와주게 해도 별 문제가 없으리라는 의견도 말했다.

민회와 원로원과 푸블리우스 데키우스는 그 결정을 전적으로 파비우스에게 맡겼고, 데키우스가 삼니움이든 에트루리아든 가리지 않고 어디든 가겠다는 의사를 밝히자, 대중은 크게 기뻐하면서 축하했다. 시민들은 전쟁의 승리를 미리 맛보고 있는 듯했고 두 집정관은 출병을 하는 것이 아니라 개선식을 치르는 듯했다.

일부 권위 있는 역사서들에서, 나는 파비우스와 데키우스가 집정관 취임 즉시 에트루리아로 떠났고, 내가 위에서 서술한 지휘권을 추첨으로 결정하기와 두 집정관 사이의 경쟁심 따위는 전혀 언급하지 않은 것을 발견했다. 그러나 어떤 역사가들은 두 집정관의 갈등을 서술하는 데서 만족하지 않고 아피우스가 민회에 나가 부재중인 파비우스를 비난했고, 또 파비우스가 귀국했을 때에는 끈덕지게 그를 비판했다는 기사도 추가했다. 또 추첨에 의하여 각자의 전투지역을 결정해야 한다고 데키우스가 주장하고 나서는 바람에 두 집정관 사이에 2차로 대결이 벌어졌다는 얘기도 했다. 아무튼 역사서들 사이의 전반적 합의는 두 집정관이 함께 전장으로 출발했다는 시점에서 시작된다.

그러나 그들이 에트루리아에 도착하기도 전에 세노니아 갈리아 인들이 큰 무리를 이루어 클루시움 근처에 도착했다. 그들의 의도는 그 근처에 진영을 설치한 로마 군을 공격하려는 것이었다. 진영 지휘관인 스키피오는 휘하의 소수 병력을 보상해 줄 만한 입지를 선택하는 것이 중요하다고 생각하여, 그 도시와 그의 진영 사이에 있는 언덕 위로 병력을 이동시키기로 결심했다. 그러나 그는 황급히 움직이는 바람에 행군 노선을 적절히 탐사하지 못했고, 그래서 적이 이미 점령한 산등성이에 도달하게 되었다. 적은 반대 방향에서 행군해와 그곳을 차지해 버린 것이었다. 이렇게 하여 로마 군은 후방에서 심한 공격을 받는 상태로 완전 포위가 되었다. 적은 온 사방에서 로마 군을 공격해 왔다. 일부 권위 있는 역사가들은 이렇게 말한다. 그곳의 로마 군은 완전히 섬멸되었고 그래서 그 패전을 보고해줄 사람조차도 없었다.

클루시움에서 별로 떨어지지 않은 곳에 있었던 두 집정관에게 그런 참사의 소식은 전혀 전해지지 않았는데, 몇몇 갈리아 기마병들이 인근에 나타나면서 그 소식이 알려지게 되었다. 그들은 로마 군 병사의 참수된 머리를 말 가슴 부분에 매달리게 하거나 아니면 장창 끝에 꿰어 들고서 그들이 승리할 때 부르는 개선가를 흥얼거리고 있었다. 어떤 역사가들은 그들이 갈리아 인이 아니라 움브리아 인이며, 로마 군이 당한 패배는 그리 심각한 것이 아니라고 기록했다. 이 역사가들은 부 사령관 루키우스 만리우스 토르콰투스의 지휘 아래 마초馬草를 수집하러 나갔던 일부 병사들이 포위를 당하자, 법무관 대리인 스키피오가 진영에서 병력을 이끌고 튀어나와 구원을 하면서 전투가 새롭게 벌어져서 움브리아 인을 패배시켰고 그들을 포로로 잡고 또 전리품을 탈취했다고 말한다. 하지만 로마 군을 패배시킨 것은 움브리아 인보다는 갈리아 인이었을 가능성이 높다. 왜냐하면 특히 그해(기원전 295년)에 로마가 가장 두려워한 것은 갈리아의 침략이었기 때문이다.

그래서 두 집정관은 로마 군 4개 군단과 강력한 기병대를 거느리고 출병했다. 특히 이 전쟁을 위하여 캄파니아는 1천 필의 튼튼한 말을 제공했다. 그 외에 로마 군보다 더 많은 병력을 가진 동맹군과 라틴 군이 가세했다. 또 에트루리아 방면에 대비하기 위하여 위와는 별도로 두 개의 군대가 편성되어 한 군대는 팔리스카 지구에, 다른 한 군대는 바티칸 지구에 배치되었다. 둘 다 도시로부터 그리 멀리 떨어지지 않은 지점이었다. 둘 다 법무관 대리인 그나이우스 풀비우스와 루키우스 포스투미우스 메갈루스는 각자 맡은 곳에 항구적 진영을 설치하라는 지시를 받았다.

27. 두 집정관은 적지인 센티눔 지역에서 도착하여 그곳에서 6km 정도 떨어진 곳에 진영을 설치했다. 적은 그때 자기들끼리 의논을 하면서 한 진영에 모든 병력을 집결시키지는 않기로 했고 또 모두 함께 개전開戰하는 것을 피하기로 합의했다. 그리하여 갈리아 인은 삼니움 군과 합쳤고, 움브리아 인은 에트루리아 인과 합쳤다. 그들은 전투를 개시할 날짜를 정했고 그날이 되면 삼니움 군과 갈리아 인은 교전에 나서고, 실제

전투가 벌어지는 동안에 에트루리아 인과 움브리아 인은 로마 군의 진영을 공격하기로 되었다. 이 작전 계획은 클루시움에서 도망친 세 명의 탈주병에 의하여 지장을 받게 되었다. 그들은 밤중에 몰래 파비우스를 찾아가서 적의 계획을 밀고했다. 탈주병들은 보상을 받고 다시 적진으로 돌아갔고 새로운 결정이 내려지면 그때 로마 군에게 알려주기로 했다.

두 집정관은 풀비우스와 포스투미우스에게 편지를 써서 팔리스카 지구와 바티칸 지구에 주둔 중인 군대를 즉시 클루시움으로 이동시켜 적의 토지를 무자비하게 파괴하라고 지시했다. 이 파괴 작전이 에트루리아 인들에게 보고되자, 그들은 자국 영토를 보호하기 위하여 센티눔 지역의 군대를 빼내어 클루시움 지역으로 이동시켰다. 그러자 두 집정관은 에트루리아 군대가 없는 틈을 이용하여 전투에 돌입하여 전력을 다하기로 결정했다. 그들은 이틀 동안 적과 전면적으로 교전하기 위해 애썼으나 적은 말려들지 않았고 이렇다 할 움직임을 보이지 않았다. 양측에서 약간의 사상자가 발생했고 본격적 전투에 앞서 입맛을 다시는 정도의 소규모 전투가 벌어지기는 했으나 승패를 결정지을 만한 결정적인 교전은 벌어지지 않았다. 그러나 사흘째 되는 날 양군은 전 병력을 집결하여 야전에 나섰다.

양군이 전투 대형을 갖추고 서로 대치하고 있는데, 산속에서부터 늑대를 피하여 도망치던 사슴 한 마리가 양군 사이의 들판을 가로지르며 달려갔다. 이어 두 짐승은 정반대 방향으로 달려갔는데 사슴은 갈리아 인 쪽으로, 늑대는 로마 군 쪽으로 질주했다. 늑대는 로마 군 보병대 사이의 빈 공간을 통하여 계속 달려갔으나, 사슴은 갈리아 인의 칼에 맞아 쓰러졌다. 그러나 로마 군 최전선에 있던 한 병사가 소리쳤다.

"저것은 도주와 유혈이 어느 쪽에서 벌어질 것인지 보여주는 징조이다. 디아나 여신에게 신성한 희생 제물로 바쳐지는 사슴이 죽어 나자빠진 것을 보지 않았는가. 반면에 여기 마르스 신의 늑대는 아무런 상처나 간섭을 받지 않고 승자로 남았다. 이것은 군신 마르스와 우리 도시의 창건자가 거둔 승리를 상기시키는 것이다!"

적군의 오른쪽 날개에는 갈리아 인들이 섰고, 왼쪽 날개는 삼니움 군이 맡았다. 퀸투스 파비우스는 삼니움 군에 대하여 로마 군 우익의 1군단과 3군단을 배치했다. 반면에 데키우스는 갈리아 인에 맞서서 로마 군 좌익에 5군단과 6군단을 배치했다(당시 2군단과 4군단은 집정관 대리 루키우스 볼룸니우스의 지휘 아래 삼니움 방면에서 작전을 수행 중이었다).

양군의 1차 접전 결과는 아주 팽팽했다. 만약 에트루리아 인과 움브리아 인이 야전이든 진영이든 현장에 버티고 있어서 필요할 때마다 전투에 가세했더라면 로마 군은 대참사를 모면하기 어려웠을 것이다.

28. 승리가 양군 중 어느 쪽에 돌아갈지 불확실하고 또 운명이 균형의 추를 어느 쪽으로 쓰러트릴지 아직 결정하지 않았지만, 전투 상황은 오른쪽 날개와 왼쪽 날개가 아주 달랐다. 파비우스 휘하의 로마 군은 공세 대신에 수세를 취하면서 전투를 가능한 한 오후 늦게까지 끌려고 애썼다. 파비우스는 삼니움 군과 갈리아 인들이 개전 초기에는 맹렬한 전사라는 것을 잘 알았다. 그런 만큼 그런 적군에 맞서기보다는 수비를 잘하면서 버티는 게 중요했다. 파비우스는 전투가 계속될수록 삼니움 군의 사기는 서서히 위축될 뿐만 아니라, 갈리아 인들의 체력도 더위와 지구력을 발휘할 수가 없어서 전투 초기에는 남자답게 나섰다가 전투 막판에 가면 여자보다 못하게 된다는 것을 꿰뚫어 보고 있었다. 그래서 그는 가능한 한 병사들의 힘을 비축하면서 전투력을 그대로 유지하고 있다가, 적의 기운이 빠지는 때가 오기만을 기다렸다.

그러나 데키우스는 젊고 사기가 충천했으므로 금방 초조함을 느꼈고 그래서 전투 초기에 모든 군사력을 집중시켰다. 데키우스는 보병대의 전투가 느리게 전개되는 것을 보고서 기병대에게 돌격을 지시했다. 그는 가장 용감한 젊은 전사들 사이에서 말을 달리면서 젊은 귀족들에게 그와 함께 돌격하라고 명령했다. 만약 승리가 왼쪽 날개와 기병대를 찾아온다면, 그들은 이중의 승리를 거두는 게 된다고 데키우스는 말했다. 그들은 두 번이나 갈리아 기병대를 뒤로 밀어냈으나, 두 번째에는 너무 적진 깊숙이 들어가는 바람에 적의 보병대 한가운데서 싸우고 있는 그들 자신을 발견했다.

로마 군은 거기서 새로운 전투 방식을 발견하고 크게 놀랐다. 적은 전차에 올라서서 우뚝 선 채로 무기를 들고 로마 군에게 달려들었는데, 말발굽과 전차 바퀴에서 나오는 무서운 소음은 엄청난 굉음을 일으키며 로마 군의 말들을 겁먹게 했다. 이렇게 되자 로마 군의 기병대는 미친 듯한 공포를 느끼며 달아났는데, 그런 황급한 도주 때문에 말과 기수들이 모두 전복되고 말았다. 기병대의 혼란은 군단의 기수들에게까지 파급되었고 최전선의 병사들은 그들 사이로 지나가는 말과 전차에 밀려 넘어져 마구 짓밟혔다. 갈리아 보병대는 로마 군이 무질서한 혼란 속으로 빠져드는 것을 보는 즉시 숨통을 끊으려고 달려들었다. 그들은 로마 군에게 단 한순간의 숨 쉴 여유나 회복할 시간을 주려고 하지 않았다.

데키우스는 "너희들은 어디로 도망치는 것이며 도망쳐서 무슨 희망이 있다고 생각하느냐?"라고 소리쳤다. 그는 탈주하는 병사들을 제지하여 다시 제자리에 돌아오게 하려고 목청껏 외쳤다. 하지만 그 자신이 패주를 막기에는 역부족이라는 것을 발견하자 그의 아버지 푸블리우스 데키우스의 이름을 불렀다. "왜 내가 우리 가문의 운명을 계속 연기하려고 하는가?" 그가 소리쳤다. "우리 가문은 국가의 재난을 피하기 위하여 희생 제물로 바쳐지는 특권을 부여받았다. 이제 적의 군대를 나와 함께 대지와 명계冥界의 신들에게 봉헌해야 할 차례이다."

이 말과 함께 데키우스는 이미 전투 개시 때 그의 옆을 떠나지 말라고 지시해 놓은 대제관 마르쿠스 리비우스에게, 로마의 군대를 구원하기 위해 그 자신과 적의 군대를 봉헌할 때 올리는 주문을 말해달라고 요청했다. 이어 그는 아버지 푸블리우스 데키우스가 라틴 전쟁 때 베세리스에서 자신을 봉헌할 때[21] 사용했던 똑같은 기도문과 복장을 하고서 지하의 신들에게 봉헌되었다. 그런 의식의 기도를 올리고 나서 데키우스는 무서움과 패배, 살육과 유혈, 지상과 지하의 신들의 분노를 그의 앞에 세워 몰고가서 적의 군기, 투창, 무기에 무서운 저주를 내릴 것이라고 말했다. 이처럼 그 자신과 적에 대한 저주를 올리고 난 후에 그는 혈혈단신으로 갈리아 적진을 향해 전 속력으로 말을 달렸다. 그는 적진 중에서도 병사들이 가장 많이 몰린 곳을 골라서 적의 무기들 위에 그의 몸을 투신하여 스스로 죽음을 맞았다.

29. 그때부터 전투는 인간의 노력만으로 전개되는 것 같지 않았다. 병사들은 사령관을 그런 식으로 잃어버린 후(사령관의 죽음은 데보티오가 아닌 다른 경우에도 병사들에게 큰 충격을 주었다), 도주를 멈추고 전투 의욕을 새롭게 고취시켰다. 집정관의 시체 가까운 곳에 있던 갈리아 인들은 마치 얼이 빠진 것처럼 아무런 목적이나 지향 없이 창을 던졌고, 그들 중 일부는 온 몸이 마비되어 싸우거나 달아날 생각도 하지 못했다. 하지만 로마 군은 사정이 일변했다.

데키우스가 릭토르들을 인계하여 법무관 역할을 해줄 것을 당부한 대제관 리비우스는, 이제 로마 군이 집정관의 운명에 의해 모든 위험으로부터 자유롭게 되었으므로 반드시 승리할 것이라고 소리쳤다. 갈리아 인들과 삼니움 인들은 이제 어머니 대지와 지하의 신들의 소유물이

---

21 참조 8권 9장.

라는 것이었다. 데키우스가 그 자신과 함께 봉헌한 저들의 군대를 그 자신 쪽으로 끌어당겨 지하로 내려가고 있다고 외쳤다. 그 때문에 적은 광기와 공포에 사로잡혀 있다는 것이었다.

그렇게 하여 로마 군이 전투 재개를 준비하는 동안에, 퀸투스 파비우스가 동료 집정관을 지원하라며 보낸 루키우스 코르넬리우스 스키피오와 가이우스 마르키우스가 최후방의 예비 부대를 이끌고 나타났다. 거기서 그들은 푸블리우스 데키우스의 운명에 관한 얘기를 들었고, 데키우스의 죽음은 공화국을 위하여 모든 것을 다하려는 마음가짐에 커다란 자극이 되었다. 갈리아 인들은 방패를 몸 앞으로 내어 밀집 대형으로 서 있었으므로 근접전은 결코 쉬운 싸움이 될 것 같지 않았다. 그러자 부사령관들은 양군 사이의 땅에 떨어져 있는 투창을 집어들어 적의 테스투도[22]에 던지라고 지시했다. 그 창들은 대부분 방패를 맞혔고 일부는 그것을 뚫고 들어가 적병의 몸에 부상을 입혔다. 그러자 거북이 등 보호막이 붕괴되었고 많은 병사들이 부상을 당하지 않았는데도 붕괴의 충격으로 쓰러졌다. 이것이 로마 군의 왼쪽 날개에서 벌어진 운명의 반전이었다.

오른쪽 날개에서, 파비우스는 앞에서 얘기한 것처럼 지연전술을 쓰면서 전투를 시작했다. 나중에 적의 함성, 공격, 투창 등이 전투 초기만 못하다는 것을 파악하고 파비우스는 기병대 지휘관들에게 기병대를 이끌고 나가 삼니움 군의 측면에 붙으라고 하면서, 사령관의 지시가 떨어지면 전력을 다하여 측면 공격을 하라고 말했다. 그는 보병대에게는 천천히 진군하여 적의 전열을 흔들어놓으라고 명령했다. 그는 적의 저항이 없고 또 적이 피로를 느낀다고 확신하자, 그 순간을 위해 아껴두었던

---

22 방패를 겹쳐서 거북이 등처럼 만들어 병사들을 보호하는 것.

예비 부대를 모두 불러 모아 공격에 투입했고 동시에 기병대에게 측면을 공격하라고 지시했다. 삼니움 군은 이런 총공세를 견뎌낼 힘이 없었고 갈리아 인들의 전선 뒤로 밀리다가 그들의 진영으로 허겁지겁 도망쳤다. 이에 이미 동료 집정관의 죽음을 알고 있던 파비우스는 500명 정도 되는 캄파니아 부대에게 전선을 이탈하여 빙 돌아 뒤로 가서 갈리아 전선의 후방을 공격하라고 지시했다. 이어 제3군단의 제2선이 그 뒤를 바싹 따라갔다. 적의 대열이 기병대 공격으로 허물어지는 순간, 적들의 겁먹은 상태를 파고들어 확실히 살육할 계획이었다.

파비우스는 승리신 유피테르에게 신전 봉헌과 적의 전리품을 바치겠다고 맹세했다. 이어 말을 타고서 삼니움 진영으로 갔는데 그곳에는 겁먹고 도망쳐 온 적의 병사들이 가축 떼처럼 이리저리 밀려다니고 있었다. 출입문은 그처럼 쇄도해 들어오는 병사들을 일시에 수용할 수 없었고, 동료들에게 밀려난 적군 병사들은 보루의 밑 부분에 버티고 서서 저항을 시도해 보기도 했다. 거기서 삼니움 군의 사령관인 겔리우스 에그나티우스가 쓰러졌다. 삼니움 인들은 보루 안으로 밀려들어갔고 잠시 저항하더니 진영은 함락되었고 후방의 갈리아 인들은 포위가 되었다. 이날 적군 2만 5천명이 살해되고 8천명이 포로로 붙잡혔다. 하지만 무혈 승리는 아니었다. 푸블리우스 데키우스 군대는 병사 7천을 잃었고 파비우스 군대도 1700명을 잃었다. 파비우스는 병사들을 풀어 동료 집정관의 시신을 찾게 했고 적군에게서 빼앗은 전리품을 모두 쌓아놓고 승리신 유피테르에게 바치는 희생 제물로서 불태워버렸다. 집정관의 시신은 그 위에 쌓인 갈리아 인들의 시체 때문에 그날에는 찾지 못했다. 그러나 다음 날 발견이 되어 진영으로 인도되어 왔고 병사들의 깊은 애도를 받았다. 파비우스는 다른 모든 일은 제쳐놓고 온갖 명예와 칭송 속에서 동료 집정관의 장례식을 엄수했다.

30. 이 시기에 에트루리아에서 법무관 대리 그나이우스 풀비우스는 작전 계획에 따라 전투를 수행하고 있었다. 그는 무자비한 약탈 공격으로 적의 토지를 초토화하여 큰 피해를 준 것 이외에, 성공적으로 전투를 수행하여 3천 명 이상의 페루시아와 클루시움 사람들을 죽였고 20개 정도의 군기를 탈취했다. 삼니움 군은 파엘리니 영토를 통하여 도주하다가 그곳 주민들에게 포위되었는데, 총 5천 병력 중 1천 명이 살해당했다.

그날 센티눔 지구에서 싸운 전투의 영광은, 객관적 사실들만 살펴본다 해도 대단한 것이었다. 그러나 몇몇 사람들은 그 영광을 믿기 어려울 정도로 과장하여 적군은 보병 60만, 기병 4만6천, 바퀴달린 전차가 1000대라고 적었다. 마찬가지로 로마 군의 병력수를 늘이기 위하여 집정관 대리 루키우스도 사령관으로서 이 두 집정관 군대에 합류했다고 적고 있다. 대다수의 기록들은 이 전투의 승리는 두 집정관의 공로이고, 볼룸니우스는 그 당시 삼니움에서 전투를 수행 중이었다고 한다. 볼룸니우스는 삼니움 군을 티페르누스 산으로 몰아넣고, 로마 군의 불리한 진지도 전혀 개의치 않고 전투를 밀어붙여 삼니움 군을 패주시켰다.

퀸투스 파비우스는 데키우스 휘하의 군대를 에트루리아의 주둔군으로 남겨두고 자신의 군대를 이끌고 로마로 돌아와 갈리아 인, 에트루리아 인, 삼니움 인에 대한 승리를 축하하는 개선식을 치렀다. 파비우스의 병사들은 그의 개선식 마차 뒤에서 걸어 행진했고 그들의 거친 군가는 퀸투스 파비우스의 승리를 축하하는가 하면 푸블리우스 데키우스의 영광스러운 죽음을 애도했다. 아들에 대한 칭송은 그 아버지의 기억을 불러일으켰다. 그 아버지는 공화국에 헌신하기 위해 자신의 목숨을 봉헌제물로 내놓았었는데, 이제 그 아들이 공적인 봉사와 개인적 운명의 측면에서 똑같은 행동을 되풀이한 것이었다. 병사들은 전리품으로부터 82 청동 아스, 겉옷, 상의 등을 보상으로 받았는데, 그 당시 기준으로 볼 때 군사 복무에 대한 보상으로는 결코 경멸할 수 없는 수준의 것이었다.

31. 이런 승리들에도 불구하고 삼니움이나 에트루리아에는 여전히 평화가 정착되지 않았다. 집정관 파비우스가 그의 군대를 이끌고 철수한 뒤에 페루시니 사람들의 사주로 전쟁이 다시 터졌기 때문이다. 삼니움 사람들은 베스키니와 포르미아이의 땅을 침략하여 파괴했고 또 그 외에 아이세르니아의 땅과 볼투르누스 강이 인접한 지역도 침략했다. 법무관이 이들에게 대응하기 위하여 최근에 데키우스가 지휘했던 군대를 이끌고 현지에 파견되었다. 파비우스는 에트루리아에 새롭게 터져 나온 반란을 진압하기 위해 내려가 페루시니 사람 4500명을 죽이고 1740명을 포로로 잡았다. 이 포로들은 일인당 310아스의 석방금을 받고 풀어주었다. 다른 모든 전리품은 병사들에게 골고루 나누어주었다. 삼니움 군대 중 일부는 법무관 아피우스 클라우디우스가 추격했고 다른 일부는 집정관 대리 루키우스 볼룸니우스가 추격했다. 이 두 로마 군은 스텔라테 지방에서 합류하여 카이아티아 근처에 진영을 설치했다. 아피우스와 볼룸니우스는 휘하 군대를 하나로 합쳤다. 곧 양군 사이에 치열한 전투가 벌어졌는데, 로마 군은 계속 반란만 일으키는 부족에 대하여 깊은 적개심을 갖고 있었고, 삼니움 군은 그 전투에 마지막 희망을 걸었다. 그 결과 16,300명의 삼니움 병사가 전사했고 2700명이 생포되었다. 로마 군은 2700명의 병사를 잃었다.

이해(기원전 295년)는 전투에서는 많은 행운이 따랐으나 전염병이 창궐하고 나쁜 조짐이 나돌아서 울적한 한 해였다. 여러 군데에서 흙비가 내렸다는 보고가 들어왔고 아피우스 클라우디우스의 군대 내에서는 많은 병사들이 벼락을 맞았다. 이런 사건들에 대해서는 시빌의 예언서가 참조되었다. 이해에 집정관 파비우스의 아들 퀸투스 파비우스 구르게스는 간통을 저지른 여러 명의 기혼 여성들을 평민들 앞에서 유죄 처리하고 벌금을 부과했다. 그는 벌금으로 걷어들인 돈을 원형 경기장 근처에 있는 베누스의 신전을 건립하는데 사용했다.

그러나 아직도 삼니움 전쟁이 더 남아 있었다. 우리가 이 책의 네 권 (제 7, 8, 9, 10권)에 걸쳐 삼니움에 처음 쳐들어간 마르쿠스 발레리우스와 아울루스 코르넬리우스의 시절에서부터 지금까지 46년간 그 전쟁을 다루었지만 아직 전쟁은 끝나지 않은 것이다. 그처럼 긴 세월 동안에 양측에서 당한 참사와 견뎌냈던 어려움, 그리고 그 어떤 어려움에도 굴복하지 않았던 용감한 마음 등에 대해서는 언급하지 않는다 하더라도, 아무튼 삼니움 사람은 지난 해(기원전 296년)에 파엘리니 사람들의 고장인 센티눔 지역에서 싸웠다. 그들은 스텔라테 들판에 있는 티페르눔 근처에서 그들의 군대만으로 싸우기도 하고 다른 부족들의 지원군을 얻어가며 싸웠으나 결국에는 로마 군의 네 사령관에 의해 도륙되었다. 그들은 삼니움의 가장 훌륭한 사령관도 잃었다. 그들은 군사 동맹인 에트루리아 인, 움브리아 인, 갈리아 인이 그들과 마찬가지로 곤경에 빠진 것을 목격했다. 그들은 자력이든 외부의 도움이든 더 이상 전쟁을 수행할 수 없었으나 전쟁을 그만두려 하지 않았다. 그들은 비록 성공을 거두지는 못했으나 끝까지 자유를 수호하려 했고, 승리를 하려고 애쓰지 않는 것보다는 차라리 패배하기를 더 좋아했다. 아무리 오래 해도 피곤함을 느끼지 않는 전쟁에 대하여, 오랜 시간을 들여 글을 쓰거나 혹은 읽는 사람이라면 누가 그 시간을 아까워하겠는가?

32. 퀸투스 파비우스와 푸블리우스 데키우스의 뒤를 이어 루키우스 포스투미우스 메겔루스와 마르쿠스 아틸리우스 레굴루스가 집정관 자리에 올랐다. 삼니움 인이 3개 군을 징집하면서 전쟁 준비를 하고 있다는 보고가 들어왔기 때문에 두 집정관은 삼니움을 전투지역으로 배정받았다. 삼니움 인은 제1군은 에트루리아로 쳐들어가고, 제2군은 캄파

니아를 공격하고, 제3군은 그들의 국경을 방어하게 할 계획이었다. 집정관 포스투미우스는 건강이 좋지 않아 로마에 머물렀으나 아틸리우스는 원로원의 계획에 따라 즉각 출병하여 적이 삼니움을 떠나기 전에 무찔러버릴 생각이었다. 로마 군은 사전에 약속이라도 한 듯이 전에 초토화시키지 못한 삼니움 지역에서 적을 만났다. 동시에 로마 군은 전에 평화 조약을 맺어 로마의 동맹이 된 땅으로 삼니움 군이 들어오지 못하게 막았다.

양군이 서로 마주 보며 진영을 설치했을 때, 삼니움 군은 전에 로마 군이 무수히 승리를 거두었지만 감히 해보지 못한 행동을 하고 나왔다. 그들은 로마 군 진영을 급습하려 했다. 그들은 너무나 깊은 절망을 느끼고 있었기 때문에 이런 극도로 어리석은 행위를 저지르게 되었다. 그들의 무모한 시도는 끝까지 수행되지는 못했지만 그래도 전혀 소용이 없는 것은 아니었다. 그날 내내 짙은 안개가 끼어 있어서 주위가 상당히 어두웠기 때문에 보루 너머를 쳐다보기가 어려웠고 또 삼니움 군이 다가오면서 벌어진 백병전에서는 피아를 구분하는 것이 불가능했다. 삼니움 군은 짙은 안개를 방어막으로 삼았고, 로마 군의 외곽 초소까지 바싹 다가왔다. 초소에는 경계병이 보초를 서고 있었으나 날씨도 그렇고 해서 그리 삼엄하게 사주경계를 하고 있는 것은 아니었다. 경계병들은 불의의 습격을 당하여 저항할 만한 의지나 힘이 없었다. 삼니움 군은 10번째 출입문을 통하여 진영의 뒤쪽으로 들어와 재무관의 천막에 난입하여 그 순간 당번을 서고 있던 재무관 루키우스 오피미우스 판사를 죽였다. 그러나 로마 군 진영 내에서는 전원이 무장을 하라는 신호가 떨어졌다.

33. 그 소란에 놀란 집정관은 마침 가장 가까이 있던 루카니아와 수에사에서 온 동맹군 2개 보병대에게 사령관의 천막을 지키라고 명령을 내린 뒤, 진영의 중앙 통로에 있던 군단의 보병대를 지휘했다. 병사들은

적절히 무장을 갖추기도 전에 적의 칼에 맞아 쓰러졌고, 눈으로 보기보다는 귀로 소음을 듣고서 적의 존재를 알아차렸으나 적군의 규모가 어느 정도인지는 짐작하기가 어려웠다. 처음에 로마 군 병사들은 승리의 가능성에 대해서 확실하지 않았으므로 뒤로 물러서면서 적군이 진영 한가운데로 들어오게 내버려 두었다. 그러나 집정관이, 보루 밖으로 밀려난 다음에 로마 군 진영을 공격할 생각이냐고 큰 소리로 야단을 치자 병사들은 걸음을 멈추고 함성을 내지르더니 아주 힘들게 현재의 진지를 고수한 채 삼니움 군을 압박하면서 뒤로 밀어냈다. 일단 밀어붙이기 시작하자 적군에게 최초의 충격에서 회복할 시간을 주지 않고 계속 공격하여 출입문과 보루 밖으로 내쫓았다. 로마 군은 어둠 속에 복병이 매복하고 있는 것을 두려워하여 적군을 더 이상 추격하지는 않았다. 진영에서 적군을 몰아낸 것으로 만족하면서 보루 뒤로 물러갔다. 약 300명의 적군이 살해되었다. 로마 군은 외곽초소의 경계병들과 재무관 천막 주위에서 기습을 당한 병사들을 포함하여 약 730명이 죽었다.

삼니움 군의 과감한 시도는 나름대로 성공을 거두어서 그들의 사기가 높아졌다. 그들은 로마 군이 진영 밖으로 나오는 것을 막았고 또 로마 군 병사들이 들판에서 마초를 수집하는 일도 못하게 했다. 그리하여 마초 수집 부대는 소라 근처의 평화로운 고장으로 되돌아갈 수밖에 없었다. 이 사건에 대한 보고서가 로마에 올라가서 필요 이상으로 불안을 일으켰다. 그리하여 원로원은 아직 건강을 제대로 회복하지도 못한 루키우스 포스투미우스에게 도시에 머무르지 말고 출병하라고 지시했다. 그는 출발하기에 앞서서 병사들에게 소라 근처에 집결하라고 지시를 내렸고, 그가 토목건축관리관 시절에 벌금으로 징수한 돈으로 건설했었던 〈승리〉 신전에 사당을 봉헌하겠다고 맹세했다. 그는 이어 소라로 가서 휘하 군대를 이끌고 삼니움의 동료 집정관 진영으로 갔다. 삼니움 군은 로마 군 2개 군을 동시에 감당할 자신이 없어서 철수했고, 두 집정관은 서로 다른 방향으로 가서 삼니움의 토지를 파괴하고 그 도시들을 공격했다.

34. 포스투미우스는 처음에 밀리오니아를 기습 공격하여 함락시키려 했으나 별로 성공을 거두지 못하자 공성 전략을 사용하여 높은 공성탑을 성벽에 바싹 붙여서 성벽을 넘어감으로써 도시를 함락시킬 수 있었다. 그리하여 도시가 이미 로마 군의 수중에 떨어졌으나 소규모 전투는 시내 도처에서 제4시부터 제8시까지 벌어졌다. 한동안 승패가 불분명하다가 마침내 로마 군이 그 도시를 완전 장악했다. 3200명의 삼니움 사람이 살해되었고 4700명이 포로로 잡혔으며 그 외에 엄청난 전리품을 탈취했다.

이어 로마 군은 거기서 페리트룸으로 방향을 틀었다. 이 도시의 주민들은 한밤중에 반대편 성문을 통하여 도주해버렸다. 그들은 가지고 갈 수 있는 것과 몰고 갈 수 있는 것은 모두 챙겨서 도시를 떠났다. 그래서 집정관 포스투미우스는 전투 대형을 갖추고 그 도시의 성벽에 접근했을 때 밀리오니아와 똑같은 저항이 있을 것으로 예상했다. 그러나 그 도시는 완전히 정적 속에 잠겨 있었다. 성벽이나 흉벽에는 사람이나 무기가 전혀 보이지 않았다. 병사들은 인적 없는 성벽을 기어올라가 빨리 공격하려고 안달이 났으나 집정관은 무모하게 돌진하다가 은폐된 함정에 빠지는 것을 두려워하여 병사들의 진격을 제지했다. 그는 라틴 동맹국의 2개 소대에게 성벽 주위를 돌면서 철저하게 사전 조사를 실시하라고 명령했다. 기병대 병사들은 출입문이 열려 있는 것을 발견했고 또 같은 구역의 다른 문도 개방되어 있는 것을 보았다. 그리고 그 출입문 뒤로 나 있는 도로들에는 야반도주의 흔적이 역력했다. 이어 정찰대는 그 출입문을 통과하여 천천히 도시 안으로 들어가서 도시 내의 여러 도로들을 안전하게 통과할 수 있다는 것을 발견했다. 그들은 진영으로 돌아와 사령관에게 도시의 주민들이 다른 곳으로 완전 철수해 버렸다고 보고했다. 버려져서 쓸쓸한 풍경, 야반도주의 흔적, 어둠과 혼란 속에서 내버려진 물건들과 쓰레기 등은 실상을 분명하게 보여주고 있었다.

그런 보고를 받자 집정관은 기병대원들이 방금 전에 접근했던 도시의 측면 근처로 로마 군을 이동시켰다. 그는 출입구 가까운 쪽에서 정지를 명령하고서 다섯 명의 기병대원들에게 도시 안으로 멀리까지 들어가 보라고 지시했다. 그리고 모든 것이 안전하다면 그들 중 세 명은 도시 안에 그대로 남아 있고 나머지 두 명은 돌아와서 현황을 보고하라고 말했다. 두 명이 돌아와, 온 사방을 다 바라다볼 수 있는 지점까지 가보았으나 정적과 도주의 흔적만 보았다고 보고했다. 그러자 집정관은 경무장 보병대를 이끌고 즉각 도시 안으로 들어가면서, 나머지 병사들에게는 진영의 수비를 강화하라고 지시했다. 병사들은 도시 안으로 진입하여 일부 가택의 자물쇠를 부수고서 너무 늙거나 병들어서 움직이지 못하는 사람들과, 너무 무거워서 가져갈 수 없는 물건들을 발견했다. 이런 물건들은 전리품으로 압수되었다. 그리고 포로들로부터 인근의 여러 도시들이 도주 계획에 동참했다는 얘기를 들었다. 그 도시의 주민들은 밤의 제1경에 이미 도시를 떠나갔다고 말했다. 로마 군은 다른 도시들 또한 이와 비슷한 상태임을 곧 발견하게 될 것이라는 얘기도 해주었다. 그들의 말은 사실이었고 집정관은 여러 버려진 도시들을 힘들이지 않고 접수했다.

35. 동료 집정관인 마르쿠스 아틸리우스는 포스투미우스와 같은 그런 수월한 원정전을 벌이지는 못했다. 그는 삼니움 군의 공격을 받고 있다고 전해들은 도시인 루케리아로 휘하 군대를 이끌고 갔다. 그는 루케리아 국경 근처에서 적과 조우했다. 이번에 적은 엄청난 분노를 느끼고

있어서 로마 군의 상대가 될 만했다. 그래서 전쟁의 승패는 이쪽에서 저쪽으로 불안정하게 넘어가면서 금방 결론이 나지 않았다. 그러나 그 결과는 운명의 반전에 익숙하지 못한 로마 군에게 더 실망스러운 것이었다. 그들은 전장을 떠나면서 전투 중에는 잘 알지 못했지만, 이제 사상자 수가 예상보다 훨씬 많다는 것을 발견했다. 그 결과 로마 군 진영에는 엄청난 공포심이 번져나갔다. 만약 전투 중에 그런 공포를 느꼈더라면 로마 군은 대패했을 것이다. 로마 군 병사들은 삼니움 군이 진영을 언제 쳐들어올지 모른다, 혹은 다음 날 새벽이 되면 사기충천한 적군을 상대해야 할지 모른다, 라고 생각하며 불안한 밤을 보냈다.

삼니움 군은 로마 군보다는 피해가 적었지만 그래도 사기가 떨어진 것은 마찬가지였다. 그리하여 날이 밝자 그들은 더 이상 전투를 벌이지 말고 전장에서 떠나기만을 바랐다. 그러나 길은 하나뿐이었고 그 길은 로마 군의 진영 곁을 지나갔다. 그들이 그 길을 타고 오자, 로마 군 진영을 향하여 곧바로 공격해 오는 것처럼 보였다. 집정관은 병사들에게 무장을 하고 그를 따라 보루 밖으로 나서라고 지시했다. 동시에 부 사령관, 천인대장, 동맹군 대장들에게 각자 지휘해야 할 필수 업무들을 일러주었다. 그들은 모두 명령을 즉각 이행하겠다고 선언했지만 휘하 병사들이 낙담하고 있다고 보고했다. 병사들이 상처 때문에 혹은 죽어가는 다른 병사들의 신음 소리 때문에 밤새 잠을 자지 못했으며, 만약 진영이 새벽녘에 공격을 받았더라면 병사들은 완전히 겁을 집어먹고 군기軍旗들을 내팽개쳤을 것이라고 말했다. 사실 수치심 때문에 도망을 치지 않은 것일 뿐 병사들은 패배당한 것이나 마찬가지 상태라는 것이었다.

그런 보고를 받자 아틸리우스는 병사들 사이를 돌아다니면서 격려의 말을 해주어야겠다고 생각했다. 그는 병사들이 무장을 꾸물거리는 곳에서는 질책을 했다: "왜 병사들은 뒤로 물러서며 동요하는가? 병사들이 진영 밖으로 나오지 않는다면 적이 진영 안으로 들어올 것이다. 병사들이 보루 앞에서 싸우기를 거부한다면 그때는 천막 앞에서 싸워야 할 것이다. 무장을 하고 싸움을 벌이는 경우에, 승리는 피아간에 어느 쪽으로 돌아갈지 모른다. 그러나 방어하지 않고 무장도 하지 않은 채 적을 기다리는 자는 죽음이나 노예 신세를 면할 수가 없다."

집정관의 비난과 질책에, 병사들은 어제의 전투로 아주 피곤하며 게다가 적군은 병력수가 어제보다 더 많아진 것 같다고 대답했다. 그러는 동안에 적이 다가왔고 로마 군이 그들을 자세히 살펴보니 목책용 말뚝을 등에 지고 있어서 로마 군 진영 주위에 울타리를 칠 생각인 것 같다고 소리쳤다.[23]

그러자 집정관은 비겁한 적군의 손에 저런 모욕과 불명예를 당하는 것은 수치스러운 일이라고 일갈했다. 집정관이 소리쳤다. "우리가 진영 안에 갇힌 채 포위당하여, 배고픔을 못 이겨 비겁하게 죽는 것이 나은가, 아니면 필요할 경우, 칼에 맞아 영웅처럼 죽는 것이 나은가?" 신들께서 좋은 지침을 내려주시기를! 자, 이제 각자 그 자신에게 알맞은 방식으로 행동해야 했다. 그러나 집정관 마르쿠스 아틸리우스는 만약 아무도 따라나서지 않는다면 혼자서라도 적과 대적할 것이고 로마 군의 진영이 포위되는 것을 쳐다보느니 차라리 삼니움의 군기軍旗들 사이에 칼에 맞고 쓰러져 죽을 것이라고 말했다. 집정관의 연설은 부 사령관, 천인대장, 기병대장, 상위 켄투리온(백인대장)들의 찬사를 받았다.

마침내 병사들은 수치심을 느끼면서 무장을 했다. 그러나 그들은 아

---

23 그러나 삼니움 병사들은 기존의 진영을 허물어 말뚝을 챙겨서 다음 번 진영에 사용하려고 지고 가는 것일 뿐 로마 군 진영에 목책을 만들 생각은 아니었음을 위의 삼니움 상태를 묘사한 문장은 암시하고 있다.

주 기다란 산만한 대열을 형성하면서 아주 천천히 진영 밖으로 나섰다. 낙담하고 거의 패잔병 같은 모습으로 로마 군 병사들은 적을 향해 나아 갔는데 적들도 사기나 감투 정신이 별로 나을 바 없었다. 그리하여 삼니움 군은 로마 군의 군기들을 보는 순간, 최전선에서 최후방까지 은밀한 속삭임이 전해졌다. 적군이 두려워한 것처럼, 로마 군이 그들의 행진을 가로막기 위해 전투에 나선 것이었다. 그러나 도망갈 길은 없었다. 적군 은 현재 위치에서 쓰러져 죽거나 아니면 적을 베어 넘기고 그 시체들 위 로 전진해야 되었다.

36. 삼니움 군은 군용 짐을 대열 중앙에다 내려놓고 무기를 잡고서 전투 대형을 형성하고 각자 진지 고수에 들어갔다. 양군 사이의 거리는 아주 가까웠으나 그들은 꼼짝도 않고 서 있었다. 상대방이 먼저 공격하 면서 전투 함성을 올리기만을 기다렸다. 양군은 전혀 싸우려는 의사가 없었고 현 진지에서 물러서면 적이 등 뒤에서 추격해올 것이라는 우려 만 없었다면, 양군의 병사들은 아무런 부상도 입지 않고 반대편 방향의 끝까지 갈 수가 있었을 것이다. 전투는 천천히 아무런 지향도 없이 전개 되었고 병사들은 마지못해 전투에 임하면서 승리에 대해서 확신하지 못 했다. 함성도 마지못해 내지르는 어정쩡한 것이었고 그 누구도 현 위치 에서 한 발짝도 앞으로 나서려 하지 않았다.

로마 군 집정관은 전투를 좀 더 신속하게 전개해 보려고 몇몇 기병 소 대들을 전투에 투입했다. 기병대원들 상당수가 말에서 떨어졌고 그 나 머지는 혼란에 빠져들었다. 그리하여 삼니움 군은 말에서 떨어진 기병 들을 죽이려 달려들었고 로마 군은 아군을 보호하기 위해 쇄도했다. 이 것이 전투를 약간 활성화시켰다. 그러나 삼니움 군이 더 많은 병력과 기 백으로 달려들었고, 반면에 혼란에 빠진 로마 기병대의 겁먹은 말들은 구조하러 나선 보병들을 마구 짓밟았다. 이렇게 하여 일부 로마 군의 패주가 시작되어 전체 로마 군에게 영향을 미쳤다. 이제 삼니움 군이 달아나는 로마 군의 등 뒤로 추격해 왔다.

그때 집정관은 진영의 출입문 앞으로 말 타고 나와서 거기에 기병대원을 경계병으로 세우면서 로마 군이든 삼니움 군이든 보루 쪽으로 달려오는 자들은 모두 적으로 취급하여 죽이라는 지시를 내렸다. 그는 진영 쪽을 향해 허겁지겁 달려오는 병사들의 앞길을 몸소 가로막으며 그들을 위협했다. "병사들이여, 너희들은 어디로 가고 있는가?" 그가 소리쳤다. "여기에서도 무기와 전사들이 너희들을 기다리고 있다. 너희의 집정관이 살아 있는 한, 너희는 전투에서 승리를 해야만 진영 안으로 들어갈 수 있다. 자, 동료 병사들과 싸울 것인지 아니면 적과 싸울 것인지 선택하라!"

집정관이 그렇게 말하자 기병대는 창을 겨누면서 보병대의 주위를 빙빙 돌면서 다시 전장으로 돌아가라고 명령했다. 집정관의 용기와 운명이 병사들을 도왔다. 삼니움 군은 더 이상 추격해 오지 않았기 때문이다. 그리하여 군기를 반대 방향으로 되돌리고 대열을 진영 쪽에서 적 쪽으로 선회시킬 수 있었다. 이 순간 로마 병사들은 새롭게 전투에 임해 보자고 서로를 격려했다. 켄투리온들은 기수병들로부터 군기를 빼앗아 앞으로 내달리면서 적군은 숫자가 얼마 되지 않으며 오합지졸의 대열에 불과하다고 소리쳤다. 한편 집정관은 두 팔을 하늘을 향해 쭉 내뻗으며 모든 사람이 들을 수 있는 커다란 목소리로, 로마 군이 패주를 멈추고 전투를 재개하여, 삼니움 군을 베어 넘겨 승리를 거둔다면 가호하는 신 유피테르에게 신전을 봉헌하겠다고 맹세했다.

온 사방에서 보병대와 기병대의 장교와 병사들은 전투를 재개하려고 온 힘을 함께 모았다. 심지어 신들의 신성한 힘도 로마 군의 안위를 걱정하는 듯했고 그리하여 전세는 쉽게 역전되었다. 적은 진영에서 격퇴되었을 뿐만 아니라 곧 원래 전투가 시작되었던 곳까지 쫓겨갔다. 거기서 그들은 전투 전에 쌓아놓았던 군용 짐들 때문에 제지를 받아서 움직임이 둔화되었다. 그들은 물품이 약탈되는 것을 막기 위하여 그 쌓아놓은 짐들 주위로 둥그런 무장 대열을 형성했다. 그 순간 로마 보병대가 전면에서 그들을 공격했고 동시에 후면에서는 기병대가 돌격해 왔다. 이 두 군대의 협공을 받은 삼니움 군은 살육되거나 포로로 잡혔다. 포로의 숫자는 7800명이었는데 모두 알몸으로 이우굼 밑을 지나가게 했다. 죽은 자는 4800명이었다. 그러나 로마 군도 마냥 승리를 즐길 수 있는 상황은 아니었다. 집정관이 이틀에 걸쳐 죽은 자를 헤아려보니 7800명이었다.

아풀리아에서 이런 일들이 벌어지는 동안에, 삼니움 군은 제2군을 동원하여 라틴 길에 있는 로마 식민지인 인테람나를 공격했으나 함락시키지는 못했다. 그들은 그 주위의 농촌 지역을 파괴하고 그들이 포로로 잡은 식민지 정착민들과 소 떼를 운송하던 중에, 루케리아로부터 승리를 거두고 돌아오던 집정관을 만났다. 그들은 전리품을 빼앗겼을 뿐만 아니라 짐이 너무 많아 느릿느릿 움직이는 일렬종대 때문에 로마 군의 칼에 살육당했다. 집정관은 전리품의 소유자들이 인테람나에 출두하여 빼앗긴 물건을 확인하여 찾아가라는 포고를 내렸다. 이어 그 도시에 주둔군을 남겨놓고 선거를 주관하기 위해 로마로 귀국했다. 그는 개선식 수여를 요청했으나 거부당했다. 그의 부대가 인명 손실이 너무 많은데다 사전 조건 합의 없이 삼니움 군을 이우굼 밑으로 허리 숙여 지나가게 한 다음 방면했기 때문이었다.[24]

37. 다른 집정관 포스투미우스는 삼니움에서 더 이상 작전을 벌일 이유가 없다고 판단하여 에트루리아로 군대를 이동시켜 볼시니이 근처의

---

24 집정관은 삼니움 군에 모욕만 주고 물적 배상금을 받아내지 않아서 비난 받았다는 뜻.

농촌 지역을 파괴하기 시작했다. 그곳 사람들이 농촌 지역을 지키기 위해 출전하자 그들의 성벽으로부터 별로 멀리 떨어지지 않은 곳에서 그들을 격파했다. 2800명의 에트루리아 인이 살해되었고 나머지 사람들은 성벽 가까운 곳에서 있었으므로 도망쳐서 목숨을 건졌다. 로마 군은 이어 루셀라이로 이동하여 먼저 그 주위의 농촌 지역을 초토화한 다음에 이어 그 도시마저 함락시켰다. 2000명 이상이 포로로 잡혔고 그보다 약간 적은 인원이 성벽 근처에서 전투 중에 사망했다.

그러나 이해(기원전 294년)에 에트루리아와 맺은 평화 조약은 실제 전투보다 더 의미 있고 중요한 것이었다. 에트루리아의 중요하고 세력 있는 세 도시, 볼시니이, 페루시아, 아레티움이 평화를 요청해 왔다. 집정관은 그들이 로마 군 병사들을 위하여 의복과 곡식을 내놓는 조건으로 로마에 그들의 평화 사절을 보내는데 동의했다. 그들은 40년간의 휴전을 보장받았다. 각 도시에는 5천 아스의 벌금을 즉각 납부하라는 명령이 내려갔다.

이런 업적을 감안하여 집정관은 원로원에 개선식을 요청했는데, 허가가 떨어질 것이라는 희망보다는 일차 그렇게 신청하는 것이 관례였기 때문이다. 어떤 의원들은 그가 도시에서 천천히 출병했다는 사실 때문에, 또 어떤 의원들은 원로원의 지시 없이 삼니움을 떠나 에트루리아로 갔다는 사실 때문에 개선식 수여를 거부하려고 했다. 또 그를 거부하는 비판적인 의원들은 그의 개인적인 정적들도 있었지만 동료 집정관 아틸리우스의 친구들도 있었다. 후자는 포스투미우스에게도 개선식을 거부함으로써 아틸리우스를 어느 정도 위로할 생각을 갖고 있었다.

집정관 포스투미우스는 원로원 의원들에게 이렇게 말했다. "존경하는 권위 높은 의원님들, 여러분을 존경하지만 그것 때문에 내가 집정관이라는 사실을 잊어버릴 수는 없습니다. 내가 전쟁을 수행한 그 지휘권

덕분에 삼니움과 에트루리아 전쟁이 성공적으로 완료되어 승리를 거두고 평화가 정착되었으므로, 나는 개선식을 치를 생각입니다."

그러자 호민관들 사이에서 논쟁이 벌어졌다. 일부 호민관들은 이런 전례 없는 개선식을 거부하겠다고 했고, 다른 일부는 원로원 의원들의 반대에 저항할 수 있는 집정관의 권리를 옹호했다. 그 문제는 민회에서 다루어졌고 포스투미우스는 출두하도록 요청받았다. 그는 출두하여 집정관 마르쿠스 호라티우스와 루키우스 발레리우스의 과거 사례와 현 감찰관의 아버지인 가이우스 마르키우스 루툴루스의 최근 사례를 들었다. 이 두 사례에서 원로원은 개선식을 거부했으나 민회는 승인하여 개선식이 이루어졌다. 그리고 호민관들 중 일부가 귀족 편이어서 법을 방해할 것임을 알았기에 민회에 이 문제를 회부하지 않았다는 말도 했다. 그러나 평민의 일치단결된 소원과 승인은 그 자신에게 구속력이 있으며 그것은 과거에도 그랬지만 앞으로 영원히 그럴 것이라는 말도 했다. 그 다음 날, 7명의 호민관의 반대와 원로원 전원의 반대가 있었으나 세 명의 호민관은 지지를 하는 가운데, 포스투미우스는 개선식을 치렀고 평민은 떼지어 몰려나와 그 광경을 지켜보았다.

이해는 역사적 기록들이 서로 불일치하는 또 다른 해이다. 역사가 클라우디우스에 의하면, 포스투미우스는 삼니움의 여러 도시들을 함락시켰으나 아풀리아에서는 패배하여 도주했으며, 게다가 그 자신이 부상을 당했기에 소수의 병사들을 데리고 루케리아에 피신했다고 한다. 반면에 에트루리아에서 원정 전투를 수행한 것은 아틸리우스였고 개선식도 이 집정관이 치렀다는 것이다.

반면에 다른 역사가 파비우스에 의하면, 두 집정관은 삼니움과 루케리아 근처에서 원정 전투를 벌였고 그 다음에 로마 군은 에트루리아로 이동했다(어느 집정관이 인솔했는지는 말하지 않는다). 두 집정관은 루케리아 근처에서 커다란 인명 손실을 보았고, 그 전투 중에 과거 로물루스가 그렇게 했듯이 가호하는 신 유피테르에게 신전을 봉헌하겠다고 맹세했다. 하지만 역사가 파비우스는 그 신전을 짓기 위한 부지만 확정되었을 뿐이라고 말한다. 그러나 이해에 마침내 원로원은 종교적 의무를 다해야 한다는 압박을 받았다. 국가가 두 번이나 신전을 봉헌하겠다고 맹세를 한 바 있었기 때문이다. 그리하여 원로원은 신전 건설에 착공하라는 지시를 내렸다.

38. 그 다음 해(기원전 293년)는 다음 두 가지 특기할 만한 사항이 있었다. 루키우스 파피리우스 쿠르소르는 그의 아버지의 영광뿐만 아니라 그 자신의 영광으로 이름을 날리게 되었다. 아들이 삼니움을 상대로 대승을 거두었는데 그때까지 그런 공적에 필적할 만한 군공은 그의 아버지 루키우스 파피리우스가 올린 것밖에 없었다. 삼니움 사람들은 전쟁 준비에 최대한의 노력을 기울였고 돈을 아끼지 않고 그들이 제공할 수 있는 멋진 장비를 삼니움 군에게 마련해 주었다. 그들은 또한 신들의 도움을 호소하면서 병사들에게 고대의 의식에서 준수하던 군사적 맹세를 하도록 시켰다. 그들은 새로운 징병 규칙을 반포하여 전국적으로 모병을 했다. 장군들의 포고에도 불구하고 군복무 연령대의 장정이 응모하지 않거나, 사전 허가 없이 군대를 탈주한 자들은 유피테르 신에게 목숨을 바쳐야 한다는 것이었다. 그리하여 모든 장정들은 아퀼로니아에 출두하도록 명령이 내려갔는데, 그렇게 하여 조직된 삼니움 군대의 병력은 약 4만 명이었다.

그곳에 설치된 진영의 한가운데에다, 그들은 울타리를 두른 공간을 마련했다. 그 공간의 직경은 모든 방향으로 60미터 정도 되었고 울타리는 버드나무 가지와 소가죽으로 만든 것이었고 지붕은 리넨 천으로 둘렀다. 그들은 그 공간에서 희생 제의를 거행했는데 오래된 리넨(아마포)

두루마리에 적힌 기도문을 읽었다. 사제는 오비우스 파키우스라는 노인이었는데 그 의식은 삼니움 조상들이 에트루리아 인으로부터 카푸아를 탈취하는 비밀 계획을 세웠을 때 거행했던 의식으로서,[25] 삼니움 사람들의 오래된 종교적 실천에서 나온 것이라고 말했다.

희생 제의가 엄숙하게 거행된 후에, 삼니움 사령관은 수행원들을 시켜 신분과 군공이 높은 사람들을 모두 소환하라고 지시했다. 그리하여 신분 높은 삼니움 사람들이 그 공간 안으로 한 명씩 한 명씩 들어오게 되었다. 사람들을 엄숙하게 만드는 다른 의식의 도구들 이외에도, 그 완벽하게 밀폐된 공간 한가운데에는 제단이 있었고 그 주위에는 희생 제물이 놓여 있었으며, 켄투리온들이 칼을 빼들고 주위에 서 있었다. 의식의 참여자라기보다 희생 제물처럼 그 제단 앞에 인도되어온 신분 높은 삼니움 사람들은 거기서 보고 들은 것을 발설하지 않는다고 맹세해야 되었다. 그리고 그가 장군이 명령한 곳으로 달려가서 싸우지 않거나, 전장에서 도망치거나 혹은 도망치는 자를 보고서도 그자를 즉시 죽이지 않는다면, 그 자신의 머리, 그의 집안과 가문에 신들의 저주가 내리기를 바란다는 무서운 맹세를 하도록 강요되었다. 처음에 몇몇 사람들은 그런 맹세를 할 수 없다고 거부했다. 그들은 즉시 머리가 잘려져 제단 주위에 희생 제물들과 함께 나뒹굴게 되었다. 그 뒤에 들어와 맹세를 거부하는 자들에게 경고를 주기 위해서였다.

유지급 삼니움 인들이 이런 저주의 맹세를 하고 난 후에, 장군은 그들 중 열 명의 이름을 부르면서 따로 뽑았다. 이 열 명이 그 다음 열 명을 뽑고, 다시 그 두 번째 열 명이 세 번째 열명을 뽑는 식으로 해서 1만6천명

---

25 4권 37장에는 삼니움 인들이 볼투르눔이라는 에트루리아 도시를 함락시켜 카푸아로 개명했다는 말이 나온다.

을 채울 때까지 그 절차가 계속되었다.[26] 이 부대는 삼니움 귀족들이 저주의 맹세를 했던 장소의 리넨 지붕에서 이름을 따와 "리넨 군단"이라고 했다. 이 부대는 다른 부대들과 구분하기 위하여 장식이 요란한 무기와 깃털 달린 투구가 지급되었다. 그 외에 2만 명의 병력으로 구성된 또 다른 부대가 있었는데 신체적 완력, 군사적 명성, 군사 장비 등에 있어서 리넨 군단에 그리 떨어지지 않았다. 이것이 아퀼로니아 인근에 진영을 설치한 삼니움 군의 규모와 전투력이었다.

39. 두 집정관은 로마 군을 이끌고 도시에서 출발하여 원정전에 나섰다. 전년도 집정관인 마르쿠스 아틸리우스가 인테람나 지역에 남겨 놓은 고참병 군단을 인계받은 스푸리우스 카르빌리우스가 먼저 도시에서 출발했다. 적이 미신적 맹세를 하고 비밀회의를 개최하는 데 정신이 팔려 있는 동안에, 스푸리우스는 삼니움 지역으로 들어가 아미테르눔이라는 도시를 함락시켰다. 이 도시에서 약 2800명이 살해되고 4270명이 포로로 잡혔다. 파피리우스는 원로원이 선포한 대로 신규 군대를 편성하여 그 군대를 이끌고 두로니아라는 도시를 급습하여 함락시켰다. 그는 동료 집정관보다는 포로를 덜 잡았으나 적을 더 많이 죽였다. 두 도시에서는 많은 전리품이 나왔다.

두 집정관은 그 후 삼니움 지역을 행군하면서 주로 아티나 인근 지역을 초토화했다. 그 후 카르빌리우스는 코미니움 외곽에 도착했고, 파피리우스는 삼니움 군의 주력이 진지를 설치한 아퀼로니아 외곽에 도착했다. 한동안 파피리우스는 소규모 전투를 벌이기만 했을 뿐, 야전에서의 전면전은 피했다. 그 후 여러 날 동안 로마 군은 적이 잠잠하게 있거나 후퇴할 때에는 적을 괴롭혔고, 적이 저항하고 나설 때에는 본격적인

---

26 참조 9권 39장. 에트루리아 인도 이런 방식으로 병사들을 선발했다.

전투를 하기보다는 위협을 하는 수준에서 그쳤다. 코미니움에서 벌어지는 일과 소규모 전투의 결과 등은 아무리 사소한 것일지라도 32km 떨어져 있는 동료 집정관의 진영에 전달되었다. 동료 집정관 카르빌리우스는 전투 현장에 있지는 않았지만 모든 작전 계획에 동참했다. 그리하여 카르빌리우스는 자신이 맡고 있는 코미니움의 포위 공격보다는 아퀼로니아에서 벌어지는 일에 더 신경을 썼다.

루키우스 파피리우스는 이제 모든 면에서 전투 준비를 완료했고, 동료 집정관에게 전령을 보내어 만약 조점이 허락한다면 그 다음 날 공격에 나서겠다고 알려왔다. 파피리우스는 카르빌리우스 또한 코미니움에 최대한의 공격을 가하기를 바란다는 뜻을 밝혔다. 그곳을 강하게 압박해야만 삼니움 군이 그곳의 병력을 빼내어 아퀼로니아에 보내는 일은 없을 것이라는 얘기였다. 전령은 낮 동안에 임무를 다 수행하고서 밤에 돌아와 카르빌리우스가 그 계획을 승인했다고 보고했다.

파피리우스는 그날 오전에 전령을 동료 집정관에게 보낸 직후에 병사들을 모아놓고 연설을 했다. 그는 전쟁 일반에 대하여 많은 것을 얘기했으나, 특히 적의 군사 장비에 대하여 많은 말을 했다. 그 장비라는 것은 전투에서는 아무 효과가 없고 그저 공연한 과시에 지나지 않는다는 것이었다. 깃털 달린 투구는 적병에게 부상을 입히지 못하고, 색칠이나 금칠한 방패는 로마 군의 투창이 가볍게 뚫어버린다는 것이었다. 반짝거리는 하얀 상의는 전투 중에 휘두른 칼에 맞으면 피로 얼룩질 뿐이었다. 과거에 삼니움의 황금과 순은 부대는 집정관의 아버지에 의해 완전 일소된 적이 있었다.[27] 그런 번쩍거리는 복장과 무기는 당초 그것을 입거나 사용한 자들보다는, 그것을 전리품으로 탈취한 자들에게 더 많은

---

27 참조 9권 40장.

영광을 가져다주었다. 어쩌면 그의 이름과 가문은 삼니움 군의 이런 화려한 장식에 맞서 싸우는 특혜를 입은 듯하고, 또 그런 화려한 전리품을 로마로 가져가 공공장소를 아름답게 장식하는 임무를 부여받은 듯하다. 영원불멸의 신들은 조약을 맺었다가 위반하는 것을 밥 먹듯 하는 삼니움 사람들을 징벌하기 위하여 로마 군의 편을 들어 개입할 것이 분명하다고 파피리우스는 말했다.

신들의 태도를 미리 짐작하는 것이 가능하다면 신들에게 삼니움 군대보다 더 적개심을 안겨주는 군대는 없을 것이다. 저들은 황당무계한 의식을 치르면서 인간과 희생 동물의 피를 뒤섞어서 신들로부터 이중으로 비난을 받았다. 로마인들과 조약을 맺을 때 신들의 이름을 부르면서 맹세했으나, 그것을 지키지 않아 신들의 이름을 더럽혔고 또 그 조약을 위반했으므로 스스로 저주를 부른 것이 아니고 무엇이랴. 삼니움은 지킬 마음이 없으면서 맹세를 했고 그 후에는 그 맹세를 증오했다. 그리하여 삼니움은 신들, 동료들, 적들을 모두 두려워하게 된 것이다.

40. 파피리우스는 이런 모든 정보를 적의 탈주병들로부터 알아냈는데, 이제 로마 군 병사들에게 소상히 말해주었다. 로마 군 병사들은 그런 정보가 아니더라도 이미 삼니움에 대하여 분노하고 있었고, 신들과 인간들이 승리를 보장한다는 희망에 들떠서 한 목소리로 전투 개시를 요구했다. 그들은 전투가 다음 날까지 미루어지는 것에 짜증을 느꼈고 하루 낮 하루 밤을 더 기다려야 한다는 것을 지루하게 여겼다. 파피리우스는 이제 동료 집정관의 승인 답변을 받았고, 그리하여 밤의 제3경(자정)에 조용히 일어나 성스러운 닭의 관리자를 보내어 조점을 치게 했다. 진영에서는 귀족이든 평민이든 모든 병사들이 어서 전투를 벌이자고 성화였다. 계급이 높은 장교든 낮은 병사든 모두 승리를 기다리며 흥분된 상태였다. 장군의 초조한 마음은 조점을 치는 자들에게까지 전달되었

다. 그리하여 신성한 닭들이 모이를 쪼아 먹지 않자, 조점 관리자는 진실을 숨기고서 조점이 이렇게 좋게 나올 수가 없다면서 집정관에게 거짓 보고를 올렸다.

파피리우스는 기뻐했고 조점이 잘 나왔으므로 로마 군은 신들의 가호를 받으면서 공격에 나아갈 수 있다고 선언했다. 그는 이어 전투 개시 신호를 내보냈다. 그의 군대가 막 야전에 나서려는 순간에, 적의 탈주병이 다가와 각각 400명으로 구성된 삼니움 보병대 20개 부대가 코미니움을 향해 출발했다는 정보를 알려왔다. 파피리우스는 즉각 전령을 동료 집정관에 보내 이 사실을 알렸고, 휘하 부대에게는 공격 속도를 더욱 빠르게 하라고 지시를 내렸다. 그는 예비 부대를 뒤에 남겨 놓고 오른쪽 날개의 지휘는 루키우스 볼룸니우스, 왼쪽 날개는 루키우스 스키피오에게 맡겼다. 그리고 다른 부 사령관들인 가이우스 카이디키우스와 티투스 트레보니우스는 기병대를 맡도록 조치했다. 그는 이어 스푸리우스 나우티우스에게 노새로부터 군용 짐을 떼어내고 동맹군의 3개 보병대를 이끌고 잘 보이는 인근 언덕으로 재빨리 우회해서 가라고 지시했다. 그리고 양군의 전투가 한참 진행 중일 때 가능한 한 많은 먼지를 일으키며 전장으로 달려오라고 명령했다.

사령관이 이런 작전 계획을 내리고 있는 동안에, 신성한 닭 관리자들 사이에서 그날의 조점을 두고서 언쟁이 벌어졌다. 그 얘기를 옆에 있는 로마 기병대 대원이 듣고서 가볍게 넘길 수 있는 문제가 아니라고 생각하여 집정관의 조카인 스푸리우스 파피리우스에게 조점에 문제가 있다고 보고했다. 이 젊은 조카는 신들에 대한 회의론이 아직 팽배하지 않던 시절에 태어난 청년이었고 또 미확인 소문을 보고할 수는 없어서 진상을 알아본 다음에 집정관에게 보고했다.

집정관은 이렇게 대답했다. "너는 훌륭하면서도 근면하게 네가 해야 할 일을 했고 그것을 축하한다. 그러나 조점을 치고서 거짓 결과를 보고한 자는 신들의 분노를 그 머리 위에 내리게 하는 자이다. 나의 입장을 말해 보자면, 나는 옥수수가 춤을 췄다는 보고를 받았다. 그것은 로마 시민과 군에게 멋진 조짐인 것이다." 그는 이어 켄투리온들에게 조점 관리자들을 최전선에 배치하라고 명령했다.

삼니움 군도 군기를 앞세우고 전진해 왔다. 그 뒤에는 화려한 무장을 한 부대가 따라왔다. 비록 적이기는 하지만 로마 군의 눈에도 아주 화려한 광경이었다. 최초의 전투 함성이 터져 나오고 또 교전이 벌어지기 전에 성스러운 닭 관리자는 적진에서 우연히 날아온 장창에 맞아 군기 앞으로 고꾸라졌다. 파피리우스가 이 보고를 받자 그는 이렇게 말했다. "신들이 이 전투에 함께 하신다. 죄 있는 자는 그 죗값을 치렀다!" 그가 이렇게 말할 때, 그의 앞에 있던 까마귀가 크고 분명한 소리로 울어댔다. 사령관은 이런 조짐에 만족하면서 신들이 인간사에 개입한다는 것을 이처럼 분명하게 보여준 조짐은 없다고 선언했다. 이어 그는 전투 함성을 내지르고 나팔을 울리라는 명령을 내렸다.

41. 양군의 전투는 치열하게 전개되었지만 감투 정신은 판연하게 달랐다. 로마 군 병사들은 분노, 희망, 승리에 대한 열망, 적의 피를 보고 말겠다는 갈증 등으로 움직였으나, 삼니움 병사들은 대부분은 강요나 미신적 공포에 떠밀려 공격에 나섰으나 공격한다기보다 간신히 저항하는 정도였다. 그들은 벌써 여러 해 동안 패배에 익숙해져 있기 때문에 로마 군의 첫 번째 전투 함성과 돌격을 제대로 견뎌내지 못했을 것인데, 또 다른 강력한 공포가 그들을 간신히 도주하지 못하게 막고 있는 것이었다. 그들은 비밀 희생 제의와 무장 사제들의 모습, 머리 잘린 남자들의 시체와 희생 동물들이 마구 뒤섞여 있는 처참한 광경, 일상적인 제물들 사이에서 혐오스럽게 뿌려져 있는 피, 가족과 집안 사람들에게 저주를 내리

게 하는 무서운 저주와 오싹한 맹세 등이 눈앞에서 어른거려 감히 전장으로부터 달아나지 못하는 것이었다. 그들은 공격해 오는 적들보다는 대열 내의 동료 병사들을 더 무서워하면서 간신히 버티고 있었다. 로마군은 좌익과 우익 그리고 중군에서 사정없이 밀고 들어오면서, 신들과 인간들을 두려워하며 온 몸이 마비된 채 서 있는 삼니움 병사들을 베어 넘겼다. 삼니움 병사들은 마지못해 저항을 했으나 공포 때문에 달아나지 못하는 자들의 저항인지라 별 힘이 없었다.

　그런 살육이 이제 적군의 군기 앞쪽에서까지 벌어지고 있을 때, 전장의 왼쪽에서 구름 같은 먼지가 일어나서 대군의 접근을 알려주고 있었다. 그것은 스푸리우스 나우티우스(일부 역사가들은 옥타비우스 마이키우스라고 한다)의 군대였다. 그 부대는 병력 수에 비해 엄청나게 거대한 먼지를 일으키며 달려 왔다. 군용 짐을 떼어낸 노새에 올라탄 하인들이 잎사귀 많은 나뭇가지들을 땅에다 질질 끌면서 먼지를 일으켰기 때문이다. 그 먼지 구름 사이로 전위 부대와 군기가 보였고, 그 뒤를 따르는 엄청나고 무성한 먼지 구름은 선봉부대의 후미에 기병대가 따라오고 있음을 알려주었다. 이 부대의 출현은 삼니움 군뿐만 아니라 로마 군도 속여넘겼다.

　집정관은 적들도 들을 수 있는 아주 커다란 목소리로 코미니움이 함락되어 이제 동료 집정군 휘하의 승리한 군대가 지원을 하기 위해 달려오고 있다고 소리쳐서, 그런 기만술을 더욱 그럴 듯한 것으로 만들었다. 그러면 이제 우리도 동료 군대가 전투의 영광을 독차지하지 못하도록 있는 힘을 다해 돌격하여 승리를 차지해야 한다고 독려했다. 그는 말 위에 탄 채로 이런 말을 했고, 천인대장들과 켄투리온들에게 보병대 사이에 길을 내어 로마 군 기병대가 지나가게 하라고 지시했다. 그는 이미 트레보니우스와 카이디키우스에게 사전 지시를 해두었다. 그가 창을 들고 흔드는 것을 보는 순간, 휘하의 기병대가 있는 힘을 다해 적진으로 돌격하게 하라. 모든 것이 그가 사전에 짜놓은 작전 계획대로 전개되었다. 보병대 사이에 길을 내주자 기병대가 앞으로 전력 질주하면서 적을 겨눈 장창으로 적의 중군을 강타했다. 기병대는 가는 곳마다 적의 전열을 붕괴시켰다. 그 뒤에 볼룸니우스와 스키피오의 보병대가 바싹 따라오면서 대열이 허물어진 적병들을 베어 쓰러트렸다.

그리고 마침내 신들과 인간들의 위력이 사라지자, 리넨 부대는 패주했다. 진지 사수의 맹세를 했든 말았든, 모두들 달아나기에 바빴고 그들이 두려워하는 것은 로마 군뿐이었다. 그 전투에서 살아남은 적 보병대는 진영으로 쫓겨가거나 아니면 아퀼로니아로 달아났다. 귀족과 기병대는 보비아눔으로 피신했다. 적의 기병대는 로마 군 기병대가, 보병대는 로마 군 보병대가 뒤쫓았다. 로마 군의 두 날개는 서로 다른 방향으로 적을 추격했는데 우익은 삼니움 진영을 공격했고, 좌익은 도시를 향해 나아갔다. 적 진영이 먼저 볼룸니우스의 손에 떨어졌다. 그러나 도시를 공격한 스키피오는 좀 더 완강한 저항에 부딪쳤다. 패배당한 병사들이 갑자기 용기를 보여서라기보다는 성벽이 보루보다는 좀 더 효율적으로 로마 군의 공격을 막아주었기 때문이다. 또 성벽 위에서 돌을 던져서 적의 공격을 지연시킬 수도 있었다.

스키피오는 방비가 강화된 도시를 함락시키는 것은 시간이 걸리는 일이라는 것을 알았다. 무엇보다도 적이 최초의 공포로부터 정신을 차려서 다시 공격에 나서기 전에 기습 공격으로 해치우지 않으면 성공할 가능성이 적다고 보았다. 그는 휘하 병사들에게, 오른쪽 날개의 병사들은 이미 진영을 함락시켰는데, 너희 왼쪽 날개의 병사들은 전투의 진정한 승리자이면서도 도시의 성문으로부터 격퇴되는 수모를 그대로 당할 생각이냐고 물었다. 병사들이 그렇지 않다고 소리쳐 대답하자 그는 방패를 머리 위에 이고서 성문 쪽으로 나아갔고, 병사들도 따라서 방패를 머리 위로 들어올림으로써 테스투도(거북이 방패)를 만들고서 도시 안으로 밀고 들어갔다. 그들은 삼니움 경계병들을 물리치고서 출입문 주위의 성벽 일부를 점령했다. 그러나 그들의 숫자가 적었기 때문에 도시 깊숙이 들어갈 수는 없었다.

42. 집정관은 처음에는 이런 상황을 잘 알지 못하고 로마 군을 철수시킬 생각을 했다. 해가 빨리 지고 있어서 밤이 되면 모든 것이 위험해지고 심지어 승자에게도 의심스러운 상황이 발생할 수 있는 까닭이다. 그는 말을 달려가면서 오른쪽에서는 적 진영이 함락된 것을 보았다. 그러나 왼쪽에서는 도시에서 싸우는 함성 소리와 공포에서 우러나오는 함성 소리가 뒤섞여 들려왔다. 그 순간 성문 앞에서 전투가 벌어지고 있었던 것이다. 그는 좀 더 가까이 말을 달려서 로마 군 병사들이 성벽 위에 올라가 있는 모습을 보았다. 따라서 전투 결정이 이미 내려졌다고 판단하고 또 소수 병력의 대담함이 큰 기회를 가져올 수도 있다고 생각하여 이미 철수시킨 부대를 다시 불러서 도시 안으로 공격해 들어가라고 명령했다. 그들은 아주 가까운 쪽을 통과하여 도시 안으로 들어갔고 이미 주위가 어두워졌기 때문에 밤 동안에 거기서 머물렀다. 그러나 적군은 야음을 틈타서 그 도시를 버리고 달아났다.

그날 아퀼로니아에서 20,340명의 삼니움 인이 살해되었고 3870명이 포로로 잡혔으며 97개의 군기가 압수되었다. 전승은 이런 사실도 전하고 있다. 전투에서 파피리우스처럼 유쾌한 사령관도 없다는 것이다. 그것이 그의 타고난 기질인지 혹은 전투에서 승리할 것이라는 확신 때문인지는 불확실하다. 그런 유연한 마음가짐을 갖고 있었기 때문에 조점에 대한 의문이 있었을 때에도 전투 개시 명령을 거두어들이지 않았다. 그리고 전투가 한창 진행 중일 때에는 영원불멸의 신들에게 신전을 봉헌하는 것이 관례이나, 그는 이미 승리자 신 유피테르에게 봉헌을 맹세했기 때문에, 적군을 패퇴시킨다면 유피테르 신상에서 한 잔의 약한 술을 부은 다음에 그 자신은 독한 술을 마시겠다고 맹세했다. 그 맹세는 신들을 기쁘게 했고 그리하여 신들은 조점이 가장 좋은 결과를 내도록 바꾸어 주었다.[28]

43. 동료 집정관도 코미니움에서 좋은 결과를 올렸다. 새벽이 되자 그는 로마 군을 성벽에 바싹 붙이면서 도시를 포위하고, 성문을 통하여 달아나는 자들을 막기 위해 강력한 지원군을 배치했다. 그는 20개 보병대가 도착할 예정이라는 놀라운 첩보를 받았을 때 이미 공격 신호를 내려놓은 상태였다. 그러나 그 소식을 접하고서, 모든 준비를 갖추고 도시를 공격하려 했던 병사들 중 일부를 뒤로 빼놓았다. 그는 부 사령관 데키무스 브루투스 스카이바에게 제1군단, 동맹군 10개 보병대, 그리고 기병대를 주어서 곧 도착 예정인 적의 증원군을 상대하게 했다. 데키무스는 적을 만나면 그들의 행군로를 가로막고 더 이상 진군하지 못하게 하고, 필요하다면 교전을 해도 좋다는 지시를 받았다. 아무튼 그 증원군이 코미니움에 도착하지 못하게 하는 것이 그의 임무였다.

집정관 자신은 성벽을 기어오르는 사다리들을 가져와 성벽에다 붙이라고 지시를 내리고서 테스투도의 보호막 아래 성벽 출입문까지 접근했다. 성벽의 출입문들이 파괴되자, 성벽 도처에서 동시다발적으로 공격이 가해져 왔다. 삼니움 군은 로마 군이 도시에 접근해 오는 것을 막아낼 정도의 용기는 있었으나, 막상 무장 병사들이 성벽을 기어오르고, 전투가 먼 거리에서 장창을 던지는 것으로 전개되는 것이 아니라 백병

---

28 집정관 파피리우스의 맹세는 결코 조롱의 뜻을 담고 있지 않으며 그의 자신감과 훌륭한 판단력을 표시하는 것이다. 약한 술과 강한 술의 대비는 집정관이 대주가임을 유머러스하게 암시하고 있다.

전으로 바뀌고, 로마 군이 평지에서 성벽 위에까지 기어올라와 지형의 이점이 사라져 버리자 용기가 사라져 버렸다. 로마 군은 그들의 상대가 되지 않는다고 생각하는 적병들과 이제 수월한 싸움을 벌이게 되었다. 그러자 삼니움 병사들은 탑과 흉벽에서 철수하여 도시의 포룸에 집결했다. 거기서 그들은 전세를 역전시키려고 마지막 절망적인 저항을 시도했다. 그러나 그들은 곧 무기를 버렸고 약 11,400명이 집정관에게 항복했다. 전사자는 약 4880명이었다.

이상이 코미니움과 아퀼로니아에서 벌어진 사건들의 전말이다. 이 두 도시 사이의 지역에서 세 번째 전투가 예상되었으나 적군이 움직이는 기미는 보이지 않았다. 적군은 코미니움에서 10km 떨어진 지점까지 접근했을 때 교전을 벌이지 말고 돌아오라는 지도자들의 지시를 받았다. 그들이 회군하여 진영과 아퀼로니아가 보이는 지점까지 왔을 때 밤이 되어 주위가 어두워졌고 진영과 도시에서 나오는 시끄러운 소리 때문에 발걸음을 멈추었다. 이어 로마 군이 불을 놓은 진영에서 번져 나오는 불길을 보고서 삼니움 군이 패배했다는 것을 알고서 더 이상 행군하지 않았다. 그들은 무기를 내려놓지도 않고 또 아무런 경계 조치를 취하지도 않은 채 현재 복장으로 땅 위에 쓰러졌다. 그들은 불안하게 온밤을 보내면서 새벽이 오는 것을 두려워했다. 그들은 날이 새자 이제 어느 쪽으로 행군해야 하는지 막막했다.

이때 밤중에 아퀼로니아에서 달아난 삼니움 사람들을 추격해 오던 로마 군 기병대가 이들을 발견했다. 그들은 누벽이나 초소의 도움을 전혀 받지 못하는 무방비 상태였고, 기병대는 재빨리 그들을 패주시켰다. 아퀼로니아 성벽에 있던 로마 군도 이들을 발견하고 곧 보병대를 보내 추격하게 했다. 그러나 보병대는 겁먹고 달아나는 적군을 뒤따라 잡지 못했다. 하지만 후미의 280명 정도는 기병대에 살육되었고, 놀라서 달아나던 그들은 많은 양의 무기와 18개의 군기를 내버리고 갔다. 목숨을 건진 자들은 그런 황급한 상태에서도 비교적 안전하게 별 부상을 입지 않고 보비아눔으로 피신했다.

44. 두 로마 군은 이처럼 각 군이 좋은 행운을 누린 것에 대하여 기뻐했다. 두 집정관은 동료 집정관의 동의 아래, 병사들이 도시를 마음껏 약탈하도록 내버려 두었다. 병사들은 가택을 완전 턴 다음에는 불을 질렀다. 아퀼로니아와 코미니움을 불태워버리던 날, 두 집정관은 진영을 하나로 합쳐서 흐뭇하게 생각했고 또 병사들도 그것을 반겼다. 두 군대의 병사들이 다 보는 가운데, 카르빌리우스는 병사들의 공로에 따라 포상을 내렸다.

전열 맨 앞에서, 적 진영 주위에서, 그리고 적의 도시 근처 등 여러 전선에서 싸웠던 파피리우스는 스푸리우스 나우티우스, 조카 스푸리우스 파피리우스, 네 명의 켄투리온, 최전선에 섰던 보병 중대 등에게 팔찌와 황금 관을 상으로 주었다. 나우티우스는 마치 대군을 이끌고 있는 것처럼 적을 속여서 겁을 준 작전, 조카 파피리우스는 전투 중에 기병대를 이끌고 열심히 싸우고 또 삼니움 군이 아퀼로니아에서 밤중에 몰래 달아날 때 추격한 공로, 켄투리온과 병사들은 아퀼로니아의 성벽과 출입문을 제일 먼저 점령한 공로 등을 인정받았다. 그는 또 많은 전투에서 탁월한 활약을 보여준 기병대원 전원에게 투구 장식물과 은제 팔찌를 하사했다.

이어 작전 회의가 소집되어 로마 군 2개 군을 동시에 삼니움에서 뺄 것인지 아니면 그 중 1개 군만 철수시킬 것인지 논의되었다. 삼니움을 완전히 붕괴시키기 위해서는 남아 있는 소탕 작전을 계속 유지하고 적대적 행위를 배가하는 것이 좋다고 결정되었다. 그렇게 한 후에 다음 집정관에게 로마 군을 넘겨주는 것이 좋겠다는 의견들이었다. 총력전으로 로마 군에게 맞설 삼니움 군대가 현재 없는 상태였으므로, 로마 군에게 남아 있는 유일한 전투 형태는 삼니움 도시들을 공격하는 것이었다. 이렇게 함으로써 병사들이 더 많은 약탈품을 챙겨서 부자가 되고, 또 삼니움의 제단과 난로를 지키려는 잔당을 소탕할 수 있는 것이었다. 이러한 군사적 업적을 보고하는 편지를 로마 원로원과 시민들에게 보낸 후에, 두 집정관은 헤어졌다. 파피리우스는 휘하 군대를 이끌고 사이피눔을 공격하러 갔고, 카르빌리우스는 벨리아로 갔다.

45. 로마 원로원과 평민 집회는 두 집정관의 편지를 받고서 아주 기뻐했다. 그런 전반적인 축하의 분위기는 나흘 동안의 감사 표시 기간에 개인들이 보여준 열광적인 태도가 잘 보여주었다. 그것은 로마 시민들이 볼 때 커다란 승리였고, 에트루리아 인들 사이에서 다시 전투가 발생했다는 소식과 거의 동시에 들어왔기 때문에 아주 시의적절한 것이었다. 로마 시민들은 삼니움 작전이 잘못되었더라면 어떻게 에트루리아의 반란을 견뎌낼 수 있었을까 하고 생각했다. 왜냐하면 에트루리아 인이 믿고 있었던 것은 삼니움과의 동맹이었기 때문이다. 그들은 로마 군이 다른 곳에 정신이 팔려 있는 동안에 그 틈을 타서 반란을 일으켰다. 동맹국들의 사절은 법무관 마르쿠스 아틸리우스의 안내를 받아 원로원을 방문했고, 그들의 접경 지역 땅들이 에트루리아 인들에 의해 파괴되고 불태워진다고 불평했다. 이런 일은 그들이 로마와의 동맹을 파기하려 하지 않았기 때문에 벌어졌다는 것이었다.

그들은 존경하는 원로원 의원들에게 공동의 적이 저지르는 폭력과 불의로부터 그들을 지켜달라고 호소했다. 그들에게는, 동맹국이 그들의 충성을 후회하는 일은 없게 할 것이라는 대답이 주어졌다. 또 원로원은 에트루리아 인들도 삼니움 인들과 똑같은 운명을 맞이하게 될 것이라는 말도 해주었다. 그때, 오랫동안 로마의 우방이었던 팔리스키가 에트루리아 인들의 편에 붙지 않았더라면 그렇게 성급할 필요는 없었을 것이다. 그 우방들은 로마에 너무 가까워서 원로원은 불안감을 느끼지 않을 수 없었다. 그리하여 에트루리아에 전령 사제단을 보내어 피해 보상을 요구하기로 했다. 이것이 거부되자 원로원의 권유와 민회의 명령에 의하여 팔리스키에 전쟁이 선포되었다. 두 집정관은 추첨을 하여 그들 중 누가 병력을 이끌고 에트루리아로 내려갈 것인지 결정하라는 지시를 받았다.

카르빌리우스는 이미 벨리아, 팔룸비니움, 헤르쿨라네움 등 삼니움의 도시들을 함락시켰다. 벨리아는 성벽에 접근한지 며칠 만에, 팔룸비니움은 당일로 접수했다. 그러나 헤르쿨라네움에서 그는 정식으로 전투를 벌여야 했는데 처음에 그 결과는 불확실했고 그는 적보다 더 큰 손실을 보았다. 하지만 그는 진영을 설치하고 적을 성벽 뒤로 몰아넣은 다음에 기습 공격하여 그 도시를 점령했다. 이 세 도시에서 약 1만 명이 살해되었고 그보다 더 많은 숫자가 포로로 잡혔다. 두 집정관이 군사 지휘권을 두고서 추첨을 했을 때 카르빌리우스는 에트루리아를 뽑았는데 그의 병사들의 기도가 응답을 받았다는 말을 들었다. 그의 병사들은 삼니움의 혹독한 추위를 잘 견뎌내지 못했던 것이다.

사이피눔으로 내려간 파피리우스는 거기서 대규모 삼니움 군과 대적하게 되었다. 그의 병사들은 종종 정규전에서 공격을 당했는가 하면 행군 중에서도 공격당했고, 적의 탈출을 막기 위해 도시의 성벽 주위에 접근했을 때에도 공격을 당했다. 로마 군은 포위 공격을 할 수도 없었고 그들과 대등한 입장에서 교전을 할 수도 없었다. 삼니움 군은 무기와 병력을 많이 투입하여 성벽을 지켰고 또 성벽 그 자체가 그들의 보호막 노릇을 했기 때문이다. 마침내 파피리우스는 엄청난 공격을 가하여 적을 포위 상태로 몰아넣었고 적절한 공격과 공성기 투입으로 적의 봉쇄를 붕괴시키고 도시를 점령했다. 도시가 함락되자, 로마 군 병사들은 그동안의 울분 때문에 평소보다 더 잔인하게 행동했다. 그리하여 7400명이 살해되었고 3천명 미만의 병사들이 포로로 잡혔다. 삼니움 사람들은 몇 개의 도시들에 재산을 집중시켰기 때문에 약탈할 재물이 아주 많았고, 병사들은 약탈한 물품을 모두 자신이 가질 수 있었다.

46. 이제 모든 것이 눈에 뒤덮였고 바깥에 나가 활동하는 것은 불가능했다. 따라서 파피리우스는 휘하 군대를 삼니움으로부터 철수시켰다. 그가 로마에 귀국하자 만장일치의 표결로 그에게 개선식이 수여되었다. 그는 집정관 직을 유지한 채 개선식을 치렀고 그 행사는 당시의 관습이 그러하듯이 화려했다. 보병대와 기병대가 걸어서 혹은 말 타고 지나갔는데 그들의 멋진 장식은 훌륭한 구경거리였다. 많은 병사들이 가슴에 공민 영관(civic crown)을 달고 있었는데, 보루를 제일 먼저 기어올라가서 혹은 도시의 성벽을 먼저 올라가서 받은 영관이었다. 삼니움에서 빼앗은 전리품들은 그 화려함과 멋진 수공이 파피리우스의 아버지가 빼앗아온 전리품들과 비교되었다. 사실 예전에 빼앗아온 그 전리품은 공공장소에서 여러 번 전시되어 사람들이 잘 알고 있었던 것이다. 그들 자신의 업적이나 아버지의 업적으로 유명한 여러 명의 삼니움 귀족들이 포로들과 함께 걸어서 지나갔다. 확보된 청동의 무게는 무려 2,533,000 파운드였고, 포로들을 판매하여 나온 금액이라고 한다. 도시들에서 탈취해온 은의 무게는 1830 파운드였다. 모든 청동과 은은 국고에 귀속되었고 이 품목은 전혀 병사들에게 나누어주지 않았다.

이런 조치에 대한 불만은 병사들의 봉급을 지불하기 위해 시민들에게 세금이 부과되자, 더욱 고조되었다. 만약 파피리우스가 그 돈을 모두 국고에 넣는 영광을 포기했더라면 병사들은 정규 봉급 이외에 추가의 돈을 받았을 것이니까 말이다. 파피리우스는 퀴리누스의 신전을 봉헌했다. 하지만 나는 오래된 권위 있는 역사서에서 그것이 실제 전투 중에 봉헌되었는지 또는 그렇게 짧은 시간 내에 완공하는 것이 가능했는지 발견할 수가 없었다. 그의 아버지는 독재관 시절에 그 신전을 맹세했고, 그 아들이 집정관 자격으로 봉헌할 건물을 완공하여 전리품으로 아름답게 꾸몄다. 빼앗아온 전리품은 너무나 풍성하여 포룸과 신전의 장식물로 쓰고 남아서 동맹국과 인근 식민촌의 신전과 공공장소를 꾸밀 수 있을 정도였다. 개선식을 치른 후에 파피리우스는 휘하 군대를 이끌고 베스키니아 영토로 가서 겨울 숙영에 들어갔다. 그곳이 삼니움 사람들의 기습 공격을 받을 가능성이 높은 지역이었기 때문이다.

한편 에트루리아에서 집정관 카르빌리우스는 트로일룸을 공격할 준비를 했다. 그 도시의 부유한 주민 470명은 많은 돈을 바칠 테니 그들이 그 도시를 떠날 수 있게 해달라고 흥정해와 그는 허락했다. 그는 직접 공격을 가하여 남아 있는 주민들과 도시를 접수했다. 그 후에 그는 진지를 안전하게 다져놓은 요새 다섯 군데를 기습 공격하여 적군 2400명을 살해하고 2000명 약간 안 되는 인원을 포로로 잡았다. 그는 평화를 호소해온 팔리스키에게는 무거운 청동 10만 아스와 병사들의 1년치 봉급을 지불하는 조건으로 1년간의 휴전을 허락했다. 이런 작전들을 수행한 뒤 그는 로마로 돌아가 개선식을 치렀다. 그것은 삼니움 전쟁에서 승리한 동료 집정관 파피리우스의 개선식만큼 영광스럽지는 않았지만, 에트루리아 전쟁까지 감안해 넣는다면 그에 버금갈 만한 행사였다.

그는 무거운 청동 38만 파운드를 국고에 귀속시켰고, 그 외에 전리품에서 나온 남은 돈으로는 포르스 포르투나의 신전을 건설하는 계약을 발주했다. 그 신전은 세르비우스 툴리우스가 그 여신에게 봉헌한 신전 바로 옆에 건설될 예정이었다. 병사들은 전리품에서 각자 102 아스가 주어졌고, 켄투리온과 기병대원은 그보다 두 배 많은 금액이 하사되었다.

전에 파피리우스가 전리품을 아주 인색하게 나누어주었기 때문에 다들 그것을 고마운 마음으로 받아들였다. 카르빌리우스는 인기가 높았기 때문에 그의 부 사령관 루키우스 포스투미우스를 민회의 재판으로부터 보호해줄 수 있었다. 호민관인 마르쿠스 스칸티우스가 그를 고소하자 카르빌리우스가 그를 부 사령관으로 임명함으로써 민회의 재판을 피해 나갔다는 것이다. 그 후에 호민관들은 그를 고소하겠다고 위협만 했을 뿐 실제로는 법정에 세우지 못했다.[29]

47. 이제 한 해(기원전 293년)가 다 끝나가므로 새로운 호민관들이 취임했으나, 그들의 선출 과정에서 하자가 있어서 닷새 뒤에 다른 사람들로 교체되었다. 이해에 루스트룸 제의가 감찰관 푸블리우스 코르넬리우스 아르비나와 가이우스 마르키우스 루툴루스에 의해 거행되었다.[30] 등록된 인구수는 262,321명이었다. 두 감찰관은 첫 두 명의 감찰관이 취임한 이래 26번째로 취임한 두 명이었고, 루스트룸 제의는 19번째로 거행되는 것이다. 이해에 처음으로 무공을 세워 영관을 수여받은 사람들이 로마 게임을 보면서 그 관을 쓸 수 있게 되었고, 게임의 승리자에게는 종려나무 가지를 주었는데 이는 그리스인들에게서 수입해온 관습이다. 같은 해, 이 게임을 성공리에 치른 쿠룰레 토목건축관리관이 여러 명의 목축업자들을 규정 위반으로 기소했는데 그들에게서 나온 벌금을 가지고 마르스 신전에서 보빌라이에 이르는 길에 포장도로를 깔았다.

---

29 호민관 스칸티우스가 루키우스 포스투미우스를 고소하자 카르빌리우스가 포스티미우스를 자신의 부 사령관으로 임명함으로써 1년간 불고소 특권을 누리게 되었다. 1년 기간이 끝나서 다른 호민관이 그를 고소하려 하자, 이번에는 카르빌리우스의 친구들이 그 고소 건을 포기하도록 종용했다는 뜻.
30 루스트룸(lustrum) 제의는 5년마다 하는 인구 조사의 마지막 의례로 거행되는 정화 의식이다. '루스트룸으로 마무리하다'는 곧 인구 조사가 끝났다는 뜻이다.

루키우스 파피리우스는 집정관 선거를 개최하여 새로운 집정관으로 퀸투스 파비우스 구르게스(파비우스 막시무스의 아들)와 데키우스 유니우스 브루투스 스카이바가 뽑혔다고 선언했다. 파피리우스 자신은 법무관에 선출되었다.

이해는 여러 모로 행복한 해였다. 그러나 한 가지 참사 때문에 그 행복이 별 위로가 되지 못했다. 대규모 전염병이 도시와 농촌 지역을 휩쓸었던 것이다. 전염병에 의한 인명 손실은 나쁜 조짐으로 인식되었고, 신들이 어떤 목적으로 그런 파괴 상황을 내리는지 또 어떤 시정책을 요구하는지 발견하기 위해 시빌의 예언서가 참조되었다. 그 책은 아이스쿨라피우스[31]를 에피다우로스에서 로마로 소환해 와야 한다고 일러주었다. 그러나 집정관들은 전쟁 문제로 바빴기 때문에 그해에는 어느 하루를 정하여 신들에게 호소를 올린다는 것 이외에 아무런 조치도 취하지 못했다.

---

31 의학의 신.

연대기

다음의 연대는 상당수가 전승에 의한 것이거나 추정치이다. 모든 연대는 기원전의 연대이다.

389 카밀루스, 원정에 나서서 볼스키 영토 전역을 파괴했으며 마침내 볼스키 인들을 항복시켜 70년에 걸친 전쟁을 종식시킴.

388 카밀루스는 볼스키, 아이퀴, 에트루리아를 상대로 한 세 번의 연속적인 전쟁에서 승리를 거두고 도시로 개선. 스텔라티네 족, 토로멘티네 족, 사바티네 족, 아르니엔시스 족의 4개 부족이 로마에 편입되어 로마의 부족수는 기존의 21개에서 25개로 늘어남.

385-384 마르쿠스 만리우스 카피톨리누스가 카밀루스의 명예를 질시하여 국가 전복 음모를 꾸미다가 발각되어 타르페이아 바위에서 추락사시켜 처형됨.

381 사트리쿰 원정전에서 카밀루스는 부 사령관 루키우스 푸리우스의 작전 실수를 관대하게 용서해줌.

377 로마 귀족들이 즉각 부채를 상환하라는 요구로 인해 평민의 삶은 더욱 어려워짐. 가이우스 리키니우스 스톨로와 루키우스 섹스투스가 호민관으로 선출되어 3가지 법안을 주장. 첫 번째 법안은 부채 문제에 대응하는 것이었는데, 빌려온 원금에서 지금껏 지불한 이자의 액수를 공제하고 그 나머지 금액을 3년에 걸쳐 3회에 균등 상환한다는 것이었다. 두 번째 법안은 토지 소유에 상한선을 부과하여 개인이 5백 유게룸 이상의 땅을 소유하지 못하게 하자는 것이었음. 세 번째 법안은 집정관급 정무관 제도를 철폐하고 예전처럼 두 명의 집정관을 선출하되

그 중 한 명은 평민 출신으로 한다는 것이었음.

367   섹스티우스와 리키니우스 법안이 통과됨. 또한 신성한 의례의 담당자 10인 중 절반을 평민 계급에서 선출하는 법안이 통과되어, 5인의 귀족과 5인의 평민이 선출되었음. 이것은 평민이 집정관 직에 진출하는 길을 연 조치임. 귀족들의 반대에도 불구하고 루키우스 섹스티우스가 최초의 평민 출신 집정관으로 선출됨.

366   이해에 법무관과 쿠룰레 토목건축관리관이라는 두 개의 새로운 행정관 자리를 설치함.

365   로마에 전염병이 돌아 고령의 마르쿠스 푸리우스 카밀루스가 사망.

363   한 노인이 과거 어느 때 전염병의 창궐이 못을 때려 박는 독재관의 망치질에 의해 완화된 적이 있다는 것을 기억해냈고 무서운 전염병 때문에 불안한 시민들은 못을 때려 박는 행사를 거행하기 위해 독재관을 임명하라고 원로원에 재촉함. 그리하여 루키우스 만리우스 임페리오수스가 독재관으로 선출되어 그 행사를 거행함.

361   이해에 갈리아 인들과의 전투가 아니오 강 근처에서 벌어졌는데 그 강의 다리 위에서 벌어진 1대 1 대결에서, 티투스 만리우스는 덩치 큰 갈리아 인을 죽이고 그 거인으로부터 목걸이를 빼앗고 토르콰투스(목걸이)라는 별명을 얻음.

359   독재관 가이우스 술피키우스가 갈리아 인들에 맞서 싸워 승리를 거둠. 폼프티네와 푸블릴리언의 두 부족이 로마에 편입되어 로마의 부족수는 기존 25개에서 27개로 늘어남. 원로원의 승인 아래, 평민 호민관 가이우스 포에텔리우스가 반뇌물 법안을 민회에 제출.

358   이해에 호민관 마르쿠스 두이둘리우스와 루키우스 메네니우스가 이자율(利子率)을 12분의 1로 고정시키는 법안을 제출.

357   가이우스 리키니우스 스톨로가 10년 전 자신이 만든 법률에 의해 기소되어 10

만 아스의 벌금을 부과 받음. 죄목은 아들과 공동으로 1천 유게룸의 땅을 소유하고 또 아들을 아버지의 권위로부터 해방시켜 두 세대라고 주장함으로써 그 법률의 취지를 위반한 것임.

355 이해는 로마의 건국(기원전 754년)으로부터 400년 되는 해이고 갈리아 인으로부터 로마를 수복한 지 35년 되는 해임.

353 타르퀴니와 티부르를 상대로 한 전쟁이 성공적으로 수행되어 항복을 받아냄.

352 다섯 명의 위원을 국가 금융가로 지정하여 화급한 부채 문제를 공정하면서 해결하여 채무자와 채권자 양측에서 불평이 나오지 않음.

348 갈리아 인들은 겨울 추위를 견디지 못하여 알바 언덕에서 내려와 평야와 해안 지대를 배회하면서 농촌 지역을 파괴하고, 바다에는 그리스 배들이 많이 나타나 해안 지역을 노략질함. 이때 마르쿠스 발레리우스라는 젊은 천인대장이 있었는데 갈리아 전사와 1대 1 대결을 벌였는데 까마귀가 날아와 그의 투구에 내려앉아 함께 갈리아 전사를 공격하여 승리를 거둠. 이때부터 발레리우스는 코르부스(까마귀)라는 별명을 얻음.

343 이해에 삼니움 족을 상대로 하는 전투가 처음 벌어짐. 삼니움과의 전쟁은 이후 50여년에 걸쳐 전개됨.

342 카푸아 주둔군 로마 병사들이 사치스러운 생활에 익숙해져 전보 발령을 거부하고 반란을 일으킴. 그러나 발레리우스 코르부스에 의하여 유혈 사태 없이 진압됨.

340 에페이로스의 왕인 알렉산드로스(알렉산드로스 대왕의 외삼촌)가 함대를 이끌고 이탈리아를 공격해 옴. 왕은 이탈리아 현지에서 루카니아의 유배자에게 살해됨. 집정관 만리우스 토르콰투스의 아들 티투스 만리우스가 집정관의 명령을 무시하고 투스쿨룸 기병대의 게미누스 마이키우스와 1대 1 대결을 벌여 이겼으나 아버지는 군법 위반으로 아들을 처형함. 집정관 데키우스가 로마 군의 전황이 불리하게 되자 자신을 희생 제물로 바치는 데보티오를 실천함.

339   독재관 퀸투스 푸블리우스 필로는 평민들에게는 크게 유리하지만 귀족들에게는 불리한 3가지 법을 통과시켰다. 첫 번째 법은 시민들의 선포가 모든 로마 시민에게 적용된다는 것이었다. 두 번째 법은 원로원은 켄투리아 민회에서 나온 제안들을 비준해야 한다는 것이었다. 세 번째 법은 원래 감찰관 직 두 자리가 모두 평민에게 돌아가도 좋다는 것이 이미 허용되었으므로, 적어도 그중 한 자리는 평민 출신을 선출해야 한다는 것이었다.

337   베스타 신전의 여제관 미누키아가 필요 이상으로 화려한 옷을 입고 있다가 유죄가 선고되어 그 후 콜리누스 성문 근처에서 산 채로 매장되었다.

332   마이키아 부족과 스카프티아 부족이 로마의 새로운 부족으로 추가되어 부족수는 총 29개가 되었음.

330   프리베르눔과의 전쟁이 시작되어 로마 군이 진압함.

329   이해에 원형 경기장에 전차 보관소가 설치되었음. 300명의 식민 정착자들이 안크수르에 파견되었고 그들은 각자 2 유게룸의 땅을 하사받았음.

326   전과 마찬가지로 신들에게 속죄하기 위한 렉티스테르니움 의식이 도시의 창건 이래 다섯 번째로 열렸음. 부채에 의한 노예화 법 조항이 폐지되었음.

325   루키우스 파피리우스 쿠르소르가 독재관에 임명되어 퀸투스 파비우스 막시무스 룰리아누스를 사마관으로 지명함. 퀸투스 파비우스는 제2차 포에니 전쟁 때 로마를 쳐들어온 한니발에 맞서서 지연작전을 펴서 군공을 세운 파비우스 쿤크타토르[지연하는 사람]의 할아버지임. 파피리우스는 명령을 위반한 파비우스를 사형에 처하려고 하다가 파비우스 자신과 그의 아버지 마르쿠스 파비우스의 호소와 원로원 및 평민의 권면으로 사형 조치를 취소함.

321   로마 군이 삼니움의 비좁은 계곡길인 카우디움 협곡에 들어서서 독안의 쥐가 된 상태로 삼니움 군에게 항복하고 이우굼 밑을 허리 굽혀 지나가는 대참사를 당함. 이 때에 로마 군을 인솔한 집정관은 스푸리우스 포스투미우스였음.

319   로마의 집정관 파피리우스가 루케리아 삼니움 군대에게 승리를 거두고 아풀리아에 인질로 잡혀 있던 로마 군 기병대원 600명을 돌려받음.

317   로마에서 우펜티나와 팔레르나의 두 부족이 추가되어 로마의 부족 숫자는 기존의 29개에서 31개로 늘어남.

314   루케리아는 로마 주둔군을 적에게 넘겨준 후에 삼니움 군대 편에 붙음. 로마가 다시 삼니움 원정에 나서야 하는 빌미가 됨. 루케리아를 탈환한 후에 식민지 설치 법안이 통과되었고 그곳에 2500명의 식민 정착자들이 파견됨.

313   수에사와 폰티아이에 식민 정착촌이 건설되었음.

312   이해에 유명한 아피우스 클라우디우스와 가이우스 플라우티우스가 감찰관에 임명됨. 아피우스는 도로를 건설했고 또 도시에 들어오는 수도교를 놓았음.

310   로마 군이 키미니아 숲을 탐사함.

308   독재관 루키우스 쿠르소르가 삼니움의 황금 부대와 순은 부대를 맞이하여 전쟁은 장식으로 하는 것이 아니라 칼로 하는 것이라 병사들을 독려하여 승리한 후에 원로원의 선포에 의거하여 개선식을 치름.

306   감찰관 가이우스 유니우스 부불쿠스는, 그가 삼니움 전쟁 당시 집정관 자격으로 맹세했던 〈안전〉의 신전 건립을 위한 공사 계약을 체결함.

305   소라, 아르피눔, 케세니아가 삼니움 사람들로부터 수복되었고, 헤라클레스의 거대한 조각상이 제작되어 카피톨리움 언덕에 봉헌되었음.

304   로마는 삼니움과 예전의 강화 조약을 다시 회복시킴. 로마 시민권을 거부한 아이퀴 족과 전쟁을 함. 마루키니, 마르시, 파엘리니, 프렌타니 등은 로마에 사절을 보내와 평화와 우호를 호소했다. 이 부족들에게는 그들의 요청에 따라 조약이 수여되었음.

302   아르피눔과 트레불라에 로마 시민권이 부여되었다. 베스티니 사람들이 우호 조약을 요청해와 로마는 그들과 조약을 맺음.

299   트리부스 민회가 소집되어 평민 계급에서 추가로 복점관 5인과 대제관 4인을 뽑는 법안이 통과됨. 기존에 두 관직은 귀족 출신이 맡았고 각각 복점관 4인, 대제관 4인이었음. 이 법으로 복점관은 9명으로, 대제관은 8명으로 늘어났음.

298   에트루리아와 삼니움이 로마와의 휴전 조약을 위반하고 다시 반란을 일으킴. 삼니움의 도발 행위가 로마에 알려지자 원로원이 권고하고 민회가 투표하여 삼니움에 전쟁을 선포했는데, 이 전쟁을 가리켜 제3차 삼니움 전쟁이라고 함. 기원전 298년에 아이퀴콜리 족의 영토인 카르세올리에 식민촌이 건설되었음.

296   삼니움과 에트루리아에서 전쟁이 계속됨. 전쟁 중에 아피우스 클라우디우스와 루키우스 볼룸니우스 사이에 편지 사건이 발생. 아피우스는 지원 요청 편지를 보낸 사실을 부정했고, 반면에 볼룸니우스는 아피우스가 보낸 편지 때문에 자신이 삼니움에서 에트루리아로 오게 되었다고 주장함.

295   푸블리우스 데키우스가 삼니움 군과 갈리아 군을 상대로 한 전투에서 전황이 불리하게 돌아가자 로마 군을 위해 자신을 봉헌함으로써 부자(父子) 2대에 걸쳐 살신성인함.

293   루키우스 파피리우스 쿠르소르는 그의 아버지의 영광뿐만 아니라 그 자신 또한 삼니움을 상대로 대승을 거두어 부자 2대에 걸쳐 커다란 군공을 세움. 이해에 로마 시내와 인근 농촌 지역에 전염병이 돌아 그리스에서 의학의 신 아이스쿨라피우스를 수입해 오는 계기가 됨.

작품 해설

이종인

로마인은 왜 위대한가?

리비우스의 『로마사』 1-5권에 이어 그 후속권인 6-10권의 번역본을 펴내게 되었다. 이 책에서 다루어진 연대는 기원전 389년에서 기원전 293년까지 약 1백 년 간이다. 이 작품 해설은 6-10권에서 다루어진 고대 로마사의 배경을 좀 더 부연 설명하여 독자들에게 참고 자료를 제공하고자 한다. 먼저, 고대 로마 정치의 두 주역인 귀족과 평민, 좀 더 구체적으로 원로원과 민회를 살펴본다. 이어, 국내외의 무수한 갈등을 모두 극복하고 대제국을 건설한 로마인은 진정 위대한 사람들인데 그 위대함의 근원은 무엇인지 살펴본다.

그 다음에는, 많은 영웅이 등장하는 『로마사』는 사마천의 『사기 열전』을 연상시키는 바가 있는데 두 역사가의 공통점과 차이점을 살펴본다. 마지막으로, 『로마사』 1-10권은 11-20권으로 이어지는데 안타깝게도 이 두 번째 열 권은 인멸되어 전해지지 않고 곧바로 세 번째 열 권인 21-30권으로 건너뛰게 된다. 따라서 독자들에게 이 인멸된 열 권의 책들에서 다루어진 시기와 사건들을 간단히 소개함으로써 그 다음 권으로 자연스럽게 넘어갈 수 있도록 한다.

원로원과 민회

『로마사』10.29(10권 29장을 가리키는 것으로 이하 동일한 방식으로 표기)에는 "데키우스의 죽음은 공화국을 위하여 모든 것을 다 하려는 마음가짐에 커다란 자극이 되었다Eventus Deci ingens hortamen ad omnia pro re publica audenda"라는 문장이 나온다. 공화국을 가리키는 re publica는 res(사물, 물건, 것)와 publica(공공의)가 합쳐져서 만들어진 말로 직역하면 "공공의 것"이며 공화국을 뜻하는 영어의 republic은 여기서 나왔다. 레푸블리카는 풀이하면, 그 누구의 것도 아니고 모든 시민이 주인인 공공의 것(공화국)이라는 뜻이다. 이 레푸블리카는 다시 SPQR이라고 하는데 Senatus Populusque Romanus의 두문자 조합으로서, 곧 공화국이라고 하면 원로원과 로마 시민, 즉 민회를 가리키는 것이다. 이 번역본에서 나오는 "평민에게 회부하다", 혹은 "평민의 결정을 기다리다" 등의 표현은 모두 이 민회를 가리키는 것이다. 로마인은 공화국을 위하여 용기를 발휘하고, 명예를 지키려고 하고, 나아가 자신의 목숨을 내놓으려고까지 했다.

　원로원Senatus은 로마 국제國制의 가장 권위 있는 기관인데 그 기원은 왕정 시대에서 유래한다. 로물루스는 권력을 정책으로 억제하는 일에 착수하여 사회 조직으로 시선을 돌리면서 1백 명의 원로원 의원을 임명했다. 그 정도 숫자의 의원이 된 것은 왕의 목적에 부합했거나 아니면 씨족의 족장인 "아버지들patres"의 숫자가 그 정도 숫자밖에 안 되었기 때문이다. 아버지라는 호칭은 그들의 지위에서 나온 것이고 그들의 후손은 귀족들patricians이라고 불렸다(1.8). 로마의 왕들은 중대한 결정 사항을 내릴 때 혼자서 한 것이 아니라 친구나 원로의 조언을 반드시 구했다. 그래서 왕들은 선별된 엘리트들로 왕의 협의체를 구성했다. 이런 나이든 조언자들을 세나토르senator라고 불렀는데 라틴어 세넥스senex("나이든 사

작품 해설 | 459

람")에서 온 것이다. 로마 정부의 지도자들이 원로원으로부터 조언을 구해야 한다는 전통은 왕정이 폐지되고 공화정이 도입된 기원전 509년 경이후에도 계속 이어졌다. 원로원의 역사에서 의원의 숫자는 300인이었다. 장군 겸 정치가인 술라는 기원전 81년에 로마 정부를 대대적으로 개혁하면서 그 숫자를 600인으로 늘렸고, 카이사르는 기원전 40년대에 내전을 벌이면서 지지자들의 숫자를 늘리기 위해 900인으로 증가시켰다. 그리고 최종적으로 아우구스투스가 기원전 13년에 600인으로 되돌려놓았다. 원로원은 언제나 귀족과 평민을 둘 다 포함했다. 그러나 의원으로 선출되기 위해서는 일정한 규모의 고액 재산을 소유해야 되었다.

공화정 동안에, 원로원 의원들의 선임은 처음에는 예전에 하위직 행정관을 역임한 사람들 중에서 집정관들이 뽑았다. 그러나 나중에는 감찰관이라고 불리는 특별 고위직 행정관들이 동일한 대상들로부터 뽑았다(9.30). 시간이 흘러가면서 원로원은 공화국의 대내외 정책, 국가 재정, 공식 종교, 온갖 유형의 입법 등에 엄청난 영향을 미치게 되었다. 원로원의 영향력은 전쟁의 선포와 수행에서 특히 두드러지게 나타났다.

『로마사』 6-10권에서 다루어진 시기의 로마는 거의 상시적으로 전쟁을 했기 때문에 원로원의 선전 포고 기능은 아주 중요했다. 원로원은 로마의 역사 내내 아주 권위 있는 기관으로 존속했다. 심지어 제국 시대에 들어와서, 원로원이 황제의 열등한 파트너로서 황제의 정책에 일방적으로 협력하는 것으로 축소되었을 때에도 여전히 존경을 받았다. 오늘날 이탈리아의 수도 로마의 포룸에 서 있는 원로원 건물은 후기 제국 시대에 지어진 것인데, 로마 창건 이후 1천년이 지나갔어도 원로원이 여전히 높은 위상을 갖고 있었음을 보여준다.

원로원의 힘의 기반은 로마 사회의 성격을 파악하는데 중요한 단서를 제공한다. 로마 사회에서는 사회적 지위가 영향력과 권위를 누렸는데 이것은 성문법의 위력과 맞먹거나 때로는 능가했다. 원로들의 힘은 법적으로 국가 고위 관리에게 조언하는 권리에 있었다. 어떤 정책이나 행동 노선에 대하여 원로원은 투표를 통하여 찬성하거나 반대할 수 있었다. 그러나 원로원이 법령을 통과시키는 권한은 가지고 있지 않았다. 더욱이 원로원은 정부 관리들에게 그 뜻을 강요할 공식적인 권한이 없었다. 달리 말해서 로마의 법률과 사회에 영향을 미치는 원로원 의원들의 능력은 정책이나 법률을 강제 부과하는 공식적 권리에서 나오는 것이 아니라, 오로지 로마의 가장 존경 받는 남자 시민이라는 지위에서 나오는 것이다. 이런 이유로 인해 정부 관리들은 원로원의 조언을 감히 무시할 수가 없었다. 원로원을 무시하는 관리는 많은 동료들로부터 심각한 반대에 부딪치게 되었다. 로마는 지위를 과시하는 사회였기 때문에 원로원 의원들의 특별한 지위는 누구나 알아주고 인정해 주었다. 그들의 신분을 널리 알리기 위해 원로원 의원들은 발목까지 올라오는 검은색 신발을 신었고 헐거운 겉옷(토가)의 겉에다 넓은 보라색 띠를 둘렀다.

원로원은 정부 관리들에게 주는 조언을 결정하기 위해 민주적 절차를 따랐으며 다수결로 의결하는 것으로 되어 있었다. 그러나 실제에 있어서 의원들 사이의 상대적 신분 차이가 결정사항에 중요한 영향을 미쳤다. 가장 저명한 의원은 투표가 시작되기 전에 제일 먼저 의견을 표명할 권리가 있었다. 다른 의원들은 그 다음에 발언을 했고, 투표하는 순서는 의원들의 권위의 순서를 따라 위에서 아래로 내려갔다. 가장 저명한 의원은 보통 가장 연장자인데 그의 의견이 가장 큰 무게를 지녔다. 따라서 자신의 정치적 미래를 신경 쓰는 똑똑한 젊은 의원들은 가능하면 원로들의 의견을 따르려 했고, 그와 다른 의견에 투표를 하면 자신의 앞날이 밝지 못하리라는 것을 각오해야 되었다.

민회는 로마인들이 선거를 결정하고, 국가 정책을 수립하고, 법률을 통과시키는 기관이었다. 로마의 자유민 성인 남자들은 옥외 집회에서 정기적으로 만나 입법에 관하여 투표하고, 특정한 재판을 개최하고, 관리들을 선출했다. 로마의 전통상, 민회는 관리에 의해 소집되어야 하고, 종교법에 따라 상서로운 날에 개최되어야 하고, 우호적인 복점卜占에 의해 승인되어야 했다. 집정관이 외국 원정을 나갔다가도 선거철이 되면 본국으로 소환되었다는 것은, 바로 이 민회를 소집하여 다음 연도의 집정관을 뽑아야 했기 때문이다.

민회는 투표를 하는 장소이지, 관직 입후보자들이나 정부 정책 등에 대하여 토론하는 자리는 아니었다. 논의와 토론은 민회가 열리기 전에 대규모 공공 모임에서 개최되었다. 이 모임에 여자와 비非 시민들을 포함하여 누구나 참석할 수 있었지만 발언은 남자 시민들만 할 수 있었다. 모임을 주재하는 관리가 발언자를 지명하기 때문에 그 관리는 논의의 방향을 통제할 수 있었다. 하지만 서로 다른 의견과 제안들을 표현할 기회가 상당히 있었다. 발언자들의 말을 듣는 사람들은 환호나 야유를 통하여 간접적으로 그들의 견해를 표명할 수 있었다. 인기 없는 제안들은 커다란 야유와 조롱의 외침을 받았다. 일단 민회가 시작되면 관리들이 제안한 안건에 대해서만 투표가 진행되었고 이 시점에서 공식 제안에 대한 수정은 허용되지 않았다.

로마 공화국에는 3개의 주된 투표 민회가 있었는데 켄투리아 민회 Comitia Centuriata, 트리부스 평민회Concilium plebis Tributum, 트리부스 인민회Comitia Tributa가 그것이다. 공화국 이전의 왕정 시절에는 쿠리아 회 comitia curiata가 평민의 유일한 공식적 기관이었다. 쿠리아는 1권 13장에 나오는 "도시의 인구를 나누어 설치한 30개 지역구in curias triginta divideret"라는 말이 그 기원이다. 쿠리아 회는 지휘권에 관한 쿠리아 법lex curiata de imperio을 통과시킴으로써 새 행정관의 선출을 비준할 수 있었고 그 외에 다른 의식 절차도 주관했다. 그러나 공화국 시대로 들어서면서 그 기능이 대부분 켄투리아 민회로 이관되었다. 여기서 민회의 투표는 "1인 1표"가 아니라는 사실을 기억하는 것이 중요하다. 민회에 참석하는 사람들은 특별한 규칙에 따라 다수의 그룹으로 나누어지는데, 이 규칙은 민회의 성격에 따라 달라졌다. 게다가 이 그룹들은 크기가 동일하지 않았다. 각 그룹의 구성원들이 먼저 개인적으로 투표를 해서 그 그룹의 단일한 표를 결정했다. 각 그룹의 단일한 표는 그 그룹의 구성원 수와는 상관없이, 그룹 단위의 투표에서 과반수 투표를 결정하는데 동일한 효력을 갖는다.

그룹으로 투표하는 이 절차는 민회의 외형상 민주주의를 심각하게 제한했다. 켄투리아 민회는 로마의 그룹 투표 원칙의 효과를 아주 분명하게 보여준다. 이 중요한 민회는 감찰관, 집정관, 법무관을 선출하고, 법률을 제정하고, 전쟁과 평화를 선언하고, 재판에서 사형을 선고할 수 있었다. 이 민회의 그룹들은 켄투리아라고 했는데(여기서 민회의 명칭이 유래), 남자 시민들이 병역에 소집되었을 때의 시민 구분에 따라 조직되었다. 초창기 로마는 세금으로 지원하는 상비군이 아니라 시민 민병대에 의존했기 때문에, 모든 시민은 자기 돈을 들여서 최대한 잘 무장해야 되었다. 시민이 부자일수록 그는 자신의 무기와 갑옷에 더 많은 돈을 썼다. 개인의 기여를 통한 국방의 원칙은 곧 부자 시민이 숫자가 훨씬 많은 가난한 시민보다 더 많고 더 좋은 장비를 마련한다는 뜻이었다.

따라서 부자 시민들은 국방비용을 더 많이 부담했으므로 민회에서 더 큰 권한을 휘두를 자격이 있다고 간주되었다. 이런 원칙에 입각하여 일 년 내내 말馬을 유지하면서 가장 많은 군사비를 지출하는 기병들은 켄투리아 민회의 총 193개의 투표 그룹들 중 최초의 18개 그룹을 형성했는데 이를 가리켜 특권 켄투리아centuriae praerogotivae라고 했다(10.22). 그 다음 170개 그룹은 보병들인데 재산 소유 정도에 따라 최고위에서 최하위에 이르는 그룹에 소속되었다(1.42). 그 다음 4개 그룹은 목공, 악사 등 군대에 서비스를 제공하는 비전투 요원들로 구성되었다. 나머지 1개 그룹은 너무 가난하여 군사비를 내놓을 수 없고 그리하여 군 복무를 하지 않는 프롤레타리아로 구성되었다. 이들이 국가에 기여하는 것이라고는 자식들뿐이었다. 자식은 라틴어로 프롤레스proles라고 하는데 여기서 프롤레타리아라는 말이 나왔다.

켄투리아 민회의 투표 그룹은 곧 로마 사회의 재산 분포도를 반영하는 것이었다. 훨씬 많은 사람들이 상류층보다는 하위층에 소속되어 있었고 그 중에서도 프롤레타리아가 가장 숫자가 많았다. 그런데도 프롤레타리아 그룹은 투표가 1표뿐이었다. 더욱이 투표 그룹들은 최고 부자부터 제일 가난한 사람 순으로 투표를 했다. 그 결과 부자들은 민회에서 먼저 많은 표를 가지고 투표하여 그룹 투표의 과반수를 달성했고, 그렇게 되면 가난한 그룹의 투표가 이루어지기도 전에 안건은 의결되고 말았다. 엘리트 그룹들이 투표를 이런 식으로 하기 때문에, 켄투리아 민회는 하층 계급의 의사는 전혀 반영하지 않은 채로 선거나 입법을 결정할 수 있었다.

트리부스 평민회의 투표 그룹들은 유권자들이 사는 지역에 따라 지리적 기반으로 결정되었다. 이 민회는 트리부스라는 로마의 제도에서 그 이름을 따왔는데, 트리부스tribus(라틴어로 "부족"의 뜻)는 친족 관계나 부족 관계가 아니고 행정적 목적을 위하여 인구를 여러 지역으로 나눈 하부 단위를 가리키는 말이다. 후기 공화정 시대에 이르러 트리부스 숫자는 35개로 고정되었는데, 그중 4개가 수도에, 나머지 31개는 이탈리아의 농촌 지역에 있었다. 트리부스는 지리적으로 조직되어 있었기 때문에 농촌 출신의 부유한 지주들에게 유리했다. 트리부스 회는 귀족들은 배

제했다. 평민 유권자들로만 구성되어 있기 때문에 트리부스 평민회는
재판의 개최 등 거의 모든 형태의 공적 사무를 관장했다.

공화정이 실시되던 첫 몇 세기 동안에, 트리부스 평민회에서 평민들
에 의해 통과된 제안들을 플레비스키티움plebiscitium이라고 했는데 평민
을 가리키는 플레비plebi와 의결scitium을 뜻한 스키티움이 합쳐져서 만
들어진 말이다. 영어의 플레비사이트plebiscites(국민투표)는 여기서 나왔
다. 이것은 그저 추천안일 뿐 법안은 아니었고, 당시 로마 정부를 지배
했던 귀족들은 이 추천안을 종종 무시해 버렸다. 평민들은 시민의 과반
수가 넘는 자신들의 의사를 그처럼 오만하게 무시해 버리는 처사에 대
하여 점점 분노했다. 국가로부터 이탈하겠다는 전략을 반복적으로 사
용함으로써 평민들은 마침내 귀족들을 굴복시킬 수 있었다(2.32). 기원
전 287년에 있었던 평민들의 마지막 이탈로 인해, 플레비스키티움을 공
식적 법률의 원천으로 삼는다는 공식적 합의가 도출되었다. 이 개혁은
트리부스 회의 투표 결과를 추천안에서 격상시켜 귀족을 포함하는 모
든 로마 시민에게 적용되는 법률의 원천으로 바꾸어 놓았다. 이것은 과
반수 시민의 선거, 입법, 사법 권한을 공식화했기 때문에 귀족과 평민 계
급 사이의 갈등을 종식시켰다.

트리부스 평민회는 평민 출신의 토목건축관리관을 선출했고, 또 가
장 중요하게는, 10명의 평민 호민관을 선출했는데 이들은 평민들의 이
해관계를 보호하는 일에 전념하는 특수하면서도 강력한 관리였다. 그들
도 평민이었기 때문에 호민관들은 공식적 법률이나 규정으로부터 권한
을 인정받는 것이 아니라, 그들은 공격으로부터 보호해주겠다는 평민들
의 맹세로부터 힘을 얻었다. 호민관들의 이런 신성한 권리를 신성불가
침이라고 했는데(9.8), 그 덕분에 호민관들은 비토veto(라틴어로 "나는 금지한
다"의 뜻)의 권한을 행사하여 관리들과 나아가 집정관의 조치도 봉쇄할

수 있었다. 또 법안의 통과를 막고, 선거를 정지시키고, 원로원의 조언을 거부하는 권리도 있었다. 호민관들은 이처럼 관리들과 민회의 조치를 봉쇄하는 권한 때문에 로마 정부에 엄청난 영향력을 행사할 수도 있었다. 논쟁적 상황에서 전권을 행사하는 호민관들은 엄청난 정치적 분쟁의 촉매가 되었다. 이들은 당연히 귀족들이 경원시하는 대상이었다.

트리부스 평민회는 나중에 더 발전하여 평민뿐만 아니라 귀족도 포함하게 되었다. 이런 형태로 모임이 조직되면서 이것은 로마의 세 번째 정치적 민회가 되었다. 그리하여 트리부스 인민회라는 명칭을 갖게 되었는데, 이 민회는 재무관을 선출하고, 두 명의 쿠룰레스curules(특별한 의자에 앉을 자격이 있는) 토목건축관리관을 뽑았다. 쿠룰레스는 셀라 쿠룰리스sella curulis라는 들고 다니는 특별한 의자를 가리키는 말에서 나왔는데 집정관과 법무관도 사용했고, 원래는 귀족들만 이 의자를 사용할 수 있었다. 로마 군 내의 대규모 부대들에서 근무하는 6명의 고위 장교들(천인대장)도 이 민회가 선출했다. 트리부스 인민회는 법률도 제정했고 사소한 사건의 재판도 맡았다.

로마의 국제國制는 정부 관직과 투표 민회로 구성되었는데 이들의 권한은 종종 중복되어 갈등을 일으켰다. 또 공화국 정부 내의 권력 분배도 그리 명쾌한 것이 아니었다. 이는 다양한 정치적 기관들이나 그와 유사한 것, 가령 원로원이 제시하는 권고 등이 존재하기 때문이었다. 그리하여 로마인들은 명확하게 범위가 규정된 권력 기관에 의지하기보다는, 전통에 대한 존중, 저 유명한 조상들의 관습mos maiorum(9.46), 공화국의 정치적 건전성과 안전성 등을 신축성 있게 임기응변하며 적용했다. 가령 8권 29장에서 독재관과 사마관이 서로 갈등을 일으켰을 때 규정된 법률을 적용하면 사마관을 사형에 처해야 마땅하지만 원로원 의원들과 평민 그리고 조상들의 관습이 적용되어 사마관 파비우스를 살려주었고,

이 사람의 손자인 파비우스 쿤크타토르(지연하는 사람)는 훗날 한니발이 로마를 쳐들어왔을 때 지연 전술을 써서 로마 군의 궤멸을 막은 호국의 간성이 되었다. 전반적으로 살펴볼 때 로마에서는 클라우디우스 가문, 파비우스 가문, 푸리우스 가문, 퀸크티우스 가문, 발레리우스 가문, 만리우스 가문 등 저명하고 부유한 사람들이 사실상 정부를 지배했다. 그들은 존귀한 지위 덕분에 정치적 상황에서 조상들의 관습을 준용하여 국사에 조언하고 국정을 통제할 수 있었다. 그러나 이들은 개인보다 공화국이라는 사상을 단 한 번도 잊어버린 적이 없었다.

로마인의 네 가지 위대한 특징

1) 개인보다는 공화국

로마인이 개인보다는 공화국을 더 우선시했다는 것은 다음 두 가지, 즉 로마 장군들과 알렉산드로스 대왕의 상호 비교와, 카우디움 협곡 참사에서 로마 군이 보인 태도로 잘 알 수 있다.

리비우스는 9권 17장에서 알렉산드로스 대왕과 로마 장군을 비교하면서, 대왕이 동쪽 인도로 진출하지 않고 서쪽으로 눈을 돌려 공화정 시대의 로마를 공격했더라면 어떤 결과가 나왔을까, 하는 상당히 흥미로운 추측을 하고 있다. 그가 이런 추측을 한 것은 당시의 상무적이고 공동체 지향적인 로마 장군들의 선공후사 정신을 말하기 위한 것이었는데, 개인의 힘이 아무리 강해도 뚜렷한 목적을 공유하는 집단의 힘을 결국에는 이기지 못한다고 주장하기 위해서였다. 리비우스는 알렉산드로스가 로마를 침공했더라면 페르시아의 다리우스를 격파한 것처럼 1회전으로는 끝나지 않았을 것이라고 판단한다. 그러니까 1회성은 결코 지속성을 이기지 못한다는 것이다. 로마 공화정은 1년에 2명씩 집정관을 뽑아서 계속 지도자들을 공급하고 또 비상 시기에는 독재관을 옹립하는 구조를 갖추고 있어서, 한 번의 패전으로 인해 로마가 멸망하는 일은 없었을 것이라고 진단한다. 또 당시 대왕의 나이가 30대 초반이었다는 점을 예로 들면서 전쟁이 장기화하면 더욱 대왕이 로마를 이기지 못했을 것이라고 보았다. 아무리 영웅이라도 나이 들어가면 평범한 사람으로 전락하는 경우가 많다며 키루스와 폼페이우스의 사례를 들었다. 그러니까 장기전으로 간다면 몇 차례 로마 원정에 나섰어야 했을 알렉산드로스는 결국 힘이 빠져서 지속적으로 공급 가능한 킨킨나투스 같은 로마의 장군들을 이기지 못했을 것이라는 얘기이다. 즉 개인은 아무리 위대해도 공화국을 이기지 못한다는 사상을 설명한 것이다.

이 알렉산드로스 론을 서술한 리비우스는 뒤에 『로마사』 21-30권에서 자세히 묘사하게 되는 카르타고의 명장 한니발을 염두에 두었을 것이다. 한니발은 코끼리를 거느리고 알프스 산맥을 넘어와 아풀리아의 칸나이에서 대승을 거두고 이탈리아를 석권할 기세였으나 스키피오(아버지), 플라미누스, 파울루스, 그라쿠스, 포스투미우스 알비누스, 마르쿠스 마르켈루스, 티투스 퀸크티우스 크리스피누스, 그나이우스 풀비우스, 막시무스 파비우스, 스키피오(아들) 같은 장군들이 계속 배출되어 항전에 나선 로마 공화국을 결국 이기지 못했고 나중에는 카르타고 본국의 사정이 나빠지자 카르타고로 철군했으나, 그곳에서 자마 전투 때 스키피오(아들)에게 패배당했다. 특히 자마 전투는 한니발이 이탈리아에서 거둔 대첩인 칸나이 전투의 복사판으로 이번에는 한니발의 기병대가 부실하여 스키피오의 기병대에게 제압당함으로써 결국에는 무릎을 꿇고 말았다.

리비우스는 한니발을 이긴 힘은 스키피오라기보다 전세가 밀릴 때에는 파비우스 쿤크타토르[지연하는 사람] 같은 수비 위주의 장군을 내세우고, 전세가 우위일 때에는 스키피오 같은 공격적인 장군을 내세울 수 있는 공화국의 다양한 힘이 결국 로마를 승리로 이끌었다고 진단하고 있다.

리비우스는 9권 4장에서 카우디움 협곡의 대참사를 서술하면서 렌툴루스의 입을 통하여 이런 말을 하고 있다. "우리가 이 군대를 살린다면 고국을 살리는 게 됩니다. 우리가 이 군대를 다 죽여 버린다면 우리는 고국을 버리는 겁니다. 당신들은 항복이 수치스럽고 굴욕적이라고 말할 겁니다. 그러나 우리의 조국은 너무나 소중하기 때문에 필요하다면 우리의 죽음만큼이나 우리의 굴욕을 통해서도 구제해야 하는 것입니다." 카우디움에서 로마 군 병사들은 굴욕이 죽음보다 싫었지만 조국 로마를 위하여 참을 수 없는 것을 참아냈다.

『맹자』의 〈고자告子〉장에는 이런 말이 나온다. "생선도 내가 먹기를 원하는 것이고 곰발바닥도 내가 원하는 것이지만, 두 가지를 다 가질 수 없다면 나는 생선을 버리고 곰발바닥을 취할 것이다. 목숨 또한 내가 바라는 바이며 의리도 내가 바라는 바지만, 둘 다 취할 수 없다면 나는 목숨을 버리고 의리를 취할 것이다. 삶도 내가 바라는 것이지만, 내가 원하는 것 중에는 삶보다 더 중요한 것이 있기 때문에 구차히 살려고 하지 않는다. 또한 죽음이란 싫은 것이지만, 죽음보다 더 싫은 것이 있기 때문에 비극도 피하지 않는다."

로마 군 병사들에게는 죽음보다 더 싫은 것이 공화국의 패망이었다. 그래서 굴욕은 죽음보다 더 싫은 것이었지만 이우굼 밑으로 지나가는 비극을 받아들였다.

이 두 가지 사례는 로마인들이 얼마나 공화국을 중시했는지 잘 보여주고 있다.

2) 운명에 맞서는 비르투스

운명은 라틴어로 포르투나fortuna이다. 리비우스는 9권 17장에서 "인간 사에 강력한 힘을 발휘하는 운명은 특히 전쟁에서 그 위력을 발휘한다 Fortuna per omnia humana, maxime in res bellicasa potens"라고 했는가 하면 28권 42장에서는 "인간은 실패를 전쟁의 불확실성과 운명의 변덕스러움 탓으로 돌린다adversa casibus incertis belli et fortunae delegare"라고 말했다. 그리스-로마 신화에서 운명의 3여신이 있는데, 주로 인간의 수명을 관장했다. 클로토 여신은 생명의 실을 실패에서 꺼내는 역할을, 라케시스 여신은 생명의 실의 길이를 결정했고, 아트로포스 여신은 생명의 실을 끊는 역할을 담당했다. 운명과 죽음은 아주 밀접한 관계에 있음을 보여주는 신들이기도 하다. 늘 죽음의 냄새를 풍기는 포르투나에 맞서는 힘은 비르투스virtus이다. 이는 남자를 의미하는 vir에서 온 말로 남자다움, 재능, 덕성, 능력 등 여러 가지 의미를 갖고 있다. 포르투나와 비르투스의 관계를 말해주는 유명한 라틴어 격언으로는 베르길리우스가 『아이네이스』 10권 284행에서 말한 Audentes fortuna adjuvat(운명은 강한 자를 도와준다)가 있다. 아우덴테스는 아우데오audeo에서 나온 말로, "용기를 내어 과감히 해보다"라는 뜻으로 곧 비르투스와 같은 뜻이다. 비르투스를 갖춘 사람에게는 반드시 죽음의 시련이 따른다는 뜻이기도 하다.

이 비르투스에 대하여 이 책에서 다루어진 3가지 사례를 제시해 보겠다.

첫째, 발레리우스 코르부스(7.26)와 티투스 만리우스(8.7)의 사례가 있다. 이 두 장군은 9권 17장에서 리비우스가, 알렉산드로스 대왕과 대결하여도 조금도 밀릴 바 없는 훌륭한 지휘관이라고 칭찬하면서, 설사 1대 1백병전을 벌이더라도 대왕에게 밀릴 것이 없는 맹장이라고 극찬한다. 융성하는 공화국은 이런 훌륭한 인물이 자주 나타난다. 카밀루스의 사례에서 보듯이 혁명은 새로운 시작과 자유라는 두 가지 목표를 갖추어야 하는데, 이런 위인들이 법과 제도를 일신하여 나라가 파멸로 치닫는 일을 막을 뿐만 아니라 공화국을 장수하게 만든다. 티투스 만리우스도 바로 그런 사람들 중 하나였고, 자신의 지시를 위반한 아들을 사형에 처함으로써 엄정한 군기의 체계를 세웠고 그것을 바탕으로 라틴 인들에게 승리를 거두었다.

반면에 발레리우스는 로마 군의 관례를 준수하면서 인간적인 방식으로 지휘했다. 따라서 병사들은 그에게 감사를 표시하고 만족스러워했다. 리비우스는 발레리우스를 이렇게 묘사하고 있다. "병사들과 그처럼 사이좋은 지휘관은 따로 찾아보기 어려울 것이었다. 발레리우스 코르부스는 가장 비천한 병사들과도 군사적 임무를 즐거운 마음으로 나누었다. 동일한 연령의 병사들 사이에 속력과 힘을 겨루는 군대 스포츠에서도 그는 유쾌하고 정중했으며 승리와 패배를 똑같은 얼굴로 받아들였다. 또 그를 상대로 겨루어 보겠다고 나서는 병사들을 거절하는 법이 없었다. 그의 실용적인 자상함은 모든 상황에 적절히 들어맞았고, 그의 언변은 그 자신의 위엄은 물론 상대방의 자유까지도 배려했으며, 관직에 있을 때나 후보 시절이나 행동거지가 변함이 없었다. 이것처럼 병사들의 인기를 끄는 비결은 없었다. 그래서 로마 군 전군이 사령관의 연설에 열렬한 마음으로 호응했고 자신감 넘치는 상태로 진영에서 출발했다"(7.33)

우리는 비르투스에 대해서 말할 때, 만리우스와 발레리우스의 방법 중 어느 하나를 꼭 집어 선택하기가 어렵다. 비르투스는 전쟁의 국면에서 다양한 모습으로 나타나기 때문이다. 공화국의 법률의 집행이라는 측면에서만 본다면 만리우스의 엄격한 행동이 더 칭찬받을 만하고 덜 위험하다. 왜냐하면 그의 방법이 공익을 뒷받침하면서 어떤 식으로든

사리사욕과 무관하기 때문이다. 그러나 만리우스의 방법으로는 그 누구도 지지자를 얻을 수 없다. 이것은 만리우스가 평생 병사들 사이에 인기가 없었다는 말로 뒷받침된다(8.12). 그는 언제나 가혹하고, 공익을 사랑한다는 점만 강조하기 때문이다. 마찬가지로 그의 방법으로는 특별한 친구를 만들 수도 없다. 하지만 발레리우스의 행동 방식에선 정반대의 현상이 일어난다. 공익 면에서 같은 효과가 있다 하더라도, 의심이 끊이지 않을 것이기 때문이다. 특정 지휘관이 이런 방법을 통해 휘하 병사들의 특별한 호의를 얻는 것을 본 사람들은 그가 지휘권을 오래 유지할수록 자유에 반하는 나쁜 영향이 있을 거라고 생각하므로 그런 의심은 당연한 일이다. 발레리우스와 관련하여 유해한 영향이 나타나지 않은 이유로는 그 당시 로마인들의 정신이 아직 부패하지 않았다는 점, 그가 장기간 지휘권을 행사하지 않았다는 점 등을 들 수 있다.

둘째, 8권 30~35장에 다루어진 쿠르소르와 파비우스의 스토리를 살펴보자.

파피리우스 쿠르소르와 파비우스는 독재관과 사마관이 되어 삼니움 원정을 나갔는데 이때 두 사람 사이의 불화는 너무나 유명하다. 이 파비우스는 제2차 포에니 전쟁 때 로마를 쳐들어온 한니발에 맞서서 지연작전을 펴서 군공을 세운 파비우스 쿤크타토르의 할아버지이다. 이 후대의 파비우스에게서 점진적인 사회의 개혁을 요구하는 20세기 영국의 사회주의 그룹인 〈파비안 회〉의 이름이 나왔다. 삼니움 출병은 조점이 상서롭지 못했으나 전투는 성공적으로 진행되어 두 지휘관의 엄청난 질투심과 개인적 적개심에 큰 영향을 미쳤다. 독재관 파피리우스는 신성한 닭을 관리하는 사람의 조언에 따라 조점을 다시 치기 위하여 로마로 일시 귀국하게 되었다. 그는 현장을 잠시 비우면서 지휘소를 떠나거나 적과 교전하는 일이 없도록 하라고 사마관에게 각별히 지시를 내렸다.

그러나 사마관 퀸크투스 파비우스는 그 명령을 어기고 적과 교전하여 승리를 거두었다. 문제는 그 다음이었다. 독재관 파피리우스는 짜증과 불만을 느끼며 명령을 위반한 사마관이 아무런 처벌을 받지 않는다면, 그의 승전은 오히려 독재관의 지고한 권위와 군사적 기강을 무너트리게 된다고 주장했다. 그러면서 사형으로 일벌백계하겠다는 뜻을 밝혔다. 결국 이 두 장군의 싸움으로 로마 사회가 군율이냐 효율이냐를 놓고서 크게 분열될 뻔했으나, 원로원의 지혜로운 권면과 파비우스 아버지가 독재관 파피리우스에게 손이 발이 되도록 빌면서 눈물 콧물로 호소하여 아들의 목숨을 살려놓았다.

그런데 스토리는 이게 끝이 아니다. 9권 38장에서 이런 사건이 벌어진다. 삼니움 지방에서 로마 군이 크게 패배했다는 소식이 들려오자 원로원은 경악하여 당대의 명성 높은 군사 지휘관인 파피리우스 쿠르소르를 독재관으로 지명했다. 그러나 삼니움 지방에 원정을 나가 있던 집정관 파비우스는 과거 자신을 죽이려 했던 파피리우스에 대하여 개인적 불만을 갖고 있었고, 그래서 원로원은 그런 악감정이 작용하여 국가에 피해를 입히지 않을까 우려했다. 원로원이 보낸 사절이 파비우스를 찾아가 원로원의 의결 사항을 전하면서 파비우스의 양해를 구했다. 독재관을 임명하는 것은 집정관의 권한이었기 때문이다. 집정관 파비우스는 말없이 듣기만 하더니 사절을 물리쳤다. 사절은 집정관이 독재관 임명을 거부하는 것이 아닌가 우려했다. 그러나 파비우스는 관례에 따라 한밤중에 파피리우스를 독재관으로 임명했다. 공화국 우선주의가 개인적 적개심을 이긴 것이었다. 이것은 개인은 유한하지만 공화국은 무한하다는 믿음이 없으면 도저히 할 수 없는 용단인데 로마인이 보여주는 비르투스의 전형인 것이다.

셋째, 아피우스 클라우디우스와 루키우스 볼룸니우스의 사례가 있다. 10권 18장에서 무능한 집정관 아피우스 클라우디우스는 에트루리아의 반란을 진압하기 위해 파견되었으나 엉뚱한 시간과 장소에 적과 싸움을 벌여 연전연패한다. 이때 원로원으로 한 통의 편지가 발송된다. 삼니움에서 연전연승을 하던 동료 집정관 볼룸니우스를 에트루리아로 좀 파견해 달라는 것이었다. 그러나 정작 아피우스 자신은 그런 편지를 보낸 적이 없다고 하고, 볼룸니우스는 그 편지 때문에 군대를 이동시켰다고 주장한다. 아무튼 볼룸니우스가 휘하 군단을 이끌고 에트루리아에 도착하자 아피우스는 뜨악한 표정을 짓는다. 아피우스는 지원군이 필요 없다며 돌아가라고 했으나, 볼룸니우스는 편지와는 무관하게 공화국과 군대 때문에 그곳에 머물게 되었다(a re publica et ab exercitu retineri). 개인적 감정을 앞세우면 아피우스가 패배하든지 말든지 상관없는 일이었으나 공화국과 군대를 생각하여 편지 건을 불문에 부치고 적과의 전투에 나선 것이다.

10권 23장에서는 이 볼룸니우스의 이야기가 또다시 나온다. 볼룸니우스는 평민 출신이었는데 그의 아내 베르기니아는 귀족 출신으로 평민 볼룸니우스와 결혼한 것을 조금도 수치스럽게 여기지 않고 또 남편의 많은 군공을 자랑스럽게 여기는 여자였다. 그런데 국가 기도일로 지정된 날에 〈귀족 순결의 여신〉 신전에 입장하려는데 다른 귀족 유부녀들이 제지하여 그 안으로 못 들어가게 되었다. 이에 화가 난 베르기니아는 그녀만의 제단을 순결의 여신에게 봉헌한다. 여기서 우리는 볼룸니우스의 아내가 반상班常의 차별을 받은 것처럼, 볼룸니우스와 아피우스의 관계에서도 평민과 귀족 사이에 흔히 벌어지는 갈등의 역학이 작용한 것이 아닐까 추측해 볼 수 있다.

그런데 편지를 가지고 아주 멋진 이야기를 꾸민 작가로는 에드가 앨런 포가 있다. 그는 단편소설 "도둑맞은 편지"에서 프랑스 왕궁에서 벌어진 편지 도난 사건을 다룬다. 프랑스 왕비는 어떤 중요한 편지를 도난당했는데 범인은 어떤 장관이었다. 그 편지의 내용이 무엇인지는 이야기되지 않는다. 그 장관은 그 편지를 공개할 수도 있다는 은근한 협박을 하면서 왕비에게 엄청난 영향력을 행사한다. 이 도둑맞은 편지를 자크 라캉은 멋지게 해석한다. 라캉은 시니피앙(의미 작용의 기호)은 그 실체가 밝혀지지 않을 때 오히려 의미 작용을 더 많이 한다고 하면서 도둑맞은 편지야말로 그런 시니피앙의 대표적 사례라는 것이다. 다시 말해 장관이 그 편지의 내용을 공개하면 왕비는 망신을 당할 수 있으나, 장관은 왕비에 대하여 더 이상의 영향력을 행사하지 못하게 되는 것이다.

이 해석을 두 집정관의 갈등에 적용해 보면 이렇게 된다. 아피우스가 로마 원로원으로 편지를 보냈는지 여부는 알 수 없고 또 편지의 내용이 명확하게 무엇인지도 우리는 알지 못한다. 편지는 야전에 나가 있는 사령관들 사이의 경쟁심, 시기심, 불안감 등의 시니피앙으로 작용하지만, 두 사령관은 공화국의 안녕을 위하여 그 편지 건을 불문에 부치기로 한 것이다. 볼룸니우스가 권력의 노골적인 갈등으로 번질 수도 있는 문제를 현명하게 이겨내는 장면은 로마인의 비르투스를 보여주는 또다른 장면이다.

이상의 세 가지 사례에서 볼 수 있듯이, 비르투스의 모습은 다양한 것이다. 4세기 저술가인 락탄티우스Lactantius는 비르투스를 이렇게 정의했다. "비르투스를 갖춘 남자는 선과 악을 구별할 줄 알고, 쓸데없는 것, 수치스러운 것, 불명예스러운 것을 알며, 나쁜 사람과 나쁜 가치를 적으로 여기며, 선한 것의 친구이며 보호자이고, 국가의 안녕을 제일 중요하게 여기며, 그 다음이 가정의 안녕, 그리고 자신의 이해관계는 맨 마지막으로 생각하는 사람이다." 마키아벨리는 리비우스의 『로마사』 1-10권을 평론한 저서 『로마사 논고』에서 이 포르투나와 비르투스의 개념을 더

욱 자세히 전개시킨 다음, 다시 그것을 『군주론』에서 포르투나, 비르투
(마키아벨리는 비르투스가 아니라 비르투라는 용어를 사용했다), 네체시타necessita
(필요)라는 핵심 3개념으로 정립시켰다.

3) 죽음을 두려워하지 않는 용기

리비우스의 책에 나오는 로마 영웅들은 죽음을 두려워하지 않는다. 그
리하여 21권 40장에는 이런 말이 나온다. "신이 인간에게 내려준 가장
강력한 승리 촉진제는 죽음을 경멸하는 것이다nullum contemptu mortis ad
vincendum homini ab dis immortalibus acrius datum est." 로마인이 죽음을 경멸한
이유는 아프리카로 건너가서 자마 전투에서 한니발을 상대로 건곤일척
(운명을 걸고 승부를 겨룸)의 대첩을 벌여 승리한 로마의 장군 스키피오 아
프리카누스(『로마사』 21-30권에서 이 장군의 얘기가 자세히 소개된다)의 사상을
설명해주는 키케로의 정치철학서 『국가론De Republica』에 잘 설명되어
있다. 간단히 요약하면, 국가에 잘 봉사하는 것이 인생의 목적이며, 그
런 목적을 달성한 사람은 사후에 비록 신체는 죽지만 영혼은 죽지 않아
하늘로 올라가 별이 되므로 죽음을 조금도 두려워할 필요가 없다는 것
이다. 키케로의 책은 6권으로 되어 있는데 모두 전해지지는 않는다. 1820
년까지는 이 책의 제6권 중 「스키피오의 꿈Somnium Scipionis」이라는 부분
만 전해졌는데, 1820년 바티칸 도서관에서 앞의 세 권과 4~6권의 파편
들이 발견되었다.

　이 책은 플라톤의 『국가』와 마찬가지로 이상적인 국가를 논한 책이
다. 여기에 나오는 주요 대화자는 스키피오 아이밀리아누스와 그의 친
구 가이우스 라일리우스다. 여기서 말하는 스키피오는 아프리카누스 스
키피오의 손자인 소小 스키피오(기원전 185-129)이다. 소 스키피오(스키피오
아이밀리아누스)는 할아버지 못지않게 높은 군공을 세웠고, 제3차 포에니

전쟁을 승리로 이끈 로마의 명장이었다. 소 스키피오는 대화 상대인 라일리우스에게, 자신이 꿈에 천국으로 올라가 아프리카누스 할아버지와 파울루스 아버지를 만나 나눈 대화를 이렇게 소개한다.

아프리카누스: 스키피오야, 국가를 잘 보위하도록 하여라. 국가를 통치하거나 보위하는 자는 여기 천국에 있다가 내려간 사람이고, 다시 천국으로 돌아오게 되느니라.

스키피오: 할아버지, 여기가 진짜 삶이라면 왜 제가 지상에 머물러야 합니까? 저도 지금 즉시 이곳으로 올라오면 안 되겠습니까?

아프리카누스: 그것은 안 될 일이야. 신神께서 너를 육체의 족쇄로부터 해방시키실 때까지 기다려야 하느니라. 저기 저 우주 한가운데에 있는 지구가 보이지? 인간으로 태어난 자는 저 지구에 살도록 창조되었느니라. 인간에게 주어진 영혼은 네가 별들이라고 부르는 이 영원한 불火의 한 부분이니라. 별들은 이성理性이 부여된 둥근 공들인데 아주 빠른 속도로 궤도를 돌고 있단다. 스키피오야, 네 주위 사람들에게 그리고 특히 네 나라에 정의와 경건함을 지키며 살아가도록 해라. 그렇게 공적인 생활을 훌륭하게 마치면 네 영혼은 육체에서 빠져나와 네가 지금 보고 있는 이곳으로 올라와 살게 되느니라.

스키피오: 할아버지, 제 귀에 들리는 이 크고 아름다운 음악은 무엇입니까?

아프리카누스: 이 음악은 천체의 움직임이 만들어내는 소리이니라. 천체는 고정된 별들인데 아주 빠르게 움직이기 때문에 높고 날카로운 소리를 내느니라. 그러나 이 우주 전체의 빠른 움직임이 내는 소리는 너무 커서 인간의 귀로는 들을 수 없느니라. 햇빛이 너무 눈부셔서 태양을 직접 볼 수 없는 것과 마찬가지 이치이지.

스키피오: 할아버지, 국가의 복지를 위해서 열심히 일한 자에게는 천국 문이 활짝 열려 있다고 말씀하셨습니다. 저 자신 어릴 때부터 할아버지께서 보이신 모범을 따라 공직에 임해 왔습니다. 앞으로는 최후의 보상을 명심하면서 더욱 열심히 일하겠습니다.

아프리카누스: 그렇게 하여라. 또한 죽어 없어지는 것은 네 신체이지 네가 아니라는 것을 기억하여라. 왜냐하면 너의 진정한 존재는 겉모습이 아니라 네 정신에 있기 때문이다. 너는 네 안에 신성이 깃들어 있다는 것을 기억해야 한다. 스키피오야, 저 스스로의 움직임을 가지고 있는 것은 영원하단다. 네 몸 속에 깃든 영혼 또한 이렇게 움직이는 특성을 갖고 있다는 것을 누가 부인하겠느냐? 스키피오야, 네 모든 행동에 이 영혼의 힘을 쏟아 붓도록 해라. 무엇보다도 국가의 안녕을 위해 노력하여라. 그러면 네 영혼은 곧 여기 천국으로 올라오게 될 것이다. 육체적 방탕에 탐닉하는 사람들은 저급한 쾌락을 추구하느라고 그 자신의 영혼을 육체의 노예로 만들고 만다. 그들은 신과 인간의 법률을 위반하고 있는 것이다. 그들은 죽어서 영혼이 육체를 벗어나게 되면 지구 주위를 한량없이 방랑하다가 여러 세기가 지난 후에나 이곳 천국으로 올라오느니라.

아프리카누스는 그렇게 말한 다음 떠나갔고 스키피오는 꿈에서 깨어났다. 이 꿈은 고대 말기에서 중세 내내 서양 지식인들을 사로잡은 유명한 꿈인데, 공화국에 헌신하기 위하여 죽음도 두려워하지 않는 로마인들의 사상을 아주 잘 보여준다.

4) 탁월한 세력 확장 정책

고대 역사에서 공화국들은 세력 확장을 위해 세 가지 방법을 사용했다.

첫 번째 방법은 고대 에트루리아 인들이 사용했던 것으로, 많은 국가들과 연합을 구성하는 것인데 그 구성원들은 다른 국가보다 권한과 권위 면에서 주도적 위치에 있지 않았다. 연합이 영토를 얻으면 고대 그리스의 아카이아 인들과 아이톨리아 인들처럼 그 영토의 사람들을 연합의 동료로 맞이했다. 그러나 이 방법으로는 거대한 영토의 확장은 불가능하다. 또한 연합의 운영 방식은 회원국들 사이의 불화로 인해 한계가 있고, 그로 인해 어느 정도 다른 국가들을 받아들이고 나면 더 이상 확장하는 것이 어렵게 된다. 연합의 당초 목적은 다른 어떤 적대 세력을 막아내는데 있기 때문이다.

리비우스의 『로마사』 32권 34장은 불화하는 연합의 구체적 사례를 제시한다. 마케도니아의 왕 필리포스는 티투스 퀸티우스 플라미니우스와 협의를 하게 되었는데 그 자리엔 아이톨리아의 군사령관도 한 명 있었다. 곧 아이톨리아의 군사령관은 필리포스 왕과 언쟁을 벌이기 시작했다. 이에 필리포스 왕은 아이톨리아 인들의 이중적 태도를 비난했다. 아이톨리아 인이 어떤 세력을 적으로 삼아 싸우다가 얼마 뒤 그 적을 지원하는 바람에 두 대립 진영 모두에서 아이톨리아의 군기가 휘날리는 일이 있다고 지적하며 그런 이중적 태도에 부끄러움조차 모른다며 비난했다. 연합 내에서는 이런 싸움이 곧잘 벌어지는 것이다.

두 번째 방법은 스파르타나 아테네가 그랬던 것처럼 동맹을 만들기보다는 다른 국가들을 빠르게 복속시키는 것이다. 그러나 점령 지역을 강압적으로 지배하려고 할 경우, 충분한 무력을 갖추지 않으면 점령국의 명령이나 지배가 제대로 먹혀들지 않는다. 스파르타와 아테네는 무력 강화를 추진하지 않았기 때문에 나중에 힘이 떨어지면 무력으로 얻은 것을 내놓을 수밖에 없었다.

세 번째 방법은 자국을 위해 먼저 점령 지역을 동맹 세력으로 만드는 것이다. 그 동맹에 어느 정도 자치권을 부여하기는 하지만, 군사적 지휘권, 제국의 권좌, 제국을 수립한 공로 등을 모두 그 땅을 점령한 공화국이 차지한다. 즉 연합도 점령도 아닌 중간 방식으로, 점진적으로 피 점령 지역을 공화국의 땅으로 편입시키는 것이다. 이것이 로마가 선택한 방법이었다.

이 셋 중 첫 번째 것이 가장 나쁘고 세 번째 것이 가장 좋은 결과를 가져왔다. 로마는 동맹이 반란을 일으킬 경우, 그 반란의 진압에 조력해줄 동맹을 구하고 또 군사력 강화를 위해 도시의 인구를 계속 늘려나갔다. 그 결과 세계 최강국의 지위에 오를 수 있었다. 로마는 자국을 위해 이탈리아 전역에서 많은 동맹국들을 만들었고, 그런 동맹국들은 법률적 관점에서 볼 때 로마와 유사한 생활을 했다. 하지만 제국의 권좌를 틀어쥐고 군사적 지휘권을 확보했기 때문에 동맹국들이 부지불식간에 로마의 통제 아래로 들어가게 되었다. 포에니 전쟁 때 한니발이 개전 초기에 무서운 기세로 이탈리아를 침공해와 로마가 엄청난 피해를 보았음에도 불구하고, 공화국이 끝내 이탈리아를 지킬 수 있었던 것은 이 동맹국들이 건재했기 때문이다.

또 로마가 이탈리아 밖으로 진군하여 왕국을 속주로 만들었을 때, 이미 왕의 통치 아래 사는데 익숙한 사람들은 속주의 시민 지위를 별로 개의치 않았다. 거기다가 그들은 로마의 깃발을 앞세운 군대에 의해 정복되고 또 로마 총독이 부임하자 로마 이상으로 우월한 세력은 없다는 걸 깨닫게 되었다. 따라서 이탈리아 내부의 로마 동맹국들은, 해외로는 로마의 속주들에 둘러싸이고 내부적으로는 거대한 로마 자체에 압도되었다. 그들은 자신들이 부지불식간에 로마에 복속하게 되었다는 것을 뒤늦게 깨닫자, 원래의 상태로 되돌아가려 했으나 때는 이미 늦은 것이다. 왜냐하면 로마는 국외 속주들에서 엄청난 권위를 지니고 있었고 영토

내의 국력도 거대한 인구와 지극히 잘 무장된 군대 덕분에 아주 강력했기 때문이다. 설사 동맹국들이 자체 동맹을 결성하여 로마에 항거한다 하더라도, 그들은 단기간에 전쟁에서 패배하여 상황이 더욱 악화되었고 결국 그 지위가 동맹국에서 속주로 전락했다.

로마가 해외의 여러 땅들, 가령 히스파니아(스페인), 카르타고, 누미디아, 그리스, 마케도니아 등으로 세력을 확장해 나가면서 먼저 동맹들의 마음을 사로잡은 사례는 『로마사』 21-30권과 그 다음 열 권 한 단위인 31-40권에서 세부적으로 잘 묘사되어 있다. 동맹을 잘 유지하고 선린으로 만든 다음, 그 동맹이 변심하여 반란을 일으킬 경우, 곧바로 진압하여 다시는 반란을 일으키지 못하게 적절히 진압하면서 제국의 판도를 넓혀나간 경우는 역사상 로마가 최초의 사례였다. 그리하여 신성로마제국, 대영제국, 히틀러의 제3제국 등은 모두 이 로마를 흠모하고 닮으려고 애썼다.

리비우스와 사마천

『로마사』의 1-10권을 통독한 독자는 그 다채로운 인물들의 등장을 접하고 사마천의 『사기』를 떠올리게 될 것이다. 리비우스는 기원전 59년, 사마천은 기원전 150년에 태어나 90년 차이가 있으나 거의 동시대인이라고 할 수 있고 또 두 역사가가 다루고 있는 시기는 상당히 겹친다. 사마천이 황제黃帝부터 한무제의 시대까지 장구한 세월을 다루지만, 주로 춘추 시대와 전한 초기에 집중하고 있는데, 리비우스 1-10권에 다루어진 세계는 중국의 춘추 전국 시대와 거의 같은 시기이고, 또 21-30권에서 다루어지는 세계는 전한 시대와 겹친다.

사마천은 화제의 스케일이 넓은 대신에, 리비우스는 화제의 깊이가 있다. 영국 사상가 이사야 벌린Isaiah Berlin은 그리스 시인 아르킬로코스Archilochus의 "여우는 많은 것을 알지만, 두더지는 중요한 것 한 가지만 안다"라는 말을 가져와서, 저술가 혹은 사상가들(더 나아가 사람 일반)을 두 그룹으로 분류했다. 두더지 형은 단 하나의 보편적 원칙을 수립해 놓고 그것에 입각하여 유의미한 관련 사항을 모두 말하는 스타일이고, 여우 형은 생각이 여러 갈래로 흩어져 있어서 다양한 경험과 대상을 추구하되 그것들을 하나의 통합원칙 아래 조직하지 않는 스타일이다. 벌린은 그러면서 단테는 두더지 형, 셰익스피어는 여우 형, 플라톤은 두더지 형, 아리스토텔레스는 여우 형이라고 분류했다. 역사가로 눈을 돌려보면 어떻게 될까. 나는 사마천은 여우 형, 리비우스는 두더지 형이라고 말하고 싶다. 그렇지만 두 역사가는 공통점도 있고 또 차이점도 있는데 먼저 공통점에 대해서 알아보자.

1) 집필의 동기가 유사하다.

리비우스는 제1권 서문에서 자신이 로마의 역사를 기술한 목적을 이렇게 기술한다. "먼저 오래된 가르침이 무시되면서 도덕적 기반이 붕괴한 과정, 그리고 그 후에 이어진 신속한 해체 과정, 이어 도덕적 세계관의 전면적 붕괴 과정을 살펴보기 바란다. 그런 과정을 거쳐서 오늘날의 음울한 시대가 어둡고 울적한 모습으로 등장했는데, 이제 우리는 우리의 악덕을 견디지도 못하고 또 그 악덕을 치료하는데 필요한 조치를 해낼 용기도 없다. 역사의 연구는 병든 사람을 치료하는 가장 좋은 약이다. 왜냐하면 역사서는 모든 사람이 뚜렷이 볼 수 있는 무한히 다양한 인간 경험을 기록하기 때문이다. 그런 기록에서 우리는 우리 자신과 나라를 위한 모범적 사례와 경고를 발견할 수 있다. 그리하여 좋은 일들은 모범으로 삼고, 철저히 부패한 지저분한 일들은 타산지석으로 삼아 피해야 할 것이다." 다시 말해 리비우스가 살았던 로마 제국 초기의 사회가 도덕적으로 타락했기 때문에 그에 대한 치료약으로 역사서를 쓰게 되었다는 것이다.

사마천도 태사공자서太史公自序에서 "선대인들이 편술해 놓은 오래된 소문을 남김없이 논술하되 어느 것 하나 빠트리지 않겠다"라고 말한 뒤, "가슴에 응어리진 울분을 시원하게 풀어낼 방법이 따로 없어서 이에 지나간 일을 서술하여 미래에다 희망을 걸어본 것이었다"라고 말하고 있다. 이어 사마천은 열전 70편에 대하여 "정의롭게 행동하고 기개가 있어 남에게 억눌리지 않으며 세상에 처하여 기회를 놓치지 않고 공명을 천하에 세운 사람들의 일을 내용으로 70열전을 지었다"라고 말한다. 그리고 이릉의 일을 옹호했다가 한 무제로부터 미움을 받아 궁형을 당한 이후에, 비참한 인생살이가 되었으나 오로지 살아남아 "하늘과 사람의 관계를 구명하고, 고금의 변화에 통달하여, 역사가로서 일가를 이루겠다"라는 신념으로 사기를 집필했다. 리비우스나 사마천이나 현재에 대한 불만을 미래에 대한 기대로 극복하기 위해 역사서를 집필했다.

2) 인간성에 대한 깊은 관심

두 역사가는 역사를 움직이는 힘은 위인이라는 인식 아래 영웅들의 특징에 대하여 기술하는데 남다른 관심을 보이고 있다. 특히 죽음을 두려워하지 않고 자신의 뜻을 세운 인물들에 대하여 많은 지면을 할애하여 소개하고 있다. 가령 리비우스는 데보티오를 바치며 로마 군의 승리를 기원한 데키우스(8.9), 카우디움 참사에 대하여 자신의 목숨을 보상하겠다고 제안하고 나선 포스투미우스(9.8) 등을 소개하고 있고, 사마천은 서초패왕 항우, 자객열전의 형가, 그 외에 군사적 사업을 일으켰다가 실패한 영웅들, 가령 회음후 한신이나 팽월, 그리고 자신의 목숨으로 일의 실패를 보상하는 여러 정객들에 대하여 기록하고 있다.

두 역사가는 인간이 자신의 이익에 따라 움직이는 것을 당연시했다는 점에서도 공통된다. 사마천은 맹상군 열전에서 이렇게 말한다. "살아있는 것이 반드시 죽는다는 것은 사물의 필연적 결과이며, 부유하고 귀하면 선비가 많고, 가난하고 비천하면 친구가 적은 것은 일의 당연한 면모입니다. 선생께서는 아침에 시장에 모이는 사람들을 보지 못하셨습니까? 날이 밝으면 어깨를 비비고 다투며 문으로 들어가는데, 날이 저문 뒤에는 시장을 지나는 사람들이 어깨를 축 늘어트리고 돌아보지 않습니다. 이것은 아침을 좋아하고 저녁을 미워하는 것이 아니라, 기대하는 물건이 그 안에는 없기 때문입니다."

리비우스는 2권 3장에서 이렇게 말한다. "법률은 몰개성적이고 냉혹하다. 법률은 귀가 달려 있지 않다. 물론 가난한 사람들에게는 아주 좋은 것이지만, 위인들에게는 쓸모없는데 그치지 않고 그보다 더 나쁜 것이다. 평범한 규정의 범위 바깥으로 나아가며 모험을 시도하는 남자에게 정상참작이나 관용 같은 게 아예 없기 때문이다. 인간성은 결코 완벽한 것이 아니므로, 인간이 법률의 통치 아래에서 아주 순수한 상태로 살 수 있다고 생각하는 것은 아무리 좋게 말한다 해도 위험한 발상이 아닐 수 없다."

3) 여자와 권력

두 역사가는 여자가 권력에 많은 영향을 미친다는 것을 깊이 인식했다. 사마천은 「세가」 중 외척세가에서 여자들이 어떻게 권력의 지형을 바꾸어 놓았는지 잘 보여준다. 사기는 여자의 속임수 임신으로 왕권이나 패권이 엉뚱한 사람에게 넘어간 사례 혹은 외척이 정부에 영향을 미친 사례를 소개한다. 특히 한 고조 유방의 아내 여태후는 유방 사후에 여씨 일파에게 정권을 넘겨주고 국가를 아예 여씨 것으로 만들려 했으나 미수에 그쳤다. 리비우스는 루크레티아(1.58)와 베르기니아(3.44) 사건으로 여자가 정부의 형태를 바꾸어 놓을 수 있다는 것을 보여주었다. 뿐만 아니라 결혼한 두 자매의 상호 시기심으로 인해 로마의 평민이 귀족 계급에 더욱 거세게 저항하게 되었다는 얘기도 하고 있다(6.34). 여자가 권력에 영향을 미치는 사례는 동서양, 고금을 막론하고 다르지 않음을 볼 수 있다.

4) 세부사항에 대한 관심

리비우스는 8권 20장에서 원형 경기장에 전차 보관소를 처음 세워 전차 경주가 비로소 시작되었다고 말하고, 또 9권 30장에서는 피리 부는 사람들이 태업을 벌이니까 그들에게 사흘간의 축제 기간을 부여했다고 말한다. 9권 40장에서는 삼니움 군대의 황금 방패와 순은 방패 부대를 그 병사들의 상의는 다채색인가 하면 눈부신 하얀 리넨이라고 언급한다. 10권 23장은 여자들이 정숙함의 사당을 두고서 싸움을 벌였다는 얘기가 나온다.

이러한 것들은 사소한 세부사항이지만 역사서를 읽는 우리에게 많은 것을 생각하게 한다. 전차 보관소는 영화 "벤허"의 마지막 부분에서 벤허와 로마 장군 메살라가 벌이는 전차 경주를 연상시키면서 로마제국의 웅장함을 다시 한 번 생각하게 해준다. 피리꾼들의 파업은 두 건의 중대한 전쟁에 대한 소문이 나돌던 시절에 벌어진 사건으로, 전쟁이 상시적으로 벌어지던 당시 로마에 이런 광대 무리가 있어서, 잠시 인생에 숨 돌릴 수 있는 기회가 주어졌구나, 하는 생각을 갖게 된다. 삼니움의 황금 방패와 순은 방패 부대는 전쟁은 황금이나 순은으로 하는 것이 아니라 칼로 하는 것이라는 교훈을 알려준다. 여자들이 자신의 정숙함을 아주 진지하게 생각한 것은 2300년 전이나 지금이나 똑같은 문제라는 것을 알게 해준다. 아무리 거대한 강도 처음에는 산속의 작은 물에서 시작된다, 라는 말도 있듯이 이런 세부사항들은 역사가 아무리 웅장하더라도 그 밑바탕에는 이런 사소한 인간사들로 구성되어 있음을 일깨워주는 것이다.

사마천도 세부사항을 놓치지 않는다. 가령 열전 중 "여불위 열전"에서 진시황제의 생모인 조희의 음란함을 구체적으로 보여주기 위해 여불위가 조희에게 소개시킨 남자의 남근이 오동나무 수레바퀴를 매달 수 있을 정도였다고 기록하고 있다. 또 세가의 "외척세가"에서 두寶 황후와 어린 남동생 광국이 헤어졌다가 다시 만나는 장면을 자세히 설명한다. 가령 광국은 그가 두 황후의 남동생이라는 점을 증명해 보이라는 요구를 받자, 어릴 때 누이(후일의 두 황후)와 함께 뽕잎을 따다가 나무에서 떨어졌던 일, 어릴 때 역참의 숙박소에서 누이와 헤어졌는데 누이가 쌀 씻은 물을 구해다가 광국의 머리를 씻어주고, 밥을 구해다가 먹인 후 울면서 헤어진 일 등을 기술한다.

열전 중 "장승상 열전"에는 장창이라는 사람을 이렇게 묘사하고 있다. 장창은 면직 당한 뒤 늙어서 치아가 없었으므로 젖을 먹고 살았는데, 나이가 젊은 여인을 얻어 유모로 삼았다. 처첩이 모두 몇 백 명이나 되었는데 한 번 임신한 적이 있는 자는 다시 총애하지 않았다. 장창은 나이가 100세가 넘어서 죽었다. 이런 장면들은 그 세부사항이 아주 구체적이어서 그 다루고 있는 사람들의 생생한 모습을 직접 보는 것처럼 선명하다.

그러면 두 역사가의 다른 점에 대해서 살펴보자.

1) 서술 기법이 다르다

리비우스 역사서는 동양식으로 말해보자면 편년체이고 사마천의 사기는 기전체이다. 편년체는 연대순으로 벌어진 사건이나 제도를 서술하는 것이고, 기전체는 본기와 지와 열전으로 나누어서 지는 관직, 재정, 지리 등에 대하여 적은 것이고, 인물은 중요도에 따라 본기, 세가, 열전으로 나누어 기술하는 방식이다. 우리가 잘 아는 『사기열전』은 『사기』 130편 중에서 61편에서 130편까지에 기록되어 있는 제왕과 승상이 아닌 일반인의 전기 70편으로서 전체 분량의 절반에 약간 못 미친다. 제왕의 전기는 본기에서, 그리고 승상(제후)의 전기는 「세가」에서 다루고 있다. 그 밖에 제13편에서 제30편에 이르는 18편은 표서表書라고 하여 주로 제도와 문물 등 인물의 전기와는 무관한 내용을 다루고 있다. 우리나라의 역사서 『삼국사기』와 『고려사』는 이 기전체를 따르고 있다. 반면에 리비우스의 로마사는 로마의 건국(기원전 753년)부터 기원전 9년 드루수스의 죽음까지 약 750년간의 고대 로마 역사를 총 150권 분량(현재 전해지는 것은 이중 35권)에 시간의 순서대로 기록한 것이다.

　이런 역사서의 서술 형식에서도 다르지만 서술의 관점에서도 두 역사가는 다르다. 리비우스는 중간중간에 고대 역사서의 결락缺落을 지적하고 있기는 하지만 자신이 고대 역사에 대해서 모든 것을 다 알고 있는 듯한 사람의 관점을 취한다. 이것은 비유적으로 말해 보자면, 19세기 리얼리즘의 소설가인 찰스 디킨스와 오노레 드 발자크와 비슷한 입장이다. 이 소설가들은 자신이 신의 입장이 되어 작품 내의 모든 등장인물에 대하여 모든 것을 알고 있는 관점을 취한다. 디킨스나 발자크는 등장인물에 관한 한, 그 인물이 깨고 나면 잊어버리는 새벽녘의 어렴풋한 꿈부터 잠들기 전까지 발생하는 각종 기억과 생각과 행동에 이르기까지 모든 것을 다 알고 있다. 다시 말해, 세상은 소설가가 그려내는 모습 그대로 존재하고, 따라서 소설가의 자아와 세상은 완벽하게 일치한다. 『로마사』를 기술하는 리비우스는 이런 소설가의 입장에 가깝다. 그는 자신이 말하고자 하는 바에 대하여 디킨스와 발자크 같은 확신을 갖고 있으며, 자신이 그려내는 역사가 곧 고대 로마의 본 모습이었다고 믿어 의심치 않는다.

이에 비하여 사마천은 다원적인 서술의 관점을 취한다. 가령 어떤 중요한 인물에 대해서 서술할 때, 그를 열전, 본기, 세가에서 다 다루면서 제왕의 관점, 정승의 관점, 당사자의 관점에서 기술한다. 따라서 독자는 그 인물에 대하여 이 세 부분을 다 뒤져서 관련 자료를 찾아내야 한다. 특히 한 고조 유방의 기사는 그 세 부분에서 다 나오기 때문에 정독해야 할 필요가 있다. 또한 동일한 인물을 다룬다고 하더라도 열전과 본기에서 다루는 내용이 약간씩 달라서 독자는 종합해야 한다. 가령 열전 중 "번역등관 열전"에 하후영의 얘기가 나오는데, 하후영은 유방이 항우에게 패하여 달아나다가 그 자녀인 효혜(후일의 2대 황제인 효혜제)와 노원을 도중에 만나서 수레에 태웠다. "유방은 사태는 급하고 말은 지쳐있고 적이 추격해 오자 두 아이를 발로 차서 버렸는데 하후영이 수레 아래에서 아이들을 받아 겨우 실었다"라는 기사가 나온다. 이 기사를 읽으면 수레 아래에서 받았다고 하니 하후영은 구체적으로 어떤 장소에 있었는지 잘 파악하기 어렵다. 그러나 "항우 본기"에 보면 "유방이 남매를 수레 아래로 밀쳐 떨어뜨렸으나 하우영이 매번 내려가서 수레에 태웠고 이렇게 하기가 세 차례였다"라고 되어 있어, 하후영은 유방과 같이 수레에 타고 있다가 수레에서 내려 아이들을 데려왔다는 것을 분명하게 알 수 있다.

"외척 세가"에 보면 평양공주(한무제의 누이)는 남편 조시가 병으로 인해 경성을 떠나 봉국封國으로 가버리는 바람에 혼자 지내고 있었으므로 재혼시켜야 할 필요가 있었다. 그리하여 위황후의 동생인 위청과 재혼하게 된다. 여기서 우리는, "공주의 남편이 어떤 병에 걸렸기에 살아있는데도 공주가 재혼을 해야 되었을까" 하는 의문을 갖게 된다. 이야기를 재미있게 전개하려면 재혼 얘기가 나오는 부분에서 그 병에 대한 기술이 있어야 할 텐데, 정작 거기서는 보이지 않고 한참 페이지를 지나가서 "조상국 세가"에서 조시가 나병에 걸려 봉국으로 돌아갔다는 얘기가 나온다.

사마천은 또한 역사가가 모든 것을 안다는 것은 불가능한 일이고, 그래서 자신이 직접 관련 사료를 읽고 목격하고 체험하고 상상한 것 이외에는 알 수가 없고 그나마 그 인식이 불완전할 때가 있다는 입장을 취한다. 다시 말해, 역사가가 바라본 세상이 언제나 완전할 수는 없다고 보는 것이다. 그래서 사마천은 열전의 끝부분에 "태사공왈"이라고 하여 서술된 역사와 자신의 논평이 서로 불일치할 수도 있음을 보여준다. 가령 등장인물은 자신이 영웅이라고 생각하지만 정작 태사공 자신은 그가 시대의 흐름을 읽지 못하는 졸장부라고 지적하는 것이다.

2) 이야기를 전개하는 방식이 다르다

리비우스는 5권 12장에서 한 말, "나는 아주 오래된 고대의 사건들이 진실과 비슷하게 보인다면 그것을 진실로 받아들이면서 만족하겠다"는 의미심장한 말을 한다. 리비우스가 역사를 서술하는 방식은 그리스의 수사학자 이소크라테스가 정립하고 키케로가 로마에 수입해 온 방식이었는데, 역사서에 기록된 행위는 전체적으로 일관성을 유지해야 하고 원 사료가 충분히 명료하지 못할 때, 역사가 자신의 설명을 곁들여야 한다는 것이다. 이렇게 해야 독자를 가르치고 계몽시키는 효과를 발휘한다는 것이다. 이야기의 일관성을 위해 사건을 다소 과장하거나 부정확하게 처리하는 것도 어느 정도 허용된다. 때문에 역사적 사건들이 에피소드처럼 산만하게 나열되는 것이 아니라 서로 연계되는 명확한 인과관계를 갖추는 것을 지향한다. 이렇게 하여 그 사건들은 독자에게 감동을 불러일으키고, 나아가 인식의 충격을 주면서 계몽적 효과를 성취하는 것이다. 이 과정에서 독자들에게 책을 읽는 재미도 함께 안겨준다. 가령 한니발과 스키피오가 대결하는 포에니 전쟁을 다룬 로마사 21-30권은 너무나 이야기가 흥미진진하여 이것이 역사책인지 아니면 소설책인지 잘 구분이 되지 않을 정도이다.

리비우스의 이러한 측면은 많은 독자들을 사로잡아 왔다. 그리하여 영국 역사가 매콜리Macaulay는 이런 말을 했다. "리비우스가 사건을 서술해 나가는 방식은 생생하면서도 우아하다. 등장인물의 연설 속에는 흥미로운 인간 감정과 멋진 이미지들이 충만하여 거의 기적 같은 효과를 불러일으킨다. 그의 마음은 메마르지 않는 밭이요 마르지 않는 샘이기도 하다. 거기에서는 끝없이 영감과 감동의 언사가 흘러나온다. 아무리 퍼내고 또 퍼내도 화수분 같은 얘기가 탕진되는 기색을 보이지 않는다."

반면에 사마천은 공자의 춘추필법을 서술의 기준으로 삼았다. "주공이 돌아가신 지 500년만에 공자가 태어나셨고, 공자가 돌아가신지 다시 500년이 지났다. 이제 밝은 세상을 계승하여 주역周易을 정정하고, 춘추春秋를 속편하고, 시서예악詩書禮樂의 근원을 탐구해야 하는데," 바로 그것을 하기 위해 『사기』를 집필했다고 말한다. 즉, 『사기』의 서술 방식은 공자의 춘추필법을 따른다는 것이다. 그 필법은 술이부작述而不作이라고도 하는데 『논어』의 술이 편 첫머리에 나오는 말로, 그 다음은 신이호고信而好古로 이어진다. 꾸밈없이 선현의 바른 사상을 전한다는 뜻이다. 술이부작은 직역하면 "서술하되 창작하지 않는다" 라는 뜻이다. 그래서 앞뒤가 연결되지 않아서 뜻이 통하지 않을지언정 그대로 놔둘 뿐, 억지로 수미일관하게 꾸미지 않는다는 것이다. 가령 자객 열전 중 형가는 진시황제를 살해하려고 했다는 서술이 먼저 나오고, 맨 끝에 "태사공왈"에서 "암살 사건은 사실이 아니다"라고 정반대 얘기를 하는 것이다. 전해져 오는 얘기를 그대로 진술하기는 했지만, 자신이 판단하기에 그것은 사실이 아니어서 이런 논평을 추가로 단다는 것이다. 이것은 술이부작의 필법을 취한 것이지만, 우리 독자는 이런 다원적 관점 때문에 한편으로는 헷갈리면서 다른 한편으로는 스스로 상상력을 발휘하도록 요청된다.

고대 로마의 수사학자들은 이야기를 다음 세 가지로 분류했다. 첫째, 실제로 발생한 사건들만 보고하는 이야기로서 히스토리아historia이다. 둘째, 실제로 벌어졌는지는 알 수 없으나 발생의 개연성이 높고 히스토리아와 마찬가지로 객관적 사실을 어느 정도 공유하는 줄거리로서, 가령 철학적 논의 등이 여기에 해당하는데 아르구멘툼argumentum이라고 한다. 셋째, 객관적 진실성이나 개연성이 없는 것으로서 특히 비극의 무대에서 벌어지는 사건들이 주로 여기에 해당하며, 파불라fabula라고 한다. 고대 그리스 비극에서 서사시가 나왔고, 다시 이 서사시에서 장편소설이 발전되어 나왔으므로 우리가 말하는 창작은 바로 이 파불라에 해당한다. 사마천은 춘추필법을 신봉했으므로 이 파불라를 피하고 오로지 히스토리아만을 서술하려고 애썼다. 반면에 리비우스는 애국적 이야기꾼이라는 별명이 말해주듯이, 자신의 주제를 강화하기 위해서는 파불라 혹은 진실 비슷하게 보이는 것도 때로는 취해 오면서 히스토리아와 파불라의 경계선상을 넘나드는 것도 주저하지 않는다.

3) 주인공이 다르다

『사기』의 주인공을 들라면 한 고조 유방을 들어야 할 것이다. 한 나라 창건 이후의 사료가 풍부하여 그에 관한 기사가 많이 들어가 있고 또 그와 관련된 인물들의 기록이 사기의 7할 이상을 차지하기 때문이다. 태사공은 자객열전에서, "남자는 자기를 알아주는 사람을 위하여 죽고, 여자는 자기를 좋아하는 남자를 위하여 화장을 한다士爲知己者死, 女爲悅己者容"라는 말을 했다. 태사공은 이 말을 특히 좋아한 듯, 지인에게 쓴 편지인 보임소경서報任少卿書에서도 다시 사용하고 있다. 나는 이것이 사기에 나오는 여러 인물들, 특히 유방 주위의 인물들을 잘 묘사한 말이라고 생각한다. 그러나 이 말에도 그림자가 없는 것은 아니다. 그것을 뒤집어 읽으면 "자기를 안 알아주는 사람은 죽일 수도 있다"라는 뜻이 되니까 말이다. 실제로 한 왕조 창건 과정에서 혹은 창건 이후에 창업 공신이었던 회음후 한신, 한왕 한신(동명이인), 팽월, 경포, 노관 등이 모두 한 고조 유방에게 모반을 꾀하다가 주살되었다. 이들은 모두 평민 출신으로 유방과 같이 창업에 나섰다가 후에 유방의 의심을 샀던 자들로서 자신의 야망에 휘둘려 자발적으로 혹은 상황에 내몰려서 반란을 일으킨 자들이다.

유방과 그 주위 장군들의 관계는 주종 관계였지만 동시에 의심의 동력학이 판치는 개인 대 개인의 갈등 관계였다. 그들은 겉으로는 구국제민救國濟民을 내세웠으나 속으로는 자신의 영달을 노린 사람들이었다. 이것은 유방 자신도 마찬가지였다. 고조 본기에서 유방이 진시황제의 행차를 보고서 사나이라면 저 정도는 되어야 한다고 부러워하는 부분이 나오는데 이는 곧 개인적 출세의 욕망이 그를 움직이는 힘이었음을 보여준다. 유방과 그 휘하 장군들은 진나라의 학정에서 백성을 구하기 위해 거병한다고 말했지만, 그 내부 사정을 들여다보면 모두 개인적 야망에 사로잡혀 있었고, 그것이 위협받거나 자신이 유방의 의심을 받는다고 생각하면 곧바로 모반했다.

유방의 의심도 도를 지나쳐서 본국의 후방에서 온갖 병력과 군량을 조달하며 충실히 전쟁을 지원했던 소하를 의심했다는 기술이 「세가」 중 소상국 세가에서 여러 번 나오고 있다. 소하가 후방에서 인심을 얻어 그 인기가 유방을 누를 정도가 되어 배후에서 유방 자신을 공격해 오면 어쩌나 하는 의심을 노골적으로 표시했고, 소하는 그 의심을 풀어주기 위해 자기 일족들을 모두 전선으로 내보내어 유방을 안심시켜야 했다.

"고조 본기"에서 경포가 반란을 일으키자 유방은 고령에 병든 몸이었으나 친정을 하지 않으면 진압에 나선 장수들을 다스릴 수가 없어서 몸소 나서게 되었다. 그때 유방은 경포를 제압하고 이런 질문을 한다. "지금껏 네게 잘 대해주었는데 너는 왜 반란을 일으켰느냐?" 그러자 경포는 "황제가 되고 싶었다"라고 말한다. 유방도 그렇지만 휘하장군 모두가 실은 황제가 되고 싶었을 뿐, 구국제민은 겉으로 내세우는 명분에 지나지 않았다. 그렇지만 역설적으로 주인공 유방이 자신의 개인적 동기(출세)에 충실하다 보니 그 결과 한 나라가 안전하게 수립되지 않았느냐고 질문할 수도 있다. 그 질문은 "우리가 저녁 식사를 할 수 있는 것은 정육점 주인, 양조장 주인, 빵집 주인의 자비 때문이 아니라, 그들이 자신의 이익을 챙기려 하기 때문이다"라는 애덤 스미스의 말을 연상시킨다. 개인적 동기의 보이지 않는 손이 경제와 정치 더 나아가 역사를 움직이는 힘인 것은 사실이다. 그러나 그 동기는 개인보다 더 큰 힘(도덕 혹은 국가)에 의해 제지되지 않으면 곧 탐욕과 부패의 손이 되어버린다. 유방의 휘하장군들 상당수가 모반을 벌인 사실은 그것을 증명한다. 사실 그들은 모두 유방과 마찬가지로 포의布衣(평민) 출신이었고 군사력을 갖고 있었으므로 천하의 대세에 따라 얼마든지 유방 못지않게 권좌를 누릴 자격이 있다고 생각했다. 이 점에 대해서는 고조 본기에서 여후도 수긍한다는 듯이 말하고 있고 또 유후 세가에서 장량도 같은 뜻으로 말하고 있다.

이에 비하여 리비우스의 『로마사』는 공화 정신이 개인적 동기를 억제하는 역사적 과정을 주제로 삼고 있다. 사마천의 주인공이 한 고조 유방이라면 리비우스의 주인공은 킨킨나투스도 카밀루스도 만리우스도 쿠르소르도 발레리우스도 파비우스도 아닌, SPQR(원로원과 로마 시민) 즉 공화국이다. 물론 로마에도 만리우스 카피톨리누스 같이 자신의 개인적 영달을 위해 음모를 꾸미다가 배신자의 바위에서 처형당한 인물도 있었다(6.20). 또 스푸리우스 마일리우스라는 기사 계급의 엄청난 부자는 곡물을 싸게 사들여 무상으로 나누어 줌으로써 인민의 환심을 사서 왕이 되려고 음모를 꾸미기도 했다(4.13). 그러나 이런 인물들은 킨킨나투스 이하 스키피오에 이르는 모든 로마의 영웅들이 공화국에 헌신했다는 것을 보여주기 위한 대조적 사례로 제시될 뿐이다. 로마의 영웅들은 자신이 아무리 위대해도 결코 공화국보다 크다고 생각하지 않았다. 전권을 휘두를 수 있는 독재관에 임명되어도 주어진 임무를 수행하면 다들 그 자리에서 신속하게 사임했다. 킨킨나투스 같은 사람은 오래 독재관 자리에 머무르며 로마를 지켜주기를 시민들이 바랐지만, 조상의 전통을 저버릴 수 없다면서 임무가 완수되면 곧바로 그 자리에서 물러났다. 로마의 영웅들은 결코 개인이 국가 권력을 좌지우지할 수 없다고 생각했다. 그들은 자신의 것이 아닌, 공공의 것(공화국)을 위해 싸웠으므로 그들의 개인적 욕심을 억압할 수 있었다.

가령 『로마사』 26권 50장에서, 히스파니아(스페인)의 카르타고노바(지금의 카르타헤나)를 정복한 뒤, 24세의 젊은 사령관 스키피오는 아름다운 처녀를 전리품으로 진상 받았다. 그녀는 어찌나 아름다웠는지 모든 사람이 눈을 돌려 쳐다보았다고 한다. 하지만 스키피오는 처녀의 고향과 부모를 수소문한 끝에 그녀가 알루키우스라는 히스파니아의 귀족과 약혼했다는 사실을 알아냈다. 아프리카누스는 그녀의 부모와 약혼자를 불러다 놓고 이렇게 말했다. "나는 젊은 사람들이 서로 사랑하는 것을 더 좋아한다네. 그대의 약혼녀는 우리 군영에 들어와 마치 자기 부모를 대하듯이 우리에게 잘해주었네. 그러니 이제 내가 그대에게 그녀를 선물로 되돌려주려 하네. 단 여기에는 한 가지 조건이 있네. 자네가 나를 선량한 사람이라고 생각한다면, 나와 비슷한 사람이 로마 공화국에 아주 많다는 사실을 알아주기 바라네. 그리하여 자네가 SPQR(Senatus Populusque Romanus — 로마의 원로원과 시민들)에 호의적인 사람이 되어주길 바라네."

알루키우스는 기쁨에 넘쳐 감사하는 마음을 거듭 표시했다. 그녀의 부모는 딸아이를 무사히 되돌려 받는 데 대한 보상금으로 많은 황금을 가져왔다. 그들은 아프리카누스에게 제발 이 황금을 받아 달라고 말했다. 아프리카누스는 그 황금을 받아서 처녀에게 지참금으로 건네주었다. 이 돈으로 알루키우스는 아프리카누스를 찬양하는 사당을 지었다. 그는 아프리카누스에 대해, 그 무용과 미덕이 신을 닮은 사람이라고 생각했다.

이 스키피오 사례에서 나온 SPQR은 위에서 설명한 바와 같이 공화국을 가리키는 것이다. 공화국은 누구의 것도 아니기 때문에 감히 개인이 차지하려고 마음먹기가 어려웠고, 그래서 로마인은 더욱 자기 자신을 낮추고 국가에 헌신할 수 있었다. 이 공화 정신은 인구 12만(3.24)에서 26만(10.47) 정도로 늘어난 초창기의 로마가 인구 수천 만 명의 대제국으로 팽창하게 되는 결정적인 힘이 되었다.

삼니움 전투에서 포에니 전쟁까지

리비우스는 페리오카periocha라고 하여 『로마사』 11권에서 20권까지의 간단한 개요를 남겼는데, 정작 11-20권의 본문 열 권은 인멸되어 전해지지 않지만(언젠가 로마나 기타 유럽 지역의 고문서 보관소에서 발견될 수도 있으나 현재까지는 나오지 않고 있다), 이 개요는 전해지고 있다. 그 내용을 미리 알아두면, 본문이 전해지는 21-30권의 열 권 한 단위(이 단위는 현대지성에서 『로마사』 제3권으로 발간)의 로마사를 이해하는데 도움이 될 것이므로 여기서 그것을 정리해 본다.

11-20권은 기원전 292년에서 기원전 222년까지 약 70년간의 역사를 다룬다. 이 기간 중에 로마는 이탈리아를 침공한 피로스를 상대로 전쟁을 치렀다. 언제나 로마인들의 가장 화급한 문제는 계속적으로 발생하는 전쟁에 대해서 어떤 결정을 내릴 것인가 하는 것이었다.

용병 장군 피로스는 전투용 코끼리들로 무장한 군대를 이끌고 그리스에서 이탈리아로 건너왔다. 그는 이탈리아 남부에서 로마의 확장 정책에 맞서서 타렌툼이라는 그리스 도시를 방어하기 위해 온 것이었다. 로마의 지도자들은 민회를 소집하여 이 무서운 위협에 맞서 싸우기로 결정했다. 기원전 280년에서 275년까지 로마인들은 피로스를 상대로 일진일퇴를 거듭하는 전쟁을 벌였고, 마침내 피로스는 로마의 압박에 밀려 전쟁을 포기하고 그리스로 돌아갔다. 로마는 이처럼 힘겹게 승리를 거두면서 반도의 남단, 지중해 해역에까지 이르는 이탈리아의 남부 전역을 장악하게 되었다.

이처럼 남진 정책을 펴게 되자 로마인들은 지중해 건너편 북아프리카의 서부(오늘날의 튀니지)에 자리 잡은 강성한 국가인 카르타고가 지배하는 지역의 가장자리까지 진출했다. 지중해 동부 해안의 탐험자 민족인 페니키아 인은 기원전 800년 경에 이 천혜의 위치에 카르타고라는 식민 도시를 건설했다. 이 도시는 바다 무역을 하기가 좋은 곳이었고 또 배후의 내륙에는 비옥한 농지가 펼쳐져 있었다. 카르타고 인들은 서부

지중해 전역에 그들의 상업적 이해관계를 확장했고, 이탈리아 반도의 발가락에 해당하는 시칠리아도 그들의 활동 범위 안에 있었다. 카르타고는 수 세기에 걸쳐 해상 무역을 해 왔으므로 해군을 운영하는 능력에서는 로마를 크게 앞질렀다. 기원전 3세기의 로마인들은 전함을 건조하거나 강력한 해군의 조직 등에 대해서는 거의 아는 바가 없었다. 그러나 두 국가는 정치적으로 비슷했는데, 카르타고 역시 로마처럼 사회 엘리트가 지배하는 공화국이었기 때문이다.

로마인들은 해상 무역에서 카르타고 인들의 상대가 되지 못하고 또 바다는 물론이요 이탈리아 밖에서 군사 작전을 수행한 적이 없기 때문에, 두 국가는 서로 적대시 하는 일 없이 계속 우호적으로 지낼 수도 있었다. 그런데 두 나라가 지배하지 않는 제3자가 일으킨 비교적 사소한 사건이 이 두 강대국을 1세기에 걸친 파괴적 전쟁 속으로 몰아넣었고 또 지중해 세계의 권력 구조를 크게 바꾸었는데, 그것이 바로 포에니 전쟁이다. 포에니punici는 카르타고를 가리키는 로마식 명칭이다. 기원전 264년 시칠리아의 북동쪽 끝에 있는 메시나 도시의 용병대가 군사작전에 참여했다가 실패로 끝나 목숨이 위태로운 지경이 되었다. 절망적인 상태에 빠진 용병들은 로마와 카르타고에게 동시에 도움을 요청했다. 지리적인 사항 빼고는 두 강대국이 그런 도움에 응답할 필요는 없었다. 그러나 시칠리아의 메시나는 두 강대국이 지배하는 권력 판도의 가장자리에 있다는 그 지리적 위치 때문에 로마의 야망과 카르타고의 공포 사이에서 전쟁을 일으키는 발화점이 되었다.

원로원은 용병들의 구조 요청에 대하여 합의를 보지 못했으나, 귀족 출신 집정관인 아피우스 클라우디우스는 인민들에게 많은 전리품을 약속하면서 시칠리아에 군대를 보내는 쪽에 투표하도록 설득하여 성사시켰다. 이렇게 하여 메시나 파병이 로마의 첫 번째 해외 원정이 되었다.

카르타고도 메시나에 파병하자 두 강대국 사이에 전쟁이 벌어졌다. 그 결과가 제1차 포에니 전쟁인데 한 세대 동안(기원전 264-기원전 241) 계속되었다. 이 수십 년에 걸친 갈등은 왜 로마인들이 해외 원정전에서 지속적인 성공을 거두었는지 설명해 준다. 그들은 많은 인명을 희생시킬 각오가 되어 있었고, 막대한 돈을 쏟아 붓는 것도 마다하지 않았고, 필요한 만큼 얼마든지 장기전을 치를 계획이었다. 로마인들은 전통적 가치들을 고수하면서 희생이 아무리 크더라도 절대 포기하지 않았다. 로마인들과 그들의 동맹군은 25만의 병력을 잃고 새로 창설한 해군의 전함 500척 이상을 격침당했지만 제1차 포에니 전쟁을 꿋꿋하게 견뎌냈다. 1세기 뒤에 로마의 역사를 집필한 그리스 역사가 폴리비오스는 제1차 포에니 전쟁을 가리켜 "그 오랜 기간, 격렬함, 작전의 규모 등에 있어서 역사상 가장 대규모의 전쟁"이라고 말했다.

로마는 이탈리아 내륙을 완전 석권하고, 이어 해외 진출에 나서서 시칠리아를 공략하고, 또 카르타고를 상대로 제1차 포에니 전쟁을 치르고 결국 승리를 거두었다. 카르타고는 시칠리아에서 철수했고 로마에 막대한 전쟁 배상금을 물기로 약속했다. 그 후 카르타고 인은 히스파니아로 시선을 돌려서 그곳에서 부를 형성하면서 기원전 237-219년 사이에 그 지역을 장악했다.

이 기간 중에 대표적 인물은 레굴루스, 파브리키우스, 클라우디우스 등이다.

레굴루스Regulus Marcus Atilius는 기원전 265년과 266년의 로마 집정관이었다. 제1차 포에니 전쟁 때 군 사령관으로서 에크노무스 곶에서 카르타고 해군을 패배시켰다. 그러나 다음 해 로마 군을 이끌고 카르타고 원정에 나섰다가 생포되었다. 그는 굴욕적인 평화 협상을 강요당하면서 카르타고에 의해 로마에 사절로 파견되었다. 카르타고는 그가 협상에 실패하면 다시 카르타고로 돌아오겠다고 신들에게 맹세시켰다. 로마로 돌아온 레굴루스는 로마 원로원에게 전쟁을 계속하라고 조언했다. 만약 전쟁에서 포로로 잡힌 병사를 돈으로 되사들인다면 그 병사는 전장에서 용맹해지는 것이 아니라 고국에 돌아와 더 사나워질 것이라고 말했다. 이것은 후대를 위해서도 좋은 일이 아니며 도덕적 수치에다 재정적 손실을 추가하는 행위가 될 것이다. 양모에다 염색을 하면 양모는 결코 원래의 색깔을 회복하지 못하는 법이라고 주장했다. 그는 전쟁에서 패한 그 자신을 죄인으로 여겼고, 가족과 작별 인사를 할 때 덕성스러운 아내와 사랑스러운 자녀가 키스를 하려고 하자 그 키스를 받을 자격이 없다며 거절했다. 이어 그는 약속대로 카르타고로 돌아갔고 그곳에서 고문을 받아 죽었다.

제2차 포에니 전쟁의 자마 전투에서 한니발에게 승리를 거두고 아프리카 전역을 석권하여 나중에 아프리카누스라는 별명을 얻게 되는 푸블리우스 코르넬리우스 스키피오는 『로마사』 28권 43장에서 이 레굴루스를 로마의 영웅으로 칭송했다. 레굴루스는 가정적인 사람이기도 했다. 기원전 256년 아프리카에서 로마 군을 지휘할 때 레굴루스는 집안에 남자가 없어서 가정이 심각한 어려움을 겪었다. 집정관인 레굴루스가 카르타고와 싸우기 위해 외국에 나가 있는 동안 그를 대신하여 4에이커의 농장을 돌보던 남자가 사망하자, 고용된 인부가 농장의 가축과 연장을 챙겨서 달아났다. 그러자 레굴루스는 원로원에 그를 대신할 장군을 보내달라고 호소했다. 집에 돌아가서 방치된 농장에서 아내와 아이들이 굶어 죽는 것을 방지해야겠다는 것이 그 이유였다. 원로원 의원들은 레굴루스가 전장에 지휘관으로 그대로 남아 있기를 바랐기에 레굴루스의 가정과 농장이 어려움을 겪지 않게 지원을 하겠다고 약속했다. 레굴루스가 카르타고에서 고문을 당해 죽었다는 얘기는, 로마에 구금된 카르타고의 전쟁 포로를 잔인하게 학대한 로마의 조치를 변명하기 위해 지어낸 얘기라는 주장도 있다.

파브리키우스Fabricius Luscinus(한 쪽 눈이 먼) Gaius는 로마가 피로스를 상대로 전쟁을 벌일 때(기원전 280-272)의 로마 영웅이다. 신인novus homo 출신으로 기원전 282년과 278년에 두 번 집정관 직을 역임했다. 생애 만년에는 근검절약, 고귀한 원칙, 부패하지 않는 고결함 등으로 명성이 높았다. 그는 280년 피로스 왕과 포로 교환 문제를 논의하기 위해 로마 원로원에 의해 파견되었을 때 피로스가 주는 뇌물을 거절했다. 278년의 대 피로스 전쟁 때에는 집정관으로서 피로스와 싸웠다. 피로스의 배반자 주치의가 밤중에 파브리키우스를 찾아와 뇌물을 주면 피로스에게 독약을 먹여 죽이겠다고 제안해 왔을 때, 그 주치의를 쇠사슬로 묶어 도로 피로스에게 보냈다. 이 관대한 조치가 피로스의 마음을 움직여 피로스는 이탈리아에서 철수를 결심하게 되었다. 파브리키우스는 275년 감찰관을 지냈을 때에도 엄정하기가 추상같았다. 그가 죽은 후, 딸이 시집을 가게 되었는데 지참금을 마련하지 못하자 원로원이 그 자금을 대신 마련해 주었다. 키케로는 파브리키우스를 로마인이 보여준 미덕의 전형으로 보아 높이 칭송했다.

클라우디우스 풀케르Claudius Pulcher 는 기원전 249년에 집정관으로서 시칠리아 원정에 처음 나섰고, 그 이후에 카르타고 인을 상대로 한 해전에 최초로 패전을 한 인물이다. 노련한 해상 국가를 상대로 해전을 치러야 하는 필요 때문에 로마인은 허겁지겁 무無에서부터 해군을 건설했다. 그들은 교묘한 새로 건조한 전함의 선수 끝에다 기다란 대못이 박힌 충각을 설치하는 등 기술적 이노베이션을 통하여 해전의 열세를 극복했다. 해전에 돌입할 경우, 로마인은 날카로운 부리를 가진 까마귀를 닮았다고 하여 그 새의 이름이 붙은 충각衝角을 감추고서 적선을 유인한 다음 충각을 적선의 갑판에 관통시켰다. 그러면 로마의 병사들은 적선에 올라 그들의 주특기인 백병전을 치렀다. 로마인들은 해군 기술을 배우고 적용하는데 너무나 능숙했기 때문에 제1차 포에니 전쟁 중 주요 해전들에서는 거의 패배하지 않았다.

기원전 249년의 유명한 패전에 대해서, 그들은 집정관 클라우디우스 풀케르가 신성모독을 저질렀기 때문에 신들의 징벌을 받은 것이라고 설명했다. 지휘관은 전투 개시 전에 조점을 쳐야 한다는 종교적 전통에 따라서, 풀케르는 신성한 닭들을 배 위에 올려놓고 점을 치려 했다. 병력을 바다로 내보내기 전에 지휘관은 닭들이 모이를 열심히 쪼아 먹음으로써 좋은 징조를 보이는지 살펴야 하는 것이었다. 그러나 아마도 멀미를 하는 닭들이 모이를 먹으려 하지 않자, 풀케르는 화가 나서 닭들을 갑판 너머 바다로 내던지며 소리쳤다. "좋아, 그렇다면 물이나 먹어!"

풀케르는 조점을 무시하고 해전에 나섰고 전함 123척 중 93척을 잃어버리는 참담한 패배를 당했다. 로마인들은 나중에 그처럼 오만하게 전통을 무시한 풀케르의 책임을 물어 그를 처형했다. 클라우디우스의 여동생인 클라우디아는 대 경기대회를 구경하고 돌아오는 길에 많은 사람들에게 이리저리 밀리던 중에 이런 말을 했다. "아, 나의 오빠가 살아 있어서 또다른 전단을 지휘할 수 있었으면!" 그녀는 처형당한 장군을 지지한 말을 했다고 하여 벌금형을 부과 받았다.

제1차 포에니 전쟁이 기원전 241년에 끝나고 20여년의 휴전을 거친 후, 기원전 219년에 한니발이 로마의 히스파니아 동맹국인 사군툼을 공격하면서 제2차 포에니 전쟁이 벌어졌다. 한니발은 알프스를 넘어와 이탈리아 북부에서부터 침공해 내려와 연전연승했다. 특히 아풀리아의 칸나이 전투에서는 로마 군 사령관 파울루스와 바로의 사이를 교묘하게 이간질하면서 독특한 유인책을 써서 로마 군 5만을 섬멸하는 대승을 거두었다. 이후 서양에서는 "칸나이를 얻었다"라는 말이 대승의 관용어가 되었다. 한니발은 이탈리아에 15년을 머물면서 로마에 이탈리아 동맹국들 사이를 이간시키려 했으나 결국 성공하지 못했다. 또한 지연 전술의 파비우스 막시무스가 이끄는 게릴라 전술도 한니발을 괴롭혔다. 로마가 어려운 상황에서도 물자 보급과 인력 수급을 계속하자 전황이 카르타고에게 불리하게 돌아가기 시작했다.

로마 군 사령관 클라우디우스 마르켈루스는 기원전 211년에 시칠리아를 정복하여 그곳의 카르타고 우호 세력을 섬멸했다. 한니발을 도와주러 이탈리아에 파견된 그의 동생 하스드루발은 기원전 207년 움브리아에서 전사했다. 206년 스키피오 아프리카누스는 카르타고 인을 히스파니아에서 몰아냈다. 이렇게 하여 전쟁의 주 무대가 아프리카로 바뀌자 한니발은 이탈리아에서 카르타고 본국으로 소환되었다. 스키피오와 한니발은 기원전 202년에 자마에서 결전을 벌였고 한니발은 스키피오에게 패배했다.

이 제2차 포에니 전쟁의 경과와, 히스파니아, 시칠리아, 그리스, 아프리카, 카르타고, 누미디아, 마케도니아 등 주변지역의 상황은 『리비우스 로마사Ⅲ』에서 자세히 다루어질 예정이다.

리비우스 로마사 시리즈
(전4권 완간)

현대지성 클래식 살펴보기